Entscheidungen

des

Reichsgerichts

Herausgegeben

von

den Mitgliedern des Gerichtshofes
und der Reichsanwaltschaft.

Entscheidungen in Zivilsachen.

171. Band.

Berlin 1944

Walter de Gruyter & Co.

vormals G. J. Göschen'sche Verlagshandlung — J. Guttentag, Verlagsbuchhandlung — Georg Reimer — Karl J. Trübner — Veit & Comp.

Entscheidungen

des

Reichsgerichts

in

Zivilsachen.

171. Band.

Berlin 1944

Walter de Gruyter & Co.

vormals G. J. Göschen'sche Verlagshandlung — J. Guttentag, Verlagsbuchhandlung — Georg Reimer — Karl J. Trübner — Veit & Comp.

Archiv-Nr. 28 03 62 1

Printed in Germany

Inhalt.

I. Bürgerliches Recht.

1. Allgemeines.

2. Schuldverhältnisse.

a) Allgemeines.

6. Handelsrecht.

a) Handelsstand.

b) Handelsgesellschaften.

e) Wechsel- und Scheckrecht.

7. Landesrechtliche Verhältnisse.

II. Gerichtliches Verfahren.

1. Rechtsweg.

2. Streitiges Verfahren.

a) in erster Instanz.

b) in zweiter und dritter Instanz.

3. Zwangsvollstreckung. Konkurs.

4. Schiedsrichterliches Verfahren.

---

5. Freiwillige Gerichtsbarkeit.

III. Öffentliches Recht.

1. Nach welchen Grundsätzen ist bei einer Rauferei unter Jugendlichen, die von dem einen Teile dem anderen aufgenötigt wird, die Haftung des Angreifers für die dem Gegner zugefügten Schäden zu beurteilen? Welche Bedeutung kommt hierbei den bei der Hitlerjugend gepflegten Anschauungen über Jugendertüchtigung und der unter Jugendlichen herrschenden Neigung zu, Zwistigkeiten im Wege des Kampfes auszutragen?

BGB. §§ 254, 823.

VI. Zivilsenat. Urt. v. 16. Juni 1942 i. S. P. (Bekl.) w. B. (Kl.).
VI 126/41.

I. Landgericht Würzburg.
II. Oberlandesgericht Bamberg.

Zwischen dem Kläger und dem Beklagten, Schülern eines Realgymnasiums in W., kam es am 1. April 1940 auf dem Heimwege von der Schule zu einer Rauferei, in deren Verlauf der Kläger einen Bruch des rechten Schien- und Wadenbeinknochens erlitt. Beide Jungen standen zur Zeit des Unfalls wenige Tage vor der Vollendung des 14. Lebensjahres. Der Kläger verlangt vom Beklagten Ersatz des ihm entstandenen Schadens. Das Landgericht hat ihm die Hälfte des Schadens zugesprochen, im übrigen die Klage abgewiesen. Das Oberlandesgericht hat den Beklagten zum Ersatze von $^2/_3$ des Schadens verurteilt. Die Revision des Beklagten führte zur Zuerkennung der Hälfte des Schadens an den Kläger und zur Abweisung der Klage im übrigen.

Gründe:

Das Berufungsgericht stellt folgenden Sachverhalt fest:

Während sich der Beklagte mit zwei Mitschülern unterhielt, mit denen der Kläger nach Hause gehen wollte, stand dieser in der Nähe und wartete. Als ihm das Warten zu lange dauerte, warf er mit Steinchen gegen den Baum, unter dem die drei Jungen standen. Der Beklagte forderte ihn auf, mit dem Werfen aufzuhören. Als der Kläger dies nicht tat, ging er auf ihn zu, gab ihm einen Stoß vor die Brust und nahm den Kläger, als dieser sich zur Wehr setzte, sofort in den sog. Schwitzkasten. Darauf wurde längere Zeit hin- und hergezerrt, einer suchte den anderen zu Boden zu bringen. Dabei wurde auch Bein gestellt. Beide fielen schließlich zu Boden, kamen wieder hoch und zerrten weiter, bis zuletzt der Kläger rief, er habe sein Bein gebrochen. Das Berufungsgericht entnimmt den Aussagen von Zeugen, daß während der Rauferei ein Knacken hörbar gewesen sei, das auf den Bruch des Beines habe schließen lassen.

Der Vorderrichter stellt weiter fest, es habe sich nicht um einen harmlosen Ringkampf gehandelt; vielmehr habe der Beklagte den Kläger rechtswidrig in einer Weise angegriffen, daß dieser sich habe zur Wehr setzen müssen. Das Berufungsgericht nimmt an, der Kläger habe durch sein Werfen mit den Steinchen den Beklagten schuldhaft gereizt. Es legt deshalb dem Kläger ein Mitverschulden im Sinne des § 254 zur Last, das halb so groß wie das des Beklagten zu bewerten sei. Aus der geschilderten Art des Kampfes folgert es, der Beklagte habe damit rechnen müssen, daß ernstliche Verletzungen eintreten könnten. Daß er mit dem Unfall in seiner tatsächlichen Gestalt habe rechnen müssen, sei zur Annahme einer für den Unfall ursächlichen Fahrlässigkeit nicht erforderlich.

Die Revision rügt, das Berufungsgericht habe nicht genügend berücksichtigt, daß der Kläger den Beklagten herausgefordert habe. Angesichts seines Verhaltens sei nach den unter Jugendlichen herrschenden, insbesondere den bei der Hitlerjugend gepflegten Anschauungen ein Kampf unvermeidlich gewesen. Ein solcher Kampf sei aber nach den Erfahrungen des Lebens regelmäßig harmloser Art. Bei der Prüfung der Frage, ob der Beklagte hätte erkennen können und müssen, daß dabei möglicherweise ernsthafte Verletzungen eintreten könnten, habe das Berufungsgericht dem Umstand nicht genügend Rechnung getragen, daß es sich um Jungen im Alter von nicht ganz 14 Jahren gehandelt habe. Die an die Sorgfalt des Beklagten zu stellenden Anforderungen hätten dieser Altersstufe angepaßt werden müssen. Schließlich ist die Revision der Auffassung, das Berufungsgericht habe das Mitverschulden des Klägers zu gering bemessen. Mindestens sei jeder der beiden Jungen gleich schuld gewesen.

Demgegenüber ist folgendes zu sagen:

Daß der Kläger den Beklagten durch sein Verhalten gereizt hat, hat das Berufungsgericht bei der Anwendung des § 254 BGB. berücksichtigt. Wenn es nicht darüber hinaus angenommen hat, der Beklagte habe sich bei seinem Vorgehen gegenüber dem Kläger in berechtigter Notwehr befunden, so ist darin kein Rechtsirrtum zu erblicken. Ein Werfen mit Steinchen gegen den Baum, wobei der Beklagte nicht getroffen worden ist und, wie das Landgericht ausdrücklich festgestellt, aber auch das Berufungsgericht offensichtlich angenommen hat, auch nicht getroffen werden sollte, erforderte keine Abwehr durch Stoßen des Gegners vor die Brust, wie es der Beklagte gegenüber dem Kläger betätigt hat. Es ist mithin nicht rechtsirrig, wenn das Berufungsgericht diesen tätlichen Angriff als einen rechtswidrigen ansieht, gegen den sich der Kläger habe zur Wehr setzen dürfen und der einen Kampf unvermeidlich gemacht habe. Ebensowenig ist es rechtlich zu beanstanden, wenn das Berufungsgericht aus der Art des Kampfes und den dabei eingetretenen Verletzungen folgert, der Beklagte habe mit der Möglichkeit einer ernsthaften körperlichen Schädigung des Klägers rechnen müssen. Denn es liegt nach der Lebenserfahrung durchaus im Bereich der Möglichkeit, daß bei so gearteten Kämpfen irgendwelche nicht unerheblichen Verletzungen eintreten können. Dafür, daß das Berufungsgericht hierbei die an die Voraussicht und Sorgfaltspflicht des Beklagten zu stellenden Anforderungen der Altersstufe, in der sich die Jungen befanden, nicht genügend angepaßt habe, liegt kein Anhalt vor.

Diese Beurteilung ist auch mit den von der Hitlerjugend gepflegten Anschauungen durchaus vereinbar. Danach sollen in den Jungen frühzeitig Mut und Kampfbereitschaft geweckt und gepflegt werden. Kämpfe zwischen den Jungen werden daher sicherlich weitgehend als im Rahmen der Jugendertüchtigung liegend angesehen werden können. Greift aber ein Junge einen anderen an, um ihn zu züchtigen oder zu bestrafen oder sonstwie seine Gewalt fühlen zu lassen, und nötigt er ihm dadurch den Kampf auf, so müssen die Berechtigung zu einem solchen Angriff und die Haftung des Angreifers für einen dem Gegner beim Raufen etwa zugefügten Schaden nach den allgemeinen Rechtsregeln beurteilt werden. Der Ausgleich für ein vorhergegangenes herausforderndes Verhalten des Angegriffenen kann dann nur in einer der Sachlage angepaßten Anwendung des § 254 BGB. gefunden werden. Dabei können die unter den Jugendlichen herrschenden Anschauungen, die der Austragung von Zwistigkeiten im Wege des Kampfes zuneigen, angemessene Berücksichtigung finden.

Das Berufungsgericht hat zwar bei seiner Entscheidung berücksichtigt, daß auch den Kläger eine Schuld an der Balgerei treffe, weil er sein Werfen von Steinchen trotz der Abmahnung fortgesetzt, dadurch den Beklagten gereizt und so zu seinem Vorgehen veranlaßt habe, daß er ferner, wenn schon mehr passiv beteiligt, doch auch in gewissem Umfange dazu mitgewirkt habe, daß die Balgerei ausartete und zu den üblen Folgen führte. Bei der Schadensverteilung hat es aber, indem es wesentlich auf seine geringere Schuld abgestellt hat, nicht genügend beachtet, daß nach § 254 BGB. der Umfang des zu leistenden Ersatzes insbesondere davon abhängig zu machen ist, inwieweit der Schaden vorwiegend von dem einen oder dem anderen Teile verursacht worden ist. Die Ursächlichkeit dafür, daß es hier überhaupt zum Kampf gekommen ist, hat nach den getroffenen Feststellungen unter Berücksichtigung der unter Jungen herrschenden Anschauungen der Kläger in einem solchen Maße gesetzt, daß es gerechtfertigt erschien, ihn — insoweit in Übereinstimmung mit der landgerichtlichen Entscheidung — die Hälfte seines Schadens selbst tragen zu lassen.

---

2. 1. Welchen Inhalt hat die Befugnis des Reichsführers der Kassenärztlichen Vereinigung Deutschlands, im Verfahren gegen Ärzte nach § 8 ihrer Satzung die Entscheidungen abzuändern oder aufzuheben?

2. Gilt für solche Verfahren der Grundsatz, daß niemand wegen derselben Tat zweimal verfolgt werden darf?

3. In welcher Weise unterliegt die Maßregelung der Ärzte der Verjährung?

Satzung der Kassenärztlichen Vereinigung Deutschlands vom 31. Oktober 1933 (Deutsches Ärzteblatt S. 576) § 8.

III. Zivilsenat. Urt. v. 11. Februar 1943 i. S. Kassenärztliche Vereinigung Deutschlands (Bekl.) w. T. (Kl.). III 74/42.

I. Landgericht Berlin.
II. Kammergericht daselbst.

Im März 1936 ordnete der Reichsärzteführer an, daß jedes ausübende Mitglied der Beklagten im Besitz eines bestimmten Buches sein und daß die Beklagte ihren Mitgliedern je ein Stück unter Einziehung des Preises aus den laufenden Kassenarzteinnahmen verschaffen solle. Der Kläger erhob gegen diese Anordnung am 3. April 1936 Beschwerde beim Reichsarbeitsminister. Er verglich „die Zwangsbelieferung mit Büchern gegen Einbehaltung von Lohn" mit Gepflogenheiten der russischen Bolschewiken und beanstandete sie als nicht zum nationalsozialistischen Gedankengut gehörig. Wegen dieser Äußerung leitete der Amtsleiter der Bezirksstelle B. L. der Beklagten gegen ihn ein Verfahren nach § 8 ihrer Satzung ein und schloß ihn am 11. Mai 1936 für die Dauer eines Jahres von der kassenärztlichen Tätigkeit und von der ärztlichen Tätigkeit beim Wohlfahrtsamt aus. Auf seine Beschwerde setzte der Amtsleiter der Landesstelle R. mit „Urteil" vom 22. Juli 1936 die Dauer des Ausschlusses auf sechs Monate herab. Diese Strafe wurde in der Zeit vom 20. Mai bis 2. November 1936 vollzogen. Der Kläger beanspruchte deswegen in einem Vorstreit gegen die Beklagte Schadensersatz wegen Amtspflichtverletzung. Das Oberlandesgericht erklärte mit Urteil vom 1. Juli 1938 die Klage dem Grunde nach für gerechtfertigt. Das Landgericht verurteilte daraufhin am 3. November 1938 die Beklagte, an den Kläger 6285,40 RM. nebst Zinsen zu zahlen. Ihre Berufung wurde vom Oberlandesgericht am 17. März 1939 zurückgewiesen.

Nach Eintritt der Rechtskraft des Urteils vom 1. Juli 1938 wies der Reichsführer der Beklagten den Amtsleiter der Bezirksstelle S., die inzwischen wegen einer Änderung im örtlichen Aufbau der Beklagten für den Kläger zuständig geworden war, an, das Verfahren gegen ihn von neuem einzuleiten. Der Amtsleiter eröffnete dem Kläger am 11. Oktober 1938 die Aufhebung der Entscheidung vom 11. Mai 1936 und gab ihm am 24. April 1939 die Eröffnung eines „neuen Disziplinarverfahrens" bekannt. In der Verhandlung vom 12. Mai 1939 rügte der Kläger die Unzulässigkeit dieses Vorgehens unter Hinweis auf die fortbestehende Entscheidung des Amtsleiters der Landesstelle R. vom 22. Juli 1936. Auf den Bericht der Bezirksstelle hierüber hob der Stellvertreter des Reichsärzteführers am 13. Juni 1939 auf Grund des § 8 Abs. 8 Satz 2 der Satzung die Entscheidungen der Amtsleiter der Bezirksstelle B. L. vom 11. Mai 1936 und der Landesstelle R. vom 22. Juli 1936 mit der Begründung auf, daß nach dem Urteil des Oberlandesgerichts vom 1. Juli 1938 in jenem Verfahren eine Reihe von Fehlern untergelaufen seien, welche die Richtigkeit jener Entscheidungen begründet hätten.

Inzwischen hatte der Kläger, nachdem er von den eingangs bezeichneten Amtsleitern für ein weiteres Jahr mit dem Ausschluß von der kassenärztlichen Tätigkeit bestraft worden war, weil er in einer Eingabe vom 11. September 1936 an den Reichsführer der Beklagten eine von diesem über Mittel der Kasse getroffene Verfügung beanstandet hatte, eine zweite Schadensersatzklage gegen die Beklagte erhoben. Aus diesem Anlaß ordnete der Reichsführer der Beklagten an, daß das neue Verfahren gegen den Kläger wegen der Eingabe vom 3. April 1936 auszusetzen sei, bis die Frage der Zuständigkeit der Amtsleiter der Beklagten für Verfahren wegen solcher Verstöße geklärt sei. Nachdem das Reichsgericht in seinem Urteil III 131/39 vom 26. April 1940 (RGZ. Bd. 164 S. 15) ausgesprochen hatte, daß die Amtsleiter der Beklagten auch für die Bestrafung von Mitgliedern wegen Verstoßes gegen die Unterordnungspflicht gegenüber der Leitung der Beklagten zuständig seien, wurde das neue Verfahren fortgesetzt. Das wurde dem Kläger durch den Amtsleiter der Bezirksstelle S. am 28. Januar 1941 eröffnet. Durch Entscheidung vom 26. April 1941 schloß dieser Amtsleiter den Kläger für ein halbes Jahr von der gesamten kassenärztlichen Tätigkeit aus, weil er durch seine Eingabe an den Reichsarbeitsminister vom 3. April 1936 die Verpflichtung verletzt habe, dem Reichsärzteführer und seinem Vertreter die schuldige Achtung zu bezeigen. Der Ständige Vertreter des Leiters der Beklagten änderte am 31. Oktober 1941 diese Entscheidung dahin ab, daß der Kläger mit einer Geldstrafe von 1000 RM. bestraft wurde. Hierauf bezahlte dieser 100 RM.

Mit der Klage verlangt er diese 100 RM. zurück. Auch beansprucht er die Erstattung von 50 RM. Unkosten, die ihm durch das Verfahren für Fahrten, Postsendungen und Rechtsberatung entstanden seien; weitere 50 RM. fordert er als Teilersatz des gesundheitlichen Schadens, den ihm die Beklagte durch Aufregungen und seelische Erschütterungen verursacht habe. Er führt das weitere Vorgehen gegen ihn, das zu den Entscheidungen vom 26. April und 31. Oktober 1941 geführt hat, auf schuldhafte Verletzungen der Amtspflicht insbesondere des Ständigen Stellvertreters des Reichsärzteführers zurück. Das neue Verfahren verstoße gegen den Grundsatz, daß niemand wegen derselben Verfehlung zweimal verfolgt werden dürfe. Durch die Verfügung des Stellvertreters des Reichsführers vom 13. Juni 1939 sei ihm zudem die erstverhängte Strafe erlassen worden. Jedenfalls habe ein drittes Verfahren während des Laufs des zweiten (Verhandlung vom 12. Mai 1939) nicht anhängig gemacht werden dürfen.

Die Beklagte begehrt Abweisung der Klage und, widerklagend, die Feststellung, daß dem Kläger aus den Disziplinarentscheidungen vom 26. April und 31. Oktober 1941 auch keine die Klagesumme übersteigenden Ansprüche zuständen. Sie hält die Beanstandungen des Klägers für unbegründet.

Das Landgericht hat die Klage abgewiesen und nach dem Antrage der Widerklage erkannt. Auf die Berufung des Klägers ist die Beklagte verurteilt worden, an ihn 150 RM. nebst 4 v. H. Zinsen seit der Klagezustellung zu zahlen. Der Mehranspruch — 50 RM. für gesundheitliche Schäden — und die Widerklage sind abgewiesen worden. Die Revision der Beklagten führte zur Wiederherstellung des landgerichtlichen Urteils.

Gründe:

Die Revision ist zulässig (RGZ. Bd. 154 S. 167 [180 flg.] mit weiteren Nachweisungen). Denn der Kläger macht geltend, daß der Stellvertreter des Reichsführers für die Kassenärztliche Vereinigung Deutschlands — heute: Ständiger Vertreter des Leiters der Kassenärztlichen Vereinigung Deutschlands — und der Amtsleiter der Bezirksstelle S. schuldhaft gegen wesentliche, von ihm im einzelnen bezeichnete Rechtsgrundsätze verstoßen hätten, indem sie erneut im Jahre 1941 seine Maßregelung wegen der Äußerungen in seiner Eingabe an den Reichsarbeitsminister vom 3. April 1936 veranlaßt und durchgeführt hätten. Er legt also den äußeren und inneren Tatbestand der Amtspflichtverletzung (§ 839 BGB. in Verbindung mit Art. 131 WeimVerf.) schlüssig dar.

Das Berufungsgericht hat eine schuldhafte Verletzung der

Amtspflicht angenommen, die dem Ständigen Vertreter des Leiters der Beklagten dem Kläger gegenüber obgelegen habe. Es findet diesen Tatbestand darin, daß jener den Leiter der Bezirksstelle S. angewiesen hat, gegen den Kläger wegen der Äußerungen in der bezeichneten Eingabe das „neue Verfahren einzuleiten", worin über ihn am 26. April 1941 durch den Leiter der Bezirksstelle S. der Ausschluß von der gesamten kassenärztlichen Tätigkeit auf ein halbes Jahr und am 31. Oktober 1941 durch den Ständigen Vertreter des Leiters der Beklagten an Stelle dieser Strafe eine Geldstrafe von 1000 RM. verhängt worden sind. Die Anweisung sei unzulässig gewesen; denn sie habe angesichts der Strafen, die wegen derselben Verfehlung bereits am 11. Mai 1936 durch den Leiter der Bezirksstelle B. L. und, in Änderung dieses Beschlusses, am 22. Juli 1936 durch den Leiter der Landesstelle R. dem Kläger auferlegt worden waren, gegen den allgemein und somit auch für die Strafbefugnisse der Beklagten geltenden Grundsatz verstoßen, daß gegen niemanden wegen derselben Tat zweimal eingeschritten werden dürfe. Für das „neue" Verfahren habe der Ständige Vertreter des Leiters der Beklagten auch nicht dadurch Raum geschaffen, daß er zuvor die genannten früheren Entscheidungen aufgehoben habe; denn dazu sei er nicht befugt gewesen, auch nicht auf Grund der Bestimmung der Satzung (§ 8 Abs. 8 Satz 2), wonach der Reichsführer der Beklagten Entscheidungen wegen Maßregelung eines Arztes abändern oder aufheben kann.

Nicht untersucht hat das Berufungsgericht hiernach die für alle weiteren Erörterungen grundlegende Frage, ob der Sachverhalt, wegen dessen der Kläger bestraft worden ist, seiner Art nach von den Amtsleitern der Beklagten überhaupt zum Gegenstand eines Verfahrens nach § 8 der Satzung gemacht werden konnte. Doch ergibt sich dies ohne weiteres aus den Grundsätzen, die der Senat in dem andern Rechtsstreit derselben Streitteile (RGZ. Bd. 164 S. 15 [26flg.]) entwickelt hat. Danach umfaßt die Dienstzucht der Beklagten gegenüber ihren Mitgliedern auch Verstöße, die sie gegen ihre Pflichten aus der Einordnung in die nach dem Führergrundsatz aufgebaute Körperschaft, zumal durch Verletzung der dem Führer und seinen Vertretern geschuldeten Achtung, begangen haben. Daß die Art, wie sich der Kläger in seiner Eingabe vom 3. April 1936 über die von ihm beanstandete Maßnahme geäußert hat, diese Achtung verletzte, bedarf keiner Ausführung. Die Amtsleiter der Beklagten waren also jedenfalls befugt, deswegen gegen ihn nach § 8 der Satzung einzuschreiten.

Es kann sich mithin nur darum handeln, ob seiner Bestrafung durch die Entscheidungen vom 26. April und 31. Oktober 1941 aus der vorherigen Entwicklung der Angelegenheit Hindernisse erwachsen waren. Das hat das Berufungsgericht angenommen. Seiner Begründung, die Unzulässigkeit dieser Entscheidungen folge aus dem Satze, daß gegen denselben Täter wegen derselben Tat nicht zweimal eingeschritten werden dürfe, tritt die Revision indessen mit Recht entgegen. Freilich hat die Regel, die das Berufungsgericht anwenden will, einen allgemeinen Grundsatz im Auge, der beispielsweise auch das Beamtendienststrafrecht beherrscht. Danach darf ein Dienststrafverfahren wegen solcher Verfehlungen des Beamten, die bereits in einem früheren Dienststrafverfahren, sei es durch Verurteilung, sei es durch Freispruch erledigt worden sind, nicht eingeleitet werden. Auf der Geltung dieses Satzes beruhen etwa die Vorschriften der Reichsdienststrafordnung vom 26. Januar 1937 (RGBl. I S. 71) über den Rechtsmittelzug (§§ 66 flg.), die Rechtskraft (§§ 76 flg.) und die Wiederaufnahme des Verfahrens (§§ 83 flg.). Dem Berufungsurteil ist auch zuzugeben, daß dieser Satz für das Verfahren gegen ein Mitglied der Beklagten nach § 8 ihrer Satzung in entsprechendem Umfang ebenfalls gelten und daher von den Amtsleitern der Beklagten, wenn sie auf Grund dieser Bestimmung gegen einen Arzt einschreiten, beachtet werden muß. Das folgt aus der Natur solcher Maßregelungen, die ebenso wie Entscheidungen im Beamtendienststrafrecht zur Aufrechterhaltung der Dienstzucht auf die Verhängung von Nachteilen wegen Verfehlungen abzielen und von Stellen ausgehen, welche der Gesetzgeber hierzu mit öffentlicher Gewalt bekleidet hat. In diesem Sinn ist es zu werten, wenn § 8 der Satzung die Art des Vorgehens dem Beamtendienststrafrecht immerhin in gewisser Weise angenähert hat, indem Regeln darüber gegeben werden, wie die Entscheidungen zu finden sind, und insbesondere im Absatz 5 ein gewisser Rechtsmittelzug geschaffen wird. Mit der Feststellung der angezogenen früheren Entscheidung des Senats (RGZ. Bd. 164 S. 15 [24]), bei dem Vorgehen nach § 8 der Satzung handle es sich um ein bloßes Verwaltungsverfahren, das zwar der Erreichung der Verfahrensweise und der Sicherheiten richterlicher Spruchtätigkeit zustreben möge, diese jedoch bisher nicht erreicht habe, steht diese

Auffassung in keinem Widerspruch. Denn solche Eigenart schließt weder aus, daß die entscheidende Stelle die allgemeinen Rechtsgrundsätze zu beachten hat, welche die Amtsausübung ihrem Gegenstande nach erfordert, noch daß wenigstens jene Bindungen zwingend gelten, die in den Bestimmungen zur Ordnung des Verwaltungsverfahrens vorgeschrieben worden sind. Es trifft also zu, daß es jedenfalls den äußeren Tatbestand einer Amtspflichtverletzung enthalten würde, wenn die Anweisung des Ständigen Vertreters des Leiters der Beklagten die mit der gegenwärtigen Klage beanstandete Bestrafung des Klägers bewirkt hätte, obwohl über die damit geahndete Verfehlung bereits in einem früheren Verfahren nach § 8 der Satzung endgültig entschieden war.

So verhält es sich indessen nicht. Allerdings waren gegen den Kläger wegen derselben Verfehlung bereits die Entscheidungen vom 11. Mai und 22. Juli 1936 ergangen, und die letzte war durch den Leiter der Landesstelle getroffen worden, also den Amtsleiter, der über die Beschwerde des Klägers nach § 8 Abs. 5 der Satzung „endgültig" entschied. Das Bestehenbleiben dieser Entscheidungen würde, wie die Vordergerichte zutreffend erkannt haben, den neuen, hier beanstandeten Maßregelungen entgegengestanden haben. Die Frage ist also, ob die früheren Entscheidungen beseitigt worden sind, und zwar ohne daß zugleich ein andres Ergebnis des Verfahrens an ihre Stelle gesetzt wurde, das alsdann wieder seinerseits ein Hindernis für das weitere Vorgehen abgegeben hätte. Es kann in diesem Zusammenhang unerörtert bleiben, welche Tragweite insoweit etwa den Eröffnungen des Amtsleiters der Bezirksstelle S. an den Kläger vom 11. Oktober 1938 und vom 24. April 1939 beizumessen wäre. Denn daß die Verfügung des Stellvertreters des Reichsärzteführers vom 13. Juni 1939 den hiermit vorausgesetzten Sinn hatte, kann nach ihrem Inhalt nicht bezweifelt werden. Dieser stellt auch klar, daß der Stellvertreter des Reichsärzteführers die Entscheidungen, die er aufhob, selbst durch keine andere Sachentscheidung ersetzen wollte. Es trifft also nicht zu, daß der Kläger, wie er geltend macht, durch die Verfügung vom 13. Juni 1939 „amnestiert" worden wäre.

Demnach kann es sich nur darum handeln, ob der Stellvertreter des Reichsärzteführers befugt war, in dieser Weise in das Verfahren einzugreifen. Das ist, entgegen der Meinung des Berufungsgerichts, mit dem Landgericht anzunehmen. Diese Befugnis ergibt sich aus

§ 8 Abs. 8 der Satzung, wo bestimmt ist: „Im übrigen trifft der Reichsführer nähere Bestimmungen für das Verfahren; er kann auch die getroffenen Entscheidungen abändern oder aufheben". Das kann in seiner allgemeinen Fassung nur bedeuten, daß der Reichsführer auf den Bestand und den Inhalt der Entscheidungen der ihm unterstellten Amtsleiter in jeder Weise einwirken, daß er verhängte Strafen mildern oder völlig beseitigen, anderseits schärfen oder einen Freispruch in eine Bestrafung umwandeln kann, daß er aber auch die Vorentscheidungen einfach beseitigen kann, ohne selbst sie durch ein andres sachliches Ergebnis zu ersetzen. Das letzte ist der Sinn des Satzteiles, daß der Reichsführer die getroffenen Entscheidungen aufheben kann; es schafft — wie Entscheidungen solchen Inhalts auch sonst, z. B. im Revisions- oder Wiederaufnahmeverfahren des bürgerlichen Rechtsstreits — Raum für einen „anderweitigen" Spruch. Dieser enthält, wenn er durch die untergeordneten Stellen gefällt wird, keine nochmalige Aufnahme einer schon erledigten Sache; denn infolge der Aufhebung besteht keine wirksame Entscheidung mehr.

Das Berufungsgericht hat der Vorschrift in § 8 Abs. 8 der Satzung einen beschränkteren Sinn beigelegt. Sie soll nach dem angefochtenen Urteil nur bedeuten, „daß der Reichsärzteführer die von den Amtsstellen der Beklagten erkannten Strafen mildern oder erlassen kann, nicht aber, daß er dem von den Amtsstellen durchgeführten Verfahren jede Wirkung nimmt und mit dem Ziele auf eine neue Bestrafung des Gemaßregelten ein neues Verfahren einleitet". Aber diese Auslegung ist unmöglich. „Abändern" ist nicht gleichbedeutend mit „mildern", schließt vielmehr die Verschärfung der Strafe ein. „Aufheben" enthält nicht, daß der Reichsführer darauf angewiesen wäre, die gemißbilligte Beurteilung durch eine andre Sachentscheidung zu ersetzen. Ferner stimmt die hier angenommene Erklärung der Vorschrift gut mit dem Geiste überein, der allgemein nach der Satzung die Beziehungen zwischen den Ärzten und den Amtsleitern beherrscht, zumal mit dem Führergedanken. Das in dieser Hinsicht Maßgebende ist vom Senat am bezeichneten Orte (RGZ. Bd. 164 S. 15 [24 flg.]) so eingehend dargelegt worden, daß hier darauf verwiesen werden kann. Nun spricht freilich Abs. 5 der Vorschrift davon, daß der Amtsleiter der Landes- oder Provinzstelle „endgültig" entscheide. Aber auch das konnte die Auffassung des Berufungsgerichts nicht stützen. Denn damit ist nur der Erledigung des dem Betroffenen verliehenen

Rechtsmittels der Beschwerde die Endgültigkeit beigelegt worden. Der Ausdruck besagt also in seinem Zusammenhange nichts weiter, als daß dem Betroffenen, abgesehen von der Dienstaufsichtsbeschwerde, nicht noch ein andrer Rechtsbehelf gegen die Entscheidung des Amtsleiters der Landes- oder Provinzstelle gegeben wird. Nicht dagegen wird damit ausgesprochen, daß der sonst maßgebliche Führergrundsatz an dieser Stelle durch Schaffung einer unabhängigen Spruchbehörde durchbrochen werde.

Auch in den Besonderheiten der Entwicklung des Falles begegnete der Eingriff des Stellvertreters des Reichsärzteführers keinen Hindernissen. In diesem Sinne könnten etwa in Betracht kommen: der Zeitablauf, die Tatsache, daß die Strafe, die gegen den Kläger durch die Entscheidung vom 22. Juli 1936 festgesetzt worden war, längst vollzogen, nämlich der Kläger von der kassenärztlichen Tätigkeit sechs Monate hindurch ferngehalten worden war, und schließlich die rechtskräftige Entscheidung des hierdurch veranlaßten ersten Rechtsstreits. Indessen ist nicht ersichtlich, wieso die seit der Entscheidung vom 22. Juli 1936 oder ihrer Vollstreckung abgelaufene Zeit den Stellvertreter des Reichsärzteführers von der Beseitigung der Vorentscheidungen hätte abhalten müssen, da weder die Satzung noch ein allgemeiner Grundsatz des Verwaltungsrechts seine Entschließung hierüber an die Einhaltung einer bestimmten Frist band. Ebensowenig hat die Vollziehung von Maßregelungen durch Amtsleiter der unteren oder mittleren Stufe die Wirkung, den Eingriff des Reichsärzteführers auszuschließen. Denn ein solcher Eingriff stellt keine wirkliche Rechtsmittelentscheidung, sondern eine außerordentliche und, wie gezeigt, an keine Frist gebundene Maßnahme dar, die dem Ziele des Führergedankens dient und aus seiner Unbedingtheit fließt. Damit ist von vornherein die Möglichkeit gesetzt, daß der Eingriff bereits die von ihm betroffene Maßregelung vollständig oder teilweise vollzogen vorfindet. Dann müssen die dem Arzt schon zugefügten Nachteile entweder auf die etwa neu verhängte Strafe angerechnet oder möglichst wieder ausgeglichen werden, wie es hier auch schon auf Grund der gerichtlichen Entscheidung des Vorstreites zu geschehen hat. Der Gedanke aber, daß die Vollziehung der Maßregelung das Eingreifen des Reichsführers ausschließe, wäre mit dem Führergrundsatz unvereinbar. Denn er würde die dem Reichsführer verliehene Befugnis in dem Umfange entwerten, in dem er mit ihrer Ausübung zu spät käme. Vollends kann die Entscheidung des ersten Rechtsstreits schon ihrer Natur nach den hier in Rede stehenden, öffentlichrechtlichen Zusammenhang und die in ihm enthaltene Befugnis des Reichsführers nicht berühren. Das gerichtliche Urteil wollte und und konnte nicht unmittelbar über den Fortbestand der Entscheidungen der Amtsleiter befinden, sondern behandelte allein den (bürgerlichrechtlichen) Anspruch des Klägers auf Schadensersatz aus unerlaubter Handlung (§ 839 BGB., Art. 131 WeimVerf.), dessen Zusprechung oder Aberkennung die öffentlichrechtlichen Vorgänge selbst nicht berühren konnte, mit deren Fehlerhaftigkeit sie etwa begründet wurde.

Die Verfügung des Stellvertreters des Reichsärzteführers, welche die früheren Entscheidungen der Amtsleiter aufhob, war demnach rechtmäßig. Sie schuf die Möglichkeit, über die Verfehlung des Klägers nach § 8 der Satzung erneut zu entscheiden. Nach der Aufhebung der früheren Entscheidungen sind außer den hier angegriffenen keine anderen Verfügungen getroffen worden. Das hat das Landgericht mit Recht dem Versuche des Klägers entgegengehalten, die Geschehnisse dieses weiteren Vorgehens in der Weise von einander zu trennen, daß zunächst ein zweites Verfahren (mit der mündlichen Verhandlung vom 12. Mai 1939) und sodann noch ein drittes Verfahren (mit der mündlichen Verhandlung vom 26. April 1941) stattgefunden habe. Entscheidend ist demgegenüber allein, daß, abgesehen von den aufgehobenen früheren Entscheidungen, gegen den Beklagten in keiner der in Betracht kommenden Rechtsstufen mehr als einmal entschieden worden ist. Daß ferner die Länge der seit der Verfehlung des Klägers (3. April 1936) verflossenen Zeit den neuen Entscheidungen vom 26. April und 31. Oktober 1941 nicht entgegenstand, hat auch das Berufungsgericht angenommen, freilich ohne auf die hier eingreifende Bestimmung in § 8 Abs. 3 der Satzung der Beklagten einzugehen. Dort wird — abweichend von der Regelung der Verjährung im Reichsstrafgesetzbuch, aber in gewissem Einklang mit Grundsätzen früherer Beamtendienststrafordnungen (vgl. etwa § 15 der preußischen Dienststrafordnung vom 27. Januar 1932 [GS. S. 59]) — für die Verjährung der Maßregelung der Ärzte eine Frist von zwei Jahren seit der Verfehlung bestimmt, aber auch angeordnet, daß diese Frist während der Untersuchung des Falles „ruhe" und daß die Untersuchung in dem Zeitpunkt als eingeleitet gelte, wo dem Arzt mitgeteilt wird, daß eine Verletzung seiner Pflichten bekanntgeworden ist oder geltend gemacht wird. Eine solche Mitteilung hat der Kläger, wie sich ohne weiteres aus dem Zeitpunkte der Entscheidung vom 11. Mai 1936 ergibt, spätestens etwa einen Monat nach der Tat erhalten. Seitdem ruhte also die Verjährung. Sie hätte erst dann wieder in Gang kommen können, wenn die Untersuchung des Falles beendigt worden wäre, ohne daß gegen den Kläger eine Strafe verhängt wurde. Dazu ist es aber, jedenfalls vorerst, nicht gekommen. Die früheren Entscheidungen des Amtsleiters schufen in Gestalt der Maßregelung des Klägers ein fortdauerndes Untersuchungsergebnis; solange es bestand, hätte zwar eine Vollstreckungsverjährung einsetzen können, vorausgesetzt, daß die Satzung eine solche vorsähe, was aber nicht der Fall ist; dagegen war ein Weiterlaufen der Strafverfolgungsverjährung unmöglich. An ihr Wiedereinsetzen kann erst für den Zeitpunkt gedacht werden, wo die Entscheidungen vom 11. Mai 1936 und vom 22. Juli 1936 durch den Stellvertreter des Reichsärzteführers aufgehoben wurden (13. Juni 1939). Es muß indessen unerörtert bleiben, ob dieser Eingriff wirklich eine solche Folge hatte und, zutreffendenfalls, ob es sich dabei, worauf der Gebrauch des Ausdrucks der Satzung „ruhen" hinweist, um das Weiterlaufen der mit der Tat in Gang gesetzten und durch die Eröffnung der Untersuchung gegen den Kläger nur gehemmten — vgl. § 205 BGB. — Frist handeln würde. Denn selbst, wenn das zugunsten des Klägers angenommen wird, ist es deshalb nicht zu der Vollendung der Zweijahresfrist gekommen, weil dem Kläger am 28. Januar 1941 die Wiederaufnahme der Untersuchung mitgeteilt worden ist. Mindestens das bewirkte ein weiteres Ruhen der Frist, und dieses hat bis zu der noch geltenden Maßregelung des Klägers angedauert. Es kann hiernach unerörtert bleiben, ob nach Lage der Sache der Ablauf der Verjährung nicht auch auf Grund der weiteren Bestimmung des § 8 Abs. 3 der Satzung verneint werden müßte, wonach bei Verfehlungen, die eine nach allgemeinem Strafrecht strafbare Handlung darstellen, die Verfolgung nicht eher als die Strafverfolgung verjährt.

Außerhalb des bisher Erörterten wirft der Kläger dem weiteren Vorgehen der Beklagten keine Verfahrensverstöße vor. Er macht nur noch geltend, daß die Verhängung der neuen Strafe nach so langer Zeit und angesichts der ihm bereits zugefügten und durch die Ausführung der gerichtlichen Entscheidung keineswegs ausgeglichenen Nachteile unbillig sei, und beanstandet die Höhe der schließlich verhängten Geldstrafe. Er entnimmt daraus, daß das Vorgehen durch eine unsachliche und voreingenommene Haltung der Leiter der Beklagten ihm gegenüber veranlaßt und beeinflußt worden sei. Alles dies kann aber für diesen Rechtsstreit nicht ins Gewicht fallen. Die sachlichen Gesichtspunkte, die das Vorbringen des Klägers berührt, sind solche, deren Bewertung ausschließlich dem pflichtmäßigen Ermessen der berufenen Stellen der Beklagten anheimgegeben war. Dessen Ausübung ist aber nach anerkanntem Recht der gerichtlichen Nachprüfung entzogen; nur dann findet eine Ausnahme von dieser Regel statt, wenn sich die Ausübung des Ermessens offensichtlich so weit von jeder Gebarung ordentlicher Verwaltung entfernt, daß sie schlechterdings nicht mehr als in deren Rahmen fallend angesehen werden kann (RGZ. Bd. 154 S. 144 [153]). Diese Voraussetzungen liegen gewiß nicht vor. Der Verdacht der Voreingenommenheit der Leiter, den der Kläger ausspricht, findet in den Tatsachen keinen genügenden Anhalt.

Hiernach ist schon der äußere Tatbestand einer Amtspflichtverletzung nicht dargetan.

---

3. 1. Ist bei mangelhafter Ausführung eines Bauauftrags die Wandlungsklage auch dann möglich, wenn das Werk nicht zurückgewährt werden kann? Hat der Unternehmer Anspruch auf Überlassung des Grundstücks, auf dem der Bau errichtet wurde?

2. Welcher Zeitpunkt ist für die Feststellung der Bereicherung und der Nutzungen maßgebend?

3. Haftet der Unternehmer, der das Werk aus Verschulden mangelhaft ausführte, nur auf das Vertrauensinteresse oder darüber hinaus?

ABGB. § 1167.

VII. Zivilsenat. Beschl. v. 24. Februar 1943 i. S. H. (Kl.) w. A. (Bekl.). VII 4/43.

I. Landgericht Brüx.
II. Oberlandesgericht Leitmeritz.

Der Kläger ist Eigentümer des Grundstücks EZ 914 in O. Im Jahre 1929 vereinbarte er mit dem Beklagten, einem Baumeister, daß dieser auf dem Grundstück einen Werkstätten- und Wohnhausbau nach vereinbartem Plan für den Gesamtpreis von 207000 K. schlüsselfertig bis Februar 1930 ausführe. Er zahlte auf die Bausumme insgesamt 175000 K., machte außerdem für den Bau Aufwendungen im Betrage von 40897 K., die der Baumeister hätte aufbringen müssen. Der Bau war Ende Februar 1930 noch nicht fertig, doch bezog der Kläger, der seine bisherige Wohnung räumen mußte, am 1. März 1930 eine Wohnung im II. Stock des Rohbaues. Die Baubehörde erteilte im Oktober 1930 die Benutzungserlaubnis. Diesen Beschluß focht der Kläger an, da der Bau noch nicht fertig sei. Am 16. November 1938 hob die Baubehörde ihren Bewilligungsbescheid als gesetzwidrig und nichtig auf. Der Landrat gestattete am 14. Oktober 1940 nur die Benutzung des Erdgeschosses, untersagte aber jeden andern Gebrauch. Der Kläger benutzte zwar Wohnräume und Werkstatt, nahm jedoch den Bau nicht als Erfüllung an, bezeichnete ihn vielmehr als unfertig und mangelhaft und begehrte seine Fertigstellung.

In der am 27. März 1935 eingebrachten Klage hat er wegen wesentlicher Mängel seinen Rücktritt vom Vertrag erklärt und die Rückzahlung des für den Bau bezahlten Betrags von 175000 K. und der von ihm für den Beklagten verlegten Aufwendungen von 40897 K., weiter 75000 K. Schadensersatz für Mietzinsentgang und 115800 K. für den Verdienstentgang bis zum 26. März 1938 begehrt. Das Landgericht hat festgestellt, daß das Bauwerk mit wesentlichen Mängeln behaftet sei, deren Behebung 144000 bis 180000 K. erfordern würde. Es hat deshalb die Rücktrittserklärung des Klägers vom Bauvertrag für gerechtfertigt erklärt und dies dahin ausgesprochen, der Beklagte sei schuldig, „dem Kläger durch Gestattung des Rücktritts vom Bauvertrage den früheren Zustand auf der Grundparzelle 914 wiederherzustellen". Ferner hat es den Beklagten zur Rückstellung des erhaltenen Baubetrags von 175000 K., jedoch „Zug um Zug gegen Leistung des Klägers von 1350 K. und von monatlich 800 K. ab 16. Oktober 1930 bis zur Räumung und Übergabe des Bauwerks" verurteilt. Überdies hat es dem Kläger einen Schadensbetrag von 183854,50 K. zugesprochen. Das Oberlandesgericht hat das erste Erkenntnis abgeändert; es hat dem Kläger insgesamt

267107,50 K. zuerkannt, ihn jedoch verpflichtet, „Zug um Zug dem Beklagten den Teil der Parzelle 914, welcher zur ordnungsgemäßen Benutzung des darauf errichteten Gebäudes notwendig ist, um 35000 K. zu verkaufen und dem Beklagten ab 16. März 1936 monatlich 500 K. bis zur Räumung und Übergabe der vom Kläger benutzten Räumlichkeiten zu bezahlen". Die Revision des Klägers führte zur Aufhebung und Zurückverweisung.

Gründe:

Es handelt sich um einen Werkvertrag (Bau eines Hauses auf dem Grunde des Klägers). Da der Kläger Eigentümer des Grundstücks ist, wurde er durch den Bau ohne jede Übergabe Eigentümer des Gebäudes (§§ 297, 417 ABGB.). Indessen war das Werk mit wesentlichen Mängeln behaftet; deshalb konnte er — mangels Rücktrittserklärung nach § 918 ABGB. — nach § 1167 ABGB. vom Vertrag abgehen. Dies konnte, da § 1167 hierin vom § 932 ABGB. abweicht, durch einseitige Erklärung des Klägers gegenüber dem Beklagten geschehen. Eine Klage auf Zustimmung des Beklagten war nicht erforderlich. Ein solches Begehren hat der Kläger auch nicht gestellt. Soweit das Landgericht ausgesprochen hat, der Beklagte habe „unter Gestattung des Rücktritts" Rückzahlungen zu leisten, ist die Urteilsfassung verfehlt. Die Wandlungserklärung hat der Kläger in der Klage abgegeben. Sie hat, sofern sie durch die Zustimmung des Beklagten oder durch das Urteil des Gerichts für gerechtfertigt erklärt wird, die Aufhebung des Werkvertrags zur Folge. Es ist nicht notwendig, zunächst ein „rechtsgestaltendes Urteil zu erwirken, daß der Vertrag gewandelt" werde, und erst nach dessen Rechtskraft die Ansprüche geltend zu machen, die sich aus der Wandlung ergeben. Es genügt, daß die Wandlungserklärung durch das Urteil für gerechtfertigt erklärt wird. Das Urteil wirkt nicht unmittelbar, sondern mittelbar rechtsgestaltend. Die Folge der Wandlung ist, daß der Vertrag rückgängig gemacht ist. Damit erlöschen die gegenseitigen Rechte und Pflichten aus dem aufgehobenen Vertrag, und zwar rückwirkend. Die Aufhebung des Vertrags erzeugt jedoch neue Pflichten; jeder Teil hat das, was er erhalten hat, zurückzugewähren. Der Beklagte hat wegen des Baues 175000 K., ferner die Aufwendungen von 40897 K. erhalten, die der Kläger an seiner Statt auf den Bau geleistet hat. Der Beklagte hat also diese Beträge zurückzugeben, und zwar beide aus dem Grunde der Bereicherung. Der Kläger muß das Werk zurückgewähren. Ein aufgeführtes Bauwerk läßt sich jedoch nicht zurückgeben. Dies hindert indessen die Wandlung nicht. Der Kläger muß an Stelle der Rückgabe des Bauwerks den Betrag zurückgewähren, um den sein Grundstück durch den Bau an Wert gewonnen hat. Das hat nach den Grundsätzen des § 1447 ABGB. zu geschehen.

Die Vordergerichte hätten in erster Linie feststellen sollen, wie groß der Betrag ist, um den sich der Wert des Grundstücks des Klägers dadurch erhöht hat, daß der — allerdings mangelhafte — Bau darauf errichtet worden ist. Sowohl dieser Betrag wie der vom Unternehmer zurückzugebende Betrag waren an dem Tage fällig, an welchem die Wandlungserklärung mit Recht abgegeben wurde. Sobald der Vertrag aufgehoben war und die Rückgewährpflicht eintrat, konnte wegen Nichterfüllung dieser Pflicht der hierdurch entstandene Schaden, insbesondere der aus Verzugszinsen bestehende, begehrt werden.

Neben dem Kapitalausgleich waren die Nutzungen auszugleichen, die jeder Teil dadurch gewonnen hatte, daß er das Kapital des andern hatte nutzen können. Diese Nutzungen waren ebenfalls auf den Tag der Wandlung abzustellen. Denn nach diesem Tage waren die Beziehungen der Parteien durch die aus der Wandlung entsprungene Rückleistungspflicht und den Schadensersatz wegen Nichterfüllung dieser Pflicht geregelt. Für den Ausgleich der gegenseitigen Nutzungen, die Bereicherung, war es gleichgültig, ob einzelne Nutzungen sich als Zinsen darstellten und als solche einer kürzeren Verjährung unterlagen. Bei dieser Abrechnung der beiderseitigen Vorteile kamen sie nicht als „Zinsen", sondern als Teil der Bereicherung in Betracht und waren als solche zu veranschlagen, auch wenn diese Nutzungen als „Zinsen" verjährt gewesen sein sollten. Eine Vergleichung der Nutzungen war beendigt mit dem Tage der Wandlung; denn von diesem Tage an trat für jede der Parteien die Pflicht zur Rückstellung und des Schadensersatzes wegen Nichterfüllung dieser Rückstellungspflicht an die Stelle der wegen der mangelhaften Vertragserfüllung eingetretenen Bereicherung.

Daß die Vordergerichte dem Kläger eine monatliche Zahlung von 800 (500) K. für die Zukunft auferlegt haben, ist rechtlich unhaltbar. § 406 ÖstZPO. kennt eine Klage auf künftige Leistungen nur bei Unterhaltsansprüchen. Es ist auch nicht einzusehen, wie derartige künftige Leistungen Zug um Zug gegen die jetzt schon fällige Leistung des Beklagten, und zwar „binnen 14 Tagen", möglich sein sollten. Übrigens ist nicht der Beklagte, sondern der Kläger Eigentümer des auf seinem Grunde erbauten Hauses. Der Beklagte hat auch wegen der Unmöglichkeit der Rückgewähr des Bauwerks seit der Wandlung bloß Anspruch auf die Zahlung des Betrags, um den der Wert des Grundstücks infolge des Baues erhöht und der Kläger somit bereichert wurde, nicht aber einen Anspruch darauf, daß dieser für die Benutzung des ihm gehörigen Gebäudes ein Entgelt zahle.

Mit der Wandlung hat der Vertrag rückwirkend zu bestehen aufgehört. Die Vertragspflichten haben aufgehört; sie konnten also auch nicht verletzt werden. Wenn der Beklagte durch schuldhaftes Verhalten die Wandlung herbeigeführt hat, so haftet er für den durch dieses Verschulden verursachten Schaden. Da nach der Wandlung keine Vertragsverpflichtung mehr bestand, kann wegen Vertragspflichtverletzung auch kein Schaden gefordert werden. Einen Schadensersatzanspruch wegen mangelhafter Erfüllung einer nicht bestehenden Vertragspflicht gibt es nicht. Der Kläger konnte daher wegen des Verschuldens des Beklagten nur den Schaden ersetzt verlangen, der ihm außerhalb der Vertragserfüllung entstand. Ein derartiger Schaden kann entweder aus einer unerlaubten oder ihr ähnlichen Handlung entspringen, z. B. wenn infolge schuldhafter Lieferung mangelhafter Sachen ein Schaden im Vermögen des andern, so die Beschädigung von Maschinen, die Einschleppung von Krankheiten oder dergleichen, eintritt; oder der Schaden besteht darin, daß der andre sich auf den Vertrag überhaupt eingelassen hat, was er unterlassen hätte, wenn er gewußt hätte, daß wegen des Verschuldens des Gegners der Vertrag rückgängig gemacht werden würde.

Wäre der Vertrag nicht aufgehoben, sondern richtig erfüllt worden, so hätte der Kläger die Wohnung in dem Gebäude vermieten und die Werkstatt benutzen können. Er hätte aber auch das Baugeld zu bezahlen gehabt. Durch die Wandlungserklärung ist der Vertrag mit rückwirkender Kraft aufgehoben worden. Der Kläger kann deshalb keinen Ersatz dafür verlangen, daß der nicht mehr bestehende Vertrag nicht erfüllt wurde. Er kann nicht ersetzt verlangen, was er gewonnen hätte, wenn er und sein Vertragspartner ihrer Vertragspflicht nachgekommen wären. Wenn er jetzt die Rückzahlung des

Baugeldes und den Ersatz der Vorteile begehrt, die er durch Zahlung des Baugeldes sich hätte erwerben können, so erstrebt er, ohne selbst etwas zu leisten, die Vorteile, die er bei Erfüllung seiner Vertragspflicht bekommen hätte. Der Kläger kann mithin höchstens Ersatz des Schadens begehren, den er dadurch erlitt, daß er einen Vertrag geschlossen hat, der wegen Verschuldens des Beklagten aufgehoben wurde, den er aber ohne dieses Verschulden nicht geschlossen hätte.

Durch das Berufungsurteil ist dem Kläger ein Betrag von 51210,50 K. zugesprochen worden. Insoweit hat der Beklagte das Berufungsurteil nicht angefochten. Es bleibt festzustellen, ob dieser Betrag dem oben erörterten Vertrauensinteresse (negativen Vertragsinteresse) des Klägers angemessen ist. Hätte dieser einem andern Bauunternehmer den Bauauftrag gegeben, so hätte er gewisse Mietzinserträgnisse und einen gewissen Verdienst durch Benutzung der Werkstatt erzielt; er hätte aber auch den Werkpreis bezahlen müssen. Es ist zu prüfen, ob die Schädigung seines Interesses, durch einen Werkvertrag mit einem andern Baumeister bei Hingabe des Baugeldes auch diese Beträge zu erzielen, den zugesprochenen Betrag übersteigt. Nach der Aktenlage und dem eigenen Vorbringen des Klägers ist dies nicht anzunehmen. Gemäß § 273 ÖstZPO. kann deshalb das Vertrauensinteresse als mit dem rechtskräftig zugesprochenen Betrage von 51210,50 K. festgesetzt gelten.

Die dem Kläger auferlegte Verpflichtung, sein Grundstück um 35000 K. an den Beklagten zu verkaufen, kann aus dem Grundsatze der Ausgleichung der Bereicherung nicht gefolgert werden. Die Bestimmung des § 418 ABGB. ist hier nicht anwendbar, da der Bau auf Grund eines Bauvertrags ausgeführt wurde; auch liegt der Fall des § 418 letzter Satz nicht vor. Der Kläger hat keinen Klageantrag dahin gestellt, daß der Beklagte verpflichtet sei, den aufgeführten Bau niederzureißen. Das Klagebegehren lautet nur auf Zahlung eines bestimmten Betrags. Daher konnte, wie das Berufungsgericht richtig feststellt, der Beklagte zur Niederreißung des Gebäudes nicht verurteilt werden. Hätte der Kläger ein derartiges Begehren gestellt, so könnte seine Erklärung, er sei bereit, den Grund, auf dem das Haus steht, um 35000 K. an den Beklagten zu verkaufen, als Ermächtigung für diesen angesehen werden, sich von der Pflicht, das Haus niederzureißen, durch den Kauf des Grundes um 35000 K. zu befreien. Als Ermächtigung des Beklagten, sich von der Zahlung der eingeklagten Summe zu befreien, kann diese Bereitwilligkeit des Klägers zum Verkauf des Hauses überhaupt nicht in Betracht kommen. Abgesehen davon kann diese Erklärung nicht als Klageantrag aufgefaßt werden, da sie keine Verpflichtung des Beklagten bezweckte und bezwecken konnte. Sie ist nichts andres als ein Vertragsantrag des Klägers, durch den Verkauf des Grundes mit dem Hause den Rechtsstreit über das, was nach der Aufhebung des Vertrags zurückzuerstatten ist, zu beenden. Keineswegs ist aber dieses Angebot als Prozeßantrag oder als Einschränkung des auf Zahlung einer bestimmten Geldsumme lautenden Klagebegehrens anzusehen. Dieses Angebot hat der Beklagte nicht rechtzeitig angenommen. Erst in der Berufungsschrift hat er erklärt, er sei zu diesem Kaufe bereit. Diese Annahme ist jedenfalls verspätet, zumal da sich zwischen dem Angebot vom 4. Januar 1938 und der Annahmeerklärung die Verhältnisse wesentlich geändert hatten.

Zusammenfassend ist zu sagen: Die vom Berufungsgericht zuerkannte Gegenleistung des Klägers (Hausverkauf und Zahlung von 500 K. monatlich) entfällt. Der Kläger hat dem Beklagten den Wertbetrag zu ersetzen, um den sein Grund durch den vorhandenen Bau zur Zeit der Wandlung erhöht worden ist. Die Ausgleichung der gegenseitigen Nutzungen ist durch den Tag der Wandlung begrenzt, da von diesem Tage ab an ihre Stelle die Pflicht zur Rückgewähr des Erhaltenen und des Bereicherungsbetrags trat. Ein Schadensersatz wegen Miet- und Verdienstentgangs in der vom Kläger begehrten Weise kommt nicht in Betracht, da durch die Wandlung der Vertrag aufgehoben wurde und nur das Vertrauensinteresse oder ein durch Verschulden entstandener Schaden, nicht aber Ersatz wegen Nichterfüllung des aufgehobenen Vertrags begehrt werden kann. Für die Entscheidung ist in erster Linie die Frage maßgebend, welchen Wert der Bau in seinem — mangelhaften — Zustand hatte, um wieviel der Kläger dadurch bereichert ist, daß dieser Bau sein Eigentum geworden ist, und welchen Betrag er aus dem Grunde der Bereicherung dem Beklagten zu vergüten hat. Dieser Wert ist durch Sachverständige festzustellen. Da dies bisher unterblieb, so ist zu dieser Ergänzung das Urteil des Berufungsgerichts aufzuheben.

---

4. Ist § 4 der Verordnung über die Preisüberwachung und die Rechtsfolgen von Preisverstößen im Grundstücksverkehr vom 7. Juli 1942 (RGBl. I S. 451) auch anwendbar, wenn die Beteiligten mit der Beurkundung eines niedrigeren Grundstückskaufpreises als des vereinbarten nur die Ersparung von Steuern bezwecken?

III. Zivilsenat. Urt. v. 25. Februar 1943 i. S. St. (Kl.) w. S. (Bekl.). III 116/42.

I. Landgericht Cottbus.
II. Kammergericht Berlin.

Durch notarischen Vertrag vom 11. April 1940 kaufte der Beklagte von der Ehefrau des Klägers das dieser gehörige Hausgrundstück in Groß-R. In dem Vertrag ist der Kaufpreis auf 42000 RM. festgesetzt; weiter ist darin hervorgehoben, daß sämtliche Räume des Grundstücks vermietet seien, und bestimmt, daß der Käufer in die Mietverträge eintrete. Das Grundstück wurde demnächst an den Beklagten aufgelassen; dieser wurde als Eigentümer im Grundbuch eingetragen. Unmittelbar vor der Verlautbarung des notarischen Kaufvertrages schloß der Kläger mit dem Beklagten einen von ihm entworfenen schriftlichen Vertrag, inhalts dessen er dem Beklagten das gesamte Inventar auf dem Grundstück laut besonderer Aufstellung zum Preise von 9000 RM. verkaufte. Auf diesen Preis hat der Beklagte bisher nur 2000 RM. gezahlt.

Der Kläger verlangt einen Teilbetrag von 692 RM. seiner Restforderung. Der Beklagte begehrt Klageabweisung und, widerklagend, die Feststellung, daß dem Kläger aus dem Vertrage vom 11. April 1940 auch keine weitere Forderung von 6308 RM. gegen ihn zustehe. Er trägt vor, der Vertrag sei wegen Wuchers und Verstoßes gegen die Preisvorschriften unwirksam, da der Wert des verkauften Inventars noch erheblich unter den bereits gezahlten 2000 RM. liege, der Kläger auch bisher seine Pflicht zur Vorlegung der im Vertrag erwähnten Aufstellung nicht erfüllt habe, wovon die vertragliche Bindung des Beklagten habe abhängig sein sollen. Der Kläger tritt dem entgegen und macht geltend, mit den 9000 RM. habe auch der Wert des auf dem Grundstücke befindlichen Lebensmittelgeschäftes eines gewissen L., das der Kläger seinerzeit eingerichtet habe, oder die für den Beklagten bestehende Anwartschaft, dort künftig selbst ein Lebensmittelgeschäft zu betreiben, abgegolten werden sollen.

Das Landgericht hat den Beklagten nach dem Klageantrage verurteilt und die Widerklage abgewiesen. Auf die Berufung des Beklagten hat das Kammergericht die Klage abgewiesen und der Widerklage stattgegeben. Die Revision des Klägers blieb erfolglos.

Gründe:

Der Berufungsrichter meint, der schriftliche Vertrag vom 11. April 1940 sei nicht geeignet, den Klageanspruch zu rechtfertigen, weil der nach den Preisstoppvorschriften zulässige Preis für das darin verkaufte Inventar hinter den vom Beklagten bereits gezahlten 2000 RM. zurückbleibe. Tatsächlich entspreche dieser Vertrag aber nicht der wirklichen Vereinbarung der Parteien, die nach dem Klagevortrage dahin gegangen sei, daß die 9000 RM. für das gesamte dem Kläger gehörende Inventar, wie es der Beklagte besichtigt habe, und für die Anwartschaft auf das Lebensmittelgeschäft des L. hätten gezahlt werden sollen. Wie auf Grund der Aussage des Zeugen W. entgegen dem Bestreiten des Beklagten erwiesen sei, hätten die Parteien bei den Verhandlungen auch davon gesprochen, in dem Kaufpreise sei der Gegenwert für die Möglichkeit enthalten, daß der Beklagte später einmal in dem Hause ein Lebensmittelgeschäft betreiben könne. Bei dieser Möglichkeit oder Aussicht handele es sich aber nicht um einen selbständigen Wert, der Gegenstand einer besonderen Vereinbarung sein könne, sondern lediglich um einen Umstand, der allein für die Bewertung des Grundstücks von Bedeutung sei, zumal da die Räume als solche mit dem Grundstück verkauft und die Rechte aus dem Miet- oder Pachtvertrag ebenfalls bereits auf Grund des Grundstücksvertrages auf den Beklagten übergegangen seien. Die Beteiligten hätten auch keinen bestimmten Wert für das Geschäft angesetzt, sondern von dem Gesamtpreis, auf den es ihnen allein angekommen sei, einen möglichst geringen Betrag als Grundstückspreis festgesetzt, um Steuern zu ersparen, insbesondere im Hinblick auf den niedrigen Ankaufspreis der Verkäuferin eine zu hohe Wertzuwachssteuer zu vermeiden, und den Rest als Wert des Inventars und der Geschäftsanwartschaft bezeichnet. Wenn auch der Grundstücksvertrag von der Ehefrau des Klägers, der Inventarvertrag vom Kläger abgeschlossen worden sei, seien doch beide Verträge von allen

Beteiligten als Einheit angesehen worden. Rechtlich liege also der Verkauf eines Grundstücks einschließlich der damit verbundenen Anwartschaft auf spätere Einrichtung eines Lebensmittelgeschäfts darin zum Preise von wenigstens 49000 RM. und ein Verkauf des Inventars zum Preise von höchstens 2000 RM. vor. Da die Teilung des wirklichen Grundstückspreises in den notarisch vereinbarten Teil von 42000 RM. und den in dem Inventarvertrage mitenthaltenen Rest von mindestens 7000 RM. zum Zwecke der Steuerersparnis, also in Täuschungsabsicht, vorgenommen worden sei, gelte nach § 4 der Verordnung vom 7. Juli 1942 der notarisch beurkundete Preis von 42000 RM. als vereinbart.

Die Revisionsangriffe gegen diese Beurteilung, die keinen Rechtsirrtum erkennen läßt, sind nicht berechtigt. Zunächst läßt die Begründung des Berufungsurteils keinen Zweifel darüber, daß der Berufungsrichter den Grundstückskauf als einen sogenannten Schwarzkauf ansieht, d. h. einen solchen, bei dem nicht der volle Kaufpreis für das Grundstück beurkundet, sondern in dem notarischen Vertrag ein geringerer Preis als der vereinbarte angegeben ist. Zu Unrecht bemängelt die Revision diese im wesentlichen auf tatsächlichen Erwägungen beruhende Feststellung dahin, daß sie hinreichender Unterlagen entbehre und dem Beweisergebnis widerspreche. (Wird näher ausgeführt.)

Zweifel können bei der Entscheidung nur in der Richtung auftauchen, ob der vom Berufungsgericht festgestellte Sachverhalt, nämlich die bewußt unrichtige Angabe des Kaufpreises im Grundstückskaufvertrage seitens der Beteiligten zum Zwecke der Steuerersparnis, die Anwendung des § 4 der Verordnung über die Preisüberwachung und die Rechtsfolgen von Preisverstößen im Grundstücksverkehr vom 7. Juli 1942 zu rechtfertigen vermag. Nach dieser Vorschrift gilt, wenn in einem nach dem Inkrafttreten des Preiserhöhungsverbots geschlossenen Vertrage die Vertragsteile in Täuschungsabsicht ein geringeres als das vereinbarte Entgelt haben beurkunden lassen, grundsätzlich das beurkundete Entgelt als vereinbart. Der Regelung unterfallen danach im Altreich alle seit dem 18. Oktober 1936 abgeschlossenen Verträge (vgl. § 1 der Verordnung über das Verbot von Preiserhöhungen vom 26. November 1936 [RGBl. I S. 955]). Entgegen der Ansicht der Revision sind demgemäß hier wegen der Anwendung des § 4 keine Bedenken daraus herzuleiten, daß die

Kaufverträge vom 11. April 1940 in die Zeit vor dem Inkrafttreten der Verordnung vom 7. Juli 1942 fallen. Fraglich könnte nur sein, ob eine Täuschungsabsicht im Sinne der genannten Vorschrift vorliegt, wenn die Beteiligten durch die Angabe des geringeren Kaufpreises nur Steuern sparen wollten. Das ist indes zu bejahen.

Die genannte Verordnung betrifft zwar nach ihrer Überschrift die Preisüberwachung im Grundstücksverkehr, und der § 4 dient vor allem dem Zwecke, eine Umgehung der Preisvorschriften zu verhindern. Deshalb ist dabei naturgemäß in erster Linie an eine beabsichtigte Täuschung der Preisüberwachungsbehörde über die Höhe des vereinbarten Entgelts gedacht (vgl. Pritsch-Friemann bei Pfundtner-Neubert Das Neue Deutsche Reichsrecht III e Nr. 13 Bem. 2 zu § 4 der VO. v. 7. Juli 1942 S. 336; Pritsch DJ. 1942 S. 463 [466]). In der Fassung der Vorschrift ist aber nicht zum Ausdruck gekommen, daß ihr Anwendungsbereich auf diesen Fall beschränkt sein soll. Eine solche Beschränkung würde auch unzweckmäßig sein und den Tatsachen Zwang antun. Wenn die Parteien eines Grundstückskaufvertrags bewußt einen niedrigeren Kaufpreis als den vereinbarten beurkunden lassen, so tun sie das in aller Regel, um nach außen hin allgemein den Anschein zu erwecken, daß der beurkundete Kaufpreis vereinbart sei, also um die Außenwelt zu täuschen. Sie müssen sich insbesondere bewußt sein, daß durch die unrichtige Beurkundung alle behördlichen Stellen, denen der notarische Vertrag zwecks Genehmigung, Nachprüfung des Kaufentgelts, Erhebung von Steuern oder grundbuchlicher Eintragung unterbreitet werden muß, über die Höhe des Kaufpreises irregeführt werden. Eine Beschränkung des Täuschungswillens auf eine dieser Stellen, etwa auf die Steuerbehörde, würde nur dann angenommen werden können, wenn die Beteiligten, wofür hier nichts vorliegt, überhaupt nicht damit gerechnet hätten, daß die Urkunde auch anderen Behörden zu Gesicht kommen würde, oder wenn von ihnen, was hier nicht behauptet ist, im übrigen dem unrichtigen Vertrag eine aufklärende Erläuterung beigefügt worden wäre, womit sie freilich den Erfolg der beabsichtigten beschränkten Täuschung von vornherein in Frage gestellt hätten. Auf einen beschränkten Zweck der beabsichtigten allgemeinen Täuschung, der sehr wohl nur dahin gehen könnte, eine Beanstandung des Kaufentgelts durch die Preisüberwachungsbehörde zu verhindern, eine zur Wirksamkeit des Eigentumsüberganges erforderliche behördliche Genehmigung zu erreichen oder Steuern zu ersparen, kann es dabei aber nicht ankommen. Auch die im § 4 angeordnete Rechtsfolge der unrichtigen Beurkundung, daß das beurkundete Entgelt als vereinbart gilt, ist keineswegs auf das Gebiet der Preisüberwachung beschränkt, sondern hat allgemeine Bedeutung. Insbesondere wird dadurch in den Fällen, in denen die Auflassung zu ihrer Wirksamkeit nach § 4 des Gesetzes über die Aufschließung von Wohnsiedlungsgebieten vom 22. September 1933 (RGBl. I S. 659) in der Fassung des Gesetzes vom 27. September 1938 (RGBl. I S. 1246), § 2 der Bekanntmachung über den Verkehr mit landwirtschaftlichen oder forstwirtschaftlichen Grundstücken vom 26. Januar 1937 (RGBl. I S. 35) oder § 2 der Ersten Durchführungsverordnung zum Gesetz über die Sicherung der Reichsgrenze und über Vergeltungsmaßnahmen vom 8. Oktober 1941 (RGBl. I S. 623) behördlicher Genehmigung bedarf und diese auf Grund des unrichtig beurkundeten Vertrags erteilt worden ist, vermieden, daß die Auflassung der Nichtigkeit verfällt und auch die Heilung des Formmangels gemäß § 313 Satz 2 BGB. durch Auflassung und Eintragung nicht eintritt.

Danach bestehen keine Bedenken, den § 4 auch auf den nach der Annahme des Berufungsgerichts hier vorliegenden Fall anzuwenden, daß die Beteiligten mit der unrichtigen Beurkundung nur den Zweck verfolgt haben, Steuern zu sparen. Weiter hat das Berufungsgericht ohne Rechtsirrtum angenommen, daß hier der Tatbestand des § 2 Abs. 2 der Verordnung, der die Rechtsfolge des § 4 ausschließen würde, schon deshalb nicht gegeben ist, weil die Preisüberwachungsbehörde den beurkundeten Kaufpreis nicht beanstandet hat. Daß sie, wie aus dem Bescheide des Regierungspräsidenten vom 22. März 1941 zu entnehmen ist, die Parteien aber nicht voraussehen konnten, auch einen höheren Kaufpreis bis zu 49000 RM. unbeanstandet gelassen hätte, wenn er ihr unterbreitet worden wäre, ist in diesem Zusammenhang ohne Bedeutung. Die Anwendung des § 4 führt aber dazu, daß der Kläger den einen Teil des Grundstückskaufpreises bildenden Restbetrag aus dem schriftlichen Vertrage vom 11. April 1940 nicht beanspruchen kann.

5. Liegt ein gültiges Nottestament vor, wenn der Bürgermeister in unrichtiger Beurteilung der Sachlage das vorzeitige Ableben des Erblassers besorgt oder zwar für seine Person keine derartige Besorgnis hat, sachlich aber eine solche gerechtfertigt ist?

Gesetz über die Errichtung von Testamenten und Erbverträgen vom 31. Juli 1938 (RGBl. I S. 973) — TestG. — § 23.

VII. Zivilsenat. Beschl. v. 6. März 1943 i. S. Eheleute H. (Bekl.) w. K. und 1 and. (Kl.). VII (VIII) 125/42.

I. Landgericht St. Pölten.
II. Oberlandesgericht Wien.

Die am 17. März 1941 im Alter von 84 Jahren verstorbene Wirtschaftsbesitzerin R. hatte am 4. März 1941 vor dem zuständigen Bürgermeister ein Nottestament errichtet, worin sie die Beklagten zu ihren alleinigen Erben einsetzte. Sie hatte bei einem Sturz 4 Tage vorher einen Beinbruch erlitten und war daher bei Errichtung des Testaments bettlägerig. Die Kläger, die auf Grund eines älteren Testaments Erbrechte behaupten, begehren die Feststellung, daß das Nottestament ungültig und rechtsunwirksam sei, unter anderem deshalb, weil die Voraussetzungen für die Errichtung eines Nottestaments nach § 23 TestG. nicht vorgelegen hätten.

Das Landgericht hat die Klage abgewiesen. Das Oberlandesgericht hat nach dem Klagebegehren erkannt.

Die Revision der Beklagten führte zur Aufhebung des Urteils und zur Zurückverweisung der Sache an das Berufungsgericht.

Aus den Gründen:

Das Berufungsgericht hat die Zeugenvernehmung des Bürgermeisters, der das Testament der R. vom 4. März 1941 beurkundet hat, wiederholt und stellt auf Grund dieser Vernehmung fest, der Bürgermeister habe bei der Testamentserrichtung nicht die Besorgnis gehabt, daß die Erblasserin früher sterben werde, als die Errichtung eines Testaments vor einem Richter oder vor einem Notar möglich sein werde. Der Bürgermeister habe also, so erklärt das Berufungsgericht, ein Nottestament aufgenommen, obwohl hierzu die gesetzliche Voraussetzung, die nach dem Testamentsgesetz seine Gültigkeit bedinge, nicht gegeben gewesen sei; daher sei das Nottestament ungültig und rechtsunwirksam. Wenn der Bürgermeister trotzdem in der Niederschrift über die Testamentserrichtung das Bestehen einer solchen Besorgnis beurkundet habe, so sei diese Beurkundung nicht ausschlaggebend; denn er habe damit etwas beurkundet, was nicht nur sachlich, sondern auch von seinem Standpunkt aus falsch gewesen sei.

Die Revision bekämpft die Ansicht des Berufungsgerichts, ein vor dem Bürgermeister errichtetes Nottestament sei unwirksam, wenn der beurkundende Bürgermeister selbst nicht die Besorgnis eines vorzeitigen Ablebens des Erblassers gehabt habe, als rechtlich unrichtig; sie macht geltend, es müsse jedenfalls genügen, wenn „objektiv" eine solche Besorgnis vorgelegen habe. Dem ist beizutreten. § 23 Abs. 1 TestG. besagt, daß das Testament vor dem Bürgermeister der Gemeinde, in der der Erblasser sich aufhält, errichtet werden kann, wenn zu besorgen ist, daß der Erblasser früher versterben werde, als die Errichtung eines Testaments vor einem Richter oder vor einem Notar möglich ist. Absatz 2 enthält im ersten Satze zunächst die Vorschrift, daß diese Besorgnis in der Niederschrift des Testaments festgestellt werden soll; im zweiten Satze heißt es dann weiter: „Der Gültigkeit des Testaments steht nicht entgegen, daß die Besorgnis nicht begründet war." Die Hinzufügung dieser letzten Vorschrift im Gesetz beruhte auf der Erwägung, daß die Einführung des Nottestaments für den Bürgermeister eine schwierige Aufgabe mit sich gebracht habe. Der Bürgermeister, der doch meist nur über landwirtschaftliche Kenntnisse verfügt, soll bei Unfällen, bei plötzlichen Erkrankungen usw. die selbst für den geschulten Arzt nicht immer leichte Feststellung treffen, ob der Richter oder Notar den Verletzten oder Erkrankten noch am Leben finden werde, eine Aufgabe, die noch dadurch erschwert wird, daß der Bürgermeister sich in der Regel auch gar nicht mit Sicherheit vergewissern kann, bis wann der Richter oder Notar eintreffen kann. Dazu kam für den Gesetzgeber der Gedanke an die Schwierigkeit einer nachträglichen Feststellung, ob im Zeitpunkte der Errichtung des Nottestaments der Gesundheitszustand des Erblassers derart gewesen war, daß er unter Berücksichtigung der Frist, innerhalb deren auf das Eintreffen des Richters oder Notars gerechnet werden konnte, die Besorgnis rechtfertigte, der Erblasser werde das Eintreffen nicht mehr erleben. Diesem Übelstand sollte durch den zweiten Satz des Abs. 2 abgeholfen werden;

es sollte die Gültigkeit des Testaments nicht mit der Behauptung bekämpft, nicht Beweis dafür angetreten werden können, daß die Besorgnis vorzeitigen Ablebens nicht begründet war, sofern sie nur bei Errichtung des Testaments bei derjenigen Person, die das Testament zu beurkunden hatte, also bei dem Bürgermeister, bestand. Das Schrifttum geht darüber hinaus. Es vertritt überwiegend die Anschauung, daß es einzig und allein auf das Vorhandensein der Besorgnis bei dem Bürgermeister ankomme, und zwar auch in verneinender Richtung, so daß das Nottestament stets nichtig sein soll, wenn der Bürgermeister keine Besorgnis hatte, mag auch sachlich ein noch so gefahrdrohender Zustand bestanden haben (RGRKomm. z. BGB. 9. Aufl Bem. 8 zu § 23 TestG.; Planck BGB. Bem. 2 zu § 2249; Enneccerus-Kipp Erbrecht § 16 Note 3; Vogels Testamentsgesetz Bem. 10 zu § 23; Leopold Testamentsrecht S. 53). Im Gesetz ist dieser Grundsatz nicht ausgesprochen. Insbesondere folgt dieser Umkehrungsschluß auch nicht aus dem zweiten Satze des § 23 Abs. 2 TestG. Damit wollte der Gesetzgeber der mangelnden Erfahrung eines Landbürgermeisters Rechnung tragen und das von diesem, wenn auch in irrtümlicher Annahme einer unmittelbar drohenden Lebensgefahr errichtete Testament gegen eine Anfechtung schützen. Es würde aber dem gesunden Volksempfinden und dem Grundgedanken des Testamentsgesetzes offenbar widersprechen, wenn ein von einem Bürgermeister aufgenommenes Nottestament deshalb für ungültig erklärt werden müßte, weil der Bürgermeister für seine Person eine unmittelbar drohende Gefahr nicht besorgte, während sachlich eine Lage gegeben war, die das Ableben des Erblassers vor dem Eintreffen des Richters oder Notars besorgen ließ, und diese Besorgnis vielleicht darüber hinaus sich sogar als begründet erwies, indem der Erblasser bald nach Errichtung des Testaments verstarb. Die Voraussetzungen für die Errichtung eines Testaments sind daher als gegeben anzusehen, wenn der Bürgermeister in falscher Beurteilung der Sachlage das vorzeitige Ableben des Erblassers besorgt, andererseits auch dann, wenn er für seine Person eine solche Besorgnis nicht hat, trotzdem aber die Errichtung des Testaments beurkundet und sachlich eine solche Besorgnis gerechtfertigt ist. Wenn der im Schrifttum (Vogels S. 173, Leopold S. 53) angeführte Fall vorliegt, wenn also der Bürgermeister weiß, daß keine Lebensgefahr für den Erblasser besteht, dann fehlt es nicht nur an der Besorgnis des Bürgermeisters, sondern auch an einer sachlichen Gefahrenlage und damit an jeder Voraussetzung für das Einschreiten des Bürgermeisters als Urkundsperson.

Das Berufungsgericht hat auf Grund der Zeugenaussage des Bürgermeisters festgestellt, daß dieser das Ableben der Erblasserin in kurzer Zeit nicht befürchtet habe. Allerdings nimmt das Berufungsgericht auch an, daß weder die Erblasserin noch jemand in ihrer Umgebung diese Befürchtung gehabt habe. Damit ist aber noch nicht festgestellt, daß eine Gefahrlage in dem dargelegten sachlichen Sinne nicht gegeben war. Um beurteilen zu können, ob dieser Fall vorlag oder nicht, bedarf es der Feststellung einerseits, wann nach dem gewöhnlichen Laufe der Dinge das Eintreffen eines Richters oder Notars erwartet werden konnte, und andererseits, ob die Gefahr bestand, daß die Erblasserin schon in wenigen Tagen sterben oder doch in einen Zustand der Testierunfähigkeit verfallen werde. Über diese Frage kann ohne Gutachten eines ärztlichen Sachverständigen nicht entschieden werden. Das Berufungsgericht hat zu dem Gutachten des Sachverständigen überhaupt nicht Stellung genommen. Es bedarf aber jedenfalls einer näheren Erklärung, welchen Zeitraum der Sachverständige unter dem Ausdruck „bald" versteht, und einer Ergänzung, ob zumindest der Verlust der Testierfähigkeit in wenigen Tagen zu besorgen war. Zur Ergänzung in den bezeichneten Richtungen ist daher unter Aufhebung des angefochtenen Urteils die Rechtssache an das Berufungsgericht zurückzuverweisen.

---

6. 1. Genießen besondere Geschäftsbezeichnungen und Firmenschlagworte Namensschutz nach § 12 BGB.?

2. Geht der Namensschutz und der Schutz besonderer Geschäftsbezeichnungen bei Gaststätten über deren örtlichen Wirkungskreis hinaus?

BGB. § 12. UnlWG. §§ 1, 16.

II. Zivilsenat. Urt. v. 22. März 1943 i. S. H. (Bekl.) w. „Am Rauchfang" Apollo-Gaststätten GmbH. (Kl.). II 126/42.

I. Landgericht Düsseldorf.
II. Oberlandesgericht daselbst.

Die Klägerin betreibt in den Kellerräumen des Apollo-Theaters in Düsseldorf seit dem 19. November 1936 unter der Bezeichnung „Am Rauchfang" eine Gaststätte; am 24. Juni 1938 hat sie sich diese Bezeichnung als Bestandteil ihrer Firma in das Handelsregister eintragen lassen. Der Beklagte führt als Pächter der N. J.-Brauerei in Braunschweig im Gebäude des früheren Gasthofs Stadt H. eine Gaststätte, der er nach einem Umbau Ende 1937 ebenfalls die Bezeichnung „Am Rauchfang" gab. Als die Klägerin davon erfuhr, verbot sie ihm die Benutzung dieses Namens. Verständigungsversuche hatten keinen Erfolg. Der Beklagte behauptet jedoch, daß er seitdem die Bezeichnung „Am Rauchfang" nicht mehr für sich allein, sondern nur noch in den beiden Zusammensetzungen „Gasthof Stadt H. mit Rauchfang" und „Im Rauchfang im Gasthof Stadt H." benutze.

Die Klägerin erblickt in der Führung der Bezeichnung „Am Rauchfang" mit oder ohne Zusatz eine Verletzung ihres Namensrechts, einen Verstoß gegen §§ 1, 16 UnlWG. und eine unerlaubte Handlung nach § 823 Abs. 1 und 2, § 826 BGB. Sie hat daher mit der Klage begehrt, daß dem Beklagten verboten werde, sich der Bezeichnung „Am Rauchfang" für die von ihm in Braunschweig betriebene Gaststätte zu bedienen. Zur Begründung der Klage hat die Klägerin vorgetragen: Sie habe mit ihrer Gaststätte eine völlig neue Gaststättenart geschaffen, indem sie sie mit einem ungewöhnlichen Aufwand an künstlerischen und geldlichen Mitteln eingerichtet und die einzelnen, besonders benannten Räume, künstlerisch und entsprechend ihren Bezeichnungen verschiedenartig ausgestaltet habe; auch in der Speisen- und Getränkekarte habe sie Neuartiges geboten. Die Bezeichnung „Am Rauchfang" sei für eine Gaststätte von ihr zum ersten Mal in Deutschland verwendet worden und habe sich als besonders kennzeichnend und einprägsam erwiesen. Die Gaststätte habe unter der Bezeichnung „Am Rauchfang" in ganz Großdeutschland und auch im Auslande Verkehrsgeltung erlangt. Dieser Ruf werde durch das Auftreten anderer Gaststätten unter der gleichen Bezeichnung beeinträchtigt. Der Beklagte habe auch ihre Speisen- und Getränkekarte auffallend nachgeahmt.

Der Beklagte hat demgegenüber folgendes geltend gemacht: Die N. J.-Brauerei habe schon im Jahre 1934/35 den Plan gefaßt, die Braunschweiger Gaststätte umzubauen und dabei als leitenden Gedanken für deren Ausgestaltung und Umbenennung einen darin seit langem befindlichen Rauchfang zu verwenden. Die Bezeichnung „Am Rauchfang" sei daher nicht der Klägerin entlehnt worden. Andrerseits benutze diese die Bezeichnung zu Unrecht, da sich in ihrer Gaststätte überhaupt kein Rauchfang, sondern nur ein Kamin befinde. Die Aufmachungen der beiden Gaststätten seien wesentlich voneinander verschieden. Auch sonst bestehe, schon wegen der örtlichen Entfernung, keine Verwechslungsgefahr.

Die Vordergerichte haben den Beklagten nach dem Klageantrage verurteilt. Auf seine Revision wurde die Klage abgewiesen.

Gründe:

I. Zum Anspruch aus § 12 BGB.

Das Berufungsgericht hat die Verurteilung des Beklagten zur Unterlassung der Bezeichnung „Am Rauchfang" für die von ihm betriebene Gaststätte zwar nicht, wie die Revision annimmt, ausschließlich, aber doch in erster Linie auf das Namensrecht gemäß § 12 BGB. gestützt. Nach dieser Vorschrift kann der zum Gebrauch eines Namens Berechtigte von einem anderen, der unbefugt den gleichen Namen gebraucht, Unterlassung verlangen, wenn dadurch sein Interesse verletzt wird. Insoweit kommt hier einmal der sog. Etablissementsname in Betracht, den die Klägerin bereits seit dem 19. November 1936 führt, sodann aber auch der schlagwortartige Bestandteil der seit dem 24. Juni 1938 eingetragenen Firma. Daß der schlagwortartige Firmenbestandteil, sofern er wenigstens in den beteiligten Verkehrskreisen als solcher anerkannt ist, unter dem Schutze des § 12 BGB. in entsprechender Anwendung dieser Vorschrift steht, ist in der Rechtsprechung anerkannt (vgl. z. B. RGZ. Bd. 109 S. 213 „Kwatta", Bd. 115 S. 407 „Salamander"; RG. in JW. 1926 S. 1434 Nr. 2 „Mittelland" und 1929 S. 1226 Nr. 33 „Weißer Hirsch" sowie RG. in MuW. 1940 S. 49 = GRUR. 1940 S. 202 „Kindl"). Es bestehen keine Bedenken, für die besonderen Geschäftsbezeichnungen (i. S. des § 16 UnlWG.), die sog. Etablissementsnamen, auch insoweit, als sie unabhängig vom Firmennamen vorkommen, grundsätzlich dasselbe anzunehmen. Voraussetzung ist hierbei, ebenso wie bei dem Firmenschlagwort, daß die Bezeichnung eine herkunftskennzeichnende und damit individualisierende Wirkung hat, wie sie sonst bei natürlichen Personen dem ihnen rechtlich zustehenden Namen und bei gewerblichen Unternehmungen der Firma zukommt, daß die Bezeichnung also nicht etwa nur die gattungsmäßige Zugehörigkeit des Unternehmens kennzeichnet (vgl. hierzu z. B. RG. in JW. 1926 S. 1434 Nr. 2 „Mittelland", 1931 S. 1916 Nr. 30 „Bauhütte", 1933 S. 2897 Nr. „Autolicht" und 1937 S. 313 Nr. 11 „Winzerstuben").

1. Das Berufungsgericht stützt seine Entscheidung darauf, daß die Worte „Am Rauchfang" den vollen Etablissementsnamen der Gaststätte der Klägerin darstellen.

a) Es ist zuzugeben, daß diese Bezeichnung, wenn sie auch dem deutschen Sprachschatz entnommen ist, nicht etwa nur die gattungsmäßige Zugehörigkeit des Unternehmens zu den Gaststätten kennzeichnet, sondern sogar eine gewisse Eigenart und damit auch von vornherein schon eine starke Kennzeichnungskraft hat. Nach den Feststellungen des Berufungsgerichts hat die Klägerin diese Bezeichnung seit dem 19. November 1936 unangefochten zur Kennzeichnung ihrer Gaststätte verwendet und die Bezeichnung hat auch in den beteiligten Verkehrskreisen, nämlich in den Kreisen der Gaststättenbesucher, Anerkennung gefunden. Damit ist die erste Voraussetzung für die entsprechende Anwendung des § 12 BGB., das Recht der Klägerin zur Verwendung dieser Bezeichnung, erfüllt. Hierfür ist es, wie das Berufungsgericht zutreffend ausführt, unerheblich, ob sich in der Gaststätte der Klägerin wirklich ein echter Rauchfang befindet, weil der Verkehr dies für unwesentlich erachtet und auch mit der Möglichkeit rechnet, daß die Bezeichnung nur eine sinnbildliche Bedeutung habe oder durch einen etwa früher dort vorhanden gewesenen Rauchfang veranlaßt sei. Es kann daher nicht davon die Rede sein, daß die Bezeichnung — wie die Revision anzunehmen scheint — irreführend wäre.

b) Die zweite Frage, auf die es nach § 12 BGB. ankommt, ist die, ob der Beklagte die gleiche Bezeichnung unbefugt verwendet. Das Berufungsgericht stellt hierzu — teils auf Grund bindenden Geständnisses des Beklagten, teils als unstreitig — fest, daß der Beklagte seine in Braunschweig gelegene Gaststätte seit Ende 1937 ebenfalls unter der Bezeichnung „Am Rauchfang" geführt hat und seit 1939 unter den Bezeichnungen „Gasthof Stadt H. mit Rauchfang" oder „Im Rauchfang im Gasthof Stadt H." führt. Die Abwandlungen der letzten Zeit erachtet es für die Beurteilung dessen, ob der Beklagte damit auch jetzt noch „den gleichen Namen gebraucht" wie die Klägerin, mit Recht für unerheblich, weil auch bei ihnen das Wort „Rauchfang" insofern der beherrschende und sich besonders einprägende Teil ist, als der gewöhnliche Verkehr, zum mindesten ein erheblicher Teil der Gaststättenbesucher, über die sonstigen Zusätze hinwegsieht. Diese Feststellungen werden von der Revision auch nicht beanstandet. Damit ist aber noch nicht gesagt, daß der Gebrauch der gleichen Bezeichnung der Klägerin gegenüber als unbefugt anzusehen ist. Dies setzt nämlich voraus, daß der Beklagte damit in den Rechtsbereich der Klägerin widerrechtlich eingreift.

Der Rechtsbereich des Namensrechts fällt zwar in Fällen der vorliegenden Art zum großen Teil mit dem Interessenbereich des Berechtigten (Verletzung seines berechtigten Interesses durch den Namensgebrauch des anderen) zusammen, bedarf aber doch einer abgesonderten Behandlung, zumal da auch der § 12 BGB. die gleiche Scheidung vornimmt. Ob überhaupt ein Eingriff in den Rechtsbereich der Klägerin vorliegt, hängt in erster Linie vom örtlichen Geltungsbereich des Namensrechts der Klägerin ab. Erstreckt sich der Namensgebrauch des Beklagten auf den örtlichen Geltungsbereich des Namensrechts der Klägerin, so ist die Verwendung der gleichen Bezeichnung durch den Beklagten der Klägerin gegenüber zweifellos insofern unbefugt, als jener die Bezeichnung unstreitig erst später in Gebrauch genommen hat als diese (wegen der Bedeutung der Vorbenutzung vgl. RG. in JW. 1929 S. 1226 Nr. 33 „Weißer Hirsch") und als er sich auch nicht darauf berufen kann, daß er der Klägerin gegenüber ein besonderes Recht zum Gebrauch der Bezeichnung erworben habe. Für den örtlichen Geltungsbereich des Namensrechts der Klägerin geht das Berufungsgericht zutreffend davon aus, daß der Namensschutz des § 12 BGB. — ebenso wie der besondere Schutz der geschäftlichen Bezeichnungen aus § 16 UnlWG. —, im Gegensatze zu dem förmlichen Firmenschutz nach §§ 30, 37 HGB., grundsätzlich nicht örtlich beschränkt ist (vgl. RGZ. Bd. 114 S. 96 „Neuerburg"; RG. in JW. 1931 S. 916 Nr. 30 „Bauhütte" und 1933 S. 1521 Nr. 5 „Nordsee"). Jedoch ist in dieser Beziehung, besonders bei sogenannten Etablissementsnamen, auf die der § 12 BGB. ja nur entsprechende Anwendung findet, eine gewisse Vorsicht geboten, wie gerade das hier in Rede stehende Beispiel der Gaststättenbezeichnung erkennen läßt. Bei den Gaststätten handelt es sich nämlich um Unternehmungen, die in ihrem Betrieb, ihrer Erzeugung und in der Reichung ihrer gewerblichen Leistungen örtlich gebunden sind. So ist insbesondere auch die Klägerin mit ihrem Betrieb in Düsseldorf ansässig, und zwar dort in einer bestimmten Örtlichkeit; an diesem Ort und in dieser Örtlichkeit erbringt sie ihre gewerblichen Leistungen; dort finden sich ihre Kunden ein und dort setzt sie ihnen ihre Erzeugnisse zum alsbaldigen Verzehr vor. Ein derartiger Betrieb ist ganz anders geartet als der einer Fabrik oder eines Handelsgeschäfts, deren Absatz grundsätzlich jedenfalls nicht ortsgebunden ist. Aus dem Gesagten folgt, daß auch die Kennzeichnungskraft einer Gaststättenbezeichnung grundsätzlich ortsgebunden ist. Nach der Verkehrsauffassung besagt eben der Umstand, daß in verschiedenen Orten Wirtshäuser gleichen „Namens" sind, über das Verhältnis dieser Gaststätten zueinander nichts; kennzeichnend tritt vielmehr alsdann insoweit zum „Etablissementsnamen" der Ort der Betriebsstätte. Es gibt ungemein viele Gaststätten „Zum Ochsen", „Zum Hirsch" usw. Niemand wird auf den Gedanken verfallen, die Inhaber dieser Gaststätten könnten einen Volksgenossen, der an einem Ort, wo noch keine Gaststätte „Zum Ochsen" ist, ein so benanntes Wirtshaus aufmacht, auf Unterlassung verklagen. Das hat das Berufungsgericht selbstverständlich auch nicht verkannt. Es meint aber, die Sachlage sei hier anders zu beurteilen wegen der besonderen Eigenart und Neuheit des Wirtshausschildes der Klägerin. Dies erscheint deshalb nicht gerechtfertigt, weil der örtliche Geltungsbereich des (erweiterten) Namensrechts eines derartigen Unternehmens sich grundsätzlich nach dessen Wirkungskreis richtet. Nach allgemeiner Verkehrsauffassung besitzen besondere Gaststättenbezeichnungen Kennzeichnungskraft nur in Verbindung mit einem bestimmten Ort (oder allenfalls einem damit eng zusammenhängenden Wirtschaftsgebiet); sie kommt nur insofern zur Geltung, als der Name den Betrieb deckt, der den Besuchern durch ihre Erfahrungen an Ort und Stelle bekannt geworden oder durch solche persönlichen Besucher anderen, die künftig mit einem Besuche des Ortes rechnen, übermittelt worden ist; soweit diese Personen anderwärts wohnen, wird dadurch der Wirkungskreis des Unternehmens und der Geltungsbereich der Bezeichnung nicht erweitert. Nur wer sich in Düsseldorf oder dessen nächster Umgebung aufhält, wird unmittelbar den Entschluß fassen, die Gaststätte der Klägerin zu besuchen. Deshalb kann die Verwendung der gleichen Bezeichnung durch den Beklagten für seine in Braunschweig, also einem ganz anderen Ort und auch in einem anderen Wirtschaftsgebiet gelegene Gaststätte nicht als unbefugt angesehen werden, es sei denn, daß ein durch besondere Umstände gerechtfertigtes Interesse der Klägerin besteht, den Gebrauch desselben Namens durch den Beklagten zu verhindern.

c) Aber auch ein solches berechtigtes Interesse der Klägerin, dem Beklagten die Verwendung der Bezeichnung „Am Rauchfang" zu untersagen, kann nicht anerkannt werden. Das Berufungsgericht sieht es einmal darin, daß durch die Verwendung der gleichen Bezeichnung seitens des Beklagten die Kennzeichnungs- und Werbekraft der bisher einmaligen Bezeichnung für die Klägerin trotz der örtlichen Entfernung der beiderseitigen Betriebe geschwächt werde; ferner aber auch in der Gefahr, daß ein nicht unerheblicher Teil der Gaststättenbesucher aus der Benutzung des gleichen, sonst nicht gebräuchlichen und besonders auffälligen Namens „Am Rauchfang" auf einen wirtschaftlichen Zusammenhang der beiden Gaststätten schließen könnte. Auch diese Ausführungen sind rechtlich nicht haltbar. Mag auch die Klägerin zum ersten Mal in Deutschland die Bezeichnung „Am Rauchfang" für eine Gaststätte verwendet haben und mag einer ungebräuchlichen Bezeichnung in gewissem Maße auch eine größere Zug- und Kennzeichnungskraft zukommen als einer landläufigen, so gibt es doch kein „Erfinderrecht", kein „geistiges" Eigentum an einer solchen Bezeichnung, ist also auch ein schutzwürdiges Interesse dessen, der zuerst für seine Gaststätte einen solchen Namen im Verkehr gebraucht hat, ganz allgemein anderen die Verwendung derselben oder einer benennungsmäßig verwechselbaren Bezeichnung zur Wirtshausbeschilderung zu untersagen, rechtlich nicht anzuerkennen. Aber auch die Gefahr einer Verwechslung zwischen den beiden gleichnamigen Betrieben, wenn auch nur in weiterem Sinne (d. h. in dem Sinne, daß aus der Gleichnamigkeit auf einen wirtschaftlichen Zusammenhang der beiden Gaststätten geschlossen werden könnte), wird vom Berufungsgericht zu Unrecht angenommen. Dem steht grundsätzlich die bereits oben dargelegte allgemeine Verkehrsauffassung entgegen, daß besondere Gaststättenbezeichnungen an und für sich Kennzeichnungskraft nur in Verbindung mit einem bestimmten Ort (oder allenfalls einem damit eng zusammenhängenden Wirtschaftsgebiet) besitzen. Diese Verkehrsauffassung beruht auf der von alters her bestehenden Üblichkeit, daß übereinstimmende Gaststättenbezeichnungen an den verschiedensten Orten vorkommen, ohne daß daraus, wie der Verkehr weiß, auf irgendwelche Beziehungen der

Unternehmungen zueinander geschlossen werden kann. Das gilt nicht nur für landläufige Benennungen, sondern auch für solche von besonderer Eigenart; dabei spielen die Größe und Aufmachung des Betriebes ebensowenig eine entscheidende Rolle wie ein etwaiger besonderer Ruf des Unternehmens. Von diesem Grundsatz hier eine Ausnahme zu machen, liegt also nicht der geringste Anlaß vor. Noch weniger kommt eine Verwechslungsgefahr im engeren Sinne in einem irgendwie beachtenswerten Umfang in Betracht; dies ergibt sich schon aus der örtlichen Beschränkung des Geltungsbereichs der Gaststättenbezeichnung.

2. Ebensowenig kann aus dem Umstande, daß die Bezeichnung „Am Rauchfang" den schlagwortartigen Bestandteil der Firma der Klägerin bildet, ein Namensschutz für sie hergeleitet werden. Dies scheitert schon daran, daß die Firma der Klägerin erst entstanden und eingetragen worden ist, nachdem der Beklagte bereits für seine Gaststätte den gleichen Namen in Gebrauch genommen hatte. Außerdem gilt auch für den hierauf gestützten Anspruch dasselbe, was über den Namensschutz der Etablissementsbezeichnung gesagt worden ist.

II. Zum Anspruch aus § 16 UnlWG.

§ 16 UnlWG. ist auf den Schutz des Gewerbetreibenden vor Verwechslungen mit fremden Gewerbebetrieben zugeschnitten. Im übrigen aber fällt sein Tatbestand mit dem des § 12 BGB. im wesentlichen zusammen (vgl. RG. in JW. 1926 S. 1434 Nr. 2; RGZ. Bd. 114 S. 94). Daher gilt hier durchweg das, was oben zum Namensrecht gesagt worden ist.

III. Zum Anspruch aus § 1 UnlWG., § 826 BGB.

Wettbewerblich stützt das Berufungsgericht seine Entscheidung darauf, daß der Beklagte die Zugkraft und den guten Ruf des Namens „Am Rauchfang", nachdem dieser bereits bis Ende 1937 in einem nicht unbeachtlichen Maße in den Verkehr eingedrungen sei, in ungerechtfertigter Weise als Vorspann für seine eigene Werbung ausnutze und aus der gewerblichen Leistung der Klägerin unberechtigte Vorteile für sich zu ziehen suche. Daß ihm hierbei der gute Ruf des Betriebes der Klägerin mit zugute kommt, liegt nach Ansicht des Berufungsgerichts daran, daß der Name „Am Rauchfang" schon kurze Zeit nach seiner Einführung zum Begriff einer besonderen Leistungsfähigkeit geworden ist und daß dieser Begriff von Gaststättenbesuchern, die von Düsseldorf nach Braunschweig kommen oder umgekehrt, mehr oder weniger bewußt auch auf den anderen Benutzer des Namens, den Beklagten, übertragen wird. Daß es die Absicht des Beklagten war und ist, in dem Besucher seiner Gaststätte die Erinnerung an die Klägerin zu wecken und den Eindruck einer Beziehung zu dieser hervorzurufen, entnimmt es daraus, daß der Beklagte entsprechend der von der Klägerin wegen ihrer Verbindung mit dem Apollo-Theater geführten „Apollohausplatte" eine „Apolloplatte" führt, ohne eine einleuchtende Erklärung für die Wahl dieser Bezeichnung geben zu können.

Dem Berufungsgericht ist zuzugeben, daß diese seine Ausführungen, falls sie sachlich zuträfen, eine Verurteilung des Beklagten aus diesem rechtlichen Gesichtspunkt rechtfertigen würden. Sie werden jedoch offensichtlich beherrscht von einer Überschätzung der Kennzeichnungskraft des Etablissementsnamens der Klägerin und einer nicht genügenden Beachtung der Sonderlage im Gaststättengewerbe, wo gleiche Etablissementsnamen an verschiedenen Orten gang und gäbe sind, ohne daß deshalb jemand an nähere geschäftliche Beziehungen dieser örtlich getrennten Gaststätten denkt. Auch in der Aufmachung weisen die beiden Betriebe keineswegs eine so auffallende Ähnlichkeit auf, daß etwa daraus auf eine wirtschaftliche Zusammengehörigkeit geschlossen werden könnte. Die Unterteilung der Gaststätte in eine Anzahl besonders benannter und eingerichteter Räume ist nichts Ungewöhnliches, mag auch die Klägerin, ebenso wie vielleicht auch der Beklagte, besondere Sorgfalt darauf verwendet und besondere Aufwendungen dafür gemacht haben. Eine schon von vornherein sinn- und augenfällige Verschiedenheit der beiden Gaststätten besteht insofern, als die der Klägerin in den Kellerräumen des Apollo-Theaters betrieben wird, während für die des Beklagten nichts dem Entsprechendes behauptet worden ist. Im Bereich des § 1 UnlWG. würde es sodann auch keineswegs unerheblich sein, wenn, wie der Beklagte behauptet hat, die Eigentümerin des Anwesens schon in den Jahren 1934/35, also völlig unabhängig von der Bezeichnung der Klägerin, den Gedanken gefaßt hätte, die Braunschweiger Gaststätte anläßlich des beabsichtigten Umbaues in Anlehnung an den vorhandenen Rauchfang umzubenennen, und zwar in der Weise, daß eben das Wort „Rauchfang" in das Wirtshausschild aufgenommen werden sollte. Träfe dies zu, so würde es sich, da der Beklagte sich selbstverständlich den Wünschen der Eigentümerin und Verpächterin fügen mußte, doch nur darum handeln können, ob ihm trotz des vorhandenen Rauchfangs und des Planes seiner Auswertung für das Wirtshausschild zuzumuten war, von der Verwendung dieses Wortes im Etablissementsnamen abzusehen, weil in dem 300 km entfernten Düsseldorf schon ein Jahr vorher die Klägerin für ihre dortige Gaststätte mit dieser Bezeichnung auf dem Plan erschienen war und unter ihr einen besonderen Ruf erlangt hatte; dies wäre aber aus den dargelegten Gründen jedenfalls zu verneinen. Jedoch muß diese Behauptung des Beklagten hier dahingestellt bleiben, weil das Berufungsgericht hierzu keine Feststellungen getroffen hat. Aber auch abgesehen hiervon bleibt, da die vom Berufungsgericht angenommene Verwechslungsgefahr und die Übertragung des guten Rufes der Klägerin auf den Beklagten als erfahrungswidrig ausscheiden, nichts übrig, was dazu führen könnte, dem Beklagten auch nur aus Wettbewerbsgründen oder wegen Verstoßes gegen die guten Sitten den Gebrauch der Bezeichnung „Am Rauchfang" zu verbieten. Die „Apolloplatte" auf der Speisekarte des Beklagten mag eine Entgleisung sein, kann aber für den geltend gemachten Anspruch nicht entscheidend ins Gewicht fallen, da wegen dieses Verhaltens des Beklagten nicht der Gebrauch der Bezeichnung „Am Rauchfang" für seine Gaststätte, sondern höchstens die Verwendung der beanstandeten Speisekarte als wettbewerbswidrig angesehen werden könnte.

Hiernach ist auf die Revision des Beklagten das Berufungsurteil aufzuheben und kann zugleich in der Sache selbst dahin erkannt werden, daß unter Abänderung des landgerichtlichen Urteils die Klage abgewiesen wird.

---

7. Gilt der Grundsatz der Einheitlichkeit der Entscheidung in Ehesachen auch für die Wiederaufnahme des Verfahrens?

EheG. § 60 Abs. 3, § 61 Abs. 2. Verordnung zur Durchführung und Ergänzung des Ehegesetzes vom 27. Juli 1938 (RGBl. I S. 923) § 17.

IV. Zivilsenat. Urt. v. 24. März 1943 i. S. H. (Kl.) w. St. (Bekl.).
IV 23/43.

I. Landgericht Klagenfurt.
II. Oberlandesgericht Graz.

Die Ehe der Parteien wurde auf die Klage der Frau wegen Verschuldens des Mannes geschieden, zugleich aber das Begehren des Mannes auf Scheidung wegen Verschuldens der Frau mit der Begründung abgewiesen, daß die Frau sich keiner schweren Eheverfehlung schuldig gemacht habe und die Ehe auch damals schon weitgehend zerrüttet gewesen sei. Der Mann beantragte mit seiner Wiederaufnahmeklage, dieses rechtskräftige Scheidungsurteil zu beseitigen und die Ehe aus beiderseitigem Verschulden zu scheiden; denn die Frau habe, wie auch das Gericht als erwiesen angenommen hat, nachträglich ein Kind geboren, daher mangels eines Geschlechtsverkehrs mit dem Ehemann in der noch vor der Scheidung liegenden Empfängniszeit die Ehe mit ihrem späteren zweiten Ehemann gebrochen. Das erste Gericht hat das Begehren auf Wiederaufnahme und Änderung des Scheidungsurteils mit Urteil abgewiesen; schon aus dem Scheidungsstreit ergebe sich, daß der Mann den Ehebruch nicht als ehestörend habe empfinden können. Infolge Berufung des Mannes hat das Berufungsgericht die Wiederaufnahme lediglich im Rahmen des Schuldausspruchs bewilligt, wegen des Begehrens auf Fällung eines abändernden Scheidungsurteils aber das Urteil aufgehoben und die Rechtssache an das erste Gericht zurückverwiesen. Revision und Rekurs beider Parteien blieben ohne Erfolg.

Aus den Gründen:

Nach Ansicht des Berufungsgerichts ist das Urteil des ersten Rechtsganges nur hinsichtlich des Ausspruchs über die Schuld, nicht auch über die Scheidung aufzuheben; denn die Wiederaufnahmeklage strebe eine Abänderung auch nur hinsichtlich der Schuld an. Eine weitere Aufhebung sei auch denkgesetzlich gar nicht möglich und die Aufhebung des Schuldausspruchs allein begegne auch keinem Hindernis. Darin ist aber dem Berufungsgericht nicht vorbehaltlos beizupflichten.

a) Gegen die Beseitigung eines rechtskräftig gewordenen rechtsgestaltenden Scheidungserkenntnisses spricht keine positive Norm und keine rein gedankenmäßige Überlegung. (Wird näher ausgeführt.)

b) Für die Streitigkeiten wegen Scheidung, Aufhebung und Nichtigerklärung einer Ehe hat die Rechtsprechung des Altreichs den Grundsatz der sogenannten Einheitlichkeit der Entscheidung entwickelt. Beim Zusammentreffen von Klage und Widerklage sowie bei Klage und Mitschuldantrag darf nur einheitlich in einer Entscheidung entschieden werden. Ein nur über eines der mehreren Begehren erkennendes

Teilurteil ist unzulässig, namentlich auch hinsichtlich der Schuldfrage, die einen wesentlichen Bestandteil des Scheidungs- oder Eheaufhebungsurteils bildet (§ 60 Abs. 1 EheG., § 17 DurchfVO. z. EheG.). Aus dem genannten Grundsatz wird weiter gefolgert: Jedes Rechtsmittel in diesen Ehestreitigkeiten ergreift die Entscheidung als Ganzes und hemmt die Rechtskraft im ganzen, selbst dann, wenn sich das Rechtsmittel ausdrücklich nur gegen den Ausspruch über die Klage oder die Widerklage allein oder nur gegen den Schuldausspruch richtet. Die Überprüfung der angefochtenen Entscheidung durch das Rechtsmittelgericht hat sich allerdings auf den Rahmen der gestellten Rechtsmittelanträge zu beschränken; im übrigen hat es sachlich bei der Entscheidung des unteren Gerichts zu verbleiben. Der Ausspruch des Rechtsmittelgerichts ergeht aber als ein den gesamten Ehestreit umfassender einheitlicher Akt. Diesen Grundsatz hat das Reichsgericht nach Inkrafttreten des Großdeutschen Eherechts — teilweise entgegen der abweichenden früheren Rechtsprechung der österreichischen Gerichte — auch auf den Rechtskreis der österreichischen Prozeßgesetze ausgedehnt (RGZ. Bd. 161 S. 222, Bd. 163 S. 335, Bd. 165 S. 62; WarnRsp. 1941 Nr. 19).

Der Grundsatz der Einheitlichkeit der Entscheidung beruht aber — wie sich schon aus der früher abweichenden Auffassung der österreichischen Rechtsprechung ergibt — nicht auf denkgesetzlicher Notwendigkeit, sondern letzten Endes auf Zweckmäßigkeitserwägungen. Der Streit wegen Scheidung, Aufhebung oder Nichtigerklärung einer Ehe zielt auf einen in die Lebensverhältnisse der Ehegatten tief einschneidenden rechtsgestaltenden Akt. Dieser Gestaltungsakt, in welchem Klage und Widerklage wie auch Scheidung und Schuld innerlich eng zusammenhängen, soll nicht in mehrere Teile zerrissen werden. Denn das könnte die mißliche Folge haben, daß sich mit dem Inkrafttreten eines Teilanspruchs vorläufig andere Wirkungen an ihn knüpfen würden als hernach an den Gesamtausspruch. So könnten sich besondere Unzuträglichkeiten ergeben, wenn im weiteren Verlaufe des Rechtsstreits ein Ehegatte stirbt, so daß infolge Erledigung der Rechtssache die noch ausstehende Schlußentscheidung überhaupt nicht ergehen könnte. Derartigen Mißlichkeiten begegnet der Grundsatz der Einheitlichkeit der Entscheidung.

Bei der Wiederaufnahme des Verfahrens liegen aber die Verhältnisse wesentlich anders als bei den gesetzlichen Rechtsmitteln. Bei ihr scheidet der Gesichtspunkt der Festlegung der Rechtsgestaltungswirkung auf einen einheitlichen Zeitpunkt von vornherein aus, da der rechtsgestaltende Akt bereits mit der Rechtskraft des angefochtenen Urteils wirksam geworden war. Daher tritt hier das Bedürfnis, das zum Grundsatze der Einheitlichkeit der Entscheidung geführt hat, gar nicht auf. Da es sich — wie schon betont — lediglich um einen Zweckmäßigkeitsgrundsatz handelt, besteht auch kein Anlaß, ihn nur unter dem Gesichtspunkt einer denkgesetzlichen Folgerichtigkeit auf das Gebiet der Wiederaufnahme des Verfahrens auszudehnen, auf dem ihm keine unmittelbare Bedeutung zukommt, ja auf dem er sich geradezu als unzweckmäßig erweisen würde. Die für die Parteien ohnehin mit sehr erheblichen Folgen verbundene nachträgliche Abänderung des rechtsgestaltenden Aktes der Scheidung, Aufhebung oder Nichtigerklärung ihrer Ehe auf den unbedingt notwendigen Umfang zu beschränken, entspricht dem Gebot einer vernünftigen Prozeßgestaltung. Ist die Lösung der Ehe auf Grund der Klage — wie im vorliegenden Fall — nicht angegriffen und wird mit der Wiederaufnahmeklage nur das Ziel erstrebt, daß die Ehe nun auch auf Grund der Widerklage geschieden werde, so wäre es sachlich nicht nur durch nichts veranlaßt, sondern sogar in hohem Maße mißlich, wenn die die Wiederaufnahme bewilligende — also die das angefochtene Urteil beseitigende — Entscheidung sich auf die Auflösung der Ehe miterstrecken müßte, was die Folge hätte, daß die Ehegatten nun für die Dauer des wiederaufgenommenen Verfahrens zunächst wieder als Ehegatten anzusehen wären. Dabei müßte es sogar endgültig verbleiben, wenn einer der Ehegatten vor dem rechtskräftigen Abschluß des wiederaufgenommenen Verfahrens versterben würde. Daraus ergibt sich, daß eine Wiederaufnahme des Rechtsstreits mit dem beschränkten Ziele, die Ehe der Parteien auch auf die Widerklage zu scheiden, als zulässig anzusehen ist. Was aber für den Fall der Widerklage gilt, muß selbstverständlich auch gelten, wenn die Wiederaufnahme mit dem minder weitgehenden Ziele des Schuld- oder Mitschuldausspruchs nach §§ 60, 61 EheG. betrieben wird.

Auf die Wiederaufnahme des Verfahrens mit dem Ziel, auch den Scheidungsausspruch zu beseitigen, braucht hier nicht eingegangen zu werden. Die Mißlichkeiten, die sich — bei dem Verfahren der österreichischen Prozeßgesetze, das die Nichtvereinigung des Wiederaufnahmeverfahrens und des wiederaufgenommenen Verfahrens nach § 541 ÖstZPO. als die Regel hinstellt, wenn es auch nach § 542 die Fortsetzung nicht von der Rechtskraft des Wiederaufnahmeerkenntnisses abhängig macht, — daraus ergeben, daß mit der Aufhebung des Scheidungsurteils die Ehe der Parteien zunächst als weiter fortbestehend angesehen werden müßte, liegen auf der Hand. Ob in derartigen Fällen ein Ausweg etwa in der Weise zu suchen wäre, daß die rechtsgestaltende Wirkung der Aufhebung des alten Urteils auf den Zeitpunkt der Rechtskraft der Schlußentscheidung im wiederaufgenommenen Rechtsstreit zurückgestellt wird, kann offen bleiben. Immerhin mag diese Möglichkeit als erwägenswert angedeutet werden.

Aus diesen Erwägungen erweist sich die Entscheidung des Berufungsgerichts zu diesem Punkt im Ergebnis als zutreffend. Zu beachten ist dabei allerdings, daß die Beschränkung des Aufhebungserkenntnisses strenggenommen nicht auf den Schuldausspruch, sondern auf die Widerklage abzustellen gewesen wäre. Dem Wiederaufnahmekläger wird nicht nur für einen veränderten Schuldausspruch, sondern für einen Ausspruch dahin, daß auch auf die Widerklage geschieden wird, der Weg freigemacht. Im Falle der Scheidung wegen Ehebruchs ist dies wegen § 9 EheG. in Verbindung mit § 624 RZPO. oder § 80 DurchfVO. z. EheG. von besonderer Bedeutung. Vorliegend ist indessen die Beschränkung der Wiederaufnahme auf den Mitschuldausspruch bedenkenfrei, da der Antrag der Wiederaufnahmeklage von vornherein in dieser Weise beschränkt war, eine Scheidung auf Grund der Widerklage also gar nicht angestrebt wird.

---

8. Was ist in § 1 der Allgemeinen Versicherungsbedingungen für Haftpflichtversicherung unter dem Ursachenereignis zu verstehen? Ist zu erfordern, daß, wenn die Schadensursache innerhalb der sachlichen Versicherungsdauer liegt, auch der verursachte Schaden und der Versicherungsfall in die Versicherungszeit fallen?

VVG. §§ 149 flg.

VI. Zivilsenat. Urt. v. 26. März 1943 i. S. A. Versicherungs-AG. (Bekl.) w. Firma E. E. O. Nachf. (Kl.). VI (VII) 144/42.

I. Landgericht Leipzig.
II. Oberlandesgericht Dresden.

Nach dem Versicherungsschein vom 27. März 1929 war die Klägerin für die Zeit vom 5. April 1929 bis zum 5. April 1938 bei der verklagten Versicherungsgesellschaft gegen gesetzliche Haftpflicht versichert. Die Versicherung erstreckte sich insbesondere auch auf Haftpflichtansprüche, die gegen die Klägerin aus der Herstellung von Heizungsanlagen geltend gemacht werden sollten. Für den eintretenden Sachschaden war die Versicherungssumme auf 10000 RM. begrenzt. In den Monaten November 1937 bis März 1938, also innerhalb der Vertragsdauer des Versicherungsverhältnisses, lieferte die Klägerin in eine Baracke auf dem Fabrikgelände der Firma M. M. in T. eine aus mehreren Öfen bestehende Heizungsanlage nebst den dazu gehörigen Rauchabzügen und führte sie aus. Am 9. Januar 1939, also nach Ablauf des im Versicherungsvertrage bezeichneten Geltungszeitraums, brannte die Baracke ab; nach der Behauptung der Bestellerin sollten die Rauchabzüge nicht sicher genug hergestellt gewesen sein; sie verlangte von der Klägerin Schadensersatz. Die verklagte Versicherungsgesellschaft lehnte den von der Klägerin beanspruchten Versicherungsschutz ab.

Die Klägerin verlangt mit der Klage die Feststellung, daß die verklagte Versicherungsgesellschaft nach Maßgabe des Versicherungsverhältnisses zur Leistung des Versicherungsschutzes verpflichtet sei.

Die beiden Vordergerichte haben der Klage stattgegeben. Die Revision der Beklagten blieb ohne Erfolg.

Gründe:

Nach § 1 der dem Haftpflichtversicherungsvertrag vom 27. März 1929 zugrunde liegenden Allgemeinen Versicherungsbedingungen (AllgHaftpflVersBed.), der für das in Frage stehende Versicherungsverhältnis die Bestimmung in § 149 VVG. ersetzt, gewährt der Versicherer dem Versicherungsnehmer Versicherungsschutz für den Fall, daß er wegen eines während der Wirksamkeit der Versicherung eingetretenen Ereignisses, das ... die Beschädigung oder Vernichtung von Sachen zur Folge hatte, für diese Folge von ... einem Dritten auf Schadensersatz in Anspruch genommen wird. Als Zeitraum der „Wirksamkeit der Versicherung" (Haftungszeitraum) setzt der Versicherungsschein die Zeit vom 5. April 1929 bis zum 5. April 1938 fest. In diesen Zeitraum, nämlich in die Jahre 1937 bis 1938, fällt im Streitfalle nur die Herstellung der Heizungsanlagen, also das (angeblich fehlerhafte) Tun oder Lassen der Klägerin, woraus ihr Vertragsgegner seine Schadensersatzforderung gegen sie herleitet, das sog. Ursachenereignis. Erst am 9. Januar 1939 ist die Baracke, angeblich zufolge fehlerhafter Arbeit der Klägerin, in Brand geraten und damit der Sachschaden entstanden, für den sie haftpflichtig gemacht wird und für den sie von der verklagten Versicherungsgesellschaft Versicherungsschutz begehrt.

Es fragt sich, was nach dem Versicherungsvertrag unter dem „während der Wirksamkeit der Versicherung eingetretenen Ereignisse" zu verstehen ist, das in den Versicherungszeitraum fallen muß, damit der Versicherer für den entstandenen Schaden einzutreten habe. Der Berufungsrichter hat sich nach dem Anhören von Versicherungsfachleuten, dem ersten Richter folgend, für die Auslegung des Versicherungsvertrags dahin entschlossen, daß das Ursachenereignis in die Vertragszeit fallen müsse. Er hat erwogen, maßgebend für die Auslegung seien nicht die Entstehungsgeschichte der Allgemeinen Versicherungsbedingungen, auch nicht einseitige Vorstellungen des Versicherers; maßgeblich sei vielmehr, wie die Rechtsordnung, welche die verklagte Gesellschaft in ihren Versicherungsbedingungen der Klägerin angeboten habe, damit sie in den Vertrag eintrete, von der Klägerin, richtiger von jedem eintrittsbereiten Volksgenossen, nach Treu und Glauben habe aufgefaßt werden dürfen. Wer, wie die Klägerin, einen derartigen Haftpflichtversicherungsvertrag für einen gewerblichen Betrieb abschließe, wolle sich damit des Wagnisses, der Haftpflichtgefahren entschlagen, die der Betrieb, die darin entfaltete Tätigkeit für ihn mit sich bringe. Er wolle es ausschließen, auch später noch für rückliegendes Betriebstun einstehen zu müssen; erst recht wolle er keine Haftung mehr, wenn er den versicherten Betrieb, seine gefahrbringende Tätigkeit eingestellt habe. Für ihn gehe es darum, daß der Versicherer die Haftungsursache decke; er dürfe ein Versicherungsangebot erwarten, wonach die Haftungstatsache in den Versicherungszeitraum zu fallen habe.

Die Belange des Versicherers ständen dem, so hat der Berufungsrichter weiter erwogen, nicht ohne weiteres entgegen. Gewiß müsse er vielleicht lange Zeit Schadensrücklagen einstellen, was sonst der Versicherungsnehmer vorsorglich tun müßte. Auch sei leichter erkennbar, daß das meist offensichtliche Schadensereignis in die Versicherungszeit falle, als dies bei der oft dunklen Haftungsursache der

Fall sei, wofür aber wieder der Versicherungsnehmer gegenüber dem Versicherer beweisbelastet sei, und darum sei es für den Versicherungsbetrieb handlicher, wenn das Schadensereignis als maßgeblich angesehen werde. Aber andererseits hafte der Versicherer nicht, wenn nur das Schadensereignis, nicht die Haftungsursache im Versicherungszeitraum liege, und jene Erschwernisse seien für den Versicherer nicht untragbar. Der Betriebsinhaber und der ihm Gleichstehende dürfe daher erwarten, daß das Versicherungsangebot der Versicherungsgesellschaft diese seine Belange — insbesondere, daß die Haftungsursache maßgebend sei, — berücksichtige, es sei denn, daß ihre gegenteilige Auffassung beim Vertragsabschluß offen zutage trete, was hier aber nicht der Fall sei. Wer den vorliegenden Versicherungsschein lese, finde nichts, was den Versicherungsnehmer in seiner berechtigten Erwartung enttäuschen könne. Der dem Versicherungsschein eingegliederte Versicherungsantrag spreche von Haftpflichtversicherung für (industrielle) „Betriebe" und im § 1 Abs. 2 AllgHaftpflVersBed. davon, daß sich der Versicherungsschutz erstrecke auf die gesetzliche Haftpflicht aus Eigenschaften, Rechtsverhältnissen oder Tätigkeiten. Dies weise darauf hin, daß die Entstehung der Haftpflicht aus diesen Eigenschaften, Rechtsverhältnissen oder Tätigkeiten im Versicherungszeitraum liegen solle. Hier sei nicht klar gesagt, innerhalb der Versicherungszeit müsse die Beschädigung oder Vernichtung von Sachen, das Ereignis, wobei solche beschädigt oder vernichtet worden seien, liegen, vielmehr sei abgestellt auf das Ereignis, das die Sachbeschädigung (Vernichtung) „zur Folge" habe; es sei also auf etwas zeitlich vorher Liegendes, die Sachbeschädigung selbst erst Verursachendes verwiesen, worunter leichter die erste Haftungsursache zu begreifen sei als die spätere letzte Schadensursache.

Den Einwand der verklagten Versicherungsgesellschaft, daß das „Ereignis" nicht auch eine Unterlassung sein könne, hält das Berufungsgericht nicht für durchschlagend. Wenn in einem gegebenen Zeitpunkt aus rechtlichen oder sonstigen Gründen ein Tun geboten oder zu erwarten gewesen sei, so sei das Ausbleiben des Tuns, das Unterlassen, ein „Ereignis".

Bei der Nachprüfung der Auslegung der Allgemeinen Versicherungsbedingungen, die nach der gefestigten Rechtsprechung des erkennenden Senats und überhaupt des Reichsgerichts im Revisionsverfahren nicht nur zulässig, sondern auch geboten ist, tritt kein Rechtsfehler des Berufungsurteils zutage; sie ist richtig und vermag keine Beanstandung zu rechtfertigen. Insbesondere trifft die Rüge der Revision nicht zu, daß das Berufungsgericht die Bestimmung im § 1 Abs. 1 AllgHaftpflVersBed. keiner gegenständlichen Auslegung unterzogen und es abgelehnt habe, die Entstehungsgeschichte bei der Auslegung heranzuziehen. Es ist zwar der Meinung, auf die Entstehungsgeschichte komme es ebensowenig wie auf etwaige einseitige Vorstellungen des Versicherers entscheidend an; trotzdem hat es gerade die Entstehungsgeschichte der Allgemeinen Haftpflicht-Versicherungs-Bedingungen ins Auge gefaßt und eingehend gewürdigt, aber richtig betont, maßgeblich sei, wie die darin von der Beklagten selbst niedergelegte und angebotene Rechtsordnung nach Treu und Glauben, also nach gegenständlichen Rücksichten, habe aufgefaßt werden dürfen.

Der Berufungsrichter hat im Hinblick auf die Entstehungsgeschichte der Bestimmung auch erwogen, nach der Absicht der Schöpfer des § 1 AllgHaftpflVersBed. brauche als Voraussetzung der Haftung des Haftpflichtversicherers nicht der Tatbestand während der Wirksamkeit der Versicherung eingetreten zu sein, dessentwegen der Versicherungsnehmer von einem Dritten verantwortlich gemacht werde, wohl aber das Schadensereignis. Auch müsse auf Grund der eingeholten Auskünfte der drei Versicherungsfachleute zugegeben werden, daß die Versicherer — mindestens vorwiegend — die Versicherungsbedingungen in diesem Sinne auch gehandhabt hätten. Unbedenklich müsse der verklagten Versicherungsgesellschaft zugestanden werden, daß sie sich bei Abschluß des Versicherungsvertrags unter dem „Ereignis" das Schadensereignis vorgestellt haben werde. Wie der Vorderrichter hervorhebt, gehen die Meinungen darüber im Schrifttum auseinander. Die eine will das Ursachenereignis als Haftpflichttatsache und damit als „Versicherungsfall" betrachten. Andere sehen das Folgeereignis als Versicherungsfall an (darüber Prölß Probleme des Haftpflichtversicherungsrechts in „Wirtschaft und Recht der Versicherung", Beiheft Nr. 2/1937 zur ZtschrÖffVers. S. 25 unter IX im Eingang). Wenn jetzt der Berufungsrichter sich bei der Auslegung der maßgeblichen Bestimmungen der Allgemeinen Haftpflicht-Versicherungs-Bedingungen der ersten Meinung anschließt, so ist ihm beizutreten.

Der Grundsatz des angefochtenen Urteils, daß es für die Auslegung maßgeblich darauf ankomme, wie die von der Beklagten der

Klägerin für ihr Versicherungsverhältnis angebotene „Rechtsordnung" nach Treu und Glauben und nach der Verkehrssitte, also nach gegenständlichen Rücksichten aufgefaßt werden durfte und von jedem Volksgenossen aufgefaßt werden würde, ein Grundsatz, der in der Rechtslehre und auch in der Rechtsprechung schon bisher herrschend war, muß jetzt um so mehr gelten, als die Anschauung durchgedrungen ist, daß die allgemein verbindlichen Versicherungsbedingungen, wie überhaupt die allgemeinen Geschäftsbedingungen, sich kaum noch als eine echte Vereinbarung darstellen, vielmehr die Unterwerfung unter eine fertig bereitliegende Rechtsordnung bedeuten, und daß daher derartige Geschäftsbedingungen ähnlich wie gesetzliche Vorschriften auszulegen sind, wobei in erster Reihe die Gemeinschaftsbelange gewahrt, d. h. nicht die Belange beider Vertragsparteien für den einzelnen Fall, sondern die Belange der Wirtschaftskreise, denen die Vertragschließenden angehören, in billiger Weise gegeneinander abgewogen werden müssen (Urteil VII 95/40 des erkennenden Senats vom 31. Januar 1941 in DR. Ausg. A 1941 S. 1210 Nr. 12, sowie neuerdings das Urteil I 129/41 des I. Zivilsenats vom 13. Oktober 1942, RGZ. Bd. 170 S. 233 [240 flg.]). Dies muß um so unbedenklicher dann angenommen werden, wenn, wie es vorliegend der Fall ist, eine einheitliche Willensauffassung selbst in den Kreisen derer, welche die maßgeblichen Bestimmungen nach gemeinschaftlicher Aussprache und Beratung geschaffen haben, nicht zustande gekommen ist, sondern damit gerechnet werden muß, daß Meinungsverschiedenheiten über den Sinn und Inhalt der Bedingungen trotz aller bei der Abfassung angewendeten Sorgfalt in gewissem Grade und Umfange fortbestanden haben. In solchen Fällen bleibt nichts andres übrig, als daß der Richter den Weg beschreitet, den das Berufungsgericht hier gegangen ist, nämlich nach gegenständlichen Rücksichten unter Beachtung des wirtschaftlichen Zwecks der getroffenen Regelung und der gewählten Ausdrucksweise den Sinn der Normung, den sie für alle Beteiligten und für alle Fälle vernünftiger Weise gleichmäßig haben muß, entsprechend der Auslegung, die alle Gesetze in Zweifelsfällen finden müssen, zu erforschen und gemeinhin im Urteilsspruche festzulegen. Ein derartiges Verfahren steht mit der gesunden Volksmeinung keinesfalls in Widerspruch. Es ist auch — entgegen den Ausführungen der Revision — nicht zu beanstanden, daß das Berufungsgericht bei der Auslegung die beiderseitigen Belange, sowohl die des Versicherers wie die des Versicherungsnehmers, ins Auge gefaßt und gegeneinander abgewogen hat. Daß die Versicherer unter Umständen längere Zeit Schadensrücklagen einstellen müssen und öfter vor der Schwierigkeit stehen werden, eine oft dunkle, vielleicht lange Zeit zurückliegende Haftungsursache aufklären zu müssen, ist auch sonst im Versicherungswesen nichts Ungewöhnliches. Derartige Umstände haben die Haftpflichtversicherer auch nicht abgehalten, für die sogenannte allgemeine Vermögenshaftpflichtversicherung den Grundsatz aufzustellen, daß es nur darauf ankomme, ob ein Verstoß während der gegenständlichen Versicherungsdauer begangen sei, auch wenn dieser Verstoß während der Versicherungsdauer ohne Folgen blieb. Der Hinweis von Prölß (a. a. O. S. 26) auf die Verhältnisse in der Seeversicherung vermag keine Vergleichsmöglichkeit zu bieten. So mannigfach im Seeverkehr die Ereignisse sind, die zu den gedeckten oder zu den nicht gedeckten Gefahren gehören, so leicht ist dort oft der Zusammenfluß verschiedenartiger Geschehnisse zu einem Schaden, so schwer oft der innere Zusammenhang dieser Geschehnisse zu erkennen. Man hat deshalb nach einer Formel gesucht, die vielleicht roher als die in gewöhnlichen Schadensfällen angewandte, so doch einfacher und geeigneter wäre, mit der Massenerscheinung des Versicherungsfalls in der Seeversicherung fertig zu werden. Als eine solche Formel hat man die Regel: Causa proxima, non remota spectatur gefunden, über deren Bedeutung aber lebhafte Meinungsverschiedenheiten bestanden (vgl. Ritter Das Recht der Seeversicherung 1922, Bem. 18 S. 470). Jedenfalls tritt aber auch für das Recht der Seeversicherung die Rechtsfrage nach der nächsten Ursache nur unter besonderen Voraussetzungen auf. Selbst auf diesem Rechtsgebiet ist grundsätzlich der ursächliche Zusammenhang nach der im Bereiche des bürgerlichen Rechts allgemein anerkannten Regel der „adäquaten" Verursachung zu beurteilen (vgl. RGUrt. I 61/41 vom 28. November 1941, RGZ. Bd. 169 S. 1 [17flg.]). Für die allgemeine Haftpflichtversicherung liegen die Verhältnisse in dieser Beziehung nicht anders. In Streitfällen der vorliegenden Art kann nur von einem einheitlichen Schaden die Rede sein, der auf den angeblich von der Klägerin (Versicherungsnehmerin) als Unternehmerin ihrem Auftraggeber (Besteller) gegenüber zu vertretenden Baufehler als entferntere Ursache und den im Werke der Klägerin, in der angeblich mangelhaften Heizungsanlage, ausgebrochenen Brand als nächste Ursache zurückzuführen ist. In solchen Fällen bestehen keine so ungewöhnlich liegenden Schwierigkeiten für die Aufklärung des Ursachenzusammenhangs, daß eine ähnliche Regelung wie im Seeversicherungsrecht oder gar eine rechtsähnliche Anwendung des in der sogenannten causa proxima-Regel ausgedrückten Rechtsgedankens geboten oder auch nur rätlich wäre, insbesondere nicht in einem solchen Grade, daß man schon bei der Auslegung der diesen Gedanken nicht enthaltenden allgemeinen Versicherungsbedingungen ihn billigerweise berücksichtigen müßte, zumal wenn es die Versicherungsgesellschaften unterlassen haben, eine Einschränkung des Grundsatzes vom sogenannten adäquaten Ursachenzusammenhang für den Inhalt des Versicherungsvertrags so einwandfrei in den allgemeinen Versicherungsbedingungen oder sonst beim Abschlusse des Versicherungsvertrags zu verdeutlichen, daß sie für die Vertragsgegner, und zwar allgemein für die als Versicherungsnehmer in Betracht kommenden Volksgenossen oder Volkskreise, ohne weiteres erkennbar wäre. Davon ist hier keine Rede, und zwar auch dann nicht, wenn es sich im einzelnen Falle darum handelte, bei der Feststellung des Schadens, seines Umfangs und des Ursachenzusammenhangs die schädlichen Folgen einer etwaigen reinen Unterlassung (in der Handlungsweise des Versicherungsnehmers) zu ermitteln. Die Erwägung, daß im einzelnen Falle für die Aufklärung des Ursachenzusammenhangs im Schadensprozeß besondere Schwierigkeiten entstehen können, vermag es nicht zu rechtfertigen, Versicherungsbedingungen der vorliegenden Art zugunsten des Versicherers auszulegen, wenn dieser es unterlassen hat, seine in dieser Richtung möglicherweise bestehenden Belange in der Fassung seiner allgemeinen oder besonderen Bedingungen für den Inhalt des Versicherungsvertrags zur Geltung zu bringen.

Liegt das Schadens(Ursachen)ereignis innerhalb der sachlichen Versicherungsdauer, so ist nicht zu erfordern, daß auch der verursachte „Erfolg", der Schaden, in die Versicherungszeit falle; der Schaden kann dann ebenso wie der Versicherungsfall, d. h. die Inanspruchnahme des Versicherungsnehmers (des Versicherten) durch den Geschädigten (RGZ. Bd. 162 S. 238), auch noch nach dem Ablaufe der Versicherungsdauer eintreten, ohne daß dies den Anspruch des Versicherungsnehmers auf Versicherungsschutz beeinträchtigt.

Das Revisionsgericht schließt sich nach alledem unbedenklich der (besonders bei Oberbach AllgemVersBed. für Haftpflichtversicherung

1938 S. 73 eingehend vertretenen) Auslegung des Berufungsrichters an. Übrigens enthalten die Allgemeinen Haftpflichtversicherungs-Bedingungen im Gegensatze zu den Allgemeinen Versicherungsbedingungen für Haftpflicht-Versicherung für Vermögensschäden (VPAV. 1930 S. 130), wie gegenüber einem Hinweise der Revision in der mündlichen Verhandlung bemerkt sein mag, keine besondere Rückwärtsversicherung.

Da auch im übrigen das angefochtene Urteil keinen sachlichen Rechtsfehler erkennen läßt, ist die Revision zurückzuweisen.

---

9. 1. Zum Streitwerte der Klage des Einzelgesellschafters einer offenen Handelsgesellschaft gegen einen Mitgesellschafter.

2. Bedarf der Einzelgesellschafter einer offenen Handelsgesellschaft zur Erhebung einer Schadensersatzklage gegen einen geschäftsführenden Mitgesellschafter wegen Verletzung seiner Geschäftsführerpflichten der Zustimmung aller Gesellschafter? Wird die Fortsetzung des Rechtsstreits durch Rücknahme der Einwilligung unzulässig?

ZPO. § 6. HGB. § 116.

II. Zivilsenat. Urt. v. 1. April 1943 i. S. Sch. (Kl.) w. v. S. (Bekl.). II 138/42.

I. Landgericht Essen.
II. Oberlandesgericht Hamm.

Die Parteien und der Kaufmann D. sind die alleinigen Gesellschafter einer offenen Handelsgesellschaft. Jeder Gesellschafter ist zur Geschäftsführung und Vertretung der Gesellschaft berechtigt. Im Jahre 1936 hat diese unter der Leitung des Beklagten in einer Kaserne Holzpflaster gelegt, bei dem sich später Schwamm bildete; da sie das Pflaster auf ihre Kosten erneuern mußte, ist ihr ein größerer Schaden entstanden. Der Kläger nimmt den Beklagten für den der Gesellschaft entstandenen Schaden in Anspruch und macht einen Teilbetrag hiervon in Höhe von 6100 RM. zur Zahlung an die Gesellschaft geltend. Der Beklagte hat die Klagebefugnis des Klägers sowie die sachliche Berechtigung des Klageanspruchs bestritten.

Nachdem sich der Mitgesellschafter D. im ersten Rechtszuge zur Frage der Klageerhebung „neutral" verhalten hat, hat das Landgericht die Klagebefugnis des Klägers bejaht, die Klage aber aus sachlichen Gründen abgewiesen. Im Berufungsverfahren hat D. der Prozeßführung widersprochen. Das Berufungsgericht hat die Berufung des Klägers zurückgewiesen, weil er nicht klagebefugt sei. Die Revision des Klägers führte zur Aufhebung des Urteils und zur Zurückverweisung.

Gründe:

1. Es fragt sich, ob die Revisionssumme gegeben ist. Wenn auch der Zahlungsanspruch auf 6100 RM. geht, so können sich doch Bedenken ergeben, weil es sich um die Forderung einer offenen Handelsgesellschaft handelt, die ein Gesellschafter gegen einen Mitgesellschafter geltend macht; denn der Mitgesellschafter hat entsprechend seinem Kapitalanteil am Vermögen der offenen Handelsgesellschaft selbst teil, so daß er an der gegen ihn geltend gemachten Forderung zu einem diesem Verhältnis entsprechenden Betrage selbst beteiligt ist. Insofern weist der Fall Ähnlichkeit auf mit dem, daß ein Miterbe gemäß § 2039 BGB. eine dem Nachlaß gegen einen anderen Miterben zustehende Forderung einklagt. Auch hier kommt dem beklagten Miterben ein seinem Erbteil entsprechender Anteil an der geforderten Leistung zu. Das Reichsgericht hat diesen Anteil bei der Wertberechnung als außer Streit befindlich angesehen und von dem an sich maßgebenden Werte der Leistung abgesetzt (RGZ. Bd. 156 S. 263). In dieser Entscheidung hat das Reichsgericht ferner ausgesprochen, daß auch im umgekehrten Falle, wo ein Gläubiger-Miterbe eine ihm gegen den Nachlaß zustehende Forderung gegen einen Miterben einklagt, der Anteil des klagenden Gläubiger-Miterben an der den Nachlaß belastenden Schuld bei der Wertberechnung außer Betracht bleiben müsse, weil die von ihm geltend gemachte Forderung ihn selbst als Miterben in Höhe des Anteils belaste.

Die Frage, ob diese Grundsätze auch auf den entsprechenden Fall bei der offenen Handelsgesellschaft anzuwenden sind, ist zu verneinen. Die offene Handelsgesellschaft ist in weit höherem Maße ein zweckgebundenes selbständiges Sondervermögen als der Nachlaß und wird in vielen Beziehungen einer selbständigen Rechtspersönlichkeit gleichgeachtet (§ 124 HGB.). Insbesondere ist ihr Vermögen von dem der

Gesellschafter scharf getrennt; es dient als Sondervermögen der lebenden Gesellschaft zur Verwirklichung des Gesellschaftszweckes, während der Nachlaß als Sondervermögen nur für die Zwecke der Auseinandersetzung behandelt wird. Damit hängt es auch zusammen, daß der Erbe gemäß § 2033 BGB. über seinen Anteil am Nachlaß verfügen, der Gesellschafter der offenen Handelsgesellschaft aber über seinen Anteil am Vermögen der Gesellschaft nach § 105 Abs. 2 HGB., § 719 BGB. nicht verfügen kann. Diese viel stärkere Bindung des Vermögens der offenen Handelsgesellschaft und ihre betonte festere Geschlossenheit legen es nahe, bei der Wertberechnung die eingeklagte Forderung im vollen Umfang als Forderung der Gesellschaft zu bewerten und somit an dem sich aus § 6 ZPO. ergebenden Grundsatz festzuhalten, daß sich bei Forderung einer bestimmten Geldsumme der Streitwert nach deren Betrag bestimmt, hingegen unberücksichtigt zu lassen, daß dem beklagten Gesellschafter ein seinem Kapitalanteil entsprechender Anteil am Gesamtvermögen und somit wirtschaftlich gesehen bei der Auseinandersetzung auch an der der Gesellschaft gegen ihn selbst zustehenden Forderung zukommt. Für diese Auffassung sprechen noch weitere Erwägungen. Die Beteiligung eines Gesellschafters an einer offenen Handelsgesellschaft läßt sich in der Regel nicht, wie die Beteiligung der Erben am Nachlaß, nach einer festen Verhältniszahl bestimmen, sondern hängt von der jeweiligen Höhe des meist fortgesetzten Schwankungen unterliegenden Kapitalanteils ab. Deshalb müßte man, um den Anteil des beklagten Mitgesellschafters an der von ihm verlangten Summe in dem für die Streitwertbemessung maßgebenden Zeitpunkt festzustellen, streng genommen jeweils eine Auseinandersetzungsbilanz aufstellen, aus der sich gemäß § 155 HGB. das Verhältnis der abschließenden Kapitalanteile ergibt. Das wäre in vielen Fällen eine umständliche und zeitraubende, auch kostspielige Aufgabe, die häufig kaum im richtigen Verhältnis zur Bedeutung der Streitwertfestsetzung stehen würde. Auch eine Schätzung des Anteils des Mitgesellschafters wäre ohne zahlenmäßige Unterlagen schwer durchführbar. Demnach ist die Revisionssumme im vorliegenden Falle gegeben.

2. Es handelt sich um die Frage, ob der Kläger als Gesellschafter einer offenen Handelsgesellschaft gegen den Beklagten als geschäftsführenden Gesellschafter einen Schadensersatzanspruch der offenen Handelsgesellschaft auf Leistung an sie geltend machen kann, der sich

darauf gründet, daß der Beklagte seine Geschäftsführerpflichten verletzt habe. Die Geltendmachung eines solchen gesellschaftlichen Anspruchs wird von der Rechtsprechung und im Schrifttum unter bestimmten Voraussetzungen und Einschränkungen grundsätzlich für zulässig gehalten. Er beruht auf dem Gesellschaftsverhältnis, nach welchem der Gesellschafter Anspruch auf ordnungsgemäße Erfüllung der sich aus diesem ergebenden Obliegenheiten hat und verlangen kann, daß eine durch schuldhafte Pflichtverletzung verursachte Schädigung der Gesellschaft wieder gutgemacht wird. Daran ist auch für die heutige Rechtsauffassung festzuhalten, nach der die Belange des einzelnen hinter denen der Gesellschaft zurücktreten müssen. Denn die beiderseitigen Belange widersprechen sich nicht etwa regelmäßig; vielmehr kann die Geltendmachung eines solchen Anspruchs durch den Einzelgesellschafter auch dann im Interesse der Gesellschaft liegen, wenn diese selbst von einer solchen absieht.

Hier kann dahingestellt bleiben, ob der Einzelgesellschafter ein derartiges Klagerecht auch für solche Handlungen hat, die der gewöhnliche Betrieb des Handelsgewerbes der Gesellschaft mit sich bringt, und an welche Voraussetzungen es bejahendenfalls geknüpft ist. Im vorliegenden Falle handelt es sich um eine Handlung, die über den gewöhnlichen Betrieb des Handelsgewerbes der Gesellschaft hinausgeht, zu deren Vornahme durch einen geschäftsführenden Gesellschafter also — in Abweichung von der Regel — nach § 116 Abs. 2 HGB. ein Beschluß sämtlicher Gesellschafter erforderlich ist; denn ein solches außergewöhnliches Geschäft liegt jedenfalls dann vor, wenn gegen einen geschäftsführenden Gesellschafter mit der Begründung geklagt wird, er habe schuldhaft seine Geschäftsführerpflichten vernachlässigt.

Der Einzelgesellschafter ist aber bei der Geltendmachung eines solchen Anspruchs der Gesellschaft an den Gemeinschaftszweck gebunden und durch seine Treupflicht gegenüber der Gesellschaft gehalten, alles zu unterlassen, was diesem Zwecke zuwiderläuft. Eine derartige Klage kann die Belange der Gesellschaft schwer schädigen, und zwar unter Umständen auch dann, wenn der Anspruch begründet ist. Denn sie rührt an die Grundlagen der Gesellschaft. Die Zusammenarbeit und das gegenseitige Vertrauensverhältnis der Gesellschafter und das Vertrauen Dritter in die Geschäftsleitung und in die Kreditwürdigkeit können schweren Schaden leiden. Demgegenüber ist es von untergeordneter Bedeutung, daß der Einzelgesellschafter den Rechtsstreit auf eigene Kosten führt und die in diesem ergehende Entscheidung gegenüber der Gesellschaft keine Rechtskraftwirkung hat. Deshalb gehen die Belange der Gesellschaft den etwa abweichenden Belangen des Einzelgesellschafters vor.

Es fragt sich, welche Gesichtspunkte dafür maßgebend sind, ob die Klageerhebung mit den Belangen der Gesellschaft zu vereinbaren ist. Die Lösung kann nicht etwa darin gefunden werden, daß diese Frage unabhängig von der Meinung der anderen Gesellschafter nach rein sachlichen Gesichtspunkten geprüft wird. Für sie ist vielmehr der Wille der Gesellschaft selbst von grundlegender Bedeutung. Hierfür spricht zunächst das Wesen der offenen Handelsgesellschaft, die eine weit engere und festere gesellschaftsrechtliche Bindung aufweist als etwa die Gesellschaft des Bürgerlichen Gesetzbuchs und die Erbengemeinschaft und die in diesen Punkten Ähnlichkeit mit einer juristischen Person hat. Ihrem Willen kommt deshalb gegenüber dem des Einzelgesellschafters erhöhte Bedeutung zu. Das kommt in der gesetzlichen Regelung der offenen Handelsgesellschaft insbesondere in zwei Bestimmungen zum Ausdruck. Nach § 113 Abs. 1 und 2 HGB. beschließt nicht etwa ein geschäftsführender Gesellschafter, sondern es beschließen die übrigen, d. h. alle Gesellschafter darüber, ob und welche Ansprüche gegen einen Gesellschafter wegen Verletzung des gesetzlichen Wettbewerbsverbots erhoben werden sollen. Ferner ist nach § 116 Abs. 2 HGB. zur Vornahme von Handlungen, die über den gewöhnlichen Betrieb des Handelsgewerbes der Gesellschaft hinausgehen, ein Beschluß sämtlicher Gesellschafter erforderlich. Da es nach § 119 Abs. 1 HGB. mangels abweichender Regelung im Gesellschaftsvertrage für die von den Gesellschaftern zu fassenden Beschlüsse der Zustimmung aller zur Mitwirkung bei der Beschlußfassung berufenen Gesellschafter bedarf, legt das Gesetz also dem Gesamtwillen der Gesellschafter in diesen an die Grundlagen der Gesellschaft rührenden Fragen eine ausschlaggebende Bedeutung bei. Das muß zu der Folgerung führen, daß auch der Einzelgesellschafter ohne den Gesamtwillen der Gesellschaft i. S. der §§ 113, 116 Abs. 2 HGB. die darin behandelten Ansprüche nicht mit der gesellschaftsrechtlichen Klage im eigenen Namen verfolgen kann. Insoweit fehlt ihm zwar nicht die Klagebefugnis; aber sein auf dem Gesellschaftsverhältnis beruhendes Klagerecht ist durch den Willen der organisierten Gemeinschaft überschattet und muß hinter diesem grundsätzlich zurücktreten. Es kommt also nicht etwa darauf an, ob bei Abwägung aller Umstände, die vom Standpunkte der offenen Handelsgesellschaft aus gesehen für und gegen die Klageerhebung sprechen, die einen oder die anderen überwiegen; sondern gerade auch in den Fällen, in denen für jeden Standpunkt beachtliche Gründe vorliegen, ist der Wille der organisierten Gemeinschaft auch für die Klageberechtigung des Einzelgesellschafters maßgebend. So wird auch das unbefriedigende Ergebnis vermieden, daß der geschäftsführende Gesellschafter, der als solcher einen Anspruch gegen einen Mitgesellschafter mangels der erforderlichen Zustimmung der übrigen Gesellschafter in den Fällen der §§ 113 und 116 Abs. 2 HGB. nicht durch Klage verfolgen kann, dazu als Einzelgesellschafter ohne weiteres in der Lage wäre.

Es ist also davon auszugehen, daß der Einzelgesellschafter, der eine Schadensersatzklage gegen einen geschäftsführenden Gesellschafter wegen Verletzung seiner Geschäftsführerpflichten erheben will, diese nur erheben kann, wenn er vorher den Willen der Gesellschaft ermittelt hat. Ist dieser Wille der organisierten Gemeinschaft ablehnend — und das ist, sofern der Gesellschaftsvertrag nicht etwas anderes bestimmt, nach § 119 Abs. 1 HGB. schon dann der Fall, wenn nicht, abgesehen von dem in Anspruch genommenen Gesellschafter, alle übrigen zustimmen —, so kann er grundsätzlich den Anspruch nicht geltend machen. Stimmen sie dagegen zu, so steht seiner Klageerhebung nichts im Wege. Der Wille der Gemeinschaft kann auch dahin gehen, daß zwar keine Klage der Gesellschaft erhoben werden soll, daß sie es aber dem Einzelgesellschafter anheimgibt, seinerseits die gesellschaftsrechtliche Klage als Einzelgesellschafter zu erheben. In einem solchen Falle liegt nicht etwa eine Stimmenthaltung der sich so entscheidenden Gesellschafter vor, sondern in dieser Stellungnahme ist eine ausreichende Einwilligung in die Klageerhebung zu finden.

Trotz fehlenden Einverständnisses der Mitgesellschafter kann aber eine Verfolgung des Anspruchs durch den Einzelgesellschafter rechtmäßig sein, wenn dieser dartun kann, daß die Versagung der Zustimmung rechtsmißbräuchlich ist, also nicht etwa durch sachliche Erwägungen begründet, sondern willkürlich ist oder gar einem dem Interesse der Gesellschaft widersprechenden Zusammenwirken mit dem zu Belangenden entspringt.

Hat sich die Gemeinschaft einmal mit der Klageerhebung durch den Einzelgesellschafter einverstanden erklärt, und hat dieser die Klage erhoben, so ist damit für ihn der Klageweg grundsätzlich freigegeben. Die Gesellschaft ist nun nicht mehr berechtigt, ihr Einverständnis zurückzuziehen; sie kann dies mit der Wirkung, daß die Rechtsverfolgung durch den Einzelgesellschafter unzulässig wird, nur dann tun, wenn die weitere Rechtsverfolgung durch den Kläger wegen veränderter Umstände mit seiner gesellschaftlichen Treupflicht nicht mehr zu vereinbaren ist; hierfür ist der Beklagte beweispflichtig.

3. Die Anwendung dieser Grundsätze auf den vorliegenden Fall führt zu folgendem Ergebnis: Da die offene Handelsgesellschaft hier nur aus drei Gesellschaftern besteht und der Beklagte bei der Beschlußfassung über eine gegen ihn gerichtete Klage ausscheidet, kommt es für die Bildung des Gemeinschaftswillens nur auf den Kläger und den dritten Gesellschafter D. an. Während sich der Kläger durch die Klageerhebung eindeutig geäußert hat, hat sich D. nach der Feststellung des Berufungsrichters im ersten Rechtszuge „neutral" erklärt. Wie diese an sich nicht eindeutige Erklärung zu verstehen ist, ergibt sich aus dem Briefe, den D. am 12. Juli 1941 an den Kläger gerichtet hat. Darin schreibt er, er habe sich in der Prozeßsache entschlossen gehabt, einstweilen eine neutrale Haltung einzunehmen, um im Prozeß und durch den Prozeß die Sach- und Rechtslage klären zu lassen. Hiernach hat sich D. also nicht etwa der Stimmabgabe enthalten. Er war zwar nicht damit einverstanden, daß die offene Handelsgesellschaft selbst einen Rechtsstreit führe; aber es war ihm durchaus recht, daß der Kläger das auf eigene Kosten tue, damit auf diese Weise — ohne Wagnis für ihn und die offene Handelsgesellschaft — der Sachverhalt geklärt werde. Nach dem weiteren Inhalte des Briefes hat D. sich auch während des Rechtsstreits dementsprechend verhalten, indem er den wichtigsten Teilen der Verhandlung an Gerichtsstelle beigewohnt hat. In diesem von ihm selbst angegebenen Verhalten liegt eindeutig die Zustimmung zur Klageerhebung durch den Kläger.

Auf die im Berufungsverfahren erklärte Zurücknahme der Einwilligung des D. kann sich der Beklagte nicht berufen. Denn er hat nicht dargetan, daß der Kläger durch die Fortsetzung des Rechtsstreits im zweiten Rechtsgang seine gesellschaftliche Treupflicht verletze. Eine solche folgt nicht etwa daraus, daß die Klage im ersten Rechtszug abgewiesen worden ist. Der Sachverhalt bedurfte nach Auffassung des Berufungsrichters weiterer tatsächlicher Aufklärung, wie sich daraus ergibt, daß er eine Beweiserhebung beschlossen und teilweise durchgeführt hat. Sicher ist es erwünscht, daß der Friede wieder in die Gesellschaft einkehrt. Es ist aber kaum anzunehmen, daß dies dadurch geschieht, daß der Rechtsstreit, nachdem er so weit gediehen ist, jetzt mit der Begründung sein Ende finden würde, der Kläger sei zur Weiterverfolgung nicht mehr berechtigt, weil der dritte Gesellschafter damit nicht mehr einverstanden sei. Im Gegenteil dürfte es jetzt auch im Interesse der Gesellschaft liegen, daß durch gerichtliches Urteil festgestellt wird, ob der Beklagte sich wirklich einer schuldhaften Verletzung seiner Geschäftsführerpflichten schuldig gemacht hat und der Gesellschaft schadensersatzpflichtig ist.

---

10. Liegt im Ausbau einer öffentlichen Straße eine Veränderung in der wirtschaftlichen Benutzung des Straßengrundstücks, deren Folgen für den Ablauf des oberirdisch außerhalb eines Wasserlaufs abfließenden Wassers der Unterlieger hinnehmen muß?

BGB. § 823. Pr. WassG. § 197.

III. Zivilsenat. Urt. v. 8. April 1943 i. S. Stadt B. (Bekl.) w. Sch. (Kl.). III 131/42.

I. Landgericht Berlin.
II. Kammergericht daselbst.

Der Kläger ist Eigentümer eines im Jahre 1893 erbauten, in B.-St. gelegenen Wohnhauses. Das Haus ist über dem früheren Bett des jetzt zugeschütteten B.-Bachs errichtet. Es liegt am Fuße des F.-Berges an der tiefsten Stelle der W.-Straße und der umliegenden Straßen, die sämtlich der Beklagten gehören. Von diesen wurden die R.-Straße und die K.-W.-Straße in den Jahren 1931 bis 1936 asphaltiert und mit Rinnsteinen versehen; vorher hatten sie Kopfsteinpflaster und seitlich ungepflasterte Sommerwege. Die Sch.-Straße wurde in den Jahren 1933 bis 1936 mit seitlicher Neigung zur Ku.-Straße hin ausgebaut. Entwässerungsanlagen, die das Tageswasser aufnehmen können, sind lediglich in der W.-Straße und Ku.-Straße vorhanden. Bei starken Regenfällen strömt ein Teil des Wassers auf das Grundstück des Klägers, weil die vorhandenen Gullys nicht alles aus den umliegenden Straßen zum tiefsten Punkt hin fließende Wasser aufnehmen können. Die Beklagte hat schon seit Jahren einen Ausbau der Entwässerungsanlagen geplant, auch bereits im Jahre 1938 Mittel dazu angefordert und im Jahre 1940 den Betrag von 17000 RM. dafür bereitgestellt. Die Ausführung ist aber unterblieben, nach Angabe der Beklagten mit Rücksicht auf die Kriegsverhältnisse, insbesondere wegen Mangels an Arbeitskräften.

Unstreitig bestehen zur Zeit auf dem Grundstück des Klägers erhebliche, durch Feuchtigkeit verursachte Schäden. Er führt sie darauf zurück, daß die Beklagte die R.-Straße und die K.-W.-Straße habe asphaltieren und die Sch.-Straße habe ausbauen lassen, ohne gleichzeitig die Entwässerungsanlagen dem veränderten Zustande der Straßen anzupassen. Früher sei das jetzt seinem Grundstück zuströmende Regen- und Schmelzwasser zum großen Teil auf den Straßen eingesickert. Der Kläger begehrt zur Beseitigung der Schäden einen Teilbetrag von 1505 RM., ferner die Feststellung, daß die Beklagte zum Ersatz alles weiteren Schadens verpflichtet sei, der ihm durch die von der W.-Straße ausgehenden Überschwemmungen entstanden sei und noch entstehen werde.

Die Beklagte bestreitet die Verursachung von Schäden durch ihre Straßenanlagen, die sachgemäß ausgeführt worden seien. Sie behauptet, die Feuchtigkeitsschäden seien auch schon früher vorhanden gewesen; sie beruhten darauf, daß das Haus über dem früheren Laufe des B.-Bachs erbaut und daß es unsachgemäß ausgeführt worden sei. Auch hätten noch andere Ursachen, auf die sie keinen Einfluß habe, mitgewirkt, so die Bebauung der höher gelegenen Stadtgegend und ein Nachgeben der Sandaufschüttung über dem B.-Bach. Hilfsweise macht die Beklagte mitwirkendes Verschulden des Klägers geltend, weil er es unterlassen habe, sein Haus durch geeignete Maßnahmen, so eine geringe Erhöhung der Umfassungsmauern des Grundstücks, gegen Überschwemmungen zu sichern.

Das Landgericht hat die Klage abgewiesen. Das Berufungsgericht hat die Beklagte zur Zahlung von 1505 RM. verurteilt und festgestellt, daß die Beklagte verpflichtet sei, über diesen Betrag hinaus allen Schaden zu ersetzen, der dem Kläger durch Wassereinbrüche infolge Asphaltierung der R.- und der K.-W.-Straße sowie der seitlichen Neigung der Sch.-Straße weiter verursacht ist oder noch verursacht wird. Die Revision der Beklagten führte zur Aufhebung und Zurückverweisung.

Gründe:

1. Das Kammergericht führt die auf dem Hausgrundstück des Klägers vorhandenen Feuchtigkeitsschäden darauf zurück, daß die Beklagte die höher liegenden Straßen in der vom Kläger gerügten Weise verändert habe, ohne gleichzeitig für genügende Ableitung der Oberflächenwässer zu sorgen. Die Behauptung der Beklagten, das Haus erleide Schaden aus seiner ungünstigen Baulage und durch Wasserzuflüsse von anderen Grundstücken her, hält das Kammergericht für unerheblich, da dadurch keinesfalls der ursächliche Zusammenhang mit dem Verhalten der Beklagten beseitigt werde. Hiernach billigt es dem Kläger einen Anspruch wegen fahrlässig-schuldhafter Verletzung seines Eigentums zu (§ 823 Abs. 1 BGB.). Denn das Vorgehen der Beklagten in der Veränderung der umliegenden Straßen sei widerrechtlich, weil nach § 197 Abs. 1 Pr. WassG. der Eigentümer eines Grundstücks den Ablauf des oberirdisch außerhalb eines Wasserlaufs abfließenden Wassers nicht künstlich so verändern dürfe, daß tiefer liegende Grundstücke belästigt würden, und weil die eine Veränderung des Wasserablaufs infolge veränderter wirtschaftlicher Benutzung des Grundstücks gestattende Ausnahmevorschrift des § 197 Abs. 2 keine Anwendung finde auf die in Erfüllung einer hoheitlichen Aufgabe vorgenommene Veränderung von Straßen, weil es sich ferner auch um ohne weiteres unzulässige Maßnahmen zum Zwecke einer Veränderung des Wasserablaufs gehandelt habe. Die Beklagte sei für die dem Kläger zugefügte Schädigung trotz der Kriegsverhältnisse verantwortlich, da der zuständige Sachbearbeiter die in den Jahren 1931 bis 1936 vorgenommenen Straßenveränderungen nicht hätte veranlassen dürfen, ohne die erforderlichen Entwässerungsanlagen einzubauen. Schuldhafte Mitverursachung durch den Kläger verneint das Berufungsgericht, weil ihm die Aufwendung der Kosten für geeignete Abwehrmaßnahmen, die zudem das Haus nicht verschönert haben würden, nicht zuzumuten gewesen sei.

2. Begründet ist zunächst die Rüge der Revision, daß die tatsächlichen Feststellungen des Sachverhalts durch das Kammergericht auf Verletzung der §§ 286, 287 ZPO. beruhten. (Wird näher ausgeführt). Hiernach war das Berufungsurteil aufzuheben, weil der Sachverhalt, auf dem das Kammergericht die Verurteilung aufbaut, unter Verletzung der §§ 286, 287 ZPO. festgestellt worden ist.

3. Die rechtliche Grundlage des Klageanspruchs ist, wie das Berufungsgericht zutreffend annimmt, § 823 Abs. 1 BGB., da die Beklagte einen schuldhaft widerrechtlichen Eingriff in des Klägers Eigentum dadurch begangen haben soll, daß sie versäumt habe, bei der Umänderung des ihr gehörigen Straßengeländes am F.-Berge die Ableitung für die Regen- und Schmelzwässer in einer der Neugestaltung der Straßen entsprechenden Weise auszubauen. In solcher Unterlassung und einer dadurch bewirkten Beeinträchtigung des Grundeigentums des Klägers würde ein rechtswidriger Eingriff dann liegen, wenn eine Pflicht der Beklagten zu entsprechendem Handeln bestand (RGZ. Bd. 134 S. 231 [235]). Ob das der Fall war, muß sich in erster Linie aus der rechtlichen Behandlung des oberirdisch außerhalb eines Wasserlaufs abfließenden Wassers in § 197 Pr. WassG. ergeben. Dort ist vorgeschrieben, daß der Eigentümer eines Grundstücks den Ablauf solchen Wassers nicht künstlich so verändern darf, daß die tiefer liegenden Grundstücke belästigt werden. Um jedoch dem Oberlieger die nötige Bewegungsfreiheit bei der Ausnutzung seines Grundstücks zu wahren, nimmt der Abs. 2 des § 197 von diesem Verbot eine Veränderung des Wasserablaufs infolge veränderter wirtschaftlicher Benutzung des Grundstücks aus. Hier kommt es auf diese Ausnahmevorschrift an.

Nicht beizupflichten ist der Meinung des Kammergerichts, daß deren Anwendung hier aus zwei Gründen ausscheide, nämlich einmal deswegen, weil eine Verwendung von Grundstücken als öffentliche Straßen keine „wirtschaftliche Benutzung" sei, weiter, weil nur solche Veränderungen des Wasserablaufs gestattet seien, die sich aus einer Änderung der wirtschaftlichen Benutzung von selbst ergäben, die Maßnahmen im vorliegenden Fall aber gerade zum Zweck einer Veränderung des Wasserablaufs durchgeführt worden seien. Die Frage des Begriffs der „wirtschaftlichen Benutzung" in § 197 Abs. 2 ist, soweit ersichtlich, höchstrichterlich noch nicht entschieden worden. Im Schrifttum besteht hierüber Meinungsverschiedenheit. Das Erläuterungsbuch von Lenhard-Reichau (§ 197 Anm. 2 d) will darunter lediglich eine privatwirtschaftliche Benutzung verstehen und somit den Fall einer Veränderung des Wasserablaufs infolge von Maßnahmen an öffentlichen Straßen nicht unter die Ausnahmegestattung bringen. Dagegen sieht Schlegelberger in Holtz-Kreutz Pr. WassG., 4. Aufl., § 197 Anm. 7 keinen Grund zu solcher Beschränkung, ebenso Holtz in Pr. Verwaltungsblatt 1916 S. 655. Der letzteren weitherzigeren Ansicht ist beizupflichten. Wie schon hervorgehoben, verfolgt die Gestattung des Abs. 2 des § 197 den Zweck, dem Grundeigentümer die nötige Bewegungsfreiheit zu wahren. Es besteht kein Grund, darin denjenigen, der in Erfüllung öffentlicher Aufgaben handelt, schlechter zu stellen als den Privatmann. Eher wäre das Gegenteil richtig. Der Wortlaut des Gesetzes spricht nirgends für eine solche Beschränkung. Die Grundstücksbenutzung zur Anlage und zum weiteren Ausbau von öffentlichen Straßen ist eine besonders wichtige und daher zu begünstigende gemeinwirtschaftliche Ausnutzung. Sie muß jedenfalls unter die Ausnahmegestattung von § 197 Abs. 2 miteinbegriffen werden. Dabei ist jedoch eine Einschränkung geboten: Es muß sich im Gesamtaufbau um eine wirtschaftlich vernünftige und schützenswerte Nutzung handeln. Bringt man die Anlegung und die Veränderung von Straßen mit ihren Folgen für den Ablauf der Tageswässer unter die Gestattung des Abs. 2, so daß der Unterlieger sie hinnehmen muß, so kann das doch nur für solche Veränderungen gelten, die den städtebaulich anerkannten Regeln gerecht werden. Nur die Folgen technisch einwandfreier Veränderung haben ihre Quelle in der anderen wirtschaftlichen Benutzung; was darüber hinausgeht, ist nicht durch sie, sondern durch die Richteinhaltung jener städtebaulichen Regeln verursacht. Diesem Ergebnis der Auslegung des § 197 entspricht die allgemeine Rechtsregel, daß sich jedermann im rechtlichen und wirtschaftlichen Verkehr in einer Weise verhalten muß, die die Belange der Allgemeinheit berücksichtigt und die der Volksgenossen möglichst schont. Damit deckt sich auch die zu § 823 BGB. weitläufig entwickelte Rechtsprechung der gebotenen Rücksichtnahme auf die Sicherheit des Verkehrs.

Wenn zur Anwendung des § 197 Abs. 2 Pr. WassG. betont wird, daß darunter nur die sich aus einer Änderung der wirtschaftlichen Benutzung des Grundstücks von selbst ergebenden Folgen beim Wasserablauf, nicht aber Veränderungen mit dem Zweck einer Änderung des Wasserablaufs fielen, so ist doch hier — entgegen der Meinung des Berufungsgerichts — ein Fall der ersten Art gegeben. Die R.-Straße, die K.-W.-Straße und die Sch.-

Straße waren schon lange als öffentliche Straßen vorhanden. Wenn sie dann durch Asphaltierung und Veränderung der Seitenlage (bei der Sch.-Straße) weiter ausgebaut wurden, was der Kläger als die Ursachen seiner Schädigung ansieht, so geschah das in Erfüllung der wegebaulichen Aufgaben der Beklagten, veranlaßt durch die Entwicklung des Verkehrs und die fortschreitende Bebauung in der Gegend des F.-Bergs. Alles das bezweckte keine Veränderung des Wasserablaufs; vielmehr war diese — nach Behauptung des Klägers — die Folge der geänderten Art der Benutzung des Straßengeländes.

Nach alledem besteht die Möglichkeit, das Vorgehen der Beklagten, aus dem der Kläger seinen Schadensersatzanspruch herleitet, unter die Vorschrift des § 197 Abs. 2 Pr. WassG. zu bringen. Der weitere Ausbau bereits vorhandener öffentlicher Straßen kann eine Veränderung in der wirtschaftlichen Benutzung der Straßengrundstücke sein, deren Folgen für den Wasserablauf vom Unterlieger als nicht rechtswidrig veranlaßt hingenommen werden müssen. Das ist jedoch eben nur dann der Fall, wenn die Beklagte bei der Straßenänderung technisch einwandfrei verfahren ist. In der Richtung hat der Kläger der Beklagten vorgeworfen, sie habe schuldhaft versäumt, bei den Umbauarbeiten in den Jahren 1931 bis 1936 die Vorrichtungen zur Abführung des Tageswassers dem neuen Zustande der Straßen anzupassen, während die Beklagte Beweis dafür erboten hatte, daß sie überall nach dem neuesten Stande der Technik gehandelt habe. Wenn sich nach Beweisaufnahme entsprechend den in 2. enthaltenen Erörterungen ergeben sollte, daß durch den Ausbau der am F.-Berge liegenden Straßen der Ablauf der Tageswässer zum Nachteil des Klägers geändert worden ist und daß dadurch Hausschäden entstanden sind, so wird es weiter darauf ankommen, ob die Beklagte bei diesem Ausbau technisch einwandfrei verfahren ist oder ob sie schuldhaft versäumt hat, gleichzeitig für gehörige Abführung des Regen- und Schmelzwassers zu sorgen.

Sollte sich ergeben, daß städtebauliche Fehler vorliegen, so bestehen keine rechtlichen Bedenken dagegen, diese der Beklagten als Verschulden beizumessen. Denn sie muß in ihrer Organisation für einwandfreie Planung und Durchführung wichtiger Bauvorhaben sorgen. Auch wird der hiermit betraute Sachbearbeiter mindestens als besonderer Vertreter der Beklagten im Sinne des § 30 BGB. anzusehen sein, für dessen Fehler sie nach § 89 BGB. haftet (vgl. RGUrt. V 32/42 vom 31. August 1942 in SeuffArch. Bd. 96 Nr. 68).

4. Nicht ausreichend berücksichtigt hat schließlich das Berufungsgericht das Vorbringen der Beklagten, das Haus des Klägers sei schon vor der Straßenänderung vom Bett des B.-Bachs her durchfeuchtet gewesen, auch habe der Kläger sich leicht und ohne große Kosten gegen das Eindringen von Oberflächenwasser schützen können, wie das andere Bewohner der B.-Straße mit Erfolg getan hätten. Soweit in dem Hause schädliche Feuchtigkeit schon vor etwaiger Einwirkung der Beklagten vorhanden war, fehlt der ursächliche Zusammenhang des vorhandenen Schadens mit dem Tun oder Unterlassen der Beklagten. Auf die Unterlassung solcher Maßnahmen gegen das Eindringen von Wasser, wie sie nach der besonderen Lage und Beschaffenheit bei dem Grundeigentum des Klägers unter allen Umständen geboten waren, brauchte auch die Beklagte bei der Ausgestaltung der Straßen keine Rücksicht zu nehmen. Etwaige hierauf beruhende nachteilige Folgen des Straßenbaus für sein Grundstück mußte der Kläger deshalb nach § 197 Abs. 2 Pr. WassG. hinnehmen. Daher war dieses Vorbringen der Beklagten beachtlich.

Die Ausführungen des Kammergerichts zur Anwendung des § 254 BGB. schließlich geben keine Gewähr für richtige Auffassung der Verpflichtung zur Schadensverhütung. Waren mit verhältnismäßig geringen Aufwendungen wirksame Schutzmaßnahmen gegen die von Zeit zu Zeit eindringenden Wassermassen möglich, wie das die Beklagte behauptet hat, und haben Nachbarn des Klägers sich so wirksam geschützt, so könnte der Kläger gerade dann zu gleichem Vorgehen verpflichtet gewesen sein, wenn die Beklagte durch die Kriegsverhältnisse an einer Erweiterung der Wasserableitungen gehindert gewesen sein sollte. Auch diese Frage bedarf erneuter Prüfung.

---

11. In welchem Umfang ist der Erwerb, den eine Witwe infolge des Wegfalls ihrer Pflichten gegen den Mann durch eigene Arbeit erzielt oder erzielen könnte, nach österreichischem Recht bei Feststellung des Schadens anzurechnen, der ihr wegen des Verlustes ihres Unterhaltsanspruchs gegen den Mann zu ersetzen ist?

ABGB. §§ 1304, 1327.

VII. Zivilsenat. Urt. v. 8. April 1943 i. S. Deutsches Reich (Bekl.) w. M. (Kl.). VII 31/43.

I. Landgericht Salzburg.
II. Oberlandesgericht Innsbruck.

Nach rechtskräftigem Grundurteil hat das verklagte Deutsche Reich der Klägerin für die Tötung ihres Ehemannes bei einem Kraftwagenunfall vollen Schadensersatz zu leisten. Streitig ist nur noch die Höhe der von der Klägerin begehrten Rente von monatlich 160 RM. abzüglich der Unfallrente. Der Rentengrundbetrag von 160 RM. monatlich steht außer Streit. Umstritten ist die Einwendung des Beklagten, daß sich die Klägerin den tatsächlichen oder den für eine ihr zumutbare Leistung möglichen Verdienst auf die Rente anrechnen lassen müsse, den sie als unverheiratete Frau erlangen könne, wenigstens aber den Verdienst, der jener Zeit entspreche, um die sie durch den Wegfall ihres Ehemannes weniger zu tun habe. Der Beklagte verweist dazu auf die Bestimmungen der §§ 844 und 254 Abs. 2 BGB. und meint, daß die Bestimmungen der §§ 1327 und 1304 ABGB. die gleiche Bedeutung hätten, ferner daß der Genuß einer leistungslosen Rente mit § 66 EheG. und dem Volksempfinden in Widerspruch stehe.

Die Vordergerichte haben den Einwendungen des Beklagten nicht stattgegeben. Seine Revision führte zur Herabsetzung der Rente auf 100 RM. abzüglich der Unfallrente.

Gründe:

Der Hinweis der Revision auf § 844 BGB. versagt, weil diese Bestimmung vom entzogenen „Unterhalt" ausgeht, § 1327 ABGB. aber davon, was der Witwe durch den Tod ihres Ehemannes „entgangen" ist. Es braucht also nur untersucht zu werden, was der Klägerin durch den Tod ihres Ehemannes entgangen ist. Dies ist die Lebensstellung und die Lebensführung als Ehefrau, bei der sie bei Erfüllung ihrer Pflichten nach § 92 ABGB. eine bestimmte Lebenshaltung genoß. Ihr Schaden durch den Verlust des Ehemannes besteht im Verluste dieser Lebensstellung — ein Schaden, der nicht ersetzbar ist und hier nicht in Betracht kommt —, und im Verluste der vom Ehemanne gebotenen Lebensführung, der vom Beschädiger zu ersetzen ist.

Eine Vorteilsausgleichung käme nur in Frage, wenn infolge des Ereignisses ein Vermögens- oder Einkommenszuwachs ohne Zutun der Klägerin eingetreten wäre, aber nicht, wenn die Erreichung eines Vorteils von der freien Entschließung und dem Zutun der Witwe selbst abhängt. Es handelt sich dabei — auch nach § 254 Abs. 2 BGB. — nicht um ein mitwirkendes Verschulden der Beschädigten bei der Entstehung des Schadens, sondern um ein späteres Verhalten der Geschädigten bei der Abwendung oder Minderung des Schadens. Das Allgemeine Bürgerliche Gesetzbuch kennt aber keine Bestimmung, die dem mittelbar Geschädigten ein Handeln in bestimmter Richtung vorschreibt. Daraus kann somit für den Beklagten nichts gewonnen werden. Er kann aus dem tatsächlichen Verhalten der Geschädigten und ihren Einkünften, die sie auf Grund ihrer eigenen Entschließung oder der durch öffentlichrechtliche Bestimmungen herbeigeführten Leistungen erzielt, für sich nichts ableiten.

Eine andere Frage ist aber die der Höhe des Schadens, also des der Klägerin „Entgangenen". Hier ist für den Beklagten zu berücksichtigen, daß die Pflichten und Leistungen der Geschädigten durch den Wegfall des Ehemannes selbst bei Gleichhaltung ihrer Lebensführung geringer geworden sind, insbesondere ihre Leistungen geringer sind, daß sie über die dadurch freigewordene Zeit frei verfügen und ihr dafür im allgemeinen eine gleichartige und gleichwertige Leistung zugemutet werden kann. Das bedeutet aber nicht nur einen Vorteil, sondern ohne ihr Zutun eine wirkliche Verringerung ihres Schadens; denn die Verwertung dieser frei gewordenen Erwerbsmöglichkeit ist ihr auch bei Beibehaltung ihrer früheren Lebenshaltung nicht genommen.

Wie sich das im einzelnen auswirkt, kann nur von Fall zu Fall beurteilt und entschieden werden. Bei den verhältnismäßig einfachen Verhältnissen der Klägerin läßt sich die Wertung und Abschätzung in der Weise durchführen, daß festgestellt wird, welche

Arbeitszeit durch den Wegfall ihres Ehegatten freigeworden ist, wenn sie im übrigen eine gleiche Lebenshaltung beibehalten würde. Dabei kann hier davon ausgegangen werden, daß der Gesamtschaden, richtig die Gesamtleistung des Ehemannes, mit monatlich 160 RM. unbestritten ist und daß die Klägerin jetzt täglich drei Stunden weniger tätig zu sein braucht. Nimmt man eine achtstündige Tätigkeit an, von der auch der Beklagte nach seiner Berechnung ausgeht, so entfallen auf die drei Stunden im Sinne dieser Berechnung $(160 : 8) \times 3 = 60$ RM. Der Einwand der Klägerin, wegen des Lohnstops seien höchstens 45 RM. abzuziehen, versagt, weil bei der Berechnung des tatsächlichen Schadens die tatsächlichen Verhältnisse und nicht die Bestimmungen über den Lohnstop maßgebend und auch die Leistungen der Klägerin nicht nach den zulässigen Höchstsätzen zu werten sind. Somit ergibt sich, daß die Klägerin derzeit einen Schaden von $(160 - 60 =)$ 100 RM. monatlich hat. Was sie dagegen tatsächlich auf Grund ihrer freien Entschließung bei Aufrechterhaltung oder bei Aufgabe ihrer früheren Lebensführung oder gar durch erhöhten Leistungseinsatz wirklich erreicht, ist ihre Sache und deshalb weder für eine Vorteilsausgleichung noch für eine Schadensminderung anzurechnen.

Die Bestimmung des § 66 EheG. ist nach obigen Ausführungen nicht maßgebend, weil bei der Festsetzung des Schadens von den Verhältnissen auszugehen ist, wie sie bei Fortbestand der Ehe gegeben wären.

Das gefundene Ergebnis steht auch mit dem Volksempfinden und der öffentlichrechtlichen Leistungspflicht der Klägerin nicht im Widerspruch; denn es entspricht dem Volksempfinden, daß bei der Schadenszufügung mindestens der wirkliche Schaden ersetzt wird. Die immateriellen Verluste der Ehegemeinschaft und Lebensstellung werden ohnedies nicht ersetzt, und zwar auch nicht durch eine Geldleistung wie beim Schmerzensgeld. Der Leistungseinsatz auf Grund öffentlichrechtlicher Vorschriften geht über jene Leistungen hinaus, die der Ehefrau bei gewöhnlichen Verhältnissen oblagen.

---

12. Darf sich der Pächter eines gewerblichen Unternehmens, der dieses und die darin hergestellten Waren unter Einwilligung des Verpächters mit dessen Namen bezeichnet hat, dieses Namens hierzu auch dann noch bedienen, wenn er das Unternehmen vom Ver-

pächter käuflich erworben hat? Kann er sich gegenüber dem Verlangen des Veräußerers, den Gebrauch des Namens hinfort zu unterlassen, auf einen ihm zustehenden Ausstattungsbesitz im Sinne des § 25 WZG. berufen?

BGB. § 12.

II. Zivilsenat. Urt. v. 15. April 1943 i. S. Schloßbrauerei O. u. 1 and. (Bekl.) w. Graf F. (Kl.). II 121/42.

I. Landgericht Ulm.
II. Oberlandesgericht Stuttgart.

Durch Vertrag vom 31. August 1926 pachteten der Zweitbeklagte Friedrich M. und seine Ehefrau die damals der Gräflich Fugger-Kirchberg-Weißenhornschen Standesherrschaft gehörige Schloßbrauerei in O., die im Handelsregister unter der Firma „Gräflich Fugger-Kirchberg-Weißenhorn'sche Schloßbrauerei O." eingetragen war. Die Firma, die nach der Verpachtung des Unternehmens auf Veranlassung des Registergerichts durch den Zusatz „Inhaber Friedrich M., Braumeister in O., auf Grund Pachtvertrags" ergänzt worden war, wurde in dieser Form nicht benutzt. Der Zweitbeklagte bediente sich ihrer in den Abkürzungen „Schloßbrauerei O." und „Gräfl. Fuggersche Schloßbrauerei", je mit der Beifügung „Fr. M.", verwendete auch Briefbogen mit dem Wappen der Standesherrschaft.

Am 7. August 1939 verkaufte der Kläger als Rechtsnachfolger der Standesherrschaft das Brauereianwesen samt der Einrichtung sowie der gesamten Kundschaft an den Zweitbeklagten. Nach § 7 des Vertrages sollte dieser berechtigt sein, für die Brauerei die Firma „Schloßbrauerei O." weiterzuführen. Der Zweitbeklagte brachte den Brauereibetrieb in eine Kommanditgesellschaft, die Erstbeklagte, ein, die er durch Vertrag vom 29. März 1939 mit seinen Kindern gegründet hatte. Als deren Firma wurde am 8. April 1940 die Bezeichnung „Schloßbrauerei O. Friedrich M." eingetragen.

Der Zweitbeklagte, der das von ihm hergestellte Bier ursprünglich als „O.er Bier" vertrieben hatte, benutzte dafür außerdem und seit dem Jahre 1930 ausschließlich die Bezeichnung „Fuggerbräu". Mit ihr sind die Biergläser der von ihm belieferten Gaststätten versehen. Auch die Schilder der Bierflaschen lauten so. In den von ihm belieferten Gaststätten brachte der Zweitbeklagte Schilder zum

Aushang, die unter dem Gräflich Fuggerschen Familienwappen die Aufschrift „Fugger-Bräu O. Fr. M." oder „Gräflich Fuggersche Schloßbrauerei O." enthalten. Auch die Bieruntersetzer tragen die zuletzt genannte Inschrift mit dem Fuggerschen Familienwappen.

Der Kläger hat, nachdem ein im August 1941 begonnener Briefwechsel mit dem Zweitbeklagten erfolglos geblieben war, im Februar 1942 unter Berufung auf § 12 BGB., hilfsweise auf § 24 WZG. und § 16 UnlWG. Klage erhoben mit dem Antrage, den Beklagten zu untersagen, 1. das von der Erstbeklagten hergestellte Bier unter der Bezeichnung „Fuggerbräu" feilzuhalten und in Verkehr zu bringen und diese Bezeichnung auf Bieruntersetzern, Schildern und sonstigen Gegenständen im Geschäftsbetriebe der Erstbeklagten anzubringen oder solche Gegenstände in Gebrauch zu nehmen, 2. das Gräflich Fuggersche Wappen auf Briefköpfen und Bieruntersetzern oder sonstwie zu führen, 3. die Bezeichnung „Gräfl. Fuggersche Schloßbrauerei O." in ihrem Geschäftsbetriebe zu führen. Der Kläger ist der Meinung, der Zweitbeklagte sei, seitdem er die Brauerei käuflich erworben habe, nicht mehr befugt, den Namen Fugger mit dem Unternehmen in Verbindung zu bringen. Soweit er, der Kläger, während der Dauer der Pachtung gegen eine Benutzung dieses Namens nichts eingewendet habe, weil er Eigentümer des Betriebs geblieben sei und auf ihn habe Einfluß nehmen können, habe sich dies mit dem Verkaufe des Unternehmens an den Zweitbeklagten geändert. Schon die Bestimmung im Kaufvertrage vom 7. August 1939, daß dieser fortan nur die Firma „Schloßbrauerei O." führen dürfe, zeige, daß ihm der Name „Fugger" weiterhin habe verschlossen sein sollen.

Die Beklagten haben um Klageabweisung gebeten und entgegnet: Der Gebrauch des Wappens sowie der mit dem Klageantrag 3 beanstandeten Firmenbezeichnung werde künftig unterbleiben. Der Kläger müsse aber angesichts der Zeitverhältnisse dulden, daß die mit diesen Kennzeichnungen versehenen Gegenstände aufgebraucht würden. Von einer Bezeichnung ihres Bieres als „Fuggerbräu" könnten die Beklagten hingegen nicht absehen. Die Bezeichnung sei zu einem wertvollen Bestandteil des Geschäfts geworden und mit diesem auf sie übergegangen.

Der Kläger hat erklärt, daß er sich der Bewilligung einer zeitlich begrenzten Aufbrauchsfrist nicht widersetze.

Das Landgericht hat der Klage stattgegeben, den Beklagten jedoch gestattet, die vorhandenen Biergläser, Untersetzer und Aschenbecher mit der Aufschrift „Fuggerbräu" sowie die vorhandenen Bieruntersetzer mit dem Gräflich Fuggerschen Wappen bis 1 Jahr nach Kriegsschluß aufzubrauchen. Hiergegen haben die Beklagten Berufung eingelegt mit dem Antrage, den Klageantrag 1 in vollem Umfang abzuweisen, hilfsweise den Aufbrauch der vorhandenen Biergläser und Aschenbecher ohne Fristbestimmung zu gestatten. Der Kläger hat im Wege der Anschlußberufung beantragt, die Aufbrauchsfrist abzukürzen. Das Berufungsgericht hat die Anschlußberufung des Klägers zurückgewiesen und auf die Berufung der Beklagten unter Zurückweisung des weitergehenden Rechtsmittels eine Aufbrauchung der beanstandeten Gegenstände ohne Befristung zugelassen.

Die Revision der Beklagten, die sich lediglich gegen das Verbot der Bezeichnung „Fuggerbräu" für das von der Erstbeklagten hergestellte Bier richtete, blieb ohne Erfolg. Auf die Anschlußrevision des Klägers wurde die den Beklagten nachgelassene Aufbrauchung der Gegenstände zeitlich befristet.

Aus den Gründen:

1. Zur Revision der Beklagten:

Das Berufungsgericht geht zutreffend davon aus, daß der Kläger durch den Gebrauch der Bezeichnung „Fuggerbräu" seitens der Beklagten in seinem Namensrecht betroffen werde, weil der Verkehr diese Bezeichnung mit der Gutswirtschaft des Klägers, deren Bestandteil die Brauerei jahrelang gewesen sei, und damit mit diesem selbst in Verbindung bringe. § 12 BGB. hat, ebenso wie § 16 UnlWG., zur Voraussetzung, daß ein nicht unerheblicher Teil des Verkehrs in einem ihm entgegentretenden Namen einen Hinweis auf denjenigen erblickt, der ihm unter diesem Namen bekannt ist. Daß in der Bezeichnung „Fuggerbräu" der Name des Klägers nur teilweise wiederkehrt und daß es auch andere Vertreter des Namens Fugger gibt, schließt die Annahme eines Hinweises auf den Kläger nicht aus. Die Beziehung zu ihm ergibt sich — jedenfalls für den örtlichen Bereich, auf den sich das Absatzgebiet der Brauerei erstreckt —, schon aus deren langjähriger räumlicher Verbindung mit dem Gutsbetrieb und dem Umstande, daß beide Betriebe bis zur Verpachtung der Brauerei an den Zweitbeklagten in der Hand des Klägers vereinigt waren und späterhin, bis zum Verkaufe der Brauerei, ihm mindestens zu Eigentum verblieben. Danach besteht die Gefahr, daß der Kläger auch weiterhin als Träger des Brauereiunternehmens angesehen wird, wenn es sich als „Fuggerbräu" bezeichnet oder sein Erzeugnis unter diesem Namen anbietet. Sich hiergegen zu schützen, hat der Kläger schon insofern Grund, als er keinesfalls hinzunehmen braucht, daß sich die Beklagten ohne besondere Befugnis hierzu seines Namens in einer Weise bedienen, die auf geschäftliche Beziehungen zu ihm schließen läßt und damit die Gefahr einer Verwechslung wenigstens im weiteren Sinne begründet. Ob sein Interesse, wie er behauptet, auch dadurch verletzt wird, daß er Weiterungen mit dem Fürsten Fugger-Babenhausen zu befürchten hat, oder weil er selbst beanspruchen kann, die Bezeichnung „Fuggerbräu" ungehindert benutzen zu dürfen, falls er beabsichtigen sollte, seine Brauerei in Oberd. wieder zu eröffnen, kann dahingestellt bleiben. Es bedarf keines weiteren Eingehens darauf, ob beides, wie die Revision geltend macht, schon aus wettbewerblichen Gründen außer Betracht zu bleiben hätte. Soweit das Berufungsgericht ferner mit dem Kläger für möglich hält, daß der Betrieb der Beklagten einmal auf eine Großbrauerei übergehe, welche die Bezeichnung Fuggerbräu für ihren erweiterten Bierabsatz benutzen könne, mag diese Annahme allerdings wesentlich an Wahrscheinlichkeit verlieren, wenn das Berufungsgericht, wie die Revision bemerkt, irrtümlich davon ausgegangen ist, daß der Sohn des Zweitbeklagten, der als Brauereifachmann den Betrieb habe übernehmen können, im Kriege gefallen sei. Aber auch hierauf kommt es nicht entscheidend an. Um ein Interesse des Klägers an der Verhütung des unbefugten Gebrauchs der Bezeichnung Fuggerbräu durch die Beklagten darzutun, genügt die Gefahr einer dadurch verursachten Verwechslung, die nach dem oben Ausgeführten besteht.

Die Beklagten halten sich für berechtigt, sich der Bezeichnung Fuggerbräu auch weiterhin zu bedienen, weil sie für die Brauerei Verkehrsgeltung erlangt habe und einen ihr anhaftenden Vermögenswert darstelle, der beim Erwerbe des Unternehmens auf sie übergegangen sei. Sie sind ferner der Meinung, der Kläger müsse die Verwendung der Bezeichnung Fuggerbräu durch sie dulden, weil er sie genehmigt habe; er habe angesichts des von ihm jahrelang gebilligten Zustandes einer Weiterbenutzung der Bezeichnung bei Abschluß des Kaufvertrags ausdrücklich widersprechen müssen, wenn er insoweit eine Änderung habe eintreten lassen wollen. Die Ansicht des Berufungsgerichts, daß keiner dieser Gründe den Standpunkt der Beklagten rechtfertige, wird von der Revision zu Unrecht bekämpft.

Es kann, wie auch das Berufungsgericht annimmt, dahingestellt bleiben, ob die Bezeichnung Fuggerbräu als Name der Brauerei oder als Hinweis auf das aus ihr stammende Bier in der Tat in dem Maße Anerkennung im Verkehr gefunden hat, daß von einer Ausstattung im Sinne des § 25 WZG. gesprochen werden könnte. Soweit es dem Zweitbeklagten während der Dauer des Pachtverhältnisses gelungen ist, dem Namen Fuggerbräu als Bezeichnung für den Brauereibetrieb oder das dort hergestellte Bier Geltung zu verschaffen, erwuchs ihm daraus ein Ausstattungsbesitz nur insofern, als er als Pächter in der Lage war, den Namen Fugger zur Kennzeichnung seines Unternehmens und seines Erzeugnisses zu verwenden. Eine Benutzung des Namens wäre für ihn von vornherein nicht in Betracht gekommen, wenn nicht der Kläger oder sein Rechtsvorgänger es für tragbar oder auch wünschenswert erachtet hätten, daß der bekannte Name Fugger als der des Eigentümers der Brauerei auch während deren Verpachtung nach außen in die Erscheinung trete und seine Werbekraft ausübe. Nur die durch das Pachtverhältnis begründete Beziehung des Zweitbeklagten zum Verpächter und dessen Einverständnis bildeten die Grundlage, auf der jener den Namen Fugger benutzen durfte und der sich daraus ergebenden Kennzeichnungswirkung teilhaftig werden konnte. Die Anerkennung des Namens im Verkehr galt nicht der Person des Zweitbeklagten als des Inhabers des Brauereibetriebs, sondern der unerachtet der Verpachtung bestehenden Verbundenheit des Betriebs mit dem Namensträger. Dann konnten aber dem Zweitbeklagten Rechte aus einer etwaigen Verkehrsgeltung der Bezeichnung Fuggerbräu auch nur so lange zustatten kommen, als die durch das Pachtverhältnis begründeten Beziehungen zum Kläger bestanden. Er verlor sie, sobald sich die Verhältnisse änderten und die Verbindung des Klägers mit dem Brauereiunternehmen durch dessen Verkauf endgültig erlosch. Damit entfielen die Voraussetzungen, unter denen die Bezeichnung Fuggerbräu berechtigt war, und der Kläger war nicht gehindert, einer weiteren Verwendung seines Namens für das ihm nunmehr fernstehende Unternehmen entgegenzutreten (vgl. JW. 1936 S. 923

Nr. 12 a). Der Revision kann nicht gefolgt werden, wenn sie meint, durch die Beendigung des Pachtverhältnisses und den Verkauf der Brauerei habe sich an den für die namensrechtliche Stellung des Klägers maßgebenden Verhältnissen nichts geändert, da dieser auch schon während des Pachtverhältnisses keinerlei Einfluß auf die Gestaltung des Brauereibetriebs habe nehmen können. War der Kläger schon nach allgemeinem Pachtrecht befugt, die Pächter zu einem vertragsmäßigen Gebrauch der Sache (und damit insbesondere zur Herstellung eines wettbewerbsfähigen Bieres) anzuhalten, so sicherte ihm auch der Pachtvertrag vom 31. August 1926 das Recht, bei drohender Gefährdung des Betriebs (so bei Konkurs der Pächter oder Wegfall der persönlichen Leitung durch den Zweitbeklagten) einzuschreiten und das Pachtverhältnis zu beenden. Erst mit dem Verkaufe des Unternehmens verlor er jede Möglichkeit der Einwirkung. Die damit gegebene Veränderung der Sachlage war bedeutsam genug, um auch auf die Befugnis der Beklagten zur Beibehaltung des Namens Fuggerbräu Einfluß auszuüben; sie konnten nicht erwarten, daß ihnen der Kläger seinen Namen auch fernerhin zum Gebrauch für ein Unternehmen zur Verfügung stellen werde, das seinem Einfluß gänzlich entrückt war. Die Revision vermag ebensowenig mit Erfolg zu bestreiten, daß die Beibehaltung der Bezeichnung Fuggerbräu nicht auch zu einer Irreführung des Verkehrs habe führen können. Das Berufungsgericht geht mit Recht davon aus, daß die tatsächlichen und rechtlichen Verhältnisse, unter denen der Zweitbeklagte diese Bezeichnung verwendet hat und die Beklagten sie weiter benutzen, nicht allenthalben bekannt zu sein brauchen. Da es für den Verbraucher entscheidend darauf ankommt, daß ein unter dem Namen Fuggerbräu angebotenes Bier aus einer Brauerei stammt, die zum Kläger als dem Inhaber des Fuggerschen Besitzes in Beziehung steht, so wäre eine solche, durch den Namen Fuggerbräu hervorgerufene Annahme jedenfalls unrichtig, wenn sich die Beklagten, wie es jetzt der Fall ist, auf eine derartige Beziehung nicht mehr berufen können. Es genügt nicht, daß das Bier in derselben Braustätte und von demselben Betriebsinhaber hergestellt wird, von dem es früher unter der damals mit Recht geführten Bezeichnung Fuggerbräu ausging.

Auch eine vertragliche Gestattung des Gebrauchs der Bezeichnung Fuggerbräu steht den Beklagten nicht zur Seite. Das Berufungsgericht erwägt zutreffend, daß eine ausdrückliche Genehmigung hierzu beim Abschluß des Kaufvertrags vom 7. August 1939 unstreitig nicht erteilt worden sei, daß es aber auch an Umständen fehle, aus denen ein solches Einverständnis als stillschweigend gegeben habe gefolgert werden können. Es verweist auch hier mit Recht darauf, daß, wenn der Kläger den Gebrauch der Bezeichnung Fuggerbräu durch den Zweitbeklagten als Pächter gebilligt habe, diese Genehmigung infolge der mit dem Verkaufe des Unternehmens eingetretenen Veränderung der Sachlage nicht auch als über diesen Zeitpunkt hinaus wirksam habe betrachtet werden können, daß es vielmehr Sache der Beklagten gewesen wäre, sich des fortdauernden Einverständnisses des Klägers zu versichern. Gegen dessen Erteilung sprach schon, wie das Berufungsgericht zutreffend hervorhebt, der Umstand, daß die Beklagten nach dem Kaufvertrage nicht berechtigt sein sollten, den Namen Fugger in der Firma beizubehalten, daß ihnen vielmehr nur die Bezeichnung „Schloßbrauerei O." eingeräumt wurde. Sie hatten angesichts dieser Beschränkung erst recht keinen Anlaß, ein Einverständnis des Klägers mit der Weiterbenutzung der Bezeichnung „Fuggerbräu" anzunehmen.

Den Verwirkungseinwand, den die Beklagten daraus herleiten, daß der Kläger sie auch nach dem Erwerbe des Brauereiunternehmens zwei Jahre lang die Bezeichnung Fuggerbräu habe gebrauchen lassen, ohne hiergegen einzuschreiten, hält das Berufungsgericht für unbegründet. Es führt hierzu aus, bei der nur allmählich zunehmenden Verbreitung des Bieres der Beklagten habe der Kläger noch nicht gegen Treu und Glauben im Verkehr gehandelt, wenn er zunächst untätig geblieben sei. Erst die Mitteilung des Zweitbeklagten, daß er mit Rücksicht auf einen von dritter Seite erwirkten Warenzeichenschutz an dem Worte Fugger beabsichtige, für sich selbst die Bezeichnung Fuggerbräu als Warenzeichen eintragen zu lassen, habe dem Kläger hinreichenden Anlaß geboten, seine Rechte zu wahren, zumal da auch die Beklagten bis dahin in der Bezeichnung ihres Bieres nicht einheitlich verfahren seien und zu der von ihnen früher benutzten Bezeichnung „O.er Bier" hätten zurückkehren können. Diese Erwägungen des Berufungsgerichts sind rechtlich nicht zu beanstanden. Inwieweit es mit den Grundsätzen von Treu und Glauben vereinbar war, wenn sich der Kläger in Erwartung der weiteren Entwicklung der Dinge zunächst eines Vorgehens enthielt, liegt im wesentlichen auf tatsächlichem Gebiet. Wenn die Revision geltend macht, der Kaufvertrag würde nicht unter den in ihm enthaltenen Bedingungen zustande gekommen sein, falls der Kläger verlangt hätte, daß die für das Unternehmen wertvolle Bezeichnung Fuggerbräu nicht weitergeführt werde, so verkennt sie, daß es, wie vorher ausgeführt, nicht Sache des Klägers war, die Frage nach der Beibehaltung jener Bezeichnung zur Sprache zu bringen, daß vielmehr angesichts der veränderten Umstände die Beklagten eine Klärung hätten herbeiführen müssen. Daß sie es nicht getan haben, kann nicht zu Lasten des Klägers gehen.

2. (Es folgen Ausführungen zur Anschlußrevision des Klägers.)

---

13. Ist der Rechtsweg zulässig für die Klage gegen eine Einfuhrfirma, die von der Reichsstelle für Getreide, Futtermittel und sonstige landwirtschaftliche Erzeugnisse die Genehmigung zur Einfuhr belgischer Zichorie mit der Auflage erhalten hat, an der eingeführten Menge andere Einfuhrfirmen, darunter die Klägerin, in bestimmter Weise zu beteiligen, die aber entgegen einer Verständigung mit der Klägerin die für diese bestimmten Sendungen an sich genommen hat und ihre Herausgabe verweigert?

GVG. § 13.

VI. Zivilsenat. Urt. v. 16. April 1943 i. S. Firma C. E. H. (Kl.) w. Firma C. A. K. (Bekl.). VI 5/43.

I. Landgericht Magdeburg.
II. Oberlandesgericht Naumburg.

Die Reichsstelle für Getreide, Futtermittel und sonstige landwirtschaftliche Erzeugnisse (Geschäftsabteilungs- und Überwachungsstelle) bestätigte der beklagten Firma mit Schreiben vom 31. Oktober 1940 den Eingang ihrer 10 Aufträge für die Einfuhr von 5000 t gedörrter Zichorie, stellte ihr die alsbaldige Übersendung der Devisenbescheinigungen in Aussicht und bemerkte weiter, daß ihr, der Beklagten, Anteil an der Einfuhr belgischer Zichorie 30 v. H., gleich 3000 t der vorliegenden Aufträge, betrage, daß die restlichen 20 v. H. zum Original-Kontraktspreis an verschiedene Firmen, darunter an die Klägerin 8 v. H. = 800 t, anteilig entsprechend dem Eingang der

Sendungen zu verteilen seien. Der Klägerin teilte die Reichsstelle am 1. November 1940 mit, daß ihr von der der Beklagten für die Einfuhr in den Monaten November/Dezember 1940 genehmigten Menge gedörrter Zichorie 800 t zum Original-Kontraktspreise von 167 belg. Frcs. je 100 kg fob zugeteilt seien und daß sie sich mit der Beklagten wegen Übernahme in Verbindung setzen möge. Am 11. November 1940 schrieb die Beklagte an die Klägerin, sie sei bei der Überwachungsstelle vergeblich vorstellig geworden, um zu erreichen, daß ihr, der Klägerin, für die ihrerseits einzuführenden 800 t gedörrter belg. Zichorie eine unmittelbare Devisengenehmigung erteilt werde; sie müsse ihr also von ihren Käufen abtreten und stelle ihr 800 t gedörrter belg. Zichorie zum Preise von 167 belg. Frcs. pro 100 kg fob bei der Firma G. F. zur Verfügung, die Klägerin möge sich mit der genannten Firma, die von ihr, der Beklagten, entsprechend unterrichtet werde, wegen der Abnahme unmittelbar in Verbindung setzen. Die Klägerin kam dieser Aufforderung nach. Die für sie bestimmten Ladungen, darunter die Ladung des Kahnes „Amiral" mit 23200 kg, gelangten jedoch in die Verfügungsgewalt der Beklagten. Diese verfügte nunmehr darüber zu eigenen Gunsten.

Mit der Klage verlangt die Klägerin vorerst die Herausgabe von 23200 kg gedörrter belg. Zichorie Zug um Zug gegen Zahlung von 3099,52 RM. Sie gründet diesen Anspruch auf Vertrag, hilfsweise auf unerlaubte Handlung. Die Beklagte hat um Abweisung der Klage gebeten.

Das Landgericht hat dem Klageantrag entsprochen, das Oberlandesgericht die Klage wegen Unzulässigkeit des Rechtswegs abgewiesen. Auf die Revision der Klägerin wurde das Berufungsurteil aufgehoben und der Rechtsweg für zulässig erklärt.

Gründe:

Das Berufungsgericht ist der Auffassung, die Beziehungen der beklagten Firma „als der von der Reichsgetreidestelle bestellten Gruppeneinführerin" zur Klägerin „als der von ihr zu beliefernden Firma" seien nicht vertraglicher Art; sie beruhten vielmehr „auf dem Vorhandensein der durch den Gruppeneinführer tätig gewordenen Reichsstelle für Getreide, Futtermittel und sonstige landwirtschaftliche Erzeugnisse", die ihrerseits durch ihre Organe im öffentlichen Interesse wichtige staatliche Aufgaben zu erledigen, insbesondere den

Einkauf ausländischen Getreides und sonstiger landwirtschaftlicher Erzeugnisse sowie deren Verteilung an die Abnehmerfirmen vorzunehmen habe. Eine Maßnahme dieser Art liege hier vor. „Gegen deren Durchsetzung" sei der ordentliche Rechtsweg verschlossen.

An diesen Ausführungen ist nur so viel richtig, daß die Reichsstelle mit der ihr übertragenen Regelung der Einfuhr bestimmter ausländischer Erzeugnisse (§§ 2flg., 16, 17 des Maisgesetzes in der Fassung vom 5. Oktober 1934 [RGBl. I S. 918] mit der Verordnung vom 28. Februar 1936 [RGBl. I S. 131]) einschließlich der damit im Zusammenhange stehenden, ihr als Überwachungsstelle anvertrauten Devisenzuteilung (§ 3 der Verordnung über den Warenverkehr vom 4. September 1934 [RGBl. I S. 816]) öffentlichrechtliche Aufgaben erfüllt. Verfehlt ist aber die Auffassung, daß die Reichsstelle durch die einführende Firma tätig werde, daß also deren Maßnahmen als hoheitsrechtliche Anordnungen der Reichsstelle zu beurteilen seien. Soweit die Reichsstelle nicht selbst Waren einführt und weiterverkauft oder einlagert, beschränkt sie sich auf die Lenkung und Steuerung der Einfuhr mit Hilfe des sogenannten Schleusenprinzips, d. h. die ihrer Bewirtschaftung unterliegenden Erzeugnisse dürfen grundsätzlich im Inlande nur in den Verkehr gebracht, verarbeitet oder sonst verwertet werden, wenn sie der Reichsstelle zum Kauf angeboten und von ihr übernommen worden sind. Demgemäß ist die zollamtliche Abfertigung nur bei dem Nachweise der Übernahme der Waren durch die Reichsstelle zugelassen, der durch die Vorlage eines von dieser ausgestellten Übernahmescheines erbracht wird. Durch die Übernahmeentscheidung kann die Reichsstelle also jederzeit die Einfuhr nach Menge und Zeit den Bedürfnissen des inneren Marktes anpassen. Die Belastung der die eingeführten Waren wieder übernehmenden einführenden Firmen mit dem sogenannten Unterschiedsbetrag (Unterschied zwischen dem Auslands- und Inlandspreise) gleicht den Auslandspreis der inländischen Preishöhe an und schaltet damit die preispolitische Gefahr der Einfuhr aus. Mit diesen Besonderheiten erhält also die einführende Firma durch die Erteilung des Übernahmescheines eine Einfuhrermächtigung, in deren Rahmen sie nicht, wie der Berufungsrichter anzunehmen scheint, in Vertretung oder im Auftrage der Reichsstelle, sondern in zwar gelenkter, aber sonst eigenverantwortlicher Ausübung ihres Gewerbes tätig wird (vgl. hierzu Müllenbusch Die Reichsstelle im Rahmen der Marktordnung, Recht des Reichsnährstandes 1938 S. 820 flg.). Die in Ausnutzung der Einfuhrermächtigung von der einführenden Firma getroffenen Maßnahmen können daher keineswegs mit der Erfüllung der der Reichsstelle obliegenden hoheitsrechtlichen Aufgaben, bei welchen der ordentliche Rechtsweg allerdings ausgeschlossen ist, gleichgestellt werden. An dieser Rechtslage ändert sich nichts, wenn, wie hier, der einführenden Firma die Einfuhrermächtigung nicht schlechthin, sondern unter der Auflage erteilt worden ist, daß andere Einfuhrfirmen in bestimmtem Umfang an der einzuführenden Warenmenge zu beteiligen sind. Indem die einführende Firma zur Erfüllung einer solchen Auflage mit jenen Firmen in Beziehungen tritt, steht sie ihnen nicht als Beauftragte oder Vertreterin der Reichsstelle, sondern, wenn auch veranlaßt durch deren Anordnungen, als private Unternehmerin gegenüber. Die hierbei entstehenden Streitigkeiten greifen also nicht in den hoheitsrechtlichen Machtbereich der Reichsstelle ein, sondern liegen grundsätzlich auf bürgerlichrechtlichem Gebiet.

Für die Zulässigkeit des Rechtswegs kann es im übrigen auf sich beruhen, aus welchen besonderen bürgerlichrechtlichen Gesichtspunkten der hier geltendgemachte Anspruch zu begründen ist. Es mag zutreffen, daß, wie der Vorderrichter meint, der Anspruch gesellschafts- oder auftragsrechtlich nicht begründet werden kann. Nicht ohne weiteres von der Hand zu weisen ist indessen der vom Berufungsgericht nicht erörterte rechtliche Gesichtspunkt des Vertrags zugunsten Dritter, auf den sich die Klägerin im zweiten Rechtszuge berufen hat. Für die Begründung des Klageanspruchs zureichende vertragliche Beziehungen anderer Art ergeben sich möglicherweise auch aus der vom Berufungsrichter ebenfalls nicht gewürdigten Tatsache, daß die Beklagte in ihrem Schreiben vom 11. November 1940 der Klägerin „von ihrem Kauf abgetreten, ihr 800 t gedörrte belg. Zichorie zum Preise von 167 belg. Frcs. je 100 kg fob bei der Firma G. F. zur Verfügung gestellt hat". Im Zusammenhange mit dieser Tatsache könnte das spätere Verhalten der Beklagten auch zu einer Würdigung des Klageanspruchs unter dem Gesichtspunkte der unerlaubten Handlung Anlaß geben.

14. Sind die Voraussetzungen einer Namensehe im Sinne des § 1325 a BGB. schon dann gegeben, wenn die Ehe geschlossen wird, um ein zu erwartendes Kind ehelich werden zu lassen und der Frau die Stellung als Ehefrau zu geben, ohne daß es zu einer ehelichen Lebensgemeinschaft kommen soll und kommt?

BGB. § 1325 a. EheG. § 23.

IV. Zivilsenat. Urt. v. 21. April 1943 i. S. Eheleute G. (Bekl.) w. Staatsanwalt (Kl.). IV 170/42.

I. Landgericht Ratibor.
II. Oberlandesgericht Kattowitz.

Die beiden Beklagten lernten sich im Sommer 1932 in B. kennen, und es kam zwischen ihnen zu intimen Beziehungen. Nach einem Besuche des beklagten Mannes zu Weihnachten 1934 fühlte sich die beklagte Frau in anderen Umständen und teilte das dem Manne mit. Im Verlauf eines Briefwechsels und dreimaliger Begegnungen in Br. kamen sie überein, wegen des erwarteten Kindes die Ehe miteinander zu schließen. Am 4. Juni 1935 fand in B. die standesamtliche Eheschließung statt. Der Beklagte kehrte darauf nach L., seinem Dienst- und Wohnsitz, zurück. Einen gemeinsamen ehelichen Wohnsitz haben die Beklagten bis heute nicht gehabt. Das erwartete Kind ist — nach Angabe der Frau wegen einer Fehlgeburt infolge seelischer Erregung — nicht zur Welt gekommen. Am 15. März 1936 gab die beklagte Frau dem Mann eine schriftliche Erklärung, daß sie die katholische kirchliche Trauung verweigere, während sie ihm vor der Eheschließung auf seinen Wunsch schriftlich versprochen hatte, sich „etwa im Herbst" (1935) mit ihm in der katholischen Kirche trauen zu lassen. Ende Juni 1936 erhob der Mann die hauptsächlich auf diese Weigerung gestützte Ehescheidungs- und Eheanfechtungsklage. Im Laufe des Verfahrens erklärte sich die Frau bereit, sich mit dem Mann in einer katholischen Kirche trauen zu lassen. Die Klage wurde vom Landgericht abgewiesen; das Urteil wurde rechtskräftig, da der Mann seine Berufung zurücknahm. Im Jahre 1940 machten die Beklagten den Versuch, noch zu einem ehelichen Zusammenleben zu kommen, und schafften gemeinsam Möbel an. Sie entzweiten sich jedoch wieder, ohne daß es zu einem Zusammenleben gekommen war.

Jetzt klagt der Staatsanwalt gegen beide Beklagte mit dem Antrag, ihre Ehe für nichtig zu erklären. Er macht geltend, die Ehe sei ausschließlich oder vorwiegend zu dem Zwecke geschlossen worden, der Frau die Führung des Familiennamens des Mannes zu ermöglichen, ohne daß eine eheliche Lebensgemeinschaft habe begründet werden sollen (§ 1325 a BGB., § 23 EheG.). Der beklagte Mann hat sich den Antrag und die Ausführungen des Staatsanwalts zu eigen gemacht. Die beklagte Frau hat Klageabweisung beantragt und ist den Klageausführungen entgegengetreten; sie hat insbesondere auch in Abrede gestellt, mit einer Scheinehe einverstanden gewesen zu sein. Das Landgericht hat die Klage abgewiesen, das Berufungsgericht dagegen der Klage stattgegeben. Die Revision der beklagten Frau führte zur Wiederherstellung des landgerichtlichen Urteils.

Gründe:

Das Berufungsgericht stellt — insbesondere auf Grund des Briefwechsels der Beklagten vor ihrer Eheschließung — fest, daß die Ehe nur im Hinblick auf das erwartete Kind geschlossen worden sei und daß der Eheschließung eine Vereinbarung der beiden Beklagten zugrunde gelegen habe, eine eheliche Lebensgemeinschaft nicht einzugehen und sich bald wieder scheiden zu lassen. Dieser Sachverhalt lasse die Ehe als eine solche erscheinen, die von der Vorschrift des § 1325 a BGB. — der hier allein in Betracht kommt, da die Ehe vor dem Inkrafttreten des Ehegesetzes geschlossen ist, — getroffen werde. Es sei nicht nur die negative Voraussetzung dieser Vorschrift — daß eine eheliche Lebensgemeinschaft nicht begründet werden sollte —, sondern auch die positive Voraussetzung erfüllt, daß die Ehe vereinbarungsgemäß ausschließlich oder vorwiegend zu dem Zwecke geschlossen worden sei, der Frau die Führung des Familiennamens des Mannes zu ermöglichen. Dafür sei nicht erforderlich, daß es der Frau gerade auf den Mannesnamen als solchen angekommen sei. Indem der Plan der Beklagten dahin gegangen sei, die Frau nach außen hin mit dem Vater des zu erwartenden Kindes als verheiratet erscheinen zu lassen, sei es auch ihre Absicht gewesen, daß die Frau „dem Namen nach" die Ehefrau des Mannes werde, und damit sei der Fall einer „Namensehe" im Sinne des § 1325 a BGB. gegeben. Nur diese nicht am Wortlaut haftende Auslegung des Gesetzes werde seiner Absicht gerecht, solche Ehen für nichtig zu erklären, die einen offensichtlichen Mißbrauch der Ehe darstellten. Diese Auffassung sei auch in der Entscheidung des Reichsgerichts vom 25. Juli 1935 (DJ. 1935 S. 1498) und in der Rechtslehre vertreten. Wenn sich die beklagte Frau darauf berufe, daß diese Ehe aus ehrenhaften Beweggründen geschlossen worden sei, so sei dem entgegenzuhalten, daß eine Scheinheirat als Mittel zur Erreichung der hier an sich einwandfreien Zwecke weder rechtlich noch sittlich gebilligt werden könne. Die Ehe sei deshalb für nichtig zu erklären.

Die Revision ist begründet.

Die Entscheidung der Sache hängt allein davon ab, ob auf den vom Berufungsgericht einwandfrei festgestellten Sachverhalt die Vorschrift des § 1325 a BGB. anzuwenden ist. Das ist entgegen der Ansicht des Berufungsrichters zu verneinen. Wie auch das Oberlandesgericht nicht verkennt, begreift das Gesetz nach seinem Wortlaute den hier vorliegenden Fall nicht ein. Darauf, der Frau gerade den Familiennamen des Mannes zu verschaffen, ist es hier fraglos den Beklagten nicht entscheidend angekommen. Worauf das Gesetz abstellte, steht außer Zweifel; die amtliche Begründung (DJ. 1933 S. 765) sagt darüber: „Der Entwurf bezweckt die Bekämpfung von Verfallserscheinungen auf familienrechtlichem Gebiet. Schon seit langem wird darüber geklagt, daß Angehörige alter und bekannter Familien mit ihrem Namen einen unwürdigen Handel getrieben haben... Der neue Staat kann es nicht länger dulden, daß grundlegende Einrichtungen unserer Familienrechtsordnung, wie Ehe und Kindesannahme, zu Schachergeschäften mißbraucht werden... Dem Grundgedanken des Entwurfs entsprechend sollen nur solche Ehen für nichtig erklärt werden können, die aus unehrenhaften Beweggründen eingegangen sind..." Die Absicht des Gesetzgebers war sonach die, einen gerade damals besonders in Erscheinung getretenen Mißstand, den Namensschacher, zu beseitigen. Das schließt nicht aus, das Gesetz auch auf andere als die Fälle anzuwenden, an die man ursprünglich gedacht hat. Doch darf dabei über Sinn und Zweck des Gesetzes nicht hinausgegangen werden. Nach Sinn und Zweck des Gesetzes sollen von der fraglichen Bestimmung nicht schlechthin alle Ehen betroffen werden, bei denen eine eheliche Gemeinschaft der Eheleute nicht vorgesehen ist, sondern nur solche, die aus unehrenhaften Beweggründen geschlossen sind. Daß das hier der Fall sei, nimmt auch das Berufungsgericht, nach dessen Feststellung die

Ehe vorwiegend im Hinblick auf das zu erwartende Kind geschlossen worden ist, nicht an; das Unsittliche dieser Ehe sieht es nur darin, daß der Zweck durch eine Ehe erreicht werden sollte, die keine wirkliche Ehe ist. Eine Ehe dieser Art ist in der Tat unvollkommen und vom Standpunkte der Allgemeinheit aus unerwünscht; daher wird die Ehe zu lösen sein, wenn es — wie z. B. im Falle des § 55 Abs. 2 EheG. — darauf ankommt, ob die Scheidung oder die Aufrechterhaltung der Ehe sittlich gerechtfertigt ist. Der Gesetzgeber hat aber nicht beabsichtigt, unerwünschte Ehen schlechthin für nichtig zu erklären, so wenig wie die Eingehung unerwünschter Ehen allgemein gesetzlich untersagt ist. Es hieße daher in jeder Weise der Vorschrift des § 1325 a BGB. Zwang antun, wenn man sie auf den vorliegenden Sachverhalt unmittelbar oder auch nur entsprechend anwenden wollte. Für die hier vertretene Auffassung gibt auch das Gesetz selbst einen Anhalt: § 23 EheG. hat die Vorschrift des früheren § 1325 a BGB. übernommen, sie aber um den weiteren Fall der Ehenichtigkeit dahin erweitert, daß die Ehe, durch die eine eheliche Lebensgemeinschaft nicht begründet werden soll, zu dem Zwecke geschlossen ist, der Frau den Erwerb der Staatsangehörigkeit des Mannes zu ermöglichen. Diese Bestimmung wäre überflüssig, wenn die Vorschrift des § 1325 a BGB. so weit auszulegen wäre, wie es das Berufungsgericht tut. Wäre es nämlich der Sinn des § 1325 a BGB., daß jede Ehe, die nur bezweckt, nach außen hin der Frau die Stellung einer Ehefrau zu geben, nichtig sein soll, so fiele auch der Fall ohne weiteres darunter, daß mit dieser Ehe die Übertragung der Staatsangehörigkeit des Mannes auf die Frau bezweckt war. Allerdings hat der Gesetzgeber, wie sich aus der amtlichen Begründung zum Ehegesetz ergibt, die Möglichkeit, daß der Fall der Staatsangehörigkeitsehe schon durch die Vorschrift des § 1325 a BGB. getroffen würde, in Betracht gezogen, aber doch eine „Klarstellung" für erforderlich gehalten. Wenn er davon absah, der Vorschrift überhaupt eine allgemeinere Fassung zu geben, so zeigt dies, daß er — vom Sonderfall der Staatsangehörigkeitsehe abgesehen — eine staatspolitische Notwendigkeit für eine Ausweitung der ursprünglichen Vorschrift nicht anerkannt hat. Es ist deshalb um so weniger erforderlich, daß hier der Richter die Gesetzesvorschrift über den Rahmen hinaus erweitert, den ihr der Gesetzgeber nach Wortlaut und Sinn der Bestimmung gesteckt hat. Soweit in der Rechtslehre die Ansicht des Oberlandesgerichts über die weite Auslegung der Gesetzesvorschrift vertreten wird, fehlt dafür eine nähere Begründung; mit der bloßen Erwägung, daß auch in einem Falle wie dem vorliegenden mit der Ehe ein Mißbrauch getrieben werde, läßt sich die Auffassung nicht rechtfertigen, da sich eben § 1325 a keineswegs gegen jeden Mißbrauch der Ehe richtet, sondern auf ein bestimmtes Anwendungsgebiet beschränkt ist. Der vom erkennenden Senat in seiner Entscheidung DJ. 1935 S. 1498 behandelte Fall lag wesentlich anders als der jetzt vorliegende. Dort hatte der — adlige — Ehemann für jede der mehreren von ihm geschlossenen Ehen Geld erhalten, also tatsächlich seinen Namen verkauft. Wenn es dann in der genannten Entscheidung heißt, „dadurch, daß die Frau dem von ihr zu erwartenden Kinde — das dort übrigens nicht vom Ehemann stammte — die Stellung eines ehelichen Kindes verschaffen wollte, werde die Annahme nicht ausgeschlossen, daß der Zweck der Eheschließung für sie die Erlangung des Familiennamens des Mannes war; denn der Name mußte dann ohne weiteres auf das während der Ehe geborene Kind übergehen und dessen Unehelichkeit überdecken", so sollte damit schwerlich ein allgemeiner, von den besonderen Umständen des gegebenen Falles losgelöster Grundsatz aufgestellt werden, wenn auch der Satz in der — zustimmenden — Besprechung des Urteils durch Maßfeller so verstanden wird. Jedenfalls läßt sich nach dem oben Gesagten ein allgemeiner Satz, daß auch die reine Formehe, die zu dem Zwecke geschlossen ist, dem Kinde der beiden Beteiligten die Stellung eines ehelichen Kindes zu geben, als „Namensehe" im Sinne des § 1325 a BGB. oder jetzt des § 23 EheG. anzusehen sei, nicht halten. Deshalb ist die Nichtigkeitsklage hier nicht begründet und somit unter Aufhebung des Berufungsurteils das klageabweisende landgerichtliche Urteil wiederherzustellen.

---

15. 1. Kann eine im Grundbuch als Rechtsinhaberin eingetragene Frau von ihrem Ehemann „Herausgabe" nach § 812 Abs. 1 BGB. verlangen, wenn sie nach den Verfahrensvorschriften des Grundbuchrechts nicht ohne seine Zustimmung über das Recht verfügen kann, obwohl es zu ihrem Vorbehaltsgut gehört? Ist der „Herausgabeanspruch" abtretbar?

2. Zum Begriff der unentgeltlichen Zuwendung im Sinne des § 1369 BGB.

3. Über einen Fall der ergänzenden Vertragsauslegung im Revisionsverfahren.

BGB. §§ 1368flg., 1432.

VI. Zivilsenat. Urt. v. 30. April 1943 i. S. W. (Bekl.) w. H. (Kl.). VI (VII) 143/42.

I. Landgericht Berlin.
II. Kammergericht daselbst.

Der von der Ehefrau des Beklagten, Ilse W., am 19. August 1939 geborene Rüdiger Jürgen W. ist (angeblich) vom Kläger erzeugt. Der Kläger erkannte dies an und verpflichtete sich zunächst schriftlich, später in einer beglaubigten Urkunde vom 1. September 1939, das Kind frühestens nach Ablauf von 3 Jahren an Kindes Statt anzunehmen und für seinen Unterhalt und seine Erziehung zu sorgen. Am 2. September 1939 erklärten der Beklagte und seine Ehefrau in einer öffentlich beglaubigten Urkunde ihre Bereitschaft, in die Annahme an Kindes Statt zu willigen und alle dazu erforderlichen Erklärungen abzugeben. Weiter heißt es darin:

> Zur Abgeltung aller Ansprüche der Eheleute W. tritt Herr H. eine zweite Hypothek von 7000 RM. . . . nebst den Zinsen vom 1. September 1939 an Frau Ilse W. mit der Maßgabe ab, daß die Verwaltung und Nutznießung des Ehemanns W. für alle Zeiten an Kapital und Zinsen ausgeschlossen wird und daß nach dem Tode der Frau W. die Hypothek unter Ausschließung aller andern Ansprüche auf ihre Tochter Anneliese W. gleichfalls unter Ausschluß der Verwaltung und Nutznießung des Vaters bzw. eines späteren Ehemanns übergeht. — Die unterzeichneten Eheleute W. erklären, daß damit alle, auch etwaige zukünftige, heute noch nicht erkennbare Ansprüche gegen Herrn H. abgegolten sind.

Am 7. September 1939 wurde die abgetretene Hypothek auf den Namen der Frau Ilse W. im Grundbuch umgeschrieben.

Mit beglaubigter Urkunde vom 7. Februar 1941 trat Frau Ilse W. die Hypothek nebst Zinsen seit dem 1. Oktober 1940 wieder an den Kläger ab und bewilligte die Umschreibung auf ihn. Das Grundbuchamt erklärte die Zustimmung des Ehemanns W. für erforderlich.

Beschwerde und weitere Beschwerde gegen diese Zwischenverfügung des Grundbuchamts blieben erfolglos. Der Beklagte verweigerte die ehemännliche Genehmigung.

Mit der Klage begehrt der Kläger die Einwilligungserklärung vom Beklagten. Er meint, Grundlage der Abtretungserklärung vom 2. September 1939 sei gewesen, daß die Ehelichkeit des Kindes nicht angefochten werde. An diese Vereinbarung habe sich der Beklagte eine Zeitlang gehalten; später, als die Hypothek habe zurückgezahlt werden sollen und Frau W. auf sein Ansinnen, ihm das zurückzuzahlende Kapital auszuhändigen, nicht eingegangen sei, habe er Schwierigkeiten gemacht und die Anfechtungsklage erhoben, schließlich auch, als seine eigene Klage wegen Fristablaufs nicht zum Ziele geführt habe, die Staatsanwaltschaft zur Klageerhebung veranlaßt. Damit sei der Zweck des Abtretungsgeschäfts weggefallen und deshalb die Abtretung widerruflich.

Während das Landgericht die Klage abgewiesen hatte, ist der Beklagte vom Kammergericht klagegemäß verurteilt worden. Seine Revision blieb erfolglos.

Gründe:

Das Berufungsgericht hält den Klageanspruch, der auf Erteilung der ehemännlichen Genehmigung des Beklagten zu der von seiner Ehefrau erklärten Rückabtretung der Hypothek gerichtet ist, für begründet, und zwar nach den Vorschriften über die Herausgabe einer ungerechtfertigten Bereicherung. Hierzu führt es aus:

Durch die Abtretung der Hypothek an die Ehefrau des Beklagten sei jede Verfügung derselben über die Hypothek an das Erfordernis der ehemännlichen Zustimmung in grundbuchmäßiger Form gebunden, somit eine Machtstellung des Beklagten, ein des Widerrufs (der „Kondiktion") zugänglicher Rechtsvorteil begründet worden. Der Beklagte habe mittels der Erklärung vom 2. September 1939 auf die Verwaltung und Nutznießung an der — demnächst an seine Ehefrau abgetretenen — Hypothek verzichtet und damit im Verhältnis der Parteien zueinander festgelegt, daß die Hypothek zum Vorbehaltsgut seiner Frau gehören solle. Es handle sich auch um eine unentgeltliche Zuwendung an die Frau des Beklagten im Sinne des § 1369 BGB. Sie selbst habe dafür kein Entgelt geleistet, jedenfalls dem Kläger keine gleichwertige Gegenleistung gewährt. Ihr Verzicht auf etwaige Ansprüche aus § 1715 BGB. stehe in keinem Verhältnis zum Werte der Zuwendung. Auf ein etwaiges Entgelt des Beklagten oder des Kindes komme es nicht an. Demnach sei die Hypothek in das freie Vermögen der Frau des Beklagten gefallen, und diese habe die darauf gegründete Machtstellung des Beklagten, weil von ihm ohne rechtlichen Grund erlangt, nach § 812 BGB. zurückfordern können. Ihr Bereicherungsanspruch sei durch die Rückabtretung der Hypothek an den Kläger auf diesen übergegangen; dies ergebe sich aus der entsprechenden Anwendung des § 401 BGB. Alles dieses folge auch aus der Erwägung, daß beim Bestehenlassen der förmlichen Machtstellung des Beklagten diesem bei (vollständiger oder teilweise geleisteter) Rückzahlung der Hypothek durch den Grundstückseigentümer die Möglichkeit gegeben wäre, die Erteilung der Löschungsbewilligung von der Aushändigung eines Kapitalteils oder seiner Zuleitung an das eingebrachte Gut der Ehefrau abhängig zu machen und so den in der Urkunde vom 2. September 1939 festgelegten Zuwendungszweck zu vereiteln. Die Zuwendung der Hypothek habe offensichtlich darauf abgezielt, sie auf jeden Fall dem Zugriffe des Beklagten zu entziehen; daraus folge, daß die Hauptbeteiligten, nämlich der Kläger und die Frau des Beklagten, ein durch die Abmachung vom 2. September 1939 begründetes Anwartschaftsrecht der Tochter Anneliese W. selbst ohne deren Zustimmung sollten aufheben dürfen.

Die Auffassung des Berufungsrichters, daß der Klageanspruch auf den Rechtsgrund der ungerechtfertigten Bereicherung gestützt werden könne, ist rechtlich nicht zu beanstanden. Durch die Abtretung der Hypothek an die Ehefrau des Beklagten und ihre Umschreibung auf deren Namen ist, wie der Berufungsrichter zutreffend ausführt, für den Beklagten eine Rechts- (Macht)stellung begründet worden, vermöge deren jede Verfügung der neuen Gläubigerin über die Hypothek an das förmliche Erfordernis der ehemännlichen Zustimmung des Beklagten in grundbuchmäßiger Form geknüpft war. Daß darin ein der Rückforderung oder Herausgabe („Kondiktion") zugänglicher Rechtsvorteil liegen kann, ist nicht zu bezweifeln (vgl. RGRKomm. z. BGB., 9. Aufl. 1939, Bem. 1 b zu § 812 S. 652 und die dort angeführte Rechtsprechung). Auch die Erwägung des Berufungsgerichts ist rechtlich einwandfrei, durch die Erklärung vom 2. September 1939 sei im Verhältnis der Parteien zueinander festgelegt, daß die Hypothek zum Vorbehaltsgute der Ehefrau des Beklagten gehören solle. Denn der Beklagte hatte in der öffentlich beglaubigten Urkunde von jenem Tage auf die Verwaltung und Nutznießung an der demnächst abgetretenen Hypothek ausdrücklich für alle Zeiten verzichtet. Daß die Zuwendung an Frau W. unentgeltlich im Sinne des § 1369 BGB. war, ist nach dem vorgetragenen Sachverhalt ebenfalls rechtlich einwandfrei angenommen. Für diese Frage kommt es nur darauf an, ob die Frau für die Zuwendung keinerlei Entgelt zu leisten hatte. Daß der Zuwendende von anderer Seite, z. B. vom Manne der Empfängerin, Entgelt erhält, kommt nicht in Betracht (RGRKomm. z. BGB. Bem. 4 zu § 1369; Palandt BGB. Bem. 3 zu § 1369; Staudinger BGB. Bem. 1 flg. zu § 1369; Planck BGB. Bem. 1 zu § 1369). Wenn das Kammergericht in der Beschwerdeentscheidung vom 14. August 1941 darauf hingewiesen hat, nach der Fassung der Urkunde vom 2. September 1939 sei die Hypothek „zur Abgeltung aller Ansprüche der Eheleute W." an den jetzigen Kläger abgetreten worden, so wollte und konnte es nur mit der — in grundbuchmäßiger Form nicht widerlegbaren — Möglichkeit rechnen, daß die Hypothek zum eingebrachten Gute der Frau Ilse W. gehöre. Mehr brauchte im Beschwerdeverfahren der freiwilligen Gerichtsbarkeit (Grundbuchverfahren) nicht vorzuliegen, um die Beschwerdeentscheidung des Kammergerichts zu rechtfertigen. Im vorliegenden Streitverfahren, wo die Beweisführung an keine förmlichen Schranken gebunden ist, steht aber einwandfrei fest, daß der Verzicht der Ehefrau W. auf ihre etwaigen Ansprüche aus § 1715 BGB. (Kosten der Entbindung, Sechswochenkosten) in keinem Verhältnis zu dem Werte der Zuwendung stand und daß andere Ansprüche der Ehefrau W. gegen den Kläger, die mit der Zuwendung der Hypothek hätten abgegolten werden können oder sollen, nicht in Frage kamen. Zudem hat der Beklagte nicht bestritten, daß der Kläger etwaige Ansprüche aus § 1715 BGB. bereits durch die Unterbringung der Frau W. in eine Klinik übernommen und ohne weiteres laufend bezahlt hatte. Daß Frau W. etwa irgendwelche Ansprüche für die Zukunft noch zu erwarten gehabt haben könnte, die es abzuwenden galt, ist nicht ersichtlich. Das Vorbringen des Beklagten gab zu solcher Annahme keinen Anlaß. Die Behauptungen des Beklagten in den von der Revision bezogenen Schriftsätzen mögen auf die Möglichkeit etwaiger in der Zukunft liegender Ansprüche des Beklagten selbst hinweisen, nicht aber auch auf solche der Ehefrau. Inwiefern ihr insbesondere Ansprüche auf eine „Art Schmerzensgeld für die erlittenen Sorgen und Kümmernisse" hätten erwachsen können, ist bei der gegebenen Sachlage dem Vorbringen des Beklagten nicht zu entnehmen. § 286 ZPO. ist nicht verletzt. Daß aber etwaige Ansprüche des Ehemanns W., welche durch die Zuwendung der Hypothek seitens des Klägers an Frau Ilse W. abgegolten worden sein sollten, nicht genügt hätten, um die Entgeltlichkeit der Verfügung zugunsten der Frau zu begründen, ist, wie gesagt, im Schrifttum einhellige Meinung. Die gelegentlich geäußerten Zweifel in einer Streitsache über die Gläubigeranfechtung außerhalb des Konkurses (RGZ. Bd. 69 S. 59 [63]) sind dort nur angedeutet und nicht erörtert. Der Senat tritt unbedenklich der bisher nicht umstrittenen Meinung bei, gegen deren Richtigkeit auch die Revision nichts Wesentliches vorzubringen vermocht hat. Dann bedurfte aber die Frage, ob nach der Vorstellung der Beteiligten dem verklagten Ehemann abgeltbare Ansprüche zustanden oder in der Zukunft hätten erwachsen können, keiner Prüfung. Daß das Berufungsgericht nach dem Parteivorbringen genötigt gewesen wäre, das Abkommen vom 2. September 1939 unter dem Gesichtspunkte zu prüfen, daß darin ein Vergleich über behauptete, etwa auch durch sittliche Rücksichten zu rechtfertigende Ansprüche im Sinne des § 779 BGB. liege, ist ebenfalls nicht zuzugeben. Es handelte sich um eine einseitige Zuwendung des Klägers, der damit offenbar sein von ihm erkanntes und bereutes Unrecht, soweit es ging, der Frau des Beklagten gegenüber wieder hatte gutmachen wollen. Entscheidend ist, von welchen Vorstellungen die Beteiligten dabei ausgingen. Daß bei der Bestimmung nach § 1369 BGB. gerade die Worte des Gesetzes gebraucht werden, ist nicht erforderlich; es genügt, wenn, wie hier, vom Zuwendenden bestimmt wird, daß für den Erwerb die Verwaltung und Nutznießung des Mannes ausgeschlossen sein soll. Damit wurde die Eigenschaft als Vorbehaltsgut begründet, ohne daß für den Berufungsrichter Anlaß bestand, zu untersuchen, ob der Beklagte für seine Person etwa Ansprüche gegen den Kläger geltendzumachen hatte oder ob solche für die Zukunft möglicherweise hätten erwachsen können. Daß man sie in der Urkunde vom 2. September 1939 miterwähnte, ist offenbar nur vorsorglich geschehen; für die Frage der Unentgeltlichkeit der Zuwendung an die Frau spielten sie keine Rolle.

Nach alledem handelt es sich um eine für den Beklagten vorteilhafte Rechtsstellung, die er „in sonstiger Weise" (§ 812 Abs. 1 Satz 1 BGB.) auf Kosten seiner Ehefrau erlangt hatte, mithin um eine Rechtsstellung des Beklagten, die sich unmittelbar aus der förmlichen, durch die Formvorschriften des Grundbuchrechts begründeten Rechtslage zu seinen Gunsten insofern ergeben hatte, als sie ihn, wie die Beschwerdeentscheidung des Kammergerichts vom 14. August 1941 zeigt, in den Stand setzte, jeder Verfügung seiner Frau über die Hypothek, obwohl sie ihr freies Eigentum geworden war, erfolgreich, aber doch rechtlos zu widersprechen. Die so, und zwar offenbar ohne den Willen der Beteiligten, insbesondere der Ehefrau des Beklagten, geschaffene Rechtslage belastete auch das Vermögen der Ehefrau unmittelbar im Sinne der Rechtsprechung über die ungerechtfertigte Bereicherung (vgl. RGRKomm. a. a. O. Bem. 3 S. 656). Sie bedeutete eine ohne rechtlichen Grund entstandene Vermögensverschiebung zufolge eines rechtlich einheitlichen Vorgangs, der auf der einen Seite einen vermögensrechtlichen Gewinn zugunsten des Beklagten, anderseits aber zugleich eine vermögensrechtliche Belastung (Beschränkung) zum Nachteil seiner Ehefrau ohne weiteres mit sich brachte; denn sie verwies diese in allen Fällen, in denen sie grundbuchmäßig über ihr Recht verfügen wollte, auf die Notwendigkeit der Zustimmung ihres Mannes und machte sie von dieser abhängig, wiewohl er der Bestimmung des Klägers bei der Rechtshandlung vom 2. September 1939 (Abtretung der Hypothek an Frau Ilse W. unter Ausschluß seiner Verwaltung und Nutznießung) ausdrücklich und vorbehaltlos zugestimmt hatte. Zwar wurde kein formgültiger Ehevertrag in Ansehung der vom Kläger herrührenden Hypothek geschlossen, der geeignet gewesen wäre, ihre Eigenschaft als Vorbehaltsgut vertragsmäßig zu begründen (vgl. §§ 1368, 1432, 1434 BGB. und dazu RGUrt. VII 621/10 vom 25. November 1910 in JW. 1911 S. 154 Nr. 12, angeführt auch in RGZ. Bd. 133 S. 351 [352]; RGRKomm. z. BGB. Vorb. 2 vor § 1373 S. 131, Bem. 3 zu § 1432 S. 200); indessen genügte, um diesen Rechtserfolg herbeizuführen, die einseitige Bestimmung des Klägers nach § 1369, die keiner besonderen Form bedurfte, zudem vom Beklagten, ohne daß dies auch nur notwendig gewesen wäre, durch seinen Beitritt zum Abkommen vom 2. September 1939 gebilligt worden war. Daß der seiner Ehefrau zustehende Herausgabe- (Bereicherungs-) Anspruch vermögensrechtlicher Art war und beim Fehlen aller Voraussetzungen der Unübertragbarkeit (§ 399 BGB.) der Abtretung unterlag, ist nicht zu bezweifeln; die hierauf gerichtete Annahme des Berufungsgerichts ist auch von der Revision nicht bemängelt worden. Wenn das Berufungsurteil annimmt, mit der Rückabtretung der Hypothek durch Frau W. an den Kläger sei der Herausgabe- (Bereicherungs-) Anspruch der Hypothekengläubigerin gegen ihren Ehemann, den Beklagten, auf den Kläger nach § 401 BGB. von selbst (kraft Gesetzes) übergegangen, so geht es davon aus, daß der Grundsatz des § 401 Abs. 1 das. auch auf andere Nebenrechte als die dort aufgezählten entsprechend angewendet werden kann (vgl. RGR-Komm. z. BGB. Bem. 1 und 3 zu § 401 und die dort bezeichneten Entscheidungen). Hier bedarf es keiner besonderen Stellungnahme zu dieser Frage. Denn nach den Umständen des vorliegenden Falls ist unbedenklich anzunehmen, daß die Hauptbeteiligten — Frau Ilse W., diese frei in ihren Entschließungen über die Hypothek als ihr Vorbehaltsgut (§§ 1365, 1371 BGB.), und der Kläger — die Abtretung des Bereicherungsanspruchs im Vertrag über die Rückabtretung der Hypothek ausdrücklich ausgesprochen haben würden, wenn sie hätten voraussehen können, daß sich der Eintragung der Rechtsänderung Hindernisse rechtlicher Art entgegenstellen würden, wie es im Grundbuchverfahren aus förmlichen Gründen geschehen ist. Denn sie wollten, wie das Berufungsurteil feststellt, schon durch die Abmachung vom 2. September 1939 sicherstellen, daß die Hypothek auf jeden Fall dem Zugriffe des Beklagten entzogen werde. Daß aber diese Willensrichtung bei ihnen nicht ebenso noch zur Zeit der Rückabtretung vom 7. Februar 1941 obgewaltet hätte, dafür ist kein Anzeichen zutage getreten, und etwas anderes kann nach Lage der Verhältnisse auch nicht angenommen werden. Eine ergänzende Vertragsauslegung setzt eine Lücke voraus, die ausgefüllt werden muß, wenn der Vertragszweck nicht gefährdet werden soll (RGZ. Bd. 159 S. 254 [259]; vgl. auch RGRKomm. z. BGB. Bem. 1 Abs. 2 zu § 157 S. 336). Dies ist hier der Fall, und das Revisionsgericht kann unbedenklich hierüber selbständig entscheiden (Vierte Vereinfachungsverordnung vom 12. Januar 1943 [RGBl. I S. 7] § 4 Abs. 12). Die danach zulässige und gebotene ergänzende Vertragsauslegung zwingt zur Annahme, daß Frau Ilse W. und der Kläger zugleich mit der Rückabtretung der Hypothek an diesen auch den der Ehefrau W.

zustehenden Herausgabe- (Bereicherungs-) Anspruch auf den Kläger übertragen wollten, um die Vollziehung dieser Verfügung als ihrem Willen entsprechend auf alle Fälle sicherzustellen, und daß sie diese Mitübertragung stillschweigend in die Rückabtretung der Hypothek einbezogen haben.

Schließlich ist auch die Berufung des Beklagten auf das in der Urkunde vom 2. September 1939 erwähnte Recht der Tochter Anneliese W. ohne Rechtsirrtum beschieden, auf welche die Hypothek nach dem Tode der Frau W. gleichfalls unter Ausschluß der Verwaltung und Nutznießung des Vaters oder eines späteren Ehemannes übergehen sollte. Das Berufungsgericht betrachtet dieses angebliche Anwartschaftsrecht der Tochter A. als belanglos für die selbständige Verfügungsbefugnis der Ehefrau W. Das Ziel der Zuwendung sei offensichtlich gewesen, die Hypothek auf jeden Fall dem Zugriffe des Beklagten zu entziehen. Wenn der Berufungsrichter daraus folgert, daß die Hauptbeteiligten (der Kläger und Frau W.) das (bedingte) Recht der Tochter auch ohne ihre Zustimmung sollten aufheben dürfen, so ist dies eine Erwägung tatsächlicher Natur, die mit den Gründen der Revision in diesem Verfahren nicht angegriffen werden kann. Demgegenüber können §§ 158 flg. BGB. nicht angewendet werden, § 161 das. schon deswegen nicht, weil es sich nicht um eine Verfügung des Klägers, sondern um eine solche der Gläubigerin handelte, auf welche die Hypothek übergegangen war.

---

16. Über das Wesen der Gewinnabführung.

GmbHG. § 32. Gesetz zur Durchführung des Vierjahresplans (Preisbildungsgesetz) vom 29. Oktober 1936 (RGBl. I S. 927) § 2. Kriegswirtschaftsverordnung vom 4. September 1939 (RGBl. I S. 1609) §§ 22 flg. Anordnung des Reichskommissars für die Preisbildung über Erweiterung der Befugnisse der Preisüberwachungsstelle vom 11. März 1941 (Deutscher Reichsanzeiger vom 15. März 1941 Nr. 63).

II. Zivilsenat. Urt. vom 3. Mai 1943 i. S. Sch. Bank (Bekl.) w. Hans P. KG. (Kl.). II 24/43.

I. Landgericht Breslau.
II. Oberlandesgericht daselbst.

Durch einen notarischen Vertrag vom 25. Februar 1941 verkaufte und übertrug die Beklagte als alleinige Gesellschafterin der Sch. GmbH. in S. die Geschäftsanteile dieser Gesellschaft im Gesamtnennbetrage von 200000 RM. gegen einen Kaufpreis von 270000 RM. an den Geschäftsführer P. und den Diplomingenieur L. Nach § 1 Abs. 2 des Kaufvertrags geschah die Abtretung „mit Rechten und Pflichten vom 1. Januar 1941 ab, also auch mit dem Gewinnbezugsrecht von da an". Die nunmehrigen alleinigen Gesellschafter P. und L. wandelten die GmbH. am 10. März 1941 in eine Kommanditgesellschaft mit der Firma „Hans P. KG.", die Klägerin, um, auf die das Vermögen der GmbH. übertragen wurde. Am 27. Januar 1942 stellte der Regierungspräsident in B. als Preiskommissar für das Wirtschaftsjahr 1940 einen Übergewinn der früheren GmbH. von 10000 RM. und die darauf von der Klägerin zu leistende Gewinnabführung auf 7000 RM. fest. Die Gewinnabführung ist der Klägerin vorläufig gestundet. In einer Urkunde vom 27. März 1942 haben P. und L. alle Ansprüche aus dem Kaufvertrage vom 25. Februar 1941 gegen die Beklagte an die Klägerin abgetreten.

Die Klägerin hat geltend gemacht, die Beklagte, die für das Geschäftsjahr 1940 aus der GmbH. einen Gewinnanteil von 12 v. H. erhalten habe, sei ihr gegenüber zur Zahlung oder zur Erstattung der Gewinnabführung verpflichtet. Sie hat beantragt, die Beklagte zu verurteilen, sie von ihrer Schuld von 7000 RM. bei dem Preiskommissar zu befreien, hilfsweise die Beklagte zu verurteilen, ihr 7000 RM. nebst Zinsen zu zahlen.

Die Beklagte ist dem von der Klägerin geltend gemachten Anspruch entgegengetreten und hat Abweisung der Klage beantragt.

Das Landgericht hat die Beklagte nach dem Hauptantrage der Klägerin verurteilt. Ihre Berufung hatte keinen Erfolg. Auch ihre Revision wurde zurückgewiesen.

Gründe:

Das Berufungsgericht hat den § 1 Abs. 2 des Übertragungsvertrags vom 25. Februar 1941, wonach die Abtretung der Geschäftsanteile „mit Rechten und Pflichten vom 1. Januar 1941 ab, also auch mit dem Gewinnbezugsrecht von da an" geschah, dahin ausgelegt, daß nicht nur die Gewinnbeteiligung der Erwerber rückwirkend mit dem 1. Januar 1941 beginnen, sondern daß die Beklagte auch die

Pflichten aus der Zeit vorher tragen sollte. Weiter hat es ausgeführt, durch diese Abrede sei die Gewährleistung dahin besonders geregelt worden, daß die Beklagte für die Verpflichtung zur Gewinnabführung aus dem Geschäftsjahr 1940 einzustehen habe. Die Auslegung des Vertrages vom 25. Februar 1941 ist Sache des Tatsachenrichters; das Revisionsgericht kann sie nur daraufhin nachprüfen, ob sie nach dem Wortlaute des Vertrages möglich ist, nicht gegen das allgemeine Denkgesetz oder anerkannte Auslegungsregeln verstößt oder wesentlichen Auslegungsstoff außer acht läßt.

Die Revision macht geltend, die Rechtsauffassung des Berufungsgerichts laufe darauf hinaus, den Gesellschafter einer GmbH. für die Verbindlichkeiten der Gesellschaft haftbar zu machen. Der Vertrag vom 25. Februar 1941 habe nur die Übertragung der Geschäftsanteile der GmbH. auf P. und L. zum Gegenstande gehabt. Diese Verpflichtung habe die Beklagte erfüllt. Dadurch seien P. und L. zwar die alleinigen Gesellschafter der GmbH., nicht aber Eigentümer des Gesellschaftsvermögens geworden. Eine etwaige Forderung gegen die Beklagte auf Rückzahlung zuviel ausgeschütteten Gewinns für das Geschäftsjahr 1940 hätte nicht ihnen, sondern allenfalls der GmbH. zugestanden und deshalb auch nicht von ihnen an die Klägerin abgetreten werden können. Nach § 32 GmbHG. sei aber auch die Entstehung einer solchen Forderung für die GmbH. ausgeschlossen worden. Die Haftung der Beklagten habe durch den § 1 Abs. 2 des Vertrages vom 25. Februar 1941 nicht über § 437 BGB. hinaus erweitert werden sollen.

Die Revision kann keinen Erfolg haben. Die Geschäftsanteile einer GmbH. sind Mitgliedschaftsrechte, und nach § 437 BGB. haftet der Verkäufer eines Rechts nur für dessen rechtlichen Bestand. Es ist aber rechtlich zulässig, daß der Verkäufer im Vertrag eine darüber hinausgehende Haftung übernimmt. Der Wert des Geschäftsanteils einer GmbH. wird durch die der Gesellschaft gehörenden Vermögenswerte und die Gewinnaussichten wesentlich bestimmt. Im gegenwärtigen Falle sollte das Gewinnbezugsrecht den Erwerbern der Geschäftsanteile vom 1. Januar 1941 ab zustehen. Nach der Auslegung durch das Berufungsgericht sollten die Gewinne aus dem Geschäftsjahr 1941 und später den Erwerbern der Geschäftsanteile ungeschmälert zufallen, ungeschmälert insbesondere durch Abgaben, die auf den Gewinnen aus früheren Geschäftsjahren ruhten. Dazu gehört auch die vom Preiskommissar geforderte Gewinnabführung. Die Verpflichtung dazu beruht auf § 2 des Preisbildungsgesetzes vom 29. Oktober 1936 (RGBl. I S. 927) in Verbindung mit §§ 22flg. der Kriegswirtschaftsverordnung vom 4. September 1939 (RGBl. I S. 1609). Nach § 2 des Preisbildungsgesetzes ist der Reichskommissar für die Preisbildung ermächtigt, die zur Sicherung volkswirtschaftlich gerechtfertigter Preise und Entgelte erforderlichen Maßnahmen zu treffen. Die §§ 22flg. der Kriegswirtschaftsverordnung enthalten Vorschriften über die Bildung von Preisen und Entgelten für Güter und Leistungen nach den Grundsätzen der kriegsverpflichteten Volkswirtschaft, insbesondere über die Preissenkung. Durch die Anordnung des Reichskommissars für die Preisbildung über die Erweiterung der Befugnisse der Preisüberwachungsstellen vom 11. März 1941 sind die Preisüberwachungsstellen ermächtigt, anzuordnen, daß Gewinne, die entgegen den Vorschriften der Kriegswirtschaftsverordnung erzielt worden sind, an das Reich abzuführen sind, auch wenn ein Verschulden nicht vorliegt. Der Runderlaß des Reichskommissars für die Preisbildung Nr. 28/41 vom 11. März 1941, betr. das Verfahren zur Durchführung des Abschnitts IV der Kriegswirtschaftsverordnung, (abgedruckt bei Engelsing-Glißmann Preisbildung und Preisüberwachung I B 47) schreibt unter III der als Anlage 1 beigefügten Anweisung vor, daß ein Unternehmen, das Preissenkungen, zu denen es verpflichtet gewesen wäre, unterlassen hat, statt der für die Vergangenheit nicht mehr durchführbaren Preissenkung die entsprechenden Beträge unaufgefordert abführen muß, und zwar erstreckt sich die Abführungspflicht auf Gewinne, die nach dem 1. September 1939 erzielt worden sind. Die Gewinnabführung stellt danach einen Ausgleich für mit oder ohne Verschulden unterlassene Preissenkungen dar; der volks- und kriegswirtschaftlich nicht gerechtfertigte Übergewinn wird eingezogen. Danach handelt es sich um die Verpflichtung zur Abführung eines Teiles des im Geschäftsjahr 1940 erzielten Gewinnes. Zur Gewinnabführung verpflichtet ist gegenüber dem Preiskommissar oder dem Finanzamt die Klägerin als Rechtsnachfolgerin der GmbH., und nach § 32 GmbHG. ist die Beklagte der Gesellschaft gegenüber zur Rückzahlung der Beträge, die sie in gutem Glauben als Gewinnanteile bezogen hat, nicht verpflichtet. Um einen solchen Anspruch handelt es sich aber im gegenwärtigen Falle nicht. Nach dem Vertrage vom 25. Februar 1941 hatte die

Beklagte den Erwerbern der Geschäftsanteile, P. und L., dafür einzustehen, daß ihnen der Gewinn seit dem 1. Januar 1941 ungeschmälert zugute kam. Das würde nicht der Fall sein, wenn sie aus diesen Gewinnen Beträge zum Ausgleich für in den früheren Jahren unterlassene Preissenkungen bezahlen, mithin einen nicht gerechtfertigten Verdienst aus früheren Geschäftsjahren aus den vertraglich ihnen zustehenden Gewinnbeträgen abführen müßten. Deshalb konnten P. und L. auf Grund des Vertrages vom 25. Febrar 1941 verlangen, daß die Beklagte die Gesellschaft von dieser Verpflichtung freistellte, und diesen Anspruch haben sie an die Klägerin abgetreten. Die Beklagte kann sich gegen diesen Anspruch nicht mit dem Hinweise verteidigen, daß sie für das Geschäftsjahr 1940 verhältnismäßig hohe Abschreibungen und Rückstellungen vorgenommen habe und daß diese, falls damals die Verpflichtung zur Gewinnabführung bekannt gewesen wäre, eben entsprechend verringert worden wären. Als die Bilanz und die Gewinn- und Verlustrechnung zum 31. Dezember 1940 in der Gesellschafterversammlung vom 24. Februar 1941 genehmigt wurden, war P. Geschäftsführer der GmbH. Danach war die Bilanz den Käufern beim Erwerbe der Geschäftsanteile genau bekannt und bildete notwendig die Grundlage für deren Bewertung. Mithin haben P. und L. die Geschäftsanteile der GmbH. mit den in der Bilanz zum 31. Dezember 1940 vorgesehenen Abschreibungen und Rückstellungen und mit der Zusicherung gekauft, daß die Gewinne für die Geschäftsjahre nach 1940 den nunmehrigen Gesellschaftern zustehen sollten.

---

17. Muß nach § 518 ZPO. n. F. die Berufungsbegründung in dem Schriftsatz enthalten sein, durch den die Berufung eingelegt wird?

ZPO. § 518 Abs. 2 Nr. 3 i. d. F. der Verordnung zur weiteren Vereinfachung der bürgerlichen Rechtspflege (Vierte Vereinfachungsverordnung — 4. VereinfV.) vom 12. Januar 1943 (RGBl. I S. 7).

II. Zivilsenat. Beschl. v. 6. Mai 1943 i. S. D. (Bekl.) w. H. (Kl.). II B 7/43.

I. Landgericht Chemnitz.
II. Oberlandesgericht Dresden.

Der Sachverhalt und die Entscheidung ergeben sich aus den

Gründen:

Gegen das am 5. Februar 1943 verkündete und ihr angeblich am 15. Februar 1943 zugestellte Urteil des Landgerichts hat die Beklagte am 9. März 1943 Berufung eingelegt unter Mitteilung ihres Berufungsantrags, aber ohne die Berufung im übrigen zunächst zu begründen. Die Berufungsbegründung hat sie am 15. März 1943 nachgereicht. Das Berufungsgericht hat die Berufung durch Beschluß vom 9. April 1943 als unzulässig verworfen, weil die Berufungsbegründung nicht, wie dies durch § 518 Abs. 2 Nr. 3 ZPO. in der Fassung der Vierten Vereinfachungsverordnung vom 12. Januar 1943 (RGBl. I S. 7) vorgeschrieben sei, in der Berufungsschrift enthalten sei. Die hiergegen von der Beklagten rechtzeitig eingelegte sofortige Beschwerde, der das Berufungsgericht trotz der nach Aufhebung des § 577 Abs. 3 ZPO. (vgl. § 5 Abs. 4 4. VereinfV.) bestehenden Abänderungsmöglichkeit nicht abgeholfen hat, ist begründet.

Die genannte Vorschrift des § 518 ZPO. besagt zwar in der neuen Fassung, daß die Berufungsschrift auch die Berufungsbegründung „enthalten" muß. Damit ist aber nicht gemeint, daß alle dort einzeln aufgeführten wesentlichen Bestandteile in einem einzigen Schriftsatz enthalten sein müßten. Vielmehr genügt es nach dem Sinn und Zweck der neuen Regelung, durch die lediglich die frühere besondere Berufungsbegründungsfrist mit der Möglichkeit ihrer Verlängerung beseitigt werden soll, wenn die sämtlichen wesentlichen Bestandteile bei Ablauf der Berufungsfrist formgerecht vorliegen (vgl. Staud in DJ. 1943 S. 50). Entsprechendes ist bisher auch schon in ständiger Rechtsprechung für den Antrag aus § 236 ZPO. auf Wiedereinsetzung in den vorigen Stand angenommen worden, obwohl es auch hier heißt, daß der Antrag die Angabe der die Wiedereinsetzung begründenden Tatsachen sowie der Mittel für deren Glaubhaftmachung „enthalten" müsse (vgl. RGZ. Bd. 119 S. 89; RG. in JW. 1931 S. 1797 Nr. 8, 1938 S. 466 Nr. 27, S. 1727 Nr. 9 und S. 1913 Nr. 62). Ebenso hat auch kürzlich der Große Zivilsenat des Reichsgerichts (RGZ. Bd. 170 S. 18) die in § 522a Abs. 2 ZPO. enthaltene Vorschrift, daß die nach Ablauf der Berufungsbegründungsfrist eingelegte Anschlußberufung „in der Anschlußfrist" begründet werden muß, dahin ausgelegt, daß die unselbständige Anschlußberufung rechtswirksam so lange begründet werden kann, als eine Anschlußberufung überhaupt noch würde eingelegt werden können. Für die Auslegung des neuen § 518 ZPO. kann um so weniger etwas anderes gelten, als der § 519a ZPO., der die Zustellung von Berufungsschrift und Berufungsbegründung regelt und beide Bestandteile besonders aufführt, ebenso wie der § 519b ZPO., der die Amtsprüfung vorschreibt, ob „die Einlegung und Begründung" (der Berufung) in der gesetzlichen Frist und Form erfolgt ist, unverändert stehengeblieben sind.

Hiernach ist nach der bisher erkennbaren Sachlage kein Grund für die Verwerfung der Berufung gegeben, so daß der angefochtene Beschluß aufzuheben ist.

---

18. 1. Nach welchen Grundsätzen ist der Schaden zu verteilen, den ein Schiff erlitten hat, das in einem Binnengewässer ein auf Grund geratenes anderes Schiff abzuziehen versucht hat, wenn der Schiffer oder die Besatzung sowohl des auf Grund geratenen als auch des beschädigten Schiffes den Schaden schuldhaft verursacht haben?

2. Was ist unter einem Manöver des Schiffes im Sinne von § 738 HGB. zu verstehen?

Gesetz, betr. die privatrechtlichen Verhältnisse der Binnenschiffahrt, vom 20. Mai 1898 (RGBl. S. 868) — BinnSchG. — § 92. HGB. §§ 736, 738. BGB. § 254.

I. Zivilsenat. Urt. v. 2. April 1943 i. S. Firma N. B. R. H. (Bekl.) w. Firma C. G. p. l. N. d. R. (Kl.). I 134/42.

I. Amtsgericht (Schiffahrtsgericht) Duisburg-Ruhrort.
II. Oberlandesgericht (Schiffahrtsobergericht) Köln.

Ein der Beklagten gehörender Kahn war auf dem rechten Rheinufer auf Grund geraten. Ein Dampfboot, dessen Eignerin die Klägerin war, versuchte den Kahn abzuziehen. Dabei nahm es Wasser über und sackte später ab. Die Klägerin hat die Beklagte auf Ersatz des Schadens in Anspruch genommen, der ihr durch das Absacken des Bootes entstanden ist. Sie hat behauptet, der Schiffer des Kahnes sei aufgefordert worden, den ihm vom Boot herübergegebenen und von ihm am Kahne befestigten Strang wieder loszuwerfen. Er habe das aber nicht ordnungsmäßig getan. Infolgedessen habe sich das durch den Strang festgehaltene Boot bei der Weiterbewegung stark nach der Seite geneigt, und dadurch seien große Mengen Wasser über Bord gekommen. Die Beklagte hat dies bestritten und vorgetragen, das Absacken des Bootes sei auf das Verschulden des Schiffers des Bootes zurückzuführen, der die Bullaugen der Vorkajüte nicht habe schließen lassen, so daß durch diese das Wasser eingedrungen sei.

Das Schiffahrtsgericht hat den Anspruch dem Grunde nach zur Hälfte, das Schiffahrtsobergericht zu einem Viertel für berechtigt erklärt. Die Revision der Beklagten und die Anschlußrevision der Klägerin führten zur Aufhebung und Zurückverweisung.

Aus den Gründen:

... Sollte das Berufungsgericht bei der neuen Verhandlung zu dem Ergebnis kommen, daß nicht nur den Kapitän oder die Besatzung des Dampfbootes, sondern auch den Schiffer oder die Besatzung des Kahnes ein Verschulden daran trifft, daß das Boot voll Wasser gelaufen und infolgedessen gesunken ist, so würden sowohl die Klägerin als auch die Beklagte je einen Teil des hierdurch der Klägerin erwachsenen Schadens zu tragen haben. Dafür, wie der Schaden zu verteilen sei, würde dann nach der allgemein für das Binnenschiffahrtsrecht geltenden Regelung nicht § 254 BGB., sondern § 736 Abs. 1 HGB. in der Fassung des Gesetzes vom 7. Januar 1913 maßgebend sein, d. h. es würde nur auf die Schwere des beiderseitigen Verschuldens ankommen (vgl. JW. 1938 S. 1903 Nr. 45 [Abs. 4 des Abdrucks]; Vortisch-Zschucke Binnenschiffahrts- und Flößereirecht Bem. 10 a zu § 92 BinnSchG.). Allerdings würde es sich hier nicht um einen Zusammenstoß zweier Schiffe im eigentlichen Sinne gehandelt haben, mit dem sich die Bestimmung des § 92 BinnSchG. nach ihrem Wortlaute nur zu befassen scheint. Es ist jedoch anerkannten Rechtes, daß ein Zusammenstoß im Sinne des § 92 BinnSchG. auch dann vorliegt, wenn ein Schiff durch die Ausführung oder das Unterlassen eines Manövers einem anderen Schiffe Schaden zugefügt hat (sog. Fernschädigung), wie die Verweisung auf § 738 HGB. ergibt (Vortisch-Zschucke a. a. O. Bem. 5 c, 10 b Satz 3 zu § 92 BinnSchG.; RGUrt. I 13/40 vom 15. November 1940). Darüber, was ein „Manöver“ im Sinne des § 738

HGB. sei, enthält das Gesetz nichts Näheres. Man hat darunter jede Maßnahme des Schiffers oder der Besatzung zu verstehen, die darauf abzielt, die Lage des Schiffes gegenüber der Umwelt zu verändern oder eine solche Lageveränderung zu verhindern, wie z. B. das Umlegen des Ruders, das Setzen eines Segels oder das Fallenlassen des Ankers. Ein Anlaß zu einer Beschränkung auf schwimmende Schiffe, die ihre Lage durch eigene Kraft oder durch die Einwirkung der vorhandenen Naturkräfte (Strömung, Wind) leicht verändern können, besteht dabei nicht, sondern es sind derartige Maßnahmen auch bei Schiffen, die vorübergehend auf Grund geraten sind, aber alsbald wieder zum Freischwimmen gebracht werden und sich dann weiterbewegen sollen, als Manöver des Schiffes zu bezeichnen. Denn auch ein auf Grund geratenes Schiff kann seine Lage zur Umwelt noch verändern, zumal wenn es, was oft der Fall sein wird, teilweise, z. B. mit dem Hinterschiff, noch schwimmt. Daher muß man auch das Annehmen und Befestigen eines Stranges durch die Besatzung eines auf Grund geratenen Schiffes zu dem Zwecke, daß das Schiff abgezogen, damit wieder flott gemacht und ihm die Weiterbewegung ermöglicht werde, als ein Manöver im Sinne des § 738 HGB. ansehen und dementsprechend auch das Gegenstück dazu, nämlich das Loswerfen eines Stranges, der vorher zu diesem Zweck angenommen worden war.

---

19. 1. Ist, wenn sich zwei Hauptstraßen kreuzen, die Verkehrspolizeibehörde verpflichtet, einer von ihnen die Vorfahrt durch Aufstellung des Verkehrszeichens „Vorfahrt auf der Hauptstraße achten" zu nehmen?

2. Darf der Benutzer einer Hauptstraße beim Fehlen des Verkehrszeichens davon ausgehen, daß ihm auch gegenüber dem von rechts kommenden Benutzer der anderen Hauptstraße die Vorfahrt zusteht?

Verordnung über das Verhalten im Straßenverkehr (Straßenverkehrs-Ordnung — StVO.) vom 13. November 1937 (RGBl. I S. 1179) § 13. Anlage 1 dazu A III Abs. 5.

V. Zivilsenat. Urt. v. 13. April 1943 i. S. St. GmbH. u. 1 and. (Bekl.) w. Firma H. St. Söhne (Kl.). V (VI) 194/42.

I. Landgericht Duisburg.
II. Oberlandesgericht Düsseldorf.

Am 13. März 1940 gegen 9,40 Uhr ereignete sich auf der von Osten nach Westen verlaufenden E.-Straße in K. an der Einmündung der von Norden her kommenden L.-Straße ein Zusammenstoß zwischen dem aus einer Zugmaschine und zwei Anhängern bestehenden Lastzuge der Erstbeklagten, der vom Zweitbeklagten gesteuert wurde, und dem aus einem Lastwagen und einem Anhänger bestehenden Lastzuge der Klägerin. Der Lastzug der Beklagten befuhr die E.-Straße in der Richtung von Osten nach Westen. Der Lastzug der Klägerin kam auf der L.-Straße von rechts — von Norden her — und wollte in östlicher, also dem Beklagten entgegengesetzter Richtung weiterfahren. Die Fahrbahn der L.-Straße wird an ihrer Einmündung in die E.-Straße durch eine größere Verkehrsinsel geteilt. Der Lastzug der Klägerin fuhr auf der östlichen, dem Fahrzeug der Beklagten zugewandten Gabel in die E.-Straße ein. Während des Einfahrens wurde er von der Zugmaschine der Beklagten zwischen dem Triebwagen und dem Anhänger erfaßt. Die Fahrzeuge der Klägerin — ebenso wie die der Beklagten — wurden stark beschädigt.

Sowohl die E.-Straße als auch die L.-Straße sind als Reichsstraßen gekennzeichnet. Die E.-Straße trägt bis zur Einmündung der L.-Straße die Nummer 288, von da ab, ebenso wie die L.-Straße selbst, die Nummer 57. Auf der E.-Straße befand sich etwa 250 m vor der Einmündung der L.-Straße ein sog. Vorwegweiser (vgl. die Bilder 46—51 der Anlage 1 zur Straßenverkehrs-Ordnung), auf dem beide Straßen durch ihre Nummern als Reichsstraßen gekennzeichnet waren. An beiden Straßen waren kurz vor der Einmündungsstelle Rundschilder „Fernverkehr" gemäß Bild 45 a. a. O. angebracht, ohne daß beide Rundschilder gleichzeitig von dem Benutzer einer Straße gesehen werden konnten. Eine Regelung der Vorfahrt gemäß Abschnitt A III Abs. 5 Satz 8 der Anl. 1 zur Straßenverkehrs-Ordnung durch das Bildzeichen 30 der Anlage 1 war zur Zeit des Unfalls nicht getroffen. Nach dem Unfall ist der L.-Straße durch ein solches Verkehrszeichen die Vorfahrt genommen worden.

Die Klägerin nimmt die Beklagten auf Ersatz ihres Schadens in Anspruch. Sie ist der Auffassung, der Zweitbeklagte habe schuldhaft ihr Vorfahrtrecht nicht beachtet und sei mit zu großer Geschwindigkeit gefahren. Sie hat beantragt, die Beklagten als Gesamtschuldner zur Zahlung von 7762 RM. nebst Zinsen zu verurteilen.

Die Beklagten haben um Klageabweisung gebeten. Sie vertreten die Auffassung, der Unfall sei darauf zurückzuführen, daß die Verkehrspolizeibehörde verabsäumt habe, eine Regelung der Vorfahrt gemäß der Anlage 1 A III Abs. 5 zur Straßenverkehrs-Ordnung zu treffen. Infolgedessen und da der E.straße gegenüber der übrigens auch schmaleren L.straße die größere Verkehrsbedeutung zukomme, habe der Zweitbeklagte annehmen dürfen, daß ihm die Vorfahrt zustehe.

Beide Parteien haben der Stadt K. als der Trägerin der Verkehrspolizei den Streit verkündet. Sie ist im Rechtsstreit der Klägerin als Streithelferin beigetreten.

Das Landgericht hat den Klageanspruch dem Grunde nach für gerechtfertigt erklärt. Das Oberlandesgericht hat das Urteil bestätigt. Die Revision der Beklagten führte zur Aufhebung und Zurückverweisung.

Gründe:

Das Berufungsgericht ist der Auffassung, mangels Anbringung eines der L.straße an der Einmündung in die E.straße die Vorfahrt nehmenden Verkehrszeichens sei die Vorfahrtregelung nach Abs. 2 des § 13 StVO. maßgebend, wonach der von rechts kommende Lastzug der Klägerin die Vorfahrt gehabt habe. Der Zweitbeklagte habe bei gehöriger Sorgfalt aus dem Vorwegweiser erkennen können, daß die von rechts einmündende L.straße eine Reichsstraße sei. Da auf dieser kein die Vorfahrt nehmendes Verkehrszeichen angebracht gewesen sei, habe er auch nicht annehmen können, daß sich ein solches dort befinde. Er habe vielmehr mit der Möglichkeit der Vorfahrtberechtigung eines von rechts aus der L.straße kommenden Kraftfahrzeugs rechnen und seine Fahrweise danach einstellen, namentlich seine Geschwindigkeit herabsetzen müssen, um gegebenenfalls dem Lastzuge der Klägerin das Vorbeikommen zu ermöglichen.

Diese Erwägungen sind von Rechtsirrtum beeinflußt.

Zwar trifft es nicht zu — wie die Revision meint —, daß hier § 13 Abs. 4 StVO. anzuwenden wäre, wonach derjenige, der die Richtung des auf derselben Straße sich bewegenden Verkehrs kreuzt, gehalten ist, die ihm entgegenkommenden Fahrzeuge, die ihre Richtung beibehalten, auch an Kreuzungen und Einmündungen vorbeizulassen. Denn an der Voraussetzung, daß sich die Fahrzeuge der Klägerin und der Beklagten auf derselben Straße bewegten, bevor sich ihre Fahrbahnen schnitten, fehlt es hier. Bei einer im rechten Winkel von der Seite einmündenden Straße kann von der Anwendbarkeit des § 13 Abs. 4 StVO. keine Rede sein, wenn ein Verkehrsteilnehmer aus der einen Straße in die andere einbiegt (vgl. auch DJ. 1939 S. 1106). Daß sich die L.straße infolge der Verkehrsinsel unmittelbar vor der Einmündungsstelle in eine westliche und eine östliche Fahrbahn teilte und daß diese Fahrbahnen in einem leichten Bogen in die E.straße einmündeten, ist dabei ohne Bedeutung.

Nicht zu beanstanden ist, wenn das Berufungsgericht zunächst davon ausgeht, daß sich bei der Kreuzung zweier Hauptstraßen die auf der allgemeinen Straßenbewertung i. S. des § 13 Abs. 1 a und b StVO. beruhenden Vorrechte an sich notwendig aufheben müssen (vgl. das zum § 27 RStVO. vom 28. Mai 1934 ergangene Urteil VI 286/37 des erkennenden Senats vom 9. April 1938 — VAE. 1938 S. 310 = RdK. 1938 S. 333 — und Müller Straßenverkehrsrecht, 14. Aufl., S. 1107). Das Gesetz hat indessen für den Fall des Zusammentreffens zweier Hauptstraßen auf der Grundlage des § 13 Abs. 1 c StVO. in der erwähnten Anlage 1 eine Sonderregelung dahin getroffen, daß dann, wenn sich zwei Hauptstraßen kreuzen, die Verkehrspolizeibehörde zu entscheiden hat, welcher von beiden wegen ihrer geringeren Verkehrsbedeutung oder aus Gründen der Verkehrssicherheit die Vorfahrt zu nehmen ist (vgl. A III Abs. 5 Satz 8 das.). Eine solche Regelung ist, worauf auch Müller a. a. O. hinweist, unerläßlich, wenn Verkehrsunfälle vermieden werden sollen. Auf ihre Durchführung muß sich der Verkehr daher verlassen dürfen. Der im § 13 enthaltene Grundgedanke der Regelung der Vorfahrt, des Kernstückes der Verkehrsregelung überhaupt, ist der, daß für jeden Verkehrsteilnehmer eindeutig feststehen soll, wem im gegebenen Falle die Vorfahrt zukommt. Nach Sinn und Zweck dieser Regelung kann die erwähnte Bestimmung in Anlage 1 zur Straßenverkehrs-Ordnung nur dahin verstanden werden, daß es nicht im Ermessen der Verkehrspolizeibehörde stehen soll, ob sie beim Zusammentreffen zweier Hauptstraßen überhaupt eine Regelung der dort bezeichneten Art treffen, das heißt einer von ihnen die Vorfahrt nehmen will, sondern daß sie zu einer solchen Regelung verpflichtet und ihrem Ermessen nur anheimgestellt ist, welcher der beiden Straßen sie die Vorfahrt nehmen will. Dem entspricht auch der Wortlaut der Bestimmung, worin es nicht etwa heißt, die Verkehrspolizeibehörde könne entscheiden, ob einer der beiden Straßen die Vorfahrt genommen werden solle, sondern wo vielmehr gesagt wird, die Behörde habe zu entscheiden, welcher Straße sie zu nehmen sei. Daß diese Regelung nicht nur für Straßenkreuzungen, sondern auch für Straßeneinmündungen zu gelten hat, kann, obwohl diese in der erwähnten Bestimmung nicht besonders erwähnt sind, im Hinblick auf die grundlegenden, beide Fälle einander gleichstellenden Bestimmungen in § 13 Abs. 1 und 2 StVO. und die auch hier gleichliegenden Verhältnisse nicht bezweifelt werden. Die Art, wie diese Regelung gestaltet ist — einer der beiden Hauptstraßen ist an der Kreuzung oder Einmündung „die Vorfahrt" durch ein entsprechendes Verkehrszeichen „zu nehmen" —, bringt es mit sich, daß der Benutzer einer Hauptstraße beim Fehlen eines solchen Zeichens auch gegenüber dem von rechts kommenden Benutzer einer anderen Hauptstraße die eigene Berechtigung zur Vorfahrt nicht zu bezweifeln und mit der Möglichkeit der Vorfahrtberechtigung des anderen Verkehrsteilnehmers nicht zu rechnen braucht. Was zu gelten hat, wenn im gegebenen Falle dem Fahrer das Fehlen eines die Vorfahrt nehmenden Verkehrszeichens an der anderen Straße tatsächlich bekannt ist, braucht hier nicht erörtert zu werden, da eine solche Kenntnis nach der Annahme des Berufungsgerichts beim Zweitbeklagten nicht bestand.

Den vorstehenden Ausführungen steht auch das vom Berufungsgericht erwähnte reichsgerichtliche Urteil VI 104/41 vom 3. Februar 1942 nicht entgegen. In dem jener Entscheidung zugrunde liegenden Fall ergab sich zwar aus einem unter dem Vorwegweiser angebrachten Nummernschilde, daß die Straße, auf der der damalige Kläger fuhr, bevor er an der späteren Straßengabelung mit dem von rechts kommenden Kraftwagen eines anderen Verkehrsteilnehmers zusammenstieß, eine Reichsstraße — Nr. 54 — war; der Vorwegweiser selbst wies aber auf eine Straßengabelung hin und enthielt zudem keine Nummernbezeichnung, wie sie in den Bildern 46 bis 51 der Anlage 1 zur Straßenverkehrs-Ordnung vorgesehen ist. Aus ihm war daher nicht zu ersehen, ob und nach welcher Richtung sich die Reichsstraße 54 an der Straßengabelung fortsetzte und welche Wesensart — ob Hauptstraße oder nicht — die zweite in Frage kommende Straße trug.

Da das Berufungsgericht bei der Abwägung der Verursachung nach § 17 KFG. davon ausgegangen ist, daß der Zweitbeklagte ein dem anderen Teile zustehendes Vorfahrtrecht verletzt habe, und da es der schuldhaften Nichtbeachtung eines solchen Rechts — an sich zutreffend — entscheidendes Gewicht beigemessen hat, unterlag das angefochtene Urteil der Aufhebung.

In der neuen Verhandlung wird das Berufungsgericht die Anwendbarkeit der §§ 7, 17 KFG. auf den festzustellenden Sachverhalt unter Zugrundelegung der vorstehend gekennzeichneten Rechtsauffassung erneut zu prüfen haben. Dabei wird auch folgendes zu beachten sein: Nach ständiger Rechtsprechung des Reichsgerichts braucht der zur Vorfahrt Berechtigte bei seinem Verhalten, vor allem der Wahl der Fahrgeschwindigkeit nicht von vornherein eine Verletzung seines Vorfahrtrechts durch den Wartepflichtigen in Rechnung zu stellen. Sobald aber das Verhalten des Pflichtigen für ihn erkennbar darauf schließen läßt, daß jener gleichwohl die Vorfahrt für sich in Anspruch nehme, ist er verpflichtet, alle geeigneten Maßnahmen zu ergreifen, um einen Unfall nach Möglichkeit zu vermeiden.

---

20. Liegt höhere Gewalt vor, wenn Bahngleise unmittelbar am Ufer eines Baches entlang verlegt sind, der häufig Hochwasser führt, und infolge Wolkenbruchs und Hochwassers der Bahndamm abrutscht, ein Schienenbruch eintritt und ein Zug in den Bach stürzt?

Reichshaftpflichtgesetz vom 7. Juni 1871 (RGBl. S. 207) — RHG. — § 1.

V. Zivilsenat. Urt. v. 16. April 1943 i. S. N. u. a. (Kl.) w. R.-S.-EisenbahnAG. (Bekl.). V (VI) 181/42.

I. Landgericht Bonn.
II. Oberlandesgericht Köln.

Am 4. November 1940 kam der Straßenbahnschaffner N., der Ehemann der Erstklägerin und Vater der Kläger zu 2 und 3, dadurch zu Tode, daß ein Triebwagen der von der Beklagten betriebenen Bahn, in dem er fuhr, zwischen B. und J. an einer Stelle verunglückte, wo die Bahn auf der Provinzialstraße dicht am Ufer der damals starkes Hochwasser führenden B. ihren Weg nimmt. Das Hochwasser hatte hier den Straßendamm angegriffen. Als der Triebwagen diese Stelle befuhr, brach ein Teil der Straße unter den Schienen auf eine Länge von 40 m ein; die Schienen gaben nach; der Wagen neigte sich zur Seite und stürzte in die B. N. konnte sich nicht retten und ertrank.

Die Kläger verlangen von der Beklagten Ersatz des ihnen entstandenen Schadens. Sie haben beantragt, die Beklagte zu verurteilen, an die drei Kläger 1120,25 RM. sowie vom 5. November 1940 bis 31. März 1952 eine Rente von monatlich 76,06 RM., ferner an die Erstklägerin 150,80 RM. zu bezahlen. Die Beklagte hat ihre Ersatzpflicht nach Grund und Höhe bestritten und geltend gemacht, der Unfall sei durch höhere Gewalt verursacht worden.

Das Landgericht hat die Klage in Höhe von 150,80 RM. abgewiesen und die übrigen Ansprüche der Kläger dem Grunde nach für berechtigt erklärt. Auf die Berufung der Beklagten hat das Oberlandesgericht die Klage in vollem Umfang abgewiesen. Die Revision der Kläger führte zur Wiederherstellung des landgerichtlichen Urteils.

Gründe:

Das Berufungsgericht hat angenommen, die Beklagte habe den Beweis geführt, daß der Unfall durch höhere Gewalt verursacht worden sei, und hat demgemäß nach § 1 RHG. und § 2 des Gesetzes über die Haftpflicht der Eisenbahnen und Straßenbahnen für Sachschaden vom 29. April 1940 (RGBl. I S. 691) die von den Klägern erhobenen Ansprüche für unbegründet erachtet.

Demgegenüber rügt die Revision mit Recht, daß das Berufungsgericht den Begriff der höheren Gewalt verkannt habe. Unter höherer Gewalt ist nach ständiger Rechtsprechung des Reichsgerichts (vgl. z. B. RGZ. Bd. 104 S. 150, Bd. 109 S. 172, Bd. 117 S. 12; RGUrt. vom 19. November 1917 in EisenbEntsch. Bd. 36 S. 74; RGUrt. v. 8. Januar 1931 in JW. 1931 S. 865 Nr. 11) ein Ereignis zu verstehen, dessen Ursachen außerhalb des Betriebskreises der Eisenbahn und ihrer Einrichtungen liegen, dessen Eintritt auch bei Anwendung aller der Eisenbahn zuzumutenden Sorgfalt nicht zu verhindern ist und das auch nicht wegen seiner Häufigkeit von der Bahn in Kauf genommen und vertreten werden muß. Das Vorliegen dieser Voraussetzungen hat der Eisenbahnunternehmer zu beweisen. Diesen Beweis kann die Beklagte im vorliegenden Falle schon deshalb nicht führen, weil sie nicht darzutun vermag, daß der Unfall lediglich durch ein von außen her in den Eisenbahnbetrieb hineinwirkendes Ereignis verursacht worden sei. Unter einem solchen Ereignis im Sinne der genannten Rechtsprechung ist nicht ein örtlich von außen kommendes, sondern ein Ereignis betriebsfremden Ursprungs zu verstehen, d. h. ein solches, dessen Ursachen nicht innerhalb des Betriebskreises der Eisenbahn liegen. Zwar ist es richtig, daß im vorliegenden Falle von außen her wirkende Umstände, der Wolkenbruch und das Hochwasser, für den Sturz des Triebwagens in den Bach und den Tod des N. ursächlich gewesen sind. Daneben haben aber auch die besonderen Einrichtungen der Bahn den Unfall herbeigeführt. Denn die Bahngleise sind an der Unfallstelle, wo die Provinzialstraße auf eine Länge von 40 m eingebrochen und abgerutscht ist, unmittelbar am Ufer des häufig Hochwasser führenden Baches entlang verlegt. Diese Art der Bahnanlage bringt aber, namentlich in Hochwasserzeiten, naturgemäß für den Eisenbahnbetrieb besondere Gefahren mit sich. Schon aus diesem Grunde muß im vorliegenden Fall angenommen werden, daß der Unfall nicht allein durch die erwähnten äußeren, elementaren Ereignisse, sondern auch durch Gefahrumstände verursacht worden ist, die ihre Wurzeln innerhalb des Betriebskreises der Eisenbahn haben; würde die Bahn dort nicht am Ufer in unmittelbarer Nähe des Baches entlangführen, so hätte das durch den Wolkenbruch verursachte Hochwasser den Bahnkörper — d. h. die insoweit als Bahnkörper dienende Provinzialstraße — nicht in einer Weise angreifen können, wie es hier der Fall gewesen ist. Die Beklagte kann sich unter diesen Umständen gegenüber dem Klageanspruch nicht auf höhere Gewalt berufen. Sie will zwar alles Erforderliche getan haben, um die Sicherheit der Fahrbahn zu gewährleisten. Da aber die Bahnstrecke hier stärker gefährdet war als andere Strecken, hätte die Beklagte, um das Nichtvorhandensein einer im Betriebskreise der Bahn begründeten Unfallursache darzutun, nachweisen müssen, daß sie für eine solche Unfälle ausschließende Befestigung des Fahrdammes gesorgt habe. Sie hat jedoch den ihr obliegenden Beweis, daß dies geschehen sei, nicht geführt. Nach dem Gutachten des Kreisbauamts S. war zwar der im Jahre 1934 errichtete Straßendamm „aus gutem bindendem Material" geschüttet, der Böschungsfuß durch eine starke Steinschüttung gesichert und oberhalb der Steinschüttung ein kräftiges Böschungspflaster ausgeführt. Dieses reichte aber nur bis etwa zur Hälfte der Böschungshöhe, während die Böschung oberhalb des Böschungspflasters nur durch eine geschlossene Rasennarbe gesichert war. Nach dem von der Beklagten selbst vorgelegten Gutachten des Sachverständigen L. ist aber der Erdrutsch infolge der Durchfeuchtung des Erdreichs eingetreten. Das Wasser, das zeitweilig sogar zwischen den Schienen, also oberhalb des Böschungspflasters über das Ende der Grasnarbe hinaus, gestanden hat, hat den Erdkörper des Dammes völlig durchfeuchtet und aufgeweicht, so daß die durchfeuchteten Erdmassen die Neigung hatten abzurutschen. Als dann das Gewicht des Triebwagens den Erddruck noch weiter verstärkte, ist nach Ansicht dieses Gutachters der Damm auseinandergebrochen und hat auch das Böschungspflaster vor sich her in den Bach geschoben. Bei dieser Sachlage und unter Berücksichtigung dessen, daß der Bach häufiger Hochwasser führte, kann nicht gesagt werden, die Beklagte habe den Beweis geführt, daß der Fahrdamm angesichts der oben geschilderten besonderen Gefahrenlage gegen Beschädigung und Zerstörung durch Hochwasser ausreichend geschützt gewesen wäre. Besteht hiernach zum mindesten die Möglichkeit, daß der Unfall auch auf eine unzulängliche Befestigung des Fahrdammes und damit auf mangelnde Betriebssicherheit der Fahrbahn zurückzuführen ist, so kann nicht als von der Beklagten bewiesen angesehen werden, daß der Unfall lediglich durch ein außerhalb des Betriebskreises der Bahn liegendes Ereignis verursacht worden sei. Da sie vielmehr die Unmöglichkeit einer Mitverursachung des Unfalls durch einen innerhalb des Betriebskreises der Eisenbahn liegenden Umstand nicht dargetan hat — alles Unaufgeklärte geht hierbei zu ihren Lasten —, kann der Beweis der Verursachung durch höhere Gewalt nicht für geführt erachtet werden.

Hiernach bedarf es nicht der weiteren von der Revision angeregten Prüfung, ob höhere Gewalt auch deshalb nicht vorliegt, weil das Unglück bei Anwendung größter Sorgfalt und aller der Beklagten zuzumutenden Vorkehrungen hätte abgewendet oder das Maß seiner Schadenswirkungen hätte vermindert werden können.

21. 1. Kann nach österreichischem Recht ein formungültiges schriftliches Testament als mündliches aufrechterhalten werden?

2. Unter welchen Umständen kann ein mündliches Testament durch schlüssige Handlungen widerrufen werden?

3. Wen trifft die Beweislast, wenn streitig ist, ob ein nicht mehr vorhandenes schriftliches Testament vom Erblasser absichtlich vernichtet worden ist?

ABGB. §§ 579, 585, 721, 722.

VII. Zivilsenat. Urt. v. 26. Mai 1943 i. S. Ferdinand F. (Kl.) w. Franz F. (Bekl.). VII 14/43.

I. Landgericht Klagenfurt.
II. Oberlandesgericht Graz.

Die Bäuerin Agathe F., Eigentümerin des Erbhofes 33 in R., ist am 6. Januar 1940 gestorben. Zwei ihrer Söhne haben sich zum gesamten Nachlaß als Anerben und Erben nach dem bürgerlichen Recht erklärt, der Kläger auf Grund eines eigenhändigen Testaments der Erblasserin vom 6. März 1916, der Beklagte auf Grund eines von fremder Hand niedergeschriebenen Testaments aus dem Jahre 1925, das aber nicht mehr beigebracht werden konnte. Das Verlassenschaftsgericht nahm beide Erklärungen an, wobei es die Verfügung vom Jahre 1925 nicht als schriftliches, wohl aber als mündliches Testament als gültig ansah, und wies den Kläger an, sein Erbrecht binnen Monatsfrist im ordentlichen Rechtswege geltend zu machen. Mit der vorliegenden, rechtzeitig erhobenen Klage begehrt der Kläger die Feststellung, daß das im Jahre 1925 von seiner Mutter zugunsten des Beklagten als Alleinerben errichtete Testament ungültig sei und dem Kläger auf Grund des Testaments vom 6. März 1916 das alleinige Erbrecht am Nachlaß seiner Mutter zustehe. Beide Vordergerichte haben die Klage abgewiesen. Die Revision des Klägers hatte keinen Erfolg.

Gründe:

Daß der Beklagte von seiner Mutter in einem im Jahre 1925 niedergeschriebenen Testament zum Alleinerben eingesetzt worden ist, bestreitet auch der Kläger nicht. Beide Vordergerichte haben die Gültigkeit als schriftliches Testament nach § 579 ABGB. verneint, weil nicht festgestellt werden könne, daß die Zeugen das Testament mit einem auf ihre Zeugeneigenschaft hinweisenden Zusatz unterschrieben haben; sie halten es aber als mündliche letztwillige Verfügung nach § 585 ABGB. aufrecht, weil nicht nur Josef W. und Heinrich E., welche die schriftliche Verfügung unterschrieben haben, sondern auch die mitanwesende Maria E. mit dem Willen der Erblasserin als Zeugin zugegen gewesen seien. Hiergegen sind aus Rechtsgründen Einwendungen nicht zu erheben. Die Aufrechterhaltung eines wegen Formmangels ungültigen schriftlichen Testaments als mündliche letztwillige Verfügung ist nur dann unzulässig, wenn der Erblasser auf die Innehaltung der Form Gewicht gelegt hat und nur ein schriftliches Testament errichten wollte. Das wird aber sehr selten der Fall sein; hier ist, wie das Berufungsgericht mit Recht sagt, ein solcher Wille der Erblasserin durch nichts dargetan.

Zu prüfen bleibt daher nur, ob es von Bedeutung für die Gültigkeit der mündlichen Erbeinsetzung des Beklagten ist, daß die im Jahre 1925 aufgenommene Urkunde nicht mehr beigebracht werden kann. Der Auffassung des Berufungsgerichts, ein mündliches Testament könne nur ausdrücklich, nicht stillschweigend, durch schlüssige Handlungen widerrufen werden, kann nicht im vollen Umfange beigetreten werden. Ein Widerruf durch schlüssige Handlungen ist jedenfalls dann möglich, wenn der Erblasser — wie hier — das von ihm errichtete schriftliche Testament trotz seiner Formmängel für gültig gehalten hat. Vernichtet er in einem solchen Falle die Testamentsurkunde, so wird damit auch der Aufrechterhaltung der Verfügung als mündliches Testament der Boden entzogen. Die zufällige Vernichtung oder der Verlust der Urkunde hat in einem solchen Falle die im § 722 ABGB. bestimmten Wirkungen: die mündliche letztwillige Verfügung verliert ihre Wirkung nicht, wenn anders der Zufall erwiesen wird. Es ist also nicht richtig, wenn beide Vordergerichte ausführen, Zweifel, ob die Erblasserin den im Jahre 1925 errichteten Aufsatz vernichtet habe, könnten nur zugunsten des Beklagten gewertet werden, weil der Kläger für die behauptete Testamentsvernichtung oder den Testamentswiderruf beweispflichtig sei. Vielmehr ist der Beklagte für das Gegenteil beweispflichtig. Aber diese Ausführungen enthalten nur eine Hilfsbegründung, auf der die angefochtenen Urteile nicht beruhen. Denn der Erstrichter stellt ausdrücklich fest, daß die Erblasserin die letztwillige Verfügung aus dem

Jahre 1925 bis zu ihrem Tode nicht widerrufen habe und daß die Urkunde nicht mit ihrem Wissen und Willen abhanden gekommen oder beseitigt worden sei. Das Berufungsgericht aber hat die Beweiswürdigung des Erstrichters in allen Punkten übernommen.

Demnach bestanden zur Zeit des Todes der Erblasserin das den Kläger als Erben einsetzende eigenhändige Testament vom 6. März 1916 und das den Beklagten als Erben einsetzende mündliche Testament von 1925, das als jüngere letztwillige Verfügung die ältere aufhebt. Die Klage auf Feststellung des Erbrechts des Klägers ist daher mit Recht abgewiesen worden.

---

22. Zur Frage der Bergschadenhaftung nach österreichischem Recht. Gegen wen richten sich die Bergschadenansprüche, wenn das Bergwerkseigentum durch mehrere Hände gegangen ist?

Öst. Allgemeines Berggesetz vom 23. Mai 1854 (RGBl. Nr. 146) — ABG. — §§ 106, 170. ABGB. §§ 364 a, 1295, 1311.

VII. Zivilsenat. Urt. v. 31. Mai 1943 i. S. S. BergbauAG. (Bekl.) w. Sch. (Kl.). VII 18/43.

I. Landgericht Brüx.
II. Oberlandesgericht Leitmeritz.

Graf W. war Eigentümer von Liegenschaften in W. und Bergwerkseigentümer der darauf betriebenen Bergwerke. Im Jahre 1891 verkaufte er das Bergwerkseigentum an die B.er Kohlen-Bergbau-Gesellschaft, deren Gesamtrechtsnachfolgerin die Beklagte ist, und im Jahre 1924 im Zuge der tschechischen Bodenreform die Grundstücke Nr. 287/2 Acker und 293/2 Weide an den Kläger. Dieser errichtete darauf auf Grund der ihm vom Gemeindeamt erteilten Baubewilligung vom 28. Januar 1925 Gebäude, welche aber durch Absinken des Baugrundes als Folge früheren Bergbaues teils beschädigt und teils baufällig wurden. Der Kläger begehrt deshalb von der Beklagten als der jetzigen Bergwerkseigentümerin Schadensersatz, den ihm die Vordergerichte in Höhe von 16943,81 RM. zugesprochen haben. Die Revision der Beklagten blieb erfolglos.

Aus den Gründen:

Nach den Feststellungen der Vordergerichte sind die in der Klage geltend gemachten Schäden auf einen Bergbau aus der Zeit zurückzuführen, als noch Graf W. Bergwerkseigentümer war. Unter den Grundstücken des Klägers befinden sich alte Strecken und zwei Streckenkreuze; jedoch haben weder die Beklagte noch ihre Gesamtrechtsvorgängerin, die B.er Kohlen-Bergbau-Gesellschaft, dort Bergbau betrieben; der Abbau ist vielmehr vor der Veräußerung des Bergwerkseigentums durch Graf W. in dieser Gegend eingestellt und die Strecken sind wegen Feuers abgesperrt worden. Versuche, die alten Strecken wieder zu öffnen, um sie mit Versatzmaterial auszufüllen, sind gescheitert und undurchführbar, weil die Strecken bei ihrer Öffnung infolge der damit verbundenen Frischluftzufuhr sofort wieder in lebhaftem Feuer stehen. Die Beklagte meint deshalb, die Haftung für die dem Kläger entstandenen Schäden ablehnen zu können, weil sie letztere weder verursacht habe, noch in der Lage gewesen sei, ihren Eintritt abzuwenden. Diese Ansicht ist jedoch unrichtig.

Nach österreichischem Recht kann die Haftung des Bergbauberechtigten sowohl aus § 364 a ABGB. hergeleitet werden als auch aus seiner Verpflichtung zur Bauhafthaltung nach § 170 ABG. in Verbindung mit §§ 1295 und 1311 ABGB. Diese Haftungsgründe sind scharf auseinanderzuhalten.

Die Verpflichtung zur Bauhafthaltung trifft den jeweiligen Bergbauberechtigten. Sie geht mit der Übertragung des Bergwerkseigentums auf den Erwerber über, so daß die Erfüllung vom Veräußerer nicht mehr verlangt werden kann (Budwinski Nr. 14545). Für Schäden, die aus der schuldhaften Vernachlässigung dieser Verpflichtung entstehen, haften beide als Gesamtschuldner; jedoch beginnt die Verjährung der Ansprüche gegen den Veräußerer von dem Zeitpunkt an zu laufen, in dem das Bergwerkseigentum auf den Erwerber übergegangen und damit die Verpflichtung des Veräußerers zur Bauhafthaltung fortgefallen ist (RGUrt. VIII 62/40 vom 1. Oktober 1941, HRR. 1942 Nr. 108). Wenn die Bauhafthaltung unmöglich ist, entstehen mangels Verschuldens aus diesem Gesichtspunkt keine Ansprüche. Eine Haftung der Beklagten aus § 170 ABG. in Verbindung mit §§ 1295, 1311 ABGB. kommt also nach den Feststellungen der Vordergerichte nicht in Frage.

Grundlage für die sonstige — allgemein als „Legalhaftung“ bezeichnete — Haftung des Bergwerkseigentümers für Bergschäden ist die Eigentumsstörungsklage. Diese wird durch den auf die III. Teilnovelle zum Allgemeinen Bürgerlichen Gesetzbuch zurückgehenden § 364 a ABGB. dahin eingeschränkt, daß der Grundstückseigentümer nur bei einer Beeinträchtigung seines Eigentums durch die Bergwerksanlage, die das ortsübliche Maß übersteigt, Ansprüche erheben und auch dann nicht Beseitigung der Störung, sondern nur Schadensersatz verlangen kann. Dieser Schadensersatzanspruch tritt also an die Stelle eines dinglichen Anspruchs, der kein Verschulden voraussetzt, und unterscheidet sich von diesem nur dadurch, daß keine Beseitigung der Beeinträchtigung verlangt werden kann. Er richtet sich gegen den Störer, also gegen den Bergbauberechtigten, der durch seinen Bergbau eine Gefährdung des Grundstückseigentümers herbeiführt, und erlischt, sobald die Gefährdung aufhört. Wird das Bergwerkseigentum veräußert, ohne daß die Gefährdung aufhört, so haftet an Stelle des Veräußerers, der nun nicht mehr der Störer ist, der Erwerber, der den von seinem Rechtsvorgänger geschaffenen gefahrdrohenden Zustand bestehen läßt. Eigenes Handeln des Erwerbers ist nicht erforderlich; er ist für die Auswirkung der Naturkräfte und die auf ihnen beruhende Beeinträchtigung fremden Eigentums auch dann verantwortlich, wenn die Vorbedingungen für diese Einwirkung nicht durch ihn, sondern durch einen früheren Bergwerkseigentümer geschaffen worden sind (vgl. die auch für die Eigentumsstörungsklage des Allgemeinen Bürgerlichen Gesetzbuches bedeutsame Entscheidung RGZ. Bd. 149 S. 210). Ist durch die Einwirkung ein endgültiger Schaden entstanden, so ist und bleibt für ihn der Bergwerkseigentümer verantwortlich, während dessen Berechtigung er entstanden ist.

Ebenso wie nach preußischem Bergrecht (vgl. § 148 des Preuß. Allgemeinen Berggesetzes vom 24. Juni 1865 und RGZ. Bd. 30 S. 231) unter mehreren aufeinander folgenden Bergwerkseigentümern die Ersatzpflicht für Bergschäden denjenigen trifft, in dessen Besitzzeit der Schaden wirklich eingetreten ist, muß dies also auch für den Geltungsbereich des österreichischen Bergrechts nach § 364 a ABGB. angenommen werden. Der — auch in der Rechtslehre vielfach vertretenen — entgegenstehenden Ansicht der Obersten Gerichtshöfe in Brünn (vgl. Vazny 8455/28 = Prager Archiv 1929 S. 1122) und

Wien (Urt. 2 Ob. 849/37 vom 3. November 1937, Öst. RZ. 1938 S. 81) kann nicht beigetreten werden.

Ohne Bedeutung für die Frage der sich hieraus ergebenden Haftung der Beklagten ist, daß zur Zeit, als Graf W. den Abbau der Kohle vornehmen ließ, welcher den Schaden des Klägers später zur Folge gehabt hat, die III. Teilnovelle noch nicht erlassen war. Denn die Haftung des Bergwerkseigentümers für Bergbauschäden ergab sich auch schon damals aus dem Verbote der Störung fremden Eigentums und dem aus vielen Bestimmungen des Allgemeinen Berggesetzes vom 23. Mai 1854 (§§ 26, 27, 84, 98, 106) hervorgehenden Grundsatz der Schadensersatzpflicht des Bergwerkseigentümers für Bergschäden. Die Beklagte weist allerdings darauf hin, daß Graf W. zur Zeit des schädigenden Abbaues selbst Eigentümer der darüber liegenden Gründe gewesen sei und deshalb nicht in fremdes Eigentum eingegriffen habe. Das ändert jedoch nichts an der Rechtslage. Wenn Graf W. auch zunächst nur eine Gefährdung seiner eigenen Grundstücke herbeigeführt hat und gegen die B.er Kohlen-Bergbau-Gesellschaft, an die er sein Bergwerkseigentum dann veräußert hat, und deren Rechtsnachfolgerin, die Beklagte, keine Schadensersatzansprüche hätte erheben können, so gilt dies doch nur für ihn selbst, nicht für den Kläger, dem er später das Eigentum an den gefährdeten Grundstücken überlassen hat. Denn die durch den Bergbau des Grafen W. herbeigeführte Beeinträchtigung der darüber liegenden Gründe war noch vorhanden, als das Eigentum an den Grundstücken und das Bergwerkseigentum auseinander fielen; der nunmehrige Eigentümer der Grundstücke konnte Ansprüche wegen der — fortwirkenden — Beeinträchtigung seines Eigentums erheben, soweit diese nicht durch den Kauf ausgeschlossen waren. Ein solcher Ausschluß ergab sich zwar für den Grafen W., der — auch ohne besondere Abmachung — den neuen Bergwerkseigentümer nicht wegen einer Beeinträchtigung in Anspruch nehmen konnte, die er selbst hervorgerufen hatte, aber nicht für den Kläger, mit welchem der neue Bergwerkseigentümer in keinerlei vertraglichen Beziehungen stand. Auch der vom Grafen W. ausgesprochene ausdrückliche Verzicht auf den Ersatz von Bergschäden hätte für seinen Rechtsnachfolger, den Kläger, höchstens dann verbindlich sein können, wenn der Verzicht ins Grundbuch eingetragen wäre; das ist aber nicht der Fall.

---

23. Kann der Streit über die Erbhofzugehörigkeit des Barnachlasses des Erbhofbauern im ordentlichen Rechtsweg ausgetragen werden?

GVG. § 13. Reichserbhofgesetz — REG. — §§ 8, 9, 10, 40. Erbhofrechtsverordnung — EHRV. — § 4.

VI. Zivilsenat. Urt. v. 21. Mai 1943 i. S. M. (Kl.) w. F. (Bekl.). VI 15/43.

I. Landgericht Liegnitz.
II. Oberlandesgericht Breslau.

Die am 31. Dezember 1937 verstorbene Witwe A. F. geborene M. aus K. hinterließ ein größeres Barvermögen und den Erbhof K. Nr. 1, der bis zum 30. Juni 1946 verpachtet ist. Da die Verstorbene keine letztwillige Verfügung getroffen hatte und Kinder nicht vorhanden waren, ordnete das Nachlaßgericht Pflegschaften für den unbekannten Anerben und für die sonstigen gesetzlichen Erben an. Über die Berechtigung an dem nach Begleichung von Nachlaßverbindlichkeiten und Abschlagszahlungen an die ermittelten bürgerlichrechtlichen Erben verbliebenen Rest des hinterlassenen Barvermögens im Betrage von 52128,25 RM. ergaben sich Meinungsverschiedenheiten zwischen den beiden Pflegern. Der die Belange des Anerben vertretende Pfleger nahm diesen Teil des Nachlasses für den Erbhof mit der Begründung in Anspruch, diese Mittel seien erforderlich, um daraus nach Ablauf der Pachtzeit das an den Pächter verkaufte Hofzubehör neu zu beschaffen und die Gebäude instandzusetzen, soweit dem Pächter keine Verpflichtung hierzu obliege. Einen weiteren Streitpunkt bildete das Recht an dem seit dem Erbfall gezahlten Pachtzinse, den der Kläger als Pfleger der bürgerlichrechtlichen Erben an sich genommen hatte.

Im vorliegenden Rechtsstreit, in dessen Verlauf der Beklagte gemäß § 25 Abs. 5 REG. durch den Reichsbauernführer zum Anerben bestimmt und ihm der Wirtschaftsinspektor K. H. in K. als Abwesenheitspfleger bestellt worden ist, hat der Kläger als Nachlaßpfleger für die Erben des erbhoffreien Vermögens der Erblasserin zunächst die Feststellung beantragt, daß das von ihm verwaltete Barvermögen von 52128,25 RM. nicht Zubehör des Erbhofs sei und somit nicht dem Anerben zustehe. In der mündlichen Verhandlung hat er aber beantragt, festzustellen, daß der Anerbe nicht berechtigt sei, den erbhoffreien Nachlaß in Höhe von 52128,25 RM. für Zwecke der Zubehörbeschaffung und für außerordentliche Instandsetzungsarbeiten in Anspruch zu nehmen.

Der Beklagte hat Abweisung der Klage und widerklagend die Verurteilung des Klägers zur Zahlung von 6707,17 RM. nebst Zinsen (Pachtzins seit dem Erbfall) beantragt.

Das Landgericht hat unter Abweisung der Klage im übrigen festgestellt, daß der Anerbe nicht berechtigt sei, den erbhoffreien Nachlaß in Höhe eines 27343 RM. übersteigenden Betrages zum Zwecke der Zubehörbeschaffung und für außerordentliche Instandsetzungsarbeiten in Anspruch zu nehmen, und der Widerklage stattgegeben. Die Entscheidung zur Klage haben beide Parteien, soweit sie hinter ihren Anträgen zurückgeblieben ist, mit Berufung angefochten. Das Oberlandesgericht hat auf die Berufung des Beklagten die Klage wegen Unzulässigkeit des Rechtswegs abgewiesen. Die Revision des Klägers hatte keinen Erfolg.

Gründe:

Das Berufungsgericht nimmt an, daß der seinem Spruch unterbreitete Streit trotz Änderung des ursprünglichen Klageantrags die Erbhofzugehörigkeit des noch vorhandenen Barnachlasses zum Gegenstande habe und daher gemäß §§ 10, 40 RErbG. der Entscheidung des Anerbengerichts unter Ausschluß des Rechtswegs unterliege. Diese Auffassung ist rechtlich zutreffend.

Es ist anerkannten Rechts, daß das Anerbengericht nach § 10 RErbG. unter Ausschluß der ordentlichen Gerichte (§ 40 Abs. 2 RErbG.) nicht nur über die Erbhofeigenschaft des ganzen Hofes, sondern auch darüber zu entscheiden hat, was als Hofzubehör (§ 8 RErbG.) und als zum Erbhof gehöriges Recht (§ 9 RErbG., § 4 EHRV.) anzusehen ist (RGUrt. V 3/42 vom 30. Juli 1942, abgedr. im Recht des Reichsnährstandes 1942 S. 599; Entscheidungen des Reichserbhofgerichts Bd. 7 S. 66 [70]). Die Frage, ob im Einzelfall ein Streit dieser Art vorliegt, betrifft nicht die sachliche Zuständigkeit, sondern die Zulässigkeit des ordentlichen Rechtswegs (RGZ. Bd. 156 S. 279).

Bei der Prüfung dieser Frage geht der Berufungsrichter zutreffend von der rechtlichen Würdigung des Klagebegehrens aus. Da es sich hierbei um eine die Verschiebung der Parteirollen bedingende, verneinende Feststellungsklage handelt, mißt er dem Rechtsstandpunkt des Beklagten, der bekämpft werden soll, mit Recht entscheidende Bedeutung bei. Diesen Rechtsstandpunkt kennzeichnet der Vorderrichter dahin, daß der Beklagte den streitigen Barnachlaß als erbhofzugehörig, also als Teil des ihm gesetzlich (§ 19 RErbG.) zugefallenen Sondervermögens betrachte und deshalb auf dessen Ausantwortung durch den — Besitz und Verwaltung für die bürgerlichrechtlichen Erben ausübenden — Kläger Anspruch erhebe. Richtet sich — was der ursprüngliche Klageantrag zunächst bestätigt — das Vorgehen des Klägers gegen diese Auffassung des Beklagten, so kann der späteren Umgestaltung des Antrags für die Beurteilung des Streits in der Tat so lange keine Bedeutung zukommen, als nicht ersichtlich ist, daß auch der Beklagte seinen Standpunkt geändert, also nunmehr ebenfalls den Barnachlaß als erbhoffrei anerkannt und sich nur eines schuldrechtlichen Anspruchs auf Übertragung dieses Vermögensteils gegenüber den bürgerlichrechtlichen Erben berühmt hat. So liegt es offenbar nicht. Der Beklagte hat in seinem die Klagebeantwortung ergänzenden Schriftsatz die prozeßhindernde Einrede der Unzuständigkeit des Gerichts erhoben, weil „das Anerbengericht auch die Frage zu entscheiden habe, ob Forderungen die Erbhofeigenschaft hätten". In der ersten mündlichen Verhandlung hat der Kläger seinen Antrag geändert, ohne daß sich aus dem schriftsätzlichen Vorbringen der Parteien oder aus dem Tatbestande des ersten Urteils als Grund hierfür ein Wechsel der Rechtsberühmung des Beklagten ergäbe. Ist deshalb anzunehmen, daß der Kläger zur Antragsänderung durch die Berufung des Beklagten auf die Zuständigkeit des Anerbengerichts veranlaßt worden und die Bezeichnung der Streitmasse als „erbhoffreier Nachlaß" lediglich im Sinn einer einseitigen Behauptung, nicht des Parteieinverständnisses zu verstehen ist, so bleibt, wie der Vorderrichter zutreffend folgert, die Erbhofzugehörigkeit jener Nachlaßmasse der eigentliche Streit der Parteien, und die Änderung des Antrags ist nur ein Versuch des Klägers, ihn als eine der Zuständigkeit des Anerbengerichts entzogene Angelegenheit erscheinen zu lassen. Die Meinung der Revision, daß der Beklagte sich zunächst nur eines schuldrechtlichen Anspruchs berühmt und erst im zweiten Rechtszuge die Erbhofzugehörigkeit der Streitmasse zur Begründung des Einwandes der Unzulässigkeit des Rechtswegs vertreten habe, trifft also nicht zu. Wenn auch der Beklagte im ersten Rechtszuge zur Rechtfertigung seiner Auffassung im übrigen nur vorgebracht hat, er beanspruche den Betrag für den Erbhof, der dessen zur Wiederaufnahme des Eigenbetriebs bedürfe, so kann doch nicht zweifelhaft sein, daß er diesen Anspruch als dinglichen aus der von ihm vertretenen Erbhofzugehörigkeit herleiten wollte und hergeleitet hat. Darauf, ob diese Auffassung schlüssig begründet und rechtlich zutreffend ist, kann es für die Frage der Zulässigkeit des Rechtswegs ebensowenig ankommen wie auf die Tatsache, daß das Landgericht die rechtliche Möglichkeit eines schuldrechtlichen Anspruchs erwogen und mit einem Teilerfolg der Klage als Ergebnis bejaht hat.

Dem Berufungsrichter kann auch insoweit nicht entgegengetreten werden, als er es ablehnt, in dem vom Beklagten vertretenen Standpunkt den Versuch zu erblicken, durch eine willkürliche, die gesetzlichen Bestimmungen mißbrauchende Rechtsverteidigung den Streit der Entscheidung der an sich zuständigen ordentlichen Gerichte zu entziehen. Die Hinweise des Berufungsrichters auf die Entscheidungen des Reichserbhofgerichts und die Lehrmeinungen, die sich mit dem Begriffe der Erbhofzugehörigkeit im Sinne von § 9 REbG., § 4 EHRV. befassen, lassen die Rechtsauffassung des Beklagten als vertretbar erscheinen. In jenen Entscheidungen wird die Möglichkeit der Erbhofzugehörigkeit nicht nur eines Sparguthabens (Entscheidungen des Reichserbhofgerichts Bd. 7 S. 171), sondern auch des Erlöses aus der Veräußerung oder der Enteignung von Teilen des Erbhofgrundbesitzes, also reiner Kapitalien (a. a. O. Bd. 8 S. 384), grundsätzlich anerkannt, der Begriff der „dem Erbhof dienenden Rechte" (§ 4 EHRV.) mithin so weit gezogen, daß auch die vom Beklagten vertretene Einordnung des hier im Streit befindlichen Barnachlasses in diesen Begriff nicht als willkürlich und ohne weiteres rechtlich abwegig bezeichnet werden darf. Die sachliche Entscheidung darüber steht dann aber allein dem Anerbengericht zu.

---

24. Zur Frage der Erwerbsfähigkeit von Ordenspersonen nach österreichischem Recht.

ABGB. §§ 538flg., § 573. Gesetz über die Errichtung von Testamenten und Erbverträgen vom 31. Juli 1938 (RGBl. I S. 973) § 50.

VII. Zivilsenat. Beschl. v. 5. Juni 1943 i. S. St. (Bekl.) w. Stadt K. (Kl.). VII 52/43.

I. Landgericht Korneuburg.
II. Oberlandesgericht Wien.

Durch rechtskräftige Verfügung der Geheimen Staatspolizei vom 1. August 1939 wurden das gesamte bewegliche und unbewegliche Vermögen sowie alle Rechte und Ansprüche des Benediktinerstiftes G. nach § 1 der Verordnung über die Einziehung volks- und staatsfeindlichen Vermögens im Lande Österreich vom 18. November 1938 (RGBl. I S. 1620) zugunsten der kreisfreien Stadt K., der Klägerin, eingezogen und gleichzeitig in ihr Eigentum übertragen. Am 11. August 1940 starb der Ordensangehörige Pater Gi., Pfarrverweser der dem Stift G. inkorporiert gewesenen Pfarrei H. Am 18. September 1940 erschien der Beklagte bei dem Verlassenschaftsgericht und beantragte unter Vorlegung eines Einlagebuches der Sparkasse der Stadt P. und eines Einlagebuches des Landwirtschaftlichen Vorschußvereins P., die er von Gi. übergeben erhalten habe, ihn als Abt des Stiftes G. zu ermächtigen, ungeachtet der Sperre durch das Losungswort über beide Einlagen zu verfügen, weil die Bücher nach Gi.s Angabe dessen Ersparnisse enthielten und deshalb bei der Unfähigkeit von Ordensgeistlichen, Eigentum zu erwerben, Eigentum des Stiftes seien. Die Klägerin widersprach diesem Antrag und nahm das Eigentum an den Büchern für sich in Anspruch. Daraufhin hinterlegte der Beklagte die beiden Sparbücher bei dem Verlassenschaftsgericht unter Aufrechterhaltung seines Antrages. Ein Beschluß des Verlassenschaftsgerichts auf Einleitung der Verlassenschaftsabhandlung auf Grund der gesetzlichen Erbfolge und auf Ablehnung der Anträge des Beklagten auf Freigabe der Bücher sowie der Klägerin auf deren Aushändigung an sie wurde im Rekurswege dahin abgeändert, daß keine Verlassenschaftsabhandlung eingeleitet, der Antrag des Beklagten abgelehnt und die Klägerin wegen ihres Anspruchs auf Aushändigung der Bücher auf den Rechtsweg verwiesen werde.

Daraufhin hat die Klägerin Klage erhoben mit dem Antrage, den Beklagten zur Einwilligung in die Freigabe der Bücher und deren Aushändigung an sie zu verurteilen. Das Landgericht hat der Klage stattgegeben, und das Oberlandesgericht hat dieses Urteil bestätigt. Die Revision des Beklagten führte zur Aufhebung und Zurückverweisung.

Gründe:

Seine Sachbefugnis bestreitet der Beklagte zu Unrecht. Da er die Sparbücher beim Verlassenschaftsgericht im eigenen Namen hinterlegt hat, können sie an einen anderen nur mit seiner Zustimmung ausgehändigt werden, die notfalls durch Klage herbeizuführen ist.

Ihr Gläubigerrecht an den Einlageforderungen und damit das Eigentum an den Sparbüchern muß die Klägerin nachweisen. Da das Vermögen des Stiftes G. am 1. August 1939 auf sie übergegangen ist, hat sie demnach zu beweisen, daß es sich bei den Forderungen aus den Einlagebüchern um Vermögen dieses Stiftes handelt.

Die Einlagen hat Pater Gi. unstreitig aus den Ersparnissen geleistet, die er als Nutznießer des Pfründeneinkommens der inkorporierten Pfarrei H. gemacht hat. Als Ordensmann, der die feierlichen Gelübde abgelegt hatte, war Pater Gi. nach österreichischem Recht erwerbsunfähig. Die Ausnahme, welche für Ordenspriester gilt, die ein selbständiges Pfarramt versehen, gilt nicht bei inkorporierten Pfarreien (vgl. Seydel Über die Privatrechtsfähigkeit der Ordensgeistlichen in Öst. GZ. 1894 Nr. 18, 19; SZ. Bd. II Nr. 13; GlU. 11 527). Ordenspriester auf inkorporierten Pfarreien können zwar über das Pfründeneinkommen im Rahmen der Geschäfte des täglichen Lebens verfügen; was sie aber von dem Pfründeneinkommen nicht verbrauchen, bleibt Eigentum des Klosters oder Stiftes. Hieran hat die Heimkehr Österreichs ins Reich nichts geändert, weil die bestehenden Gesetze zunächst in Geltung geblieben sind, also auch die Bestimmungen der §§ 538 flg. ABGB. und die zu ihrer Ergänzung erlassenen Hofkanzleidekrete. Zwar ist die Bestimmung des § 573 ABGB., wonach Ordenspersonen in der Regel nicht befugt sind, zu testieren, durch § 50 des Gesetzes über die Errichtung von Testamenten und Erbverträgen vom 31. Juli 1938 (RGBl. I S. 973) aufgehoben worden. Damit ist ihnen aber nur die Fähigkeit zurückgegeben worden, über Vermögen, das sie bei ihrem Eintritt in den Orden hatten, letztwillig zu verfügen; nicht aber sind dadurch die Bestimmungen über ihre Erwerbsunfähigkeit aufgehoben worden. Soweit die Einlagen in die Sparbücher vor dem 1. August 1939 gemacht sind, gehörten sie also zum Vermögen des Stiftes G. und sind sie durch die an diesem Tage bewirkte Einziehung in das Vermögen der Klägerin übergegangen.

Von diesem Tage an erhielt Pater Gi. aber auch die Einnahmen aus der Pfründe nicht mehr aus dem Vermögen des Stiftes, das ja für die Klägerin eingezogen war, sondern aus dem Vermögen der Klägerin und stand damit den auf Säkularpfründen angestellten Ordensgeistlichen gleich, welche erwerbsfähig sind. Es braucht deshalb nicht entschieden zu werden, ob § 5 der Verordnung vom 18. November 1938, wonach Personenvereinigungen, deren Vermögen eingezogen wird, damit aufgelöst sind, sich auch auf juristische Personen und daher auch auf das Stift G. bezieht. Denn selbst wenn man diese Bestimmung nicht für anwendbar hält, konnte Pater Gi. vom 1. August 1939 an das Pfründeneinkommen auch insoweit für sich in Anspruch nehmen, als er es nicht für seine Bedürfnisse verbrauchte. Soweit die Einzahlungen auf die Sparbücher also nach dem 31. Juli 1939 bewirkt sind, steht die Forderung daraus den Erben des Pater Gi. und nicht der Klägerin zu. Bei den Zinsen kommt es darauf an, ob sie auf die vor dem 1. August 1939 oder auf die später eingezahlten Beträge aufgelaufen sind.

Da bisher keine Feststellungen darüber getroffen sind, welche Beträge nach dem 31. Juli 1939 eingezahlt sind, muß das angefochtene Urteil aufgehoben und die Sache zur Klarstellung an das Berufungsgericht zurückverwiesen werden. Es mag noch darauf hingewiesen werden, daß die Entscheidung in diesem Rechtsstreit nur unter den Parteien Rechtskraft schafft und nicht gegen die Erben des Pater Gi. wirkt. Wenn diese ihre Zustimmung zur Herausgabe der Sparbücher verweigern sollten, auch soweit die Einlagen vor dem 1. August 1939 gemacht sind, wird ein weiterer Rechtsstreit gegen sie nicht zu vermeiden sein.

---

25. Gehört die Entschädigungssumme aus einer Brandschadenversicherung, die der Ersteher einer versteigerten Liegenschaft abgeschlossen hat, in die Verteilungsmasse, wenn es infolge Nichterfüllung der Versteigerungsbedingungen zur Wiederversteigerung kommt? Ist sie auf den Meistbotsausfall anzurechnen?

Öst. Gesetz über den Versicherungsvertrag vom 23. Dezember 1917 (RGBl. Nr. 501) — Öst. VVG. — § 79. EO. § 155 Abs. 3, §§ 156, 215 Nr. 3.

VII. Zivilsenat. Urt. v. 5. Juni 1943 i. S. W. (Kl.) w. A. Vers.Ges. (Bekl.). VII (VIII) 108/42.

I. Landgericht Wien.
II. Oberlandesgericht daselbst.

In einer Zwangsversteigerungssache wurden der Klägerin am 4. Oktober 1935 die versteigerten Liegenschaften EZ. 622 und 691 in K. um das Meistbot von 14000 S (= 9333,33 RM.) zugeschlagen. Am 27. August 1936 schloß die Klägerin mit der Beklagten einen Feuerversicherungsvertrag über die Gebäude dieser Liegenschaften (Mühle mit Einrichtung). Am 7. Dezember 1937 brannten die Gebäude samt Einrichtung ab, und der Brandschaden wurde mit 12252,67 RM. festgestellt (also um fast 3000 RM. höher als das Meistbot für die ganze Liegenschaft). Wegen Nichterfüllung der Versteigerungsbedingungen durch die Klägerin wurde am 15. Dezember 1938 die Wiederversteigerung bewilligt; am 5. März 1940 wurden die Liegenschaften dem M. um 4440 RM. zugeschlagen. Das Exekutionsgericht setzte den Ausfall des Meistbotes bei der Wiederversteigerung mit 5435,78 RM. fest. Die Beklagte zahlte einen Entschädigungsteilbetrag von 2599,42 RM. an die Klägerin, lehnte aber die Zahlung des Restbetrages von 9653,25 RM. wegen Durchführung der Wiederversteigerung ab.

Die Klägerin begehrt Zahlung dieses Restbetrages. Die Vordergerichte wiesen das Klagebegehren ab, weil die Klägerin wegen der Wiederversteigerung durch den Brandschaden nicht mehr geschädigt sei. Auf die Revision der Klägerin wurde die Beklagte zur Hinterlegung des eingeklagten Betrages beim Exekutionsgericht für die Verteilungsmasse verurteilt.

Gründe:

Der Brandschadenversicherungsvertrag, den die Klägerin mit der Beklagten abgeschlossen hat, war gültig, und der Vollschaden trat während der Wirkungen des Zuschlags an die Klägerin ein. Durch den Vollschaden erlosch zwar der Versicherungsvertrag; es entstand aber damit auch der Anspruch auf Zahlung der Entschädigungssumme. Nach § 79 Öst. VVG. erstreckt sich vom Abschluß des Versicherungsvertrages an das Pfandrecht an den versicherten Gebäuden auch auf die Entschädigungsforderung gegen den Versicherer. Diese Bestimmung unterscheidet nicht zwischen bedingtem und unbedingtem

Eigentum des Versicherungsnehmers. Mit dem Zuschlag in der Zwangsversteigerung wird aber nicht nur der Ersteher bedingter Eigentümer der zugeschlagenen Liegenschaft, sondern damit erlöschen vorläufig auch die Pfandrechte. Die Pfandgläubiger haben deshalb nur noch Ansprüche auf das Meistbot. Beim Abschluß des Versicherungsvertrages waren also die Pfandrechte im gegebenen Falle bedingt erloschen. Durch die Bewilligung der Wiederversteigerung ist der Grund des Erlöschens der Pfandrechte weggefallen; die Pfandrechte bestehen bis zur Wiederversteigerung weiter und bleiben sogar bei Einstellung der Zwangsversteigerung bestehen. Auch die Klägerin will ihre Ansprüche aus dem Fortbestand ihrer Pfandrechte herleiten.

Die Wirkung verfahrensrechtlicher Bedingungen (im Gegensatze zu sachlichrechtlichen Bedingungen) ist umstritten. Sie braucht hier nicht erörtert zu werden; denn der Ersteher einer versteigerten Liegenschaft ist mindestens in einer Reihe von Rechtsbeziehungen einem wirklichen Eigentümer gleichzustellen. Er trägt nach § 156 EO. die Gefahr. Die Pfandgläubiger sind während dieser Zeit bis zur Erfüllung des Meistbotes und der etwaigen Bewilligung einer Wiederversteigerung in ihren Rechten zwar beschränkt, aber verschwunden sind ihre Pfandrechte noch nicht. Diese ergreifen deshalb nach § 79 Öst. VVG. auch die Entschädigungssumme, bis das Meistbot voll erlegt wird. Durch die Versicherung tritt zur persönlichen Haftung des Erstehers für die Gefahr das Pfandrecht an der Entschädigungsforderung, und der Ersteher verringert dadurch für sich die übernommene Gefahr. Daraus folgt, daß für die Pfandgläubiger, falls der Ersteher der Liegenschaft eine Versicherung abschließt, die gleiche Rechtslage eintritt, wie wenn schon der Verpflichtete selbst eine gleiche Versicherung abgeschlossen hätte. Besteht aber ein Pfandrecht an der Entschädigungssumme, so gehört diese in die Verteilungsmasse, gleichgültig ob der Verpflichtete oder der Ersteher den Versicherungsvertrag abgeschlossen hat (§ 215 Nr. 3 EO.). Nur können die Pfandgläubiger vom ersten Ersteher, der den Versicherungsvertrag abgeschlossen hat, keinen Ersatz für den Ausfall am Meistbot bei der Wiederversteigerung verlangen, soweit dieser durch die Entschädigungssumme gedeckt ist.

Daran ändert nichts, daß, wie im vorliegenden Falle, die Entschädigungssumme sogar weit höher ist als der Ausfall am Meistbot. Denn auch dann, wenn bei der Wiederversteigerung ein höheres Meistbot erzielt wird als bei der ersten Versteigerung, hat der erste Ersteher keinen Anspruch auf den Mehrbetrag (§ 155 Abs. 3 EO.). Auch dieser dient zur Befriedigung der Gläubiger. Das ist auch deshalb recht und billig, weil der erste Ersteher die Gefahr trägt und deshalb verpflichtet ist, dem Verpflichteten zur Wiederversteigerung die unbeschädigten Gebäude, somit im Fall einer Beschädigung die wiederhergestellten Gebäude zur Verfügung zu stellen und den Meistbotsausfall zu decken, und weil er, wenn er mit der Entschädigungssumme die Gebäude wiederhergestellt hätte, bei ihrer Wiederversteigerung aus einem etwa höheren Meistbot ebenfalls nichts bekommen hätte. Auf diesem Wege wird für alle am Verfahren Beteiligten eine ähnliche Lage hergestellt, wie sie eingetreten wäre, wenn der Brand nicht stattgefunden hätte.

Was mit einem etwaigen Überschuß der Verteilungsmasse nach Befriedigung der Pfandgläubiger zu geschehen hat, ist nicht Gegenstand dieses Verfahrens. Für den Ersteher hat die Versicherung jedenfalls nach Bewilligung der Wiederversteigerung die Wirkung, daß die Entschädigungssumme auf den Ausfall am Meistbot angerechnet wird. Das Exekutionsgericht wird darauf Bedacht zu nehmen haben.

Die Ausführungen ergeben, daß die Klägerin zwar nicht den Anspruch auf Ausfolgung des Entschädigungsbetrages an sich selbst hat, wohl aber einen Anspruch auf Ausfolgung an die Versteigerungsmasse, also an das Exekutionsgericht. Die Klägerin ist etwa einem Gläubiger gleichzuachten, dessen Forderung gepfändet ist. Der Grund des Anspruchs ist in beiden Fällen derselbe, und der Anspruch auf Hinterlegung beim Exekutionsgericht statt Zahlung ist nichts wesentlich anderes und im Zahlungsbegehren enthalten. Dem Klagebegehren ist deshalb insofern Folge zu geben, als zwar nicht Zahlung an die Klägerin, wohl aber Hinterlegung beim Exekutionsgericht anzuordnen ist.

---

26. Können Angriffe des Ehemannes auf die Geschlechtsehre seiner Frau als Beleidigung des Vaters der Frau aufgefaßt werden und diesem das Recht geben, eine dem Ehemann anläßlich der Eheschließung gemachte Schenkung wegen groben Undanks zu widerrufen?

ABGB. § 948.

VII. Zivilsenat. Urt. v. 9. Juni 1943 i. S. P. (Kl.) w. E. (Bekl.). VII 54/43.

I. Landgericht Eger.
II. Oberlandesgericht Leitmeritz.

Der Beklagte heiratete am 4. August 1936 im Alter von 32 Jahren die Tochter des Klägers, die damals im 17. Lebensjahre stand. Mit Notariatsakt vom 19. März 1937 schenkte der Kläger seiner Tochter und seinem Schwiegersohne die Liegenschaft G. E.Z. 397. Die Beschenkten wurden als Eigentümer je zur Hälfte ins Grundbuch eingetragen. Die Ehe wurde dann aus dem Verschulden beider Teile geschieden. In den Gründen des Scheidungsurteils ist festgestellt, daß der Beklagte mit seiner Frau auf widernatürliche Weise verkehrt habe, daß er diesen widernatürlichen Verkehr trotz Sträubens seiner Frau das erste Mal im September 1938, als sie wieder schwanger war, durchgeführt und auch nach der Geburt des zweiten Kindes bis Ende Februar 1941 fortgesetzt habe, obwohl ihr diese Art des Verkehrs widerstand, das Eheleben für sie dadurch unerträglich wurde und obwohl sie zwei Monate nach der Geburt ihres zweiten Kindes ihn ersucht hatte, von dem widernatürlichen Verkehr abzulassen und mit ihr normal zu verkehren. In diesem Verhalten des Mannes erblickte das Gericht eine schwere Eheverfehlung, die auf eine natürlich empfindende Frau widerwärtig und abstoßend wirken und somit die eheliche Gesinnung gründlich zerstören mußte. Der Frau wurden als Verschulden, also als schwere Eheverfehlungen mit ehezerrüttender Wirkung, ihr ehewidriges Verhalten mit einquartierten Offizieren und die Vernachlässigung des Haushaltes und der Kinder angerechnet.

Der Kläger fühlt sich durch die entwürdigende Behandlung seiner Tochter durch den Beklagten in seiner Familienehre verletzt. Nach seiner Auffassung hat sich der Beklagte durch diese Ehrverletzung, wegen deren gegen ihn nach dem Strafgesetz hätte vorgegangen werden können, ihm gegenüber eines groben Undanks im Sinne des § 948 ABGB. schuldig gemacht, der ihn zum Widerruf der Schenkung berechtige. Mit der Klage begehrt er die Einwilligung des Beklagten zur Einverleibung seines, des Klägers, Eigentumsrechtes an der ihm geschenkten Liegenschaftshälfte. Beide Vordergerichte haben die Klage abgewiesen. Die Revision des Klägers führte zur Aufhebung und zur Verurteilung des Beklagten nach dem Klageantrag.

Gründe:

Nur grober Undank bildet einen hinreichenden Grund zum Widerruf einer Schenkung gemäß § 948 ABGB. Darunter sind nach Satz 2 dieser Bestimmung Handlungen zu verstehen, die nach dem Strafgesetze, sei es von Amts wegen oder auf Privatanklage, geahndet werden können, also auch Angriffe gegen die Ehre des Schenkers.

Im vorliegenden Fall ist daher zunächst die Frage zu beantworten, ob die durch das Scheidungsurteil als schwere Eheverfehlung festgestellten Angriffe des Beklagten auf die Geschlechtsehre seiner Frau durch den widernatürlichen Geschlechtsverkehr eine strafbare Beleidigung des Klägers als des Vaters gemäß § 185 StGB. begründen. Eine Beantwortung dieser Frage kann nicht, wie das Berufungsgericht meint, mit dem bloßen Hinweis darauf abgetan werden, die Tochter des Klägers sei durch ihre Verheiratung aus der Sippe ihres Vaters ausgeschieden und nunmehr ein Mitglied der Familie und Sippe ihres Mannes geworden, woraus sich ergebe, daß die Ehre des Klägers durch das Verhalten des Beklagten in seinem Eheleben nicht habe berührt werden können. Die Familie und die Gemeinschaft von Vater und Tochter ist eine echte Blut- und Lebensgemeinschaft, die Vater und Tochter zu einer engen und unlösbaren Einheit verbindet und ihn zu ihrem Beschützer macht, gleichgültig ob sie seinem Haushalt angehört oder nicht, ob sie minderjährig ist oder die Volljährigkeit erlangt hat. Die Wirkungen dieses unlösbaren Bandes treten im Falle der Verheiratung der Tochter nur insoweit zurück, als sie mit den Rechten und Pflichten, die sich aus dem Eheverhältnis für die Ehegatten ergeben, unvereinbar sind. Es kann daher, wenn sich der Ehemann selbst in strafbarer Weise gegen die Geschlechtsehre seiner Frau vergeht, für die Beantwortung der Frage, ob in dieser Handlung auch eine Mißachtung, demnach eine Beleidigung des Vaters zu erblicken ist, nicht darauf ankommen, daß die Tochter verheiratet ist.

Die Rechtsprechung stellt entgegen der im Schrifttum vertretenen Ansicht (Dahm in JW. 1936 S. 2500) bei Angriffen auf die Geschlechtsehre einer Tochter nicht auf die Beleidigung der Familie als solcher ab, von der in erster Linie das Oberhaupt betroffen wird, sondern nimmt an, daß unter besonderen Umständen der Vater durch eine der Tochter zugefügte Beleidigung unmittelbar beleidigt werden könne (Schönke Strafgesetzbuch 1942 Vorbem. III 2 zu § 185). Zu dieser von der Rechtsprechung und dem Schrifttum nicht einheitlich gelösten Frage braucht jedoch im vorliegenden Falle keine Stellung genommen zu werden, weil besondere Umstände vorliegen, welche die Annahme einer Beleidigung des Vaters durch die Angriffe auf die Geschlechtsehre seiner Tochter rechtfertigen. Aus den Feststellungen des Scheidungsurteils ergibt sich, daß die Tochter des Klägers den widernatürlichen Geschlechtsverkehr nur widerwillig geduldet hat. Wenn der Beklagte trotz des Sträubens seiner Frau und trotz ihrer Bitte, mit ihr normal zu verkehren, den widernatürlichen Geschlechtsverkehr fortsetzte, bis sie dieses Verhalten ihres Gatten als unerträglich empfand und die Ehescheidung begehrte, dann muß in diesem als schwere Eheverfehlung festgestellten ehrverletzenden Angriff auf die Geschlechtsehre der sogar noch minderjährigen Tochter auch eine Mißachtung gegenüber dem Vater erblickt werden. Daß sich der Beklagte dieses Umstandes bei seinem Bildungsgrad als Arzt auch bewußt sein mußte, kann nicht zweifelhaft sein. Hiermit erscheint aber eine strafbare Beleidigung des Klägers gemäß § 185 StGB. durch den Beklagten dargetan, die als grober Undank im Sinne des § 948 ABGB. zu werten ist, zumal da die Schenkung gerade im Hinblick auf die Ehe des Beklagten mit der Tochter des Klägers vollzogen wurde. Das Klagebegehren ist daher begründet.

---

27. Hat nach österreichischem Recht der Ehemann Anspruch auf Ersatz des Schadens, der ihm dadurch entsteht, daß ihm durch Tötung seiner Ehefrau deren Dienste im Hauswesen und Gewerbe entgehen?

ABGB. §§ 1295, 1327.

VII. Zivilsenat. Urt. v. 30. Juni 1943 i. S. C. u. 1 and. (Bekl.) w. F. (Kl.). VII 62/43.

I. Landgericht Brüx.
II. Oberlandesgericht Leitmeritz.

Die Ehefrau des Klägers wurde am 6. März 1941 vom Anhängewagen einer vom Erstbeklagten geführten, dem Zweitbeklagten gehörigen Zugmaschine angefahren und getötet. Sie hinterließ zwei

Kinder im Alter von 8 und 5 Jahren. Der Kläger verlangt von beiden Beklagten eine Rente, weil er infolge des Todes seiner Frau eine Hilfskraft zur Betreuung und Erziehung seiner Kinder annehmen und dafür Aufwendungen machen müsse. Das Erstgericht hat ihm eine Monatsrente von 70 RM. zugesprochen. Das Berufungsgericht hat diese Entscheidung durch Zwischenurteil dem Grunde nach bestätigt. Die Revision der Beklagten hatte keinen Erfolg.

Gründe:

Gegen die Feststellung der Vordergerichte, daß den Erstbeklagten das Alleinverschulden am Unfall treffe und daß der Zweitbeklagte aus § 1315 ABGB. in Anspruch genommen werden könne, erhebt die Revision keine Einwendungen mehr. Streitig ist nur noch, ob aus § 1295 oder § 1327 ABGB. eine dem § 845 BGB. entsprechende Haftung des Ersatzpflichtigen für den Fall hergeleitet werden kann, daß der Getötete kraft Gesetzes zur Leistung von Diensten im Hauswesen des Klägers verpflichtet war. Beide Vordergerichte entnehmen eine solche Haftung zwar nicht dem § 1327, wohl aber dem § 1295 ABGB., der ihrer Meinung nach neben § 1327 für die Ansprüche der Hinterbliebenen herangezogen werden kann. Dieser Meinung kann nicht beigetreten werden. Daß bei unerlaubten Handlungen — soweit das Gesetz keine Ausnahme festsetzt — eine Haftung nur für den unmittelbaren Schaden besteht, also für den Schaden, der dem Verletzten selbst entsteht, ist ein in der Rechtsprechung allgemein anerkannter Satz (vgl. SZ. Bd. XVII Nr. 132; RGZ. Bd. 162 S. 321). Die Haftung für einen Schaden, der einem Dritten aus der Tötung oder Verletzung eines anderen entsteht, — den mittelbaren Schaden — kann nur aus § 1327 hergeleitet werden (RG. Urt. VIII 640/39 vom 12. Februar 1941 in DR. 1941 S. 1326 Nr. 40 = HRR. 1941 Nr. 885). Diese Bestimmung billigt den Hinterbliebenen einen Anspruch auf die durch den Tod verursachten Kosten und, soweit der Getötete nach dem Gesetz für ihren Unterhalt zu sorgen hatte, das zu, was ihnen durch die Tötung entgangen ist. Mit Rücksicht auf diesen Wortlaut hat die Rechtsprechung der Obersten Gerichtshöfe in Wien und Brünn noch in letzter Zeit eine Haftung des Ersatzpflichtigen für einen Schaden abgelehnt, der einem Dritten aus der Tötung oder Körperverletzung dadurch entstanden war, daß ihm Dienste entgingen, zu deren Leistung im Hauswesen oder Gewerbe der Verletzte ihm kraft Gesetzes verpflichtet war. Auch das Reichsgericht hat sich diesem Standpunkt in der bereits erwähnten Entscheidung vom 12. Februar 1941 angeschlossen. Bei nochmaliger Prüfung kann jedoch hieran nicht festgehalten werden. Die Rechtsentwicklung führt zwangsläufig zu einer erweiterten Auslegung des § 1327 ABGB. Schon im Rechtsgebiete des gemeinen Rechts wurde in Anlehnung an die Bestimmungen des Preußischen Allgemeinen Landrechts die Schadensersatzpflicht des Schädigers, die ursprünglich nur gegenüber der Witwe und den Kindern des Getöteten als bestehend angenommen wurde, auch gegenüber sonstigen Unterhaltsberechtigten anerkannt. Das Deutsche Bürgerliche Gesetzbuch hat dann weitergehend auch dem Dritten, welchem der Verletzte oder Getötete auf Grund eines familienrechtlichen Verhältnisses zur Leistung von Diensten in dessen Hauswesen oder Gewerbe verpflichtet gewesen war, einen Ersatzanspruch gewährt. Die III. Teilnovelle zum Allgemeinen Bürgerlichen Gesetzbuch hat sich allerdings darauf beschränkt, durch Neufassung des § 1327 klarzustellen, daß allen Hinterbliebenen, für deren Unterhalt der Getötete nach dem Gesetze zu sorgen hatte, ein Schadensersatzanspruch zustehe. Nach dem Kommissionsbericht in den Protokollen des Herrenhauses (XXI. Session 1912 Beil. 78 S. 276) scheint eine Erweiterung der Haftung entsprechend § 845 BGB. damals unterblieben zu sein, „weil eine Sicherheit fehle, wieweit derartige Dienste wirklich Gegenstand rechtlicher Ansprüche oder bloße Gefälligkeit waren, aber auch, wie hoch mit Rücksicht auf die in solchen Fällen fast immer geleisteten tatsächlichen Gegendienste (Wohnung, Kost usw.) der Schaden zu veranschlagen wäre". Das kann aber einer erweiterten Auslegung des § 1327 ABGB. nicht im Wege stehen, soweit Ansprüche auf die Dienste des Getöteten oder Verletzten nach dem Gesetz gegeben sind. Das ist bei der Ehefrau nach § 92 Satz 2, bei den minderjährigen Kindern nach § 144 ABGB. der Fall. Ansprüche, die dem Ehemann und Vater nach diesen Bestimmungen zustehen, sind als gesetzliche Ansprüche auf Hilfeleistung im Hauswesen und Gewerbe den gesetzlichen Unterhaltsansprüchen so nahe verwandt, daß eine Ausdehnung der Ersatzpflicht auf sie durch eine erweiterte Auslegung des § 1327 ABGB. geboten erscheint. Der Entscheidung der Vordergerichte ist daher im Ergebnis beizutreten.

28. 1. Darf das Berufungsgericht ein Anerkenntnisurteil erlassen, wenn der Beklagte einen Anspruch anerkennt, der zwar vor dem Gericht des ersten Rechtszuges erhoben, aber, weil dieses durch Teilurteil entschieden hat, nicht in den zweiten Rechtszug gelangt ist?

2. Unter welchen Voraussetzungen und in welchem Umfange kann der Gesellschafter einer Innengesellschaft bürgerlichen Rechts nach deren Auflösung Auskunft und Rechnungslegung über die Einnahmen aus Verträgen verlangen, die für Rechnung der Gesellschaft geschlossen worden sind und über den Tag der Auflösung hinaus laufen?

ZPO. § 307. BGB. §§ 259, 260, 730 Abs. 2.

II. Zivilsenat. Urt. v. 7. Juni 1943 i. S. S. (Kl.) w. K. (Bekl.). II 34/43.

I. Landgericht Berlin.
II. Kammergericht daselbst.

Die Parteien gründeten im Mai 1938 eine Innengesellschaft zur Vertretung von Firmen der Farben- und Lackindustrie bei den Wehrmachtbehörden. Im Laufe der Geschäftsverbindung entstanden zwischen ihnen Zwistigkeiten. Die Gesellschaft wurde vom Beklagten gekündigt und durch rechtskräftiges Urteil mit Wirkung zum 1. Oktober 1939 für aufgelöst erklärt. Der Kläger hat im gegenwärtigen Rechtsstreit beantragt, den Beklagten zu verurteilen, 1. ihm die Einsicht der in seinen Händen befindlichen Geschäftsbücher, Akten und sonstigen Papiere zu gestatten, 2. ihm über alle bis zum 30. September 1939 getätigten Geschäfte Rechnung zu legen und einen Rechnungsabschluß für den 30. September 1939 aufzustellen, 3. ihm die Hälfte des Gewinnes aus diesen Geschäften zu zahlen unter Berücksichtigung der bereits geleisteten Zahlungen, 4. ihm Auskunft über die Zahl und Dauer aller nach der Auflösung der Gesellschaft noch laufenden Verträge zu geben und über die daraus erzielten Einnahmen zunächst für den Schluß des Jahres 1939 und für das Jahr 1940 Rechnung zu legen, 5. ihm die Hälfte des für den Schluß des Jahres 1939 und für das Jahr 1940 erzielten Gewinnes zu zahlen.

Das Landgericht hat den Beklagten zunächst durch Anerkenntnisurteil vom 30. April 1942 verurteilt, dem Kläger Einsicht in die in seinen Händen befindlichen Geschäftsbücher und Geschäftspapiere zu gestatten, soweit sie sich auf die Zeit vom 1. Juli bis zum 1. Oktober 1939 beziehen. Durch ein weiteres Teilurteil vom 30. Juni 1942 hat es den Beklagten verurteilt, 1. dem Kläger die Einsicht der in seinen Händen befindlichen Geschäftsbücher, Akten und sonstigen Papiere der aufgelösten Gesellschaft auch für die Zeit vor dem 1. Juli 1939 zu gestatten, 2. dem Kläger über alle vom Beklagten bis zum 30. September 1939 für die Gesellschaft getätigten Geschäfte Rechnung zu legen und diese mit dem 30. September abzuschließen, 3. dem Kläger Auskunft über Zahl und Dauer aller nach der Auflösung der Gesellschaft noch laufenden Verträge zu geben und über die Einnahmen daraus für den Schluß des Jahres 1939 und für 1940 Rechnung zu legen.

Gegen dieses Teilurteil hat der Beklagte in vollem Umfange Berufung eingelegt. Er hat dann aber in der mündlichen Verhandlung vor dem Berufungsgericht die Klageanträge zu 1, 2 und 3 anerkannt und im übrigen Klageabweisung beantragt. Der Kläger hat beantragt, den Beklagten dem Anerkenntnisse gemäß zu verurteilen und die Berufung zurückzuweisen.

Das Berufungsgericht hat das Teilurteil des Landgerichts zu Nr. 3 der Urteilsformel geändert und die Klage insoweit abgewiesen; im übrigen hat es die Berufung des Beklagten zurückgewiesen.

Die Revision des Klägers hatte teilweise Erfolg.

Gründe:

Die Revision rügt, daß das Berufungsgericht über die Klageanträge zu 1 bis 3 nicht durch Anerkenntnisurteil entschieden habe. Das trifft aber bei den Klageanträgen zu 1 und 2 nicht zu. Das Berufungsurteil führt aus, der Beklagte habe in der mündlichen Verhandlung vor dem Berufungsgericht den Klageanspruch nicht nur bezüglich der Einsichtnahme in die Bücher usw. anerkannt, sondern auch seine Rechnungslegungspflicht wegen der von ihm für die Gesellschaft bis zum 30. September 1939 getätigten Geschäfte. Der Beklagte sei daher entsprechend dem Antrage des Klägers seinem Anerkenntnisse gemäß zu verurteilen (§ 307 ZPO.). Daraus geht eindeutig hervor, daß das Berufungsgericht insoweit ein Anerkenntnisurteil nach § 307 ZPO. erlassen hat. Einer weiteren äußeren Kennzeichnung des Urteils als Anerkenntnisurteil bedurfte es nicht.

Nach § 525 ZPO. wurde der Rechtsstreit vor dem Berufungsgericht in den durch die Anträge bestimmten Grenzen von neuem verhandelt. Da das Landgericht durch Teilurteil nur über die ursprünglichen Klageanträge zu 1, 2 und 4 entschieden hatte, waren die Ansprüche zu 3 und 5 gemäß § 537 ZPO. noch nicht Gegenstand eines erstrichterlichen Urteils geworden. Diese Ansprüche unterlagen daher nicht der Prüfung durch das Berufungsgericht (RGZ. Bd. 86 S. 198). Dem steht nicht entgegen, daß der Beklagte in seiner Berufungsbegründung beantragt hat, unter Änderung des Urteils des Landgerichts die (ganze) Klage abzuweisen. Der Rechtsgrundsatz, daß im zweiten Rechtszug über Ansprüche, die im ersten Rechtszuge geltend gemacht worden sind, nur entschieden werden darf, wenn sie schon Gegenstand des ersten Urteils waren, erleidet eine Ausnahme für den Fall, daß bei Abweisung des Teilanspruchs für eine Bejahung des restlichen Anspruchs kein Raum mehr ist; in einem solchen Falle hat das Berufungsgericht die Klage in vollem Umfang abzuweisen (RG. in JW. 1926 S. 2539 Nr. 14). Der Kläger konnte nur Zurückweisung der Berufung beantragen und er hat diesen Antrag auch angekündigt. Den Antrag, den Beklagten nach dem ursprünglichen Klageantrage zu 3 zu verurteilen, konnte er im zweiten Rechtszuge nicht stellen, weil der Rechtsstreit insoweit nicht dem Berufungsgericht angefallen war. Im übrigen hätte der Kläger den Klageanspruch zu 3 allenfalls im Wege der Anschlußberufung in den zweiten Rechtszug einführen können; aber dazu hätte es nach § 522a ZPO. der Einreichung einer Berufungsanschlußschrift bei dem Berufungsgericht bedurft; ein einfacher Antrag in der mündlichen Verhandlung genügte nicht (RG. in HRR. 1936 Nr. 1087). Das Berufungsgericht hat daher mit Recht über den Klageantrag zu 3 trotz des Anerkenntnisses des Beklagten nicht entschieden. Selbst wenn aber, abweichend von den vorstehenden Darlegungen, das Berufungsgericht bei seiner Entscheidung den mit dem Klageantrage zu 3 geltend gemachten Zahlungsanspruch zu Unrecht übergangen haben sollte, so würde das nicht mit dem Rechtsmittel der Revision angefochten werden können, sondern der Kläger hätte gemäß § 321 ZPO. die Ergänzung des Urteils beantragen müssen.

Der Beklagte hat unter seinem Namen für Rechnung der Gesellschaft mit Firmen der Lack- und Farbenindustrie eine Reihe von Vertreterverträgen, sog. Rahmenverträge, abgeschlossen.

Darin sagten ihm die Firmen für die Wahrnehmung ihrer Belange bei den Wehrmacht- oder sonstigen Reichsbehörden eine feste Vergütung und außerdem eine auf diese anzurechnende Provision von 2 oder 3 v. H. auf die eingehenden Aufträge zu. Der Streit der Parteien geht darum, ob der Kläger auch an den Provisionen und Vergütungen beteiligt ist, die erst nach der Auflösung der Gesellschaft am 1. Oktober 1939 auf Grund der damals schon abgeschlossenen Rahmenverträge entstanden sind, und ob er deshalb vom Beklagten Auskunft über die Zahl und Dauer dieser Verträge und Rechnungslegung über die vorbezeichneten Einnahmen daraus für den Schluß des Jahres 1939 und für das Jahr 1940 verlangen kann. Das Berufungsgericht hat das verneint und ausgeführt, mit der Auflösung der Gesellschaft habe deren schaffende Tätigkeit aufgehört und es sei nur noch die Abwicklung der schwebenden Geschäfte in Betracht gekommen. Dazu gehörten alle Geschäfte, die von der Gesellschaft schon vor dem 1. Oktober 1939 vermittelt, aber noch nicht restlos ausgeführt gewesen seien, so daß die Zahlung der Provision bei der Auflösung der Gesellschaft noch ausgestanden habe. Soweit die Parteien weiterhin eine auf Provisionsverdienst abzielende Tätigkeit ausgeübt hätten, sei das nicht für die Gesellschaft, sondern für sie allein geschehen. Der Kläger könne bei der Abwicklung der Gesellschaft keinen Gewinnanteil von Geschäften beanspruchen, die der Beklagte allein nach der Auflösung der Gesellschaft für die Kunden mit einer Wehrmachtbehörde vermittelt habe. Die in Frage stehenden Rahmenverträge seien von den betreffenden Firmen mit dem Beklagten als alleinigem Vertragsgegner geschlossen worden und sie verlängerten sich regelmäßig laufend weiter, wenn sie nicht mit den vorgesehenen Fristen gekündigt würden. Es sei mit Treu und Glauben nicht vereinbar, den Kläger weiterhin, sogar auf Jahre hinaus, an der Provision für Geschäfte teilnehmen zu lassen, die der Beklagte nach der Auflösung der Gesellschaft allein vermittelt habe.

Die Revision bezeichnet diesen Standpunkt des Berufungsgerichts als rechtsirrig. Sie macht geltend, die am 1. Oktober 1939 fest bestehenden Vertragsrechte und die Anwartschaften auf Verlängerung der Verträge seien „Gesamthandsvermögen" der Innengesellschaft gewesen. Diese Vermögenswerte, deren Veräußerung an Dritte unzulässig erscheine, seien entweder unter den Parteien zu verteilen oder mit ihrem Kapitalwert in die Auseinandersetzungsbilanz einzustellen und bei der Abschichtung des Klägers mit zu berücksichtigen. Der Beklagte habe eine solche Lösung völlig abgelehnt. Da eine Veräußerung der Rechte zum Zwecke der Teilung des Erlöses nicht zulässig sei, habe der Kläger mit den Anträgen zu 4 und 5 weniger gefordert, als er bei einer ordnungsmäßigen Teilung beanspruchen könnte.

Dazu ist zu bemerken: Die Gesellschaft zwischen den Parteien ist mit Wirkung zum 1. Oktober 1939 aufgelöst worden. Nach der Auflösung hatte unter den Gesellschaftern eine Auseinandersetzung nach §§ 730 bis 735 BGB. stattzufinden. Nach § 730 Abs. 2 BGB. gilt die Gesellschaft für die Beendigung der schwebenden Geschäfte als fortbestehend, soweit der Zweck der Auseinandersetzung es erfordert. Schwebende Geschäfte sind solche, die bei der Auflösung der Gesellschaft schon eingegangen, aber noch nicht bis zur vollständigen Erledigung gediehen sind; es genügt, wenn schon vor der Auflösung die Rechtshandlung stattgefunden hat, auf die sich der Anspruch der Gesellschaft stützt (Weipert in RGRKomm. z. HGB., Anm. 43 zu § 138). Die Ansprüche auf Vergütungen und Provisionen stützen sich auf die Rahmenverträge, und soweit diese vor dem 1. Oktober 1939 abgeschlossen sind, handelt es sich um Ansprüche aus schwebenden Geschäften. Nach § 730 Abs. 2 BGB. würden diese Rahmenverträge für die Gesellschaft abzuwickeln sein; die sich daraus ergebenden Beträge würden in die Teilungsmasse fließen. Die Vorschrift ist aber nicht zwingend, und ihre Anwendung würde dem Sinn und Zweck des Gesellschaftsvertrags zwischen den Parteien und der Eigenart der Rahmenverträge nicht gerecht werden. Wie die vorgelegten Muster erkennen lassen, sind die Verträge mit den Firmen im Namen einer der Parteien, hier des Beklagten, geschlossen und haben eine persönliche Vermittlertätigkeit zum Gegenstand. Es handelt sich danach um zweiseitige Verträge, die eine persönlich zu erbringende Leistung des Beklagten zum Inhalt haben. Danach kann wohl der Anspruch des Beklagten auf Vergütungen und Provisionen abgetreten werden; es darf aber kein Dritter ohne die Zustimmung der beteiligten Firmen in der Weise in die Verträge eintreten, daß er nunmehr seinerseits für diese eine Vermittlertätigkeit gegen Provision und feste Vergütung ausüben kann. Deshalb konnten die Verträge insoweit auch nicht in die Gesellschaft eingebracht werden, und die Ansicht der Revision, daß die Vertragsrechte der Gesellschaft als Gesamthandsvermögen zugestanden hätten, trifft nicht zu. Der Beklagte war vielmehr im Innenverhältnis zum Kläger schuldrechtlich verpflichtet, diesem die Hälfte des aus den Rahmenverträgen erzielten Gewinnes auszukehren. Da die Rahmenverträge auf seinen Namen abgeschlossen und die darin vorgesehenen Zahlungen der Firmen für persönliche Leistungen des Beklagten ausbedungen sind, kann es nicht der Sinn des insofern besonders gearteten Gesellschaftsvertrags sein, daß der Beklagte über die Auflösung der Gesellschaft hinaus auf nicht absehbare Zeit für gemeinsame Rechnung der Parteien tätig sein und dem Kläger über den geldlichen Erfolg seiner Tätigkeit im einzelnen Rechnung legen soll. Das würde im Ergebnis darauf hinauslaufen, daß die aufgelöste Gesellschaft in wesentlichen Teilen tatsächlich über den Abwicklungszweck hinaus fortgesetzt würde. Die Rahmenverträge sind aber auf Rechnung der Gesellschaft geschlossen. Sie verkörperten im Zeitpunkt ihrer Auflösung einen wirtschaftlichen Wert, der sich einerseits nach den Gewinnaussichten für die Zukunft und andererseits nach der Arbeit und den sonstigen Aufwendungen bemißt, die der Beklagte zur Erzielung des Gewinnes voraussichtlich machen muß, sowie nach der mutmaßlichen Zeitdauer bis zur Verwirklichung der Gewinnaussichten. Die Rahmenverträge gewähren einen mit solcher Sicherheit zu erwartenden künftigen Gewinn, daß die bestehende Vertragsverbindung schon einen gegenwärtigen, rechtlich gesicherten Vermögensvorteil darstellt; die Gewinnaussicht ist durch die Vertragsbindung der Firmen bereits teilweise verwirklicht, und es handelt sich um mehr als eine bloße Möglichkeit (RGZ. Bd. 167 S. 260 [264]). Dieser wirtschaftliche Wert läßt sich durch Schätzung ermitteln, und für diese sind wieder die Erträgnisse aus den vergangenen Jahren von besonderer Bedeutung. Da die Rahmenverträge für Rechnung der Gesellschaft abgeschlossen sind, darf der Beklagte den durch sie verkörperten Wert nach der Auflösung der Gesellschaft nicht für sich allein behalten, sondern er muß den Kläger daran zur Hälfte beteiligen. Da die Rechtsstellung aus den Verträgen nicht übertragbar ist, kann er das nur in der Weise tun, daß er ihm die Hälfte des Wertes sofort oder, sofern Treu und Glauben mit Rücksicht auf die Verkehrssitte das gebieten, auch in angemessenen Raten auszahlt.

Die Revision ist ebenfalls der Meinung, daß die Auseinandersetzung unter den Parteien in dieser Weise stattzufinden habe. Sie meint aber, mit dem Anspruch auf Zahlung der Hälfte der tatsächlich erzielten Gewinne habe der Kläger weniger geltend gemacht, als er bei der vorstehend gekennzeichneten Art der Auseinandersetzung zu verlangen habe. Ob das mit der zeitlichen Beschränkung bis Ende 1940 zutrifft, kann dahingestellt bleiben; für die ganze Laufzeit der Rahmenverträge würde der Kläger jedenfalls auf diese Weise nicht ein Weniger, sondern im Gegenteil ein Mehr verlangen, weil dabei die Arbeit und die sonstigen Aufwendungen des Beklagten zur Erzielung der Gewinne aus den Rahmenverträgen nicht berücksichtigt sind.

Einstweilen ist aber noch nicht darüber zu entscheiden, wieviel der Kläger bei der Auseinandersetzung als Abfindung für die Rahmenverträge verlangen kann, sondern darüber, ob der Beklagte verpflichtet ist, ihm Auskunft über die Zahl und Dauer aller nach der Auflösung der Gesellschaft noch laufenden Verträge zu geben und über die daraus erzielten Einnahmen für den Schluß des Jahres 1939 und für das Jahr 1940 Rechnung zu legen. Die Auskunftspflicht des Beklagten über die Zahl und Dauer aller vor der Auflösung der Gesellschaft geschlossenen und nach ihrer Auflösung noch laufenden Verträge folgt nach den vorstehenden Darlegungen aus § 713 in Verbindung mit § 666 BGB. Anders ist es mit der vom Kläger in Anspruch genommenen Verpflichtung des Beklagten, über die Einnahmen Rechnung zu legen, die von ihm aus den Rahmenverträgen seit der Auflösung der Gesellschaft bis zum Schlusse des Jahres 1940 erzielt worden sind. Aus § 713 in Verbindung mit § 666 BGB. läßt sich keine Pflicht des Beklagten zur Rechnungslegung herleiten; denn mit der weiteren Durchführung der Rahmenverträge nach der Auflösung der Gesellschaft ist er für eigene Rechnung tätig geworden und hat insoweit kein Geschäft der Gesellschaft mehr geführt. Der Kläger ist nicht an dem Gewinn beteiligt, der aus den Rahmenverträgen nach der Auflösung der Gesellschaft gezogen worden ist, sondern an dem Vermögenswert, den diese Verträge im Zeitpunkte der Auflösung der Gesellschaft, d. h. am 1. Oktober 1939, verkörperten. Das Gesetz enthält keine Bestimmungen über eine allgemeine Pflicht zur Rechnungslegung. Die Rechtsprechung hat aber aus den einschlägigen Sonderbestimmungen in Verbindung mit § 242 BGB.

den allgemeinen Rechtsgrundsatz abgeleitet, daß zur Rechnungslegung verpflichtet ist, wer fremde Angelegenheiten besorgt oder solche, die zugleich eigene und fremde sind (RGZ. Bd. 73 S. 286 [288], Bd. 110 S. 1 [16], Bd. 164 S. 348 [350]). Mit der Durchführung der auf seinen Namen geschlossenen Rahmenverträge über den 1. Oktober 1939 hinaus hat der Beklagte weder fremde Angelegenheiten noch zugleich eigene und fremde Angelegenheiten besorgt, sondern ausschließlich eigene Angelegenheiten. Seine Verpflichtung zur Rechnungslegung ist somit nach allgemeinen Rechtsgrundsätzen nicht begründet. Weiter geht dagegen die Rechtspflicht zur Auskunfterteilung. Auch hierüber enthält das Gesetz keine allgemeinen Bestimmungen. Die Rechtsprechung hat aber gemäß § 242 BGB. eine Pflicht zur Auskunfterteilung überall da angenommen, wo sich aus dem Wesen des Rechtsverhältnisses ergibt, daß der Berechtigte entschuldbar über das Bestehen und den Umfang des Rechts ungewiß und insoweit auf den Verpflichteten angewiesen ist, dieser aber unschwer die Auskunft erteilen kann (RGZ. Bd. 108 S. 1 [7]; RG. in JW. 1935 S. 506 Nr. 2). Im gegenwärtigen Falle kann die Bewertung der Rahmenverträge im Zeitpunkte der Auflösung der Gesellschaft nur annähernd durch Schätzung festgestellt werden. Für diese ist die Kenntnis dessen, wie sich die Rahmenverträge in der Folgezeit wirtschaftlich ausgewirkt haben, von großer Bedeutung, und durch die Auskunft wird dem Kläger die Wahrnehmung seiner Rechte bei der Auseinandersetzung wesentlich erleichtert. Da zudem der Beklagte als Mitgesellschafter zum Kläger in einem Treueverhältnis steht, das auch über die Auflösung der Gesellschaft hinaus während ihrer Abwicklung fortdauert, ist die Auskunftspflicht über die bis Ende 1940 erzielten Einnahmen aus den Rahmenverträgen nach den besonderen Umständen des Falles zu bejahen, obwohl dem deutschen Recht eine allgemeine Verpflichtung zur Auskunfterteilung nicht bekannt ist. Da mit einer Rechnungslegung über bestimmte Einnahmen notwendig auch eine Auskunfterteilung über die erzielten Einnahmen verbunden ist, umfaßt das Verlangen auf Rechnungslegung das Verlangen auf diese; das erste bedeutet gegenüber dem zweiten einen weitergehenden Anspruch.

Danach ist das Berufungsurteil insoweit aufzuheben, als darin auf Abweisung der Klage erkannt ist. Die Berufung des Beklagten ist auch, soweit sie das Teilurteil des Landgerichts zu

Nr. 3 der Urteilsformel angefochten hat, mit der Maßgabe zurückzuweisen, daß der Beklagte dem Kläger über die Einnahmen aus den Verträgen seit dem 1. Oktober 1939 bis zum 31. Dezember 1940 nur Auskunft zu erteilen und nicht Rechnung zu legen hat. Mit dem darüber hinausgehenden Verlangen auf Rechnungslegung über diese Einnahmen ist der Kläger unter Änderung des Urteils des Landgerichts abzuweisen. Dagegen ist die Revision insoweit unbegründet, als sie sich gegen die Entscheidung auf das Anerkenntnis des Beklagten richtet.

---

29. Handelt ein Reisender fahrlässig, wenn er sich beim Aussteigen aus dem Eisenbahnwagen trotz Dunkelheit und der Gefahr der Vereisung der Trittbretter nur mit einer Hand an der Haltestange außerhalb der Tür festhält?

RHaftpflG. § 1. BGB. § 254.

V. Zivilsenat. Urt. v. 8. Juni 1943 i. S. Deutsche Reichsbahn (Bekl.) w. S. (Kl.). V 38/43.

I. Landgericht Hannover.
II. Oberlandesgericht Celle.

Am 3. Januar 1940 gegen 20½ Uhr wollte die Klägerin auf der Fahrt von B. nach O. in Wu. umsteigen. Beim Aussteigen aus dem von ihr benutzten Wagen des D-Zugs fiel sie hin und brach den rechten Oberschenkel; infolgedessen ist das Bein jetzt stark verkürzt. Die Klägerin nimmt für den ihr entstandenen Schaden die Beklagte auf Grund des Reichshaftpflichtgesetzes und aus dem Beförderungsvertrag in Anspruch mit der Begründung, die Trittbretter und die Haltestange an der Wagentür seien stark vereist gewesen; deshalb sei sie auf der obersten Stufe ausgeglitten und, da sie sich an der Haltestange, die sie mit der linken Hand erfaßt habe, nicht habe festhalten können, trotz aller Vorsicht auf den Bahnsteig gestürzt. Die Beklagte macht demgegenüber geltend, die Trittbretter seien nicht vereist, sondern nur mit leichtem Rauhreif überzogen gewesen; sie seien noch vor der Abfahrt in We. mit Sand bestreut worden; auch die Haltestange sei nicht vereist gewesen. Der Unfall sei nur darauf zurückzuführen, daß die Klägerin beim Aussteigen mehrere Gepäckstücke in der Hand gehabt habe; sie hätte diese vor dem Betreten der Trittbretter absetzen und sich beim Aussteigen mit beiden Händen an der Stange festhalten müssen, zumal da bei der herrschenden Kälte mit einem Vereisen der Trittbretter und der Haltestange während der Fahrt zu rechnen gewesen sei. Sie müsse daher ¾ des Schadens selbst tragen.

Landgericht und Oberlandesgericht haben die Zahlungsansprüche der Klägerin dem Grunde nach für gerechtfertigt erklärt und festgestellt, daß die Beklagte im Rahmen des Reichshaftpflichtgesetzes verpflichtet sei, der Klägerin allen zukünftigen Schaden zu ersetzen. Die Revision der Beklagten hatte keinen Erfolg.

Gründe:

Die Revision greift das Berufungsurteil nur insofern an, als es kein mitwirkendes Verschulden darin erblickt, daß die Klägerin vor dem Aussteigen ihren kleinen Koffer und die Handtasche nicht abgesetzt, die Haltestange nicht mit beiden Händen, sondern nur mit der linken Hand erfaßt und sich nicht durch Tasten mit einem Fuße vergewissert habe, ob das Trittbrett Halt biete oder glatt sei. Wenn auch das vom Berufungsgericht festgestellte Verhalten der Klägerin im allgemeinen beim Aussteigen genüge, so sei doch von ihr im vorliegenden Fall ein Festhalten mit beiden Händen zu verlangen gewesen, weil sie wegen der herrschenden Kälte mit einer Vereisung der Trittbretter hätte rechnen müssen und weil wegen der Verdunkelung der Bahnhöfe während des Krieges das Aussteigen erhöhte Gefahren mit sich bringe, auf die auch der Reisende Rücksicht zu nehmen habe. Damit werden jedoch, wie der erkennende Senat bereits in seiner Entscheidung V (VI) 131/42 vom 8. Januar 1943 ausgesprochen hat, an die Sorgfaltspflicht der Reisenden zu weit gehende Anforderungen gestellt. Denn das Aussteigen aus einem Eisenbahnwagen auf den schmalen, steil übereinanderliegenden Trittbrettern bietet schon an und für sich gewisse Schwierigkeiten, namentlich in der Dunkelheit. Diese würden noch erhöht werden, wenn man verlangen wollte, daß der Reisende die an der linken Seite außerhalb der Tür befindliche Haltestange mit beiden Händen erfasse, da der Körper dadurch in eine seitwärtige, ungewöhnliche Lage gebracht werden würde. Die Sicherheit beim Aussteigen würde im allgemeinen dadurch kaum erhöht werden; vielmehr würden viele Reisende sich bei einer solchen Art des Aussteigens gerade besonders unsicher und behindert fühlen. Hinzu kommt, daß dadurch und wegen der dann gegebenen Notwendigkeit, auch kleinere Gepäckstücke vor dem Beginne des Aussteigens zunächst abzusetzen, dieses verzögert werden würde; auch deshalb wird, um die nachfolgenden Reisenden nicht aufzuhalten, von dieser Art des Aussteigens mit Recht meist abgesehen werden. Der Revision kann auch nicht zugegeben werden, daß bei einem Festhalten mit beiden Händen die Gefahr des Ausgleitens und Stürzens ganz oder auch nur in nennenswertem Maße vermieden werden würde. Denn das Ausgleiten der Füße auf glatten Trittbrettern ist von der Art des Festhaltens gänzlich unabhängig; verliert der Reisende mit den Füßen den Halt auf dem Trittbrett, so würde es sich, selbst wenn er die Stange nicht infolge des Schrecks unwillkürlich losließe, sondern sich weiter mit beiden Händen fest an sie anklammerte, oft nicht vermeiden lassen, daß die Hände an der glatten Stange, namentlich wenn sie vereist wäre, herabgleiten und der Aussteigende dann mit der Hüfte oder dem Kopfe gegen die Kanten der Trittbretter oder der Tür schlagen und Verletzungen erleiden würde. Die Annahme des Berufungsgerichts, daß auch beim Erfassen der Haltestange mit beiden Händen die Möglichkeit eines Sturzes und einer Körperverletzung nicht ausgeschlossen gewesen wäre und daß deshalb in dem Unterlassen dieser Art des Aussteigens keine Fahrlässigkeit, insbesondere kein grobes überwiegendes Verschulden der Klägerin liege, ist somit nicht zu beanstanden. Daß die Reisenden wegen der Verdunkelung der Bahnhöfe erhöhte Vorsicht walten lassen müssen, hat auch das Berufungsgericht, wie der Hinweis auf die Verdunkelung zeigt, nicht verkannt. Hiergegen spricht auch nicht die Hilfserwägung, daß ein etwaiges Verschulden der Klägerin gegenüber der durch die Witterung und durch die Verdunkelung erhöhten Betriebsgefahr völlig zurücktrete und daß daher die Beklagte auch bei Annahme eines solchen Verschuldens für den Schaden allein zu haften habe.

---

30. 1. Sind Verlagsverträge als Lieferverträge im Sinne von § 1 Abs. 2 der Verordnung über die Abwicklung von Lieferverträgen vom 20. April 1940 anzusehen?

2. Ist ein Abwicklungsverfahren nach der Verordnung vom 20. April 1940 zulässig, wenn sich der Antragsteller bei sonst vollendeter Durchführung des Liefervertrages nur darauf zu berufen vermag, daß ihm die Erfüllung der ihm obliegenden Zahlungs-

verpflichtung durch die Kriegseinwirkungen erschwert oder zur Zeit unmöglich sei?

Verordnung über die Abwicklung von Lieferverträgen vom 20. April 1940 (RGBl. I S. 671) — VAL. — § 1.

II. Zivilsenat. Beschl. v. 1. Juli 1943 i. S. L. (Antragst.) w. Dr. F. (Antragsgegn.). II B 6/43.

I. Oberlandesgericht Hamm.

Der Sachverhalt und die Entscheidung ergeben sich aus folgenden

Gründen:

Der Antragsteller, der Inhaber eines Verlags ist, beabsichtigte, durch den Rechtsanwalt K. als Herausgeber ein Sammelwerk unter dem Titel „Das Recht des Unternehmers" in losen Blättern herauszubringen. Rechtsanwalt K. gewann Anfang des Jahres 1940 den Antragsgegner als Mitarbeiter. Dieser verpflichtete sich, als Beitrag zu dem Werk eine Abhandlung mit dem Titel „Die Prozeßführung des ersten Rechtszuges" zu liefern. Als Vergütung wurde ihm ein Betrag von 120 RM. für jeden Druckbogen bei einer Auflage von 3000 Stück zugesichert, wovon je ⅓ bei Ablieferung des Manuskripts, nach Lesung der Korrektur und nach dem Erscheinen des Werkes fällig sein sollte.

Der Antragsgegner lieferte sein Manuskript am 12. Juni 1941 ab. Es wurde vom Antragsteller und von Rechtsanwalt K. vorbehaltlos angenommen. Der Antragsteller trug aber wegen des zu großen Umfanges der Arbeit Bedenken, sie in das Sammelwerk aufzunehmen, und schlug dem Antragsgegner vor, sie als selbständiges Buch erscheinen zu lassen. Auch hierzu kam es nicht, weil von der zuständigen Stelle die infolge der inzwischen veränderten Verhältnisse am Papiermarkt notwendig gewordene Genehmigung zur Drucklegung nicht erteilt wurde.

Auf Klage des Antragsgegners wurde der Antragsteller durch rechtskräftiges Urteil des Amtsgerichts Bad O. vom 20. Februar 1942 zur Zahlung eines Teils der vereinbarten Vergütung in Höhe von 1500 RM. verurteilt. Er hat diesen Betrag gezahlt. Mit der Behauptung, daß sein Werk nicht, wie der Antragsteller meine, nur 38, sondern 65 Druckbogen umfasse, seine Gesamtvergütung sich also auf 7800 RM. belaufe, hat der Antragsgegner beim Landgericht B. eine weitere Klage gegen den Antragsteller auf Zahlung von 6300 RM. erhoben.

Im Laufe dieses Rechtsstreits, der noch anhängig ist, hat der Antragsteller beim Oberlandesgericht in Hamm um Gewährung richterlichen Vertragshilfe nach der Verordnung über die Abwicklung von Lieferverträgen vom 20. April 1940 nachgesucht und beantragt, ihm zu gestatten, daß er die Zahlung der restlichen Vergütung an den Antragsgegner so lange verweigere, bis die durch den Krieg bedingte Unmöglichkeit der Drucklegung des Werkes beseitigt sei, gegebenenfalls andere rechtsgestaltende Maßnahmen im Sinne seines Antrags zu treffen. Er hat zur Begründung vorgetragen: Er sei als Verleger darauf angewiesen, mit einer großen Anzahl von Schriftstellern Verlagsverträge abzuschließen. Da ihm für viele Werke, die, wie das des Antragsgegners, nicht als kriegswichtig angesehen würden, die Druckerlaubnis versagt worden sei, könne ihm nicht zugemutet werden, unerachtet des eigenen wirtschaftlichen Ausfalls die Honoraransprüche der Verfasser sofort in voller Höhe zu befriedigen. Auch der Antragsgegner müsse sich, nachdem er einen Teil seiner Vergütung bereits erhalten habe, wegen des Restes gedulden, bis eine Drucklegung seines Werkes nach den Verhältnissen möglich sei.

Der Antragsgegner hat beantragt, den Antrag auf richterliche Vertragshilfe abzulehnen. Er bestreitet die Zulässigkeit des Verfahrens, da ein Verlagsvertrag kein Liefervertrag im Sinne des § 1 Abs. 2 VAL. sei. Überdies habe er die ihm obliegende Leistung mit der Ablieferung des Manuskripts vollständig erfüllt; für ein Abwicklungsverfahren bleibe kein Raum, wenn, wie hier, nur noch die Zahlungsverpflichtung des Verlegers zu regeln sei.

Der Antragsteller hat demgegenüber darauf hingewiesen, daß es zu den vertraglichen Verpflichtungen des Antragsgegners gehöre, auch die Korrektur zu lesen. Diese Leistung stehe noch aus. Der Antragsgegner müsse sich ihrer, wie er es auch schon bei einem früheren, von ihm stammenden Werke „Testamente" getan habe, hier um so mehr unterziehen, als sein Manuskript aus etwa 1000 mit der Hand geschriebenen einzelnen Zetteln bestehe, wodurch die Korrektur erheblich erschwert sei.

Der Antragsgegner hat dem unter Bezugnahme auf § 43 Satz 2 des Verlagsgesetzes widersprochen, der anzuwenden sei, weil es sich um ein Sammelwerk handele.

Das Oberlandesgericht hat den Vertragshilfeantrag des Antragstellers zurückgewiesen. Es läßt dahingestellt, ob der zwischen den Parteien abgeschlossene Verlagsvertrag als ein Liefervertrag im Sinne der Verordnung vom 20. April 1940 anzusehen sei. Nach seiner Meinung ist ein Verfahren nach dieser Verordnung keinesfalls mehr zulässig, da sich eine Verpflichtung des Antragsgegners, die Korrektur zu lesen, nicht feststellen lasse, die allein noch offene Frage aber, wie der Antragsteller seiner Zahlungspflicht nachkomme, die Einleitung eines Abwicklungsverfahrens nicht rechtfertige.

Hiergegen hat der Antragsteller rechtzeitig sofortige Beschwerde eingelegt, die im angefochtenen Beschlusse zugelassen worden war. Er beantragt, seinem Vertragshilfebegehren zu entsprechen, und hält daran fest, daß der Antragsgegner zum Korrekturlesen verpflichtet sei. Das liege nicht nur im Sinne der getroffenen Vereinbarungen, sondern entspreche bei wissenschaftlichen Arbeiten der hier in Betracht kommenden Art auch der Üblichkeit. Er hat zum Beweise hierfür einen Vertragsvordruck überreicht, wie er von der Reichsschrifttumskammer aufgestellt und als Muster empfohlen worden sei, und sich auf eine Auskunft dieser Kammer bezogen.

Der Antragsgegner hat um Zurückweisung der Beschwerde gebeten und entgegnet: Der Antragsteller habe sich, da er das Sammelwerk „Das Recht des Unternehmers" ohne seinen, des Antragsgegners, Beitrag habe erscheinen lassen, einer positiven Vertragsverletzung schuldig gemacht. Den Vorschlag, das Werk in Buchform erscheinen zu lassen, habe er, der Antragsgegner, niemals angenommen. Ein Korrekturlesen entsprechend dem Verlagsvertrage komme danach, selbst wenn er dazu verpflichtet sein sollte, überhaupt nicht mehr in Betracht.

Das Rechtsmittel ist begründet.

In erster Reihe bedarf der Prüfung, ob die Verordnung vom 20. April 1940 auf einen Vertrag der hier vorliegenden Art überhaupt angewendet werden kann. Soweit in § 1 Abs. 2 das. als Lieferverträge im Sinne der Verordnung Kauf-, Werk- oder Werklieferungsverträge über Waren bezeichnet werden, die von einem der Vertragschließenden ganz oder teilweise hergestellt werden, trifft diese Begriffsbestimmung dem Wortlaute nach auf Verlagsverträge allerdings insofern nicht zu, als diese keiner der genannten Vertragsformen entsprechen, vielmehr Verträge eigener Art darstellen, bei denen der Pflicht des Verfassers, dem Verleger das Werk zur Vervielfältigung und Verbreitung für eigene Rechnung zu überlassen, die Verpflichtung des Verlegers gegenübersteht, das Werk zu vervielfältigen und zu verbreiten (§ 1 VerlG.). Immerhin stehen Verlagsverträge nach ihrem Gegenstand und ihrer wirtschaftlichen Bedeutung jenen Vertragsarten so nahe, daß es nach dem Zwecke der Verordnung geboten erscheint, auch sie in den Kreis der von ihr erfaßten Lieferverträge einzubeziehen. Wie der erkennende Senat in seiner Entscheidung II B 5/41 vom 14. März 1941 (RGZ. Bd. 166 S. 287) ausgesprochen hat, will die Verordnung dort helfend eingreifen, wo die Wirkungen des Krieges die Erfüllung von Lieferverpflichtungen erschweren oder zeitweilig unmöglich machen. Soweit dabei, wie dort weiter ausgeführt ist, ersichtlich an Fälle gewerblicher Bedarfsdeckung gedacht ist, bei denen die durch den Krieg hervorgerufenen Schwierigkeiten notwendigerweise besonders häufig und störend in die Erscheinung treten, gilt dies auch für Verlagsverträge jedenfalls insofern, als sie zufolge der Verpflichtung des Verlegers, das Werk zu vervielfältigen und zu verbreiten, ebenfalls eine gewerbliche Betätigung erfordern, die durch die Kriegseinwirkungen betroffen werden kann. Kann zwar von einer Ware im Sinne des allgemeinen Sprachgebrauchs wie auch im Rechtssinne nicht gesprochen werden, soweit es sich um die höchstpersönliche Leistung des Verfassers, das von ihm hergestellte oder herzustellende Werk, handelt, so stellt doch das schließliche Ergebnis des Verlagsvertrags, das Werk in seiner technischen, zu gewerbsmäßiger Verbreitung bestimmten Wiedergabe, eine solche dar. Insofern fehlt es auch beim Verlagsvertrage nicht an der für den Begriff Ware im Sinne der Verordnung vorauszusetzenden Körperlichkeit und Gegenständlichkeit, wie sie in der angeführten Entscheidung als wesentlich bezeichnet wird. Im übrigen sollte durch die dort ausgesprochene Beschränkung des Warenbegriffs auf bewegliche, für den gewerblichen Umsatz bestimmte Sachen auch nur zum Ausdruck gebracht werden, daß es sich in der Regel um solche handeln werde, wenn für ein Abwicklungsverfahren Raum sein solle. Damit sollte vor allem eine Grenze gezogen werden gegenüber Vertragsleistungen, bei denen, wie z. B. aus Bauverträgen, ihrer Natur nach ein Bedürfnis nach rascher Bereinigung von Kriegsschwierigkeiten nicht in gleichem Maße besteht. Die Entscheidung will aber nicht besagen, daß nur Lieferverträge über bewegliche Sachen einer Abwicklung zugänglich seien. Entscheidend ist, ob der Vertrag einen wirtschaftlichen, dem Handelsverkehr zuzurechnenden Erfolg bezweckt, dessen Herbeiführung eine gewerbliche Betätigung voraussetzt und damit von den Gegebenheiten abhängt, unter denen diese während des Krieges ausgeübt werden kann. Schwierigkeiten, die sich hieraus ergeben und die Durchführung des Vertrages erschweren oder zeitweilig verhindern, können auch bei Verlagsverträgen auftreten; auch bei ihnen können Rohstoffverknappung, Arbeitermangel oder sonstige durch den Krieg bedingte Umstände zu Störungen im Arbeitsablauf führen, wie sie die Verordnung vom 20. April 1940 im Auge hat. Letzten Endes gebietet auch die sich mit zunehmender Kriegsdauer mehr und mehr verschärfende und auf immer weitere Gebiete übergreifende Beengung der Wirtschaft, den Anwendungsbereich der Verordnung ausdehnend auszulegen und ihr ihrem Zwecke gemäß auch Verträge zu unterstellen, die, wie der Verlagsvertrag, wenn nicht im Rechtssinne, so doch nach ihrer wirtschaftlichen Bedeutung zu den in der Verordnung genannten Lieferverträgen gehören.

Soweit § 1 VAL. die richterliche Vertragshilfe davon abhängig macht, daß die Durchführung eines Liefervertrages durch die Kriegsauswirkungen zeitweilig unmöglich geworden oder so stark erschwert ist, daß dem Lieferer die Lieferung der Ware oder dem Besteller deren Abnahme oder die Erfüllung sonstiger Verpflichtungen aus dem Vertrage nicht zugemutet werden kann, will die Verordnung den Schwierigkeiten abhelfen, die sich aus den Notwendigkeiten des Krieges für die Abwicklung des einzelnen, den Gegenstand des Verfahrens bildenden Vertrages ergeben. Sie will nicht dort eingreifen, wo sich die wirtschaftlichen Verhältnisse des einen oder des anderen Teiles infolge des Krieges allgemein verschlechtert haben und der Schuldner aus diesem Grunde mit der Erfüllung ihm obliegender Vertragspflichten in Bedrängnis geraten ist. Dem Schuldner stehen in solchem Fall andere Rechtsbehelfe zur Verfügung, durch die er sich Schutz verschaffen kann (vgl. Vertragshilfeverordnung vom 30. November 1939 [RGBl. I S. 2329] in der Fassung der Änderungsverordnungen vom 3. November 1941 [RGBl. I S. 684] und 11. Dezember 1942 [RGBl. I S. 706]; Verordnung über die Bewilligung von Zahlungsfristen in Rechtsstreitigkeiten vom 7. Oktober 1939 [RGBl. I S. 2004]; Verordnung über das Kriegsausgleichsverfahren vom 30. November 1939 [RGBl. I S. 2338]). Dem Oberlandesgericht ist deshalb beizutreten, wenn es die Berufung des Schuldners auf eine auf den Krieg zurückzuführende Beeinträchtigung seines Zahlungsvermögens nicht genügen läßt, um ein Abwicklungsverfahren zu rechtfertigen. Es geht aber zu Unrecht davon aus, daß es sich für den Antragsteller nur hierum handele. Es sind nicht allein die Honoraransprüche des Antragsgegners, die noch unerledigt sind. Der Verlagsvertrag der Parteien bedarf vielmehr auch noch in anderer Hinsicht der Erfüllung und läßt Raum für eine Bereinigung seiner Durchführung, die sich keineswegs in der Ordnung der Zahlungsverpflichtungen des Antragstellers erschöpft, diese zum mindesten nicht in einer der Sachlage entsprechenden Weise regeln kann, ohne dabei auch auf die sonstigen Punkte einzugehen, in denen es bisher an einer Vertragsdurchführung mangelt. Dem Oberlandesgericht kann insoweit schon nicht gefolgt werden, als es den Antragsgegner der Verpflichtung zum Korrekturlesen und demgemäß den Antragsteller der Pflicht zur Vorlegung eines Korrekturabzugs für überhoben hält. § 43 Satz 2 VerlG., auf den es verweist, schlägt nicht ein. Er bezieht sich, wie aus § 41 das. hervorgeht, nur auf periodische Sammelwerke, also auf Zusammenstellungen selbständiger Beiträge zu einem durch einen gemeinsamen Zweck getragenen Ganzen, das sich unter gleicher Zwecksetzung, aber mit neuem Inhalt in bestimmten Fristen wiederholt. Hierum handelt es sich bei dem Werke „Das Recht des Unternehmers" nicht; daß es infolge seiner Loseblattform ergänzt werden kann, macht es nicht zu einem periodischen Sammelwerk. Bei ihm gilt deshalb für die Korrekturverpflichtung grundsätzlich die Vorschrift des § 20 VerlG. Die darin enthaltene Bestimmung, daß der Verleger für die Korrektur zu sorgen habe, ist jedoch nicht zwingend. Sie kann ausdrücklich oder stillschweigend dahin abgeändert werden, daß dem Verfasser die Korrektur obliegt. Das kann sich insbesondere ergeben, wenn nach der Wesensart des Werkes, wie etwa bei Veröffentlichungen wissenschaftlichen Inhalts, nur der Verfasser hierzu berufen erscheint und die Besorgung der Korrektur durch ihn üblich ist. Der vom Antragsteller überreichte, von der Reichsschrifttumskammer aufgestellte Normalvertrag (abgedruckt bei Voigtländer-Elster

Verlagsgesetz 1939, Anhang S. 181), der allerdings nach der Anordnung des Präsidenten dieser Kammer vom 3. Juni 1935 (ebenda abgedruckt) nur für den Geschäftsverkehr zwischen Verfassern schöngeistiger Werke und Verlegern bestimmt ist, sieht demgemäß eine Korrekturpflicht des Verfassers ebenso vor wie die von den beteiligten Verbänden herausgegebenen Richtlinien für Verlagsverträge über wissenschaftliche Werke vom 21. November 1929 (bei Voigtländer-Elster a. a. O. S. 186). Der Antragsgegner hat im Grunde auch nicht in Abrede gestellt, daß bei Werken der hier in Betracht kommenden Art ein Korrekturlesen durch den Verfasser üblich sei, sich hiervon vielmehr, und zwar, wie dargelegt, zu Unrecht, nur deshalb für befreit erachtet, weil ein Sammelwerk vorliege.

Es kommt aber auf die Frage, ob und inwieweit der Verlagsvertrag der Parteien wegen der mit der Korrektur zusammenhängenden Verpflichtungen noch unerfüllt ist, gar nicht entscheidend an. Denn die Voraussetzungen des § 1 VHV. sind vor allem insofern gegeben, als der Antragsteller seiner Verpflichtung, das Werk des Antragsgegners zu vervielfältigen und zu verbreiten, bisher noch nicht nachgekommen ist. Daß er das Werk noch nicht, wie beabsichtigt, in Buchform hat erscheinen lassen können, führt er gerade auf die Kriegsauswirkungen, das Ausbleiben der Druckgenehmigung als Folge der Papierverknappung, zurück, und er leitet hieraus auch die von ihm behauptete Unzumutbarkeit der Vertragserfüllung her. Sein Vertragshilfebegehren beschränkt sich auch keineswegs nur auf die Regelung seiner Zahlungspflicht. Sein Antrag, gegebenenfalls andere rechtsgestaltende Maßnahmen zu treffen, zeigt, daß es ihm darauf ankommt, einen Weg gewiesen zu erhalten, der es ihm ermöglicht, die durch den Krieg begründeten Hindernisse der Vertragserfüllung zu überwinden. Soweit sie nach seiner Ansicht zu einer Unzumutbarkeit der ihm vertraglich obliegenden Zahlungen geführt haben, will er auch hierin nur eine Folge der Kriegseinwirkungen auf den in Rede stehenden Vertrag erblicken, da es unbillig erscheine, ihn an einer Verpflichtung festzuhalten, deren Erfüllung vereinbarungsgemäß von der Durchführung des Vertrages auch im übrigen habe abhängen sollen. Damit ist aber eine Sachlage gegeben, wie sie die Verordnung vom 20. April 1940 voraussetzt. Es besteht durchaus die Möglichkeit, durch eine Anordnung gemäß § 2 VHV. einen

Ausgleich zwischen den Vertragsteilen herbeizuführen, der im Zusammenhange mit der durch den Krieg verursachten zeitweiligen Unmöglichkeit der Drucklegung auch für eine Anpassung der Zahlungsverpflichtungen des Antragstellers an die veränderten Verhältnisse Raum läßt.

Der angefochtene Beschluß kann hiernach nicht bestehen bleiben. Das Oberlandesgericht ist nicht gehindert, Vertragshilfe zu gewähren. Dabei wird es vor einer Entscheidung in der Sache selbst allerdings zu prüfen haben, inwieweit der Durchführung des Abwicklungsverfahrens etwa zunächst noch der Umstand im Wege steht, daß es an einem Einverständnis der Parteien über die Höhe der geschuldeten Vergütung fehlt (vgl. RGZ. Bd. 166 S. 276 [285 flg.]).

---

31. 1. Welche Bedeutung hat es für die Verwechslungsfähigkeit zweier Warenzeichen, die voneinander abweichende Abbildungen von Kriechtieren wiedergeben, wenn das im Zeichen des Verletzten enthaltene Bild als das eines Salamanders weitgehende Verkehrsgeltung besitzt?

2. Unter welchen Voraussetzungen ist das Firmenschlagwort „Salamander" dagegen geschützt, daß ein anderer das Bild einer Eidechse im geschäftlichen Verkehr verwendet?

WZG. §§ 15, 24, 31. BGB. § 12. UnlWG. § 16.

II. Zivilsenat. Urt. v. 1. Juli 1943 i. S. Salamander AG. (Kl.) w. H. & Co. (Bekl.). II 15/43.

I. Landgericht Berlin.
II. Kammergericht daselbst.

Die Klägerin, die bekannte Schuhwarenfabrik Salamander AG., ist Inhaberin mehrerer vom Jahre 1899 ab eingetragener Warenzeichen, die das Bild eines Salamanders, zum Teil unter Hinzufügung der Worte „Salamander" oder „Marke Salamander", zum Teil ohne Wortzusatz, zeigen. Als geschützte Waren sind u. a. angegeben: Schuhwaren samt Zubehör, chemische Appretur- und Putzmittel, Strümpfe, Schuheinlagen und Fußstützen. Im Jahre 1933 hatte die Klägerin beim Landgericht Berlin Klage gegen eine Firma Gebrüder K. in B. erhoben, die ein Fußpflegemittel unter dem Bild einer Eidechse in den Handel gebracht hatte.

Der Rechtsstreit endete mit der Verurteilung der genannten Firma zur Löschung des für sie eingetragenen, das Bild eines Kriechtieres enthaltenden Warenzeichens und zur Unterlassung der Benutzung der in diesem Warenzeichen wiedergegebenen Darstellung eines salamanderähnlichen Reptils (Urteil des Kammergerichts vom 21. September 1933).

Die Beklagte vertreibt Fußpflegemittel unter der Bezeichnung „Eidechse" und verwendet bei ihrer Werbung das Bild eines Kriechtieres in verschiedener Ausführung. Sie hatte von der in Konkurs geratenen Firma K. im Jahre 1933 einen Posten Ware übernommen, deren Verpackung mit der durch das vorgenannte Urteil betroffenen Abbildung versehen war. Als sie diesen Warenposten mit der unveränderten Verpackung in den Verkehr brachte, wurde dies von der Klägerin beanstandet. Nach deren Behauptung verpflichtete sich die Beklagte darauf durch Schreiben vom 16. Januar 1934, sich des Vertriebs von Fußpflegemitteln mit dem Zeichen eines salamanderartigen Reptils fortan zu enthalten.

Die Klägerin erblickt in der gleichwohl fortgesetzten Benutzung des beanstandeten Bildes durch die Beklagte nicht nur eine Zuwiderhandlung gegen diese Verpflichtung, sondern auch eine schuldhafte Verletzung der ihr, der Klägerin, zustehenden Warenzeichen-, Ausstattungs- und Firmenrechte sowie einen Verstoß gegen die Bestimmungen des Wettbewerbsgesetzes. Die von der Beklagten verwendeten Abbildungen seien, so macht sie geltend, mit dem ihr geschützten Salamanderbild und ihrem Firmenschlagwort verwechslungsfähig; zudem bestehe Warengleichheit, da auch Fußpflegemittel in größeren Schuhgeschäften feilgeboten würden. Die Klägerin hat demgemäß mit ihrer im April 1941 erhobenen Klage beantragt, der Beklagten unter Strafandrohung die zeichenmäßige Verwendung des Bildes einer Eidechse, auch in Verbindung mit dem Wort Eidechse, bei der Werbung für ihre Fußpflegeerzeugnisse und beim Vertriebe dieser Waren zu untersagen, sie zur Auskunfterteilung zu verurteilen und ihre Schadensersatzpflicht festzustellen.

Die Beklagte hat um Klageabweisung gebeten und entgegnet: Möge zwar der Name „Salamander" in Wort und Bild vom Verkehr als Merkmal für Schuhwaren bestimmter Herkunft angesehen werden und der Klägerin insoweit ein Ausstattungsschutz zustehen, so entfalle doch jede Verwechslungsgefahr, wenn sie, die Beklagte, das Bild einer Eidechse in Verbindung mit dem Wort Eidechse für Fußpflegemittel benutze, die ausschließlich in Apotheken und Drogerien, nicht in Schuhgeschäften vertrieben würden und den der Klägerin geschützten Waren nicht gleichartig seien. Die Klägerin habe überdies ihr etwa zustehende Rechte verwirkt; sie, die Beklagte, habe seit dem Jahre 1934 in immer zunehmendem Maße für ihre Erzeugnisse unter der Bezeichnung Eidechse geworben und sich hieran einen schutzwürdigen Besitzstand geschaffen; die Klägerin habe sich erst in einem der Klage vorangegangenen Briefwechsel hiergegen gewendet.

Das Landgericht hat die Beklagte antragsgemäß verurteilt. Das Kammergericht hat ihre Verurteilung zur Unterlassung auf die Benutzung eines reptilähnlichen Kriechtieres ohne das Wort Eidechse oder mit diesem beschränkt, wenn das Kriechtier in Rückenansicht von oben gesehen mit den vier abgespreizten Füßen und gebogenem Schwanz dargestellt wird, und auch nur in diesem Umfange den Anträgen auf Auskunfterteilung und Feststellung der Schadensersatzpflicht stattgegeben; die weitergehende Klage hat es abgewiesen. Die Revision der Klägerin führte zur Wiederherstellung des landgerichtlichen Urteils.

Gründe:

Gegenüber dem Klagebegehren, das sich entsprechend dem bisherigen Verhalten der Beklagten gegen die Verwendung des Bildes einer Eidechse ohne Rücksicht auf die Art und Weise ihrer Wiedergabe richtet, hält das Berufungsgericht einen Unterlassungsanspruch der Klägerin und die daraus hergeleiteten Nebenansprüche nur insoweit für begründet, als sich die Beklagte bei ihrer Werbung eines „reptilähnlichen Kriechtieres" bedient, das „in Rückenansicht von oben gesehen mit den vier abgespreizten Füßen und gebogenem Schwanz dargestellt wird". Dabei kann die Bezeichnung „reptilähnliches Kriechtier" bei der begrifflichen Übereinstimmung der beiden in ihr enthaltenen Benennungen zu Zweifeln über Sinn und Tragweite der Entscheidung Anlaß geben. Wie aber aus den Gründen des angefochtenen Urteils hervorgeht, soll der Beklagten die Benutzung der Abbildung eines Kriechtieres nur verwehrt sein, wenn es nach seiner Form und Körperstellung dem salamanderartigen Tiere gleicht, das sich in den Warenzeichen der Klägerin findet. Dagegen soll die Beklagte nicht gehindert sein, eine hiervon abweichende Darstellung zu gebrauchen, insbesondere ein Kriechtier in Seitenansicht mit erhobenem Kopf und mit erhobenem oder nach unten herabhängendem Schwanz wiederzugeben, weil es in solchem Fall an der Gefahr einer Verwechslung mit dem Zeichen der Klägerin fehle.

Die Beschränkung, die das Berufungsgericht hiernach gegenüber den Schutzansprüchen der Klägerin eintreten läßt, ist, wie der Revision zuzugeben ist, nicht gerechtfertigt. Sie entspricht weder dem Inhalte der von der Beklagten übernommenen vertraglichen Verpflichtung, noch steht sie mit zeichen- und namensrechtlichen Grundsätzen in Einklang.

Das Berufungsgericht hält entgegen dem Bestreiten der Beklagten für erwiesen, daß diese den Brief vom 16. Januar 1934 als Antwort auf die Zuschrift der Klägerin vom 15. Januar 1934 geschrieben habe, in der sie aufgefordert wurde, von einer Weiterbenutzung des der Firma K. rechtskräftig verbotenen Warenzeichens abzusehen. Das Berufungsgericht legt die Erklärung der Beklagten, sie werde den Artikel Fuß-Schälkur Eidechse vom Hersteller nicht mehr beziehen, dahin aus, daß sie sich damit nicht nur zur Unterlassung des Warenbezugs, sondern auch zur Unterlassung des Gebrauchs des Warenzeichens verpflichtet habe. Es ist aber der Meinung, diese Verpflichtung habe sich nicht auf die zeichenmäßige Verwendung jeder beliebigen Darstellung eines Reptils erstrecken, sondern nur so weit gehen sollen, wie sie von der Klägerin gefordert worden sei, nämlich auf Unterlassung der Benutzung des Warenzeichens so, wie sie der Firma K. durch das Urteil des Kammergerichts vom 21. September 1933 verboten worden sei. Das sei die Wiedergabe eines Reptils mit den in der Formel des jetzt angefochtenen Urteils angegebenen besonderen Merkmalen. Das Berufungsgericht wird damit weder dem Sinne des gegen die Firma K. ergangenen Urteils noch der Bedeutung der Erklärung der Beklagten vom 16. Januar 1934 gerecht. (Wird näher ausgeführt.)

Es verstößt deshalb gegen die Auslegungsgrundsätze der §§ 133, 157 BGB., wenn das Berufungsgericht die Verpflichtungserklärung der Beklagten nur für eine mit dem Warenzeichen der Firma K. übereinstimmende Wiedergabe des Reptilbildes gelten lassen will. Die Beklagte konnte nicht im Zweifel darüber sein, daß sie mit ihrer Erklärung auch auf sich nahm, jede sonstige mit dem Salamanderbilde der Klägerin verwechselbare Darstellung eines Kriechtieres zu unterlassen. Auch die Klägerin hatte keinen Anlaß, die Erklärung anders aufzufassen. Dann ist aber ihr Unterlassungsbegehren schon auf Grund vertraglicher Verpflichtung der Beklagten gerechtfertigt, soweit es sich gegen die Wiedergabe eines Kriechtieres richtet, die mit dem ihr geschützten Salamanderbilde verwechselbar ist. Da dies, wie noch zu erörtern sein wird, nicht nur bei einer Darstellung der Fall ist, wie sie das Berufungsgericht in dem jetzt angefochtenen Urteil verbietet, sondern für jede Wiedergabe einer Eidechse gilt, deren sich die Beklagte bisher bedient hat, findet das Klagebegehren schon in der Erklärung der Beklagten vom 16. Januar 1934 eine ausreichende Stütze.

Auch nach zeichenrechtlichen Gesichtspunkten hält das Berufungsgericht die Klage nur in dem von ihm ausgesprochenen beschränkten Umfange für begründet. Soweit es dabei Warengleichartigkeit annimmt, ist dies rechtlich nicht zu beanstanden. Entscheidend hierfür ist, ob die Waren vermöge ihrer wirtschaftlichen Bedeutung und ihrer Verwendung einander so nahestehen, daß die Abnehmer infolge der Verwechslungsfähigkeit der Zeichen der Gefahr ausgesetzt sind, die Waren als Erzeugnisse eines und desselben Geschäftsbetriebes anzusehen (vgl. GRUR. 1940 S. 368, 1942 S. 432). Das kann ohne Rücksicht auf die stoffliche Beschaffenheit der Waren und die Art und Weise ihrer Herstellung der Fall sein, wenn die Art ihres Vertriebs und die enge Berührung ihrer Zweckbestimmung auf eine gemeinsame Herkunftstätte schließen lassen. Nach der auf die Auskünfte von Industrie- und Handelskammern gestützten Feststellung des Berufungsgerichts werden seit vielen Jahren auch Fußpflegemittel in Schuhgeschäften, insbesondere in größeren, üblicherweise feilgehalten, eine Erscheinung, die durchaus im Rahmen der auf Förderung der Volksgesundheit abzielenden, immer mehr auch in das Bewußtsein der Allgemeinheit eindringenden Bestrebungen liegt. Dann ist aber die Möglichkeit, daß beachtliche Teile des Verkehrs an einen gemeinsamen Warenursprung denken, wenn ihnen Schuhe, Schuheinlagen, Fußstützen und Fußpflegemittel unter derselben oder einer verwechslungsfähigen Kennzeichnung entgegentreten, nicht von der Hand zu weisen.

Nicht gefolgt werden kann hingegen dem Berufungsgericht, wenn es die Gefahr einer Verwechslung mit den Zeichen der Klägerin auf die Darstellung eines Kriechtieres beschränkt, das die in der Formel des angefochtenen Urteils angegebenen Merkmale aufweist. Die Zeichen der Klägerin sind, wie das Berufungsgericht nicht verkennt, weithin bekannt und von stärkster Kennzeichnungskraft. Mögen sie das Bild eines Kriechtieres für sich allein oder in Verbindung mit den Worten „Salamander" oder „Marke Salamander" wiedergeben, so wird der durch sie ausgelöste Eindruck schon infolge der nachhaltigen Werbung der Klägerin mit dem auch den beherrschenden Teil ihrer Firma bildenden Worte durch den Begriff „Salamander" bestimmt, der vom Beschauer ohne weiteres auch auf das ihm für sich allein und ohne diesen Wortzusatz entgegentretende Tierbild übertragen wird. Es ist also nicht nur das Bild in seiner ihm eigentümlichen Formgestaltung, auf dem die Kennzeichnungskraft der Zeichen der Klägerin beruht, sondern der damit für den Beschauer untrennbar verbundene Gedanke an den Begriff „Salamander", der sein Erinnerungsbild beeinflußt. Hieraus ergibt sich der Maßstab, der bei der Vergleichung mit anderen Kennzeichnungen für die Frage der Verwechslungsgefahr anzulegen ist. Es kommt nicht nur auf die mehr oder minder große Übereinstimmung in der Bildwirkung an. Zu prüfen ist vielmehr, inwieweit die zum Vergleich stehende Darstellung eines Kriechtieres geeignet ist, beim Beschauer den Gedanken an das ihm unter dem Begriffe „Salamander" bekannte Zeichenbild der Klägerin wachzurufen. Insoweit fällt aber entscheidend ins Gewicht, daß, wie auch das Berufungsgericht feststellt, weite Kreise der Bevölkerung zwischen einem Salamander und einem sonstigen, diesem der äußeren Form nach ähnlichen Kriechtier, insbesondere einer Eidechse, nicht zu unterscheiden wissen. Auch das Bild einer Eidechse vermag, soweit dies zutrifft, den Gedanken an das unter dem Begriffe „Salamander" bekannte Zeichenbild der Klägerin zu wecken, und zwar unerachtet dessen, ob es in den Einzelheiten der Darstellung diesem gleicht oder weitgehend ähnelt. Die Gefahr einer Verwechslung ist gegeben, wenn der Beschauer infolge der bei ihm herrschenden Unklarheit in der ihm zu Gesicht kommenden Darstellung eines Kriechtieres das ihm unter dem Begriff „Salamander" bekannte Zeichenbild, also das der Klägerin, vor sich zu haben glaubt. Daß sich dieser Gedanke bei ihm einstellt, hat nicht zur Voraussetzung, daß das ihm entgegentretende Bild auch in seinen Einzelheiten dem ihm vertrauten Salamanderbilde gleicht. Auch Abweichungen in der Darstellung vermögen nicht zu verhindern, daß dieses in seiner Erinnerung auftaucht. Das Berufungsgericht irrt, wenn es glaubt, der Umstand, daß das Zeichenbild der Klägerin weithin bekannt sei, werde den Beschauer auf Einzelheiten der Wiedergabe achten lassen und ihn vor Irrtümern bewahren. Das Gegenteil ist richtig. Die starke Kennzeichnungskraft eines Zeichens hat gerade zur Folge, daß der Verkehr über Besonderheiten seiner Ausgestaltung hinwegsieht und den ihm im Gedächtnis haftenden begrifflichen Inhalt des Zeichens in einem anderen Zeichen auch dann wiederzufinden glaubt, wenn dieses in Einzelheiten von jenem abweicht. Es ist deshalb verfehlt, wenn das Berufungsgericht das Bild einer Eidechse nur dann als mit dem Zeichen der Klägerin verwechselbar ansieht, wenn es diesem nach Form und Körperstellung gleicht. Vielmehr genügt jede auch hiervon abweichende Darstellung einer Eidechse, sei es in Seitenansicht, sei es in einer sonstigen Körperstellung, um vom Beschauer mit dem ihm als „Salamander" bekannten Bild in den Zeichen der Klägerin in Verbindung gebracht werden zu können und damit die Gefahr einer Verwechslung hervorzurufen. Deren Begrenzung auf Fälle, in denen das Eidechsenbild die in der Formel des angefochtenen Urteils hervorgehobenen Merkmale aufweist, müßte auch, wie ein Blick auf die von der Beklagten bisher verwendeten Abbildungen einer Eidechse zeigt, zu einer Unsicherheit in der Beurteilung des Schutzumfanges der Zeichen der Klägerin führen, die sich mit der diesen zukommenden starken Kennzeichnungskraft in keiner Weise vereinbaren ließe. Die Beklagte hat nach den vorgelegten Unterlagen mit Bildern geworben, die trotz unzweifelhaft gegebener Seitenansicht oder sonstiger Abweichungen, besonders in der Zahl der sichtbaren Füße, durchaus den Bildeindruck vermitteln, den das Berufungsgericht als für das Bestehen einer Verwechslungsgefahr wesentlich bezeichnet. Es wäre willkürlich, wenn man diese Darstellungen, wie es nach dem angefochtenen Urteil möglicherweise der Fall sein müßte, für zulässig erachten wollte. Eine Beschränkung des Unterlassungsgebots, wie sie das Berufungsgericht vornimmt, ist nach alledem nicht gerechtfertigt. Die Klägerin kann mit Rücksicht auf die Gefahr einer auch insoweit bestehenden Verwechslung mit ihren Warenzeichen verlangen, daß sich die Beklagte bei ihrer Werbung für Fußpflegemittel des warenzeichenmäßigen Gebrauchs eines Eidechsenbildes in jeder Form enthalte. Ihr Unterlassungsanspruch ist deshalb auch nach §§ 15, 24, 31 WZG. im vollen Umfange begründet.

Soweit sich die Klage auf ein der Klägerin zustehendes Ausstattungsrecht stützt, ergibt sich hieraus nach Ansicht des Berufungsgerichts ebenfalls keine Grundlage für ein über den Urteilsausspruch hinausgehendes Verbot, weil die Klägerin das Tierbild, von geringfügigen Änderungen abgesehen, nur in der eingetragenen und für sie durch die Eintragungen geschützten Form benutze. Die Revision rügt demgegenüber Verletzung des § 139 ZPO., indem sie unter Vorlegung entsprechender Unterlagen geltend macht, die Klägerin würde bei richterlicher Befragung umfangreichen Anschauungsstoff dafür beigebracht haben, daß sie das Bild eines Salamanders in den verschiedensten Darstellungen und Ansichten, sowohl in bunter als auch in schwarzweißer Ausführung, in großem Umfange werbemäßig verwende. Eines näheren Eingehens hierauf bedarf es indessen nicht, da die Klägerin ihre Schutzansprüche nach dem vorher Ausgeführten schon auf Grund ihrer Warenzeichenrechte durchzusetzen vermag.

Zu Unrecht versagt das Berufungsgericht der Klägerin auch eine Berufung darauf, daß sie durch das Verhalten der Beklagten in ihrem Namens- und Firmenrecht verletzt werde. Es verkennt nicht, daß sich der Namensschutz des § 12 BGB. auf den Handelsnamen, die Firma, erstreckt und auch dem Firmenschlagwort zugute kommt, sofern dieses in den beteiligten Verkehrskreisen als solches anerkannt ist (vgl. RGZ. Bd. 171 S. 30 [32] mit weiteren Nachweisungen). Es ist weiter auch in Übereinstimmung mit RGZ. Bd. 115 S. 401 [407] der Auffassung, daß die Bezeichnung „Salamander" von der Klägerin als schlagwortartige Abkürzung ihres Firmennamens benutzt und von den beteiligten Verkehrskreisen als solche Abkürzung aufgefaßt und daß das Interesse der Klägerin verletzt wird, wenn ein anderer Geschäftsmann, mag er mit ihr im Wettbewerb stehen oder nicht, ohne ihr Einverständnis den Namen „Salamander" in seinem Betriebe gebraucht. Im Einklang mit der reichsgerichtlichen Rechtsprechung und dem insbesondere zum Firmenbestandteil „Salamander" ergangenen Urteil II 27/30 des erkennenden Senats vom 18. November 1930 (GRUR. 1931 S. 274 = MuW. 1931 S. 100) befindet sich das Berufungsgericht schließlich auch insofern, als es für möglich hält, daß ein Namens- oder Firmenrecht durch den Gebrauch des Bildzeichens verletzt wird, wenn letzteres nach der Auffassung des Verkehrs einen Hinweis auf die Firma oder einen Firmenbestandteil enthält, ein Grundsatz, der nunmehr in § 31 WZG. auch seinen gesetzlichen Ausdruck gefunden hat. Dem Berufungsgericht kann jedoch nicht beigetreten werden, wenn es die Anwendbarkeit dieses Grundsatzes im vorliegenden Falle verneint. Der Begriff des unbefugten Namensgebrauchs im Sinne des § 12 BGB. deckt sich im Bereiche des geschäftlichen Verkehrs mit dem Tatbestande des § 16 UnlWG. und ist, wie dieser, gegeben, sofern die Benutzung des Namens die Gefahr einer Verwechslung mit dem des berechtigten Namensträgers, wenn auch nur im weiteren Sinn einer Annahme des Bestehens von geschäftlichen Beziehungen zu diesem, begründet. Geht man mit dem Berufungsgericht davon aus, daß, wie schon oben erwähnt, weiten Kreisen der Unterschied zwischen einem Salamander, einer Eidechse oder einem sonstigen dem ähnlichen Kriechtier unbekannt ist, so erhebt sich die Frage, ob der Anblick des Bildes auch einer Eidechse genügt, um beim Beschauer den Gedanken an einen Salamander und damit an das Firmenschlagwort der Klägerin aufkommen zu lassen. Wenn das Berufungsgericht dies schon deshalb für unwahrscheinlich hält, weil die Eidechse das häufiger vorkommende und daher im Publikum besser bekannte Tier sei, so kann dahinstehen, inwieweit sich dies mit der vorher erwähnten Feststellung des Berufungsgerichts verträgt. Bei der auch von ihm angenommenen weitgehenden Unfähigkeit des Publikums zu bestimmter Unterscheidung muß zum mindesten bei einem nicht unbeachtlichen Teile des Verkehrs damit gerechnet werden, daß auch das Bild einer Eidechse als das eines Salamanders angesehen wird. Das wird aber um so eher der Fall sein, wenn dem Beschauer das Bild einer Eidechse als gewerbliches Kennzeichnungsmittel entgegentritt. Denn dann handelt es sich für ihn nicht nur um eine Erkenntnis auf Grund unvollkommener zoologischer Vorstellungen, sondern um Erinnerungsvorgänge, die mit dem ihm aus der umfassenden Werbung der Klägerin bekannten Begriffe „Salamander" zusammenhängen. Ist ihm dieser Name als der eines gewerblichen Unternehmens geläufig, das sich für seinen geschäftlichen Verkehr des Begriffs „Salamander" in Wort und Bild seit Jahrzehnten in stärkstem Umfange bedient hat und noch bedient, so kann nicht ausbleiben, daß jede Darstellung eines salamanderähnlichen Kriechtieres, auch einer Eidechse, in der Verwendung als gewerbliches Kennzeichnungsmittel den Gedanken an jenes Unternehmen auslöst. Daraus ergibt sich bei der auch vom Berufungsgericht angenommenen starken Kennzeichnungskraft des Namens „Salamander", daß die Klägerin in ihrem Namensrecht in jedem Fall auch dann verletzt wird, wenn ein anderer das Bild einer Eidechse im geschäftlichen Verkehr verwendet. Ihr Unterlassungsbegehren ist deshalb auch nach § 12 BGB., § 16 UnlWG. begründet. Das Bedenken des Berufungsgerichts, die Klägerin erlange auf solche Weise eine vom gesunden Volksempfinden nicht gebilligte Vorzugsstellung, da sie ohne Rücksicht auf das Bestehen eines Wettbewersverhältnisses gegen jede anderweite geschäftliche Benutzung der Darstellung eines reptilähnlichen Kriechtieres einschreiten könne, greift nicht durch. Denn einmal beansprucht die Klägerin ein Ausschließlichkeitsrecht nur für das Bild eines salamanderähnlichen Kriechtieres. Sodann kann von einer unzulässigen Vorzugsstellung der Klägerin im gegebenen Fall auch deshalb keine Rede sein, weil sie sich gegen eine mißbräuchliche Verwendung ihres Firmenschlagwortes nur für Waren wendet, die den von ihr vertriebenen gleichartig sind. Ob ihr Schutzbegehren bei völliger Verschiedenartigkeit der Waren versagen müßte, weil es solchenfalls an einer Interessenverletzung fehlte, oder ob sich eine solche selbst dann ergäbe, weil ihr in jedem Falle daran liegen müßte, eine „Verwässerung" ihres Firmenschlagwortes zu verhüten, kann unerörtert bleiben.

Den von der Beklagten erhobenen Verwirkungseinwand hält das Berufungsgericht nicht für begründet, soweit Verletzungshandlungen in Frage kommen, wie sie der Beklagten im angefochtenen Urteil verboten werden. Es ist der Meinung, diese habe nach Abgabe der Verpflichtungserklärung vom 16. Januar 1934 nicht darüber im Zweifel sein können, daß sie mit der Verwendung der Darstellung eines Kriechtieres in Rückenansicht gegen den Willen der Klägerin handele, und könne angesichts ihrer Bösgläubigkeit keinen redlichen und schutzwürdigen Besitzstand an dieser Bezeichnung erworben haben. Nach der Ansicht des Berufungsgerichts wäre die Sachlage hingegen anders zu beurteilen und dem Verwirkungseinwande stattzugeben, wenn bei den sonstigen von der Beklagten verwendeten Abbildungen eines Kriechtieres die Gefahr einer Verwechslung mit dem Salamanderbilde der Klägerin bestände und damit deren Zeichenrechte verletzt wären. Denn dann habe die Beklagte infolge ihrer seit dem Jahre 1934 mehr und mehr verstärkten werbemäßigen Benutzung solcher Abbildungen, die der Klägerin nicht habe verborgen bleiben können, insoweit einen zur Begründung des Verwirkungseinwands hinreichenden Besitzstand erworben, den die Klägerin nach jahrelanger Untätigkeit jetzt nicht mehr zunichte machen könne.

Soweit das Berufungsgericht hiernach annehmen sollte, auf eine Verwirkung könne sich nur berufen, wer im guten Glauben an sein Recht gehandelt habe, könnte dem in dieser Allgemeinheit allerdings nicht beigetreten werden. Auch wenn sich der Verletzer von vornherein bewußt gewesen wäre, daß er dem Willen des Verletzten zuwiderhandle, wäre ihm der Einwand der Verwirkung nicht zu versagen, sofern er nach dem späteren Verhalten des Verletzten annehmen durfte, dieser wolle eine Beeinträchtigung seines Rechtes hinnehmen. Es wäre also denkbar, daß sich die Beklagte trotz ihrer Erklärung vom 16. Januar 1934 zur Benutzung der Darstellung eines Kriechtieres für befugt halten durfte, wenn sie nach dem späteren Verhalten der Klägerin Anlaß gehabt hätte, auf deren Einverständnis zu schließen. Hätte sie mit Rücksicht hierauf Mühe und Kosten aufgewendet, um die von ihr benutzte Bezeichnung zur Geltung zu bringen, und wäre ihr dies gelungen, so wäre es ihr nach Treu und Glauben nicht zu verwehren, wenn sie dem Vorgehen der Klägerin den Einwand der Verwirkung entgegenhielte. Der Einwand könnte ihr nur dann nicht zustatten kommen, wenn sie sich der Widerrechtlichkeit ihres Handelns und des Fehlens einer Bereitschaft des anderen Teils, es hinzunehmen, bewußt gewesen wäre (vgl. GRUR. 1939 S. 418). Daß dies der Fall gewesen ist, will aber das Berufungsgericht, wenigstens hinsichtlich der von ihm als unzulässig angesehenen Verletzungshandlungen, auch offensichtlich feststellen. Es verweist insoweit mit Recht auf das Schreiben der Klägerin vom 15. Januar 1934 und auf deren ablehnende Haltung gegenüber der Bitte der Beklagten um Bewilligung einer Aufbrauchsfrist. Die Beklagte hat auch, abgesehen vom bloßen Zeitablauf, nichts vorgebracht, woraus zu folgern wäre, daß sie sich ihrer Verpflichtungserklärung hätte für überhoben erachten und ihr Verhalten als von der Klägerin gebilligt ansehen dürfen.

Hält hiernach das Berufungsgericht den Verwirkungseinwand mit Recht für unbegründet, soweit es sich um den Gebrauch der von ihm allein als verwechslungsfähig angesehenen Darstellung eines Kriechtieres in Rückenansicht handelt, so muß dies ebenso auch für die übrigen Abbildungen einer Eidechse gelten, deren sich die Beklagte bedient hat. Denn nach dem oben Ausgeführten stehen auch sie dem Salamanderbilde der Klägerin so nahe, daß sie mit ihm verwechselt werden können. Die Beklagte hatte, wie bereits dargelegt, keinen Grund, die Zulässigkeit ihrer Verwendung anders zu beurteilen als die der Darstellung, die auch das Berufungsgericht mißbilligt. Sie hat auch, wie die überreichten Unterlagen ergeben, in der Tat keinerlei Unterschied zwischen der Wiedergabe einer Eidechse in Rückenansicht oder in einer sonstigen Körperstellung gemacht, sondern die verschiedenen Abbildungen gleichzeitig und nebeneinander verwendet, offenbar in der Annahme, daß jede von ihnen den erstrebten gleichmäßigen Werbeeindruck vermittle. Es ist deshalb geboten, die vom Berufungsgericht als nicht verwechslungsfähig bezeichneten Darstellungen ebenso der Verpflichtungserklärung vom 16. Januar 1934 zu unterstellen wie die im angefochtenen Urteil beanstandeten. Auch für jene konnte die Beklagte nicht im Zweifel darüber sein, daß ihre Benutzung der übernommenen Verpflichtung zuwiderlaufe. Auch ihnen gegenüber muß also der Einwand der Verwirkung versagen. Ob er ferner deshalb ausgeschlossen ist, weil die Beibehaltung einer mit den Zeichen der Klägerin verwechselbaren Bezeichnung angesichts der starken Kennzeichnungskraft jener Zeichen und ihrer Wertung im Verkehr als Merkmale eines besonders guten und geschützten Erzeugnisses zu einer Irreführung der Allgemeinheit führen würde (vgl. GRUR. 1939 S. 806), kann dahingestellt bleiben. Ebensowenig bedarf es eines weiteren Eingehens auf die Rüge der Revision, das Berufungsgericht habe das Vorbringen der Klägerin berücksichtigen müssen, daß die Beklagte bei ihrer allmählich gesteigerten Werbung insofern besonders bösgläubig gehandelt habe, als sie zunächst in kleinen Städten und überhaupt an Stellen mit der Werbung begonnen habe, die voraussichtlich der Aufmerksamkeit der Klägerin entgehen konnten.

Erweist sich sonach das Unterlassungsbegehren der Klägerin in vollem Umfang als gerechtfertigt, so begegnen auch ihre weiteren

Ansprüche auf Auskunfterteilung und Feststellung keinen rechtlichen Bedenken. Die Beklagte trifft, wie sich aus dem vorher Ausgeführten ohne weiteres ergibt, der Vorwurf schuldhaften Handelns auch insoweit, als sie das Bild einer Eidechse in anderer als der vom Berufungsgericht mißbilligten Ausführung verwendet hat.

Das angefochtene Urteil kann nach alledem nicht bei Bestand bleiben. Der Revision ist stattzugeben und, da die Sache zur Endentscheidung reif ist, die Berufung der Beklagten gegen das landgerichtliche Urteil in vollem Umfange zurückzuweisen.

---

32. 1. Unter welchen Voraussetzungen liegt ein zur Begründung des Verwirkungseinwands ausreichender Besitzstand vor, wenn es sich bei der rechtsverletzenden Bezeichnung um ein für den Verletzer eingetragenes Warenzeichen handelt?

2. Stehen einer Berufung auf Verwirkung allgemeine Belange entgegen, wenn die Gefahr einer Irreführung des Verkehrs nur in der Verwechslungsfähigkeit der Bezeichnungen begründet ist?

WZG. §§ 15, 24, 31.

II. Zivilsenat. Urt. v. 8. Juli 1943 i. S. Firma P. C. (Kl.) w. Standard-Bronzefarbenwerke C. E. (Bekl.). II 38/43.

I. Landgericht Düsseldorf.
II. Oberlandesgericht daselbst.

Die Klägerin befaßt sich mit der Herstellung und dem Vertrieb von Seifen, Wasch- und Bleichmitteln. Sie hat ihre Erzeugnisse seit dem Jahre 1930 unter der Bezeichnung „Standard" auf den Markt gebracht und auf Anmeldung vom 10. Oktober 1933 das Wort „Standard" zufolge nachgewiesener Durchsetzung im Verkehr am 22. Mai 1934 unter der Nr. 466105 als Warenzeichen für Seifen und Waschmittel in harter, weicher und flüssiger Form sowie für Bleichmittel eingetragen erhalten. Im Jahre 1936 hat sie den Vertrieb eines Reinigungsmittels „Standard Troll" aufgenommen, das auf der Umhüllung als Scheuerpulver bezeichnet ist, welches sämtliche Haus- und Küchengeräte reinige und poliere.

Die Beklagte, die unter ihrer jetzigen Firma seit dem Jahre 1902 besteht, stellt Bronzepulver, Bronzefarben, Bronzelacke, Aluminiumpulver und Aluminiumfarben her und bringt sie in den Handel. Für diese Erzeugnisse sind ihr vom Jahre 1910 an zahlreiche Wort- und Bildzeichen eingetragen worden, deren jedes das Wort „Standard“, „Standart“ oder „Standarte“ enthält. Seit Ende 1933 vertreibt sie unter der Bezeichnung „Standart Alupast Herdpflege“ eine Aluminiumpaste für Herdpflege, für die ihr nach Anmeldung vom 19. September 1934 am 7. März 1936 unter der Nr. 483400 ein gleichlautendes Warenzeichen eingetragen worden ist. Außerdem hat sie auf Anmeldung vom 22. Februar 1934 durch Eintragung vom 24. April 1936 unter der Nr. 484672 Zeichenschutz für die Darstellung einer entfalteten Verpackungsschachtel erlangt, die auf zwei Seiten die Worte „Standart Alupast Herdpflege“ trägt.

Die Klägerin erblickt in dem Gebrauch des Wortes „Standart“ für das Herdpflegemittel Alupast der Beklagten eine Verletzung ihrer Warenzeichen- und Ausstattungsrechte sowie einen Verstoß gegen die Vorschriften des Wettbewerbsgesetzes. Sie hat beantragt, der Beklagten bei Strafandrohung zu untersagen, das Herdpflegemittel „Alupast“ unter der Bezeichnung „Standart“ auf den Markt zu bringen und feilzuhalten.

Die Beklagte hat um Klageabweisung gebeten und entgegnet: Es handele sich nicht um gleichartige Waren, da die Anwendungsweise der beiderseitigen Erzeugnisse und der mit ihnen erstrebte Arbeitserfolg ganz verschieden seien. Sie verwende das Wort „Standart“ schon seit dem Jahre 1902 zur geschäftlichen Werbung. Da es seitdem auch einen Bestandteil ihrer Firma bilde, habe sie ältere Rechte an ihm als die Klägerin. Diese habe auch einen etwaigen Unterlassungsanspruch verwirkt. Sie, die Beklagte, habe durch umfängliche Werbung erreicht, daß das Mittel „Standart Alupast“ weithin bekanntgeworden sei; ihr Umsatz hierin habe sich bereits bis zum Jahre 1938 auf über 4¼ Millionen Tuben belaufen. Erst da sei aber die Klägerin an sie mit dem Verlangen herangetreten, den Gebrauch der Bezeichnung „Standart“ für ihr Mittel Alupast zu unterlassen.

Die Klägerin hat bestritten, daß die Beklagte einen schutzwürdigen Besitzstand an der Bezeichnung „Standart“ in der Verwendung für ihr Mittel Alupast erworben habe. Sie selbst sei erst im Jahre 1938 auf das ihr bis dahin unbekannt gebliebene Mittel aufmerksam gemacht worden und habe daraufhin den Gebrauch der Bezeichnung „Standart“ sofort beanstandet.

Das Landgericht hat der Klage stattgegeben. Das Oberlandesgericht hat sie abgewiesen. Die Revision der Klägerin blieb ohne Erfolg.

Gründe:

Das Berufungsgericht gelangt, ohne im übrigen zu den Ausführungen des Landgerichts abschließend Stellung zu nehmen, zur Abweisung der Klage, weil es den Verwirkungseinwand der Beklagten für begründet erachtet. Es stellt fest, daß die Beklagte seit dem Jahre 1934 für ihr Herdpflegemittel „Standart Alupast" eine umfängliche Werbung durch Zeitungsanzeigen und -beilagen, Werbebriefe, Preislisten, Postwurfsendungen, Steh- und Hängeplakate und durch Verteilung von Probetuben betrieben habe, daß für sie ständig eine größere Anzahl Reisender, Werbedamen und Vertreter tätig gewesen seien, die sich vor allem auch um den Absatz jenes Mittels bemüht hätten, und daß sie davon in der Zeit von 1933 bis 1938 über 4¼ Millionen Tuben im Werte von etwa 1½ Millionen Reichsmark verkauft habe. Das Berufungsgericht hält danach für erwiesen, daß die Beklagte schon zu der Zeit, als die Klägerin erstmalig an sie herangetreten sei, einen schutzwürdigen Besitzstand an der Bezeichnung „Standart Alupast" erlangt habe. Sie sei dessen, so führt es weiter aus, auch nicht dadurch verlustig gegangen, daß sie infolge der durch den Krieg veranlaßten behördlichen Lenkungsmaßnahmen an der Herstellung des Mittels zeitweilig verhindert sei, da aus den von ihr vorgelegten zahlreichen Erklärungen ihrer Kunden hervorgehe, daß dieses deshalb noch keineswegs in Vergessenheit geraten sei. Das Berufungsgericht hält den Verwirkungseinwand der Beklagten auch insofern für begründet, als diese die Bezeichnung „Standart Alupast" 5 Jahre lang benutzt habe, ehe die Klägerin dagegen eingeschritten sei. Die Beklagte habe, so erwägt es, nach so langer Zeit nicht mehr mit einer Beanstandung zu rechnen brauchen. Daß die Klägerin, wie diese behaupte, erst im Jahre 1938 von dem Gebrauch des beanstandeten Zeichens durch die Beklagte Kenntnis erlangt habe, sei ohne Belang. Ihre Unkenntnis könne auch nur auf einer ganz ungewöhnlichen Unachtsamkeit beruht haben, da das Erzeugnis weithin verbreitet, auch nach dem Vorbringen der Klägerin selbst mehreren ihrer eigenen Vertretungen bekannt gewesen sei.

Die Erwägungen, von denen das Berufungsgericht hiernach bei der Beurteilung des Verwirkungseinwands ausgeht, stehen mit den Grundsätzen in Einklang, die hierzu in der Rechtsprechung, insbesondere auch des erkennenden Senats, entwickelt worden sind. Soweit es danach eines schutzwürdigen Besitzstandes dessen bedarf, der sich auf die Verwirkung beruft, hält das Berufungsgericht im gegebenen Falle mit Recht für genügend, daß die Werbung der Beklagten zu einem für ihr Unternehmen beachtlichen wirtschaftlichen Wert geführt hat, der ihr nicht entzogen werden könnte, ohne sie fühlbar zu benachteiligen. Wie in der auch vom Berufungsgericht erwähnten Entscheidung II 59/42 des erkennenden Senats vom 14. September 1942 (GRUR. 1942 S. 560) ausgeführt ist, braucht der für eine Verwirkung erforderliche Besitzstand, wenn sich, wie hier, eingetragene Warenzeichen gegenüberstehen, nicht ein solcher zu sein, wie er sonst zur Begründung eines Ausstattungsbesitzes notwendig ist. Es kann nur verlangt werden, daß sich durch eine länger dauernde redliche und ungestörte Zeichenbenutzung ein wettbewerblicher Zustand herausgebildet hat, der einen für den Zeicheninhaber beachtlichen Wert darstellt, ihm nach Treu und Glauben erhalten bleiben muß und den auch der besser Berechtigte ihm nicht streitig machen kann, wenn er durch sein Verhalten jenen Zustand erst ermöglicht hat. Die Feststellungen des Berufungsgerichts genügen, um einen hiernach ausreichenden Besitzstand der Beklagten an der Bezeichnung „Standart Alupast" darzutun. Sie beruhen auf den zahlenmäßigen Angaben der von ihm als Zeugen vernommenen Angestellten der Beklagten. Daß diese in einem Abhängigkeitsverhältnis zu dieser gestanden haben oder noch stehen, brauchte das Berufungsgericht nicht zu hindern, ihren Aussagen vollen Glauben zu schenken. Gerade weil es sich im wesentlichen nur um Bekundungen ziffernmäßigen Inhalts handelt, die ersichtlich buchmäßige Aufzeichnungen zur Unterlage haben, liegt nichts dafür vor, daß ihre Richtigkeit durch das Angestelltenverhältnis beeinflußt sein könnte. Auch die Revision vermag insoweit nichts Stichhaltiges vorzubringen. Hat danach die Beklagte durch ausgedehnte, unter erheblichem Kostenaufwand betriebene Werbung erreicht, daß sich ihr Absatz in Herdpflegepaste unter der Bezeichnung „Standart Alupast" in einem Zeitraum von noch nicht 5 Jahren mengen- und wertmäßig auf Beträge belief, welche die Millionengrenze überschritten, so ist schon danach der Schluß des Berufungsgerichts gerechtfertigt, daß ihr ein schutzwürdiger Besitzstand an der genanten Bezeichnung in dem vorher dargelegten Sinn erwachsen sei. Das Berufungsgericht hatte keinen Grund, dem Antrage der Klägerin entsprechend noch Auskünfte der Gauwirtschaftskammern darüber einzuholen, ob und inwieweit die Beklagte für die Bezeichnung „Standart Alupast" Verkehrsgeltung erworben habe. Selbst wenn sich aus einer derartigen Umfrage ergeben haben würde, daß sie eine solche Verkehrsgeltung im Sinn eines Ausstattungsbesitzes nicht erlangt habe, hätte dies die Annahme, daß ein die Verwirkung rechtfertigender Besitzstand gegeben sei, nicht hindern können. Der Vorwurf der Revision, das Berufungsgericht habe nicht die genügende eigene Sachkunde besessen, um über die Auskünfte hinwegsehen zu können, ist unberechtigt. Gegenüber dem erwiesenen beträchtlichen Umsatz der Beklagten in „Standart Alupast" war auch ohne entscheidende Bedeutung, ob der Kreis der Abnehmer dieses Erzeugnisses groß genug war, um von einer Verkehrsgeltung im Sinn eines Ausstattungsbesitzes sprechen zu können. Wenn das Berufungsgericht aus den von der Beklagten beigebrachten Erklärungen ihrer Kundschaft folgert, daß das Mittel „Alupast" weitverbreitet sei, so ist dem jedenfalls insofern beizutreten, als sich auch daraus ein Anhalt für das Bestehen eines schutzwürdigen Besitzstandes in dem oben dargelegten Sinn ergibt. Etwas Weiteren bedurfte es nicht. Es ist deshalb unerheblich und gereicht der Klägerin nicht zum Nachteil, wenn das Berufungsgericht nicht auch noch besonders auf die Äußerungen aus Handelskreisen eingegangen ist, welche die Klägerin vorgelegt hat. Soweit damit bewiesen werden sollte, daß das Erzeugnis der Beklagten vielfach unbekannt geblieben sei, so wäre auch damit die Tatsache eines sich schon aus den festgestellten Werbe- und Umsatzzahlen ergebenden, für die Verwirkung ausreichenden Besitzstandes nicht entkräftet. Die Erwägung des Berufungsgerichts, auch die Klägerin habe zum Nachweise der Verkehrsgeltung des von ihr im Jahre 1934 zur Eintragung angemeldeten Warenzeichens „Standard" keineswegs einen größeren Werbeerfolg dartun können als die Beklagte, bezieht sich ebenfalls nur auf die nicht ausschlaggebende Frage eines damit erworbenen Ausstattungsschutzes. Es kann dahingestellt bleiben, ob das Berufungsgericht dabei, wie die Revision bezweifelt, allenthalben von zutreffenden tatsächlichen Voraussetzungen ausgegangen ist. Soweit endlich für das Vorhandensein eines schutzwürdigen Besitzstandes ins Gewicht fällt, welche Bedeutung die wettbewerbliche Stellung, die einen solchen Besitzstand ergeben soll, für das betreffende Unternehmen hat (vgl. GRUR. 1943 S. 39), geben die Ausführungen des Berufungsgerichts ebensowenig zu rechtlichen Bedenken Anlaß. Das Berufungsgericht hält schon die von ihm festgestellten Werbe- und Umsatzziffern der Beklagten für hoch genug, um den Wert ihres Warenzeichens für ihren Betrieb zu erweisen. Dem ist beizutreten.

Die Revision macht geltend, der Verwirkungseinwand der Beklagten könne, was das Berufungsgericht übersehen habe, schon deshalb nicht durchdringen, weil durch den Gebrauch der Bezeichnung „Standart" für das Alupast-Herdpflegemittel der Beklagten die Gefahr einer Täuschung des Publikums begründet werde. Sie hat hierbei den in der Rechtsprechung anerkannten Grundsatz im Auge, daß für eine Berufung auf Verwirkung kein Raum ist, wenn die Beibehaltung einer Bezeichnung zu einer Irreführung des Verkehrs führen kann, weil dieser den guten Ruf einer ihm unter einem bestimmten Zeichen bekannten Ware möglicherweise auf die ihm unter jener, damit verwechselbaren Bezeichnung entgegentretende Ware überträgt (vgl. GRUR. 1939 S. 806, 1941 S. 275). Das Vorbringen der Klägerin ergibt indessen nichts, was die Anwendung dieses Grundsatzes auch im vorliegenden Falle geboten erscheinen lassen könnte. Die Bezeichnung „Standard" mag zugunsten der Klägerin für deren Warenbereich weitgehende Anerkennung im Verkehr als Herkunftshinweis erlangt haben und insoweit starke Kennzeichnungskraft besitzen. Das besagt aber noch nicht, daß die Bedeutung des Zeichens für den Verkehr dermaßen überragend wäre, daß dieser damit besondere, über den Sinn als Herkunftsbezeichnung hinausgehende Gütevorstellungen verbände. Das könnte der Fall sein, wenn das Standard-Zeichen der Klägerin zu den weithin bekannten Zeichen gehörte, die mindestens im Inland einen räumlich unbegrenzten Ruf genießen und der Allgemeinheit ohne weiteres als Merkmal besonderer Güte und Vertrauenswürdigkeit erscheinen. Daß dies auch für das Standard-Zeichen der Klägerin gelte, ist nicht dargetan. Das Wort „Standard" wird im geschäftlichen Verkehr häufig verwendet und hat im allgemeinen nur die Bedeutung einer Beschaffenheitsangabe. Wenn es sich für die von der Klägerin vertriebenen Erzeugnisse im Verkehr als Herkunftshinweis durchgesetzt hat, so geht dies doch nicht so weit, daß deswegen auch die dem Wort anhaftende Bedeutung eines allgemeinen Gütebegriffs vom Verkehr auf die Erzeugnisse der Klägerin beschränkt und als nur ihnen zukommend angesehen werden müßte. Der Irrtum, dem das Publikum möglicherweise unterliegt, wenn ihm die Bezeichnung „Standard" bei nicht von der Klägerin stammenden Waren aus ihrem gewerblichen Betätigungsgebiet entgegentritt, geht nicht über den Bereich der Warenherkunft hinaus. In diesem Umfange muß er aber von der Klägerin zufolge der Verwirkung ihrer Rechte hingenommen werden. Denn Belange der Allgemeinheit kommen gegenüber einer Berufung auf Verwirkung nicht in Betracht, soweit sie nur in der Verwechslungsfähigkeit der Bezeichnungen begründet sind, die Gefahr einer sonstigen Irreführung des Verkehrs hingegen fehlt (vgl. GRUR. 1942 S. 361 [363]).

---

33. Können Klagen ehelicher Kinder auf Feststellung ihrer blutmäßigen Abstammung nach dem 1. März 1943 als Klagen wegen Bestreitung der Ehelichkeit auch dann fortgesetzt werden, wenn dem Kinde nach § 159 ABGB. a. F. kein Klagerecht zustand?

ABGB. § 159. Verordnung über die Angleichung familienrechtlicher Vorschriften vom 6. Februar 1943 (RGBl. I S. 80) § 11.

VII. Zivilsenat. Beschl. v. 14. Juli i. S. P. (Kl.) w. Kurator z. Feststellung der blutmäßigen Abstammung (Bekl.). VII 96/43.

I. Landgericht Graz.
II. Oberlandesgericht daselbst.

Die Frage wurde bejaht aus folgenden

Gründen:

Das Allgemeine Bürgerliche Gesetzbuch hat weder eine bejahende noch eine verneinende Klage zur Feststellung der blutmäßigen Abstammung gekannt. Es hat vielmehr nur die zeitlich befristeten Klagen wegen Bestreitung der Ehelichkeit eines Kindes geregelt und dabei das Bestreitungsrecht des gesetzlichen Vaters in § 158 ABGB., das Bestreitungsrecht des Kindes und der gesetzlichen Erben des Mannes in § 159 ABGB. näher festgelegt. Danach stand dem Kind ein Recht zur Bestreitung der Ehelichkeit nur zu, wenn der Ehemann der Mutter vor dem Ablauf der Bestreitungsfrist gestorben oder seit der Geburt des Kindes dauernd unbekannten Aufenthalts war. Dieses Bestreitungsrecht erlosch ein

Jahr nach erreichter Großjährigkeit des Kindes. Die überragende Bedeutung der wirklichen blutmäßigen Abstammung führte dazu, daß durch die Rechtsprechung auch in den Fällen, in denen infolge Versäumung der Fristen zur Bestreitung der Ehelichkeit der Familienstand des Kindes unabänderlich feststand, Klagen zur Feststellung der blutmäßigen Abstammung zugelassen wurden, die den Klagen nach §§ 158, 159 ABGB. nachgebildet und daher auch gegen einen Kurator zu richten waren, um erhöhte Sicherheit für die Sachlichkeit der Entscheidung zu erlangen. Für diese Klagen wurde der Grundsatz des Amtsverfahrens eingeführt. Es lag in der Natur der Sache, daß das Klagerecht des Kindes wegen Feststellung der blutmäßigen Abstammung nicht davon abhängig gemacht werden konnte, ob der Vater noch lebe oder unbekannten Aufenthalts sei.

Durch § 5 der Verordnung über die Angleichung familienrechtlicher Vorschriften vom 6. Februar 1943 wurden die §§ 156 bis 159a ABGB. abgeändert. Die Bestreitungsfrist für die Klage des Ehemannes der Mutter wurde von drei Monaten auf ein Jahr erweitert, das Bestreitungsrecht des Kindes beseitigt und die im Altreich zulässige Anfechtung der Ehelichkeit des Kindes durch den Staatsanwalt auch im Geltungsgebiete des Allgemeinen Bürgerlichen Gesetzbuchs eingeführt. Die Bestreitung der Ehelichkeit selbst geschieht bei Lebzeiten des Kindes durch die Erhebung einer Klage, die gegen das Kind zu richten ist, so daß damit auch die Bestellung von Kuratoren zur Verteidigung der ehelichen Geburt weggefallen ist.

Nach dieser neuen Rechtslage ist es unzweifelhaft, daß seit dem 1. März 1943 Klagen ehelicher Kinder auf Feststellung der blutmäßigen Abstammung nicht mehr zulässig sind, d. h. nicht mehr erhoben werden können (RGZ. Bd. 170 S. 402). Dagegen ist es unrichtig, daß durch das Inkrafttreten dieser Verordnung auch anhängige Klagen ehelicher Kinder auf Feststellung der blutmäßigen Abstammung unzulässig geworden seien, sofern nicht ihr Klagerecht aus entsprechender Anwendung des § 159 ABGB. a. F. hervorgehe. Das Berufungsgericht glaubt, dies aus § 11 Abs. 2 in Verbindung mit § 11 Abs. 1 Satz 2 der genannten Verordnung schließen zu können, und meint, daß die beim Inkrafttreten dieser Verordnung anhängigen Rechtsstreitigkeiten wegen Feststellung, daß ein eheliches Kind blutmäßig nicht vom Ehemanne seiner Mutter abstamme, nunmehr als Rechtsstreitigkeiten wegen Bestreitung der Ehelichkeit zu behandeln seien, daß aber die Befugnis zur Bestreitung der Ehelichkeit sich für solche Verfahren nach den bisherigen Vorschriften zu richten habe und dem Kinde daher kein Klagerecht zustehe, wenn sein Vater noch lebe oder seit der Geburt nicht dauernd unbekannten Aufenthalts sei. Dies ist aber nicht der Sinn des § 11. Aus dieser Bestimmung geht hervor, daß anhängige Verfahren fortzusetzen sind, allerdings nunmehr als Verfahren wegen Bestreitung der Ehelichkeit. Die vor dem Inkrafttreten der Verordnung ergangenen Urteile über Feststellung der blutmäßigen Abstammung werden Urteilen über Feststellung der Unehelichkeit des Kindes gleichgestellt (§ 10 der Verordnung). Die Versäumung der bisherigen Fristen zur Bestreitung der Ehelichkeit des Kindes wird durch Gewährung einer neuen Frist gutgemacht (§ 8 Abs. 2 das.). Nicht einmal die Klageabweisung wegen Fristversäumung steht der neuerlichen Bestreitung der Ehelichkeit entgegen. Hätte der Gesetzgeber gewollt, daß Klagen ehelicher Kinder auf Feststellung der blutmäßigen Abstammung seit dem 1. März 1943 nur fortzusetzen seien, wenn der Vater nicht mehr lebt oder seit der Geburt des Kindes dauernd unbekannten Aufenthalts ist, so hätte er dies klar ausgesprochen. Durch den Hinweis aber, daß sich die Befugnis zur Bestreitung der Ehelichkeit für anhängige Verfahren nach den bisherigen Vorschriften richte, kann nichts anderes gesagt sein, als daß in den Fällen, wo bisher jemandem ein Klagerecht zustand, dieses Klagerecht auch weiterhin anerkannt sein soll. Für Klagen eines ehelichen Kindes wegen Feststellung der blutmäßigen Abstammung galt vor dem 1. März 1943 nach der ständigen Rechtsprechung des erkennenden Senats die entsprechende Beschränkung nach § 159 ABGB. nicht. Sie kann daher auch nicht für die anhängigen Verfahren angewandt werden. Das anhängige Verfahren ist vielmehr unter Anerkennung der bisherigen Befugnis des Klägers weiter als Verfahren wegen Bestreitung seiner Ehelichkeit fortzusetzen. Nur dieses Ergebnis entspricht der in § 11 Abs. 2 vorgeschriebenen „sinngemäßen" Anwendung des § 11 Abs. 1 Satz 2 und 3. Die Schlußfolgerung des Berufungsgerichts, daß seit dem 1. März 1943 das Klagerecht dem ehelichen Kinde fehle, wenn die anhängige Klage wegen Feststellung der blutmäßigen Abstammung nunmehr als Klage wegen Bestreitung der Ehelichkeit anzusehen ist und wenn der Vater des Kindes noch lebt und unbekannten

Aufenthaltes ist, hat weder im Wortlaut noch im Sinne der genannten Verordnung eine hinreichende Stütze.

---

34. Unter welchen Voraussetzungen liegt es dem Arzt ob, sich wegen Mißlingens einer Operation zu entlasten?

BGB. § 276.

III. Zivilsenat. Urt. v. 17. Mai 1943 i. S. Dr. W. (Bekl.) w. St. (Kl.). III 81/42.

I. Landgericht Schweidnitz.
II. Oberlandesgericht Breslau.

Der Ende 1874 geborene Kläger hatte sein rechtes Auge nach vorausgegangener Operation wegen grauen Stars im Jahre 1930 verloren. Im Jahre 1935 zeigten sich Anzeichen beginnenden Altersstars auch an seinem linken Auge. Er trat deshalb Ende Januar 1936 in die Behandlung des Beklagten. Dieser nahm an dem Auge in der Zeit vom 11. Februar bis zum 2. Juli 1936 eine Reihe operativer Eingriffe vor, und zwar zunächst eine Ausschneidung der Regenbogenhaut, sodann in zwei Eingriffen die Entfernung von Teilen der Linsenmasse und in zwei weiteren Eingriffen die Durchtrennung des Nachstars. Nach dem letzten Eingriffe war das Sehvermögen des Klägers gänzlich geschwunden und hat sich auch nicht wiederherstellen lassen. Am 1. März 1937 wurde der Kläger als Postbeamter in den Ruhestand versetzt.

Der Kläger behauptet, die — für alle weiteren Eingriffe grundlegende — Ausschneidung der Regenbogenhaut sei ohne seine Einwilligung und ohne jeden Hinweis auf die Möglichkeit des Mißlingens und die dann eintretende Folge völligen Erblindens, also rechtswidrig, geschehen. Die Eingriffe habe der Beklagte auch nicht sachgemäß ausgeführt; insbesondere müsse ihm beim letzten Eingriff ein Kunstfehler unterlaufen sein, da die Sehkraft des Auges im Anschluß daran erloschen sei. Wegen der für ihn als bereits Einäugigen besonders großen Gefahr habe der Beklagte die Eingriffe keinesfalls in ambulanter Behandlung vornehmen dürfen, ihn vielmehr einer Augenklinik überweisen müssen. Sein Schaden bestehe zunächst darin, daß er vorzeitig in den Ruhestand versetzt worden sei, während er sonst noch mindestens bis zur Vollendung seines 65. Lebensjahres hätte Dienst tun können. Die

Klage ist auf den Unterschiedsbetrag für die hiernach in Betracht kommende Zeit vom 1. März 1937 bis zum 1. Dezember 1939, auf die Erstattung von Aufwendungen für die Inanspruchnahme weiterer Ärzte und für die benötigten Blindenführer, insgesamt auf Zahlung von 2702,42 RM., außerdem auf ein der Höhe nach vom Gerichte zu bestimmendes Schmerzensgeld und auf die Feststellung der Verpflichtung des Beklagten gerichtet, dem Kläger allen zukünftigen Schaden zu ersetzen.

Der Beklagte ist diesen Ansprüchen entgegengetreten. Er bestreitet, daß ihm irgendein Kunstfehler unterlaufen sei. Wenn die ambulante Behandlung als solcher angesehen werden sollte, so stehe insoweit die Ursächlichkeit für die Erblindung des Klägers nicht fest. Im ersten Rechtszuge hat der Beklagte ferner Verjährung eingewendet, soweit der Anspruch auf unerlaubte Handlung gestützt ist. Er hat sich auch auf Mitverschulden des Klägers berufen. Im zweiten Rechtszuge hat der Beklagte angegeben, die Verletzung der Linsenkapsel bei der ersten Operation sei durch ein Zucken des Klägers mit dem Kopfe verursacht worden und habe weder durch eine künstliche Lidlähmung noch durch eine Zügelnaht verhindert werden können. Er hat außerdem vorgetragen, daß die beabsichtigte Operation vorher mit dem Kläger eingehend erörtert worden und dieser einverstanden gewesen sei.

Das Landgericht hat nach Erhebung von Zeugen- und Sachverständigenbeweis ein Teil- und Zwischenurteil erlassen, durch das dem Kläger der Unterschied zwischen Gehalt und Ruhegehalt mit 1577,42 RM. sowie ein Schmerzensgeld von 1500 RM. zuerkannt und die von ihm begehrte Feststellung getroffen worden ist. Sein Anspruch auf Ersatz seiner Auslagen ist dem Grunde nach für gerechtfertigt erklärt worden. Das Berufungsgericht hat die Berufung des Beklagten zurückgewiesen. Seine Revision blieb erfolglos.

Gründe:

Das Berufungsgericht stützt seine Entscheidung allein auf die unstreitige Tatsache, daß der Beklagte die fünf operativen Eingriffe am linken Auge des Klägers, die jedesmal mit Eröffnung des Augapfels verbunden waren, in ambulanter Behandlung vorgenommen hat. Der Sachverständige Professor L. hat sich dahin geäußert, diese Art der Behandlung des bereits einäugigen Klägers sei nicht zu verantworten gewesen und könne wohl von niemandem gutgeheißen werden. Im einzelnen hat er dazu ausgeführt, daß für die Nachbehandlung unbedingte Ruhe unerläßliches Erfordernis gewesen sei und daß insoweit alle nur erdenklichen Vorsichtsmaßnahmen hätten angewendet werden müssen. Das sei aber nur bei stationärer Behandlung in einer entsprechend eingerichteten Augenklinik möglich gewesen. Denn schon die Erschütterungen auf dem Heimwege nach der Operation hätten Erschwerungen auslösen können; so hätten Blutungen eintreten, auch habe sich der Wundschluß verzögern können, wodurch dem Eindringen von Ansteckungskeimen Vorschub geleistet werde. Frisch operierte Augenkranke bedürften daher einer besonderen Pflege durch geschultes Personal, und für die ersten drei Nächte seien Nachtwachen erforderlich und üblich. Hiernach ist das Berufungsgericht davon ausgegangen, daß die ambulante Behandlung des Klägers „nach ärztlicher Wissenschaft" ein grober Fehler gewesen sei. Das Berufungsgericht macht dem Kläger also einen schweren Verstoß gegen anerkannte Regeln der klinischen Wissenschaft und Praxis zum Vorwurf. Es ist weiter zu der Überzeugung gelangt, dieser Verstoß habe die Erblindung des Klägers leicht herbeizuführen vermocht. Auch dabei folgt das Berufungsgericht offensichtlich dem Gutachten des Sachverständigen. Dieser hat die Erblindung des Klägers mit einer vorausgegangenen schweren schleichenden Entzündung des Augeninnern — deren Entstehung durch eine ambulante Behandlung begünstigt wird — in Zusammenhang gebracht. Infolge dieser Entzündung sei die Nachstarmembran offenbar sehr schwartig gewesen. Die Durchtrennung einer solchen Schwarte sei aber schwierig und manchmal unmöglich; sie könne durch Zerrung der Gewebe in der Tiefe des Auges zu großen Blutungen oder Netzhautablösungen führen, Verschlimmerungen, die bei der letzten Operation offenbar eingetreten seien. Gegen die vorstehenden medizinischen Ausgangspunkte des Berufungsurteils läßt sich in rechtlicher Hinsicht nichts einwenden. Insoweit hat die Revision auch keine Beanstandungen erhoben.

Der Sachverständige hat allerdings ausgeführt, es lasse sich nicht mit Sicherheit oder genügender Wahrscheinlichkeit feststellen, daß im vorliegenden Falle die ambulante Behandlung den traurigen Endausgang verursacht oder mitverursacht habe. Gleichwohl hat aber das Berufungsgericht den ursächlichen Zusammenhang als gegeben unterstellt, weil es bei der obwaltenden Sachlage

Aufgabe des Beklagten gewesen sei, sich zu entlasten und Umstände aufzuzeigen, welche die Erblindung des Klägers mindestens wahrscheinlicher herbeigeführt haben könnten als seine Behandlungsweise. Das habe der Beklagte nicht getan. Er habe weder Näheres über den Verlauf der Operation vorgetragen, noch seine vom Sachverständigen vermißten ärztlichen Aufzeichnungen vorgelegt, obwohl ihm dies möglich gewesen sei.

Die Revision meint, das Berufungsgericht habe die Beweislast unrichtig verteilt. Allerdings kann es nach feststehender Rechtsprechung des erkennenden Senats nicht zu Lasten des Arztes gehen, wenn die Ursache des Mißlingens einer Operation nicht festzustellen ist (RGZ. Bd. 128 S. 121 [123] und oft). Dieser Grundsatz ist vom Berufungsgericht aber nicht übersehen worden, da er im Berufungsurteil ausdrücklich hervorgehoben wird. Indessen ist er, worauf der erkennende Senat ebenfalls wiederholt hingewiesen hat (Urteile III 407/25 vom 9. Juli 1926 in WarnRspr. 1926 Nr. 155; III 203/36 vom 21. Mai 1937 in HRR. 1937 Nr. 1301 u. oft), nicht starr anzuwenden. Im Einzelfalle kann es eine gerechte Interessenabwägung erfordern, daß der Arzt sich wegen der Ursächlichkeit oder Mitursächlichkeit eines von ihm schuldhaft begangenen Fehlers entlasten muß. Der erkennende Senat hat dies insbesondere in solchen Fällen angenommen, in denen der Arzt den Kranken durch unsachgemäße Behandlung bewußt oder leichtfertig einer Gefahr ausgesetzt hat, die den äußeren Umständen nach gerade die Schädigung herbeiführen konnte, die dann eingetreten ist (vgl. das schon erwähnte Urteil vom 21. Mai 1937 sowie das weitere Urteil III 134/39 vom 21. Juni 1941 in WarnRspr. 1941 Nr. 14). So liegen aber die Dinge hier. Nach den getroffenen Feststellungen hatte der Beklagte durch die nicht zu verantwortende ambulante Behandlung die naheliegende Gefahr eines unglücklichen Ausganges der Operationen gesetzt. Demgegenüber hätte er sich, wie das Berufungsgericht mit Recht annimmt, entlasten müssen. Er hätte also besondere Umstände dartun müssen, auf Grund deren das Gericht bei Würdigung des gesamten Sachverhalts in freier Überzeugung gemäß § 287 ZPO. dazu gelangen konnte, einen mit der gesetzten Gefahr nicht in Zusammenhang zu bringenden Ursachenablauf festzustellen. Der Beklagte hat keine derartigen Umstände dargetan. Er hat nicht einmal, wie das Berufungsgericht hervorhebt, eine andere Ursache der Schädigung als wahrscheinlich aufgezeigt. Da er auch seine ärztlichen Aufzeichnungen nicht vorgelegt hat, hat das Berufungsgericht geschlossen, daß er sich überhaupt außerstande sehe, eine sachliche Aufklärung über die Schadensentstehung zu geben. Diese Schlußfolgerung liegt im wesentlichen auf tatsächlichem Gebiet, in welches das Revisionsgericht nicht eingreifen kann. In rechtlicher Hinsicht mag dazu bemerkt werden, daß das Fehlen oder — was dem gleichstehen würde — die Zurückhaltung solcher Aufzeichnungen ebenso wie ihre Unzulänglichkeit nach der Rechtsprechung des erkennenden Senats für sich allein schon die Folge haben kann, eine Entlastungspflicht des Beklagten zu begründen, sofern Aufzeichnungen zum Nachweise der Behandlungsart üblich und erforderlich sind (Urt. III 27/38 vom 28. Oktober 1938 in SeuffArch. Bd. 93 Nr. 50).

Die Revision macht geltend, das Berufungsgericht sei nach § 139 ZPO. verpflichtet gewesen, den Beklagten zu der erforderlichen Aufklärung anzuhalten. Sie kann jedoch auch damit nicht durchdringen. Der Beklagte war bereits im ersten Rechtszuge durch Beweisbeschluß aufgefordert worden, sich über den Umfang der Behandlung zu erklären. Sodann hatte der Sachverständige Professor L. in seinem Gutachten erklärt, daß er die ärztlichen Aufzeichnungen des Beklagten über die operativen Eingriffe vermisse und daß es auch an allen wichtigen Einzelheiten über die technische Durchführung der Operationen, die Anwendung zeitgemäßer Sicherungsverfahren und den Verlauf der Behandlung fehle. Hierauf war der Beklagte durch das erstgerichtliche Urteil nochmals hingewiesen worden. Gleichwohl ist er in seiner Berufungsbegründung auf diese Punkte nicht eingegangen. Die Revision irrt mit der Behauptung, er habe in der Berufungsbegründung um seine Anhörung gebeten, falls noch eine Aufklärung für erforderlich gehalten werde. Der Beklagte hat vielmehr nur geltend gemacht, das Landgericht hätte ihn im Wege der Parteivernehmung hören können, sofern hinreichende Behauptungen des Klägers vorgelegen haben sollten und dieser etwa die Parteivernehmung des Beklagten beantragt habe. Der Beklagte war also nicht bereit, außerhalb des Beweisverfahrens von sich aus freiwillig eine Aufklärung zu geben. Erst nachdem der Kläger im Schriftsatze vom 11. Juni 1942 auf die Möglichkeit einer Umkehrung der Beweislast hingewiesen hatte, ist der Beklagte in seinem Schriftsatze vom 25. Juli 1942 auf gewisse Einzelheiten der ersten Operation eingegangen. Im übrigen hat er nur allgemein zu den Vorwürfen gegen die ambulante Behandlungsart Stellung genommen. Abgesehen von der Frage, ob dieses Vorbringen gemäß § 529 ZPO. überhaupt noch als rechtzeitig angesehen werden konnte, brauchte das Berufungsgericht schon deshalb keine weiteren Erklärungen des Beklagten anzuregen, weil nunmehr angenommen werden durfte, daß er zu einer weiteren Vervollständigung seines Vorbringens nicht willens oder nicht in der Lage sei. Im übrigen hat das Berufungsgericht ohne Rechtsirrtum festgestellt, daß der damals im Militärlazarett in Sch. tätige Beklagte bei der geringen Entfernung von W. auch bei hoher Beanspruchung durch seinen Dienst in der Lage gewesen wäre, seine Aufzeichnungen in W. spätestens nach Eingang des Gutachtens einzusehen und im Rechtsstreite zu verwenden. Die Revisionsangriffe müssen daher sämtlich erfolglos bleiben.

Endlich mag noch darauf hingewiesen werden, daß es durchaus nahegelegen hätte, die Haftung des Beklagten schon wegen der Ausführung der ersten Operation zu bejahen. Der Beklagte hat unstreitig bei der zuerst vorgenommenen Ausschneidung der Regenbogenhaut die vordere Linsenkapsel verletzt und dadurch den Grund zum Mißerfolge seiner ganzen Behandlung gelegt. Er hat bei der ersten Operation, wie er selbst zugibt, die vom Sachverständigen geschilderten Sicherungsmaßnahmen für das Ruhigstellen des Auges (künstliche Lidlähmung und Zügelnaht) nicht angewendet. Folgt man dem Gutachten, daß diese Maßnahmen erforderlich waren, so hat der Beklagte auch hier den Kläger bewußt und leichtfertig der Gefahr eines Abirrens des Operationsinstruments und damit einer, wenn auch unbeabsichtigten Verletzung des Augeninneren ausgesetzt, wie sie in der Tat eingetreten ist. Auch insoweit hätte also der Beklagte greifbare Anhaltspunkte beibringen müssen, aus denen das Berufungsgericht im Wege des § 287 ZPO. auf eine andere Ursache für die schließliche Erblindung des Klägers hätte schließen können. Das ist jedoch nicht geschehen.

---

35. 1. Sind Leistungen aus der Sozialversicherung als anderweitiger Ersatz im Sinne von § 839 Abs. 1 Satz 2 BGB. anzusehen?

2. Kann der Versicherungsträger nach § 1542 RVO. aus dem nicht von ihm gedeckten Schaden des Verletzten Ersatz seiner Aufwendungen vom Schädiger verlangen?

3. Muß die Vorabentscheidung über den Grund des Anspruchs auf eine Rente (§ 842 BGB.) deren Zeitdauer festlegen?

BGB. § 839 Abs. 1 Satz 2. RVO. § 1542. ZPO. § 304.

III. Zivilsenat. Urt. v. 24. Mai 1943 i. S. Großdeutsches Reich (Bekl.) w. B. (Kl.) III 85/42.

I. Landgericht Krefeld.
II. Oberlandesgericht Düsseldorf.

Der am 13. August 1881 geborene Kläger stand als Gärtner im Dienste der Stadt K. Am 19. Oktober 1939 wurde er auf der Zugangsbrücke zur Burg L. bei K. von einem auf einer Dienstfahrt begriffenen Pferdewagen der Wehrmacht gegen das gemauerte Brückengeländer gedrückt und schwer verletzt. Er behauptet, dadurch arbeitsunfähig geworden zu sein. Er führt den Unfall auf Verschulden des Gefreiten Kr. zurück, der das Fahrzeug gelenkt hat. Kr. sei mit dem Wagen auf der engen Fahrbahn zu weit links an das Geländer herangefahren. Der Kläger nimmt das Deutsche Reich unter den Gesichtspunkten der Tierhalterhaftung und der Haftung für einen Verrichtungsgehilfen auf Schadensersatz in Anspruch. Er berechnet seinen Verdienstausfall für die Zeit vor dem 1. April 1941 auf insgesamt 446,82 RM. Die Klage richtet sich auf Erstattung dieses Betrags und auf Zahlung einer monatlichen Rente von 53,21 RM. für die Zeit vom 1. April 1941 bis zum 31. August 1951. Bei der Berechnung der Beträge hat der Kläger das ihm von der Stadt K. gewährte Ruhegeld sowie die ihm zustehenden Sozialrenten abgezogen. Ferner begehrt der Kläger Feststellung der Verpflichtung des Beklagten, ihm den etwa weiterhin entstehenden Schaden zu ersetzen. Schließlich verlangt er ein angemessenes, vom Gericht festzusetzendes Schmerzensgeld von mindestens 2000 RM.

Der Beklagte ist diesen Ansprüchen entgegengetreten. Er ist der Auffassung, die Rechtsgrundlage der Klage könne nur in Art 131 WeimVerf., § 839 BGB. gefunden werden. Jedoch könne ein Verschulden des Gefreiten Kr. nicht anerkannt werden. Jedenfalls liege auch eigenes mitwirkendes Verschulden des Klägers vor. In dem Rentenverfahren wegen der Unfallrente des Klägers sei festgestellt, daß die Unfallfolgen für die Zeit vom 5. Oktober 1940 ab als beseitigt anzusehen seien. Die beim Kläger darüber hinaus fortbestehende Arbeitsbehinderung beruhe auf einem Leiden (Arthrosis), an dem er schon vor dem Unfall erkrankt sei. Über den angegebenen Zeitpunkt hinaus könne er schon deshalb keine Ansprüche stelle. Außerdem stehe ihm eine anderweitige Ersatzmöglichkeit aus einer mit einem Zeitungsbezuge verbundenen privaten Unfallversicherung zur Seite, die gemäß § 839 Abs. 1 Satz 2 BGB. seinen Ersatzanspruch ausschließe. Dasselbe gelte von den dem Kläger zustehenden Leistungen aus der Sozialversicherung. Es genüge nicht, daß er diese Leistungen bei Berechnung seiner Ansprüche abgezogen habe. Soweit sein Erwerbsverlust die Versicherungen übersteige, sei der Ersatzanspruch nach § 1542 RVO. in Höhe der Versicherungsleistungen auf die Träger der Sozialversicherung übergegangen. In der reichsgerichtlichen Rechtsprechung (RGZ. Bd. 167 S. 207) sei anerkannt, daß der Verletzte auch insoweit keine eigenen Ansprüche mehr stellen könne.

Durch Teil- und Zwischenurteil sind die bezifferten Klageansprüche einschließlich des Schmerzensgeldes vom Landgericht dem Grunde nach für gerechtfertigt erklärt worden. Die Berufung des Beklagten ist zurückgewiesen worden. Seine Revision blieb erfolglos.

Gründe:

Das Berufungsgericht ist davon ausgegangen, daß als Rechtsgrundlage für die Klage nicht etwa, wie der Kläger meinte, die Tierhalterhaftung gemäß § 833 BGB. oder die Haftung für Verrichtungsgehilfen nach § 831 BGB., sondern nur die Amtshaftung nach Art. 131 WeimVerf., § 839 BGB. in Betracht komme. Diese Auffassung ist zutreffend. Sie wird von der Revision auch nicht beanstandet. Das Berufungsgericht hat ferner angenommen, daß alle Voraussetzungen gegeben seien, um die Ansprüche des Klägers unter dem Gesichtspunkte der Amtshaftung wenigstens dem Grunde nach als gerechtfertigt erscheinen zu lassen. So hat das Berufungsgericht ein schuldhaft amtspflichtwidriges Verhalten des Gefreiten Kr. bejaht, ein mitwirkendes Verschulden des Klägers dagegen verneint. Zum Vorhandensein anderweitiger Ersatzmöglichkeiten (§ 839 Abs. 1 Satz 2 BGB.) hat das Berufungsgericht dargelegt, daß der Kläger aus seiner mit einem Zeitungsbezuge zusammenhängenden privaten Unfallversicherung keine Entschädigung erlangt habe. In dem Rechtsstreit, den er deshalb gegen die in Betracht kommende Versicherungsgesellschaft geführt habe, sei er unterlegen. Das Berufungsgericht hat weiter darauf hingewiesen, daß der Kläger die Bezüge, die er von den öffentlichen Versicherungsträgern und an Ruhgegeld von der Stadt K. erhält, als anderweitigen Ersatz von seiner Schadensersatzforderung in Abzug gebracht habe. Der Beklagte glaube aber zu Unrecht, eine doppelte Absetzung dieser Beträge verlangen zu können. Die Entscheidung RGZ. Bd. 167 S. 207, auf die er sich berufe, stelle einen dahingehenden Grundsatz keineswegs auf. Nach der einmaligen Absetzung der genannten Bezüge ergebe sich immer noch ein ungedeckter Verdienstausfall für den Kläger, dessen Berechnung im einzelnen dem Betragsverfahren überlassen bleiben könne. In diesem Verfahren könne auch darüber entschieden werden, ob die fortdauernde Arbeitsunfähigkeit des Klägers im wesentlichen auf seiner inneren Krankheit (Arthrosis) beruhe und welchen Einfluß dieser Umstand auf Dauer und Umfang seines Rentenanspruchs habe. Der Sachverständige Professor Dr. G., der im Rechtsstreite des Klägers wegen seiner Unfallentschädigung aus einer privaten Versicherung gehört worden sei, habe sich jedenfalls dahin ausgesprochen, daß der Kläger ohne den Unfall in der Lage sein würde, seiner früheren Tätigkeit bis Oktober 1943 und vielleicht auch noch länger nachzugehen.

Gegen die vorstehenden Ausführungen des Berufungsgerichts wendet die Revision in verfahrensrechtlicher Hinsicht ein, der Endzeitpunkt des Rentenlaufs habe im Grundurteil genau festgelegt werden müssen. Die Rüge kann jedoch nicht durchdringen. In der reichsgerichtlichen Rechtsprechung hat sich immer mehr die Auffassung durchgesetzt, daß es im wesentlichen nur eine Frage der Zweckmäßigkeit sei, ob der Beginn und die Beendigung von Renten bereits im Zwischenurteil festgesetzt werden oder dem Betragsverfahren vorbehalten bleiben; nur müsse das Grundurteil ausdrücklich angeben, daß die Festsetzung der genannten Zeitpunkte dem Betragsverfahren vorbehalten werde, damit hinsichtlich der bindenden Kraft des Grundurteils keine Schwierigkeiten entstehen; es genüge aber, daß ein solcher Vorbehalt in den Gründen der Vorabentscheidung ausgesprochen werde (vgl. RGZ. Bd. 98 S. 222). Diesen Anforderungen trägt das Berufungsurteil Rechnung.

In sachlichrechtlicher Hinsicht kann allein die Frage des doppelten Abzugs der Versicherungsleistungen zweifelhaft sein, während das Urteil in allen übrigen Punkten keinen Anlaß zur Beanstandung bietet. Auch die Revision bemängelt nur, daß das Berufungsgericht die doppelte Kürzung des Klageanspruchs um die Leistungen der Sozialversicherung zu Unrecht unterlassen habe. Sie ist der Ansicht, das Berufungsgericht sei damit von den Grundsätzen der Entscheidung RGZ. Bd. 167 S. 207 abgewichen. Diese Entscheidung geht davon aus, daß die Gewährung von Leistungen aus den Sozialversicherungen dem Geschädigten eine anderweitige Ersatzmöglichkeit biete, so daß bei nur fahrlässiger Amtspflichtverletzung für eine Ersatzforderung des Geschädigten nach § 839 Abs. 1 Satz 2 BGB. im Umfange der öffentlichen Versicherungsleistungen kein Raum mehr sei. Dem hat der Kläger Rechnung getragen, indem er die ihm zustehenden Versicherungsleistungen — ebenso wie das ihm von der Stadt K. bewilligte Ruhegeld — bei der Berechnung seines Erwerbsverlustes abgezogen hat. Die Entscheidung nimmt aber weiter an, daß dem Geschädigten sein auf den überschießenden Betrag beschränkter Schadensersatzanspruch trotzdem noch ganz oder zum Teil verloren gehen könne. Diese Folge ist aus § 1542 RVO. hergeleitet. Danach werde der Ersatzanspruch, so wie er eben bestehe, kraft Gesetzes auf den öffentlichen Versicherungsträger übertragen, und zwar bis zur Höhe der diesem obliegenden Versicherungsleistungen, wobei allerdings Schadensersatzanspruch und Versicherungsleistung nach ihrer Herkunft aus demselben Tatsachenkreise sowie nach Art und Entstehungszeit einander entsprechen müßten. Angesichts dieser unmißverständlichen Darlegungen ist es nicht recht verständlich, wie das Berufungsgericht zu der Auffassung gelangen konnte, daß jene Entscheidung den Grundsatz einer doppelten Absetzung der Versicherungsleistungen nicht enthalte.

Keinesfalls freilich würde die Anwendung des Grundsatzes zu einer wiederholten Absetzung der Beträge führen können, die der Kläger von der Stadt K. als Ruhegeld erhält. Denn insoweit ist kein Rechtsgrund ersichtlich, kraft dessen der verbleibende Schadensersatzanspruch des Klägers auf die Stadt K. übergegangen wäre. Insbesondere ist sein Ruhegeld keine Beamtenpension, so daß schon deshalb die Bestimmung in § 139 des Deutschen Beamtengesetzes vom 26. Januar 1937 (RGBl. I

S. 39) nicht zum Zuge kommt. Die Revision hat sich denn auch darauf beschränkt, die doppelte Kürzung nur wegen der Leistungen aus der Sozialversicherung zu verlangen. Dabei ist jedoch klarzustellen, daß der Schmerzensgeldanspruch des Klägers von einer derartigen Kürzung überhaupt nicht betroffen wird, weil die öffentlichen Versicherungsträger dem Kläger keinen Ersatz für seinen nichtvermögensrechtlichen Schaden gewährt haben, dieser auch grundsätzlich von dem vermögensrechtlichen Schaden getrennt gehalten werden muß (RGZ. Bd. 170 S. 37).

Somit würde der Grundsatz der doppelten Kürzung nur auf die Klageansprüche zur Anwendung kommen, die den Erwerbsschaden des Klägers betreffen. Er müßte in der Tat zur Abweisung dieser Ansprüche führen. Soweit nämlich der Kläger für die Zeit vor dem 1. April 1941 einen Verdienstausfall von 446,82 RM. verlangt, stehen dem nach seiner eigenen Aufstellung an Unfallrenten der Berufsgenossenschaft für den gleichen Zeitraum 1007,60 RM. gegenüber, so daß insoweit kein Raum für Ersatzansprüche des Klägers mehr bleiben würde. Dasselbe ist von seinem Rentenanspruch zu sagen. Seinem ungedeckten Verdienstausfall von 53,21 RM. monatlich steht die durch die Landesversicherungsanstalt gezahlte monatliche Invalidenrente von 68,80 RM. gegenüber, so daß er auch insoweit keine Ansprüche gegen den Beklagten mehr erheben könnte.

Gegen die Entsch. RGZ. Bd. 167 S. 207 sind jedoch im Schrifttum erhebliche Bedenken laut geworden. Der erkennende Senat hat daher Veranlassung genommen, das gegenseitige Verhältnis von § 839 Abs. 1 Satz 2 BGB. und § 1542 RVO. erneut nachzuprüfen.

Dabei ist zunächst darauf einzugehen, ob Sozialversicherungsleistungen überhaupt als „Ersatz" im Sinne der zuerst genannten Vorschrift anzusehen sind. Der erkennende Senat hat diese Frage bereits in der Entscheidung RGZ. Bd. 161 S. 199 bejaht, nachdem sie wegen Leistungen aus privaten Schadens- und Unfallversicherungen schon mehrfach in demselben Sinne beantwortet worden war (vgl. dazu RGZ. Bd. 138 S. 209 [210/211], betr. eine Kreditversicherung, RGZ. Bd. 145 S. 56 [61/62], betr. eine Sachschadensversicherung, RGUrt. III 119/34 vom 26. Oktober 1934 in JW. 1935 S. 1084 Nr. 5 = WarnRspr. 1935 Nr. 9 = HRR. 1935 Nr. 346, betr. eine Kaskoversicherung sowie RGZ. B. 152 S. 20 [21], betr. eine Unfallversicherung). An dieser Rechtsprechung muß aus folgenden Gründen festgehalten werden: Die Bestimmung in § 839 Abs. 1 Satz 2 BGB. ist im Sinn eines Vorrechts (Privilegs) der Beamten zu verstehen. Diese sollen für einen durch fahrlässige Versehen in ihrer Amtsführung entstandenen Schaden erst in letzter Linie haftbar sein. Die Vorschrift lehnt sich nach ihrer Entstehungsgeschichte an das Preuß. Allgemeine Landrecht II 10 § 91 an, wonach der Beamte nur haftete, wenn kein anderes gesetzmäßiges Mittel mehr übrig war, durch das den nachteiligen Folgen der Pflichtverletzung abgeholfen werden konnte. Die hiernach allenthalben nur aushilfsweise, d. h. für den äußersten Fall, eintretende Haftung der Beamten ist in § 839 Abs. 1 Satz 2 BGB. unter Beschränkung auf fahrlässige Amtspflichtverletzungen übernommen worden. Das ist geschehen, weil der Beamte berufsmäßig dauernd verpflichtet sei, in die Verhältnisse Dritter einzugreifen, und es deshalb nicht angehe, ihn wegen jeden Mißgriffs haften zu lassen, zumal da seine Tätigkeit auch noch die Besonderheit habe, daß sie von ihm nicht zu seinem eigenen Vorteil ausgeübt werde (Protokolle der Komm. für die zweite Lesung Bd. II S. 661, 662). Geht man weiter davon aus, daß auch das Gehalt des Beamten nicht danach bemessen ist, die Gefahr für jedes Versehen zu tragen, und daß eine überspannte Haftung seine Verantwortungsfreudigkeit herabmindern könnte, so ist es nach alledem gerechtfertigt, den § 839 Abs. 1 Satz 2 BGB. in ausdehnendem Sinn anzuwenden. Der erkennende Senat hat dem einmal dadurch Rechnung getragen, daß er in ständiger Rechtsprechung (RGZ. Bd. 138 S. 209 u. oft) das Fehlen anderweitiger Ersatzmöglichkeiten schlechthin als Anspruchsvoraussetzung für die Inanspruchnahme des Beamten wegen bloßer Fahrlässigkeit angesehen hat. Sodann hat er aber auch den Kreis der in Betracht kommenden Ersatzmöglichkeiten in den oben erwähnten Entscheidungen nicht eng, sondern weit gezogen, ohne einen wesentlichen Unterschied darin zu sehen, ob im Einzelfalle die anderweitige Ersatzmöglichkeit auf Gesetz oder Vertrag beruht. Als ausschlaggebend ist dabei mit Recht immer nur angesehen worden, daß der Geschädigte dadurch im Ergebnis einen endgültigen Ausgleich für die Vermögensnachteile erlangt hat oder erlangen kann, die ihm durch das Versehen des Beamten entstanden sind. Insoweit kann es in der Tat keine Härte für den Geschädigten bedeuten, wenn ihm aus Gründen öffentlichrechtlicher Art, nämlich des Beamtenrechts, eine Inanspruchnahme des fahrlässig handelnden Beamten versagt bleibt. Daran vermag auch der Umstand nichts zu ändern, daß der Staat oder die sonst in Betracht kommende öffentlichrechtliche Körperschaft im Bereiche der Ausübung öffentlicher Gewalt die Haftung an Stelle des Beamten trägt.

Eben weil sich diese Grenzziehung aus dem in § 839 Abs. 1 Satz 2 BGB. festgelegten Beamtenvorrecht ergibt, ist sie unabhängig von dem Grundsatze der sogenannten Vorteilsausgleichung, dessen Voraussetzungen andere und engere sind. Das Erfordernis der Vorteilsausgleichung entspringt dem allgemeinrechtlichen Schadensbegriffe (§ 249 BGB.) und beruht darauf, daß ein Vermögensschaden insoweit nicht vorhanden sein kann, als der Geschädigte durch das schädigende Ereignis unmittelbar auch Vermögensvorteile erlangt.

Betrachtet man hiervon ausgehend § 839 Abs. 1 Satz 2 BGB. und § 1542 RVO. im Zusammenhange, so muß einleuchten, daß die zuerst genannte Vorschrift die stärkere ist. Das folgt aus ihrem Wesen als einer für alle Beamten geltenden Sondervorschrift, ferner auch daraus, daß nach § 1542 RVO. Schadensersatzforderungen auf den Versicherungsträger nur insoweit übergehen, als sie „nach anderen gesetzlichen Vorschriften" begründet sind. Im Umfange der Versicherungsleistungen ist aber, wie oben dargelegt, ein Schadensersatzanspruch des Klägers wegen § 839 Abs. 1 Satz 2 BGB. nicht zur Entstehung gelangt. Führt somit § 839 Abs. 1 Satz 2 BGB. zwangsläufig zu diesem Ergebnis und geht die genannte Bestimmung dem § 1542 RVO. vor, so liegt die Annahme nahe, daß sich damit die Folgen der Gewährung des Sozialversicherungsschutzes auch erschöpfen müssen. Freilich läßt der Wortlaut des § 1542 RVO. für sich allein betrachtet die Auffassung zu, daß der Schadensersatzanspruch in seiner Gesamtheit auf den Versicherungsträger in Höhe der Versicherungsleistungen übergehen soll, selbst wenn er aus irgendwelchen Rechtsgründen den vollen Schaden nicht umfassen sollte. Aber das würde beim Zusammentreffen mit § 839 Abs 1 Satz 2 BGB. bedeuten, daß der unter dem Schutze der Sozialversicherung stehende Geschädigte schlechter gestellt wäre als der unversicherte. In seiner früheren Entscheidung hatte sich der erkennende Senat über dieses Bedenken hinwegesetzt, weil der Versicherte den Vorteil des unbedingten Versicherungsschutzes genieße und es demgegenüber in Kauf nehmen müsse, daß der Versicherungsträger mit seinem Deckungsanspruch den Vorrang erhalte. Diese Erwägung konnte allerdings in § 1542 RVO. keinen unmittelbaren Anhaltspunkt finden. Immerhin konnte sie für sich in Anspruch nehmen, daß auch andere Gesetze die Gewährung unbedingten Versorgungsschutzes damit verknüpfen, daß sie den Versorgungsberechtigten zur Preisgabe weiterer Schadensersatzansprüche zwingen. Insoweit kann auf § 134 Abs. 1 des Wehrmacht-Fürsorge- und -versorgungsgesetzes vom 26. August 1938 (RGBl. I S. 1077), § 124 des Deutschen Beamtengesetzes vom 26. Januar 1937, § 898 RVO. verwiesen werden. Nachdem jedoch inzwischen bekanntgeworden ist, daß die Staatsführung eine Abänderung dieser Bestimmungen erwägt, kann dem obigen Gesichtspunkte keine überzeugende Kraft mehr beigemessen werden. Unter diesen Umständen treten die Bedenken, die aus dem sozialen Grundzuge der Reichsversicherungsordnung gegen die Doppelanrechnung von Versicherungsleistungen zu erheben sind, so stark in den Vordergrund, daß an den Grundsätzen der früheren Senatsentscheidung nicht mehr festgehalten werden kann. Der Anspruch des Klägers kann daher zu keinem Teil auf den Träger der Sozialversicherung übergegangen sein. Aus dem Urteil VI 361/35 vom 6. Februar 1936 (Deutsches Autorecht 1936 S. 224 Nr. 184) kann gegen dieses Ergebnis nichts hergeleitet werden.

---

36. Bedeutet die Arisierung einer Aktiengesellschaft durch Aktienübergang an Deutschblütige eine Veräußerung des Vermögens oder Unternehmens der Aktiengesellschaft im versicherungsrechtlichen Sinne? Unter welchen Voraussetzungen berechtigt eine solche Arisierung zur Lösung laufender Versicherungsverträge?

Tschechoslow. Gesetz über den Versicherungsvertrag vom 3. Juli 1934 (SdGuV. Nr. 145) — VVG. — §§ 64, 66 Abs. 1, § 67.

VII. Zivilsenat. Urt. v. 21. Juli 1943 i. S. Allg. Assekuranz AG. (Bekl.) w. K.er Weberei u. Färberei AG. (Kl.). VII 82/43.

I. Deutsches Landgericht Prag.
II. Deutsches Oberlandesgericht daselbst.

Die Klägerin, eine Aktiengesellschaft, ist bei der Beklagten gegen Brandschaden, Maschinenbruch und Einbruch versichert.

Mit Schreiben vom 16. und 17. Januar 1942 hat sie die Versicherung gekündigt. Die Beklagte hat der Kündigung widersprochen.

Die Klägerin stützt das Klagebegehren, das Erlöschen der Versicherungsverträge festzustellen, auf die Bestimmungen der §§ 64—67 des im Protektorat Böhmen und Mähren geltenden Gesetzes über den Versicherungsvertrag vom 3. Juli 1934. Sie hält sich zur Kündigung wegen der unbeweglichen Sachen für berechtigt, weil die früher in jüdischen Händen befindlich gewesenen 94 v. H. ihrer Aktien mit Genehmigungsbescheid des Reichsprotektors in Böhmen und Mähren vom 19. Dezember 1941 bei der Arisierung an zwei deutschblütige Besitzer übergegangen seien und in diesem Vorgange wirtschaftlich eine Veräußerung im Sinne des Versicherungsvertragsgesetzes zu erblicken sei. Soweit es sich aber um die Versicherung beweglicher Sachen handele, seien diese infolgedessen aus dem Gewahrsam des Veräußerers ausgeschieden, ohne daß es nach dem Gesetz einer Kündigung bedurft habe.

Beide Vordergerichte haben der Klage stattgegeben. Auf die Revision der Beklagten wurde diese abgewiesen.

Gründe:

Nach § 64 VVG. gehen, wenn eine versicherte unbewegliche Sache vom Versicherungsnehmer veräußert wird, die Rechte und Pflichten aus dem Versicherungsvertrag auf den Erwerber über. Nach § 65 Abs. 2 ist aber der Erwerber berechtigt, das Versicherungsverhältnis ohne Kündigungsfrist binnen einem Monat zu kündigen, nachdem er die versicherte unbewegliche Sache in Besitz genommen hat, widrigenfalls sein Kündigungsrecht erlischt. Nach § 66 Abs. 1 finden diese Bestimmungen auch auf jeden anderen Wechsel in der Person des Eigentümers einer versicherten unbeweglichen Sache, namentlich auch auf die Zwangsversteigerung, Anwendung. Bei der Veräußerung einer versicherten beweglichen Sache dagegen erlischt das Versicherungsverhältnis mit dem Ausscheiden der Sache aus dem Gewahrsam des Veräußerers (§ 67).

Wesentliche Voraussetzung für das Erlöschen des Versicherungsverhältnisses sowohl nach § 64 als auch nach § 67 VVG. ist daher eine Veräußerung der versicherten Sache. In der Rechtslehre herrscht keine Übereinstimmung in der Frage, ob unter Veräußerung im versicherungsrechtlichen Sinne nur die förmlichrechtliche Veräußerung zu verstehen oder ob darunter schon jede Änderung in der Person des Eigentümers, sei es auch nur im wirtschaftlichen Sinne, gemeint sei. Das Gesetz selbst will in § 66 als Veräußerung jeden „Wechsel in der Person des Eigentümers" mit Ausnahme des Überganges versicherter Sachen im Erbwege (§ 68) verstanden wissen. Ein Wechsel in der Person des Eigentümers tritt nach außen in Erscheinung, wenn nach dem als Veräußerung aufzufassenden Rechtsvorgang eine andere Person Eigentümer der versicherten Sache ist als vorher. Die Verschiedenheit des Eigentümers läßt sich bei natürlichen Personen ohne Schwierigkeit feststellen. Auch insofern nebeneinander bestehende juristische Personen Eigentumsübertragungen an versicherten Sachen von der einen auf die andere derart vornehmen, daß vor dem „Veräußerungsvorgang" die eine, nachher aber die andere Eigentümerin der versicherten Sache ist, ergeben sich kaum ernstliche Unklarheiten aus der Person des Eigentümers. Diesem äußerlich erkennbaren Wechsel in der Person des Eigentümers muß jedoch auch der innere Vorgang der Eigentumsübertragung von dem ersten auf den zweiten Eigentümer entsprechen. Welche Voraussetzungen hierbei zu erfüllen sind, braucht im Rahmen dieses Rechtsstreits nicht untersucht zu werden. Besonders gestaltet sich die Lage in den zahlreichen möglichen Fällen der Umänderung der Rechtsform juristischer Personen, bei der trotzdem wirtschaftlich und rechtlich der Eigentümer derselbe bleiben kann.

Im vorliegenden Fall war Eigentümerin der versicherten Sachen sowohl vor dem als Veräußerung bezeichneten Rechtsvorgang als auch nach ihm die Klägerin, die eine Aktiengesellschaft war und eine solche auch geblieben ist. Nach außen ist daher überhaupt keine Änderung in der Person des Eigentümers in Erscheinung getreten. Die Klägerin und mit ihr die Vordergerichte erblicken aber eine solche in der Arisierung der Firma, die darin bestand, daß mit Genehmigung des Reichsprotektors in Böhmen und Mähren die vorher in jüdischem Besitz befindlichen 94 v. H. der Aktien der Klägerin auf zwei deutschblütige Erwerber übergingen. Nach dem geltenden Recht hat eine Aktiengesellschaft eine eigene Rechtspersönlichkeit, die vom Wechsel der Aktieninhaber unabhängig ist. Die Veräußerung und der Erwerb von Aktien einer Aktiengesellschaft führen rechtlich keine Änderung in der Rechtspersönlichkeit der Aktiengesellschaft herbei; wohl aber können Änderungen in der Zusammensetzung des Kreises der Aktionäre andere Mehrheiten und damit eine Änderung in der Zusammensetzung der Organe der Aktiengesellschaft nach sich ziehen. Sieht man zunächst von dem hier in Betracht kommenden Falle der Änderung der Aktieninhaber infolge der Arisierung der Aktiengesellschaft ab, so kann kein Zweifel darüber bestehen, daß weder der Eintritt neuer Aktionäre in eine Aktiengesellschaft noch die Neuwahl eines anderen Vorstandes oder Aufsichtsrats derart als Änderung aufgefaßt werden können, daß sie einen Wechsel in der Rechtspersönlichkeit der Aktiengesellschaft bedeuten würden und daß die Aktiengesellschaft wegen dieser Umstände (Bestellung neuer Organe) als neuer Eigentümer der schon früher versicherten Sachen angesehen werden könnte. Die Rechte und Verbindlichkeiten der Aktiengesellschaft bleiben durch solche Vorgänge Dritten gegenüber vollständig unberührt. Ein Eigentumswechsel der versicherten Sachen wird dadurch weder wirtschaftlich noch rechtlich herbeigeführt.

Das Oberlandesgericht hat in beachtenswerter Weise den Umstand hervorgehoben, daß durch die Überführung des vollständigen oder doch nahezu vollständigen Aktienbesitzes aus jüdischen in deutschblütige Hände mit Genehmigung der Verwaltungsbehörde das Unternehmen in seiner Wesensart ein anderes geworden ist, weil es in einem ganz anderen Gedankenkreis als bisher zu verwalten ist und daher auch die neue Vertretung der Aktiengesellschaft einen neuen Pflichtenkreis übernommen hat. Hierin liegt eine der Selbstbefreiung des deutschen Volkes vom Einfluß des jüdischen Wesens entsprechende innere Wandlung der Zusammensetzung der Aktiengesellschaft, deren Wichtigkeit in keiner Weise zu verkennen ist. An diesen Vorgang kann aber nicht mit allgemeiner Geltung die Rechtsfolge geknüpft werden, daß eine solche Aktiengesellschaft berechtigt sei, die bestehenden Versicherungsverträge allein aus diesem Grunde zu lösen. In einem solchen Falle muß vielmehr beachtet werden, ob der Umstand, daß der Versicherungsnehmer ein jüdisches Unternehmen war, bestimmenden Einfluß auf den Abschluß oder Inhalt des Versicherungsvertrages gehabt hat oder nicht, was sich oft auch aus den Verhältnissen und der Persönlichkeit des Vertragsgegners ergeben wird. Hatte die jüdische Wesensart der Aktiengesellschaft wirksamen Einfluß auf den Versicherungsvertrag, so kann von der in dem neuen Gedankenkreise zu verwaltenden Aktiengesellschaft wegen der Änderung der Verhältnisse nicht verlangt werden, daß sie einen solchen Vertrag aufrechterhalte. Dies beruht aber nicht darauf, daß die Arisierung durch Übernahme der Aktien als Veräußerung des Unternehmens im versicherungsrechtlichen Sinn aufzufassen wäre, sondern darauf, daß hier die Grundsätze der Änderung der Geschäftsgrundlage wegen geänderter Verhältnisse in Frage kommen. Im vorliegenden Falle hat jedoch die Klägerin nicht das Geringste darüber vorgebracht, was die Aufrechterhaltung des Versicherungsvertrages auch nur bedenklich erscheinen ließe. Die Beklagte hat unbestritten vorgetragen, daß sämtliche Aktien ihrer Gesellschaft im Eigentum der von der Hauptstadt Prag gegründeten Prager Städtischen Versicherungsanstalt stehen, und durch die Vorlage der Satzungen der letzteren dargetan, daß die Hauptstadt Prag die Verpflichtung zur Deckung eines Gebarungsverlustes der Versicherungsanstalt trägt, daß auch die Überschüsse zum Teil zugunsten gemeinnütziger Zwecke und Einrichtungen der Hauptstadt Prag verwendet werden, daß bei der Auflösung der Versicherungsanstalt ihr Vermögen der Hauptstadt Prag zugunsten gemeinnütziger Zwecke zufällt und die Stadt Prag drei Mitglieder des Verwaltungsrates ernennt. Die Klägerin hat nichts darüber vorgebracht, daß bei der Beklagten oder im Inhalte des Versicherungsvertrages Umstände vorlägen, die mit dem neuen Gedankenkreise der arisierten Klägerin tatsächlich im Widerspruche ständen. Es liegt daher kein Grund vor, in der festgestellten Arisierung der klagenden Aktiengesellschaft eine Veräußerung des Unternehmens oder eine derartige Änderung der Geschäftsgrundlage zu erblicken, daß eine Bindung an die geschlossenen Versicherungsverträge nicht mehr zumutbar wäre. Von einer Veräußerung des Unternehmens selbst kann schon deshalb nicht gesprochen werden, weil dies eine Trennung von Unternehmen und Aktiengesellschaft voraussetzen würde, die nicht stattgefunden hat.

Das Revisionsgericht verneint daher im gegebenen Falle das Vorliegen der Voraussetzungen der §§ 64—67 VVG., so daß die Klage abzuweisen ist.

---

37. Kann eine Vereinbarung, worin sich ein Miterbe wegen eines den alleinigen Gegenstand des ungeteilten Nachlasses bildenden Grundstücks gegen Entgelt schuldrechtlichen Verpflichtungen unterwirft, die dem Vertragsgegner die restlose, zeitlich unbeschränkte Wahrnehmung der Miterbenrechte für eigene Rechnung gewähr-

leisten sollen, als ein das Vorkaufsrecht der anderen Miterben auslösender Verkauf des Erbanteils angesehen werden?

BGB. § 2034.

VI. Zivilsenat. Urt. v. 13. August 1943 i. S. E. (Kl.) w. Sch.-L.-K. GmbH. u. 1 and. (Bekl.). VI 27/43.

I. Landgericht Leipzig.
II. Oberlandesgericht Dresden.

Als Erben ihrer Eltern, der Eheleute E., waren der Kläger und die Zweitbeklagte seit 1916 als Eigentümer „zur ungeteilten Hand" des zum Nachlaß gehörigen Grundstücks F.-Rh.-Straße 24 in L. im Grundbuch eingetragen. In einem notarisch beurkundeten Vertrage mit dem Kaufmann K. S. in L. vom 21. Januar 1927 bekannte die Zweitbeklagte, von S. 12 000 RM. erhalten zu haben, und sie verpflichtete sich unter Mitwirkung ihres Ehemannes ihm gegenüber, über ihre Rechte an dem genannten Grundstück nicht anderweit zu verfügen, vielmehr in „nachersichtlicher Weise" mitzuwirken, daß S. oder auch mit ihm zusammen eine andere Person Eigentümer des Grundstücks werde. Es stehe S. frei, die Zwangsversteigerung des Grundstücks zu betreiben oder es im Wege freihändigen Verkaufs zu erwerben. Die Zweitbeklagte und ihr Ehemann versicherten ihre jederzeitige Bereitschaft, S. den Grundstücksanteil auf diesem oder jenem Wege zu überlassen und alle erforderlichen Rechtshandlungen, soweit es an ihnen liege, vorzunehmen; S. solle im Falle des Erwerbs des Grundstücks gegenüber der Zweitbeklagten und ihrem Ehemanne nur verpflichtet sein, die auf dem Grundstück zur Zeit lastenden Hypotheken zu übernehmen; dagegen fließe der Kaufpreis oder Versteigerungserlös, soweit er der Zweitbeklagten zufallen würde, in voller Höhe S. zu, wofür das Entgelt in den bezahlten 12 000 RM. und darin liege, daß dieser die Gefahr des Mindererlöses übernehme; alle Nutzungen und Lasten am Grundstücksanteil oder Grundstück, soweit sie der Zweitbeklagten zuständen, sollten vom 1. Januar 1927 ab auf S. übergehen. In einer gleichzeitigen notarischen Verhandlung erteilte die Zweitbeklagte mit Zustimmung ihres Ehemannes dem Kaufmann S. die unwiderrufliche, „auf irgendeinen deutschen Rechtsanwalt" übertragbare Vollmacht, sie — unter Befreiung von den Beschränkungen des § 181 BGB. — in allen das Grundstück und ihren Anteil daran betreffenden Anlegenheiten zu vertreten, insbesondere Rechtshandlungen aller Art vorzunehmen, vor Gericht und allen sonstigen Behörden zu erscheinen, die Zwangsverwaltung und die Zwangsversteigerung zwecks Aufhebung der Erbengemeinschaft zu beantragen, weiterzubetreiben und den Versteigerungserlös in Empfang zu nehmen, Eintragungen und Löschungen im Grundbuch zu bewilligen und zu beantragen, Geld, Geldeswert und Urkunden zu erheben und darüber zu quittieren, Rechtsstreite durch Schiedsspruch oder durch Vergleich zu beseitigen, sowie Rechte und Forderungen, die das Grundstück betreffen, abzutreten oder aufzuheben.

Durch Vertrag vom 19. Januar 1929 übertrug S. die Rechte aus dem Vertrage vom 21. Januar 1927 entgeltlich auf die Erstbeklagte und die Vollmacht mit dem Rechte der Unterbevollmächtigung auf den Rechtsanwalt Dr. K. in L. Dieser Vertrag wurde am 25. März 1931 in notarischer Form wiederholt und in derselben Verhandlung die Vollmacht — nunmehr unwiderruflich — von S. auf die Rechtsanwälte Dr. Z., G., W. und W. Z. in L. übertragen. Bereits am 5. Januar 1931 hatte die Erstbeklagte eine einstweilige Verfügung erwirkt, durch die der Zweitbeklagten die Verfügung über ihren Anteil am Nachlaß ihrer Eltern anders als zugunsten der Erstbeklagten untersagt wurde. Diese Beschränkung war im Grundbuch eingetragen worden.

In einem Vorprozeß nahm die Erstbeklagte die Zweitbeklagte auf Zahlung vorenthaltener Grundstückserträgnisse und auf Schadensersatz mit dem Erfolg in Anspruch, daß diese in drei Teilurteilen des Oberlandesgerichts in Dresden zur Zahlung von insgesamt 10 312,17 RM. nebst Zinsen verurteilt wurde. Auf Grund des ersten Teilurteils vom 27. Mai 1940 über 6100 RM. nebst Zinsen ließ die Erstbeklagte den Anteil der Zweitbeklagten am Nachlaß ihrer Eltern und deren Anspruch auf Auseinandersetzung und Rechnungslegung pfänden und sich zur Einziehung überweisen. Darauf leitete sie die Zwangsversteigerung des Nachlaßgrundstücks zur Aufhebung der Gemeinschaft ein.

Der Kläger hat nunmehr die vorliegende Klage erhoben und beantragt, 1. die auf Antrag der Erstbeklagten angeordnete Zwangsversteigerung für unzulässig zu erklären, 2. die Beklagten zu verurteilen, den Erbanteil der Zweitbeklagten am Nachlaß ihrer Eltern Zug um Zug gegen Zahlung von 12 000 RM. auf ihn zu übertragen und darein zu willigen, daß er als Alleineigentümer des Grundstücks eingetragen werde, 3. die Erstbeklagte zur Einwilligung in die Löschung der Verfügungsbeschränkung zu verurteilen. Zur Begründung dieses Antrags hat der Kläger im wesentlichen geltend gemacht, er habe sich in einer bereits 1911 getroffenen und später wiederholt bestätigten Vereinbarung mit der Zweitbeklagten dahin geeinigt, daß eine gerichtliche Versteigerung des Nachlaßgrundstücks zum Zwecke der Auseinandersetzung ausgeschlossen sein solle. Einer trotzdem von der Zweitbeklagten im Jahre 1923 beantragten Versteigerung sei er mit der Vollstreckungsgegenklage erfolgreich entgegengetreten. Die Vereinbarung und das Urteil müsse die Erstbeklagte als Rechtsnachfolgerin der Zweitbeklagten gegen sich gelten lassen. Der Vertrag der Zweitbeklagten mit S. vom 21. Januar 1927 in Verbindung mit der diesem erteilten Vollmacht sei rechtlich dem Verkaufe des Erbanteils mit gleichzeitiger Verfügung über ihn zugunsten des S. gleichzuachten. Ihm, dem Kläger, sei daher als Miterben das gesetzliche Vorkaufsrecht nach § 2034 BGB. erwachsen. Dieses habe er sowohl S. als auch den beiden Beklagten gegenüber ausgeübt.

Die Beklagten sind den Behauptungen und Ausführungen des Klägers entgegengetreten und haben Abweisung der Klage beantragt.

Das Landgericht hat die Klage abgewiesen. Der Kläger hat gegen dieses Urteil Berufung eingelegt. Nach Einlegung des Rechtsmittels ist das Zwangsversteigerungsverfahren durchgeführt und das Nachlaßgrundstück am 29. Juni 1942 dem Kläger für den durch Zahlung zu berichtigenden Betrag von 72 452,90 RM. zugeschlagen worden. Der Übererlös von 72 025,96 RM. wurde ungeteilt zugunsten der Parteien als Berechtigten hinterlegt. Unter gleichzeitiger Löschung der Verfügungsbeschränkung der Zweitbeklagten ist darauf der Kläger als Alleineigentümer des Grundstücks im Grundbuch eingetragen worden. Er hat seine Ansprüche auf Auszahlung der hinterlegten Beträge gegen die Hinterlegungsstelle sowie die Ansprüche auf Auseinandersetzung gegenüber den Beklagten an W. F. in G. zur Sicherung einer Darlehnsschuld verpfändet. Der Pfändungsgläubiger ist mit der weiteren Geltendmachung der Ansprüche durch den Kläger in der Weise einverstanden, daß an sie gemeinschaftlich geleistet werde.

Diesen Veränderungen Rechnung tragend hat der Kläger im Berufungsverfahren seine früheren Anträge zu 1 und 3 für erledigt erklärt und an Stelle der zweiten Klagebitte den Antrag gestellt, die Erstbeklagte — hilfsweise die Zweitbeklagte — zu verurteilen, in die Auszahlung der beim Amtsgericht in L. hinterlegten Beträge mit insgesamt 72 025,96 RM. nebst aufgelaufenen Zinsen an ihn und W. F. Zug um Zug gegen Zahlung von 5683,81 RM. zu willigen. Von seinem Standpunkt aus, daß der Erbanteil der Zweitbeklagten infolge der Ausübung des Vorkaufsrechts ihm zustehe, beansprucht er den ganzen Versteigerungserlös, ist aber bereit, gegen die Einwilligung in dessen Auszahlung die von S. auf Grund des Vertrags vom 21. Januar 1927 an die Zweitbeklagte gezahlten 12 000 RM. unter Kürzung um den Betrag einer ihm gegen sie zustehenden Forderung von insgesamt 6316,09 RM. zu erstatten.

Die Beklagten haben Zurückweisung der Berufung und Abweisung des neuen Antrags des Klägers beantragt. Sie haben die Einwilligung in die Auszahlung des hinterlegten Übererlöses in Höhe des hälftigen Anteils der Zweitbeklagten und darüber hinaus wegen der dieser nach ihrer Behauptung für die Zeit vom 1. Januar 1927 bis zum 19. Mai 1942 zustehenden und vorenthaltenen Grundstückserträge nebst Zinsen verweigert. Insgesamt haben sie vom Versteigerungserlös 50 927,62 RM. beansprucht und im übrigen wegen ihrer Ansprüche das Zurückhaltungsrecht geltend gemacht.

Das Oberlandesgericht hat durch Teilurteil die Beklagten zur Einwilligung in die Auszahlung von 21 098,34 RM. nebst entsprechenden Hinterlegungszinsen an den Kläger und an W. F. verurteilt und die Klage abgewiesen, soweit mit ihr die Einwilligung in die Auszahlung von mehr als 36 012,98 RM. nebst aufgelaufenen Zinsen gefordert werde.

Auf die Revision des Klägers wurde das Berufungsurteil, soweit es zu dessen Nachteil ergangen ist, aufgehoben und der Rechtsstreit in diesem Umfang an das Berufungsgericht zurückverwiesen.

Gründe:

Im Rahmen der Revision steht nur zur Nachprüfung, ob die Vereinbarungen der Zweitbeklagten mit dem Kaufmann S. vom 21. Januar 1927 im Zusammenhalt mit der gleichzeitig erteilten unwiderruflichen Vollmacht das dem Miterben in § 2034 BGB. verliehene Vorkaufsrecht zugunsten des Klägers ausgelöst haben, ob mithin in jenen Vereinbarungen die Zweitbeklagte ihren Erbanteil an S. verkauft hat. Gegen die Verneinung dieser Frage durch das Berufungsgericht erheben sich durchgreifende rechtliche Bedenken.

Das Vorkaufsrecht des § 2034 Abs. 1 BGB. setzt voraus, daß ein Miterbe seinen Anteil an einen Dritten verkauft, sich also dem Dritten gegenüber schuldrechtlich verpflichtet hat, ihm für das vereinbarte Entgelt den Anteil zu übertragen. Die Übertragung des Anteils, die vermöge des den Miterben durch die Vorschrift des § 2033 Abs. 1 BGB. verliehenen Verfügungsrechts durch dingliche Einigung vollzogen wird, ist die Erfüllung der schuldrechtlichen Verpflichtung. Sie ist nicht für die Entstehung des Vorkaufsrechts des Miterben, sondern nach § 2035 BGB. nur insofern von Bedeutung, als dieses Recht dem Verkäufer gegenüber erlischt und nunmehr dem Käufer gegenüber auszuüben ist. Da nach der noch nicht nachgeprüften Behauptung des Klägers das von ihm beanspruchte Vorkaufsrecht sowohl gegenüber der Zweitbeklagten als auch gegenüber dem Kaufmann S. ausgeübt worden ist, bedarf die Frage, ob eine — dingliche — Übertragung des Erbanteils auf S. stattgefunden hat, in diesem Rechtszuge keiner Erörterung. Für den Fall, daß sie noch erheblich werden sollte, sei jedoch bemerkt, daß sie entgegen der Meinung der Revision verneint werden muß. Die Zweitbeklagte hat sich ihres Erbanteils nicht dinglich entäußert, sondern sich S. gegenüber nur zu gewissen Handlungen und Unterlassungen schuldrechtlich verpflichtet und ihn durch die unwiderrufliche Vollmacht zu ihrem rechtsgeschäftlichen Vertreter bestellt. Sie blieb daher in der Lage, über ihren Erbanteil weiterhin rechtswirksam zu verfügen.

Besteht, wie im vorliegenden Falle der Berufungsrichter unterstellt, der ungeteilte Nachlaß nur noch aus einem Grundstück, so erschöpft sich der Erbanteil jedes Miterben in dem durch das Gesamthandverhältnis gebundenen Anteil an dem Grundstück. Über diesen Anteil als solchen kann der Miterbe nach § 2033 Abs. 2 BGB. nicht verfügen und sich in Ansehung des Grundstücks nur nach Maßgabe der §§ 306, 308 BGB. schuldrechtlich verpflichten (RGZ. B. 118 S. 244 [247]). Diese Rechtslage ist nach der Feststellung des Berufungsgerichts den Vertragschließenden, insbesondere S., bekannt gewesen. S. hat deshalb von dem — zunächst beabsichtigten — Abschluß eines Kaufvertrags über den Grundstücksanteil Abstand genommen und, wie das Berufungsgericht es ausdrückt, den Weg der Begründung einer schuldrechtlichen, besonders gearteten Verpflichtung der Zweitbeklagten gewählt, „um sich hinsichtlich des Grundstücksanteils deren volle Rechtsstellung als Miterbin zu verschaffen". Diese Umschreibung des Vertragsziels schließt bei der vom Vorderrichter unterstellten Übereinstimmung des Grundstücks mit dem ungeteilten Nachlaß die Begründung einer Verpflichtung der Zweitbeklagten zur Übertragung ihres Erbanteils keineswegs aus. Nach Meinung des Vorderrichters kommt diese Möglichkeit deshalb nicht in Betracht, weil das Ziel des S. nur der Erwerb des Grundstücksanteils gewesen sei, der Vertrag überdies mangels nachgewiesener Kenntnis des S. vom Bestande des Nachlasses und dem Stande der Auseinandersetzung unter den Erben nicht als eine den gesamten Erbanteil erfassende Verfügung angesehen werden könne.

Wie bereits bemerkt, kommt es unter dem hier maßgeblichen Gesichtspunkt nicht darauf an, ob über den Erbanteil eine — dingliche — Verfügung getroffen worden ist; entscheidend ist vielmehr, ob in dem streitigen Abkommen die Begründung der schuldrechtlichen Verpflichtung zur — entgeltlichen — Übertragung des Anteils gefunden werden kann. Hierfür ist es ohne Bedeutung, daß das wirtschaftliche Ziel des S. nur auf den Eintritt in die rechtliche Stellung der Zweitbeklagten zum Nachlaßgrundstück gerichtet war. Bildeten diese Rechtsbeziehungen den ausschließlichen Inhalt des Miterbenrechts, so kann eine sie schuldrechtlich erfassende Vereinbarung den Tatbestand des Erbschaftskaufs verwirklichen, ohne daß ein entsprechender Geschäftswille zum Ausdruck zu kommen braucht. Diese Möglichkeit setzt allerdings — darin ist dem Berufungsrichter beizutreten — voraus, daß S. beim Vertragsschluß wußte, der ungeteilte Nachlaß bestehe nur aus dem Grundstück. Nach § 2382 BGB. haftet der Erbschaftskäufer vom Abschluß des Kaufes an den Nachlaßgläubigern, und diese Haftung kann gegenüber den Gläubigern durch Vereinbarung zwischen dem Käufer und dem Verkäufer weder ausgeschlossen noch beschränkt werden. Angesichts dieser Folgen muß deshalb der von der Rechtsprechung im Bereiche des § 419 BGB. (RGZ. Bd. 134 S. 121 [125], Bd. 145 S. 370 [375]) ausgebildete Grundsatz, daß der Erwerber eines einzelnen Gegenstandes nur dann als Vermögensübernehmer behandelt werden kann, wenn ihm die Verhältnisse des Veräußerers bekannt gewesen sind, hier entsprechend gelten. Die Annahme des Berufungsrichters, daß S. vom Bestande des Nachlasses und dem Stande der Auseinandersetzung nichts gewußt habe, würde daher die angefochtene Entscheidung tragen, wenn sie selbst rechtlich unangreifbar wäre. Sie wird indessen von der Revision mit Grund beanstandet. (Wird ausgeführt und dann fortgefahren:) Die Nichtberücksichtigung dieses Vorbringens ist ein Verfahrensmangel, auf dem das Urteil auch beruht. Würde sich nämlich ergeben, daß — was der Berufungsrichter unterstellt — der ungeteilte Nachlaß nur noch aus dem Grundstück bestand und daß S. diesen Umstand kannte, so kann die weitere Frage, ob die von der Zweitbeklagten eingegangene Bindung die Verpflichtung zur Übertragung ihres Erbanteils enthält, nur im bejahenden Sinne beantwortet werden. Die Vereinbarung vom 21. Januar 1927 läßt keinen Zweifel darüber, daß die Zweitbeklagte aus ihren Rechtsbeziehungen zum Grundstück — bei der Unterstellung des Berufungsrichters also zum Nachlaß — in ihrem Verhältnis zu S. und zu dessen Gunsten völlig ausscheiden sollte. Sie durfte über ihre Rechte nicht mehr anderweitig verfügen; sie mußte es dulden, daß S. auf Grund der unwiderruflichen Vollmacht die Zwangsversteigerung betrieb, und hatte sich für den Erlös aus dieser oder aus einem etwaigen freihändigen Verkauf durch die gezahlten 12 000 RM. für völlig abgefunden erklärt. Die Nutzungen des Grundstücks mußte sie S. vom 1. Januar 1927 ab überlassen. Schließlich übernahm sie allgemein die Verpflichtung, S. den Grundstücksanteil „auf diesem oder jenem Wege" zu überlassen und hierzu alle erforderlichen Rechtshandlungen vorzunehmen. Mußte hiernach die Zweitbeklagte alles tun, um S. die restlose und zeitlich unbeschränkte Wahrnehmung ihrer Rechtsstellung zu dem Grundstück für eigene Rechnung in jeder Weise zu gewährleisten, so war sie damit eine Bindung eingegangen, die sich in ihrem Ziel und ihrer Wirkung mit der Verpflichtung zur Übertragung ihres Erbanteils völlig deckte und die darüber hinaus S. auch berechtigte, jederzeit, wenn er es für erforderlich hielt, die förmliche Abtretung des Erbanteils zu verlangen. Da die von S. gezahlten 12 000 RM. die Gegenleistung für die von der Zweitbeklagten übernommene Verpflichtung bilden, steht, sofern die oben gekennzeichneten Voraussetzungen vorliegen, der Beurteilung des Abkommens als Verkauf des Erbanteils rechtlich nichts im Wege.

38. Tritt der Forderungsübergang nach § 139 DBG. auch dann ein, wenn Versorgungsbezüge an die Witwe oder die Kinder eines Beamten gezahlt werden, denen nach § 101 Abs. 2 Satz 3 DBG. Witwen- oder Waisengeld bewilligt werden „kann"?

DBG. § 101 Abs. 2 Satz 3, § 139 Satz 1.

III. Zivilsenat. Urt. v. 24. Mai 1943 i. S. H. (Kl.) w. Großdeutsches Reich (Bekl.). III 19/43.

I. Landgericht Bonn.
II. Oberlandesgericht Köln.

Am 5. März 1940 stieß der Ehemann der Klägerin, der auf seinem Fahrrad zu seiner Dienststelle fuhr, mit einem Kraftwagen der Wehrmacht zusammen und wurde getötet. Die Klägerin hat ihren Schaden aus diesem Unfall gegen den Beklagten geltend gemacht, jedoch mit Rücksicht auf ein Mitverschulden ihres Ehemannes an dem Zusammenstoß nur zur Hälfte. Der Anspruch ist dem Grunde nach rechtskräftig für gerechtfertigt erklärt worden. Der Verunglückte war Volksschullehrer, 1932 in den Ruhestand getreten, aber im Kriege wieder als Lehrer beschäftigt worden. Die Klägerin bezog nach dem Tod ihres Ehemannes durch die Regierungshauptkasse in K. ein Witwengeld von zunächst 115 RM., später 124 RM. monatlich.

Die Klägerin verlangt — neben der Erstattung der Begräbniskosten — vom Beklagten vom 1. Juli 1940 ab eine Rente von monatlich 75 RM. Sie behauptet, ihr Ehemann wäre wegen des großen Mangels an Lehrkräften bei seinem guten Gesundheitszustande bis mindestens zum 70. Lebensjahre weiter beschäftigt worden. Er habe zuletzt nach Abzug der gesetzlichen Kürzungen über 400 RM. monatlich an Gehalt bekommen. Auf ihren Unterhalt seien hiervon mindestens 150 RM. zu rechnen. Davon verlange sie die Hälfte mit 75 RM. monatlich als Rente.

Der Beklagte bestreitet mit Rücksicht auf die sonstigen Verpflichtungen des Ehemannes der Klägerin (Schulden, Unterhaltsansprüche der Kinder aus seiner ersten Ehe), daß auf den Unterhalt der Klägerin mehr als monatlich 100 bis 110 RM. zu rechnen seien. Auch würde der Ehemann nur noch kurze Zeit seine Tätigkeit als Lehrer haben fortsetzen können. Der Rentenanspruch entfalle nach § 139 DBG. schon deshalb, weil die Klägerin seit dem

1. Juli 1940 ein Witwengeld erhalte, das höher sei als der etwa in Frage kommende Schadensersatzanspruch in Gestalt der Rente.

Die Klägerin ist mit dem Rentenanspruch in allen Rechtszügen unterlegen.

Gründe:

Der Streit geht allein noch um die Frage, ob die Bewilligung von Witwengeld an die Klägerin als nachgeheiratete Witwe eines tödlich verunglückten Beamten nach § 101 Abs. 2 Satz 3 DBG. bewirkt hat, daß ihr auf Zahlung einer Rente gerichteter, auf § 7 KFG. gestützter Schadensersatzanspruch aus dem Unfall ihres Ehemannes nach § 139 DBG. auf den öffentlichen Dienstherrn, der jenes Witwengeld gewährt, in dessen Höhe übergegangen ist.

§ 139 Satz 1 DBG. bestimmt, daß der gesetzliche Schadensersatzanspruch, der den nach den Vorschriften des Deutschen Beamtengesetzes versorgungsberechtigten Personen gegen Dritte infolge eines Ereignisses zusteht, das den Dienstherrn zur Gewährung oder Erhöhung von Versorgungsbezügen verpflichtet, in dem Umfange dieser Versorgungsbezüge auf den Dienstherrn übergeht. Die Witwe eines Beamten, die nach §§ 97 flg. DBG. Anspruch auf Witwengeld hat, gehört, wie nicht zweifelhaft ist, zu den versorgungsberechtigten Personen, und ihr gegenüber besteht eine Verpflichtung des Dienstherrn im Sinne des § 139 DBG. zur Gewährung dieses Bezugs. Zweifel können auftauchen bei einer Witwe, die, wie die Klägerin, mit dem Beamten erst nach dessen Versetzung in den Ruhestand die Ehe geschlossen hat. Sie erhält nach § 101 Abs. 2 Satz 1 DBG. grundsätzlich kein Witwengeld; doch kann ihr nach Satz 3 die oberste Dienstbehörde im Einvernehmen mit dem Reichsminister der Finanzen in den Grenzen der gesetzlichen Hinterbliebenenbezüge ein solches bewilligen. Nach dem strengen Wortlaute des § 139 Satz 1 DBG. würde eine Witwe in der bezeichneten Lage nicht zu den „versorgungsberechtigten" Personen gehören und bestände für den Dienstherrn, in dessen pflichtmäßiges Ermessen die Entscheidung gestellt ist, keine „Verpflichtung" zur Gewährung des Witwengeldes. Der gesetzliche Übergang des Schadensersatzanspruchs würde danach in diesem Falle nicht eintreten.

Der Sinn der Bestimmung ist indessen weiter zu fassen; sie schließt Fälle wie die des § 101 Abs. 2 Satz 3 DBG. ein. Die Bewilligung des Witwengeldes in diesen Fällen ist, wie auch das Berufungsgericht zutreffend erwägt, keine in das völlig freie Ermessen des Dienstherrn gestellte Vergünstigung, also keine freigebige Zuwendung, bei der allerdings von einer infolge des Ablebens des Beamten entstandenen Verpflichtung des Dienstherrn zur Gewährung des Bezugs nicht gesprochen werden könnte. Die Gewährung auch dieses Bezugs hat vielmehr letztlich ihren Grund in der Fürsorge des Dienstherrn für den Beamten und seine Hinterbliebenen, aus der heraus auch die sonstigen im Gesetz bestimmten Versorgungsbezüge des Beamten und seiner Hinterbliebenen erwachsen. Eine solche Fürsorgepflicht gegenüber der Witwe verneint das Gesetz schlechthin nur, wenn die Ehe mit dem verstorbenen Beamten innerhalb dreier Monate vor seinem Ableben unter Umständen geschlossen worden ist, welche die Annahme rechtfertigen, daß mit der Heirat allein oder überwiegend der Zweck verfolgt worden ist, der Witwe den Bezug des Witwengeldes zu verschaffen (§ 101 Abs. 1 DBG.); im übrigen stellt es (§ 101 Abs. 2, §§ 102, 103, 106 DBG.), die Besonderheiten der Lebensverhältnisse berücksichtigend, die Gewährung von Bezügen an die Witwe und die sonstigen Hinterbliebenen in das pflichtmäßige Ermessen des Dienstherrn und gibt diesem die Möglichkeit der Überprüfung der Verhältnisse dahin, ob eine Fürsorge in Gestalt der Gewährung von Versorgungsbezügen geboten ist oder nicht. Auch hier erwächst zwar mit dem Ableben des Beamten seiner Witwe zunächst noch kein Recht auf das Witwengeld und seinem Dienstherrn noch keine Pflicht zu dessen Gewährung im Sinne des § 139 Satz 1 DBG. Wird die Notwendigkeit der Fürsorge aber anerkannt und daraufhin Versorgung zugesagt, dann ändert sich die Rechtslage: Nunmehr ist eine Verpflichtung des Dienstherrn zur Gewährung des Witwengeldes gemäß der Bewilligung gegeben, von der er sich, falls der Bezug nicht jederzeit frei widerruflich zugesagt worden ist, nicht ohne triftigen Grund lösen kann. Entsprechendes gilt für das Waisengeld, das den hinterbliebenen Kindern eines Beamten gemäß § 101 Abs. 2 Satz 3 DBG. bewilligt werden kann.

Diese Hinterbliebenen gehören also dann auch zu den versorgungsberechtigten Personen im Sinne des § 139 Satz 1 DBG. Steht ihnen aus einem Ereignis, das dem Dienstherrn zur Gewährung der Bezüge Anlaß gibt, gegen einen Dritten ein gesetzlicher Schadensersatzanspruch zu, so tritt der in dieser Bestimmung vorgesehene Forderungsübergang im Umfange der bewilligten Bezüge auf den Dienstherrn ein. Daß der Bezug nach § 101 Abs. 2 Satz 3 DBG. einen besonderen Willensakt des Dienstherrn voraussetzt, steht der Annahme des Ursachenzusammenhangs zwischen der Gewährung des Bezugs und jenem Ereignis nicht entgegen.

Die Rechtsauffassung, daß der in § 139 Satz 1 DBG. festgelegte Forderungsübergang auch im Falle der Gewährung des Witwengeldes an eine Witwe nach § 101 Abs. 2 Satz 3 DBG. eintritt, findet eine Stütze in der auch vom Berufungsgericht angestellten Überlegung, daß andernfalls die nachgeheiratete Witwe eines Ruhestandsbeamten günstiger dastehen würde als die Witwe eines Beamten, die nach § 97 DBG. Anspruch auf Witwengeld hat, insofern als jene abweichend von dieser den Anspruch auf Schadensersatz gegen den Dritten, ungeachtet der Gewährung des Witwengeldes, uneingeschränkt behalten würde. Das kann das Gesetz nicht gewollt haben. Vielmehr ist als der Wille des Gesetzes anzusehen, daß überall, wo der öffentliche Dienstherr im Zusammenhange mit dem einen Beamten schädigenden Ereignis Versorgungsbezüge gewährt — gleichviel ob unmittelbar gemäß gesetzlicher Verpflichtung oder erst nach Prüfung der Verhältnisse auf Grund pflichtmäßigen Ermessens —, er sich mit Hilfe des gesetzlichen Forderungsüberganges bei dem auf Schadensersatz haftenden Dritten soll schadlos halten können.

Soweit der VI. Zivilsenat des Reichsgerichts im Urteil vom 14. April 1932 (RGZ. Bd. 136 S. 83 [86/87]) in Auslegung der dem § 139 Satz 1 DBG. rechtsähnlichen Bestimmung des § 86 Abs. 2 des Reichsversorgungsgesetzes vom 12. Mai 1920 in der Fassung der Bekanntmachung vom 22. Dezember 1927 (RGBl. I S. 515) eine abweichende Auffassung vertreten und einen Forderungsübergang bei Gewährung von Ermessensleistungen, die auf Billigkeitserwägungen beruhen (dort nach §§ 40, 88 flg. des Gesetzes), nicht angenommen hat, kann dieser Auffassung bei der Auslegung des § 139 Satz 1 DBG. nicht gefolgt werden.

Der Klägerin ist unstreitig auf Grund des § 101 Abs. 2 Satz 3 DBG. ein Witwengeld in Höhe von $^{6}/_{10}$ des gesetzlichen Vollsatzes des Witwengeldes mit anfangs 115 RM., dann 124 RM. monatlich bewilligt worden, und zwar nur mit dem Vorbehalte der Überprüfung für den Fall, daß kein Übergang des auf Gewährung einer

Rente gerichteten Schadensersatzanspruchs der Klägerin nach § 139 Satz 1 DBG. angenommen werde. Dieser Forderungsübergang ist aber nach dem oben Ausgeführten zu bejahen.

Als Dienstherr, auf den der Schadensersatzanspruch der Klägerin übergegangen ist, kommt allerdings nicht, wie im angefochtenen Urteil angenommen, das Deutsche Reich, der Beklagte selbst, in Betracht, sondern das Land Preußen. Denn dieses, nicht das Deutsche Reich, zahlt als Dienstherr des Ehemannes der Klägerin das Witwengeld. Durch Art. II § 5 Abs. 1 des Gesetzes über die Vereinheitlichung im Behördenaufbau vom 5. Juli 1939 (RGBl. I S. 1197) sind zwar auch die Volksschullehrer unmittelbare Reichsbeamte geworden. Sie sind aber in den Verwaltungsaufbau der Länder eingegliedert geblieben und werden bis zur Neuregelung der finanziellen Verhältnisse zwischen dem Reich und den Ländern weiter von diesen besoldet (Art. II § 2 Abs. 2 des Gesetzes über die Änderung von Vorschriften auf dem Gebiete des Besoldungsrechts — 35. Ergänzung des Besoldungsgesetzes — vom 29. Januar 1940 [RGBl. I S. 303]).

Die Revision meint noch, ein Übergang des Schadensersatzanspruchs der Klägerin nach § 139 Satz 1 DBG. komme auch um deswillen nicht in Frage, weil dem Träger der Versorgungslast durch den tödlichen Unfall des Ehemannes der Klägerin keine Verpflichtung zur Gewährung oder Erhöhung von Versorgungsbezügen, wie nach dem Gesetze zu verlangen, neu erwachsen sei. Die Versorgungslast in Gestalt des jetzt der Klägerin zu gewährenden Witwengeldes habe sich vielmehr, verglichen mit dem Ruhegehalt des schon in den Ruhestand versetzt gewesenen Ehemannes, vermindert. Dabei ist indes verkannt, daß die Witwen- und Waisenversorgung rechtlich gesondert vom Gehalt (auch Ruhegehalt) des Beamten zu betrachten ist. Die Beamtenwitwe erwirbt, wie in der Rechtsprechung des erkennenden Senats anerkannt ist (vgl. Urt. III 218/36 vom 25. Mai 1937, abgedr. JW. 1937 S. 2531 Nr. 27), den Versorgungsanspruch gegen den Dienstherrn ihres Ehemannes aus eigenem Recht, nicht als Erbin und Rechtsnachfolgerin ihres Ehemannes. Auch das nach § 101 Abs. 2 Satz 3 DBG. zu gewährende Witwengeld stellt gegenüber dem Ruhegehalt des Beamten eine rechtlich besonders zu bewertende Belastung des Dienstherrn dar. Es kann daher auch im Hinblick auf § 139 Satz 1 DBG. nicht mit dem Ruhegehalt seiner

Höhe nach verglichen werden, sondern es bildet eine eigene Last und enthält damit eine neue Verpflichtung des Dienstherrn im Sinne dieser Bestimmung, die im gegebenen Falle den gesetzlichen Forderungsübergang zur Folge hat. Dieser ist im § 139 Satz 1 DBG. auch keineswegs an die Voraussetzung geknüpft, daß sich der Gesamtbetrag der dem Dienstherrn obliegenden Leistungen infolge des Ereignisses, das ihn zur Gewährung der Versorgungsbezüge verpflichtet, erhöht hat.

Daß beim Vorliegen eines mitwirkenden Verschuldens des geschädigten Beamten und bei Begründetheit nur eines Teiles des Schadensersatzanspruchs der verbleibende Teilanspruch im vollen Umfang in Höhe der gewährten Versorgung auf den öffentlichen Dienstherrn übergeht, ist mit dem Berufungsgericht nach der Rechtsprechung auf dem Gebiete des gesetzlich bestimmten Forderungsübergangs (u. a. § 1542 RVO.) anzunehmen. Da das der Klägerin gewährte Witwengeld höher ist als der Schadensersatzanspruch in Gestalt der Rente, hat das Berufungsgericht den Klageanspruch mit Recht wegen fehlender Sachbefugnis der Klägerin zu seiner Geltendmachung für unbegründet erachtet (vgl. auch RGZ. Bd. 160 S. 253, 254).

39. Bietet ein Versicherungsvertrag trotz seiner Bestimmung, daß kein Anspruch gegen den Versicherer bestehe, wenn der Versicherte aus dem schädigenden Ereignis einen Ersatzanspruch gegen einen Dritten habe, für den Geschädigten eine anderweitige Ersatzmöglichkeit im Sinne des § 839 Abs. 1 Satz 2 BGB.?

BGB. § 839 Abs. 1 Satz 2. WeimVerf. Art. 131.

III. Zivilsenat. Urt. v. 31. Mai 1943 i. S. Großdeutsches Reich (Bekl.) w. O. (Kl.). III 132/42.

I. Landgericht Freiburg i. Br.
II. Oberlandesgericht Karlsruhe.

Der Erstkläger, damals 10 Jahre alt, erlitt am 25. Juni 1940 dadurch eine Verletzung seiner linken Hand, daß er einen Sprengkörper, den er im Garten gefunden hatte und den Wehrmachtangehörige dort zurückgelassen hatten, durch Schläge mit dem Hammer zu zerlegen suchte, wobei der Sprengkörper explodierte. Mit der Begründung, die Angehörigen der Wehrmacht hätten durch Zurücklassung des Sprengkörpers die ihnen Dritten gegenüber obliegende Amtspflicht verletzt, haben der Erstkläger und sein Vater und gesetzlicher Vertreter, der Zweitkläger, den Beklagten wegen des ihnen aus dem Unfall entstandenen Schadens, jedoch unter Annahme eines Mitverschuldens des Erstklägers an dem Unfall nur zu zwei Dritteln, in Anspruch genommen. In diesem Rahmen verlangen sie u. a. Ersatz der Heilungs- und Verpflegungskosten in Höhe von 423 RM. nebst den Kosten des zweiten ärztlichen Eingriffs mit 108,60 RM.

Der Beklagte hat sich gegen seine Verpflichtung zur Erstattung dieser Unkosten besonders mit dem Hinweise darauf gewendet, daß die Postbeamtenkrankenkasse in Karlsruhe die Heilungskosten im Betrage von 423 RM. gezahlt habe und insoweit nach § 839 Abs. 1 Satz 2 BGB. kein Anspruch gegen ihn bestehe.

Die Kläger haben sich demgegenüber darauf berufen, daß nach § 10 Abs. 2 der Satzung der Postbeamtenkrankenkasse kein Anspruch gegen diese auf Zahlung der Heilungskosten erwachsen sei, weil der Beklagte aus schuldhafter Amtspflichtverletzung für den Schaden zu haften habe, und daß die Kasse daher den Betrag auch nur vorschußweise gewährt habe. Der Anspruch der Kläger auf Ersatz dieses Schadens gegen den Beklagten sei also davon nicht berührt.

Die Vordergerichte haben nach dem Klageantrag erkannt. Die Revision des Beklagten blieb erfolglos.

Gründe:

Das Berufungsgericht hat in Übereinstimmung mit dem Landgericht den auf Art. 131 WeimVerf. in Verbindung mit § 839 BGB. gegründeten Schadensersatzanspruch der Kläger in dem geltend gemachten Umfange (zu zwei Dritteln) ohne Rechtsirrtum für gerechtfertigt erklärt, beim Zweitkläger im Rahmen der §§ 844, 845 BGB. Die Revision greift das Urteil insoweit auch nicht an. Sie wendet sich nur dagegen, daß das Berufungsgericht, ebenfalls in Übereinstimmung mit dem Landgericht, die von der Postbeamtenkrankenkasse „vorschußweise" an den Erstkläger gezahlten 423 RM. Heilungskosten nicht als einen anderweitigen Ersatz des Schadens dieses Klägers im Sinne des § 839 Abs. 1 Satz 2 BGB. angesehen und sein Verlangen auf Ersatz der Verpflegungs- und Heilungskosten für berechtigt erachtet hat.

Die Rüge ist nicht begründet. Nach der Auslegung, die § 839 Abs. 1 Satz 2 BGB. in der Rechtsprechung des erkennenden Senats gefunden hat, schließt jede rechtliche und tatsächliche Möglichkeit des Geschädigten, den Vermögensschaden von anderer Seite ersetzt zu erhalten, die Schadensersatzpflicht des Beamten aus, der seine Amtspflicht nur fahrlässig verletzt hat. Es kommt nicht darauf an, ob diese Möglichkeit auf Gesetz oder auf Vertrag, z. B. einem Versicherungsvertrage, beruht; dabei haben nur Lebensversicherungsverträge auszuscheiden, die in der Regel keine Schadensdeckung, sondern eine Kapital- oder Rentenvorsorge für den Versicherten und gegebenenfalls für seine Angehörigen bezwecken (RGZ. Bd. 138 S. 209, Bd. 145 S. 56 [61 flg.] mit Nachweisungen, Bd. 152 S. 20 [22], Bd. 155 S. 186 [190/191]). Ob eine solche Ersatzmöglichkeit besteht, ist aber nach den jeweils dafür in Betracht kommenden besonderen Gestaltungen rechtlicher oder tatsächlicher Art zu beurteilen. Das gilt namentlich auch von einem etwa bestehenden privaten Versicherungsverhältnis des Geschädigten. Wie schon im Urteil RGZ. Bd. 138 S. 211 (ebenso RGZ. Bd. 145 S. 65) betont worden ist, kann nach dem Grundsatze der Vertragsfreiheit ein Versicherungsverhältnis in der Weise ausgestaltet werden, daß kein Anspruch des Geschädigten daraus gegeben ist, sofern er einen für den Schaden verantwortlichen Dritten, sei es auch einen aus schuldhafter Amtspflichtverletzung haftenden Beamten oder den Staat oder eine öffentlichrechtliche Körperschaft, die an seiner Stelle haften (Art. 131 WeimVerf.), auf Ersatz in Anspruch nehmen kann. Dasselbe hat von der Satzung einer Körperschaft, wie hier der Postbeamtenkrankenkasse (§ 1 Abs. 1 ihrer Satzung), zu gelten. Solchenfalls fehlt es für den Geschädigten an einer anderweitigen Ersatzmöglichkeit im Sinne des § 839 Abs. 1 Satz 2 BGB., und der Ausschluß oder die Einschränkung der Haftung des Staates oder der Körperschaft nach dieser Bestimmung tritt demzufolge nicht ein.

Dieser Rechtsauffassung kann nicht, wie die Revision will, mit dem Hinweise darauf entgegengetreten werden, bei der Ausgestaltung einer Versicherung in der bezeichneten Art bestehe einmal eine Zweithaftung des Staates nach § 839 Abs. 1 Satz 2 BGB. und dann eine Zweitverpflichtung des Versicherers zur Ersatzleistung, und in dem Falle gebühre der gesetzlichen Bestimmung des § 839 Abs. 1 Satz 2 BGB. der Vorrang vor der nur vertraglichen oder satzungsmäßigen. Die Fragestellung, welche von beiden Bestimmungen den Vorrang genieße, ist verfehlt. Zu fragen ist im Hinblick auf § 839 Abs. 1 Satz 2 BGB., ob der Geschädigte nach jener Ausgestaltung der Versicherung vom Versicherer Ersatz seines Schadens verlangen kann. Ist das zu verneinen, wie es hier zutrifft, dann besteht die Haftung des Staates insoweit uneingeschränkt.

Die Satzung der Postbeamtenkrankenkasse, die keine reichsgesetzliche Versicherung im Sinne der Reichsversicherungsordnung, sondern eine durch Beiträge der versicherten Beamten und durch Zuschüsse der Reichspost erhaltene Wohlfahrtseinrichtung der Deutschen Reichspost ist, hat in § 10 Abs. 2 eine besondere Bestimmung der gedachten Art getroffen. Es heißt dort, daß dann, wenn bei Unfällen die Kosten des Heilverfahrens von der Deutschen Reichspost übernommen werden oder von einem Träger der Unfallversicherung oder einer anderen Person zu tragen sind, der Anspruch auf Leistungen gegen die Kasse (§§ 8 flg. das.) wegfällt. Diese Bestimmung hat das Berufungsgericht in Übereinstimmung mit dem Landgericht dahin ausgelegt, daß der versicherte Beamte bei Unfällen keinen Anspruch gegen die Kasse auf Zahlung der Kosten des Heilverfahrens habe, wenn er einen Anspruch auf Schadensersatz gegen einen Dritten, so auch gegen das Deutsche Reich auf Grund des Art. 131 WeimVerf. in Verbindung mit § 839 BGB., besitzt. Sollte die Satzung der Postbeamtenkrankenkasse und damit die bezeichnete Bestimmung Geltung nur innerhalb des Oberlandesgerichtsbezirks Karlsruhe (Baden) haben, so würde die Richtigkeit ihrer vom Berufungsgericht vorgenommenen Auslegung nach § 549 ZPO. keiner Nachprüfung durch das Revisionsgericht unterliegen und daher diese Auslegung der weiteren Beurteilung des Falles ohne weiteres zugrunde zu legen sein. Die Frage der Revisibilität der Bestimmung kann aber dahinstehen. Denn ihre Auslegung durch das Berufungsgericht ist unzweifelhaft richtig. (Wird weiter ausgeführt und dann fortgefahren.)

Im § 10 Absatz 2 der Satzung liegt demnach eine Ausgestaltung der Versicherung vor, die nach dem Urteil RGZ. Bd. 138 S. 209 keine Beschränkung der Haftung des Reiches nach § 839 Abs. 1 Satz 2 BGB. eintreten läßt. Der Erstkläger hat denn auch von der Kasse die Heilungskosten nur einstweilen, nicht in Erfüllung und Anerkennung einer Rechtspflicht zu ihrer Zahlung, sondern mit dem Rechte der Rückforderung, gezahlt erhalten.

Darin ist nach dem vorher Ausgeführten keine Ersatzleistung im Sinne des § 839 Abs. 1 Satz 2 BGB. zu sehen. Die Verpflichtung des Beklagten zur Zahlung der Heilungs- und Verpflegungskosten — in dem geltend gemachten Umfange — besteht somit ungeachtet jener Zahlung der Kasse.

---

40. Ist der Übergang vom Leistungs- zum Feststellungsbegehren bei gleichbleibendem Klagegrund unzulässig?

ZPO. § 532 Abs. 1 i. d. F. der Verordnung zur weiteren Vereinfachung der bürgerlichen Rechtspflege (Vierte Vereinfachungsverordnung — 4. VereinfV.) vom 12. Januar 1943 (RGBl. I S. 7) § 4 Abs. 6.

III. Zivilsenat. Urt. v. 5. Juli 1943 i. S. W. als Nachlaßpfleger der verstorbenen St. (Kl.) w. Eheleute D. (Bekl.). III 37/43.

I. Landgericht Berlin.
II. Kammergericht daselbst.

Durch notarischen Vertrag vom 7. Februar 1938 veräußerte die Witwe St. ihr Hausgrundstück an die Beklagten. Die landrätliche Genehmigung zu dem Vertrag ist erteilt, jedoch sind die Beklagten, denen der Besitz auf Grund des Vertrags übertragen war, noch nicht als Eigentümer im Grundbuch eingetragen. Nach dem Tode der Witwe St. setzte der zum Nachlaßpfleger bestellte Kläger den Beklagten mit Schreiben vom 6. Juni 1940 eine Frist zur Zahlung der Grunderwerbsteuer bis zum 15. Juni 1940 mit der Androhung des Rücktritts vom Vertrage. Nach fruchtlosem Ablauf der Frist erklärte er den Rücktritt und verlangte mit der Klage Räumung und Herausgabe des Grundstücks. Die Beklagten bestritten die Rechtmäßigkeit des Rücktritts und machten weiter geltend, daß sie zur Zeit der Klageerhebung nicht mehr Besitzer des Grundstücks gewesen seien. Während das Landgericht der Klage stattgab, wies das Kammergericht sie ab mit der Begründung, daß der Rücktritt des Klägers vom Vertrage nicht gerechtfertigt gewesen sei. Auf die Revision des Klägers hob das Reichsgericht durch Urteil V 47/42 vom 7. September 1942 das Berufungsurteil auf, indem es ausführte, daß der Kläger mit Recht vom Vertrage zurückgetreten sei. Es verwies die Sache an das Berufungsgericht zurück zur Feststellung, ob die Beklagten zur Zeit der Klageerhebung noch Besitzer des Grundstücks gewesen seien.

In der erneuten Berufungsverhandlung haben die Parteien übereinstimmend erklärt, daß die Beklagten zur Zeit der Klageerhebung nicht mehr Besitzer gewesen seien. Der Kläger hat unter Abstandnahme von seinem bisherigen Leistungsanspruch beantragt, unter Zurückweisung der Berufung der Beklagten im übrigen festzustellen, daß der notarische Vertrag zwischen der Witwe St. und den Beklagten vom 7. Februar 1938 durch Rücktritt aufgehoben und damit nichtig sei.

Die Beklagten haben einer Klageänderung widersprochen und ihren Antrag auf Klageabweisung wiederholt. Das Kammergericht hat die Klage wiederum abgewiesen. Die Revision des Klägers führte zur Aufhebung des Berufungsurteils und zur Feststellung, daß der notarische Vertrag durch den Rücktritt des Klägers aufgelöst worden ist.

Gründe:

Das Berufungsgericht hat die Änderung des Klageantrags mit Rücksicht auf die am 1. Februar 1943 in Kraft getretene Neufassung des § 532 ZPO. (§ 4 Abs. 6, § 15 der 4. VereinfV.) für unzulässig gehalten, und zwar deshalb, weil der geänderte Antrag erst in der mündlichen Verhandlung vom 2. Februar 1943 gestellt worden sei. Dem hiergegen gerichteten Revisionsangriff ist im Ergebnis beizutreten. Der Kläger hat den geänderten Klageantrag bereits im Schriftsatz vom 21. November 1942 gestellt. Dieser Schriftsatz entspricht den Erfordernissen des § 253 Abs. 2 Nr. 2 ZPO. Infolgedessen ist der geänderte Anspruch gemäß § 281 ZPO. bereits mit der Zustellung des Schriftsatzes rechtshängig geworden. Diese Zustellung ist aber, wie die Erwiderung des Berufungsanwalts der Beklagten vom 22. Januar 1943 ergibt, jedenfalls vor diesem Tage, also vor Inkrafttreten der 4. VereinfV. vorgenommen worden (vgl. § 187 ZPO.). Demnach kommt § 532 ZPO. in der durch die VereinfV. bestimmten Fassung hier nicht zur Anwendung; maßgebend ist vielmehr seine Fassung auf Grund der 3. VereinfV. vom 16. Mai 1942 (RGBl. I S. 333), wonach nur, von den Fällen des § 268 ZPO. abgesehen, die Erhebung neuer Ansprüche unzulässig ist. Daß aber bei unverändertem Klagegrunde der Übergang von der Leistungs- zur Feststellungsklage und umgekehrt einen Fall des § 268 Nr. 2 darstellt, ist in Rechtsprechung und Schrifttum anerkannt (vgl. Jonas-Pohle ZPO. Bem. V 2 zu § 268; RG. in JW. 1902 S. 76

Nr. 7, 1911 S. 371 Nr. 32). Im gegebenen Fall ist Klagegrund der Rücktritt des Klägers von dem Vertrag, auf Grund dessen den Beklagten der Besitz des streitigen Grundstücks überlassen worden war. Dieser Klagegrund ist auch Inhalt des jetzigen Feststellungsbegehrens des Klägers. Die Einschränkung des § 532 Abs. 3 in Verbindung mit § 529 ZPO. steht der Berücksichtigung des neuen Antrags nicht im Wege, da das Fehlen des Besitzes der Beklagten, das die Antragsänderung veranlaßt hat, erst im erneuten zweiten Rechtszug unstreitig geworden ist.

Im übrigen könnte aber auch die Anwendung des § 532 ZPO. in der Fassung der 4. VereinfV. zu keinem anderen Ergebnis führen.

Zwar wird in Abs. 1 Satz 1 eine Änderung des Klageantrags grundsätzlich für unzulässig erklärt. Es unterliegt jedoch keinem Zweifel, daß eine Einschränkung des Klageantrags ohne Änderung des Klagegrundes statthaft ist. Denn für die Annahme des Gegenteils fehlt jeder vernünftige Grund; sie würde vielmehr dem Zwecke der Verordnung, der Vereinfachung des Verfahrens, widerstreiten. In dem Übergang von der Leistungs- zur Feststellungsklage bei gleichbleibendem Klagegrund ist aber eine Einschränkung des Klagebegehrens zu erblicken. Wenn in Abs. 1 Satz 2 nur die Zulässigkeit des Übergangs von der Feststellungs- zur Leistungsklage ausdrücklich bestimmt ist, so kann hieraus nicht durch Umkehrschluß die Unzulässigkeit des Übergangs von der Leistungs- zur Feststellungsklage gefolgert werden. Gegenüber dem ersten Satz des Abs. 1 bedurfte es für den Übergang von der Feststellungs- zur Leistungsklage einer Ausnahmebestimmung, da insoweit eine Erweiterung des Klagebegehrens vorliegt. Dagegen hat der Gesetzgeber die Zulässigkeit des Übergangs von der Leistungs- zur Feststellungsklage, die eine Einschränkung des Klagebegehrens darstellt, offenbar für selbstverständlich erachtet und deshalb nicht besonders erwähnt.

Bestehen somit keine verfahrensrechtlichen Bedenken gegen die Zulässigkeit des geänderten Klageantrags, so ist er auch, wie die Ausführungen des früheren reichsgerichtlichen Urteils bereits ergeben, sachlich begründet, soweit die Feststellung begehrt wird, daß der notarische Vertrag vom 7. Februar 1938 durch den vom Kläger erklärten Rücktritt aufgehoben ist. Insoweit ist daher nach dem Antrag des Klägers zu erkennen. Soweit der Antrag aus dem rechtswirksamen Rücktritt die Folgerung der Nichtigkeit des Vertrags ziehen will, geht er fehl. Denn der Rücktritt gemäß § 326 BGB. bewirkt keine Nichtigkeit des Vertrags, sondern löst diesen nur mit Rückwirkung auf (§§ 327, 346 flg. BGB.).

---

41. Zur Frage der Gewährung rechtlichen Gehörs im genossenschaftlichen Ausschließungsverfahren.

GenG. § 68.

II. Zivilsenat. Urt. v. 19. Juli 1943 i. S. M. (Kl.) w. Eier-Verteiler-Gemeinschaft-eGmbH. (Bekl.). II 31/43.

I. Landgericht Dresden.
II. Oberlandesgericht daselbst.

Der Kläger ist Genosse der beklagten Genossenschaft. Durch Beschluß des Vorstandes und des Aufsichtsrats der Beklagten vom 18. Juli 1940 wurde er gemäß § 4 Abs. 3a der Satzung aus der Genossenschaft ausgeschlossen, weil er Handlungen begangen habe, die den Belangen der Genossenschaft widersprächen. Die von ihm angerufene Generalversammlung beschloß am 8. August 1940, den Ausschluß aufrechtzuerhalten. Der Kläger hat gegen den Ausschluß Anfechtungsklage nach § 51 GenG. und Nichtigkeitsklage nach § 68 GenG. erhoben. Zur Anfechtungsklage macht er geltend, die Generalversammlung sei ohne Bekanntgabe der Tagesordnung einberufen, das rechtliche Gehör ihm nicht gewährt worden; die Genossen seien in der Versammlung in unzulässiger Weise durch den Vorstand und den Aufsichtsrat in ihrer Abstimmung beeinflußt und vom Vorstand ungleichmäßig behandelt worden. Die Nichtigkeitsklage gründet er zunächst darauf, daß der Beschluß nach seinem Inhalte gegen die guten Sitten verstoße, daß die Ausschließungsgründe zu allgemein gehalten und unbegründet seien und er durch den Ausschluß in seinem wirtschaftlichen Dasein vernichtet werde; weiter stützt er sie aber auch auf die zur Begründung der Anfechtungsklage vorgetragenen Tatsachen. Die Beklagte bestreitet, daß die Voraussetzungen beider Klagen gegeben seien. Durch Beschluß des Landgerichts sind beide Klagen verbunden worden.

Beide Vordergerichte haben die Klage abgewiesen. Auf die Revision des Klägers wurde das Berufungsurteil aufgehoben und die Nichtigkeit des Ausschließungsbeschlusses vom 8. August 1940 festgestellt.

Aus den Gründen:

Von den Revisionsrügen greift jedenfalls der Angriff durch, daß dem Kläger im genossenschaftlichen Verfahren das rechtliche Gehör nicht gewährt worden sei. Ob darauf im vorliegenden Fall auch die Anfechtungsklage gestützt werden kann, kann dahingestellt bleiben. Denn der erkennende Senat hat in ständiger Rechtsprechung angenommen, der Einwand, die Ausschließung sei aus förmlichen oder sachlichen Gründen zu Unrecht geschehen, könne auch im Wege der Nichtigkeitsfeststellungsklage geltend gemacht werden.

Es entspricht allgemeiner Rechtsauffassung, Treu und Glauben verlange, daß die Genossenschaft den Auszuschließenden von ihrem Vorhaben in Kenntnis setze und ihm Gelegenheit zur Äußerung gebe, und die Versagung eines solchen Gehörs begründe die Rechtsunwirksamkeit eines Ausschließungsbeschlusses (vgl. Beschl. II 175/39 des erk. Senats vom 7. August 1940 in einer sudetendeutschen Sache, DR. Ausg. A 1940 S. 2013 Nr. 15). Die Gewährung rechtlichen Gehörs ist auch im genossenschaftlichen Verfahren von großer Bedeutung, weil hier die Belange der einzelnen Genossen in wirtschaftlichen Fragen einander widersprechen können und gerade deshalb dem Auszuschließenden die Möglichkeit gegeben werden muß, zu den gegen ihn erhobenen Vorwürfen vor dem über seine Ausschließung entscheidenden Organ Stellung zu nehmen und seinerseits zur Klärung des Sachverhalts beizutragen. Das ist im vorliegenden Falle nicht geschehen. Der Kläger war zwar durch die Schreiben der Beklagten vom 18. März und 27. März 1940 auf eine ihm allgemein drohende Gefahr eines Ausschlusses bei weiteren Verstößen hingewiesen worden. Ihm war aber vor der Beschlußfassung des Vorstandes und des Aufsichtsrats vom 18. Juli 1940 nicht mehr eröffnet worden, daß diese nunmehr über seine Ausschließung beschließen würden. Er hatte also keine Gelegenheit, sich vorher zu verteidigen. Insoweit ist ihm das rechtliche Gehör keinesfalls gewährt worden. Nach der Satzung der Beklagten ist gegen den Beschluß des Vorstandes und Aufsichtsrats die Berufung an die Generalversammlung gegeben. Dieses Rechtsmittels muß sich der Genosse nach der ständigen Rechtsprechung des erkennenden Senats bedienen, bevor er den Klageweg beschreitet (JW. 1936 S. 2071 Nr. 12). Der Kläger hat sich auch mit einem Schreiben vom 27. Juli 1940 an die Generalversammlung gewandt, das in dieser verlesen worden ist. Es kann dahingestellt bleiben, ob der in dem bisherigen Verfahren vorliegende Mangel der Versagung des rechtlichen Gehörs noch geheilt werden konnte, wenn der Kläger in dem weiteren genossenschaftlichen Verfahren zu Gehör gekommen wäre. Denn im vorliegenden Fall ist ihm auch im weiteren Verfahren kein ausreichendes Gehör gewährt worden. Der Kläger führt in dem genannten Schreiben mit Recht aus, er könne sich im einzelnen nicht verteidigen, weil ihm nicht bekanntgegeben worden sei, worin seine Verfehlungen beständen; denn ihm waren weder vor der Beschlußfassung die einzelnen Vorwürfe mitgeteilt worden, noch gehen diese aus dem Beschluß selbst hervor, der den Ausschluß nur mit allgemeinen Wendungen ohne Hervorhebung einzelner Tatbestände begründet. Wenn der Genosse aber auf den Weg schriftlicher Verteidigung verwiesen und nicht zur Generalversammlung zugelassen wird, so muß ihm jedenfalls die Möglichkeit gegeben werden, sich mit den einzelnen genau umschriebenen Vorwürfen auseinanderzusetzen. Andernfalls können sich die Genossen kein eigenes Urteil darüber bilden, ob wirklich von dem äußersten Mittel der Ausschließung gegen den Genossen Gebrauch gemacht werden soll. Im vorliegenden Falle hätte dem Kläger demnach das rechtliche Gehör allenfalls dadurch noch gewährt werden können, daß er in der Generalversammlung vom 8. August 1940 zur mündlichen Verteidigung zugelassen worden wäre. Der erkennende Senat hat allerdings in der Entscheidung RGZ. Bd. 129 S. 45 (47) ausgesprochen, daß, wenn die Generalversammlung im Weg eines „Rechtsmittelzuges" über einen Einspruch gegen die Entscheidung eines anderen Organs der Genossenschaft über den Ausschluß eines Genossen endgültig zu entscheiden habe, dieser an der Generalversammlung auch insoweit nicht mehr teilnehmen könne, als sie über seinen Einspruch entscheide. Das ist aus § 68 Abs. 3 und 4 GenG. geschlossen worden, wonach der Ausgeschlossene ausnahmslos vom Zeitpunkte der Absendung des Schreibens des Vorstandes, durch das ihm der Ausschließungsbeschluß mitgeteilt wird, nicht mehr an der Generalversammlung teilnehmen kann. Dieser Regelung entspricht auch § 4 der Satzung der Beklagten. An dieser Rechtsprechung ist jedenfalls insoweit festzuhalten, als der Ausgeschlossene vom Zeitpunkte der Absendung des Schreibens des Vorstandes an der Generalversammlung in seiner Eigenschaft als Genosse mit den Rechten eines solchen nicht mehr teilnehmen kann. Eine andere Frage ist es aber, ob er in seiner Eigenschaft als „Angeschuldigter" im Ausschlußverfahren wenigstens dann beanspruchen kann, in der Generalversammlung zugelassen und gehört zu werden, wenn ihm eine ordnungsmäßige schriftliche Verteidigung mit Rücksicht auf die bisherige Gestaltung des Verfahrens nicht möglich war, und ob durch solche Anhörung die bisherige Versagung rechtlichen Gehörs auf alle Fälle geheilt wird. Die Frage braucht hier nicht endgültig entschieden zu werden, weil dem Kläger eine derartige Teilnahme nicht gewährt worden ist.

Demnach ist dem Kläger das rechtliche Gehör im genossenschaftlichen Verfahren nicht gewährt worden. Das hat die Nichtigkeit des Ausschließungsbeschlusses zur Folge. Nur dann wäre diese Folgerung nicht zu ziehen, wenn festgestellt werden könnte, daß auch bei Gewährung rechtlichen Gehörs das Ergebnis offensichtlich kein anderes gewesen wäre; denn in diesem Falle wäre die Gewährung rechtlichen Gehörs eine reine Formsache, und die Berufung auf seine Versagung wäre als Rechtsmißbrauch anzusehen. Eine derartige Feststellung kann aber nur unter ganz besonderen Umständen getroffen werden, da in der Regel nicht mit Sicherheit festgestellt werden kann, daß die Gewährung oder Versagung rechtlichen Gehörs des Auszuschließenden für das Abstimmungsergebnis in der Generalversammlung ohne Bedeutung gewesen wäre. Das wird beispielsweise dann angenommen werden können, wenn in der Satzung ein zwingender Ausschließungsgrund bestimmt ist — etwa Verurteilung zu Zuchthausstrafe — und ein solcher Grund unstreitig vorliegt. So oder ähnlich liegt die Sache aber hier keineswegs. Der Fall könnte hier vielleicht gegeben sein, wenn man mit der Revisionsbeantwortung annehmen würde, die Stellungnahme des Eierwirtschaftsverbandes habe der Beklagten überhaupt keine andere Möglichkeit gelassen, als den Kläger auszuschließen. Das ist aber nicht der Fall. Gewiß muß in solchen Verbänden, wie sie hier in Frage stehen, Ordnung und Zucht herrschen, und die verantwortlichen Stellen sind verpflichtet, hierauf durch geeignete Maßnahmen streng zu achten. Das setzt aber voraus, daß von diesen Stellen klare Anordnungen getroffen werden und nicht mündliche Erklärungen zu schriftlichen Erklärungen in Widerspruch stehen. Nach dem Vorbringen des Klägers bestehen jedoch gegen das Vorgehen des Eierwirtschaftsverbandes sowohl in förmlicher als auch in sachlicher Hinsicht Bedenken. Da der Kläger bei Gewährung rechtlichen Gehörs hierauf hätte hinweisen können, ist das Ergebnis der Abstimmung für diesen Fall nicht ohne weiteres klar. (Wird näher dargelegt.)

---

42. 1. Zum Vorfahrtrecht auf Straßen gleicher Ordnung.

2. Ist § 17 KFG. anwendbar, wenn der Insasse eines Behördenwagens, der bei einem Zusammenstoß verletzt wird, Schadensersatzansprüche nur gegen den Führer des anderen Wagens, nicht auch gegen seine Behörde hat, diese ihm vielmehr lediglich zu Fürsorgeleistungen auf Grund besonderer Gesetze verpflichtet ist?

Straßenverkehrsordnung vom 13. November 1937 (RGBl. I S. 1179) — StVO. — § 13. BGB. § 839. WeimVerf. Art. 131. KFG. § 17.

V. Zivilsenat. Urt. v. 21. April 1943 i. S. Sch. (Bekl.) w. Großdeutsches Reich (Kl.). V (VI) 171/42.

I. Landgericht Bamberg.
II. Oberlandesgericht daselbst.

Am 27. März 1940 gegen Mittag stießen am Außenrande von B. auf der M. Straße (Reichsstraße Nr. 22) an der Einmündung der W. Straße ein Wehrmacht-Kraftwagen des Klägers, geführt von dem Hauptmann A., und ein dem Beklagten gehöriger, von ihm selbst gesteuerter Kraftwagen mit den Stirnseiten nahezu in voller Breite zusammen. Bei dem Zusammenprall wurden beide Wagen erheblich beschädigt. Der Führer des Wehrmachtwagens, A., wurde schwer verletzt, der mitfahrende Unterarzt Dr. E. getötet; der Beklagte und der Insasse seines Wagens, der Polizeiwachtmeister D., kamen mit leichteren Verletzungen davon.

Mit der Klage verlangt der Kläger Ersatz der Ausbesserungskosten seines Kraftwagens in Höhe von 1045,58 RM., sowie auf Grund gesetzlichen Übergangs gemäß § 134 des Wehrmachtfürsorge- und Versorgungsgesetzes (WFVG.) vom 26. August 1938 (RGBl. I S. 1077) Erstattung der Beerdigungs- und Überführungskosten des Dr. E. sowie Ersatz der an seine Witwe und seine Kinder bisher bewirkten und künftig noch zu bewirkenden

Leistungen an Witwen- und Waisenrenten. Er behauptet, der Beklagte habe den Unfall allein verschuldet. Er sei beim Einbiegen in die Reichsstraße nach rechts nicht in einem engen Bogen gefahren, sondern wegen zu großer Geschwindigkeit über die Mitte der Fahrbahn der Reichsstraße hinausgekommen. Ferner habe er das dem Wehrmachtwagen auf der Reichsstraße zustehende Vorfahrtrecht nicht beachtet, auch sich an die Straßeneinmündung, die zudem wegen eines an der Ecke stehenden Hauses und einer Baumreihe unübersichtlich gewesen sei, nicht herangetastet. Hiernach sei der Zusammenstoß für den Führer des Wehrmachtwagens unvermeidlich gewesen.

Der Beklagte vertritt dagegen die Meinung, der Unfall sei allein durch den Führer des Wehrmachtwagens verursacht worden. Dieser habe, obwohl er durch den Straßenverkehr nicht dazu gezwungen gewesen sei, nicht die rechte Straßenseite innegehalten, sondern sei auf der linken Straßenseite gefahren. Wegen dieser Fahrweise, mit der er nicht habe zu rechnen brauchen, sei der Zusammenstoß für ihn unvermeidlich gewesen, gleichgültig, ob sein Wagen über die Mitte der Reichsstraße ein wenig hinausgekommen sei oder nicht. Da er die richtige Fahrbahn des Wehrmachtwagens weder gekreuzt habe noch habe kreuzen wollen, habe er kein Vorfahrtrecht des Wehrmachtwagens verletzt. Ein solches habe diesem wegen des Fahrens auf der falschen Straßenseite nicht zugestanden. Vorsorglich hat der Beklagte mit den ihm selbst entstandenen Ausbesserungskosten und seinem Verdienstausfall während der Zeit der Ausbesserung in Höhe von 923,39 RM. aufgerechnet.

Während das Landgericht die Klage wegen überwiegenden Verschuldens des Führers des Wehrmachtwagens abgewiesen hat, hat das Oberlandesgericht ein Verschulden beider Wagenführer als gegeben angesehen und demgemäß die Klageansprüche in Höhe des dem Beklagten entstandenen Schadens abgewiesen, sie aber im übrigen dem Grunde nach je zur Hälfte für berechtigt erklärt. Gegen dieses Urteil hat der Beklagte Revision, der Kläger Anschlußrevision eingelegt. Beide Rechtsmittel wurden zurückgewiesen, soweit sie sich gegen die Verteilung des Sachschadens richten. Wegen der mittelbaren, auf den Kläger übergegangenen Ansprüche der Witwe und der Kinder des bei dem Unfall getöteten Dr. E. wurde das Berufungsurteil aufgehoben; diese Ansprüche wurden in vollem Umfange dem Grunde nach für berechtigt erklärt.

Gründe:

(Zunächst werden Einwendungen gegen die Feststellungen über das Verhalten des Beklagten beschieden. Dann wird fortgefahren:)

Ohne Rechtsverstoß hat das Berufungsgericht ein Vorfahrtrecht des Wehrmachtwagens trotz seiner Fahrt auf der linken Straßenseite bejaht. Die von der Revision angezogenen Ausführungen von Werneburg im Deutschen Autorecht 1942 S. 75 geben keinen Anlaß, von dem in RGZ. Bd. 167 S. 361 eingenommenen Standpunkt abzugehen. Mit Rücksicht auf die Verkehrssicherheit und die Klarheit der Verkehrsregelung muß daran festgehalten werden, daß das Vorfahrtrecht nicht davon abhängen kann, in welcher Weise der Vorfahrtberechtigte die Vorfahrtstraße benutzt, und daß ein bestehendes Vorfahrtrecht auch durch ein ungewöhnliches oder ordnungswidriges Verhalten des Berechtigten nicht beseitigt wird oder gar auf den Wartepflichtigen übergeht. Der Zweck der Vorfahrtregeln, Unglücksfälle gerade an Gefahrenpunkten zu verhindern, würde in Frage gestellt werden, wenn das Vorfahrtrecht nur dann zu beachten wäre, wenn der Vorfahrtberechtigte seine Straße in einer bestimmten Weise befühte, daß es dagegegen wegfiele, wenn der Berechtigte, etwa um einem auf seiner Straßenseite befindlichen Hindernis auszuweichen, vorübergehend die falsche Straßenseite benutzen müßte. Der Wartepflichtige wird bei unübersichtlicher Straßenkreuzung und Einmündung die Fahrweise des Vorfahrtberechtigten vielfach erst zu spät erkennen können. Die Innehaltung der Vorfahrtregeln darf nicht von der persönlichen Auffassung der Verkehrsbeteiligten, sondern nur von sachlichen, ein für allemal festliegenden Voraussetzungen abhängen, da andernfalls eine Verkehrsunsicherheit die Folge wäre, die durch die Bestimmungen über die Vorfahrt gerade vermieden werden soll. Auch die von der Berufungsbegründung angeführte Entscheidung 1 D 737/40 des 1. Strafsenats vom 8. April 1941 (DR. Ausg. A 1941 S. 2055 Nr. 16) und die Anmerkung dazu besagen nicht das Gegenteil. Sie befassen sich nur mit der Frage, ob in Fällen wie dem vorliegenden nicht auch den Vorfahrtberechtigten ein Verschulden trifft und ob wegen seines verkehrswidrigen Verhaltens ein Verschulden des Wartepflichtigen unter Umständen nach tatsächlichen Maßstäben als ausgeschlossen angesehen werden darf, wollen aber keineswegs die Pflicht zur

Gestattung der Vorfahrt von der persönlichen Auffassung des Wartepflichtigen abhängig machen. Im übrigen konnte vorliegend der Beklagte nicht einmal berechtigterweise glauben, durch sein Verhalten werde die Vorfahrt auf der Reichsstraße nicht beeinträchtigt oder es komme ein Vorfahrtrecht der dort verkehrenden Fahrzeuge nicht in Frage. Denn nach seiner eigenen Darstellung mußte er wegen der örtlichen Verhältnisse den Bogen so weit nehmen, daß er der Straßenmitte mindestens nahekam; anderseits mußte er, wie das Berufungsgericht zutreffend ausführt, auch damit rechnen, daß ein auf der Reichsstraße von rechts kommender Wagen wegen irgendwelcher Behinderung über die Straßenmitte hinausfahren mußte. Die Möglichkeit, daß der von ihm gefahrene Bogen die Fahrtrichtung eines ihm auf der Reichsstraße begegnenden Wagens schneiden werde, mußte der Beklagte also bei pflichtgemäßer Überlegung in Rechnung ziehen, da er wegen des an der Straßenmündung stehenden Hauses die Reichsstraße nicht übersehen konnte. Deshalb kann auch vom Standpunkte der Revision aus keine Rede davon sein, daß ein Verschulden des Beklagten wegen des verkehrswidrigen Verhaltens des Führers des Wehrmachtwagens nicht gegeben wäre.

Die Feststellungen des Berufungsgerichts über das beiderseitige Verschulden der Führer der zusammengestoßenen Kraftwagen sind somit nicht zu beanstanden.

Auch den Ausführungen über die Verteilung des durch den Zusammenprall entstandenen Sachschadens ist im Ergebnis beizutreten. (Wird näher ausgeführt.)

Dagegen läßt sich das Berufungsurteil in der Entscheidung über den sogenannten mittelbaren Schaden nicht aufrechterhalten. Es handelt sich hierbei um die Ansprüche, die der Witwe und den Kindern des bei dem Zusammenstoße zu Tode gekommenen Dr. E. aus § 10 KFG. und § 844 BGB. erwachsen und auf den Kläger gemäß § 134 WFVG. übergegangen sind, weil er die Beerdigungskosten getragen und Versorgungsbezüge teils schon geleistet hat, teils künftig zu leisten haben wird. Durch den gesetzlichen Übergang wird an der Rechtsnatur dieser Ansprüche nichts geändert. Während die Witwe und die Kinder gegen den Beklagten sowohl aus § 823 BGB. als auch aus § 7 KFG. Ersatzansprüche herleiten können, scheidet für ihre Ansprüche gegen den Kläger die Gefährdungshaftung als Rechtsgrundlage aus, da nach

§ 8 Nr. 1 KFG. in der zur Zeit des Unfalls noch geltenden Fassung vom 21. Juli 1923 (RGBl. I S. 743) § 7 KFG. keine Anwendung fand, wenn der Verletzte — wie vorliegend — durch das Fahrzeug befördert wurde. Der Kläger haftet der Witwe und den Kindern nur nach den Vorschriften des § 839 BGB. in Verbindung mit Art. 131 WeimVerf. und § 1 des Gesetzes über die Haftung des Reichs für seine Beamten vom 22. Mai 1910 (RGBl. S. 798), wonach das Reich an Stelle des für den Unfall verantwortlichen Führers des Wehrmachtwagens haftet. Das Reich kann aber, wenn dem Wagenführer nur Fahrlässigkeit zur Last fällt, ebenso wie dieser selbst nach § 839 Abs. 1 Satz 2 BGB. nur dann in Anspruch genommen werden, wenn die Verletzten nicht auf andere Weise Ersatz zu erlangen vermögen. Diese Voraussetzung ist hier nicht gegeben, weil für den durch den Tod des Dr. E. entstandenen Schaden der Beklagte, und zwar nicht bloß gemäß §§ 7, 12 KFG. in begrenzter Höhe, sondern wegen des vom Berufungsgericht festgestellten Verschuldens aus § 823 BGB. unbeschränkt haftet. Da jeder Anhalt dafür fehlt, daß die Schadensersatzansprüche etwa wegen schlechter Vermögenslage des Beklagten, Fehlens einer Versicherung oder dergleichen nicht beitreibbar sein könnten, hätten somit die Witwe und die Kinder des Dr. E. gegenüber dem Kläger keinen Anspruch auf Ersatz des ihnen durch den Unfall entstandenen Schadens. Damit fehlt aber die Voraussetzung für die Anwendbarkeit des § 17 KFG.

Das Berufungsgericht glaubt, die Anwendung dieser Vorschrift aus der Entscheidung RGZ. Bd. 129 S. 128 (133) herleiten zu können. In dieser Entscheidung ist aber wegen der Frage der Ausgleichungspflicht nach § 17 KFG. wie auch nach § 426 BGB. die Fürsorgepflicht der Schadensersatzpflicht nur für den Fall gleichgestellt, daß die Verwaltung den Unfall des Beamten auf Grund von Verschuldens- oder Gefährdungshaftung zu vertreten oder mit zu vertreten hat, weil es, wie dort gesagt wird, zu unbilligen Ergebnissen führen würde, wenn die Behörde, die gegebenenfalls die Hauptschuld an dem Unfall trage, von dem weniger schuldigen Mitverursacher den Betrag ihrer Fürsorgeleistungen in vollem Umfang ersetzt verlangen könnte. Haftet das Reich aber, wie vorliegend, weder aus eigenem Verschulden noch aus § 7 KFG., sondern hat es nur auf Grund des Gesetzes vom 22. Mai 1910 die Verantwortlichkeit an Stelle des Führers des Behördenwagens zu tragen, so fehlt der für die Gleichstellung von Fürsorgepflicht und Schadensersatzpflicht angegebene Grund; vielmehr muß der die Staatshaftung beherrschende Grundsatz, daß der Staat für Fahrlässigkeit seines Beamten nur aushilfsweise einzutreten hat, Geltung behalten, auch wenn die Staatshaftung den eigenen Angehörigen gegenüber durch eine allgemeine Unfallfürsorge ersetzt ist. Andernfalls würde die Übernahme dieser Fürsorge sich nur zugunsten des für den Unfall mitverantwortlichen Dritten auswirken, da dieser in einem solchen Falle vom Staate die Übernahme eines Teiles des Schadens verlangen könnte, während in sonstigen Fällen, wo neben der Haftung des Schädigers eine Staatshaftung in Frage kommt, ersterer allein den Schaden zu tragen hat. Nehmen ein Verletzter oder seine Angehörigen, die keine Versorgung erhalten, den Schädiger auf Ersatz in Anspruch, so kann dieser die von ihm geleisteten Schadensbeträge vom Staate weder nach § 426 BGB. noch nach § 17 KFG. ganz oder zum Teil erstattet verlangen, weil durch § 839 Abs. 1 Satz 2 BGB. die Verpflichtung zum Ersatze des Schadens in erster Linie dem Schädiger auferlegt ist, seine Haftung derjenigen der öffentlichen Körperschaften vorgeht und für diese deshalb insoweit keine Haftung gegenüber dem Verletzten besteht. Daß an dieser Rechtslage sich etwas ändern soll, wenn eine Dienstbeschädigung im Sinne des § 107 DBG. vorliegt oder der Verletzte oder seine Witwe und seine Kinder aus ähnlichen Gesetzesbestimmungen eine Versorgung erhalten, kann nicht als vom Gesetz gewollt angenommen werden. Irgendein Grund, den für einen Unfall mitverantwortlichen Dritten in diesem Falle besserzustellen, ist nicht ersichtlich. Auch würde die Vorschrift über den gesetzlichen Übergang der Ansprüche des Verunglückten gegen den Dritten auf die für ihn sorgende öffentliche Körperschaft in zahlreichen Fällen ihrer Wirksamkeit beraubt werden.

Aus vorstehenden Gründen ist in den Fällen, in denen der Insasse eines Behördenwagens verletzt wird und die öffentliche Körperschaft nur an Stelle ihrer Beamten haftet, dagegen Ersatzansprüche gegen den Halter und Führer eines anderen an dem Unfall mitbeteiligten Kraftwagens bestehen, die Anwendung des § 17 KFG. ausgeschlossen, gleichgültig, ob dem Verletzten auf Grund besonderer Bestimmungen nur Versorgungsansprüche oder auf Grund des § 839 BGB. in Verbindung mit Art. 131 WeimVerf. und § 1 des Gesetzes vom 22. Mai 1910 Schadensersatzansprüche gegen seine Verwaltung zustehen.

43. 1. Kann der Dienstherr mit einer Forderung an den Beamten auch gegen die erst künftig fällig werdenden Teile seines Gehalts oder Ruhegehalts aufrechnen?

2. Hängt nach dem Inkrafttreten des Deutschen Beamtengesetzes die Einwirkung einer vorher erklärten Aufrechnung (mit einer Ersatzforderung aus vorsätzlicher Schädigung des Dienstherrn) auf die unpfändbaren Teile der nach diesem Zeitpunkte fällig werdenden Gehalts- oder Ruhegehaltsbeträge davon ab, daß dem Dienstherrn ein vollstreckbarer Titel wegen seiner Gegenforderung zur Seite steht?

BGB. §§ 387, 390, 394. DBG. § 39 Abs. 2.

III. Zivilsenat. Urt. vom 28. Juni 1943 i. S. G. (Kl.) w. Kreissparkasse des Kreises H. L. (Bekl.). III 5/43.

I. Landgericht Hamburg.
II. Oberlandesgericht daselbst.

Der Kläger wurde am 1. Juli 1923 bei der Rechtsvorgängerin der Beklagten, der L.schen Landesbank, einer Einrichtung des Kommunalverbandes des Kreises H. L. ohne eigene Rechtsfähigkeit, mit der Bezeichnung „Landesbankprokurist" als Beamter auf Lebenszeit angestellt. Er war stellvertretendes Vorstandsmitglied und leitete zunächst die Buchhaltung und die Giroabteilung, von 1927 bis Anfang 1930 außerdem die Effektenabteilung. Er wurde Ende April 1931 aus dem Amte des stellvertretenden Vorsitzenden entlassen und am folgenden 1. Mai als Prokurist abberufen. Er blieb noch Revisor der Bank, bis er durch einen Erlaß des Preußischen Ministers des Innern vom 3. April 1934 auf Grund von § 6 des Reichsgesetzes zur Wiederherstellung des Berufsbeamtentums am 1. August 1934 in den Ruhestand versetzt wurde.

Am 4. März 1935 wurde der Kläger zugleich mit dem Direktor K. und dem Prokuristen T., die den Vorstand der L.schen Landesbank gebildet hatten, wegen Untreue (§ 266 Abs. 2 Nr. 2 und Abs. 3 StGB. a. F.) zu einer Gefängnisstrafe verurteilt, von der Anklage eines Vergehens, strafbar nach § 94 des Börsengesetzes, aber freigesprochen. Seine Revision wurde am 11. Juli 1935 als offensichtlich unbegründet verworfen. Der Kläger hat die Strafe bis Ende Februar 1936 verbüßt. Der Bestrafung lag der Vorwurf zugrunde, er habe in den Jahren 1928 und 1929 mehreren

Bankkunden unter Verstoß gegen die Banksatzung Kredite zu Effektenspekulationen und Termingeschäften ohne Deckung zukommen lassen und dadurch die Bank an Geschäften beteiligt, die für sie zu einem großen Teile verlustreich ausgeschlagen seien. Wegen dieser Vorgänge ist der Kläger auch im Dienststrafverfahren verfolgt worden. Als Vorsitzender des Kreisausschusses erteilte ihm der damalige Landrat Dr. B. am 3. Januar 1930 mündlich und am 11. Februar 1930 schriftlich einen Verweis wegen eigenmächtiger satzungswidriger Kreditgewährung und Unterlassung einer Überwachung der Effektenkonten. Am 25. Juli 1933 leitete der Landrat das Dienststrafverfahren ein und verfügte am 31. Juli 1933 die vorläufige Amtsenthebung des Klägers und die Einbehaltung der Hälfte seiner Dienstbezüge. Von kleineren Zahlungen an die Ehefrau abgesehen, haben die Landesbank und die Beklagte indessen auch den Rest dieser Bezüge nicht gezahlt, sondern insoweit die Aufrechnung mit einer Schadensersatzforderung erklärt. Am 27. Oktober 1939 entschied die Dienststrafkammer in Sch., daß das Dienststrafverfahren aus verfahrensrechtlichem Grunde, nämlich wegen Nichtübereinstimmung des Einleitungsbeschlusses und der Anschuldigungsschrift, einzustellen sei. Der Reichsdienststrafhof wies am 13. November 1940 die Berufung des Vertreters der Einleitungsbehörde mit der Maßgabe zurück, daß das Verfahren auf Grund des Gnadenerlasses des Führers für Beamte vom 21. Oktober 1939 eingestellt wurde.

Im März 1935 hat der Kläger unter Wahrung der Frist des § 7 des Preußischen Gesetzes, betreffend die Anstellung und Versorgung der Kommunalbeamten, vom 30. Juli 1899 (GS. S. 141), nachdem mit Bescheid des Regierungspräsidenten in Sch. vom 1. Oktober 1934 sein Anspruch auf die unpfändbaren Teile seiner Dienstbezüge und seines Ruhegehalts zurückgewiesen worden war, Klage auf Zahlung dieser für die Zeit vom 31. August 1934 bis zum 31. März 1935 erhoben. Vor Eintritt in die mündliche Verhandlung wurde das Verfahren auf seinen Antrag im Einverständnis der Beklagten ausgesetzt. Nach Abschluß des Straf- und des Dienststrafverfahrens hat der Kläger im April 1941 den Rechtsstreit wieder aufgenommen und die Klage nunmehr auf alle in der Zeit vom 1. August 1933 bis 30. April 1941 nicht gezahlten pfändbaren und nicht pfändbaren Gehalts- und Ruhegehaltsteile erstreckt. Auf Einrede der Beklagten einräumend, daß die zunächst noch nicht geltend gemachten, bis zum 31. Dezember 1936 fällig gewordenen Ansprüche auf die pfändbaren Teile im Betrage von 2857,92 RM. inzwischen verjährt seien, hat der Kläger sodann den Klageantrag neu errechnet. Er verlangt die Verurteilung der Beklagten zur Zahlung von 30 569,84 RM. nebst Zinsen und für die Zeit nach dem 31. Oktober 1942 eine seinem Standpunkt entsprechende Feststellung.

Die Beklagte wendet Verjährung aller vor dem 31. Dezember 1936 fällig gewordenen Ansprüche des Klägers ein. Sie beruft sich auf ihre Aufrechnung mit der Schadensersatzforderung, die sie auf 173 262,20 RM. bemißt.

Das Landgericht hat die Klage abgewiesen. Das Oberlandesgericht hat der Berufung des Klägers zum Teil stattgegeben. Es hat die Beklagte zur Zahlung von 17 835,88 RM., nämlich der nicht pfändbaren Teile des Ruhegehalts für die Zeit vom Inkrafttreten des Deutschen Beamtengesetzes (1. Juli 1937) bis zum 31. Oktober 1942, sowie von Zinsen verurteilt und festgestellt, daß gegen die nach dem 31. Oktober 1942 fälligen Ruhegehaltsansprüche die Aufrechnung der Beklagten wegen des zuvor aufrechnungsweise noch nicht verbrauchten Restes ihrer zur Höhe von 45 762,20 RM. nebst 4 v. H. Jahreszinsen seit dem 1. Juli 1933 bewiesenen Schadensersatzforderung insoweit nicht wirke, als die Ruhegehaltsansprüche der Pfändung nicht unterworfen seien.

Die Revision des Klägers führte zur Aufhebung und Zurückverweisung. Die Revision der Beklagten wurde zurückgewiesen.

Aus den Gründen:

Der Klageanspruch ist nach Grund und Betrag unstreitig; den Voraussetzungen seiner gerichtlichen Verfolgung ist genügt. Die Entscheidung hängt daher von der Berechtigung der beiden Einreden ab, mit denen die Beklagte geltend macht, der Klageanspruch sei infolge der von ihr seit dem Jahre 1933 erklärten Aufrechnung mit einer Schadensersatzforderung von 173 262,20 RM. erloschen und die Gehaltsteile für die Zeit bis zum 31. Dezember 1936 seien verjährt. Der Streit über die Wirkung der Aufrechnung erstreckt sich in drei Richtungen: Der Kläger hält der Gegenforderung ebenfalls Verjährung entgegen; er bestreitet, daß die Aufrechnung auch die unpfändbaren Teile seines Gehalts- und Ruhegehaltsanspruchs ergriffen habe; er wendet sich gegen die Höhe der Gegenforderung. Das Berufungsgericht nimmt an, der Kläger sei der Rechtsvorgängerin der Beklagten (der Bank) jedenfalls den Ersatz eines Schadens von 45 762,20 RM. schuldig geworden, den er ihr durch unerlaubte Handlung und sittenwidriges Verhalten verursacht habe. Die Aufrechnung mit dieser Gegenforderung habe dazu geführt, daß die fällig gewordenen Gehaltsteile für die Zeit vor dem Inkrafttreten des Deutschen Beamtengesetzes (1. Juli 1937) in voller Höhe, für die spätere Zeit aber insoweit aufgezehrt worden seien, als sie pfändbar sind.

Wegen der Einwirkung der Aufrechnung auf den Klageanspruch überhaupt ist das Berufungsgericht dabei davon ausgegangen, es sei sowohl ohne Bedeutung, daß wegen einzelner Gehalts- und Ruhegehaltsteile seither Verjährungsfristen abgelaufen seien (§ 197 BGB.), als auch, daß andere von ihnen erst fällig geworden seien, nachdem wegen der Gegenforderung die Verjährungsfrist vollendet sei. Die Bank habe Mitte Mai 1933 die Aufrechnung erklärt. Damals habe einerseits die Gegenforderung schon in voller Höhe bestanden; anderseits sei von den eingeklagten Gehaltsbeträgen noch keiner verjährt gewesen. Infolgedessen habe die Aufrechnung nach den Rechtsgrundsätzen der §§ 387 und 271 BGB. nicht nur die damals bereits fälligen Gehaltsteile, sondern auch die erst in der Folgezeit zu erwartenden betroffen.

Die Revision des Klägers will die dem zugrunde liegende Voraussetzung nicht gelten lassen, daß sich die öffentliche Körperschaft selbst gegen den Willen des betroffenen Beamten einer Unterhaltspflicht, wie sie durch Zahlung des Gehalts erfüllt werde, durch Vorauszahlungen für beliebige Zeiträume entledigen könne. Dann sei aber im Jahre 1933 mangels des Erfordernisses, daß der Schuldner „die ihm obliegende Leistung bewirken kann" (§ 387 BGB.), die Aufrechnung gegen die damals noch nicht fälligen Gehaltsteile unmöglich gewesen. Die Gegenforderung der Beklagten sei also nicht verbraucht worden und daher der Verjährung verfallen. Das stehe wiederum einer Wirkung derjenigen Aufrechnungserklärungen entgegen, welche die Beklagte etwa später abgegeben habe.

Die Beklagte gründet die zur Aufrechnung gestellte Gegenforderung darauf, daß der Kläger schuldhaft seine Pflichten als Beamter gegenüber seiner Dienstherrin, der Bank, verletzt habe. Die Frist für die Verjährung eines solchen Anspruchs ist nicht die des § 852 BGB.; sie betrug vielmehr vor dem Inkrafttreten des Deutschen Beamtengesetzes nach preußischem Beamtenrecht 30 Jahre

(RGZ. Bd. 154 S. 257 [262] mit weiteren Nachweisungen). Seit dem Deutschen Beamtengesetz gilt eine dreijährige Verjährungsfrist (Verordnung zur Durchführung des Deutschen Beamtengesetzes vom 29. Juni 1937 [RGBl. I S. 669] in der Fassung der Zweiten Verordnung vom 13. Oktober 1938 [RGBl. I S. 1421] zu § 23 Nr. 1; Übergangsvorschrift in Nr. 3). Danach ist die Verjährungsfrist hier jedenfalls nicht vor Ende Juni 1940 abgelaufen. Durch Art. 8 der Verordnung über Maßnahmen auf dem Gebiet des bürgerlichen Streitverfahrens usw. vom 1. September 1939 (RGBl. I S. 1656) in Verbindung mit § 30 der Vertragshilfeverordnung vom 30. November 1939 (RGBl. I S. 2329) ist dieser Zeitpunkt noch um 3 Monate 2 Tage hinausgeschoben worden.

Nach § 390 Satz 2 BGB. schließt die Verjährung die Aufrechnung nicht aus, wenn die verjährte Forderung zu der Zeit noch nicht verjährt war, zu welcher sie gegen die andere Forderung aufgerechnet werden konnte. Es handelt sich hierbei zwar um eine bürgerlichrechtliche Vorschrift; aber das Berufungsgericht hat die Geltung des darin zutage tretenden Rechtsgrundsatzes zutreffend auch für den Bereich des öffentlichen Rechts angenommen (RGZ. Bd. 107 S. 189 [190] mit Nachweisungen). Wenn also die Aufrechnung, welche die Rechtsvorgängerin der Beklagten dem Kläger im Juli 1933 erklärt hat, sogleich bis zur Erschöpfung eines der beiderseitigen Ansprüche alle zukünftigen Teile seines Gehalts und Ruhegehalts hätte ergreifen können, so würde diese Wirkung nicht daran scheitern, daß später für den einen oder für beide Ansprüche die Verjährungsfrist abgelaufen wäre. Soweit dagegen gegen die einzelnen Gehalts- und Ruhegehaltsteile vor diesem Zeitpunkte der Vollendung der Verjährung noch nicht hätte aufgerechnet werden können, brauchte nach § 390 Satz 2 BGB. der Kläger die spätere Aufrechnung nicht gelten zu lassen. In diesem Falle könnte den nach dem Ablauf der Verjährungsfrist für die Gegenforderung fällig gewordenen Ruhegehaltsteilen diese, weil inzwischen verjährt, nicht mehr entgegengesetzt werden, während freilich die vordem fällig gewordenen Gehalts- und Ruhegehaltsteile jeweils (in nicht verjährter Zeit) durch die einzelnen Aufrechnungen getilgt worden wären, deren Erklärungen darin lagen, daß die Beklagte ihre Zahlung jedesmal verweigerte. Die Entscheidung hängt daher in dem dargelegten Umfange davon ab, ob der öffentlichrechtliche Gehaltsschuldner in der Lage ist, mit einer Gegenforderung von vornherein nicht nur gegen die schon fälligen, sondern auch gegen alle etwa künftig fällig werdenden Gehalts- und Ruhegehaltsteile des Beamten wirksam aufzurechnen, oder ob er darauf angewiesen ist, die Aufrechnung jedesmal an den einzelnen Gehalts- und Ruhegehaltsteilen erst bei deren Fälligkeit vorzunehmen.

Die Frage ist, soweit ersichtlich, bisher weder in der Rechtsprechung noch im Schrifttum erörtert worden. Auch das Deutsche Beamtengesetz, auf dessen § 39 Abs. 2 noch zurückzukommen ist, enthält keine Vorschrift, die mit völliger Deutlichkeit den einen oder den anderen Standpunkt zur Geltung brächte. Dem Berufungsgericht, das sich für die Zulässigkeit der Aufrechnung auch gegen erst künftig fällig werdende Gehalts- und Ruhegehaltsteile entschieden hat, ist, jedenfalls im Ergebnis, beizutreten.

Wann eine Forderung gegen eine andere aufgerechnet werden kann, bestimmt § 387 BGB. dahin, der Aufrechnende (hier die Beklagte) müsse die ihm gebührende Leistung (den Schadensersatz) fordern und die ihm obliegende Leistung (die Gehaltszahlung) bewirken können. Der Sinn dieser Bestimmung, deren entsprechende Geltung ebenfalls unbedenklich auch für das öffentliche Recht angenommen werden kann, geht dahin, daß einer Aufrechnungserklärung mit Ansprüchen, die danach nicht aufgerechnet werden können, überhaupt keine rechtsgeschäftliche Bedeutung zukommt. Sie kann äußerstenfalls Ankündigung einer Aufrechnungserklärung sein, die später abgegeben werden soll und alsdann, damit die Wirkung eintritt, neu geäußert werden muß (RGUrt. V 102/03 vom 16. September 1903, abgedruckt in SeuffArch. Bd. 60 S. 55 Nr. 30; vgl. auch V 564/07 vom 3. Oktober 1908 in LZ. 1908 S. 934 Nr. 23 und RGZ. Bd. 104 S. 186 [188]). Es verhält sich hiermit anders als beispielsweise mit der Abtretung, die allerdings an künftigen Forderungen möglich ist (RGZ. Bd. 74 S. 78, Bd. 92 S. 238, Bd. 136 S. 100 [102]).

Hierdurch wird also zunächst die Aufrechnung gegen eine erst künftige Forderung ausgeschlossen. Jedoch unterliegt es keinem Zweifel, daß es sich bei den künftigen Gehaltsbeträgen um Teile eines schon entstandenen Anspruchs handelt. Mit der Begründung des Beamtenverhältnisses wird ein einheitliches Recht auf alle, auch die künftig fällig werdenden gesetzlichen Gebührnisse hervorgerufen; die Ungewißheit der Dauer der Anstellung bildet kein Hindernis dafür. Diese Einheitlichkeit hat der erkennende Senat vielfach hervorgehoben; dabei ist ausgesprochen worden, daß das Gehalt des Beamten keine Entlohnung für die einzelnen von ihm geleisteten Dienste, sondern eine ihm für die Dauer des Amts zugebilligte, für den standesmäßigen Unterhalt bestimmte Rente sei und daß es, ähnlich wie die Leibrente (§ 759 BGB.; RGZ. Bd. 137 S. 259 [261] mit Nachweisungen), auf einem geschlossenen einheitlichen Rechte beruhe (RGZ. Bd. 107 S. 189 [190] mit weiteren Hinweisen, Bd. 125 S. 315 [318]).

Aus dem Grundsatze des § 387 BGB. folgt aber darüber hinaus, daß der Aufrechnende auch berechtigt sein muß, die ihm obliegende Leistung zu bewirken. Das enthält den Rechtsgedanken, daß er sich nur dann der Forderung des anderen Teiles bemächtigen darf, um damit seinen eigenen Anspruch zu befriedigen, wenn er berechtigt ist, dem Gegner die Erfüllung seiner Forderung aufzudrängen. Auch das kann im öffentlichen Rechte nicht anders sein. Es kommt also darauf an, ob der Gehaltsschuldner die Leistung, die ihm in Gestalt der zukünftigen Gehaltsteile obliegt, schon vor den Zeitpunkten ihrer verschiedenen Fälligkeiten bewirken kann.

Dies mit dem Berufungsgericht durch den bloßen Hinweis auf § 271 BGB. zu bejahen, erscheint bedenklich. Diese Bestimmung gibt nur eine Regelung für den Zweifelsfall. Man mag ihr mit dieser Maßgabe (wie Friederichs im Archiv für bürgerliches Recht Bd. 42 S. 39 unter XII) Geltung auch im öffentlichen Rechte zuschreiben. Das entbindet aber nicht von der Prüfung, ob nicht derjenige von den vielgestaltigen Ansprüchen des öffentlichen Rechts, um den es sich gerade handelt, nach gesetzlichen Vorschriften oder der Natur der Sache in der Erfüllbarkeit einer Besonderheit unterliegt. Wegen des Beamtengehalts erscheint es einerseits nicht möglich, mit dem Berufungsgericht anzunehmen, daß die Dienstbehörde schlechthin zu beliebigen Vorauszahlungen berechtigt sei, und zwar auch, worauf es ankommt, gegen den Willen des Beamten. Über die Zahlungsweise des Beamtengehalts treffen die Gesetze Bestimmungen; für den Zeitpunkt der Aufrechnungserklärung ist beispielsweise auf § 34 des Preußischen Besoldungsgesetzes vom 17. Dezember 1927 (GS. S. 223) und auf § 3 des preußischen Gesetzes, betreffend die Anstellung und Versorgung der Kommunalbeamten, vom 30. Juli 1899 (GS. S. 141) hinzuweisen. Diese Vorschriften geben nicht nur Mindestanforderungen an die Dienstbehörden. Der Beamte kann daher ihre Einhaltung verlangen. Der zeitlichen Stückelung der Gehaltszahlung liegen, wie anzunehmen, neben der Wahrung der Belange des Staates Gesichtspunkte zugrunde, wie sie mit ähnlichem Ziele, wenn auch in verschiedener Weise, § 1642 Abs. 2 BGB. für die bürgerlichrechtlichen Unterhaltsansprüche verfolgt. Auf der anderen Seite liegt es aber nicht im Wesen der Beamtenbesoldung, daß sie nicht auch entgegen den gedachten Regelbestimmungen im voraus geleistet werden könnte. Das folgt im Grundsatz aus der vorher berührten Natur des Gehaltsanspruchs, bei dem es sich um ein einheitliches Gebilde handelt, das von vornherein auch die zukünftigen Teile umfaßt. Es findet darüber hinaus aber seinen Ausdruck in einer Reihe rechtlicher Einzelerscheinungen. Hierher gehören die Vorschußzahlung — vgl. für das ehemalige preußische Recht Brand Das Beamtenrecht, 3. Aufl., S. 138 —, das Gehaltsabzugsverfahren — a. a. O. S. 154 —, die Abtretung und Verpfändung des Gehalts, die freilich nach preußischem Beamtenrecht unstatthaft waren — a. a. O. S. 147 —, aber durch § 39 Abs. 1 DBG. in demselben Umfange wie die Pfändung, also auch für zukünftige Gehaltsbeträge zugelassen worden sind, und vor allem gemäß § 832 ZPO. die Pfändung. Aus alledem kann nur gefolgert werden, daß über die gesetzliche Zahlungsweise hinaus dann auf künftige Gehaltsteile vorgegriffen werden kann, wenn überwiegende Belange, sei es des Beamten selbst, sei es anderer, dies verlangen. Es besteht kein Grund, diesen Gesichtspunkt dann abzulehnen, wenn der Dienstherr einen fälligen, zur Aufrechnung geeigneten Schadensersatzanspruch hat, von dem übrigens, wie hervorgehoben werden möge, in diesem Zusammenhange nicht vorausgesetzt wird, daß er gerade aus vorsätzlicher Schadenszufügung durch den Beamten herrührt. Der Beamte, der wegen solchen Anspruchs einerseits die jedesmaligen Einzelaufrechnungen in Kauf nehmen, anderseits im voraus seine später fällig werdenden Gehaltsbeträge pfänden lassen müßte, hat kein schutzwürdiges Interesse, dem Dienstherrn den einfacheren Weg der einheitlichen Aufrechnung mit Wirkung auch für die künftigen Gehaltsteile zu verwehren. Es darf angenommen werden, daß dieser Gedanke auch dem § 39 Abs. 2 DBG. zugrunde liegt, wenn darin wegen der Aufrechnungsmöglichkeit auf die Pfändbarkeit verwiesen wird, die selbst sich, wie erwähnt, nach ausdrücklicher gesetzlicher Vorschrift auch auf zukünftige Gehaltsteile erstreckt.

Die Aufrechnung, welche die Rechtsvorgängerin der Beklagten im Jahre 1933 erklärt hat, war hiernach von vornherein auch für die künftigen Gehalts- und Ruhegehaltsteile mit den gesetzlichen Wirkungen ausgestattet. Nach dem Vorausgeschickten ist es daher ohne Bedeutung, ob seither wegen einzelner Gehalts- oder Ruhegehaltsteile oder wegen der Gegenforderung Verjährungsfristen vollendet worden sind. Diese gesetzmäßigen Wirkungen umfassen anderseits die Regel des § 394 Satz 1 BGB., wonach die Aufrechnung an der Pfändbarkeit der Forderung, gegen die aufgerechnet wird, ihre Grenze findet. Die Beklagte meint aber, und das Berufungsgericht ist ihr darin für die Zeit vor dem Inkrafttreten des Deutschen Beamtengesetzes gefolgt, daß dem Kläger wegen der besonderen Umstände des Falles die Berufung auf § 394 BGB. zu versagen sei, daß also die Aufrechnung der Bank die einzelnen Teile seines Gehalts jeweils in vollem Umfang aufgezehrt habe. Das Berufungsgericht begründet diese Folgerung mit der Herkunft der Gegenforderung aus unerlaubter Handlung und sittenwidrigem Verhalten des Klägers. Der so herbeigeführte Rechtszustand sei dann freilich durch die Neuregelung des Deutschen Beamtengesetzes für die Zeit nach seinem Inkrafttreten geändert worden. Denn § 39 Abs. 2 DBG. lasse die Aufrechnung über die Pfändbarkeitsgrenze hinaus nur zu, sofern der Dienstherr über den Schadensersatzanspruch wegen vorsätzlicher unerlaubter Handlung einen Vollstreckungstitel habe. Ein solcher stehe der Beklagten nicht zur Seite.

Die Revision der Beklagten wirft dem Ergebnis des Berufungsgerichts für die Zeit nach dem Inkrafttreten des Deutschen Beamtengesetzes mangelnde Folgerichtigkeit vor: Seien in Zukunft fällige Gehaltsansprüche mittels Aufrechnung wirksam getilgt worden, so könne der so herbeigeführte abgeschlossene Rechtszustand nicht nachträglich dadurch beeinflußt worden sein, daß das Deutsche Beamtengesetz eine andere Regelung des gleichen Gegenstandes gebracht habe. Die Meinung des Berufungsgerichts sei auch deshalb unmöglich, weil der Beklagten im Vertrauen auf die fortdauernde Wirkung der erklärten Aufrechnung jeder Anlaß gefehlt habe, sich vor Ablauf der Verjährungsfrist wegen ihrer Schadensersatzforderung einen Vollstreckungstitel zu beschaffen.

Diese Einwendungen sind nicht begründet. Die Aufrechnung

ist ein Akt der Selbstbefriedigung des Aufrechnenden für seine Forderung an den Gegner aus dessen Gegenforderung an ihn. Als solcher Befriedigungsakt unterliegt nach § 394 Satz 1 BGB. die Aufrechnung den gleichen Beschränkungen wie eine Zwangsvollstreckung und findet deshalb nicht statt, soweit die Gegenforderung des Schuldners der Pfändung nicht unterworfen ist. Nun unterliegen zwar auch noch nicht fällige, ja unter gewissen Voraussetzungen selbst künftige Forderungen der Pfändung, und das Pfandrecht, das durch die Pfändung einer Gehaltsforderung erworben wird, erstreckt sich ohne weiteres auch auf die erst nach der Pfändung fällig werdenden Beträge. Die Pfändbarkeit von Forderungen aber bestimmt sich nach den tatsächlichen und rechtlichen Verhältnissen zur Zeit ihrer Fälligkeit, nicht nach denen zur Zeit der voraufgegangenen Pfändung. Wegen des für die Pfändbarkeit maßgebenden Rechts gilt und galt das nicht erst nach § 12 der Lohnpfändungsverordnung vom 30. Oktober 1940 (RGBl. I S. 1451), sondern, wie Art. 7 Abs. 2 des Gesetzes zur Änderung von Vorschriften über die Zwangsvollstreckung vom 24. Oktober 1934 (RGBl. I S. 1070) ergibt, schon in der Zeit vorher (Jonas-Pohle ZPO., 15. Aufl., Bem. II 3 und VIII zu § 850; Jonas Lohnpfändungsverordnung Bem. 1 zu § 12, Bem. 1 zu § 9). Die Lohnpfändungsverordnung hat nur als erstes Gesetz eine Ausnahme von jener Regel zugunsten des Schuldners gebracht, indem sie in § 12 Abs. 2 angeordnet hat, daß ihre Neuerungen bei rechtsgeschäftlichen Verfügungen, deren Gültigkeit von der Pfändbarkeit der getroffenen Forderung abhängt, wenn sie vor ihrem Inkrafttreten getroffen sind, lediglich zugunsten des Schuldners eingreifen sollen. Gerade die Fassung dieser Vorschrift zeigt aber, daß sie eine Ausnahme von der sonst eintretenden Regelung bringen soll, nach der jene Neuerungen schlechthin, auch zuungunsten des Schuldners, gelten würden. Mit „Fälligkeit" ist hierbei wie auch sonst in den Gesetzen immer die „Einforderbarkeit", nicht die „Erfüllbarkeit" gemeint. Beim Zugriff auf eine noch nicht fällige Forderung tritt also zunächst ein Schwebezustand ein; erst im Zeitpunkte der Fälligkeit entscheidet sich endgültig, inwieweit die Pfändung wirksam ist. Alles das gilt nicht nur für die Pfändbarkeitsgrenzen, sondern ganz allgemein für die Pfändbarkeit überhaupt. Hätte also die Beklagte für ihre Schadensersatzforderung ein Urteil gegen den Kläger erwirkt und auf Grund dieses Titels seine Gehalts- und Ruhegehaltsansprüche gepfändet, so würde sich diese Pfändung zwar ohne weiteres auf die zukünftigen Beträge erstreckt haben; aber es würde sich für jeden einzelnen dieser Beträge erst bei seiner Fälligkeit nach den dann gegebenen tatsächlichen und rechtlichen Verhältnissen entscheiden, ob und inwieweit er von jener Pfändung erfaßt worden ist.

Soweit die Rechtswirkung rechtsgeschäftlicher Verfügungen über eine Forderung von deren Pfändbarkeit abhängt, sind die dargelegten Rechtssätze auch darauf anzuwenden. Auch die Rechtswirkung solcher Verfügungen hängt also insoweit von den tatsächlichen und rechtlichen Verhältnissen zur Zeit der Fälligkeit der Forderung (d. h. ihrer Einforderbarkeit) ab, nicht von denen zur Zeit der rechtsgeschäftlichen Verfügung über sie. Auch hier tritt deshalb zunächst ein Schwebezustand ein, der erst mit dem Zeitpunkte der Fälligkeit endet. Erst dann entscheidet sich nach der nun gegebenen Sach- und Rechtslage nicht nur, bis zu welcher Grenze die Verfügung wirkte, sondern auch, ob sie die Forderung überhaupt erfaßt hat.

Die zunächst von der reichsgerichtlichen Rechtsprechung und jetzt durch § 39 Abs. 2 DBG. dem Dienstherrn des Beamten zuerkannte Befugnis, wegen eines Schadensersatzanspruchs aus vorsätzlicher unerlaubter Handlung ein Aufrechnungsrecht an den Dienstbezügen, auch soweit diese unpfändbar sind, geltend zu machen, enthält der Sache nach eine Erstreckung der Zugriffsmöglichkeit für einen derartigen Anspruch über die sonst geltenden Pfändbarkeitsgrenzen hinaus. Das wird dadurch besonders deutlich, daß das Deutsche Beamtengesetz die Aufrechnung insoweit nur noch mit einem vollstreckbaren Schadensersatzanspruch gestattet. Daß diese erweiterte Zugriffsmöglichkeit in jener Vorschrift nur für die Befriedigung durch Aufrechnung ausgesprochen worden ist, verschlägt nichts; denn gerade diese ist hier der naturgegebene Weg, wobei dahingestellt bleiben kann, ob nicht über den Wortlaut der Bestimmung hinaus nach ihrem Sinn auch eine Pfändung für zulässig erachtet werden müßte. Wenn das Deutsche Beamtengesetz in Abweichung von der bisherigen Rechtsprechung die Erweiterung der Zugriffsmöglichkeit für einen solchen Schadensersatzanspruch von dem besonderen Erfordernis der Vollstreckbarkeit dieses Anspruchs abhängig gemacht hat, so kann für die zeitliche Geltung dieser Abänderungen nichts anderes Rechtens sein als für die gesetzlichen Änderungen der Vorschriften des Zwangsvollstreckungsrechts über die Pfändbarkeit von Forderungen. Es handelt sich bei der Neuregelung des Deutschen Beamtengesetzes nicht um eine Anforderung von nur äußerlicher, verfahrensmäßiger Bedeutung, sondern die Vorschrift erstrebt den größeren Schutz des Beamten, und ihr Sinn ist der, den Dienstherrn, wenn er einen vermeintlichen Schadensersatzanspruch aus vorsätzlicher unerlaubter Handlung gegen den Beamten dazu benutzen will, auch die Zahlung der sonst unpfändbaren Gehaltsteile einzustellen, zu nötigen, vorerst diesen Anspruch in den dafür vorgesehenen gerichtlichen oder verwaltungsmäßigen Verfahren klarzustellen und nicht diese Last dem Beamten zuzuschieben. Die Neuregelung liegt also in einer Linie mit der Einführung der kurzen dreijährigen Verjährung solcher Ansprüche gegen den Beamten und will dessen Dienstherrn den dabei noch offengelassenen Ausweg der Aufrechnung versperren. Es handelt sich hier um eine zweckvolle Neuerung des Deutschen Beamtengesetzes, über die nicht mit der Erwägung hinweggegangen werden darf, daß nach den Verhältnissen des gegebenen Falles die Erwirkung eines Vollstreckungstitels für die Schadensersatzforderung nur eine Formsache sei.

An demselben sachlichen Ziele des Gesetzgebers müßte auch, wenn sie sonst zuträfe, die fernere Erwägung der Revision der Beklagten scheitern, daß diese nach dem früheren Recht keine Veranlassung gehabt habe, sich wegen ihrer Gegenforderung einen Vollstreckungstitel zu beschaffen, und trotzdem die Aufrechnungsmöglichkeit verloren habe, weil infolge der inzwischen eingetretenen Verjährung die Beschaffung des Vollstreckungstitels nicht mehr möglich sei. Doch mag hierzu noch auf folgendes hingewiesen werden: Wie schon bemerkt, galt für den Schadensersatzanspruch vor dem Inkrafttreten des Deutschen Beamtengesetzes die dreißigjährige Verjährung; erst mit diesem Zeitpunkt ist an ihre Stelle die dreijährige getreten, die aber für ältere Ansprüche, bei denen die dreißig Jahre nicht früher ablaufen würden, erst mit dem Inkrafttreten des Gesetzes zu laufen begonnen hat. Als § 39 Abs. 2 DBG. Geltung erlangte, hatte die Beklagte also noch volle drei Jahre Zeit, sich einen vollstreckbaren Titel zu verschaffen. Nun sind freilich diese drei Jahre ungenutzt verstrichen. Aber das beruhte auf einer, wenn nicht ausdrücklichen, so doch mindestens stillschweigenden Vereinbarung zwischen den Streitteilen, diese allein zwischen ihnen streitige Frage bis zur Beendigung des Dienststrafverfahrens, von dem sich der Kläger Gutes versprach, ruhen zu lassen. Diese Abrede bezog sich ihrem selbstverständlichen Sinne nach nicht nur auf einen solchen Teil des Schadensersatzanspruches, wie er zur Aufrechnung der bisher fällig gewordenen Gehaltsteile erforderlich war, sondern auf den ganzen Anspruch. Bis zum Abschluß des Dienststrafverfahrens lief deshalb die Verjährung nicht. Seitdem sind aber noch keine drei Jahre verstrichen. Inwieweit durch die aufrechnungsweise Geltendmachung des Schadensersatzanspruchs im Rechtsstreit die Verjährung unterbrochen worden ist, kann deshalb dahingestellt bleiben; bemerkt sei nur, daß die etwaige Unzulässigkeit der Aufrechnung diese Unterbrechung nicht ausschließt (RGRKomm. z. BGB. Bem. 1 zu § 215). Hätte die Beklagte aber wirklich durch Nichtbeachtung von § 39 Abs. 2 DBG. und Nichtausnutzung der dreijährigen Verjährungsfrist ihren Schadensersatzanspruch eingebüßt, so müßte sie diese Folge eigener Nachlässigkeit hinnehmen. Gründe, ihr eine Ausnahmebehandlung zuzugestehen, würden dann nicht vorliegen.

Die Einwendungen der Revision der Beklagten zu diesem Punkte sind also nicht begründet. Die Revision des Klägers bekämpft die Meinung des Berufungsgerichts, daß der Bank, als sie die Aufrechnung erklärte, die Voraussetzungen zur Seite gestanden hätten, unter denen sie (nach dem damaligen Recht) auch über die Pfändungsgrenze hinaus hätte aufrechnen können. (Es wird ausgeführt, daß diese Angriffe begründet sind.)

---

44. 1. Wann ist eine gemäß § 41 Abs. 1 PatG. erlassene einstweilige Verfügung als von Anfang an ungerechtfertigt anzusehen?

2. Hat derjenige, der auf Grund einer einstweiligen Verfügung ein fremdes Patent benutzt hat, dafür an den Patentinhaber eine Vergütung zu entrichten?

3. Ist die Entscheidung hierüber vom ordentlichen Gericht oder vom Reichspatentamt zu treffen?

4. Kann die Vergütung in der Weise ausgeworfen werden, daß der Patentbenutzer eine bestimmte feste Summe und außerdem einen Hundertsatz vom Werte jedes nach dem Patent hergestellten Gegenstandes zu zahlen hat?

PatG. § 41 Abs. 1, 5. GVG. § 13.

I. Zivilsenat. Urt. v. 29. Juni 1943 i. S. K. GmbH. (Kl.) w. F. Sch. AG. (Bekl.). I 79/42.

I. Landgericht Berlin.
II. Kammergericht daselbst.

Die Klägerin besitzt die ausschließliche Lizenz an einer Reihe von Patenten, deren Inhaber ihr früherer Geschäftsführer P. war. Die Patente betreffen Erfindungen auf dem Gebiete des sogenannten Kohlenstaubmotors. Im September 1937 beantragte die Beklagte beim Reichspatentamt die Erteilung einer Zwangslizenz und gleichzeitig den Erlaß einer einstweiligen Verfügung auf vorläufige Gestattung der Benutzung der Patente. Am 15. November 1937 wurde die beantragte einstweilige Verfügung erlassen. Der Beklagten wurde die Erlaubnis zur vorläufigen Benutzung der Patente unter der Voraussetzung gegeben, daß sie vorher eine Sicherheit in Höhe von 100000 RM. stelle. Bei Bestellung von mehr als 3 Kohlenstaubmotoren sollte sich die Sicherheit um 50000 RM. je Motor erhöhen. Dabei erklärte das Reichspatentamt, es sehe im Verfahren über die einstweilige Verfügung von der Festsetzung einer Lizenzgebühr ab, da es hier nur darauf ankomme, ob der damaligen Klägerin (der jetzigen Beklagten) überhaupt die Benutzungserlaubnis als solche zugesprochen werden könne, während die Festsetzung der Gebührenhöhe als wichtigster Gegenstand der Zwangslizenzentscheidung selbst dieser vorbehalten bleiben müsse.

In der Hauptsache des Zwangslizenzverfahrens entschied das Reichspatentamt am 16. Juni und am 22. September 1938 im wesentlichen wie folgt:

1. Die Klägerin — jetzige Beklagte — hat nach Rechtskraft der Entscheidung sofort einen einmaligen Betrag von 400000 RM. an den Beklagten — den damaligen Geschäftsführer der jetzigen Klägerin — zu zahlen.

2. Die Klägerin hat ferner 7 v. H. des Rechnungspreises eines jeden Kohlenstaubmotors, mindestens jährlich 10 000 RM., zu zahlen.

Bevor die Entscheidung des Reichsgerichts über die von den Parteien eingelegte Berufung erging, hat die Beklagte am 6. Dezember 1939 den Antrag auf Erteilung der Zwangslizenz zurückgenommen.

Die Klägerin verlangt von der Beklagten die Zahlung gewisser Beträge unter dem Gesichtspunkt einer angemessenen Vergütung dafür, daß die Beklagte während des Bestehens der einstweiligen Verfügung die Patente zwei Jahre und einen Monat habe benutzen können, und unter dem Gesichtspunkte des Schadensersatzes, weil die einstweilige Verfügung von Anfang an ungerechtfertigt gewesen sei. Hierzu hat sie ausgeführt: Für die Höhe der Vergütung unter beiden Gesichtspunkten müsse die Entscheidung des Reichspatentamts in der Hauptsache maßgebend sein. Da in dieser eine einmalige Zahlung von 400 000 RM. festgesetzt worden sei und die Patente teilweise noch bis 1949 liefen, entfielen auf die Zeit der einstweiligen Verfügung 72 221 RM., wovon mit der Klage ein Teilbetrag von 20 000 RM. gefordert werde. Weiterhin habe die Beklagte im Jahre 1937 unter Benutzung der Patente einen Motor zum Preise von 276 000 RM. gebaut, woraus sich unter Zugrundelegung eines Lizenzsatzes von 7 v. H. ein Betrag von 19 320 RM. zugunsten der Klägerin ergebe. Schließlich sei die Beklagte verpflichtet, für 13 Monate die jährliche Mindestlizenz von 10 000 RM. zu zahlen, also 10 833,33 RM. Die Klägerin hat daher u. a. beantragt, die Beklagte zur Zahlung von 20 000 RM., von 10 833,33 RM. und von 19 320 RM., je nebst Zinsen, zu verurteilen.

Das Landgericht hat dem Klageantrag entsprochen. Im Berufungsverfahren hat die Klägerin u. a. ihr Begehren wegen der 10 833,33 RM. und der 19 320 RM., je nebst Zinsen, aufrechterhalten und ferner beantragt, die Beklagte zu verurteilen, ihr einen vom Gericht festzusetzenden angemessenen weiteren Betrag, mindestens jedoch 400 000 RM. nebst Zinsen zu zahlen. Das Kammergericht hat der Klägerin 10 833,33 RM., 12 320 RM. und 200 000 RM., je nebst Zinsen, zugesprochen. Die

Revision der Klägerin war erfolglos. Die Revision der Beklagten führte zur Aufhebung und Zurückverweisung.

Aus den Gründen:

1. ...

2. ...

3. Das Kammergericht hat angenommen, daß P. einen Schadensersatzanspruch aus § 41 Abs. 5 PatG. habe. Zur Begründung hat es ausgeführt: Da ein solcher Anspruch nicht in jedem Falle gegeben sei, wenn die einstweilige Verfügung später ihre Wirksamkeit verliere, sondern nur dann, wenn sich ihre Anordnung als von Anfang an unbegründet erweise, müsse das Gericht selbständig und frei von der Entscheidung des Reichspatentamts prüfen, ob die einstweilige Verfügung, beurteilt nach der Sachlage zur Zeit ihres Erlasses, sachlich unbegründet gewesen sei. Diese Prüfung müsse zugunsten der Klägerin ausfallen. Die von der Reichsregierung gemäß § 15 Abs. 1 PatG. erteilte Bescheinigung dürfe das Gericht freilich nicht daraufhin nachprüfen, ob die Erteilung der Zwangslizenz geboten gewesen sei, um die Belange der Volksgemeinschaft zu wahren. Anders sei es dagegen mit der Bescheinigung nach § 41 Abs. 1 PatG. Denn der Erlaß der einstweiligen Verfügung liege trotz des Vorliegens einer Dringlichkeitsbescheinigung der Reichsregierung im Ermessen der Spruchstellen des Zwangslizenzverfahrens, und die Bescheinigung gehe auch nur dahin, daß die alsbaldige Erteilung der Erlaubnis zur Abwendung wesentlicher Nachteile für die Volksgemeinschaft dringend geboten „erscheine". Sie enthalte somit nur die Mitteilung einer Stellungnahme zur Frage der Dringlichkeit, die auf ihre sachliche Grundlage hin nachprüfbar sei. Andernfalls würde der Gesetzgeber auch in § 41 PatG. es nicht in das Ermessen des Reichspatentamts gestellt haben, ob es dem Antrage stattgeben wolle, sondern würde ihm den Erlaß der einstweiligen Verfügung ebenso zur Pflicht gemacht haben wie im § 15 PatG. die Erteilung der Zwangslizenz selbst, und er hätte es auch nicht bei einer behördlichen Stellungnahme an Stelle einer behördlichen Feststellung — wie sie die Bescheinigung nach § 15 PatG. enthalte — bewenden lassen. Die alsbaldige Erteilung der Erlaubnis sei aber zweifellos nicht „dringend" erforderlich gewesen, weil noch Entwicklungs- und

Versuchsarbeiten hätten geleistet werden müssen und diese ebensogut von der Klägerin oder von ihrer Lizenznehmerin, der Firma H., hätten vorgenommen werden können, ohne daß dadurch der Volksgemeinschaft wesentliche Nachteile gedroht hätten. Überdies hätte die einstweilige Verfügung auch deshalb nicht erlassen werden dürfen, weil die Beklagte der Klägerin keine angemessene Vergütung für die Benutzung der Erfindung angeboten habe. Die Beklagte habe selbst vorgetragen, der Erfinder habe bereits im Jahre 1932 für die Lizenz mehrere hunderttausend Reichsmark gefordert, und die Firma H. habe unstreitig schon im Jahre 1935 eine einmalige Abfindung von 240 000 RM. entrichtet und eine Stücklizenz von 7 v. H. des Umsatzes — bei einem Umsatze von mehr als 1 000 000 RM. 6 bzw. 5 v. H. — zu bezahlen gehabt. Demgegenüber habe die Beklagte nur eine Stücklizenz von 7 v. H. — bei einem Umsatze von mehr als 1 000 000 RM. noch weniger — angeboten, und diese Stücklizenz habe sich sogar für die Zeit von 1945 an auf ⅓ ermäßigen sollen, obwohl nach ihrem eigenen Vorbringen mit Umsätzen frühestens von Ende 1939 an zu rechnen gewesen sei. Sie habe damit dem Erfinder zugemutet, ihr die Früchte seiner Arbeit für mehr als zwei Jahre völlig unentgeltlich und in den späteren Jahren gegen eine ganz geringe, lediglich als eine Art Anerkennungsgebühr zu wertende Vergütung zu überlassen. Das sei ein völlig unangemessenes Angebot gewesen. Tatsächlich habe auch das Reichspatentamt dem Erfinder neben einer Stücklizenz von durchweg 7 v. H. eine einmalige Zahlung von 400 000 RM. und eine Mindestlizenz von jährlich 10 000 RM. zuerkannt und dabei keinen Zweifel darüber gelassen, daß es das Angebot der Beklagten als nicht angemessen angesehen habe

Diesen Darlegungen des Kammergerichts kann nur zum Teil beigetreten werden.

Zutreffend ist der Ausgangspunkt, daß das über den Schadensersatzanspruch aus § 41 Abs. 5 PatG. erkennende Gericht, nachdem die einstweilige Verfügung durch die Rücknahme des Antrags auf Erteilung einer Zwangslizenz unwirksam geworden sei, selbständig zu prüfen habe, ob die einstweilige Verfügung gerechtfertigt gewesen sei, und daß es dabei auf die Sachlage zur Zeit des Erlasses der einstweiligen Verfügung ankomme.

Die von der Klägerin im Revisionsverfahren vertretene Meinung, eine solche selbständige Prüfung sei deshalb nicht statthaft gewesen, weil in der Rücknahme des Antrags auf Zwangslizenz durch die Beklagte ein Verzicht auf den Anspruch gelegen und damit festgestanden habe, daß die einstweilige Verfügung zur Sicherung eines nicht bestehenden Anspruchs erlassen worden und infolgedessen ungerechtfertigt gewesen sei, ist abzulehnen. Die Beklagte hat in ihrer Eingabe vom 6. Dezember 1939 erklärt, die eigenen umfangreichen Versuchsarbeiten im Zusammenhange mit den augenblicklichen politischen und wirtschaftlichen Verhältnissen hätten sie zu der Überzeugung gebracht, daß ein weiterer Aufwand an Arbeitskraft und Geldmitteln für die Fortsetzung der Entwicklungsarbeiten nicht vertreten werden könne; deshalb habe sie ihre Versuche eingestellt und kein Interesse mehr an der mit der Klage in Anspruch genommenen Zwangslizenz. Daraus geht also nur hervor, daß die Beklagte jetzt, im Dezember 1939, auf das Recht, die Patente weiter zu benutzen, keinen Wert mehr legte, weil sie noch keinen praktisch allenthalben verwendbaren Motor hatte bauen können und weil die inzwischen eingetretene, auf den Kriegsausbruch zurückzuführende Änderung der Verhältnisse ein Weiterarbeiten nicht mehr lohnend erscheinen ließ; es ist aber keineswegs daraus zu entnehmen, daß es von vornherein an den Voraussetzungen für eine Zwangslizenz gefehlt habe. Deshalb kann auch unerörtert bleiben, ob in anderen Fällen die Tatsache allein, daß der Antrag im Hauptverfahren zurückgenommen wird, für die Feststellung genügen kann, die einstweilige Verfügung sei von Anfang an ungerechtfertigt gewesen.

Rechtlich nicht haltbar sind dagegen die Erwägungen, mit denen das Kammergericht dazu kommt, daß die einstweilige Verfügung in Wahrheit sachlich nicht gerechtfertigt gewesen sei. Was zunächst den Gesichtspunkt anlangt, das Reichspatentamt hätte die einstweilige Verfügung deshalb nicht gewähren dürfen, weil die Beklagte dem Erfinder keine angemessene Vergütung für die Erlaubnis zur Benutzung der Patente angeboten habe, so übersieht das Kammergericht, daß nach ständiger Rechtsprechung derjenige, der eine Zwangslizenz begehrt, seiner Verpflichtung, eine angemessene Vergütung anzubieten, bereits dadurch genügt, daß er seine Bereitschaft dazu grundsätzlich erklärt, während nicht verlangt werden kann, daß er gerade oder annähernd die Summe nennt, die später vom Reichspatentamt für angemessen gehalten wird (vgl. Tetzner PatG. Bem. 10 zu § 15). Die Nennung bestimmter Summen ist überhaupt nicht nötig, und sie ist, wenn sie erfolgt, regelmäßig nur als ein Vorschlag anzusehen, es sei denn, daß der Antragsteller zu erkennen gibt, er wolle keinesfalls mehr zahlen. Aber auch die Erwägung des Kammergerichts, die Dringlichkeit sei nicht gegeben gewesen, schlägt nicht durch. Es kann nicht anerkannt werden, daß zwar die gemäß § 15 Abs. 1 PatG. abgegebene Erklärung der Reichsregierung, die Erlaubnis zur Benutzung des Patents sei geboten, um die Belange der Volksgemeinschaft zu wahren, auf ihre sachliche Richtigkeit hin der Prüfung des Reichspatentamts nicht unterliege, daß aber die Erklärung der Reichsregierung nach § 41 Abs. 1 PatG., die alsbaldige Erteilung der Erlaubnis erscheine zur Abwendung wesentlicher Nachteile für die Volksgemeinschaft dringend geboten, bloß als eine gutachtliche und daher vom Reichspatentamt und im Schadensersatzprozeß von den ordentlichen Gerichten nachprüfbare und nachzuprüfende Meinungsäußerung zu werten sei. Eine solche Unterscheidung wird weder dadurch gerechtfertigt, daß die Zwangslizenz gemäß § 15 Abs. 1 PatG. gewährt werden muß, wenn die dort vorgesehene Erklärung vorliegt und die sonstigen Voraussetzungen erfüllt sind, die einstweilige Verfügung nach § 41 PatG. dagegen auch in diesem Falle nicht unbedingt erlassen zu werden braucht, sondern es im Ermessen des Reichspatentamts steht, ob sie erlassen werden soll; noch wird die Unterscheidung dadurch gerechtfertigt, daß die Erklärung der Reichsregierung nach § 15 Abs. 1 PatG. dahin geht, die Erlaubnis „sei" geboten, nach § 41 Abs. 1 PatG. aber dahin, sie „erscheine" geboten. Die beiden Voraussetzungen, ob die Erteilung der Benutzungserlaubnis an den Antragsteller zur Wahrung der Belange der Volksgemeinschaft überhaupt geboten und ob die Erlaubnis zur Abwendung wesentlicher Nachteile für die Volksgemeinschaft alsbald zu erteilen sei, hängen so eng miteinander zusammen, daß man annehmen muß, das Gesetz habe die Prüfung beider Voraussetzungen dem Reichspatentamt (und im Rechtsmittelverfahren dem Reichsgericht) entziehen wollen und ausschließlich der Reichsregierung als der im nationalsozialistischen Staat zur Wahrung der Belange der Allgemeinheit vornehmlich zuständigen Stelle zugewiesen, die in weit höherem Maß als das Reichspatentamt und das Reichsgericht einen Überblick über die gesamten wirtschaftlichen Verhältnisse des deutschen Volkes hat. In diesem Sinne hat das Reichsgericht auch bereits in seinem Beschlusse I B 1/41 vom 2. Mai 1941 (GRUR. 1941 S. 278, MuW. 1941 S. 165, PatAnwMitt. 1941 S. 105, DR. Ausg. A 1941 S. 1962 Nr. 13) entschieden und hinzugefügt, daß, wenn eine derartige Erklärung vorliege, das pflichtmäßige Ermessen in aller Regel dazu führen müsse, die einstweilige Verfügung zu erlassen. Dazu mag noch folgendes bemerkt werden: Können die Vergütung und die etwaigen sonstigen Bedingungen der Zwangslizenz alsbald festgestellt werden, so muß schon auf Grund der nach § 15 PatG. ausgestellten, vom Reichspatentamt auch nach der Ansicht des Kammergerichts nicht auf ihre sachliche Richtigkeit nachprüfbaren Bescheinigung der Reichsregierung die Benutzungserlaubnis sofort erteilt werden, da das Reichspatentamt die Entscheidung nicht ohne Grund hinauszögern darf, und der Antragsteller erhält alsbald das Recht, das Patent zu benutzen. Ist das nicht sofort möglich, weil die Ermittlung der angemessenen Vergütung Schwierigkeiten bereitet, und wird daher eine einstweilige Verfügung nach § 41 PatG. erlassen, ohne daß darin eine Entschädigung festgesetzt wird, so ist die Rechtslage des Patentinhabers im wesentlichen dieselbe; ihm entsteht nur der Nachteil, daß er nicht alsbald weiß, mit welcher Vergütung er zu rechnen hat. Das Vorhandensein dieses verhältnismäßig geringfügigen Nachteils, der überdies in gewissem Maße dadurch behoben werden kann, daß dem Lizenzwerber die Leistung einer Sicherheit auferlegt wird, so daß der Patentinhaber auf alle Fälle gedeckt ist (§ 41 Abs. 2 Satz 2 PatG.), rechtfertigt aber nicht die Annahme, das Gesetz habe in diesem Falle die Prüfung und Wahrung der Belange der Allgemeinheit, die einen umfassenden Überblick über die gesamte deutsche Volkswirtschaft und Technik voraussetzt, dem Reichspatentamt übertragen, die Reichsregierung in die Stellung eines Gutachters zurückdrängen und das Reichspatentamt nötigen wollen, selbständig möglicherweise schwierige und zeitraubende Ermittlungen darüber anzustellen, ob die allgemeinen wirtschaftlichen Verhältnisse die Erteilung der Erlaubnis wirklich dringend erfordern, obwohl schon eine andere Amtsstelle, eben die Reichsregierung, vor der Ausstellung der in § 41 Abs. 1 PatG. vorgesehenen Bescheinigung dieselbe Frage hatte prüfen müssen und geprüft hat und obwohl die zur endgültigen Gewährung der Benutzungserlaubnis führende und daher viel weitertragende Bescheinigung derselben Reichsregierung nach § 15 Abs. 1 PatG. vom Reichspatentamt ohne eigene Prüfung auf ihre sachliche Richtigkeit hingenommen werden muß.

Eine Einschränkung ist jedoch zu machen. Jene Erklärung der Reichsregierung würde nämlich dann keine geeignete Grundlage für eine einstweilige Verfügung gebildet haben, und eine gleichwohl erlassene Verfügung würde von Anfang an sachlich ungerechtfertigt gewesen sein, so daß der Schadensersatzanspruch aus § 41 Abs. 5 PatG. gegeben sein würde, wenn die Entscheidung der Reichsregierung über die Notwendigkeit der Erteilung der Benutzungserlaubnis an sich oder über die Notwendigkeit ihrer alsbaldigen Erteilung nicht nach pflichtmäßigem, auf sachlichen Erwägungen beruhendem Ermessen getroffen worden wäre, sondern wenn sie auf reiner Willkür oder auch auf einem mit einer ordnungsmäßigen Verwaltung schlechterdings nicht vereinbaren fehlerhaften Verhalten der zuständigen Beamten beruht hätte. Das hat jedoch die Klägerin nicht behauptet, und der Sachverhalt bietet dafür auch nicht den geringsten Anhalt. Außerdem aber wird man dem über einen Schadensersatzanspruch nach § 41 Abs. 5 PatG. erkennenden Gericht eine Nachprüfung auch in der Richtung zugestehen müssen, ob etwa die der Reichsregierung vorgelegten Unterlagen sachlich unrichtig waren, falls das Vorbringen dessen, der den Schadensersatzanspruch geltend macht, dazu Veranlassung gibt. Waren die Unterlagen so unrichtig, daß mit Sicherheit angenommen werden kann, die Reichsregierung würde bei Kenntnis des wahren Sachverhalts nach pflichtmäßigem Ermessen jene Erklärung nicht abgegeben haben, so müßte eine auf sie gestützte einstweilige Verfügung ebenfalls als ungerechtfertigt angesehen werden. Das Kammergericht trifft jedoch in dieser Richtung keine Feststellungen, sondern führt nur aus, es erscheine nicht ausgeschlossen, daß die Beklagte seinerzeit das Reichswirtschaftsministerium nicht erschöpfend unterrichtet, ihm insbesondere nicht mitgeteilt habe, daß sie das Zwangslizenzverfahren nur betreibe, um sich zunächst einmal durch Versuchsarbeiten ein Urteil über die Brauchbarkeit und die Fortschrittlichkeit der Erfindung zu verschaffen. Daß diese Möglichkeit nicht ausgeschlossen erscheint, genügt aber nicht.

Der dem Kammergericht insoweit unterlaufene Rechtsirrtum nötigt jedoch nicht zur Aufhebung des angefochtenen Urteils. Denn die Klägerin kann, wie (in dem nicht abgedruckten Teile des Urteils) dargelegt, auf Grund der ihr von P. erteilten Ermächtigung nur den Anspruch auf eine angemessene Vergütung geltend machen. Diesen Anspruch aber hat das Kammergericht noch aus einem anderen, sogleich zu erörternden Gesichtspunkt als begründet angesehen; und seine Ausführungen zur Höhe der Vergütung ergeben, daß seine Entscheidung hierüber nicht dadurch beeinflußt worden ist, daß es den Anspruch auch aus § 41 Abs. 5 PatG. hergeleitet hat.

4. Dieser andere Gesichtspunkt ist der, daß derjenige, dem durch eine einstweilige Verfügung des Reichspatentamts die Benutzung eines Patents gestattet worden sei, zum mindesten dann an den Patentinhaber eine angemessene Vergütung entrichten müsse, wenn er von der Erlaubnis Gebrauch gemacht, das Patent also tatsächlich benutzt habe.

Daß grundsätzlich eine solche Verpflichtung bestehe, haben sowohl das Landgericht als auch das Kammergericht angenommen, und auch die Beklagte hat es im Rechtsrügeverfahren nicht mehr bezweifelt. Dem ist beizutreten. Das Gesetz nennt als eine der Voraussetzungen für die Gewährung der Benutzungserlaubnis durch das Reichspatentamt (die Erteilung einer Zwangslizenz) ausdrücklich, daß sich der Lizenzwerber zur Zahlung einer angemessenen Vergütung erboten habe (§ 15 Abs. 1 Satz 1 PatG.), und bestimmt in § 41 Abs. 1 PatG., daß durch die einstweilige Verfügung die Benutzung des Patents nur gestattet werden könne, wenn die Voraussetzungen des § 15 Abs. 1 PatG. glaubhaft gemacht seien. Hieraus ergibt sich deutlich der Wille des Gesetzgebers, daß für die Benutzung des Patents eine angemessene Entschädigung zu zahlen sei, wie das Gesetz auch in dem Falle, daß eine Erfindung nach der Bestimmung der Reichsregierung zur Förderung des Wohles der Volksgemeinschaft oder im Auftrage des zuständigen Reichsministers oder der ihm nachgeordneten zuständigen Behörde für die Zwecke der Landesverteidigung benutzt wird, dem Patentinhaber einen Anspruch auf eine angemessene Vergütung gewährt (§ 8 Satz 2 PatG.).

Es bestehen auch keine durchgreifenden Bedenken dagegen, daß dann, wenn die Höhe der Vergütung noch nicht durch eine nicht mehr anfechtbare Entscheidung des Reichspatentamts (oder im Rechtsmittelverfahren des Reichsgerichts) festgesetzt worden ist, die ordentlichen Gerichte über sie erkennen. Die Tatsache allein, daß die Beklagte die Patente auf Grund eines rechtsgestaltenden Verwaltungsaktes des Reichspatentamts — der von diesem der Beklagten in der einstweiligen Verfügung gewährten Erlaubnis — benutzt hat, kann noch nicht zu der Folgerung führen, daß dem Anspruch auf die angemessene Vergütung für jene Benutzung der Rechtsweg vor den ordentlichen Gerichten ganz oder zum Teil verschlossen wäre. Auch sonstige Erwägungen nötigen nicht zu der Annahme, der Streit sei nicht wie andere Streitigkeiten zwischen zwei Privatpersonen vor den ordentlichen Gerichten auszutragen. Die Festsetzung der für die Benutzung des Patents zu entrichtenden Vergütung ist allerdings ein wesentlicher Teil des Zwangslizenzverfahrens, in dem der rechtsgestaltende Verwaltungsakt ergeht, und es ist, wenn sich die Behörden dieses Verfahrens in ihrer Entscheidung darüber ausgesprochen haben, welche Gegenleistung der Nehmer der Zwangslizenz zu erbringen habe, für eine abweichende Entscheidung des ordentlichen Gerichts hierüber kein Raum mehr. Daraus folgt aber noch nicht, daß die ordentlichen Gerichte auch dann nicht erkennen dürften, wenn keine solche endgültige Entscheidung der Behörden des Zwangslizenzverfahrens vorliegt, wie das hier der Fall ist, wo das Reichspatentamt in zulässiger Weise beim Erlaß der einstweiligen Verfügung die Entscheidung über die Vergütung dem eigentlichen Zwangslizenzverfahren (dem Hauptverfahren) überlassen hat und in dem Hauptverfahren infolge der Rücknahme des Antrags keine abschließende Entscheidung ergangen ist. Man könnte freilich daran denken, in einem solchen Falle müsse entweder das Verfahren über die einstweilige Verfügung wieder aufgenommen oder das Hauptverfahren trotz der Rücknahme des Antrags auf Erteilung einer Zwangslizenz gleichwohl fortgesetzt werden mit dem Ziele, daß nunmehr noch die Vergütung für die Benutzung des Patents für die Zeit zu bestimmen sei, in der es auf Grund der einstweiligen Verfügung tatsächlich benutzt worden ist. Das würde jedoch eine Ausnahme von der Regel bedeuten, daß in einem Verfahren zwischen zwei Privatpersonen, das nur auf einen Antrag hin in Gang gesetzt wird, keine sachliche Entscheidung mehr zu treffen ist, wenn der Antrag, der es in Gang gebracht hat, zurückgenommen und das darin enthaltene Begehren nicht weiterverfolgt wird. Der Antrag ging lediglich dahin, der jetzigen Beklagten solle die Erlaubnis zur Benutzung der Patente erteilt werden, und nicht auch dahin, es solle festgesetzt werden, welche Vergütung für die Benutzung zu zahlen sei. Es ist aber auch nicht so, daß das Gesetz die Feststellung oder Festsetzung der angemessenen Vergütung für eine Patentbenutzung in allen Fällen dem Nichtigkeitssenat des Reichspatentamts (§ 18 Abs. 1 Nr. 3 PatG.) übertragen hätte, so daß man annehmen müßte, der Gesetzgeber halte nur ihn für geeignet, die angemessene Vergütung zu ermitteln. Vielmehr hat das Gesetz im Falle der Lizenzbereitschaft zwar auch das Reichspatentamt für zuständig erklärt, aber nicht den Nichtigkeitssenat, sondern die Patentabteilung (§ 14 Abs. 4 Satz 2, § 18 Abs. 1 Nr. 2 PatG.); und es hat für den Fall, daß eine Erfindung auf Grund einer hoheitlichen Maßnahme zur Förderung des Wohles der Volksgemeinschaft oder für die Zwecke der Landesverteidigung benutzt wird, die Entscheidung über die vom Reich zu zahlende Vergütung gerade dem ordentlichen Gericht übertragen (§ 8 Satz 3 PatG.), den Rechtsweg vor den ordentlichen Gerichten mithin ausdrücklich eröffnet. Die ordentlichen Gerichte haben auch zu entscheiden, wenn Schadensersatz wegen einer widerrechtlichen Patentbenutzung gefordert und als solcher, was nach der Rechtsprechung und der Rechtslehre zulässig ist und vielfach geschieht, die angemessene Lizenzgebühr verlangt wird (§ 47 Abs. 2, § 51 Abs. 1 Satz 2 PatG.). Den ordentlichen Gerichten, und zwar den nach § 51 Abs. 2 bestimmten Landgerichten und den ihnen übergeordneten Oberlandesgerichten, ist daher auch die Ermittlung dessen, was als Vergütung für die Benutzung eines Patents zu leisten sei, durchaus geläufig.

5. Das Kammergericht hat der Klägerin zugesprochen 200 000 RM. als sog. einmalige Abfindung, weitere 10 833,33 RM. als sog. Mindestlizenz für 13 Monate, berechnet nach einem Jahresbetrage von 10 000 RM., und 12 320 RM. als Stücklizenz von 7 v. H. von 176 000 RM. für einen von der Be-

klagten hergestellten Motor. Die Klägerin will mit der Revision die Erhöhung der 200000 RM. auf 400000 RM. und die Erhöhung der 12320 RM. auf 19320 RM. erreichen. Die Beklagte erstrebt mit ihrem Rechtsmittel, daß ihre Verurteilung zur Zahlung der 200000 RM. und der 10833,33 RM. beseitigt werde, während sie nicht beanstandet, daß sie für den einen Motor als sog. Stücklizenz 12320 RM. zu entrichten habe.

a) Bei der Bemessung der angemessenen Vergütung ist nicht davon auszugehen, was der klagende Patentinhaber selbst verlangt, oder von dem, was der verklagte Patentbenutzer bewilligt haben würde, wenn ein Lizenzvertrag zustande gekommen wäre; sondern maßgebend ist, was bei einer vertraglichen Einigung ein vernünftiger Patentinhaber gefordert und ein vernünftiger Lizenznehmer gewährt hätte. Maßgebend ist ferner, wenn die Lizenz nachträglich für eine in der Vergangenheit liegende, abgeschlossene Patentbenutzung festgesetzt wird, nicht das, was im Zeitpunkte der Erteilung der Benutzungserlaubnis oder im Zeitpunkte der Patentbenutzung bekannt war und wie man sich damals die künftige Entwicklung vorstellte; sondern maßgebend ist bei einer abgeschlossenen Patentbenutzung, wie sie hier vorliegt, der wirkliche Sachverhalt, wie er sich am Schlusse des Zeitraums darbot, in welchem das Patent benutzt worden war (vgl. RG. in PatAnwMitt. 1942 S. 70 [71]). Es ist also zu fragen, was vernünftige Vertragspartner vereinbart haben würden, wenn sie beim Eingehen des Lizenzvertrags, sofern das vor dem Ende des Benutzungszeitraums geschah, die künftige Entwicklung und namentlich die Zeitdauer und das Maß der Patentbenutzung vorausgesehen hätten, oder wenn sie zunächst die Angelegenheit in der Schwebe gelassen und erst nachträglich auf Grund des Sachverhalts, wie er sich nunmehr ergab, ihre Abmachung über die Art und Höhe der Vergütung getroffen hätten. Das hat auch das Kammergericht grundsätzlich nicht verkannt, wie trotz mancher Wendungen, die für sich allein auf eine andere Auffassung schließen lassen könnten, der Gesamtinhalt seiner Ausführungen ergibt.

Die Revision der Klägerin macht freilich geltend: Es gehe nicht an, jemanden, der eine einstweilige Verfügung erwirkt und auf Grund dieser Verfügung das Patent benutzt, dann aber den Antrag auf Erteilung einer Zwangslizenz zurückgenommen und mit der Benutzung aufgehört habe, besser zu stellen als denjenigen, der sich auch die Zwangslizenz habe erteilen lassen; das geschehe aber, wenn die Vergütung nicht nach den Verhältnissen bemessen würde, wie sie zur Zeit des Erlasses der einstweiligen Verfügung gewesen seien, und insbesondere nicht die Vergütung ausgeworfen würde. die nach der mutmaßlichen künftigen Entwicklung für die Befugnis zur Benutzung während der ganzen Dauer des Patents angemessen gewesen wäre, sondern wenn darauf Rücksicht genommen würde, wie lange und in welchem Umfange das Patent tatsächlich benutzt worden sei und wie lange die Befugnis zur Benutzung tatsächlich bestanden habe. Dem kann nicht zugestimmt werden. Denn daraus, daß im Zwangslizenzverfahren in aller Regel zu bestimmen ist, welche Vergütung für die künftige Benutzung oder die künftige Benutzungsmöglichkeit zu entrichten sei, und daß hier die voraussichtliche künftige Entwicklung in Betracht gezogen werden muß, folgt keineswegs, daß in den Fällen, in denen zur Zeit der Entscheidung eine künftige Benutzung nicht mehr in Frage kommt, sondern die tatsächliche Dauer der Benutzungsmöglichkeit feststeht und damit sicherere Grundlagen vorhanden sind, als sie bei der vorausschauenden Berücksichtigung der künftigen Entwicklung gegeben sein können, der Richter gleichwohl diese sichereren Grundlagen, die ein gerechteres Urteil ermöglichen, außer Betracht zu lassen hätte und statt dessen die Entscheidung auf Grundlagen aufbauen müßte, die sich vielleicht inzwischen bereits als falsch erwiesen haben.

b) Keine rechtlichen Bedenken bestehen dagegen, die angemessene Vergütung in der Weise auszuwerfen, daß von dem Wert oder dem Verkaufspreise der unter Benutzung des Patents oder der Patente oder einiger von ihnen gebauten Gegenstände ein Hundertsatz als sog. Stücklizenz zu zahlen und daneben noch als Entgelt eine gewisse Summe zu entrichten sei. Das kann insbesondere dann angebracht sein, wenn die in den Patenten geschützte Erfindung noch nicht derart entwickelt ist, daß sich ohne weiteres marktfähige Erzeugnisse in größeren Mengen herstellen ließen, sondern wenn noch erhebliche Arbeiten nötig sind, um hierzu zu gelangen. In solchen Fällen bringt schon die Möglichkeit, sich mit der Erfindung praktisch befassen und ungehindert durch den Patentschutz Versuchs- und Entwicklungsarbeiten durchführen zu können, einen erheblichen Vorteil mit sich, auch wenn das Ergebnis dieser Arbeiten noch nicht sofort ein marktgängiges Erzeugnis ist. Denn derjenige, der das tun darf, erlangt insofern einen Vorsprung vor seinen Mitbewerbern, als er bereits zu einer Zeit Erfahrungen mit der Aussicht ihrer späteren gewerblichen Verwertung sammeln kann, in denen das anderen noch nicht möglich ist. Andererseits bedeutet es für den Patentinhaber, der sich selbst mit der Herstellung von Geräten nach dem Patent befaßt oder befassen will, einen Nachteil, daß außer ihm noch ein anderer, der alsbald oder später mit ihm in Wettbewerb treten kann, ebenfalls Versuchs- und Entwicklungsarbeiten mit der Aussicht ihrer späteren gewerblichen Verwertbarkeit vorzunehmen in der Lage war. Dieser Vorteil des Lizenznehmers und Nachteil des Patentinhabers ist gerade bei grundlegenden Erfindungen, die nicht bekannte Gestaltungen in einer gewissen Richtung verbessern, sondern die ein neues Gebiet erschließen, besonders erheblich; und namentlich in einem solchen Falle kann es recht wohl gerechtfertigt und geboten sein, dem Nehmer einer Zwangslizenz hierfür eine besondere, von der wirklichen Erzeugung unabhängige Zahlung aufzuerlegen. Um eine solche Erfindung aber handelt es sich hier nach dem unstreitigen Sachverhalt, nämlich um die Lösung der Aufgabe, einen Motor nicht, wie das bisher nur geschehen war, mit gasförmigen oder mit flüssigen Brennstoffen, sondern unmittelbar mit einem festen Brennstoff zu betreiben.

Dagegen kann die Verpflichtung des Lizenznehmers, unabhängig von seiner Erzeugung eine besondere Zahlung zu leisten, dann, wenn es sich um einen bereits abgeschlossenen Zeitraum handelt, nicht mit den Erwägungen begründet werden, aus denen eine sog. Mindestlizenz vereinbart oder festgesetzt wird, nämlich mit der Erwägung, der Lizenznehmer solle angereizt werden, das patentgeschützte Erzeugnis laufend und in möglichst großen Mengen herzustellen und abzusetzen, oder mit der Erwägung, der Patentinhaber solle mit regelmäßigen laufenden Einnahmen von einer gewissen Mindesthöhe rechnen können, da diese Gründe begrifflich nur für die Zukunft Geltung haben können. Vielmehr könnte man bei einem in der Vergangenheit abgeschlossenen Tatbestande höchstens daran denken, die Auferlegung einer solchen besonderen Zahlung damit zu rechtfertigen, daß der Lizenznehmer es unterlassen habe, die Umsätze zu erzielen, die er an sich hätte erreichen können, und daß dem Patentinhaber dadurch Einnahmen aus Stücklizenzen entgangen oder sonstige Nachteile entstanden seien. Auf diesen Gesichtspunkt hat sich jedoch weder die Klägerin berufen, noch hat das Kammergericht seine Entscheidung auf ihn gestützt; es fehlt auch an jedem Anhalt dafür, daß die Beklagte in der Zeit von November 1937 bis Dezember 1939 erheblich mehr Kohlenstaubmotoren hätte bauen und absetzen können. Es braucht daher nicht erörtert zu werden, ob dieser Gesichtspunkt bei einer nicht im Vertragswege bewilligten, sondern durch eine einstweilige Verfügung des Reichspatentamts gewährten Benutzungserlaubnis überhaupt in Betracht kommen könnte.

---

45. 1. Unter welchen Voraussetzungen haftet der Reeder eines Seeschiffes für den Schaden, den die Anhangkähne eines Schleppzuges bei dem Versuch erleiden, das in einer Seewasserstraße festgekommene Seeschiff zu umfahren? Wann besteht für ihn eine Ausgleichspflicht gegenüber dem von den Kahneigentümern auf Schadensersatz in Anspruch genommenen Eigentümer des Schleppers?

2. Zum Begriffe des ursächlichen Zusammenhangs.

3. Zur Auslegung des § 738 HGB. Wann ist bei mittelbarer Schädigung der Unfall auf das Manöver eines Schiffes oder die Nichtbeobachtung einer Verordnung zurückzuführen?

4. Darf ein festsitzendes oder manövrierunfähiges Schiff die Kurssignale des Art. 28 der Seestraßenordnung abgeben?

5. Ist ein auf Grund geratenes, aber fahrtüchtig gebliebenes Schiff ein Schiffahrtshindernis im Sinne von § 19 der Seewasserstraßenordnung?

HGB. §§ 485, 486, 735, 736, 738, 739, 774. BGB. §§ 254, 421, 426, 823, 840. Seestraßenordnung Art. 28. Seewasserstraßenordnung vom 31. Oktober 1933 (RGBl. II S. 833) in der Fassung vom 18. Juli 1935 (RGBl. II S. 485) — SWO. — §§ 3, 19.

I. Zivilsenat. Urt. v. 16. Juli 1943 i. S. N. (Kl.) w. Firma Sch. (Bekl.). I 32/43.

I. Landgericht Aurich.
II. Oberlandesgericht Celle.

Der Seedampfer „Sturzsee" der Beklagten fuhr am 6. Oktober 1937 unter Lotsenführung mit einer nach Papenburg bestimmten Holzladung die Ems aufwärts. Gegenüber dem Durchstich Pottdeich kam die „Sturzsee" in der Ems am Rande einer Sandbank fest und konnte sich trotz Maschinenmanövers und auflaufenden Wassers nicht befreien. Durch zwei schwarze Bälle (Art. 4 SeeStrO.) wurde die Manövrierunfähigkeit des Dampfers angezeigt.

Nach Einsetzen des Ebbstromes fuhren von Weener aus eine Anzahl Schleppzüge flußabwärts. Vier Schleppzüge kamen nacheinander ohne Unfall an der Steuerbordseite der festsitzenden „Sturzsee" vorbei, die drei letzten allerdings unter leichten Bodenberührungen. Auch der Kläger schlug mit dem von ihm selbst geführten Schlepper „Blücher", in dessen Anhang sich die Kähne „WTAG 62" und „Münster I" befanden, einige Stunden nach dem Festkommen den an der Steuerbordseite der „Sturzsee" vorbeiführenden Kurs ein, obwohl die tiefe Fahrrinne in einer Breite von etwa 70 Meter an der Backbordseite der „Sturzsee" verlief. Nachdem der Schlepper des Klägers frei an der „Sturzsee" vorbeigekommen war, fuhr der Kahn „WTAG 62" auf der erwähnten Sandbank fest. Der folgende Kahn „Münster I" geriet ebenfalls auf Grund. Infolge der schon seit einiger Zeit herrschenden Ebbe schwoiten die Kähne frei von dem festsitzenden Dampfer „Sturzsee" herum. Bei fortschreitender Ebbe erlitten sie infolge Durchbrechens erhebliche Beschädigungen.

Die Eigentümerinnen der beiden beschädigten Kähne haben gegen den Kläger Schadensersatzansprüche eingeklagt. Der Schadensersatzanspruch der Eigentümerin des Kahns „WTAG 62", der einen Betrag von 3860,51 RM. nebst Zinsen zum Gegenstand hatte, ist durch Urteil des Oberlandesgerichts in Celle vom 17. Oktober 1941 rechtskräftig dem Grunde nach für gerechtfertigt erklärt worden. Der Kläger hat auf Grund dieses Urteils an Hauptforderung, Zinsen und Kosten insgesamt 5810,68 RM. an die Schiffseigentümerin gezahlt. An Gerichtskosten sind dem Kläger 880,64 RM., an eigenen außergerichtlichen Kosten

1839,32 RM. in dem Rechtsstreit erwachsen. Die genannten Posten im Gesamtbetrage von 8530,64 RM. nebst 5 v. H. Zinsen seit dem 25. März 1942 verlangt der Kläger im vorliegenden Rechtsstreit von der Beklagten als dem Reeder des Seedampfers „Sturzsee" erstattet.

Er hat geltend gemacht: Ihn als Führer des Schleppers treffe kein Verschulden, die Besatzung der „Sturzsee", insbesondere den Lotsen, dagegen die ganze Schuld an dem Unfall des Schleppzuges „Blücher". Die Schlepperführer hätten beim Verlassen des Emsbogens vor der Unfallstelle den Eindruck gewinnen müssen, daß die „Sturzsee" am rechten Emsufer im tiefen Fahrwasser festgeraten sei. Als die wirkliche Lage der „Sturzsee" habe erkannt werden können, hätten die zu Tal fahrenden Schleppzüge, deren Fahrt vom Ebbstrom beschleunigt worden sei, ihren Kurs nicht mehr ändern können. Die „Sturzsee" sei durch Verschulden ihrer Besatzung in einer den Schiffsverkehr gefährdenden Lage festgekommen. Gleichwohl habe die Besatzung nichts unternommen, um die Schlepperführer durch geeignete Signale rechtzeitig zu warnen und darauf hinzuweisen, daß der festsitzende Dampfer wegen des fallenden Wasserstandes nur an der Backbordseite in der tiefen Fahrrinne gefahrlos umfahren werden könne. Hilfsweise hat der Kläger vorgebracht, daß die überwiegende Schuld der Führung der „Sturzsee" beizumessen sei.

Die Beklagte hat bestritten, daß die Besatzung der „Sturzsee" ein Verschulden treffe. Wegen des Sachverhalts hat sie sich auf das Beweisergebnis und die Beweiswürdigung des Oberlandesgerichts in dem Rechtsstreite des Klägers mit der Eigentümerin des Kahns „WTAG 62" berufen. Sie ist der Meinung, daß das Festkommen der „Sturzsee" für den Unfall des Schleppzuges „Blücher" nicht ursächlich gewesen sei und daß nach dem Festgeraten die Besatzung mit dem Setzen der schwarzen Bälle den gesetzlichen Vorschriften in vollem Umfange genügt habe.

Die Vordergerichte haben die Klage abgewiesen. Die Revision des Klägers hatte teilweise Erfolg.

Aus den Gründen:

I. Über die Grundlage der Klageansprüche hat sich der Berufungsrichter nicht geäußert. Der Kläger wird zwar, wie der

Revision zuzugeben ist, durch das seine Schadensersatzpflicht gegenüber der Eigentümerin des Kahns „WTAG 62“ rechtskräftig dem Grunde nach feststellende Urteil des Oberlandesgerichts Celle vom 17. Oktober 1941 nicht gehindert, in dem vorliegenden Rechtsstreit geltendzumachen, daß die Beklagte als Reeder der „Sturzsee“ die Alleinschuld an dem Unfall des Schleppzuges „Blücher“ treffe. Indessen ist bei Unterstellung der Schuldlosigkeit des Klägers und der Alleinschuld der Beklagten kein Rechtsgrund für die Klageansprüche ersichtlich. Insbesondere kann der Kläger, soweit er auf Grund des erwähnten Urteils die in dem früheren Rechtsstreit eingeklagte Schadensersatzforderung der Eigentümerin des Kahns „WTAG 62“ in Höhe von 3860,51 RM. nebst Zinsen erfüllt hat, gegen die Beklagte keine Ersatzansprüche aus auftragloser Geschäftsführung erheben, da die Voraussetzungen der §§ 677, 683 BGB. dem Klagevorbringen nicht zu entnehmen sind.

Mit Recht sind daher die Vordergerichte davon ausgegangen, daß der Kläger die Möglichkeit eines Rückgriffs gegen die Beklagte nur dann hat, wenn er und die Beklagte den Eignern der Kähne für den aus dem Unfall entstandenen Schaden im Sinne von §§ 421, 840 BGB. als Gesamtschuldner haften. Dies aber setzt voraus, daß der Kläger neben der Beklagten nach dem Gesetze, sei es auf Grund des Schleppvertrages oder aus unerlaubter Handlung, wegen des gleichen Schadens den Kahneigentümerinnen ersatzpflichtig ist. Die bloße Tatsache, daß der Kläger in dem früheren Rechtsstreit mit der Eigentümerin des Kahns „WTAG 62“ rechtskräftig verurteilt worden ist, ist für das Vorhandensein eines Gesamtschuldverhältnisses und die Befugnis des Klägers, Rückgriff gegen die Beklagte zu nehmen, bedeutungslos (§ 425 Abs. 2 BGB.). Es kommt deshalb auch darauf nicht weiter an, daß das frühere Urteil nur über den Grund und nicht über die Höhe der Schadensersatzforderungen der Schiffseigentümerin im Betrage von 3860,51 RM. nebst Zinsen ergangen ist und daß eine Entscheidung über die Kosten des Rechtsstreits, deren Erstattung der Kläger jetzt von der Beklagten verlangt, nicht vorliegt.

Die Frage der Haftung des Klägers gegenüber den Eignern der Kähne ist in dem früheren Rechtsstreit mit Recht in erster Linie nach dem Schleppvertrage beurteilt worden. Soweit nunmehr die Mithaft und die Ausgleichspflicht der Beklagten als Reeder des Seeschiffes geltend gemacht wird, kommt in einem noch näher zu erörternden Umfange nach §§ 738, 739 HGB. die Anwendung der §§ 735, 736 HGB. über den Zusammenstoß von Schiffen in Frage. Unter der Voraussetzung, daß die Eigner der geschleppten Schiffe keine Mitschuld an dem Unfall trifft, ist ihnen gegenüber nach dem alsdann eingreifenden § 735 in Verbindung mit § 738 HGB. für eine gesamtschuldnerische Haftung der Beklagten Raum. Für die Ausgleichspflicht der Beklagten im Verhältnis zum Kläger würde nach den angezogenen Regeln über den Zusammenstoß von Schiffen nicht § 426 BGB., sondern § 736 HGB. maßgebend sein. Im Verhältnis zueinander würden daher die Parteien, wenn auch die Besatzung des Seedampfers eine unter §§ 735, 738 HGB. fallende Mitschuld an dem Unfall trifft, den Schaden nach § 736 HGB. im Verhältnis der Schwere des Verschuldens zu tragen haben, das einerseits der Besatzung der „Sturzsee“ und andererseits dem Kläger als Führer des Schleppers zur Last fällt (RGZ. Bd. 96 S. 164; Mittelstein Handbuch des Binnenschiffahrtsrechts 1918 S. 379 Anm. 67; Vortisch-Zschucke Binnenschiffahrtsrecht 1938 § 92 Anm. 10 c). Soweit § 738 HGB. nicht zutrifft, kann die Schadensersatzpflicht der Beklagten gegenüber den Eignern der Schleppkähne gleichwohl nach § 823 Abs. 1 BGB. in Verbindung mit § 485 HGB. gegeben sein. Wie noch näher darzulegen ist, besteht diese Möglichkeit, soweit mit der Klage geltend gemacht wird, daß die Besatzung das Festkommen des Seedampfers und hierdurch den Unfall des Schleppzuges „Blücher“ schuldhaft verursacht habe. Bei Anwendung dieser Vorschriften würden für das Rückgriffsrecht des Klägers die im § 426 BGB. in Verbindung mit § 254 BGB. aufgestellten Grundsätze maßgebend sein.

II. Ohne weiteres unbegründet ist hiernach die Klage, soweit der Kläger von der Beklagten Ersatz der Kosten des früheren Rechtsstreits mit der Eigentümerin des Kahns „WTAG 62“ verlangt, und zwar ohne Unterschied, ob es sich um Kosten der damaligen Klägerin oder solche des damaligen Beklagten und jetzigen Klägers handelt. Selbst wenn die Beklagte der Eigentümerin des Kahns „WTAG 62“ nach § 840 BGB. als Gesamtschuldnerin neben dem Kläger haftet, würde sich das Gesamtschuldverhältnis nicht auf jene Prozeßkosten erstrecken. Für die Prozeßkosten der Gläubigerin, über die kein Titel vorliegt, haftete der Kläger nur aus dem Gesichtspunkte des Verzugsschadens (§ 286 BGB.). Die Verzugsfolgen treffen aber nach § 425 Abs. 2 BGB. nur den Gesamtschuldner, in dessen Person sie eingetreten sind. Vollends mangelt es an einem Rechtsgrund, aus dem die Beklagte für die eigenen Prozeßkosten des Klägers verantwortlich gemacht werden kann. Die mit der Klage verlangten Prozeßkosten belaufen sich insgesamt auf 3961,96 RM. In dieser Höhe ist daher ein Ersatzanspruch des Klägers zu verneinen, ohne daß es noch auf die nachfolgenden Erwägungen ankommt.

III. ...

IV. Sachlicher Prüfung bedarf daher nur noch die Frage, ob und gegebenenfalls in welchem Umfange der Kläger wegen der von ihm an die Eigentümerin des Kahns „WTAG 62" gezahlten Hauptsumme nebst Zinsen im Gesamtbetrage von 4568,68 RM. einen Ausgleichsanspruch gegen die Beklagte hat.

Mit Recht bemängelt der Kläger die Ansicht des Berufungsrichters, daß der ursächliche Zusammenhang zwischen dem Unfall des Kahns „WTAG 62", auf den es allein noch ankommt, und dem Festkommen des Dampfers „Sturzsee" zu verneinen sei. Nach dem Ergebnis seiner Ausführungen erachtet der Berufungsrichter ersichtlich auch den Beweis nicht für geführt, daß ohne das Festsitzen der „Sturzsee" der Unfall sich nicht ereignet hätte. Darauf weisen die Erwägungen hin, es lasse sich nicht sagen, daß der Dampfer ohne das Festsitzen der „Sturzsee" einen anderen Kurs gefahren wäre. Nach den Aussagen verschiedener Zeugen in dem früheren Rechtsstreit sei der Kläger den zwar üblichen, aber gegen § 30 Abs. 1 und 3 SWO. verstoßenden und deshalb falschen Weg über die Sandbank gefahren. Nach dem Verhalten des Klägers sei es durchaus möglich, daß er diesen falschen Weg auch dann genommen hätte, wenn die „Sturzsee" nicht festgekommen wäre. Hieraus folgert der Berufungsrichter, es lasse sich nicht sagen, daß bei dem Fehlen der „Sturzsee" an der Liegestelle der Unfall vermieden worden wäre.

Diese Ausführungen, die den ursächlichen Zusammenhang in natürlichem Sinne betreffen, beruhen auf der vom Kläger gerügten Verletzung des § 286 ZPO. Richtig ist, daß der Kläger für den ursächlichen Zusammenhang beweispflichtig ist. Wenn also die Möglichkeit nicht auszuscheiden ist, daß der Kläger unabhängig von dem Festkommen der „Sturzsee" den in unmittelbarer Folge den Unfall auslösenden gleichen Kurs genommen haben würde, wäre die Verneinung des ursächlichen Zusammenhangs gerechtfertigt. Die Schlußfolgerungen des Berufungsrichters finden indessen ihre Erklärung nur darin, daß er den in dem früheren Rechtsstreit festgestellten Sachverhalt, den er auch der vorliegenden Entscheidung zugrunde gelegt hat, zum Teil nicht erschöpfend, zum Teil in einer Weise verwertet hat, die mit den damaligen Feststellungen unvereinbar ist.

Über die allgemeine Lage an der Unfallstelle ist dem früheren Urteil folgendes zu entnehmen: Der Lauf der Ems beschreibt sowohl vor als auch hinter der Unfallstelle einen Bogen. Nach den Messungen des Tiefbaumeisters R., die der Berufungsrichter für richtig hält, lag die „Sturzsee" in etwas schräger Lage hart am Rande der nördlichen Sandbank. Das Vorderschiff war etwa 120 Meter, das Heck etwa 100 Meter vom nördlichen Ufer entfernt. Die tiefe Fahrrinne, in die der Vordersteven der „Sturzsee" hineinragte, führte fast in ihrer ganzen Breite von 65 bis 70 Meter südlich an der Backbordseite der „Sturzsee" vorbei. Der Berufungsrichter hat es als auffallend bezeichnet, daß auf dem gleichen Wege wie der Kläger vor dem Unfall vier Schleppzüge und nach dem Unfall der Einzelfahrer „Thea" sowie zwei weitere Schleppzüge an der Steuerbordseite der „Sturzsee" vorbeigefahren sind. Die voranfahrenden Schleppzüge hatten mit Ausnahme des ersten Bodenberührungen, sind aber noch vorbeigekommen. Dagegen sind die Schleppzüge „Hans" und „Braunschweig", wie im Tatbestande des Urteils vom 17. Oktober 1941 festgestellt ist, ebenfalls festgekommen und haben Beschädigungen erlitten. Schon dieser Sachverhalt ergibt bei unbefangener Betrachtung eine hohe Wahrscheinlichkeit dafür, daß der Weg der Schleppzüge und die dabei eingetretenen Unfälle im Zusammenhange mit der Lage der „Sturzsee" im Fahrwasser stehen, da nicht behauptet ist, daß schon vor dem Festkommen der „Sturzsee" Schleppzüge sich auf der gleichen Sandbank festgefahren hätten. Die Schlepperführer haben, wie der Berufungsrichter in dem früheren Urteil näher erörtert hat, sämtlich Erwägungen darüber angestellt, auf welcher Seite sie an dem festsitzenden Seedampfer vorbeifahren mußten. Dasselbe sagt der Berufungsrichter auch vom Kläger. Er ist hierbei davon ausgegangen, daß Irrtümer über die Lage der „Sturzsee" leicht möglich gewesen seien, je nachdem aus welcher Richtung und Entfernung sie gesehen worden sei. Dazu hat er erläuternd bemerkt, bei dem Verlassen der großen Kurve vor dem Durchstich habe man aus einer Entfernung von über 500 Metern den Eindruck gewinnen können, daß die „Sturzsee" am rechten Emsufer festgekommen sei. Der Berufungsrichter hat aber dem Kläger den Vorwurf gemacht, daß er im Näherkommen aus einer Entfernung von etwa 300 bis 400 Metern ein richtiges Bild von der Lage der „Sturzsee" hätte gewinnen können, wenn er sich nicht an der linken Seite, sondern vorschriftsmäßig (§ 30 Abs. 1 SWO.) an der rechten Seite des Fahrwassers gehalten hätte. Er hat deshalb in dem Entschlusse des Klägers, an der Steuerbordseite der „Sturzsee" vorbeizufahren, die adäquate Ursache für das Festfahren des geschleppten Kahns und zugleich eine Verletzung seiner Sorgfaltspflicht gesehen. Nach diesen Erwägungen des Berufungsrichters, die darin gipfeln, daß der Kläger nach Prüfung der Lage des Seedampfers den zum Unfall führenden Kurs gewählt habe, kann, wie die Revision mit Recht rügt, unmöglich gefolgert werden, daß eben diese Lage ohne Einfluß auf sein Handeln geblieben und somit keine Bedingung für den Eintritt des Unfalls gewesen sei ...

Von der Beurteilung des ursächlichen Zusammenhangs ist die Schuldfrage streng zu trennen. Es kommt deshalb für den ursächlichen Zusammenhang weder darauf an, ob die Besatzung der „Sturzsee" mit Einschluß des Lotsen, noch ob den Kläger und die übrigen Schlepperführer, die den Seedampfer auf der Steuerbordseite umfahren haben, ein Verschulden trifft. Dies verkennt der Berufungsrichter bei der Erwägung, es sei Pflicht der Schlepperführer gewesen, ihre Fahrt so einzurichten, daß sie den bei Tage durch zwei schwarze Bälle vorschriftsmäßig (Art. 4 a SeeStrO.) als manövrierunfähig gekennzeichneten Seedampfer ungefährdet hätten passieren können. Widerspruchsvoll ist es, wenn der Berufungsrichter einerseits den Seedampfer als Schiffahrtshindernis ansieht, andererseits aber die Möglichkeit des Festkommens vorüberfahrender Schiffe als eine so entfernte betrachtet, daß sie vernünftigerweise nicht habe in Betracht gezogen zu werden brauchen. Fehlerhaftes Fahren der Schlepperführer würde nur dann die Annahme des ursächlichen Zusammenhangs mit dem Festkommen der „Sturzsee“ ausschließen, wenn es gegen alle Regel und Erfahrung die ersten Anforderungen an ein vernünftiges nautisches Verhalten gröblich außer acht gelassen hätte, so daß es gänzlich außerhalb der durch den erfahrungsmäßigen Verlauf gegebenen Möglichkeiten des Sachablaufes gelegen hätte (RGZ. Bd. 153 S. 113 [119]). Ein solcher Sachverhalt hat bei dem Festkommen der „Sturzsee“ und den im Zusammenhange damit stehenden Unfällen der Schleppzüge, insbesondere auch des Schleppzuges „Blücher“, nicht vorgelegen. Es braucht hierzu nur auf die Wiederholung der Unfälle sowie darauf hingewiesen zu werden, daß nach den eigenen Ausführungen des Berufungsrichters die Lage der „Sturzsee“ mindestens insofern verleitlich war und die Schiffahrt gefährdete, als man aus größerer Entfernung den Eindruck gewinnen konnte, der Dampfer sitze am rechten Emsufer fest. Gerade weil die Lage des Dampfers derart war, daß auf zu Tal fahrenden Schleppern jedenfalls zunächst Irrtümer entstehen konnten und die Entschließung über den einzuschlagenden Kurs erschwert war, ist der Zusammenhang zwischen dem Festkommen des Dampfers und den Unfällen der Schleppzüge auch im Sinne der für die rechtliche Betrachtung zu verlangenden adäquaten Verursachung vorhanden (RGZ. Bd. 81 S. 359 flg.; HansGerZ. 1914 Hauptblatt Nr. 104). Nach dem gegebenen Sachverhalt kann der ursächliche Zusammenhang zwischen den gedachten Ereignissen durch das Revisionsgericht unbedenklich bejaht werden. Der tatsächliche Hergang, insbesondere auch die Wiederholung der Unfälle, widerlegt die Annahme des Berufungsrichters, die Möglichkeit von Navigationsfehlern der Schlepperführer bei dem Umfahren der „Sturzsee“ sei so entfernt gewesen, daß ein Zusammenhang zwischen ihnen und dem Festkommen des Dampfers nach der Auffassung des Lebens vernünftigerweise nicht mehr in Betracht gezogen werden könne.

V. Über die Schuldfrage in bezug auf das Festkommen des Dampfers „Sturzsee“ hat sich der Berufungsrichter nicht geäußert. Der im Vorprozeß gehörte Sachverständige hat es unbegreiflich gefunden, daß die „Sturzsee“ bei Hochwasser unter Lotsenführung sich festfahren konnte. Nach dieser für das Revisionsverfahren als richtig zu unterstellenden Ansicht bedarf es noch einer näheren Erörterung dessen, ob die Schiffsleitung oder der nicht als Zwangslotse tätig gewordene Lotse als Mitglied der Schiffsbesatzung bei Anwendung der erforderlichen Sorgfalt nicht bloß das Festkommen der „Sturzsee", sondern als mittelbare Folge der fehlerhaften Fahrweise auch eine Gefährdung des Schiffsverkehrs hätten voraussehen können. Dabei ist zu beachten, daß sich die Voraussehbarkeit nicht auf die besondere Gestaltung des schädlichen Erfolges zu erstrecken braucht, der nachher eingetreten ist. Es genügt vielmehr, wenn bei der unvorsichtigen Fahrweise nicht bloß ein Festkommen der „Sturzsee", sondern in weiterer Folge auch die Entstehung einer die Schiffahrt gefährdenden Lage hätte in Rechnung gestellt werden müssen (RGZ. Bd. 69 S. 340 [344], Bd. 81 S. 359, Bd. 136 S. 4 [10], Bd. 148 S. 154 [165]; RGRKomm. z. BGB. 9. Aufl. 1939, Bem. 3 zu § 823). In dieser Hinsicht kommt es wesentlich auf die Beschaffenheit des in Rede stehenden Flußabschnittes und die Behauptungen an, die der Kläger hierüber im Anschluß an das von ihm vorgelegte Gutachten vorgetragen hat. Insbesondere hatte der Kläger auf die Unübersichtlichkeit der Strecke und im Zusammenhange hiermit darauf hingewiesen, daß durch die Sandablagerungen, welche durch die nach Osten und Westen anschließenden Krümmungen des Flusses verursacht worden seien, die Schiffahrt in dem engen, von See- und Binnenschiffen befahrenen Fahrwasser so erschwert gewesen sei, daß ein mit dem Ebbstrome fahrendes Fahrzeug, insbesondere ein Schleppzug, die Strecke nur mit besonderer Aufmerksamkeit hätte durchfahren können. Ferner war behauptet, daß wegen der unter dem Einfluß von Ebbe und Flut ständig wechselnden Stärke der Sandbänke für ein die Strecke nur in größeren Zeitabständen befahrendes Schiff Lotsenführung nötig gewesen sei.

Die Prüfung des Sachverhalts in dieser Richtung muß dem Berufungsrichter überlassen bleiben, da es bisher an jeder Feststellung zur Schuldfrage mangelt, vor allem auch keine Grundlage gegeben ist, um ein Verschulden des Klägers und ein etwaiges Mitverschulden der Besatzung des Seedampfers gegeneinander abzuwägen.

Die Vorschrift des § 738 HGB. würde allerdings auf Grund der Annahme, daß die Besatzung des Seedampfers durch unvorsichtiges Fahren die Schiffsunfälle schuldhaft verursacht hat, nicht anzuwenden sein, da nicht ersichtlich ist, daß die „Sturzsee" in ihrer Fahrweise gegen eine den Schutz anderer Fahrzeuge bezweckende Vorschrift der Seewasserstraßenordnung verstoßen hat, und die fehlerhafte Fahrweise auch nicht als Ausführung eines Manövers im Sinne der angeführten Vorschrift angesehen werden kann. Der Begriff des Manövers ist im Gesetze nicht geregelt. Gedacht ist im § 738 HGB. ersichtlich an Manöver, deren Ausführung oder Unterlassung nach der besonderen Sachlage einen Verstoß gegen die Sorgfaltspflicht in Beziehung auf ein anderes Schiff darstellt. Dieser Tatbestand liegt in Übereinstimmung mit dem natürlichen Sprachgebrauch und der in erster Linie maßgebenden Verkehrsauffassung nicht vor, wenn ein auf der Reise befindliches Schiff, wie es bei der „Sturzsee" der Fall gewesen ist, bei Verfolgung des von der Schiffsleitung lediglich mit Rücksicht auf die Fahrwasserverhältnisse gewählten Kurses auf Grund gerät. Kommen also in weiterer Folge andere Schiffe bei dem Versuche, das festsitzende Schiff zu umfahren, zu Schaden, so läßt sich dies nicht im Sinne von § 738 HGB. auf ein Manöver des letzteren zurückführen. Die §§ 735 flg. HGB. enthalten indessen nur besonders geregelte Anwendungsfälle der Vorschriften über unerlaubte Handlungen. Die allgemeine Regel des § 485 HGB. wird hierdurch nicht berührt, soweit die Tatbestände der Sondervorschriften nicht eingreifen. Fällt also einem Mitgliede der Schiffsbesatzung, insbesondere dem Lotsen, im Hinblick auf die durch die unvorsichtige Fahrweise verursachten Schiffsunfälle ein den Tatbestand der unerlaubten Handlung nach § 823 Abs. 1 BGB. erfüllendes Verschulden zur Last, so tritt die Reederhaftung der Beklagten nach § 485 HGB. in Verbindung mit § 486 Abs. 1 Nr. 3, § 774 HGB. ein (RG. in HansGerZ. 1904 Hauptblatt Nr. 7). Sofern nach § 840 BGB. der Kläger und die Beklagte den Eigentümern des Kahns „WTAG 62" als Gesamtschuldner schadensersatzpflichtig sind, würde sich der Ausgleich der Gesamtschuldner untereinander nicht nach § 736 HGB., sondern nach § 426 BGB. in Verbindung mit § 254 BGB. richten.

VI. Von der Frage, ob die Besatzung der „Sturzsee" durch ihre Fahrweise die Schiffsunfälle schuldhaft verursacht hat, ist die weitere Frage zu unterscheiden, ob sie nach dem Festgeraten das Erforderliche getan hat, um eine Gefährdung der Schiffahrt nach Möglichkeit abzuwenden. Soweit ihr dabei ein Verstoß gegen Vorschriften der Seewasserstraßenordnung zur Last gelegt wird, kommt die Anwendung des § 738 HGB. in Verbindung mit §§ 735, 736 HGB. in Frage.

Der Vorschrift des Art. 4 a SeeStrO. hatte die „Sturzsee" durch Führen von zwei schwarzen Bällen genügt. Zweck der Vorschrift ist nur, anderen Fahrzeugen anzuzeigen, daß das die Bälle zeigende Fahrzeug manövrierunfähig ist und nicht aus dem Wege gehen kann. Schlüsse über die Grenzen des Fahrwassers konnten aus dem Signal nicht gezogen werden (Art. 4 d SeeStrO.; RGZ. Bd. 125 S. 65). Nach der Feststellung des Berufungsrichters hat der Kläger als Schlepperführer bei der Annäherung die Zeichen und die Manövrierunfähigkeit der „Sturzsee" erkannt. Insoweit kommt daher ein Vorwurf gegen die Besatzung der „Sturzsee" nicht in Betracht. Der Auffassung des Berufungsrichters, andere Signale optischer oder akustischer Art seien nicht vorgeschrieben gewesen, ist entgegen den Revisionsangriffen beizutreten. Unter einer Verordnung im Sinne von § 738 HGB. ist nur ein Schutzgesetz zu verstehen, das zum Schutze gewisser Belange bei Vorhandensein eines näher umschriebenen Tatbestandes der Schiffsführung ein bestimmtes Verhalten zur Pflicht macht (RGZ. Bd. 97 S. 13). Keine der vom Kläger angerufenen Schutzvorschriften der Seewasserstraßenordnung in der im Streitfalle maßgeblichen Fassung vom 18. Juli 1935 (RGBl. II S. 485) trifft hier zu. Der festsitzende Seedampfer war kein Schiffahrtshindernis im Sinne von § 19 SWO. Dort handelt es sich, wie das als Beispiel genannte Wrack im Zusammenhange mit § 52 SWO. ergibt, um schwer erkennbare und schwer zu beseitigende Hindernisse, die eine besondere Gefahrenquelle für die Schiffahrt bilden. Ein auf Grund geratenes Schiff, das lediglich manövrierunfähig ist und seine Fahrtüchtigkeit nicht eingebüßt hat, kann hierunter nicht verstanden werden. Das Zeigen der im § 19 Abs. 3 und 4 SWO. bezeichneten Signale enthält eine ausschließlich der Schiffahrtspolizeibehörde vorbehaltene, obrigkeitliche Verkehrsregelung. Demgegenüber ist der Hinweis des Klägers auf die „seemännische Praxis" verfehlt. Der gerichtliche Sachverständige des Vorprozesses hat im Sinne der dargelegten Gesetzesauslegung bestätigt, daß Seeschiffe die im § 19 SWO. genannten grünen Bälle nicht an Bord haben und nicht mitzuführen brauchen.

Der ferner in Bezug genommene § 25 Abs. 3 SWO. betrifft Nebelsignale, scheidet also offensichtlich ebenfalls aus.

Art. 28 SeeStrO. schreibt vor, daß ein in Fahrt befindliches Dampffahrzeug, sofern andere Fahrzeuge in Sicht sind, eine nach den Vorschriften der Seestraßenordnung gebilligte oder geforderte Kursänderung (Art. 18 bis 26 SeeStrO.) zur Vermeidung einer Kollision anzuzeigen hat. Dampffahrzeuge, die nicht in der Lage sind, ein Ausweichmanöver vorzunehmen, insbesondere festsitzende oder manövrierunfähige Schiffe, dürfen die Signale des Art. 28 SeeStrO. nicht abgeben.

Damit ist die Frage, ob die Besatzung der „Sturzsee" gegen eine Verordnung im Sinne von § 738 HGB. verstoßen hat, verneint. Der vom Kläger angerufene § 3 Abs. 4 SWO. ist kein Schutzgesetz in dem oben erwähnten Sinne, da er nicht ein bestimmtes Verhalten der Schiffsbesatzung in einem näher bezeichneten Falle vorschreibt. Ähnlich wie Art. 29 SeeStrO. enthält er einen Hinweis darauf, daß die Schiffsbesatzung unabhängig von den Sondervorschriften der Seestraßenordnung und der Seewasserstraßenordnung die allgemeine Sorgfaltspflicht im Verkehr zu beachten und danach die durch die seemännische Praxis oder die besonderen Umstände des Falles gebotenen Maßnahmen zu treffen hat (RGZ. Bd. 97 S. 13). Diese Maßnahmen nennt das Gesetz nur beispielsweise, da sich keine allgemeine Regel darüber aufstellen läßt, was im Einzelfalle durch die Sorgfaltspflicht geboten sein kann. Ein Verstoß der Schiffsbesatzung gegen § 3 Abs. 4 SWO. kann daher nur dann unter § 738 HGB. fallen, wenn er durch Ausführung oder Unterlassung eines Manövers begangen ist. Hiervon abgesehen, kann eine Verletzung des § 3 Abs. 4 SWO. durch die Schiffsbesatzung eine Schadensersatzpflicht des Reeders nur nach § 823 Abs. 1 BGB. in Verbindung mit § 485 HGB. entstehen lassen. Die Anwendung des § 3 Abs. 4 SWO. kommt insbesondere auch dann in Frage, wenn durch die Führung eines Schiffes mit oder ohne Verschulden eine den Schiffsverkehr gefährdende Lage geschaffen ist, und es sich darum handelt, ob sie die durch die seemännische Praxis oder die besonderen Umstände des Falles gebotenen und in ihrer Macht stehenden Maßnahmen zur Abwendung einer Schädigung anderer Schiffe getroffen hat. Die Frage, ob die „Sturzsee" durch einen kurzen Ton (Art. 28 Abs. 2 SeeStrO.) auf Grund des § 3 Abs. 4 SWO. zu Tal fahrende Schiffe darauf hätte hinweisen können und müssen, daß sie nur an der Steuerbordseite zu passieren sei, hat der Berufungsrichter mit Recht verneint. Nach der von Wendling (SeeStrO., 1942, Art. 29 Bem. 1, 4, 10, S. 131, 133, 137) erwähnten Rechtsprechung der Seeämter und einer von ihm angeführten Entscheidung des Reichsverkehrsministers vom Jahre 1934 sind die Kurssignale des Art. 28 SeeStrO. auf den deutschen Seewasserstraßen wegen der Gefahr von Mißverständnissen als Passiersignale nicht zugelassen. Die Meinung des Klägers, daß im Streitfalle wegen der von der „Sturzsee" gesetzten schwarzen Bälle die Gefahr eines Mißverständnisses nicht bestanden habe, ist schon deshalb unzutreffend, weil keine Gewähr bestanden hätte, daß die Schall- und Sichtsignale gleichzeitig wahrgenommen würden. Mit Recht verweist der Berufungsrichter gegenüber der mißbräuchlichen Anwendung der Kurssignale auf das in solchem Fall eingreifende Verbot des § 24 Abs. 1 SWO. Im Sinne der dargelegten Auffassung hat das Seeamt Hamburg in einer Entscheidung vom 12. Dezember 1912 zur Frage des Mißbrauchs der Ausweichsignale ausgeführt: „Der Hauptwert der Ausweichregeln liegt gerade darin, daß durch sie feste Normen geschaffen werden und daß bei Begegnung von Schiffen ein jedes weiß, wie sich das andere zu verhalten hat. Diese Sicherheit und damit der Wert der Regeln geht aber verloren, wenn sich Gewohnheiten einbürgern, die mit den gesetzlichen Regeln in Widerspruch stehen" (Entscheidungen des Oberseeamts Bd. 20 S. 419, 424; vgl. ferner noch die Oberseeamtsentscheidungen vom 11. März 1942, Hansa 1942 S. 631, und vom 14. April 1943, Hansa 1943 S. 526, die dies noch neuestens unterstrichen haben).

Das allgemeine Achtungssignal des § 27 Abs. 1 SWO. erachtet der Berufungsrichter mit Recht für nutzlos, weil es anderen Schiffen keinen Hinweis über den einzuschlagenden Kurs gegeben hätte. Winkzeichen oder Zurufe wären nach der tatsächlichen Annahme des Berufungsrichters zu spät gekommen, weil talwärts mit dem Ebbstrom fahrende Schleppzüge in einer Entfernung von weniger als 300 bis 400 Metern ihren Kurs schon nicht mehr hätten ändern können. Hiernach ist die Ansicht des Berufungsrichters nicht zu beanstanden, daß es der „Sturzsee" nicht mehr möglich gewesen wäre, talwärts fahrenden Schleppzügen rechtzeitig durch hierzu geeignete Signale Steuerbordkurs anzuempfehlen. Der Besatzung kann daher nicht zur Last gelegt werden, nach dem Festkommen des Dampfers durch ein gegen § 3 Abs. 4 SWO. verstoßendes schuldhaftes Unterlassen von Signalen oder anderen Vorsichtsmaßnahmen eine weitere Bedingung für den Unfall des Kahns „WTAG 62" gesetzt zu haben. Die allenfalls noch in Betracht kommende Frage, ob eine Anzeige des Kapitäns der „Sturzsee" an die Schiffahrtspolizeibehörde hätte erstattet werden müssen, ist gegenstandslos, weil nach den Feststellungen des Berufungsrichters in dem früheren Rechtsstreit der Unfall des Schleppzuges „Blücher" sich wenige Stunden nach dem Festkommen des Seedampfers ereignet hatte.

Übrig und weiterer Aufklärung bedürftig bleibt somit nur die nach § 823 Abs. 1 BGB. zu beurteilende Frage, ob die Besatzung der „Sturzsee" durch unvorsichtiges Navigieren eine den Schiffsverkehr gefährdende Lage geschaffen und in weiterer Folge auch den Unfall des Schleppzuges „Blücher", insbesondere des Kahns „WTAG 62", schuldhaft mitverursacht hat. Aus diesem Grunde muß daher das angefochtene Urteil aufgehoben werden, soweit der Kläger mit dem Anspruch auf Erstattung der an die Eigentümerin des Kahns „WTAG 62" gezahlten Hauptsumme nebst Zinsen im Gesamtbetrage von 4568,68 RM. und auf Verzinsung dieses Betrages abgewiesen worden ist. In diesem Umfange muß die Sache an das Berufungsgericht zurückverwiesen werden. Für die neue Verhandlung ist zu beachten, daß aus den vorstehend dargelegten Gründen die Schadensersatzpflicht der Beklagten gegenüber der Eigentümerin des Schleppkahns „WTAG 62" nicht nach § 738 HGB. und den darin in bezug genommenen Regeln über den Zusammenstoß von Schiffen, sondern nach § 823 Abs. 1 BGB. in Verbindung mit § 485 HGB. zu entscheiden ist, soweit das von der Besatzung verschuldete Festkommen des Seedampfers den Unfall des Schleppzuges verursacht haben soll, und daß sich demgemäß für diesen Unfall das Rückgriffsrecht des Klägers nach § 426 BGB. in Verbindung mit § 254 BGB. nach den Grundsätzen richtet, die allgemein für die Rechtsbeziehungen von Gesamtschuldnern untereinander gelten.

46. 1. Kann derjenige, der durch verkehrswidriges Verhalten auf der Reichsautobahn schuldhaft einen Unfall verursacht hat, Ausgleichung wegen seiner Ersatzleistung an den Verletzten von dem Unternehmen Reichsautobahnen mit der Begründung verlangen, auch dessen Bedienstete hätten durch schuldhaft pflichtwidriges Verhalten zur Entstehung des Unfalls beigetragen?

2. Nach welchen Rechtsgrundsätzen sind die Bediensteten des Unternehmens Reichsautobahnen verpflichtet, die Verkehrsteilnehmer gegen die Gefahr des Auffahrens auf ein betriebsunfähig liegengebliebenes Kraftfahrzeug zu schützen?

Vorläufige Autobahn-Betriebs- und Verkehrsordnung vom 14. Mai 1935 (RGBl. II S. 421) §§ 9, 10. BGB. §§ 254, 426, 823, 831, 839. WeimVerf. Art. 131.

III. Zivilsenat. Urt. v. 10. Juni 1943 i. S. A. M. Feuerverſ. AG. (Kl.) w. Unternehmen Reichsautobahnen (Bekl.). III 16/43.

I. Landgericht Berlin.
II. Kammergericht daselbst.

Am 2. November 1938 kurz nach 21 Uhr bekam der aus Triebwagen und Anhänger bestehende, von Köln nach Berlin fahrende Lastzug der Frau F., die bei der Klägerin versichert war, auf der Reichsautobahn kurz vor der Einmündung in den Berliner Ring (Brandenburger Dreieck) einen Reifenschaden an den linken Hinterrädern des Triebwagens und mußte halten. Der Fahrer Kö. stellte den Wagen an den Rand der Fahrbahn, konnte den Schaden aber nicht beheben. Er und der Beifahrer W. bemühten sich in der Nacht und am folgenden Tage, die zur Vornahme eines Reifenwechsels erforderlichen Gerätschaften zu besorgen. Beide waren zu diesem Zweck am 3. November bei Einbruch der Dunkelheit, die gegen 16½ Uhr begann, noch unterwegs. Der Lastzug war unbeleuchtet geblieben. Gegen 19½ Uhr fuhr ein dem Deutschen Reich (Volksgerichtshof) gehöriger Personenwagen, geführt von dem Fahrer Ke., gegen den Anhänger des Lastzuges. Zwei Insassen des Personenwagens wurden tödlich verletzt, ein anderer erlitt schwere Verletzungen. Beide Fahrzeuge wurden schwer beschädigt.

Die Klägerin hat die Schadensersatzansprüche, die deswegen gegen ihre Versicherungsnehmerin Frau F. gerichtet wurden, befriedigt. Sie will insgesamt 86 100 RM. gezahlt und dadurch zwei Drittel des gesamten Schadens gedeckt haben, während ein Drittel von der Justizverwaltung übernommen worden sei. Sie verlangt vom Beklagten Erstattung der Hälfte ihrer Zahlung in Höhe von 43 050 RM. Sie will damit einen auf sie übergegangenen Ausgleichsanspruch der Frau F. geltend machen und trägt dazu vor: Der Unfall sei durch fahrlässiges und pflichtwidriges Verhalten von Bediensteten des Beklagten mitverursacht worden. Dessen Verkehrssicherungspflicht beziehe sich nicht allein auf die Schaffung einer gefahrlosen Straßenunterlage, sondern darüber hinaus auf die Sorge für die sichere Abwickelung des Verkehrs. Im Fall einer Verkehrsgefährdung müßten daher die Bediensteten des Beklagten alle möglichen Maßnahmen treffen, um die Gefährdung auszuschalten. Gegen diese Verpflichtung hätten die Beamten der Obersten Bauleitung des Beklagten verstoßen, weil sie am Unfalltage den Straßenmeister Kl. von seiner Strecke, auf der der Unfall geschehen sei, abgezogen hätten, ohne für eine Vertretung zu sorgen. So sei die Strecke vorschriftswidrig nicht abgefahren worden. Indessen habe der Streifenbeamte B. am frühen Nachmittage des Unfalltages vom Streifenbeamten M. erfahren, daß ein unbemannter Lastzug mit beschädigter Bereifung auf der Strecke liege. Trotzdem habe es B. unterlassen, sich sofort an Ort und Stelle zu begeben, um die erforderlichen Sicherungsmaßnahmen zu treffen.

Der Beklagte bestreitet jedes Verschulden seiner Beamten. Er vertritt den Standpunkt, die Überwachung der Verkehrssicherheit auf den Reichsautobahnen sei nicht seine Sache, sondern die der Verkehrspolizei. Er habe nur die Wegepolizei wahrzunehmen, also für Bau und Unterhaltung der Straße zu sorgen. Dazu gehöre die Entfernung oder Kenntlichmachung eines liegengebliebenen Lastzuges nicht. Die Wahrnehmung der Verkehrspolizei sei zudem Ausübung öffentlicher Gewalt. Eine Haftpflicht aus Amtspflichtverletzung komme aber, da den Beamten nur Fahrlässigkeit vorgeworfen werde, nicht in Betracht, weil die Verletzten im Sinne von § 839 Abs. 1 Satz 2 BGB. „auf andere Weise", nämlich durch das Eintreten der Klägerin für die Verpflichtungen der Frau F., Ersatz erlangt hätten. Diese habe mithin keinen Anspruch gegen den Beklagten erworben, der auf die Klägerin hätte übergehen können.

Das Landgericht hat die Klage abgewiesen. Die Berufung der Klägerin ist erfolglos geblieben. Ihre Revision wurde zurückgewiesen.

Gründe:

Die Klägerin hat als Versicherer die Schadensersatzansprüche befriedigt, die wegen des Unfalls von den Verletzten gegen die Versicherungsnehmerin Frau F. gerichtet wurden. Sie hat dadurch nach § 67 Abs. 1 Satz 1 VVG. die Ersatzansprüche erworben, die auf Grund desselben Sachverhalts etwa der Frau F. gegen Dritte zustanden. Es ist also die Frage, ob Frau F. eine Forderung gegen den Beklagten hatte, die von diesem Übergange betroffen worden wäre. Das angefochtene Urteil bringt nur in seinem Tatbestande zum Ausdruck, daß die Klägerin in diesem Sinne den Ausgleichsanspruch ins Auge faßt, der gemäß § 426 BGB. dem einen Verursacher desselben Schadens gegen den Mitverursacher zustehe; sicherlich wollen die Entscheidungsgründe aber ebenfalls das Bestehen eines Anspruchs dieser Art untersuchen. Es ist kein Zweifel, daß nach Lage des Falls nur jene Vorschrift die Grundlage des Anspruchs abgeben kann. Wenn die Revision eingehende Ausführungen der Darlegung der besonders großen Leichtfertigkeit widmet, mit der die Beamten des Beklagten nach der Behauptung der Klägerin jedes Eingreifen unterlassen haben, wenn sie ferner die Ausführungen der Klägerin über Mißgriffe in der Gestaltung des Überwachungsdienstes wiederholt, indem sie z. B. vorbringt, die Oberste Bauleitung des Beklagten habe dem Überwachungsbereich die erforderlichen Kräfte entzogen, die Strecke sei entgegen der Dienstanweisung am Unfalltag überhaupt nicht vom Überwachungsbeamten befahren worden, die Straßenmeisterei sei zeitweilig völlig unbesetzt geblieben, so würden diese angeblichen Übelstände sich in der Weise ausgewirkt haben, daß sie, weil sie zum Zustandekommen des Unfalls beigetragen hätten, zwar Ansprüche der dadurch Verletzten, nicht aber der Frau F. gegen die Verantwortlichen hervorgerufen hätten. Wenn die Revision ferner zur Erwägung stellt, ob nicht durch die Benutzung der Autobahn zwischen dem Benutzer und dem Beklagten ein Vertragsverhältnis begründet werde, so fehlen für eine solche Annahme alle Voraussetzungen. Der Sachverhalt erlaubt demgemäß nicht, Folgerungen zu ziehen, wie sie etwa RGZ. Bd. 169 S. 267 für den

Fall ableitet, daß jemand (ein Steuerberater) durch Vertrag die geschäftliche Bearbeitung einer Gefahrenlage übernommen hatte, die durch Gesetzesübertretung des Auftraggebers entstanden war. Ein entsprechendes Ergebnis kann auch nicht damit begründet werden, daß die Überwachungsbeamten des Beklagten angewiesen sind, Benutzern der Reichsautobahn, die dessen bedürfen, Hilfe zu leisten (§ 6 II, III c der unten genauer zu bezeichnenden Vorläufigen Dienstanweisung). Der Grund des auf die Klägerin nach ihrer Behauptung übergegangenen Anspruchs kann also nur in der Vorschrift des § 426 BGB. gegeben sein.

Daß ein Ausgleichsanspruch gegen einen Mitverursacher zu den Ansprüchen „auf Ersatz des Schadens" gehört, die von dem Übergang nach § 67 Abs. 1 Satz 1 VVG. umfaßt werden, leidet nach dem Sinne dieser Vorschrift keinen Zweifel (RGUrt. VI 48/41 vom 19. September 1941 in JRdschPrVers. 1941 S. 195 Nr. 115). Der Klageanspruch würde daher dem Grunde nach gerechtfertigt sein, wenn die im § 426 Abs. 1 Satz 1 BGB. vorausgesetzte Beziehung zwischen Frau F. und dem Beklagten eingetreten sein sollte. Das trifft zu, wenn Ursachen des Unfalls auch durch Personen gesetzt worden sind, für die der Beklagte, sei es auf Grund des Art. 131 WeimVerf. (in Verbindung mit § 839 BGB.), sei es nach §§ 89, 31 oder nach § 831 BGB., einzustehen hat, und wenn aus diesem Grunde den Verletzten Ansprüche auf Ersatz ihres Schadens ebenfalls gegen den Beklagten erwachsen sind. Zwischen den mehreren Haftenden würde dann ein echtes Gesamtschuldverhältnis (§ 421 BGB.) entstanden sein, wie es § 426 BGB. voraussetzt. Ein solches liegt nach fester höchstrichterlicher Rechtsprechung auch vor, wenn mehrere auf Grund unerlaubter Handlung oder Gefährdungshaftung für denselben Schaden einzutreten haben, mögen die Entstehungsgründe ihrer Haftung auch voneinander unabhängig sein (vgl. RGUrt. VI 61/13 vom 3. Mai 1913 in JW. 1913 S. 859 Nr. 5; RGZ. Bd. 84 S. 415 [430], Bd. 159 S. 86 [89], beide mit weiteren Nachweisungen).

Dem Berufungsgericht ist ferner darin beizutreten, daß solche Ersatzansprüche der Verletzten gegen den Beklagten nicht entstanden wären, wenn das schuldhafte Verhalten derer, für die er einzustehen hat, auf dem Gebiete der Ausübung öffentlicher Gewalt läge. In diesem Falle würde er gemäß Art. 131 WeimVerf.

nur an Stelle seiner schuldigen Beamten und wie diese haften. Es käme ihm daher zugute, daß es im gegebenen Fall an der Anspruchsvoraussetzung des § 839 Abs. 1 Satz 2 BGB. fehlt, da eben die Inanspruchnahme der Frau F. den Verletzten eine andere Ersatzmöglichkeit bot, die durch das vertragsmäßige Eintreten der Klägerin auch zu ihrer Befriedigung geführt hat. Anders wäre die Rechtslage dagegen, wenn das schuldhafte und ursächliche Handeln der Beamten oder Angestellten des Beklagten der Betätigung in seinem bürgerlichen Rechtskreise gedient hätte. Auch dann würde zwar den Beamten, soweit es sich um solche handelt, der Schutz des § 839 Abs. 1 Satz 2 BGB. zur Seite stehen. Aber der Beklagte könnte sich auf diese Vorschrift nicht berufen; denn seine Haftung würde sich, sofern das Versehen von einem verfassungsmäßig berufenen Vertreter begangen wäre, nach §§ 89, 31 BGB., sofern von sonstigen Hilfspersonen, nach § 831 BGB. bestimmen, und diese Vorschriften sehen eine derartige Einschränkung, wie sie § 839 Abs. 1 Satz 2 BGB. enthält, nicht vor (RGZ. Bd. 147 S. 275 [278], Bd. 155 S. 257 [272]). Ebenso würde es sich verhalten, wenn sich, was denkbar wäre, dieselbe schadenstiftende Handlung des einen oder der mehreren Beamten oder Angestellten zugleich als unerlaubte Handlung im Bereiche der Betätigung im bürgerlichen Geschäftskreise des Beklagten und als eine in Ausübung öffentlicher Gewalt schuldhaft begangene Amtspflichtverletzung darstellte (RGZ. Bd. 155 a. a. O.).

Das Berufungsgericht hat daher mit Recht untersucht, ob die Pflichtwidrigkeit, die den Beamten des Beklagten vorgeworfen wird, nämlich die Unterlassung jeglicher Maßnahmen, welche die Verkehrsteilnehmer vor dem Auffahren auf den stilliegenden Lastzug hätten bewahren können, auf dem einen oder dem anderen Gebiete liegt. Das Berufungsgericht nimmt zwar an, daß die Überwachungsbeamten des Beklagten, wenn sie den Lastzug in der Dunkelheit unbeleuchtet vorgefunden hätten oder wenn ihnen dies gemeldet worden wäre, verpflichtet gewesen sein würden, Sicherungsmaßnahmen zu treffen. Aber es sagt weiter, die Beamten würden dann nicht in Erfüllung ihrer Überwachungspflicht, sondern in Unterstützung der Verkehrspolizei gehandelt haben. Es gründet diese Unterscheidung auf die Regelung in §§ 9 und 10 der Vorläufigen Autobahn-Betriebs- und Verkehrsordnung vom 14. Mai 1935, wonach zwar die Überwachung der Kraftfahrbahnen von den Bediensteten des Beklagten, hingegen die Verkehrspolizei auf ihnen von den Verkehrspolizeibehörden wahrgenommen wird. Die Überwachung bestehe nach §§ 6 und 7 der Vorläufigen Dienstanweisung für die Überwachung und Unterhaltung der Reichsautobahnen — eingeführt durch Verfügung der Reichsautobahndirektion vom 14. April 1938 mit Wirksamkeit vom 1. Juni 1938 an — in erster Reihe darin, festzustellen, welche Arbeiten erforderlich seien, um die Anlagen in sicherem Zustande zu erhalten. Es handele sich mithin um eine Sicherung des Verkehrs im Hinblick auf die Anlage der Kraftfahrbahnen. Hierunter könnten fallen: die Ausbesserung gefahrdrohender Stellen, deren Sicherung durch Warnzeichen oder Posten, die Entfernung verkehrgefährdender Hindernisse. Als Hindernis in diesem Sinne könne aber ein infolge einer Panne liegengebliebenes Kraftfahrzeug nicht angesehen werden. Freilich hätten sich nach § 11 der Vorläufigen Autobahn-Betriebsordnung die Bediensteten des Beklagten und die Beamten der allgemeinen Polizei in polizeilichen Angelegenheiten gegenseitig zu unterstützen, und diese Zusammenarbeit sei für die ersteren in § 6 Abschnitt III der Vorläufigen Dienstanweisung näher geregelt. Daraus möge auch eine Pflicht der Bediensteten des Beklagten abzuleiten sein, in solchem Fall in der von der Klägerin vermißten Weise einzugreifen. Aber diese Pflicht liege, nicht anders als die Amtsausübung der Verkehrspolizeibehörden, deren Aufgaben damit wahrgenommen würden, ausschließlich auf dem Gebiete der Betätigung öffentlicher Gewalt.

Diese Erwägungen sind insoweit nicht zu beanstanden, als sie die allgemeinen Grundlagen der Auseinanderhaltung der Überwachungspflicht der Fahrbahnen einerseits, der Verkehrspolizei andererseits betreffen und darlegen, daß eine, wenn auch nur vorläufige oder unterstützende Betätigung der Bediensteten des Beklagten im Aufgabenkreise der Verkehrspolizei dieser und damit dem öffentlichrechtlichen Bereich angehört. Hinzuzufügen ist insoweit nur, daß das Berufungsgericht damit lediglich auf eine Unterscheidung kommt, die dem Verkehrsrecht auch sonst geläufig ist (vgl. einerseits RGUrt. VI 58/28 vom 12. Juli 1928 [WarnRspr. 1928 Nr. 147]; RGZ. Bd. 154 S. 16 [25]; andererseits RGUrt. III 219/33 vom 30. Januar 1934 [HRR. 1934

Nr. 627], III 45/35 vom 8. November 1935 [HRR. 1936 Nr. 398 und JW. 1936 S. 727 Nr. 10]; RGZ. Bd. 162 S. 273).

Mit Recht wendet sich die Revision aber gegen die weitere Annahme des Berufungsgerichts, im gegebenen Falle sei der Schutz des Verkehrs vor der Gefahr des Auffahrens auf den in der Fahrbahn liegengebliebenen Lastzug nicht mehr in den Rahmen der Überwachungspflicht gefallen. Diese Pflicht dient, wie die entsprechenden Obliegenheiten der Unterhaltspflichtigen an Wegen und Wasserstraßen auch sonst, dazu, „die Reichsautobahnanlagen in sicherem Zustande zu erhalten" (§ 6 I 1 der Vorläufigen Dienstanweisung). Solche Verkehrssicherungspflicht umfaßt allgemein die Erhaltung des Verkehrsweges in einer Beschaffenheit, die seine gefahrlose Benutzung ermöglicht. Darunter fällt grundsätzlich auch die Beseitigung von Hindernissen, die sich dem Verkehr entgegenstellen. Sie schließt die Anbringung von Warnzeichen ein, sofern die sofortige Wegräumung selbst nicht möglich ist. Auch das angefochtene Urteil steht, sofern es sich nicht um „ein infolge einer Panne liegengebliebenes Fahrzeug" handelt, auf diesem Standpunkt. Es hat mit Recht auch darin kein Bedenken gegen diese Auffassung gefunden, daß sich freilich die Vorläufige Dienstanweisung, obwohl sie sonst auf die Gegenstände des Überwachungs- und Unterhaltungsdienstes im einzelnen eingeht — § 6 I und § 7 —, jeder Erwähnung des Verhaltens der Überwachungsbeamten gegenüber Verkehrshindernissen auf der Fahrbahn enthält. Jedenfalls kann nicht bezweifelt werden, daß es in den Rahmen der Wegeunterhaltspflicht des Beklagten fällt, auftretende Verkehrshindernisse, wie Bäume, die auf die Fahrbahn gestürzt sind, oder ein auf dieser verendetes Stück Wild, zu beseitigen und, wenn das nicht sogleich möglich ist, für den Verkehr als solche kenntlich zu machen.

Es ist nicht einzusehen, weshalb dasselbe nicht auch für den vorliegenden Fall gelten sollte. In diesem handelt es sich nicht allein darum, daß ein Verkehrsteilnehmer (der Führer des Lastzuges) sich verkehrswidrig benahm, indem er nicht für genügende Beleuchtung des stehengebliebenen Lastzuges sorgte — insofern liegt freilich eine verkehrspolizeiliche Angelegenheit vor —, sondern die bewegungsunfähig gewordenen und von ihrem Führer verlassenen Fahrzeuge waren — anders, als wenn es sich nur um einen vom Führer willkürlich herbeigeführten, vorübergehenden Halt gehandelt hätte, — zu einem wirklichen Hindernis auf der Fahrbahn geworden. Die sich daraus für den Verkehr ergebenden Gefahren abzustellen, lag ebenso in der Verkehrssicherungspflicht der Bediensteten des Beklagten, wie es in den angeführten Beispielen von außenher aufgetretener Hindernisse der Fall gewesen wäre. Dabei kann von der Frage abgesehen werden, wie sich in dem entsprechenden Falle die Verpflichtungen anderer Wegeunterhaltspflichtiger gestalten würden, denen ein solcher Überwachungsdienst nicht zur Verfügung steht, wie ihn bestimmungsgemäß der Beklagte eingerichtet hat. Seine Bediensteten hatten jedenfalls, und zwar aus der ihnen in erster Reihe aufgetragenen Verkehrssicherungspflicht heraus, allen Anlaß, sich vor Eintritt der Dunkelheit um den, wie ihnen bekannt geworden war, auf der Bahn verlassen liegenden Lastzug zu kümmern und vor allem sich zu vergewissern, ob für seine Beleuchtung gesorgt war. Es muß hier Entsprechendes gelten wie in den vom erkennenden Senat entschiedenen und von der Revision hervorgehobenen Fällen, in denen den Unterhaltspflichtigen an öffentlichen Wasserstraßen die Beseitigung und Kenntlichmachung von Schiffen zur Pflicht gemacht worden ist, die in diesen gesunken sind (z. B. RGZ. Bd. 128 S. 353). Daneben kann im gegebenen Fall auch nicht unbeachtet bleiben, daß damals die Verkehrspolizei abgezogen war; damit mußten sich die Pflichten der Bediensteten des Beklagten erhöhen.

Aus den Erwägungen des angefochtenen Urteils kann also die Folgerung, der Frau F. und somit der Klägerin sei kein Ausgleichsanspruch gegen den Beklagten nach § 426 BGB. erwachsen, nicht gerechtfertigt werden. Auch die Hilfsbegründung, die das angefochtene Urteil beifügt, ist rechtlich nicht frei von Bedenken. Das Berufungsgericht meint, dem Verlangen der Klägerin stehe auch der Rechtsgrundsatz des § 242 BGB. entgegen, und begründet das damit, es gehe nicht an, daß jemand, der selbst oder dessen Angestellter sich verkehrswidrig benimmt und dadurch einen Unfall verschuldet, den Verkehrssicherungspflichtigen in Anspruch nimmt, weil dieser ihn nicht an dem verkehrswidrigen Verhalten gehindert oder den verkehrswidrigen Zustand nicht beseitigt habe. Dem hält die Revision mit Recht entgegen, daß, wenn nicht nur Frau F., sondern auch der Beklagte den Verletzten schadensersatzpflichtig geworden wäre, der Teil, der den

Schaden ersetzt hat, den anderen nach § 426 BGB. zum Ausgleich heranziehen könnte, und daß sich dieser Ausgleich nach den besonderen Grundsätzen zu vollziehen hätte, die aus § 254 BGB. abzuleiten sind (RGZ. Bd. 75 S. 251 [256], Bd. 84 S. 415 [430], Bd. 159 S. 86 [89]). Für die Anwendung von Sondervorschriften, die dem Ausgleichsverlangen der Klägerin von vornherein entgegenstehen würden, wie etwa des § 840 Abs. 2 oder 3, des § 841 BGB. oder der Gesichtspunkte, die für das Zusammentreffen vorsätzlicher und fahrlässiger Verursachung entwickelt worden sind (RGZ. Bd. 148 S. 48 [58] mit Nachweisungen), bietet der gegebene Fall nicht die erforderlichen tatbestandlichen Grundlagen.

Aber auch die nach § 254 BGB. vorzunehmende Abwägung der Ursachenbeiträge, welche die mehreren Verantwortlichen gesetzt haben, und der sonstigen Umstände, zu denen vor allem das Maß ihres Verschuldens und desjenigen ihrer Hilfspersonen gehört, kann dazu führen, dem Verlangen des einen von ihnen nach Beteiligung des anderen an der Schadenslast den Erfolg zu versagen. Das gilt dann, wenn der Ursachenbeitrag oder das Verschulden jenes Teils von solcher Schwere sind, daß sie das Mitverursachen oder das Mitverschulden des anderen am Zustandekommen des Unfalls weit überwiegen. Das will das Berufungsgericht, wie der angeführte Satz der Urteilsgründe ergibt, für den gegebenen Fall in tatrichterlicher Würdigung der gesamten Umstände annehmen. Es hat dabei seine tatbestandlichen Feststellungen im Auge, nach denen im Strafverfahren die Schuld des Fahrers Kö. darin gefunden worden ist, daß er nicht rechtzeitig für die gehörige Beleuchtung des liegengebliebenen Lastzuges gesorgt hat, nach denen ferner die Bereifung des Lastzuges schon am 16. Oktober 1938 in sehr bedenklichem Zustande war, so daß die Verkehrssicherheit nicht mehr gewährleistet war, auch das unbedingt erforderliche Werkzeug fehlte und Frau F. den mangelhaften Zustand und die unzureichende Ausrüstung kannte. Dieser Würdigung kann aus Rechtsgründen nicht entgegengetreten werden. Sie rechtfertigt es, der Frau F. und somit der Klägerin die verlangte Beteiligung des Beklagten an der Schadenslast zu versagen. Der Vorwurf der Revision, die Beurteilung des Berufungsgerichts habe insoweit rechtlich fehlgegriffen oder wesentliche Zusammenhänge unberücksichtigt gelassen, hat keine Grundlage.

47. Verstößt die Bewerbung eines Bestattungsunternehmens um den Auftrag eines Lebenden zur künftigen Bestattung mittels unaufgeforderten Hausbesuchs auch dann gegen die Grundsätze des lauteren Wettbewerbs, wenn sich die Werbung an Kreise richtet, bei denen das Bedürfnis besteht, für die rechtzeitige Sicherstellung einer angemessenen Bestattung zu sorgen?

UnlWG. § 1.

II. Zivilsenat. Urt. v. 15. Juli 1943 i. S. D. (Bekl.) w. Firma J. G. (Kl.). II 49/43.

I. Landgericht Berlin.
II. Kammergericht Berlin.

Wegen des Sachverhalts wird auf die Urteile des erkennenden Senats II 63/39 vom 28. September 1939 (RGZ. Bd. 162 S. 337) und II 83/40 vom 24. März 1941 (GRUR. 1941 S. 242 = MuW. 1941 S. 110) Bezug genommen. Durch das letztgenannte Urteil war auf die Revision der Klägerin und Widerbeklagten das Urteil des Kammergerichts vom 4. Juli 1940 aufgehoben und die Sache zur anderweiten Verhandlung und Entscheidung an das Berufungsgericht zurückverwiesen worden. Im weiteren Verfahren vor diesem hat die Klägerin an ihrem Antrage, die Beklagte mit dem Widerklageantrag abzuweisen, festgehalten und unter Wiederholung ihres bisherigen Vorbringens noch ausgeführt: Daß der Gedanke der vorzeitigen Bestattungsregelung einem in weiten Kreisen der Bevölkerung herrschenden Bedürfnis entspreche, gehe aus der sich über Jahrhunderte erstreckenden geschichtlichen Entwicklung der Bestattungsfürsorge hervor, die schließlich zur Entstehung der heutigen großen Versicherungsunternehmungen auf dem Gebiete der Sterbegeld- und Bestattungsversorgung geführt habe, und finde in der großen Zahl derer Ausdruck, die von der Möglichkeit einer solchen Sicherstellung Gebrauch gemacht hätten. Ein großer Teil des Volkes verlasse sich darauf, daß seinem Wunsche nach einer derartigen Regelung der Bestattungsangelegenheiten durch persönliche Werbung Rechnung getragen werde. Ein nicht geringer Teil suche auch die Geschäfts- und Werbestellen der in Betracht kommenden Unternehmungen ohne deren Zutun aus eigener Entschließung auf. Dabei bevorzuge das Publikum diejenigen

Unternehmungen, von denen die Bestattung selbst ausgeführt werde. Davon, daß die Werbung für einen vorzeitigen Bestattungsauftrag von den Umworbenen als unangemessen oder störend empfunden werde, könne keine Rede sein.

Die Beklagte hat ihr Widerklagebegehren dahin gestellt, der Klägerin unter Strafandrohung zu verbieten, bei Personen, die geneigt oder bereit sind, eine Sterbegeldversicherung abzuschließen, oder eine solche bereits abgeschlossen haben, unaufgefordert durch Hausbesuche um den Auftrag für ihre Bestattung zu werben. Sie ist dem Vorbringen der Klägerin entgegengetreten und hat unter Hinweis auf die verhältnismäßig geringe Zahl solcher Sachversicherungen bestritten, daß ein Bedürfnis für vorzeitige Bestattungsaufträge bestehe.

Das Kammergericht hat nach weiterer Beweiserhebung die Beklagte mit ihrem Widerklageantrag abgewiesen. Die Revision der Beklagten blieb ohne Erfolg.

Gründe:

Der erkennende Senat hatte in seinem Urteil II 83/40 vom 24. März 1941 ausgeführt, daß es für die Zulässigkeit der von der Beklagten beanstandeten Werbung der Klägerin entscheidend darauf ankomme, an welche Personenkreise sich diese Werbung richte, wie sie gerade von den so umworbenen Personenkreisen aufgefaßt zu werden pflege und ob für diese Kreise ein gewisses Bedürfnis nach einer vorzeitigen Bestattungsregelung anzuerkennen sei, so daß die Werbungsweise der Klägerin von ihnen in der Regel nicht als verletzend und störend empfunden werde. Er hatte für die Frage nach dem Bestehen eines solchen Bedürfnisses das Vorbringen der Klägerin für beachtlich erklärt, sie sei zu der Art ihrer Werbung durch Erfahrungen, welche die Versicherungsvertreter der Sterbegeldversicherungsgesellschaften gemacht hätten, und durch entsprechende Anregungen dieser Gesellschaften veranlaßt worden, die darauf beruhten, daß ein erheblicher Teil der Umworbenen nicht nur die Sterbegeldversicherung, sondern darüber hinaus eine Sicherstellung der Bestattung selbst begehre. Die Gründe, welche die Klägerin für dieses Bedürfnis anführe, seien nicht ohne weiteres von der Hand zu weisen. Bestehe das behauptete Bedürfnis, so lasse sich daraus unter Umständen folgern, daß in den in Betracht kommenden Kreisen Hausbesuche, wie sie die Klägerin vornehmen lasse, gerade von denen, denen im Interesse ihrer Angehörigen daran liege, die Mittel zur Bestreitung der durch ihren Tod verursachten Ausgaben im voraus sicherzustellen, nicht mehr als aufdringlich und lästig empfunden würden, zumal wenn, wie zugunsten der Klägerin zu unterstellen sei, die Werbung nur gelegentlich der aus Anlaß der Sterbegeldversicherung ohnehin stattfindenden Hausbesuche und der daran anknüpfenden Unterredung vor sich gehe, also ein besonderes unerbetenes „Eindringen" in die Wohnung der Umworbenen nicht mit sich zu bringen brauche. Komme es dabei zu einem zu mißbilligenden Vorgehen der Werber, so möge dies ein Verbot solcher Art der Werbung rechtfertigen, gebe aber keinen Anlaß, die Werbeweise der Klägerin allgemein zu untersagen. Der erkennende Senat hatte endlich auch zu der Frage Stellung genommen, mit welchem Erfolge die Werbung für eine Sicherstellung der Bestattung — sei es in Gestalt eines vorzeitigen Bestattungsauftrags, sei es durch Abschluß einer Sachleistungsversicherung — bisher betrieben worden sei, und die Ausführungen des Berufungsgerichts hierzu entsprechend den Angriffen der damaligen Revision in mehrfacher Hinsicht als bedenklich bezeichnet.

Das Berufungsgericht hat nunmehr unter Beachtung der im früheren Urteil des erkennenden Senats hervorgehobenen Gesichtspunkte den Sachverhalt erneut geprüft und ist auf Grund der von ihm weiter erhobenen Beweise zu einem von seiner früheren Auffassung abweichenden Standpunkt gelangt. Es stellt fest, daß im ganzen Reiche wie auch in Groß-Berlin, dem Betätigungsfelde der Klägerin, die Zahl derer, die nicht lediglich durch eine Versicherung die Geldmittel für ihre künftige Bestattung sicherstellen, sondern darüber hinaus den Bestattungsvorgang selbst geregelt wissen wollen, beträchtlich sei. Grund hierfür sei der Wunsch, den Hinterbliebenen die Sorge für die Bestattung und die damit verbundenen Unannehmlichkeiten abzunehmen, oder auch das Bestreben, unbesonnene Maßnahmen oder Streitigkeiten unter den Erben zu verhindern, und nicht zuletzt der Gedanke, es könne sonst das für die Bestattung bestimmte Geld von den Erben anderweit verwendet werden. Der Zeuge H., Generalvertreter der H.-M. Versicherungs-AG., die sich vornehmlich auch mit Sterbegeldversicherungen befasse, sei deshalb an die Klägerin mit dem Vorschlag einer Übernahme vorzeitiger Bestattungsaufträge herangetreten, um so den Wünschen der Kundschaft gerecht zu werden, welche die Bestattung selbst geregelt haben wolle. Bei dem regen Interesse, das hiernach für die Sachleistungsversicherungen und für vorzeitige Bestattungsaufträge bestehe, sei anzunehmen, daß auch die Werbung für solche Aufträge vom breiten Publikum nicht als anstößig empfunden werde. Das treffe auch für das von der Klägerin eingeschlagene Verfahren schon um deswillen zu, weil es sich von der Werbung der Sachleistungsversicherungen insofern nicht wesentlich unterscheide, als auch deren Vertreter genötigt seien, mit dem Umworbenen dieselben Fragen zu erörtern, die von den Vertretern der Klägerin angeschnitten würden. In beiden Fällen müsse nicht nur die Art der Bestattung, sondern auch ihre Ausführung im einzelnen zur Sprache gebracht werden. Geschehe dies bei den Bestattungsversicherungen, ohne daß dabei, wie die Beweisaufnahme ergebe, Unzuträglichkeiten wegen Verletzung des sittlichen Gefühls der Umworbenen zutage getreten seien, so müsse das auch für die Werbung der Klägerin gelten. Soweit ein Unterschied darin bestehe, daß bei der Sachleistungsversicherung der Versicherte noch bis zu seinem Tode die Wahl zwischen einer Sach- und einer Bargeldleistung habe, während er sich bei der Klägerin auf die Ausführung der Bestattung festlege, genüge dies nicht, um das Verfahren der Klägerin als sittenwidrig erscheinen zu lassen. Denn der Kunde gehe die Bindung freiwillig ein. Er finde auch bei der Klägerin mit Wünschen auf Abänderung oder Rückgängigmachung des Vertrages in der Regel Entgegenkommen, und es stehe zudem keineswegs fest, daß diese sich dessen zu Unrecht weigere, wenn sie an dem von ihr in persönlicher Rücksprache mit dem Kunden nachgeprüften und in Ordnung befundenen Vertrage, dessen Hereinbringung für sie mit gewissen Unkosten verbunden sei, festhalte. Eine Werbung für vorzeitige Bestattungsaufträge, wie sie die Beklagte verboten wissen wolle, könne auch nicht allgemein schon deshalb als verwerflich bezeichnet werden, weil es etwa vorkomme, daß sich der Auftraggeber infolge ungenügender Unterrichtung durch den Vertreter über die Bedeutung eines solchen Auftrages nicht im klaren sei oder daß er vom Vertreter aus eigennützigen Gründen zum Abschluß des Vertrages gedrängt werde. Mißstände dieser Art könnten allenfalls ein entsprechend beschränktes Verbot rechtfertigen, aber nicht die Werbung der Klägerin allgemein zu einer sittenwidrigen stempeln. Das Berufungsgericht hat demgemäß nunmehr den Widerklageantrag abgewiesen.

Die Angriffe der Revision hiergegen, die sich auf Verletzung des sachlichen Rechts und der §§ 286, 565 Abs. 2 ZPO. stützen, sind nicht begründet. Wenn die Revision einen Verstoß gegen die zuletztgenannte Vorschrift daraus herleitet, daß das Berufungsgericht entgegen der in dem ersten Urteil des erkennenden Senats vom 28. September 1939 vertretenen Auffassung, an die es gebunden gewesen sei, Bestattungsversicherungen und vorzeitige Aufträge auf Bestattung einander gleichsetze, so verkennt sie den Sinn des angefochtenen Urteils. Das Berufungsgericht unterscheidet durchaus zwischen den beiden Arten einer Sicherstellung der künftigen Bestattung. Es hebt nur die Gesichtspunkte hervor, in denen sich beide Vorsorgearten berühren, und schließt aus der durch die Beweisaufnahme bestätigten weiten Verbreitung der Sachleistungsversicherungen und ihrer Beliebtheit beim Publikum, daß auch die dem gleichen Bedürfnis dienenden Vorausverträge der Klägerin dem sittlichen Empfinden der beteiligten Kreise nicht zuwiderlaufen. Dabei trifft es nirgends die Feststellung, daß sich, wie es allerdings zum Gegenstande seiner Beweiserhebung gemacht hatte, die Zahl der vorzeitigen Bestattungsaufträge allein in Berlin auf 10000 und im ganzen Reichsgebiet auf 40- bis 50000 monatlich belaufe. Es hält auf Grund der Auskunft des Reichsaufsichtsamts für Privatversicherung sowie der Aussagen der Zeugen lediglich für erwiesen, daß bei etwa 40 v. H. der überaus zahlreichen Sterbegeld- und Bestattungsversicherungen die Leistung der Bestattung beantragt werde, daß ferner die G.-Feuerbestattung monatlich etwa 3500 Bestattungsversicherungen abschließe und daß auch bei den übrigen Versicherungsgesellschaften die Zahl derer überwiege, die sich für eine Sachleistungsversicherung entschieden. Wenn es hieraus und aus den Angaben der Zeugen H. und Er. folgert, daß im Publikum ein reges Interesse auch für vorzeitige Bestattungsaufträge vorhanden sei, so kann dem nicht, wie die Revision will, mit dem Einwand entgegengetreten werden, das Bedürfnis des Publikums erstrecke sich nur auf reine Bargeldversicherungen und nicht auf Sachlieferungen. Die Beweisergebnisse sprechen eindeutig für das Gegenteil. Für die Bedürfnisfrage spielt auch keine Rolle, in wievielen Fällen die Werbung um einen vorzeitigen Bestattungsauftrag erfolglos bleibt und ob, soweit dies der Fall ist, der Grund für die Ablehnung in der Entrüstung des Umworbenen über das an ihn gestellte Ansinnen liegt. Die Feststellung des Berufungsgerichts, daß die Klägerin nach der Aussage des Zeugen Er. monatlich etwa 200 vorzeitige Bestattungsaufträge erteilt erhalte, wobei sie in 20 v. H. der Fälle ohne vorherige Werbung angegangen werde, rechtfertigt jedenfalls den Schluß, daß ihr Verfahren einem in der Bevölkerung weit verbreiteten Wunsche entgegenkommt, mag auch ihr Bemühen, wie bei jeder Werbung, in zahlreichen Fällen vergeblich bleiben. Das Berufungsgericht hatte angesichts der Beweisergebnisse keinen Anlaß, dem Antrage der Beklagten auf Vernehmung von Bestattern darüber stattzugeben, daß eine Vorauswerbung für Bestattungsaufträge von der Mehrzahl der Bestatter gemißbilligt werde.

Die Revision hält dem Berufungsgericht entgegen, zu einer Vorauswerbung für Bestattungsaufträge sei es nur gekommen, um den Werbern eine neue Einnahmequelle zu erschließen. Auch die Generalvertreter der Versicherungsgesellschaften, die Vorwerbungsaufträge bearbeiten ließen, seien an dem dadurch erzielten höheren Verdienst beteiligt. Nur daraus erkläre sich, daß der Zeuge H. die Geschäftsverbindung mit der Klägerin gesucht habe und für Beibehaltung der Vorwerbung eintrete. Die Revision vermag damit die Feststellung des Berufungsgerichts, daß H. durch die an ihn herantretenden Wünsche des Publikums zu einer Fühlungnahme mit der Klägerin veranlaßt worden sei, nicht zu erschüttern. Daß die Aufnahme der Vorauswerbung für Bestattungsaufträge auch erhöhte Einnahmen für die Versicherungsvertreter mit sich brachte, besagt nichts gegen das Bestehen eines Bedürfnisses beim Publikum und die darauf zurückzuführende Einrichtung der Vorauswerbung.

Ob die Klägerin, was sie übrigens nicht einmal behauptet, alle Vorwerbungsanträge nachprüfen läßt, ist unerheblich. Sollten sich, wie die Revision geltend macht, in einzelnen Fällen insofern Schwierigkeiten ergeben haben, als den Hinterbliebenen unbekannt war, daß die Versicherungssumme an die Klägerin abgetreten sei und deshalb nicht ohne weiteres an den von ihnen beauftragten Bestatter ausgezahlt werde, so kann daraus, wie das Berufungsgericht mit Recht hervorhebt, nichts gegen die Statthaftigkeit der Werbung an sich gefolgert, sondern höchstens auf eine ungenügende Aufklärung durch den Werber geschlossen werden. Ebenso liegen die Ausführungen der Revision neben der Sache, mit denen sie sich gegen die Behauptung der Klägerin wendet, daß zwischen ihrer Werbeart und dem Vorgehen derjenigen Bestatter, die zugleich Vertreter einer Sterbegeldversicherungsgesellschaft seien, kein nennenswerter Unterschied bestehe. Das Berufungsgericht hat diesen Gesichtspunkt nicht zur Begründung seiner Entscheidung herangezogen, sondern nur darauf hingewiesen, daß die Werbung für Sachleistungsversicherungen der Vorwerbung für Bestattungsaufträge insofern gleiche, als in beiden Fällen auf Einzelheiten der Bestattung eingegangen werden müsse. Das Vorbringen der Revision beweist auch nichts gegen die Auffassung des Berufungsgerichts. Selbst wenn in den Fällen, wo Bestatter zugleich Zahlstellen für Versicherungsgesellschaften unterhalten, ein Bestattungsauftrag an sie regelmäßig erst nach dem Tode des Versicherten erteilt wird, schließt dies nicht aus, daß für das von der Klägerin geübte Verfahren ein Bedürfnis besteht und das Publikum auch an dieser Art der Werbung keinen Anstoß nimmt.

Die Revision macht dem Berufungsgericht zum Vorwurf, es ziehe die Feuerbestattungen als Sachleistungen zum Vergleich mit der Vorwerbung für Bestattungsaufträge heran und übersehe dabei, daß, wenn Anhänger der Feuerbestattung einem Feuerbestattungsverein beiträten, dafür besondere Gründe maßgebend seien, die bei einer Erdbestattung nicht mitsprächen. Der Versicherungsnehmer trete dem Verein bei, damit dieser die dereinstige Einäscherung durchführe. Ein solcher Auftrag werde unaufgefordert erteilt und entspringe zunächst nur dem Wunsche, des Versicherungsschutzes teilhaftig zu werden; daß die Versicherung auch die Feuerbestattung durchführe, erscheine erst in zweiter Linie. Außerdem sei im Volke die Ansicht verbreitet, es bedürfe des Beitritts zu einem Feuerbestattungsverein, um dereinst eingeäschert werden zu können. Auch dieses Vorbringen der Revision greift nicht durch. Es kann dahinstehen, inwieweit beim Beitritt zu einem Feuerbestattungsverein nicht der Gedanke an die Sachleistung, sondern der Wunsch, versichert zu sein, überwiegt; wenn dem so wäre, so läge von vornherein der Abschluß einer reinen Sterbegeldversicherung näher. Die weiter behauptete irrtümliche Auffassung des Publikums kann aber schon deshalb nicht entscheidend ins Gewicht fallen, weil nach der auch vom Berufungsgericht berücksichtigten Angabe des Zeugen G. selbst bei den Feuerbestattungsversicherungen $^{9}/_{10}$ der abgeschlossenen Verträge eine Erdbestattung zum Gegenstande haben. Auch die Aussage des Zeugen En. ergibt, daß die von ihm vertretene Versicherungsgesellschaft Fl. neben der von ihr ursprünglich allein betriebenen Feuerbestattungsversicherung später auch die Erdbestattungsversicherung aufgenommen hat, hierzu also durch an sie herangebrachte Wünsche des Publikums veranlaßt worden sein muß. Ein wesentlicher Unterschied in der Vorliebe des Publikums für die eine oder die andere Art der Sachleistung und in den Gründen, durch die es sich zur Wahl der einen oder der anderen Bestattungsweise bestimmen läßt, kann also nicht bestehen, zum mindesten nicht in dem Sinne, daß die Sachleistungsversicherung überhaupt nicht zum Vergleich mit der hier in Frage stehenden Vorwerbung herangezogen werden könnte.

Daß es infolge ungenügender Aufklärung durch die Versicherungsvertreter bei den Hinterbliebenen zu Mißverständnissen über die Bedeutung des vorzeitigen Bestattungsauftrags kommen kann, hat auch der Berufungsrichter nicht außer acht gelassen. Es ist aber, wie bereits bemerkt, rechtlich nicht zu beanstanden, wenn er hierin allenfalls einen Grund sieht, gegen derartiges, nicht einwandfreies Verhalten der Vertreter einzuschreiten, es hingegen ablehnt, die Werbeweise der Klägerin selbst hierfür verantwortlich zu machen.

Die Revision rügt, daß es das Berufungsgericht unterlassen hat, dem Antrage der Beklagten gemäß Auskünfte der Fachgruppe Bestattungswesen, der Industrie- und Handelskammer, der Zentrale zur Bekämpfung unlauteren Wettbewerbs und der DAF., Fachamt des Deutschen Handwerks, darüber einzuholen, daß für die von der Klägerin betriebene Vorauswerbung kein Bedürfnis bestehe, eine solche Werbung auch nicht den wettbewerblichen Anschauungen der in Betracht kommenden Fachkreise entspreche, und erblickt in den Erwägungen, mit denen das Berufungsgericht ein Eingehen hierauf abgelehnt hat, eine unzulässige Vorwegnahme des Beweisergebnisses. Auch dieser

Angriff geht fehl. Das Berufungsgericht hält eine Befragung der benannten Stellen in rechtlich nicht zu beanstandender Weise für entbehrlich, weil es nicht auf die Auffassung der Fachgenossen, sondern auf die des Publikums ankomme und weil auch die Industrie- und Handelskammer zur Ermittlung dieser Auffassung darauf angewiesen sei, sich bei Fachkreisen zu erkundigen, die am Ausgange des Rechtsstreits mehr oder weniger interessiert seien. Ebensowenig geben seine Ausführungen zu rechtlichen Bedenken Anlaß, mit denen es eine Vernehmung der von der Beklagten benannten Zeugen M. und D. sowie der weiteren Zeugen ablehnt, die über Fälle vorzeitiger Bestattungsaufträge aussagen sollen, in denen es zu Schwierigkeiten mit den Versicherten oder ihren Hinterbliebenen gekommen sei. Das Berufungsgericht hat hierzu erwogen, daß solche Schwierigkeiten als Folge unsachgemäßen Vorgehens der Vertreter vorgekommen sein mögen und auch weiterhin denkbar seien, daß daraus aber kein verallgemeinernder Schluß auf die Unzulässigkeit der Vorauswerbung überhaupt, wie sie nach dem Widerklageantrag der Klägerin verboten werden soll, gezogen werden könne. Die Nichterhebung des angebotenen Beweises ist damit rechtsirrtumsfrei begründet.

Das Berufungsgericht hat nach alledem die Voraussetzungen, unter denen nach dem Urteil des erkennenden Senats vom 24. März 1941 eine Verurteilung der Klägerin nach dem Widerklageantrag allein gerechtfertigt sein könnte, mit Recht verneint. Es geht zutreffend davon aus, daß ein Bedürfnis für vorzeitige Bestattungsaufträge bestehe und daß eine Werbung hierfür, wie sie die Klägerin in dem zur Erörterung stehenden Rahmen betreibe, nicht als anstößig anzusehen sei. Die Revision hat nichts vorgebracht, was zu einer anderen Beurteilung des Sachverhalts Anlaß geben könnte.

---

48. 1. Unter welchen Voraussetzungen kann nach § 4 der Dritten Vereinfachungsverordnung vom 16. Mai 1942 über die Kosten des Rechtsstreits entschieden werden?

2. Ist die Revision gegen einen über die Kosten des Rechtsstreits entscheidenden Beschluß nach § 4 der Dritten Verein-

fachungsverordnung vom 16. Mai 1942 zulässig, der unter Nichtbeachtung der gesetzlichen Erfordernisse ergangen ist?

Verordnung zur weiteren Vereinfachung der Gerichtsverfassung, der bürgerlichen Rechtspflege und des Kostenrechts (Dritte Vereinfachungsverordnung — 3. VereinfV.) vom 16. Mai 1942 (RGBl. I S. 333) § 4. ZPO. §§ 545 flg.

VI. Zivilsenat. Urt. v. 30. Juli 1943 i. S. R. (Bekl.) w. H. (Kl.). VI 67/43.

I. Landgericht Frankfurt (Oder).
II. Kammergericht Berlin.

Auf Grund formloser Kaufverabredung hatte die Klägerin dem Beklagten im Herbst 1940 den Besitz an einem Grundstück übertragen. Die in Aussicht genommene notarische Beurkundung des Vertrags wurde wegen Nichteinhaltung der vereinbarten Zahlungsbedingungen später von der Klägerin verweigert. Diese hat im vorliegenden Rechtsstreit auf Herausgabe des Grundstücks geklagt. Unter Aufgabe seines zunächst gestellten Antrags auf Abweisung der Klage hat der Beklagte in der letzten mündlichen Verhandlung vor dem Landgericht nur das Zurückbehaltungsrecht wegen des Anspruchs auf Erstattung des angezahlten Kaufpreises und seiner Verwendungen auf das Grundstück geltend gemacht und demgemäß beantragt, ihn zu dessen Herausgabe nur Zug um Zug gegen Zahlung von 11 728,11 RM. zu verurteilen. Die Klägerin hat die Gegenansprüche des Beklagten nach Grund und Höhe bestritten und mit eigenen Ansprüchen aufgerechnet.

Das Landgericht hat den Beklagten zur Herausgabe des Grundstücks Zug um Zug gegen Zahlung von 6150 RM. verurteilt. Nach Erlaß dieses Urteils ist die Klägerin, ohne ihre Gegenleistung zu erbringen, wieder in den Besitz des Grundstücks gelangt, der ihr auch vom Beklagten weiterhin nicht streitig gemacht wurde. Gegenüber ihrer mit der Aufrechterhaltung des Klageantrags eingelegten Berufung hat der Beklagte schriftsätzlich auf den Besitzwechsel hingewiesen und beantragt, den Anspruch auf Herausgabe für erledigt zu erklären, die Berufung im übrigen zurückzuweisen und — im Wege der Anschlußberufung — die Klägerin zur Zahlung von insgesamt 12 264,42 RM. — einschließlich des vom Landgericht anerkannten Gegenanspruchs — zu verurteilen. Die Klägerin hat darauf angekündigt, sie werde nur noch beantragen, unter Änderung des ersten Urteils festzustellen, daß dem Beklagten ein Anspruch auf 6150 RM. nicht zustehe, und dessen Anschlußberufung zurückzuweisen. Das Kammergericht hat nunmehr ohne mündliche Verhandlung durch den — den Parteien am 14. April 1943 zugestellten — Beschluß vom 9. April 1943 den Rechtsstreit in der Hauptsache für erledigt erklärt und über die Kosten der beiden Rechtszüge entschieden. Die Revision des Beklagten führte zur Aufhebung und Zurückverweisung.

Gründe:

Nach § 4 3. VereinfV. entscheidet das Gericht, wenn die Parteien den Rechtsstreit in der Hauptsache für erledigt erklärt haben, durch unanfechtbaren Beschluß über die Kosten unter Berücksichtigung des bisherigen Sach- und Streitstandes nach billigem Ermessen. Die Zulässigkeit dieser Beschlußentscheidung ist danach an die übereinstimmende Erklärung beider Parteien gebunden, daß der Rechtsstreit in der Hauptsache erledigt sei und eine Entscheidung nicht mehr in der Sache, sondern nur noch über die Kosten begehrt werde. Da jene Vorschrift das Verfahren von dem Grundsatze der Mündlichkeit und Unmittelbarkeit (§ 128 ZPO.) nicht ausnimmt, sind die Erklärungen in mündlicher Verhandlung abzugeben, und das Gericht hat auf Grund dieser mündlichen Verhandlung zu entscheiden (ebenso Staud in DJ. 1942 S. 351; Jonas in DR. Ausg. A 1942 S. 1002; Pfundtner-Neubert Bem. 1 bis 3 zu § 4 3. VereinfV.). Der Beschluß des Kammergerichts, der, ohne es auszusprechen, auf der genannten Vorschrift beruht, läßt die Beachtung dieser Grundsätze überall vermissen. Es hat nicht nur ohne mündliche Verhandlung entschieden, sondern auch darüber hinweggesehen, daß übereinstimmende, die Erledigung des Rechtsstreits in der Hauptsache mitteilende und eine reine Kostenentscheidung begehrende Parteierklärungen nicht vorlagen. Der Antrag des Beklagten, den Herausgabeanspruch für erledigt zu erklären, und die darauf folgende Erklärung der Klägerin, daß sie diesen Anspruch aufgebe, konnten nicht zu der Auffassung berechtigen, daß die Parteien den Rechtsstreit in der Hauptsache übereinstimmend für erledigt erachteten. Schon im ersten Rechtszug, in dem sich der Beklagte schließlich auf die Geltendmachung des Zurückbehaltungsrechts beschränkt hatte, hat sich der Streit der Parteien nur um die das Zurückbehaltungsrecht begründenden Gegenansprüche des Beklagten bewegt. Dieser Streit ist im Berufungsrechtszuge beiderseits mit Anträgen fortgesetzt worden, welche der durch den Wechsel im Besitze des Grundstücks veränderten Sachlage Rechnung tragen sollten. Über diese Anträge hatte das Berufungsgericht auf Grund mündlicher Verhandlung durch Urteil zu entscheiden, und zwar auch dann, wenn es sie verfahrensrechtlich nicht für zulässig hielt.

Zur Beseitigung des hiernach vorschriftswidrig ergangenen Beschlusses muß, da eine andere Möglichkeit der Anfechtung wegen der Unanfechtbarkeit der nach § 4 3. VereinfV. ergehenden Beschlüsse nicht in Betracht kommt, die Revision als das Rechtsmittel zugelassen werden, das der Entscheidung entspricht, für welche die Voraussetzungen gegeben waren (RGZ. Bd. 110 S. 135 [138]; Jonas-Pohle ZPO. Bem. III 1 vor § 511). Gegen die Zulässigkeit der Revision des Beklagten ergeben sich auch im übrigen keine Bedenken. Durch das Unterbleiben einer urteilsmäßigen Entscheidung über seinen Berufungsantrag ist er in einem die Revisionssumme ergebenden Umfange beschwert (§ 546 ZPO.). Die Rechtsmittelfrist (§ 552 ZPO.) ist nicht versäumt, da eine den Beginn dieser Frist bestimmende Parteizustellung der Entscheidung nicht stattgefunden hat.

---

49. Unter welchen Umständen kann eine Trennung der Eheleute, die zunächst eine natürliche, sich aus dem regelmäßigen Laufe der Dinge ergebende war, diese Wesensart verlieren und dadurch zur Aufhebung der häuslichen Gemeinschaft werden?

EheG. § 55.

IV. Zivilsenat. Urt. v. 11. August 1943 i. S. Ehemann N. (Kl.) w. Ehefrau N. (Bekl.). IV 144/43.

I. Landgericht Köln.
II. Oberlandesgericht daselbst.

Die Parteien sind Eheleute. Sie wohnten in Köln. Der Kläger wurde im Jahre 1937 von seiner Arbeitgeberin in Köln-

Mülheim zur Ausführung von Montagearbeiten nach Hamburg geschickt. Er lebt noch heute in Hamburg, während die Beklagte mit der Tochter in Köln geblieben ist. Der letzte eheliche Verkehr der Parteien hat im Jahre 1939 bei einem Besuche des Klägers in Köln stattgefunden. Der Kläger hat, gestützt auf § 55 EheG., die Scheidung der Ehe begehrt. Die Beklagte hat Klageabweisung beantragt. Sie hat bestritten, daß die Voraussetzungen des § 55 Abs. 1 EheG. vorlägen. Hilfsweise hat sie mit der Behauptung, der Kläger unterhalte mit seiner Wirtin, der Frau O., ehewidrige und wohl auch ehebrecherische Beziehungen, die Feststellung begehrt, daß den Kläger ein Verschulden treffe. Das Landgericht hat die Ehe geschieden und das Verschulden des Klägers festgestellt. Auf die Berufung der Beklagten hat das Oberlandesgericht die Klage abgewiesen. Die Revision des Klägers führte zur Wiederherstellung des landgerichtlichen Urteils.

Aus den Gründen:

Das Berufungsgericht ist der Meinung, die häusliche Gemeinschaft der Parteien sei noch nicht seit 3 Jahren aufgehoben. Die 1937 aus beruflichen Gründen geschehene Trennung der Parteien sei von vornherein nur als vorübergehende gedacht gewesen. Diese Eigenschaft habe sie bis in das Jahr 1941 hinein nicht verloren. Lediglich unvorhergesehene Umstände, insbesondere auch die Kriegsverhältnisse, seien die Ursache für den Aufenthalt des Klägers in Hamburg bis zu jener Zeit. Seine in sehr herzlichem Tone gehaltenen Briefe sprächen gegen die Annahme, daß eine bereits vor 1941 bestehende ernstliche Entfremdung der Ehegatten eine wesentliche Rolle bei der Übersiedlung des Klägers nach Hamburg und der Ausdehnung seines Aufenthalts dort bis in das Jahr 1941 gespielt haben könnte.

Diese Begründung kann die Verneinung der in Frage stehenden Scheidungsvoraussetzung nicht tragen. Tatsächlich leben die Parteien seit vielen Jahren an verschiedenen Orten und somit getrennt. Das tatsächliche Getrenntsein war nur einigemal durch kurze Besuche des Klägers in Köln unterbrochen. Die Voraussetzung der Aufhebung der häuslichen Gemeinschaft im Sinne der §§ 55, 57 EheG. ist grundsätzlich schon beim Vorliegen des äußeren Trennungstatbestandes gegeben, ohne daß es auf die Gründe ankommt, welche die Trennung herbeigeführt haben oder ihren Fortbestand bedingen. Insbesondere ist es nicht erforderlich, daß schon zur Zeit der Trennung einer der Ehegatten den Willen hatte, die häusliche Gemeinschaft dauernd aufzuheben, oder daß eine Entfremdung der Ehegatten der Anlaß für die Trennung oder deren Fortdauer war (vgl. RGZ. Bd. 160 S. 249; RG. in DR. 1940 Ausg. A S. 449 Nr. 12). Hierbei sind jedoch gewisse Einschränkungen zu machen. Die Verhältnisse des Lebens führen in zahlreichen Fällen kürzere, manchmal auch länger dauernde Trennungen herbei, bei denen es der natürlichen Auffassung durchaus widersprechen würde, wenn man sie als Aufhebung der häuslichen Gemeinschaft kennzeichnen wollte. Schon in RGZ. Bd. 53 S. 343 ist daher zu § 1571 BGB. — an dessen Stelle jetzt der § 57 EheG. getreten ist — ausgesprochen worden, daß eine Aufhebung der häuslichen Gemeinschaft im Sinne dieser Gesetzesbestimmung dann nicht herbeigeführt werde, wenn sich die Trennung nach den bestehenden Lebensverhältnissen der Ehegatten als eine natürliche, aus dem regelmäßigen Laufe der Dinge sich ergebende darstelle. Als Beispiele sind die Badereise und die Geschäftsreise eines Ehegatten genannt. In dem in DR. 1942 Ausg. A S. 1336 abgedruckten Beschlusse IV 73/42 des erkennenden Senats vom 4. Juli 1942 ist auch der Fall des versetzten Beamten, der am neuen Dienstort zunächst keine Familienwohnung findet, mit gewissem Vorbehalt hierher gerechnet. Eine Trennung, die zunächst als eine natürliche, aus dem regelmäßigen Verlaufe der Dinge sich ergebende anzusprechen war, kann diese Wesensart jedoch verlieren. Unter Umständen kann das schon dann eintreten, wenn das tatsächliche Getrenntleben eine außergewöhnlich lange Dauer erreicht. Vor allem aber gehören alle die Fälle hierher, in denen die Trennung, sei es mit, ohne oder gegen den Willen eines der beiden Ehegatten, aus Gründen aufrechterhalten wird, die mit der beruflichen Veranlassung, aus der sie etwa zunächst eingetreten ist, oder einem gleichzusetzenden Grunde (z. B. Erkrankung, Urlaubsreise) nichts zu tun haben. Zu denken wäre dabei an die Inhaftnahme eines Ehegatten, wie sie im vorliegenden Falle dem Kläger widerfahren ist (siehe unten). Auch die innere Einstellung, welche die Ehegatten gegeneinander haben und mit der sie der Tatsache der äußeren Trennung gegenübertreten, kann eine Rolle spielen. So wäre die Trennung nicht mehr als natürlich und sich aus dem regelmäßigen Laufe der Dinge ergebend anzusehen, wenn sie wegen eingetretener Entfremdung aufrechterhalten wird. Das hat das Berufungsgericht an sich nicht verkannt. Zu bemerken ist jedoch, daß als maßgebliche innere Einstellung nicht nur eine „ernstliche Entfremdung" in Betracht kommt. Auch bloße Gleichgültigkeit der Eheleute gegenüber dem Getrenntleben kann — jedenfalls bei längerer Dauer desselben — genügen. Wenn gar ein schon längere Zeit dauerndes Getrenntleben fortgesetzt wird, obwohl für die Eheleute die Möglichkeit besteht, diesem dem Wesen einer wahren Ehegemeinschaft widerstreitenden und die Ehe gefährdenden Zustand ein Ende zu machen, dann wird es überhaupt nebensächlich sein, aus welchen inneren Gründen die Wiederherstellung eines gemeinsamen Hausstandes, wie er unter Eheleuten üblich ist, unterbleibt. Vielmehr ist dann in der Regel die Feststellung, daß die häusliche Gemeinschaft der Eheleute im Sinne des § 55 (§ 57) EheG. aufgehoben sei, ohne weiteres zu treffen.

Im vorliegenden Fall ist nun zwar dem Berufungsgericht rechtlich nicht entgegenzutreten, wenn es angenommen hat, die Trennung der Parteien im Jahre 1937 sei — zunächst — als eine natürliche, aus dem regelmäßigen Verlaufe der Dinge sich ergebende anzusehen. Ihm kann jedoch darin nicht zugestimmt werden, daß die Trennung diese Wesensart bis in das Jahr 1941 hinein behalten habe. Zunächst sei bemerkt, daß eine Aufhebung der häuslichen Gemeinschaft, falls letztere noch im Oktober 1939 bestanden hätte, durch die Ende Oktober 1939 geschehene, bis in den März 1940 dauernde Inhaftnahme des Klägers herbeigeführt worden wäre. Es hat aber auch schon zu dieser Zeit (Herbst 1939) eine häusliche Gemeinschaft der Parteien im Sinne des § 55 EheG. gar nicht mehr bestanden. Im Oktober 1939 lebte der Kläger schon 2¼ Jahre von der Beklagten getrennt. In der Zwischenzeit hatte er nach den im Berufungsurteil angeführten Briefstellen jedenfalls seit Mitte Oktober 1938 — vom 26. September bis 10. Oktober 1938 war er als Soldat bei der Wehrmacht — erörtert, ob Frau und Tochter zu ihm nach Hamburg ziehen sollten oder er nach Köln zurückkehren solle. Beides müßte danach möglich gewesen sein. Es ist auch nicht ersichtlich, weshalb nicht wenigstens das eine oder das andere in der Zeit von Oktober 1938 bis Oktober 1939 möglich gewesen sein sollte, vorausgesetzt, daß die Parteien es ernstlich gewollt und entsprechende Schritte unternommen hätten. Bei der verhältnismäßig langen Dauer, die der Beschäftigungsaufenthalt des Klägers in Hamburg und das Getrenntsein der Parteien im Oktober 1939 erreicht hatten, kann es nach den oben erörterten Gesichtspunkten keine ausschlaggebende Rolle spielen, aus welchen inneren Gründen die Parteien von der Möglichkeit der Wiederherstellung der ehelichen Hausgemeinschaft auch in der Zeit von Oktober 1938 bis Herbst 1939 keinen Gebrauch gemacht haben. Auch wenn es nur daran gelegen haben sollte, daß der Kläger schwankte und sich nicht entschließen konnte, ob er nach Köln zurückkehre oder seine Familie nach Hamburg nachkommen lasse, wäre festzustellen, daß die häusliche Gemeinschaft der Parteien (§ 55 EheG.) im Oktober 1939 — zur Zeit der Verhaftung des Klägers — schon aufgehoben war.

Darüber hinaus hatte aber die eheliche Gesinnung der Parteien auch längst eine Beeinträchtigung erfahren, die nicht ohne Einfluß auf die Dauer des Getrenntseins der Parteien geblieben war. Dies gilt insbesondere vom Kläger. Schon vor Oktober 1939 — zu welcher Zeit er bei der Witwe O. wohnte, mit der er seit Jahren Ehebruch treibt — hatte er Beziehungen zu anderen Frauen unterhalten. Es liegt auf der Hand, daß er, wenn er an solchen Verhältnissen sein Vergnügen fand, begreiflichen Anlaß hatte, sowohl von einer Rückkehr nach Köln wie von der Begründung eines ehelichen Hausstandes in Hamburg abzustehen, jedenfalls die ernstliche Entschließung für das eine oder das andere hinauszuschieben. Darüber können auch die in herzlichem Tone gehaltenen, mit zärtlichen Anreden beginnenden sowie mit herzlichsten Grüßen, oft auch mit Küssen für die Beklagte schließenden Briefe des Klägers nicht hinwegtäuschen, ebensowenig der Austausch von Geschenken, die Inanspruchnahme der Beklagten zur Besorgung der Wäsche des Klägers und seine — schon 1939 seltenen und kurzen — Besuche bei der Beklagten. Auf seiten der Beklagten muß es auffallen, daß sie schon vor Herbst 1939 wußte, daß der Kläger mit anderen Frauen Beziehungen gehabt hatte, und trotz der dadurch sinnfällig in die Erscheinung tretenden Gefährdung der Ehe nicht entschieden auf eine baldige häusliche Wiedervereinigung drängte.

Es hätte nahegelegen, daß sie im Interesse ihrer Ehe die Arbeitgeberin des Klägers gebeten hätte, diesen endlich wieder so zu beschäftigen, daß er bei seiner Familie in Köln wohnen konnte, als er weder eine Wohnung in Hamburg besorgte, noch die Rückversetzung nach Köln durchsetzte, sondern nur leere Worte machte. Auch im Hinblick darauf wäre es nicht gerechtfertigt, das Getrenntsein der Parteien zur Zeit der Verhaftung des Klägers im Oktober 1939 noch als ein natürliches, aus dem regelmäßigen Verlaufe der Dinge sich ergebendes anzusprechen. Somit war zur Zeit der Berufungsverhandlung am 23. März 1943 die häusliche Gemeinschaft der Parteien seit drei Jahren aufgehoben.

---

50. Ist es einer Partei, die in einem Rechtsstreit mit einer bestimmten Anspruchsbegründung obgesiegt hat, verwehrt, in einem neuen Rechtsstreit weitergehende Ansprüche aus jenem Sachverhalt mit einer tatsächlichen Begründung zu erheben, die mit der früheren, erfolgreichen Begründung in unvereinbarem Widerspruch steht?

BGB. § 242.

VI. Zivilsenat. Urt. v. 13. August 1943 i. S. B. (Kl.) w. C.=Bank AG. (Bekl.). VI 38/43.

I. Landgericht Berlin.
II. Kammergericht daselbst.

Die Rechtsvorgängerin der Beklagten, die M.=Privatbank (MPB.), hat im Auftrage des Ehemannes der Klägerin für dessen erste Ehefrau vor dem ersten Weltkrieg in London 350 und für andere Auftraggeber weitere 5030 United States Steel Common Shares gekauft. Es waren Namenspapiere mit Blankotransfer. Der Blankotransfer ist niemals ausgefüllt worden. Ein Stückeverzeichnis hat die erwähnte Bank dem Auftraggeber nicht übermittelt; sie hat auch selbst kein solches erhalten. Von den Stücken lagen 2760 bei dem Schw. Bankverein in London, dessen Hauptsitz in der Schweiz ist, 1130 bei der Société Générale in London und 1490 bei der London C.- and W.-Bank in London. Von den erstgenannten sind 2610, von den letzterwähnten 1000 Stück während des Krieges in Ausübung des den Banken nach englischem Rechte zustehenden Pfandrechts zur Abdeckung von Schulden der MPB. verkauft worden. Weitere 1540 Stück sind auf Grund des Versailler Vertrages liquidiert worden. Endlich sind 240 Stück auf Grund der Winslow-Act freigegeben worden.

Die erste Frau des Mannes der Klägerin ist im Jahre 1924 verstorben und von ihm allein beerbt worden. Er hat die Ansprüche aus diesem Geschäft an seine zweite Frau, die Klägerin, abgetreten. Diese forderte mit einer im September 1933 erhobenen Klage £ 2795.3.6 nebst Zinsen als ihren Anteil an dem Betrage der Schuld, von der die MPB. durch die Exekution der 2610 Shares befreit worden sei, sowie als ihren Anteil an dem Werte der Stücke, die auf Grund der Winslow-Act freigegeben worden wären, wenn sie nicht exekutiert worden wären.

Das Landgericht hatte diese Klage abgewiesen; das Kammergericht hatte ihr zur Hauptsache stattgegeben und sie nur wegen eines Teiles der Zinsen abgewiesen. Beide Parteien hatten Revision eingelegt. Das Reichsgericht hatte die Entscheidung des Berufungsgerichts zur Hauptsache bestätigt. Sein Urteil vom 10. Juli 1936 ist im wesentlichen in JW. 1936 S. 2859 Nr. 6 abgedruckt; darauf wird Bezug genommen. In den Entscheidungsgründen ist insbesondere gesagt, keine der Parteien habe behauptet, daß irgendwelche der 5380 von der Rechtsvorgängerin der Beklagten in fremdem Auftrage gekauften, also unter gleichen Bedingungen stehenden Shares für bestimmte Auftraggeber gekauft oder gar ihnen zu eigen übertragen gewesen wären; ein Vorzugsrecht habe also keinem der Gläubiger, die aus dieser Gesamtheit zu befriedigen waren, zugestanden.

Nunmehr hat die Klägerin behauptet, daß ihre Ansprüche höher seien als die von ihr im Vorprozeß geltend gemachten und ihr zugesprochenen Beträge. Sie sei dort davon ausgegangen, daß keine der von der MPB. gekauften Shares für bestimmte Auftraggeber angeschafft worden seien, und habe nur Herausgabe des danach berechneten verhältnismäßigen Ersatzvorteils verlangt, der dem vollen Verkaufserlöse für 169,79 Shares entsprochen habe. Da jedoch von den für ihre (der Klägerin) Rechtsvorgängerin (d. i. die erste Frau B.) von der MPB. gekauften 350 Shares 200 Stück nach dem Depotbuche der MPB.

bei der Schweizer Bank gelegen hätten, habe sie Anspruch auf den vollen Verkaufserlös dieser 200 Stück. Die Beklagte sei daher verpflichtet, ihr den Erlös für weitere 31 Shares herauszugeben, weil der ihr im Vorprozeß zugesprochene Betrag auf den Erlös für 200 Stück anzurechnen sei. Über diesen Anspruch sei im Vorprozeß nicht entschieden worden. Sie hat demgemäß mit einer neuen Klage beantragt, die Beklagte zur Zahlung des Ersatzvorteils, nämlich von £ 540.74.23, mindestens aber 6420,10 RM sowie weiteren 9454 RM. und 4894,82 RM. von der MPB. oder der Beklagten aus dem Pfundbetrage gezogener Nutzungen oder Zinsen zu verurteilen.

Die Beklagte hat die Einrede der rechtskräftig entschiedenen Sache erhoben. Im Vorprozeß sei über den gesamten Anspruch der Klägerin aus dem von ihrer Rechtsvorgängerin der MPB. erteilten Auftrage zum Ankauf von 350 Shares entschieden worden. Der Klageanspruch sei aber auch sachlich nicht begründet. Es sei unrichtig, daß bestimmte Shares für die Rechtsvorgängerin der Klägerin bei dem Schw. Bankverein in London gelegen hätten. Bei den Eintragungen im Depotbuche der MPB. habe es sich lediglich um innere Vermerke gehandelt, aus denen die Klägerin keine Rechte herleiten könne. Weder sei ihrer Rechtsvorgängerin oder deren Ehemann ein Stückeverzeichnis übersandt noch überhaupt eine Mitteilung des Inhalts gemacht worden, daß von den gekauften Shares 200 Stücke bei dem Schw. Bankverein lägen. Die Gattungsschuld der MPB. habe sich auf die angeblich beim Schw. Bankverein liegenden 200 Stücke demgemäß nicht beschränkt. Ferner stehe dem Anspruch der Einwand der Verwirkung entgegen.

Das Landgericht hat die Klage abgewiesen, weil ihr die Rechtskraft der Urteile des Vorprozesses entgegenstehe. Die Berufung der Klägerin ist vom Kammergericht unter Zurückweisung des Einwandes der rechtskräftig entschiedenen Sache aus sachlichen Erwägungen zurückgewiesen worden. Die Revision der Klägerin blieb ohne Erfolg.

Gründe:

Die Klägerin hat in dem früheren Rechtsstreit ihren Anspruch darauf gestützt, daß sie bei gleicher Rechtslage mit allen Gläubigern unter denselben Bedingungen wie diese Wertpapiere gekauft und Anspruch auf deren Lieferung erworben habe; daß irgendwelche dieser Papiere für bestimmte Auftraggeber gekauft oder gar ihnen zu eigen übertragen gewesen seien, war von ihr nicht nur nicht behauptet, sondern als der Begründung ihres Anspruchs offensichtlich widersprechend für ausgeschlossen erachtet worden. Ihr Recht auf Anteilnahme an dem Ersatz, der an die Stelle der exekutierten Shares getreten ist, war entscheidend hierauf gegründet worden. Diese rechtlichen Gesichtspunkte sind es auch gewesen, die der Klägerin zu ihrem Erfolge nach Maßgabe der früheren Urteile des Kammergerichts und des Reichsgerichts verholfen haben, und zwar in bezug auf die ganzen 350 Shares, auf deren Lieferung sie einen Anspruch gehabt hatte.

Mit der Begründung des nunmehr erhobenen Anspruchs setzt sich die Klägerin in vollkommenen und entscheidenden Widerspruch zu jener Rechtsgrundlage. Nun behauptet sie gerade das, wovon an der erwähnten Stelle des Urteils des Reichsgerichts vom 10. Juli 1936 gesagt worden war, daß es nicht behauptet sei, und woraus die Folgerung („also") hergeleitet worden war, daß keinem der Gläubiger, die aus dieser Gesamtheit der angeschafften Shares zu befriedigen waren, ein Vorzugsrecht zugestanden habe, worauf also ihre Beteiligung an dem Ersatz (§ 281 BGB.) entsprechend ihrem Anteil an der Gesamtheit der 5380 Shares, die unter dem Namen der MPB. bei den drei Londoner Banken lagen, gegründet worden war. Die Begründung des Anspruchs, mit dem sie damals obgesiegt hat, schließt die Begründung des Anspruchs, den sie jetzt erhebt, schlechthin aus und umgekehrt.

Wohl hatte die Klägerin die Behauptung, auf die sie nunmehr den Klageanspruch stützt, schon im Vorprozeß aufgestellt, und sie hatte auch schon damals daraus nicht nur den Anspruch herleiten wollen, den sie gegenwärtig erhebt, sondern auch den bis dahin erhobenen Anspruch so begründen wollen. Nachdem ihr aber das Armenrecht für den Mehranspruch versagt worden war, hat sie unter vorläufigem Fallenlassen des Mehranspruchs den bis dahin verfolgten Anspruch nur noch (vgl. den Tatbestand der Urteile des Kammergerichts und des Reichsgerichts) auf die oben kurz umschriebene Rechtslage gegründet, die, wie erwähnt, der Annahme geradezu entgegenstand, daß irgendwelche Shares für sie gekauft oder gar ihr zu eigen übertragen gewesen wären oder daß ihr überhaupt irgendein Vorzugsrecht an solchen zugestanden hätte. Dazu ist sie keineswegs gezwungen gewesen. Denn wenn sie auch durch die Versagung des Armenrechts damals gehindert gewesen sein mag, den angekündigten Mehranspruch zu erheben, so war sie doch nicht daran gehindert, dem bereits erhobenen Anspruch die Begründung zu geben, die sie nunmehr nicht nur dem Mehranspruch, sondern in Wahrheit auch dem damals erhobenen und ihr dann zugesprochenen Anspruch gibt und die sie anscheinend für richtig hielt und hält. Sie zog es vor, bei einer Begründung zu bleiben, die sich, wie gezeigt, mit der Anspruchsbegründung nicht verträgt, die sie hatte vorbringen wollen und nunmehr vorbringt, und die, wie erwähnt, in Wahrheit keineswegs nur den jetzt erhobenen Mehranspruch betrifft, sondern auch den damals erhobenen und ihr zuerkannten Anspruch erfaßt.

Das muß ihr aber verwehrt sein. Ob entsprechend der Auffassung des Landgerichts und abweichend von der des Kammergerichts der Einwand der Rechtskraft einem solchen Wechsel der Anspruchsbegründung entgegensteht, insofern, als die Begründung nicht nur die damals vorbehaltene Erhöhung des Klageanspruchs umfaßt, sondern den ganzen Anspruch, sowohl den früher wie auch den nunmehr erhobenen, und als sich die Rechtskraft immer auf den Anspruch erstreckt, wie er durch den Tatbestand und die Entscheidungsgründe des rechtskräftigen Urteils gekennzeichnet ist, kann dahingestellt bleiben. Denn jedenfalls verbieten die Grundsätze von Treu und Glauben (§ 242 BGB.) der Klägerin, mit der einen Begründung den einen Teil eines in Wahrheit einheitlichen Gesamtanspruchs, mit einer anderen, die erste Begründung (und umgekehrt) ausschließenden Begründung den anderen Teil desselben einheitlichen Gesamtanspruchs zu verfolgen.

Aus diesen Erwägungen kann das Rechtsmittel keinen Erfolg haben, ohne daß es eines weiteren Eingehens auf den Sachverhalt bedarf.

---

51. Ist § 50 EheG. nur dann anzuwenden, wenn die Ehe ohne die Geistesstörung des beklagten Eheteils aus seinem Verschulden geschieden werden könnte?

EheG. § 50.

IV. Zivilsenat. Urt. v. 18. August 1943 i. S. Ehemann L. (Kl.) w. Ehefrau L. (Bekl.). IV 104/43.

I. Landgericht Traunstein.
II. Oberlandesgericht München.

Die Frage wurde bejaht aus folgenden, auch den Sachverhalt ergebenden

Gründen:

Das Berufungsgericht sieht als festgestellt an, daß die Beklagte ihren Aufgaben als Hausfrau nur sehr mangelhaft nachgekommen sei. Doch könne ihr das, so erwägt es, im Hinblick darauf, daß sie an krankhafter, auf hysterischer und hypochondrischer Grundlage beruhender Willensschwäche leide, nicht als schwere Eheverfehlung zugerechnet werden. Das gelte auch von den Verwünschungen, welche die Beklagte über ihren Mann ausgesprochen habe, zumal da sie sich zu ihren Äußerungen durch begründete Eifersucht habe hinreißen lassen. Der Kläger habe auch durch seine eheliche Untreue das Verhalten der Frau wesentlich beeinflußt und auch ihre seelischen Hemmungen in der Erfüllung ihrer hausfraulichen Verpflichtungen verstärkt und damit sein Scheidungsbegehren gemäß § 49 Satz 2 EheG. entkräftet. Danach sei das Scheidungsverlangen aus § 49 EheG. unbegründet. Es lasse sich aber auch nicht auf § 50 EheG. stützen. Denn auf das Verhalten der Beklagten, das den Gegenstand des Scheidungsbegehrens sowohl nach § 49 wie nach § 50 EheG. bilde, sei die Zerrüttung der Ehe nicht entscheidend zurückzuführen. Das Versagen der Frau als Hausfrau, das nach der eigenen Behauptung des Klägers bis auf die ersten Ehejahre zurückgehe, habe er bis in das Jahr 1941 ertragen. Gegen ein tiefgehendes eheliches Zerwürfnis spreche vor allem der Brief des Klägers an die Beklagte vom 9. Januar 1940. Der Kläger habe auch durch Fortsetzung des Geschlechtsverkehrs mindestens bis Anfang Juni 1941 die vorausgegangenen Verfehlungen der Frau verziehen. Wenn sich jetzt der Kläger innerlich völlig von der Beklagten abgewandt habe, so liege der wesentliche Grund dafür in der Zuneigung zu seiner Geliebten. Seine Abkehr von der Beklagten möge durch ihr der Sache nach ehewidriges Verhalten begünstigt worden sein; aber dieses sei, nachdem es der Kläger nahezu 20 Jahre lang ertragen habe, für den Entschluß der Trennung nicht ausschlaggebend gewesen. Es fehle deshalb am Nachweis der von § 50 EheG. verlangten Voraussetzung, daß die Ehe gerade durch das objektiv ehewidrige Verhalten des beklagten Ehegatten unheilbar zerstört worden sei.

Die Abweisung der Klage aus § 49 EheG. rechtfertigt sich schon aus der Erwägung des Berufungsrichters, daß unter den gegebenen Verhältnissen das Verhalten der Beklagten nicht als schwere Eheverfehlung zu werten ist.

Aber auch die Stellungnahme des Berufungsrichters zu § 50 EheG. läßt keinen Rechtsirrtum erkennen. Wenn das Oberlandesgericht annimmt, die mangelhafte Haushaltführung der Beklagten habe die Ehe nicht zerrüttet, so beruht das auf tatrichterlicher Würdigung der Verhältnisse. Es ist auch nach Lage der Dinge haltbar. Zwar wird die Tatsache, daß ein Ehegatte jahrelang das Verhalten des anderen ertragen hat, keineswegs immer den Schluß zulassen, daß er dieses Verhalten endgültig in Kauf genommen habe und daß seine Fortsetzung deshalb nicht mehr ehezerrüttend habe wirken können. Hat aber, wie hier, der Ehemann die mangelhafte Haushaltführung der Frau über 20 Jahre ertragen, ohne mit der Frau zu brechen, so kann daraus in der Tat, zumal in Verbindung mit der Tatsache, daß der eheliche Verkehr der Eheleute bis kurz vor der Trennung fortgesetzt worden ist und der Mann der Frau noch im Jahre 1940 einen herzlichen Brief geschrieben hat, hergeleitet werden, daß durch dieses Verhalten der Frau die Ehe nicht erschüttert worden ist.

Die von der Beklagten gegen den Kläger ausgesprochenen Verwünschungen sind, wie das Berufungsgericht feststellt, durch die „nur zu sehr begründete“ Eifersucht der Beklagten hervorgerufen worden, haben also ihre Grundlage in der ehelichen Untreue des Klägers; deshalb würde im Falle des § 49 EheG. das Scheidungsbegehren nach Satz 2 als sittlich nicht gerechtfertigt anzusehen sein. In solchem Falle kann aber auch keine Scheidung nach § 50 EheG. stattfinden. Denn wenn § 50 EheG. ein Verhalten des beklagten Ehegatten voraussetzt, das sich sachlich als Eheverfehlung darstellt, so ist damit sinngemäß eine solche Verfehlung gemeint, die bei voller Verantwortlichkeit des beklagten Eheteils zur Scheidung aus seinem Verschulden führen würde. Da im Falle des § 49 Satz 2 EheG. das Scheidungsbegehren selbst gegen den gesunden Ehegatten nicht durchdringt, kann das um so weniger gegenüber dem Ehegatten der Fall sein, dessen Verantwortlichkeit durch eine geistige Störung aufgehoben oder gemindert wird.

---

52. Über die Voraussetzungen eines Nottestaments nach § 24 Abs. 2 TestG., insbesondere über die Frage, ob wirkliche Todesgefahr ohne die Kenntnis ihres Bestehens für die Gültigkeit eines solchen Testaments genügt.

Gesetz über die Errichtung von Testamenten und Erbverträgen vom 31. Juli 1938 (RGBl. I S. 973). — TestG. — § 24.

VII. Zivilsenat. Urt. v. 18. August 1943 i. S. G. (Bekl.) w. W. (Kl.). VII 88/43.

I. Landgericht Graz.
II. Oberlandesgericht daselbst.

Der ledige Landwirt F. G. errichtete am 30. Oktober 1941 gegen 11 Uhr vormittags, vor seiner um 13 Uhr vorgenommenen Überführung in ein Krankenhaus und seinem um ½20 Uhr eingetretenen Tod, eine letzte Anordnung in der Weise, daß er vor drei Zeugen einen von einem dieser Zeugen vorbereiteten Testamentsentwurf nach Verlesung eigenhändig unterschrieb und von den drei Zeugen unterschreiben ließ. In dieser Anordnung setzte er die Klägerin als Alleinerbin ein und schloß ausdrücklich den Beklagten, den Sohn eines verstorbenen Bruders, von der Erbfolge aus. Die Streitteile gaben im Abhandlungsverfahren widersprechende Erberklärungen ab. Das Abhandlungsgericht wies die Klägerin auf den Rechtsweg. Die Klägerin behauptet, es liege ein gültiges Nottestament nach § 24 Abs. 2 TestG. vor.

Das Landgericht hat die Klage abgewiesen; das Oberlandesgericht hat ihr stattgegeben. Die Revision des Beklagten blieb ohne Erfolg.

Aus den Gründen:

Das Reichsgericht hat in seiner Entscheidung vom 6. März 1943 (RGZ. Bd. 171 S. 27 [29]) abweichend von den Meinungen in den Erläuterungsbüchern ausgesprochen: „Es würde dem gesunden Volksempfinden und dem Grundgedanken des Testamentsgesetzes widersprechen, wenn ein von einem Bürgermeister aufgenommenes Nottestament deshalb für ungültig erklärt werden müßte, weil der Bürgermeister für seine Person eine unmittelbar drohende Gefahr nicht besorgte, während sachlich eine Lage gegeben war, die das Ableben des Erblassers vor dem Eintreffen des Richters oder Notars besorgen ließ, und diese Besorgnis vielleicht darüber hinaus sich sogar als begründet erwies, indem der Erblasser bald nach der Errichtung des Testaments verstarb." Während es sich bei dieser Entscheidung um ein Nottestament vor dem Bürgermeister nach § 23 TestG. handelte, kommt im gegebenen Falle nur ein Nottestament nach § 24 Abs. 2 und 3 TestG. in Frage. Während für das Nottestament vor dem Bürgermeister die bloße Besorgnis genügt, daß der Erblasser früher sterben werde, als die Errichtung eines Testaments vor einem Richter oder Notar möglich ist, stellt § 24 Abs. 2 TestG. strengere Erfordernisse auf, und zwar eine wirkliche und so nahe Todesgefahr (also nicht bloß Besorgnis), daß auch die Errichtung eines Nottestaments vor dem Bürgermeister nach § 23 TestG. nicht mehr möglich ist. Daraus und insbesondere durch die ausdrückliche Anführung des Beispiels eines Unfalls im Gebirge ergibt sich die Absicht des Gesetzgebers, die Zulässigkeit des Nottestaments nach § 24 Abs. 2 TestG. schärfstens auf eine außerordentliche Lage zu beschränken. Dennoch muß aus dem Wortlaute der Bestimmung geschlossen werden, daß sie nur ein einziges Erfordernis aufstellt, nämlich eine wirkliche und so nahe Todesgefahr, daß die Errichtung eines Nottestaments vor dem Bürgermeister nicht mehr möglich ist, und daß es — trotz des angeführten Beispiels vom Unfall im Gebirge — auf den Ort der Testamentserrichtung nicht ankommt. Auch in einer Stadt können also die Voraussetzungen für die Errichtung eines solchen Nottestaments eintreten. Es braucht sich ferner nicht bloß um Unfälle oder eine sonstige durch außergewöhnliche Ereignisse herbeigeführte nahe Todesgefahr zu handeln, sondern es kann auch im Verlauf einer längerdauernden Krankheit ein Zustand eintreten, in dem eine solche nahe Todesgefahr besteht. Diese Voraussetzung muß im Zeitpunkte der Errichtung des Testaments gegeben sein. Mehr verlangt das Gesetz nicht. Es kommt deshalb weder auf die frühere noch auf eine spätere Möglichkeit der Errichtung eines gewöhnlichen Testaments oder eines Nottestaments vor dem Bürgermeister an. War im Zeitpunkte der Testamentserrichtung die Voraussetzung gegeben, so bleibt das Testament bestehen. Die Schwierigkeit, und zwar die durch das Gesetz gewollte Schwierigkeit, liegt vielmehr in der Notwendigkeit des eindeutigen Beweises der besonders gearteten Todesgefahr, eine Schwierigkeit, die um so größer wird, je länger es bis zum Eintritte des Todes dauert, und die dann besonders groß wird, wenn eine, wenn auch nur vorübergehende Besserung im Zustande des Testamentserrichters eintritt. Trotz der klaren Absicht des Gesetzgebers, dieses Nottestament auf den äußersten Notstandsfall zu beschränken, ist also einerseits anzunehmen, daß dieser auch unter gewöhnlichen Verhältnissen, mithin auch im Verlauf einer länger dauernden Erkrankung, wie im gegebenen Fall, eintreten kann; andererseits ist wieder darauf hinzuweisen, daß es wegen der Schwierigkeiten des Nachweises der vom Gesetze geforderten Voraussetzungen notwendig ist, bei der Errichtung eines solchen Nottestaments äußerst vorsichtig zu sein und vor allem zu trachten, eine Wiederholung durch Errichtung eines ordentlichen Testaments herbeizuführen, wenn es die nachfolgenden Verhältnisse zulassen.

Daß im gegebenen Falle zum Zeitpunkte der Errichtung des Testaments für den Erblasser wirkliche Todesgefahr bestand, der Tod also sogleich und somit auch in der Zeit vor dem Eintreffen einer Urkundsperson eintreten konnte, haben die Gerichte unangefochten festgestellt. Es konnte also auch dann, wenn im Zeitpunkte der Errichtung des Testaments — nur auf diesen Zeitpunkt kommt es nach den vorangehenden Ausführungen an — statt der Errichtung eines Nottestaments nach einer Urkundsperson geschickt worden wäre, der Tod oder wenigstens die Testierunfähigkeit eintreten und infolgedessen die Errichtung eines ordentlichen Testaments oder eines Testaments vor dem Bürgermeister nicht mehr möglich sein. Da der erkennende Senat dies in der vorangestellten Entscheidung für genügend angesehen hat und nach den vorausgehenden Erwägungen keinen Grund hat, von dieser Ansicht abzugehen, ist im gegebenen Falle das vom Erblasser errichtete Testament als rechtsgültiges Nottestament nach § 24 Abs. 2 TestG. anzusehen.

---

53. Kann bei Zerstörung einer Sache neben der Erstattung ihres Verkehrswertes Ersatz für entgangene Gebrauchsvorteile verlangt werden?

BGB. §§ 249, 251 Abs. 1.

III. Zivilsenat. Urt. v. 19. August 1943 i. S. Großdeutsches Reich (Bekl.) w. L.-Ges. W. & Co. (Kl.). III 67/43.

I. Landgericht Münster.
II. Oberlandesgericht Hamm.

Die Klägerin läßt die von ihr hergestellten Waren (Waschmittel) durch Lastkraftwagen, die von ihren Bezirksvertretern gefahren werden, zu den über das Land verstreuten einzelnen Verteilerstellen befördern. Auf einer solchen Fahrt wurde am 26. Oktober 1939 ein Lastkraftwagen der Klägerin von einem ihn überholenden Wehrmachtlastwagen gestreift. Der Wagen der Klägerin wurde so schwer beschädigt, daß er nicht mehr ausgebessert werden konnte. Die Klägerin nimmt den Beklagten auf Schadensersatz in Anspruch. Ihr Anspruch war zunächst nur auf Zahlung von 2711,93 RM. nebst 5 v. H. Zinsen seit dem 20. Februar 1940 gerichtet. In diesem Betrage waren der Werterſatz für den zerstörten Wagen mit 1200 RM. sowie eine Summe von 1511,93 RM. an Aufwendungen enthalten, die der Klägerin ihrer Behauptung nach aus dem Unfall erwachsen sind, und zwar namentlich durch die Anmietung von Ersatzwagen, da es ihr trotz aller Bemühungen nicht gelungen sei, einen anderweitigen Lastkraftwagen zu erwerben. Der vorgenannte Anspruch, den die Klägerin um die vom Beklagten am 11. April 1940 gezahlten 1200 RM. ermäßigt hatte, ist durch rechtskräftiges Zwischenurteil des Landgerichts vom 17. November 1941 unter dem Gesichtspunkte der Amtshaftung (Art. 131 WeimVerf.) dem Grunde nach für gerechtfertigt erklärt worden. Nunmehr hat die Klägerin den Klageantrag erweitert. Sie verlangt für gehabte Aufwendungen Zahlung von 7510,99 RM., indem sie weitere Auslagen für das Anmieten fremder Lastkraftwagen bis einschließlich Januar 1942 geltend macht. Außerdem begehrt sie die Feststellung der Ersatzpflicht des Beklagten für allen aus dem Unfall sonst noch entstandenen oder künftig entstehenden Schaden.

Der Beklagte ist der Schadensberechnung der Klägerin in tatsächlicher und rechtlicher Hinsicht entgegengetreten. Er vertritt die Auffassung, die Klägerin könne neben dem Sachwerte des Wagens, der ihr erstattet worden sei, nicht auch noch Ersatz für den Entgang der Nutzung des Wagens verlangen. Der Umstand, daß ihr die Anschaffung eines Ersatzwagens unmöglich gewesen sei, beruhe auf den durch den Krieg herbeigeführten Verhältnissen; der Unfall sei dafür nicht ursächlich.

Das Landgericht hat die Mehrkosten der Klägerin für die Fahrten mit angemieteten Wagen bis Januar 1942 in Anlehnung an eine Auskunft des Lieferwerks auf 0,16 RM. je km, insgesamt auf 5046,08 RM., ihre anderen Auslagen auf 92,32 RM. berechnet und dem Zahlungsanspruch daher in Höhe von 5138,40 RM. stattgegeben; außerdem hat es dem Feststellungsantrag entsprochen. Die vom Beklagten eingelegte Berufung ist im wesentlichen ohne Erfolg geblieben. Die Revision des Beklagten führte zur Aufhebung und Zurückverweisung.

Gründe:

I. Nach dem Zwischenurteil des Landgerichts vom 17. November 1941 steht rechtskräftig fest, daß der Schadensersatzanspruch der Klägerin gemäß Art. 131 WeimVerf., § 839 BGB. dem Grunde nach gerechtfertigt ist. Die Rechtskraft der Vorabentscheidung geht allerdings über den Umfang der damals erhobenen Ansprüche nicht hinaus. Zu diesen gehörte aber bereits eine Schadensersatzforderung wegen gehabter Aufwendungen und wegen entgangener Nutzungen des zerstörten Lastkraftwagens im Betrage von 1511,93 RM., wie sie sich im einzelnen aus der dem Schriftsatze der Klägerin vom 15. April 1940 beigefügten Aufstellung ergibt. Insoweit kann die Schadensersatzpflicht des Beklagten und ihre Erstreckung auf die ursprünglich geltend gemachten Aufwendungen — namentlich auch für das Anmieten fremder Kraftfahrzeuge — nicht mehr in Frage gestellt werden. Innerhalb dieser Grenzen kann es sich nur noch um die Höhe der einzelnen Schadensposten handeln.

II. Eine andere verfahrensrechtliche Lage besteht jedoch bei der späteren Erweiterung der Ansprüche für den Nutzungsentgang und bei dem außerdem erhobenen Feststellungsanspruch. Hierüber war unabhängig von dem Zwischenurteil erneut zu entscheiden. Das Berufungsgericht hat ersichtlich auch insoweit die Voraussetzungen für eine Amtshaftung des Beklagten bejahen wollen. Hiergegen bestehen keine rechtlichen Bedenken. Solche sind auch von der Revision nicht erhoben worden.

Das Berufungsgericht hat im Anschluß daran die Frage geprüft, ob die Klägerin neben dem Werterſatz für den zerstörten Wagen, den sie am 11. April 1940 mit 1200 RM. erhalten hat, auch noch Ersatz für die entgangene Nutzung des Wagens, insbesondere für die ersatzweise Anmietung fremder Kraftwagen, verlangen kann. Dazu ist vom Berufungsgericht in tatsächlicher Hinsicht festgestellt worden, daß die Klägerin sich wegen der Kriegsverhältnisse keinen anderen Wagen habe beschaffen können, sondern gezwungen gewesen sei, zur Aufrechterhaltung ihres Betriebs von Fall zu Fall fremde Lastkraftwagen anzumieten. Nach der rechtlichen Seite hin hat das Berufungsgericht ausgeführt, der Schädiger sei nach § 251 BGB. verpflichtet, dem Geschädigten den besonderen Wert zu ersetzen, den der beschädigte Gegenstand für diesen nach dessen besonderen Verhältnissen habe. Dem Geschädigten sei somit nicht nur der Wert des Gegenstandes, sondern das volle Interesse zu vergüten; auch sei nicht allein die Sachlage zu berücksichtigen, wie sie zur Zeit des Schadenseintritts bestanden habe; vielmehr seien alle Umstände in Betracht zu ziehen, die zur Zeit der Urteilsfällung gegeben seien. Für die Dauer der Kriegsverhältnisse, durch welche die Klägerin an einem Ersatzkaufe gehindert sei, könne daher der bloße Werterſatz nicht als ausreichend angesehen werden; es entspreche auch der Billigkeit, der Klägerin den verlangten Ersatz für ihre Aufwendungen zuzusprechen.

Diese Erwägungen werden von der Revision ohne Erfolg angegriffen. Zuzugeben ist, daß der Geschädigte, wenn ihm der Wert einer zerstörten Sache ersetzt worden ist, unter regelmäßigen Umständen keine weiteren Ansprüche stellen kann. Denn die als Werterſatz gewährte Summe wird ihn gewöhnlich in den Stand setzen, eine andere gleichwertige Sache zu erwerben und seinen Schaden damit auszugleichen. In manchen Fällen pflegt auch der Wert der zerstörten Sache nach ihrem Nutzungsertrage bemessen zu werden, so daß darin ein Ersatz für die entgangenen Nutzungen schon enthalten ist. Überdies können die Zinsen, die der Betrag abwirft, die entgangenen Nutzungen aufwiegen. Jedoch können die Umstände auch so liegen, daß der durch den Verlust der zerstörten Sache entstandene Schaden wirtschaftlich über den Verkehrswert der Sache hinausgeht. Von der Industrie erzeugte Gebrauchsgegenstände — wie der hier in Betracht kommende Kraftwagen — besitzen einen im wesentlichen von den Herstellungskosten abhängigen Verkehrswert, in welchem die unter Umständen recht bedeutenden wirtschaftlichen Vorteile der Verwendung solcher Gegenstände nicht zum Ausdruck kommen. Als Ersatz für derartige Gegenstände wird freilich nur ihr Verkehrswert verlangt werden können, wenn der Geschädigte sie zum Weiterverkauf erworben hat. Werden sie aber — wie hier — als Betriebsmittel verwendet und können sie — etwa wegen eingetretener Warenverknappung — nicht durch Erwerb gleichwertiger Stücke ersetzt werden, so läßt sich der Schaden durch Leistung bloßen Wertersatzes nicht ausgleichen. Der Ausgleich kann dann aber so herbeigeführt werden, daß dem Geschädigten fremde Sachen für seine Gebrauchszwecke dienstbar gemacht werden. Man würde den Begriff des Sachschadens in § 249 Satz 2 BGB. zu eng auffassen, wenn man dem Geschädigten den Anspruch, auf diese Weise zur vollen Schadensbehebung zu gelangen, verweigern wollte. Die Bestimmung spricht in Satz 1 den allgemeingültigen Grundsatz aus, daß der zum Schadensersatz Verpflichtete den Zustand herzustellen hat, der bestehen würde, wenn der zum Ersatz verpflichtende Umstand nicht eingetreten wäre. Daraus folgt, daß der Geschädigte Anspruch auf das volle Interesse hat und sich nicht mit dem Ersatze des gegenständlichen Werts einer beschädigten Sache zu begnügen braucht, wenn diese nach seinen Verhältnissen einen besonderen Wert für ihn hat. Schon die ältere Rechtsprechung des Reichsgerichts (RGZ. Bd. 71 S. 216) hat daher anerkannt, daß neben der Wertminderung der Sache grundsätzlich auch Ersatz für die Entbehrung der Sachnutzung gefordert werden kann. Der Ersatz braucht aber insoweit nicht gerade in einer Summe verlangt zu werden. Es steht gesetzlich nichts entgegen, daß er auch von Fall zu Fall gefordert wird. Vorliegend war der Unfall nach dem Ausbruch des Krieges eingetreten, und die Kriegsverhältnisse haben es verhindert, daß die Klägerin durch Neuerwerb eines Wagens zur Herstellung des alten Zustandes gelangen konnte. Sie war vielmehr zur Anmietung von Ersatzwagen gezwungen, um in die Lage zu kommen, wie sie wirtschaftlich für sie bestanden hätte, wenn sie ihren alten Wagen weiter für sich hätte benutzen können. Diese Folge des schädigenden Ereignisses ist dem Beklagten als „adäquate" zuzurechnen; sie muß daher bei der in § 251 Abs. 1 BGB. vorgesehenen Geldentschädigung berücksichtigt werden. Die Klägerin kann also mit Recht Ersatz ihrer Aufwendungen für das Anmieten fremder Kraftwagen fordern. Die in dem Aufsatz von Wussow, DR. 1942 Ausg. A S. 293, vertretene Ansicht, daß der Ersatz des Sachwerts in jeder Hinsicht an die Stelle der zerstörten Sache trete und daher für weitergehende Ersatzansprüche überhaupt kein Raum bleibe, findet im Gesetze keine ausreichende Stütze. Ebensowenig kann dem Bedenken der Revision beigepflichtet werden, die Zubilligung eines besonderen Ersatzes für den Nutzungsentgang laufe den Preisstopvorschriften zuwider. Die Revision verkennt dabei, daß diese Vorschriften nur die Höhe des gegenständlichen Sachwerts begrenzen, während der für die volle Schadloshaltung der Klägerin noch erforderliche Ersatz für den Nutzungsentgang und die dadurch entstandenen wirtschaftlichen Nachteile außerhalb der Preisregelung liegt. Nicht überzeugend ist endlich auch der Einwand der Revision, die Klägerin habe den Nachteil der Unmöglichkeit der Anschaffung eines anderen Wagens als allgemeine Kriegsfolge selbst zu tragen. Denn es liegt auf der Hand, daß die Tragung dieser Kriegsfolge eher dem Schädiger als dem Geschädigten zugemutet werden muß. Für Fälle vorsätzlicher Sachbeschädigung dürfte daran überhaupt kein Zweifel bestehen. Das Gesetz macht aber insoweit zwischen vorsätzlicher und fahrlässiger Schädigung keinen Unterschied. Ist der angerichtete Schaden wegen der Kriegsverhältnisse besonders hoch, so kann der Schädiger nicht verlangen, so gestellt zu werden, wie wenn der Schaden zu Friedenszeiten entstanden wäre. Demnach läßt sich nicht beanstanden, daß das Berufungsgericht der Klägerin von Fall zu Fall einen besonderen Ersatz für den Nutzungsentgang zugesprochen hat.

III. Dagegen müssen gegen die mengenmäßige Berechnung des Schadens in mehrfacher Hinsicht Bedenken erhoben werden. (Die weiteren Ausführungen hierzu begründen die Notwendigkeit der Aufhebung des Berufungsurteils und der Zurückverweisung der Sache.)

54. 1. Ist bei einem Werklieferungsvertrag über eine nicht vertretbare Sache die Abnahmepflicht eine Hauptverpflichtung des Bestellers?

2. Zum Rücktrittsrecht des Unternehmers bei unberechtigter Abnahmeverweigerung oder sonstiger positiver Vertragsverletzung des Bestellers in Ansehung der Abnahmepflicht.

BGB. §§ 326, 640, 651.

II. Zivilsenat. Urt. v. 26. August 1943 i. S. Mech. Weberei A. GmbH. (Bekl.) w. JG. Farbenindustrie AG. (Kl.). II 39/43.

I. Landgericht Frankfurt a. M.
II. Oberlandesgericht daselbst.

Die Beklagte, eine Weberei für Putztücher, übernimmt in ihrem Betrieb auch die Reinigung von Ölputztüchern ihrer Kunden. Sie bestellte bei der Klägerin laut deren Angebot vom 17. März 1938 und Auftragsbestätigung vom 22. April 1938 eine aus zwei Waschmaschinen nebst Zubehör bestehende Reinigungsanlage, die mit einem chemischen Reinigungsmittel der Klägerin, Asordin, arbeitet, das nach Benutzung durch Destillation wieder gewonnen und neu verwendet wird. Der Kaufpreis betrug 36 600 RM. Dem Vertrage wurden die Allgemeinen Verkaufsbedingungen der Klägerin zugrunde gelegt, die u. a. vorsehen, daß diese Gewähr für sachgemäße Bauart und Ausführung sowie für Verwendung guten Materials in der Weise übernimmt, daß sie alle vorzeitig auftretenden, durch sie verschuldeten Fehler und Mängel unter Ausschluß jeder anderen Verbindlichkeit ab Lieferwerk kostenlos beseitigt. Die Anlage wurde im Herbst 1938 geliefert.

Anlagen dieser Art waren, wovon beide Parteien ausgingen, für die Reinigung von Ölputztüchern noch nicht erprobt. Bei der Benutzung der gelieferten Anlage stellten sich alsbald Schwierigkeiten heraus. Insbesondere wurden die in den Putztüchern enthaltenen kurzen Fasern (sog. Flusen) von dem Asordin mitgeführt; sie führten zu Verstopfungen und Verkrustungen (sog. Flusenplage); diese hemmten die volle Ausnutzung der Anlage und mußten von Zeit zu Zeit durch Reinigungsarbeiten beseitigt werden, welche Unterbrechungen des Betriebs, Gefährdung der

Apparate und starke Verdunstung von Asordin zur Folge hatten. Zur Beseitigung dieser Übelstände wirkten beide Parteien zusammen.

Laut Bestätigungsschreiben der Klägerin vom 12. August 1939 vereinbarten die Parteien nach längeren Auseinandersetzungen schließlich folgende Regelung der „schwebenden Fragen“:

1. Wir betrachten Ihre Mehraufwendungen für Arbeitslöhne, den Gewinnausfall und den Verlust an ausreichenden Amortisationsmöglichkeiten, bedingt durch die Minderleistung der Anlagen, als einen Teil der Versuchskosten. Infolgedessen beteiligen wir uns an diesen Kosten mit einer einmaligen Vergütung von 10 000 RM.

2. Wir werden weiter mit Ihnen zur Vervollkommnung der Maschinen zusammenarbeiten. Zu diesem Zweck sind durch Änderungen und Ergänzungen der Apparatur Sonderaufwendungen notwendig, die sich, soweit wir die Verhältnisse bisher übersehen können, auf etwa 3000 RM. pro Anlage stellen werden. Sollte diese Summe nicht überschritten werden, so übernehmen wir die Kosten. Falls die erforderlichen Ergänzungsapparaturen teurer werden, so werden wir Ihnen zur gegebenen Zeit die in Frage kommenden Kosten nennen. Es steht Ihnen dann frei, zu entscheiden, ob Sie die zusätzlichen Kosten übernehmen oder die Maschinen zurückgeben wollen.

Zur Erfüllung der zu 2. genannten Verpflichtung waren ursprünglich wesentliche Änderungen an den Behältern in Aussicht genommen. Die Klägerin brachte dann aber im Einverständnis mit der Beklagten, zunächst versuchsweise, im Herbst 1939 unter verhältnismäßig geringen Aufwendungen drehbare Flusenfängerkörbe an, mit denen auch gute Erfolge erzielt wurden. Die Beklagte erklärte dies jedoch nach Erprobung nicht für genügend und vertrat in längeren und wiederholten Ausführungen den Standpunkt, daß damit die Übelstände, zu deren Behebung das Abkommen vom 12. August 1939 geschlossen worden sei, insbesondere die Flusenplage, nicht beseitigt seien. Nebenher rügte sie, wie sie dies schon kurz vor dem Abkommen vom 12. August 1939 getan hatte, daß sich in Behältern, die mit Igelit, einem Kunstharz — anstatt, wie ursprünglich im Kostenanschlage vorgesehen, mit Blei — ausgekleidet waren, dieser Belag löse. Die Klägerin erklärte sich zur Auswechslung der mit Igelit ausgekleideten Behälter gegen solche mit Bleiauskleidung bereit, verlangte aber zuvor, da dieser Mangel mit der Leistungsfähigkeit der Anlage nichts zu tun habe, die Entscheidung der Beklagten darüber, ob sie die Anlage übernehmen oder zurückgeben wolle. Die Beklagte beharrte demgegenüber auf ihrem Standpunkte, daß die Flusenplage noch bestehe und daß deshalb zunächst diese behoben werden müsse. Daraufhin trat die Klägerin durch Schreiben vom 2. April 1940 vom Lieferungsvertrage zurück und forderte die Rückgabe der noch in ihrem Eigentum stehenden Anlage. Die Beklagte hat diese nicht zurückgegeben, sondern weiter in Benutzung.

Die Klägerin hat auf Grund des Verhaltens der Beklagten Klage erhoben, mit der sie in erster Linie Rückgabe der Anlage, hilfsweise Zahlung des Kaufpreises von 36 600 RM. nebst Zinsen verlangt hat. Die Vordergerichte haben die Beklagte nach dem Hauptantrage verurteilt, und zwar das Berufungsgericht nach Einholung eines Sachverständigengutachtens über die Behebung der Flusenplage. Die Revision der Beklagten hatte keinen Erfolg.

Aus den Gründen:

Wie die Beklagte selbst in ihren Schriftsätzen an Hand des unstreitigen Briefwechsels der Parteien eingehend und zutreffend dargelegt hat, handelt es sich um einen echten Werklieferungsvertrag, d. h. um einen Vertrag auf Lieferung einer erst herzustellenden nicht vertretbaren Sache, so daß auf ihn an Stelle bestimmter Vorschriften über den Kaufvertrag die entsprechenden Vorschriften über den Werkvertrag anzuwenden sind (§ 651 BGB.). Wenn auch die von der Beklagten bestellte Anlage in ihren wesentlichen Teilen den Asordinwaschmaschinen entsprach, wie sie von der Klägerin gattungsmäßig hergestellt und geliefert wurden, so stellte sie doch insofern eine Neuerung dar, als es bisher an Erfahrungen in der Verwendung derartiger Maschinen für die Reinigung öl- und fettverschmutzter Putztücher fehlte. Deshalb hatte es die Klägerin übernommen, die „weitere konstruktionstechnische Entwicklung der Maschine" mit Rücksicht auf die besonderen Bedürfnisse der Beklagten und nach Maßgabe einer besonderen Rentabilitätsberechnung durchzuführen, sowie nicht nur die Aufstellung der Anlage in einem von der Beklagten besonders hierfür zu errichtenden Gebäude zu besorgen, sondern ihr auch bei der Erprobung behilflich zu sein und ihr hierbei die Dienste ihrer technischen Stellen zur Verfügung zu stellen. Dem entspricht es auch, daß die Klägerin es als ihre selbstverständliche Pflicht betrachtete, Änderungen am Apparat selbst oder in der ganzen Anordnung zu treffen, als sich bei den Versuchen mit der gelieferten Anlage Schwierigkeiten herausstellten, die nicht etwa auf Mängeln der Anlage als solcher, sondern auf dem besonderen Verwendungszweck der Beklagten beruhten, um die Anlage den in ihrem Betriebe vorliegenden besonderen Verhältnissen anzupassen. Dem entspricht es vor allem auch, daß die Parteien übereinstimmend die Anlage nicht bereits mit der Lieferung und Aufstellung als abgenommen betrachteten, wie es bei einem Kaufvertrage der Fall sein würde, sondern die Abnahme, d. h. neben der körperlichen Hinnahme auch die Anerkennung vertragsmäßiger Herstellung, wie sie beim Werkvertrage gemäß § 640 BGB. erforderlich ist, bis zuletzt als eine noch offene Frage behandelten.

Handelt es sich hiernach um einen echten Werklieferungsvertrag, so findet auf ihn gemäß § 651 BGB. für die Abnahmepflicht des Bestellers nicht die Vorschrift des § 433 Abs. 2 BGB., die nur eine tatsächliche Hinnahme des Kaufgegenstandes erfordert, sondern die des § 640 BGB. Anwendung, wonach der Besteller außerdem verpflichtet ist, das vertragsmäßig hergestellte Werk als eine in der Hauptsache dem Vertrag entsprechende Erfüllung anzuerkennen (vgl. RGZ. Bd. 107 S. 343, Bd. 110 S. 407). Von der vollzogenen Abnahme in diesem Sinne hängen, soweit in dieser Hinsicht nichts Besonderes vereinbart ist, auch weitere Rechtsfolgen, wie z. B. der Beginn der Verjährung (§ 638 BGB.), der Gefahrübergang (§§ 644, 645 BGB.) und die Fälligkeit der Vergütung (§ 641 BGB.) ab. Diese Abnahmeverpflichtung des Bestellers stellt beim Werkvertrag ebenso wie beim echten Werklieferungsvertrag — im Gegensatze zum Kaufvertrage — wegen ihrer weitergehenden Bedeutung in aller Regel eine Hauptverpflichtung des Bestellers dar, so daß der Unternehmer, wenn der Besteller mit ihrer Erfüllung in Verzug gerät oder sich in Ansehung ihrer durch Erfüllungsverweigerung einer positiven Vertragsverletzung schuldig macht, zur Geltendmachung der Rechte aus § 326 BGB. befugt ist (vgl. Planck BGB. Bem. 2e zu § 640; Staudinger BGB., 9. Aufl., Erl. III flg. zu § 640, S. 983; Heinichen im RGR. Komm. z. HGB. Bem. 14 zu § 381). Daß die Abnahmeverpflichtung neben der Zahlungspflicht auch im vorliegenden Falle zu den Hauptverpflichtungen der Beklagten gehörte, kann keinem Zweifel unterliegen. Deshalb kommt es entscheidend darauf an, ob die Beklagte die Erfüllung ihrer Abnahmepflicht (und damit zugleich auch ihrer Zahlungspflicht) unberechtigterweise verweigert oder doch sich sonst in Ansehung ihrer Abnahmepflicht einer positiven Vertragsverletzung schuldig gemacht hat und ob die Klägerin demzufolge mit Recht von ihrem sich hieraus in entsprechender Anwendung des § 326 BGB. ergebenden Rücktrittsrecht Gebrauch gemacht hat. Diese Frage ist auf Grund des vom Berufungsgericht festgestellten Sachverhalts zu bejahen.

Grundsätzlich ist freilich der Besteller eines Werks berechtigt, die Abnahme (und auch die Zahlung) zu verweigern, solange dieses mit einem, wenn auch nur unerheblichen Mangel behaftet ist (vgl. RG. in JW. 1907 S. 744 Nr. 13; RG. in DJZ. 1909 Sp. 433). Der Unternehmer ist also mit der Herstellung des Werks vorleistungspflichtig. Diese Vorleistungspflicht erlischt jedoch, wenn der andere Teil bestimmt und endgültig erklärt, daß er selbst nach Vornahme gewisser dem Unternehmer noch obliegender Nachbesserungen die ihm obliegenden Leistungen (Abnahme und Zahlung) nicht bewirken werde (vgl. RGR. Komm. z. BGB. Bem. 4 zu § 320); das gleiche gilt, wenn er deren Bewirkung bestimmt und endgültig von Nachbesserungen abhängig macht, die er nicht verlangen kann. Wenn infolge einer solchen positiven Vertragsverletzung des Bestellers dem Unternehmer ein Festhalten am Vertrage nach Treu und Glauben nicht mehr zuzumuten ist, ist er außerdem, vorausgesetzt, daß er selbst vertragstreu ist (vgl. RGZ. Bd. 149 S. 404), in entsprechender Anwendung des § 326 BGB. berechtigt, vom Vertrage zurückzutreten und die Rückgabe des bereits gelieferten Gegenstandes zu verlangen. So liegt der Fall nach den Feststellungen des Berufungsgerichts hier.

Bei der Ingebrauchnahme der von der Klägerin gelieferten Anlage hatten sich, wie der unstreitige Briefwechsel der Parteien ergibt, verschiedene Mängel herausgestellt, infolge deren sie den berechtigten Anforderungen der Beklagten nicht entsprach und die Klägerin sich zu mehrfachen Nachbesserungen veranlaßt gesehen hatte. Als besonders störend erwies sich jedoch die Flusenplage, zu deren Behebung die Parteien gemeinsam zunächst vergeblich mitgewirkt hatten. Zur einstweiligen Beilegung der sich hieraus ergebenden Streitigkeiten schlossen die Parteien das Abkommen vom 12. August 1939, in dem u. a. zur Vervollkommnung der Maschinen im Zusammenarbeiten der Parteien „Änderungen und Ergänzungen der Apparatur" in Aussicht genommen waren. Über ein zur Behebung der Flusenplage geeignetes technisches Mittel war man sich damals noch nicht im klaren; man rechnete aber mit grundlegenden und verhältnismäßig kostspieligen Änderungen an den Asordin-Behältern. Im Herbst 1939 einigte man sich jedoch dahin, es zunächst einmal mit drehbaren Flusenfängerkörben zu versuchen, mit denen, wie die Beklagte selbst anerkannte, tatsächlich auch gute Erfolge erzielt wurden. Nach Durchführung dieser verhältnismäßig geringe Kosten verursachenden Maßnahme machte die Beklagte aber geltend, daß die Flusenfrage noch immer ungelöst sei, da die Behälter und Rohrleitungen nach wie vor über das übliche Maß hinaus mit Flusen verstopft und verschmutzt würden; sie verlangte deshalb die im Abkommen vom 12. August 1939 ursprünglich in Aussicht genommenen Änderungen und Ergänzungen der Apparatur, d. h. grundlegende Änderungen an den Asordinbehältern, indem sie die „geringfügige und billige Arbeit" an den Waschmaschinen als völlig unzureichend hinstellte. Die Klägerin andererseits sah ihre Aufgabe, die sie in dem Abkommen vom 12. August 1939 übernommen hatte, als vollständig erfüllt, insbesondere die Flusenplage als behoben an; obwohl sie anerkannte, daß die wegen Loslösung des Igelitbelags erforderliche Auswechslung der mit Igelit verkleideten Behälter gegen solche mit Bleiauskleidung noch ausstand, glaubte sie doch, der Beklagten nunmehr die Entscheidung über die Abnahme der Maschinen zumuten zu können, weil deren Leistungen von diesem Austausch nicht abhängig seien. Die Beklagte lehnte jedoch jedes Entgegenkommen ab, indem sie auf dem Standpunkte verharrte, daß die Flusenplage weiter bestehe und deshalb die verlangten grundlegenden Änderungen erforderlich seien. Da die Beklagte somit aus diesen Gründen die von der Klägerin geforderte Erklärung über die Abnahme- und Zahlungsbereitschaft hartnäckig verweigerte, entschloß sich die Klägerin schließlich, vom Vertrage zurückzutreten und die Rückgabe der Maschinen zu verlangen.

Das Berufungsgericht stellt seine Entscheidung mit Recht darauf ab, ob die Flusenplage damals tatsächlich behoben war und ob die Beklagte deshalb zu Unrecht weitere grundlegende Änderungen an der Anlage zur Behebung der Flusenplage verlangt hat. Ist dies der Fall, dann hat die Beklagte sich einer positiven Vertragsverletzung in Ansehung ihrer Abnahmepflicht (und damit zugleich auch ihrer Zahlungspflicht) schuldig gemacht, wenn sie trotzdem auf ihrem Standpunkt verharrte, daß der Hauptmangel, nämlich die Flusenplage, welche beiden Parteien die größten Schwierigkeiten bereitete — der Klägerin bei ihren Bemühungen, die Beklagte zufriedenzustellen, und der Beklagten in ihrem Bestreben, eine wirtschaftlich brauchbare Anlage zu erhalten, — nach wie vor fortbestehe und weitere erhebliche Nachbesserungen erfordere, und wenn sie von diesen Nachbesserungen ihre Abnahme abhängig machte. Der Briefwechsel der Parteien läßt ebenso wie ihre Stellungnahme im Rechtsstreit einwandfrei erkennen, daß die Verhandlungen sich hauptsächlich um die Flusenfrage drehten, die erst einer technischen Lösung bedurfte. Als weitere noch ausstehende Nachbesserung wurde von der Beklagten damals nur noch die Auswechslung der igelitierten Behälter gegen solche mit Bleiauskleidung verlangt; hierzu hatte sich die Klägerin auch ausdrücklich erboten. Diese Nachbesserung war der Klägerin aber — wie das Berufungsgericht rechtlich einwandfrei ausführt —, insbesondere auch angesichts der wirtschaftlichen Schwierigkeiten der Bleibeschaffung, nicht zuzumuten, solange sie infolge des Verhaltens der Beklagten damit rechnen mußte, daß diese die Anlage aus anderen (ungerechtfertigten) Gründen doch nicht abnehmen werde. Unter diesen Umständen war, falls die Flusenplage wirklich behoben war und die Beklagte dies zu Unrecht bestritt, die Stellungnahme der Klägerin durchaus gerechtfertigt. Ein weiteres Festhalten am Vertrage war ihr nach Treu und Glauben nicht zuzumuten. Dies gilt um so mehr, als die Beklagte schon vorher wiederholt ihre Unzufriedenheit mit den Leistungen der Klägerin in unnötig scharfer und verletzender Weise zum Ausdruck gebracht hatte, obwohl diese sich ersichtlich nach Kräften um die Behebung der Anstände bemüht und stets weitgehendes Entgegenkommen gezeigt hatte. Allerdings könnte nach ständiger Rechtsprechung die Klägerin aus einer Vertragsverletzung des anderen Teils ein Rücktrittsrecht nicht herleiten, wenn sie selbst vertragsuntreu gewesen wäre (vgl. RGZ. Bd. 149 S. 404); für die Annahme einer Vertragsuntreue der Klägerin selbst ist aber, wenn man die Berechtigung ihres Standpunktes in der Flusenfrage voraussetzt, nach den Feststellungen des Berufungsgerichts kein Anhalt gegeben.

Hiernach hängt die Entscheidung allein noch davon ab, ob die Feststellung des Berufungsgerichts, die Flusenplage sei damals tatsächlich behoben gewesen, rechtlich einwandfrei getroffen worden ist. Dies ist der Fall. (Wird näher ausgeführt.)

---

55. 1. Zur Tragweite der Rechtsfahrregel auf Seewasserstraßen.
2. Welche Anforderungen sind an die Sorgfaltspflicht des Schlepperführers in einem durch Krümmungen unübersichtlichen und durch eine Sandbank für die Schiffahrt gefährlichen Teil einer Seewasserstraße zu stellen?

Seewasserstraßenordnung vom 31. Oktober 1933 (RGBl. II S. 833) in der Fassung vom 18. Juli 1935 (RGBl. II S. 485) — SWO. — §§ 3, 28, 30.

I. Zivilsenat. Urt. v. 27. August 1943 i. S. R. (Bekl.) w. M. Schiffahrts- und Lagerhaus AG. (Kl.). I 38/43.

I. Landgericht Aurich.
II. Oberlandesgericht Celle.

Am 6. Oktober 1937 fuhr der Seedampfer „Sturzsee" unter Lotsenführung mit einer nach Papenburg bestimmten Holzladung die Ems aufwärts. Gegenüber dem Durchstich Pottdeich kam die „Sturzsee" bei auflaufendem Wasser am Rande einer Sandbank fest. Durch zwei schwarze Bälle wurde die Manövrierunfähigkeit des Dampfers angezeigt.

Nach Einsetzen des Ebbstroms fuhren von Weener aus eine Anzahl Schleppzüge flußabwärts. Vier Schleppzüge kamen nacheinander ohne Unfall an der Steuerbordseite der festsitzenden „Sturzsee" vorbei, die drei letzten allerdings unter leichteren Bodenberührungen. Auch der Beklagte schlug mit dem von ihm selbst geführten Schlepper „Blücher", in dessen Anhang sich die Kähne „WTAG 62" und „Münster I" befanden, einige Stunden nach dem Festkommen den an der Steuerbordseite der „Sturzsee" vorbeiführenden Kurs ein, obwohl die tiefe Fahrrinne in einer Breite von etwa 65 bis 70 Metern südlich der „Sturzsee" an deren Backbordseite verlief. Nachdem der Schlepper des Beklagten frei an der „Sturzsee" vorbeigekommen war, fuhr der Kahn „WTAG 62" auf der erwähnten Sandbank fest. Der folgende Kahn „Münster I" geriet ebenfalls auf Grund. Infolge der schon seit einiger Zeit herrschenden Ebbe schwoiten die Kähne frei von dem festsitzenden Dampfer „Sturzsee" herum. Bei fortschreitender Ebbe erlitten sie infolge Durchbrechens erhebliche Beschädigungen.

Die Klägerin hat als Eigentümerin des Kahns „Münster I" vom Beklagten als Führer und Eigentümer des Schleppers Ersatz des durch die Beschädigung ihres Kahns entstandenen Schadens verlangt. Sie ist der Meinung, der Beklagte sei in erster Linie wegen schuldhafter Verletzung des Schleppvertrages schadensersatzpflichtig, weil er, obwohl er rechtzeitig habe erkennen können, daß die tiefe Fahrrinne südlich des festsitzenden Seedampfers verlaufe, und obwohl ihm bekannt gewesen sei, daß sich auf der Nordseite der Ems eine Sandbank von nicht genau bekannter Ausdehnung befinde, dennoch Backbordkurs gewählt habe, um an der Nordseite (Steuerbordseite) der „Sturzsee" vorbeizufahren. Durch diese von ihm zu vertretende falsche Fahrweise habe er die Anhangkähne auf den Sand gezogen.

Der Beklagte hat bestritten, daß ihn als Schlepperführer ein Verschulden treffe. Er hat vorgetragen: Schuld an dem Unfall sei ausschließlich die Besatzung des Seedampfers, die durch falsches Navigieren an einer den Schiffsverkehr gefährdenden Stelle festgekommen sei und nach dem Festfahren die talwärts fahrenden Schleppzüge nicht durch geeignete Signale darauf hingewiesen habe, daß der Seedampfer nur an der Südseite mit Steuerbordkurs gefahrlos habe umfahren werden können. Aus guten Gründen habe sich auf den talwärts fahrenden Schleppern der Brauch herausgebildet, quer „durch die Bucht" zu fahren. Oberhalb der Unfallstelle befinde sich am rechten Emsufer eine weitere Sandbank, die von den Schlepperführern nach Befahren der großen Kurve des Flusses in weitem Abstand habe passiert werden müssen, um zu vermeiden, daß die auf langer Trosse fahrenden Schleppkähne auf den Sand gezogen würden. Die Schlepperführer hätten sich also sehr weit nach links halten müssen. Von dem Punkt aus, an dem sie in einer Entfernung von 600 bis 700 Metern nach Durchfahren der großen Kurve den festsitzenden Seedampfer zuerst hätten bemerken können, habe es so geschienen, als ob der Dampfer am rechten (südlichen) Ufer der Ems festsitze. Die Schlepperführer hätten daher, da sie der Ansicht hätten sein müssen, die „Sturzsee“ könne nur auf der Nordseite umfahren werden, ihren Kurs zunächst beibehalten müssen. Erst in einer Entfernung von etwa 200 bis 300 Metern sei es möglich gewesen, die richtige Lage der „Sturzsee“ zu erkennen. In dieser Entfernung sei es aber nicht mehr möglich gewesen, den auf Backbord liegenden Kurs zu ändern, den Schleppzug abzustoppen oder auf Gegenkurs aufzudrehen. Bei dem Versuch, eines dieser Manöver auszuführen, habe ein viel größeres Unglück geschehen können. Für die Anhangkähne habe die Zeit nicht ausgereicht, einer Kursänderung des Schleppers zu folgen, da der Schleppzug infolge des Ebbstroms mit einer Geschwindigkeit von etwa 10 Kilometern in der Stunde gefahren sei.

Das Landgericht hat den Klageanspruch dem Grunde nach für gerechtfertigt erklärt. Das Oberlandesgericht hat die Berufung des Beklagten zurückgewiesen. Die Revision des Beklagten hatte keinen Erfolg.

Gründe:

Nach seinen Ausführungen hat der Berufungsrichter allgemein seiner Entscheidung die Feststellungen zugrunde gelegt, die er auf Grund des Beweisergebnisses in dem Rechtsstreite der Eigentümerin des Kahns „WTAG 62“ gegen den Beklagten getroffen hat. Danach ist von folgender Lage an der Unfallstelle auszugehen: Die „Sturzsee“ saß am Rande der Sandbank etwas schräg zum Fahrwasser derart fest, daß der Vordersteven mehr nach dem südlichen Emsufer gerichtet war als das Heck. Das tiefe Fahrwasser in einer Breite von etwa 65 bis 70 Metern führte, wie der Berufungsrichter in dem früheren Rechtsstreit im Anschluß an die Messungen des Tiefbaumeisters R. für erwiesen erachtet hat, an der Südseite (Backbordseite) der „Sturzsee“ vorbei. Nördlich von der „Sturzsee" hatte zwar die Wasserfläche eine größere Breite. Die Entfernung des Vorderstevens vom nördlichen Ufer betrug etwa 120 Meter, die des Hecks etwa 100 Meter. Indessen befand sich in diesem nördlichen Teile der Ems eine Sandbank, an deren Rande der Seedampfer sich festgefahren hatte und deren Ausdehnung nicht genau feststand. Die Gefahr des Festgeratens hätte für den Schleppzug „Blücher" nicht bestanden, wenn der Beklagte das tiefe Fahrwasser südlich des Dampfers benutzt hätte. Unter diesen Umständen war, was der Berufungsrichter nicht beachtet hat, hinreichender Anlaß gegeben, auf den mißglückten Versuch des Schleppers „Blücher", mit seinem Anhang an der Steuerbordseite der „Sturzsee" vorbeizufahren, die Regeln des Beweises vom ersten Anschein anzuwenden, weil die Erfahrung des Lebens zunächst auf ein fehlerhaftes Navigieren und damit ein für das Festgeraten der Kähne ursächliches Verschulden des Schlepperführers schließen läßt, wenn neben dem durch die Sandbank gefährdeten Weg an der Nordseite der „Sturzsee" noch der südliche Weg durch das tiefe Fahrwasser zur Verfügung stand. Demgegenüber hatte der Beklagte einen Sachverhalt nachzuweisen, der mindestens die Möglichkeit ergibt, daß er seine Fahrweise als berechtigt annehmen durfte (RGZ. Bd. 69 S. 432; RG. in JW. 1928 S. 1732 Nr. 14; HansGerZ. 1933 B S. 122; Mittelstein Handbuch des Binnenschiffahrtsrechts 1918 S. 327 Anm. 56).

Das Vorbringen des Beklagten ist nicht geeignet, ihn in dem dargelegten Sinne zu entlasten. Dem Berufungsrichter ist vielmehr im Ergebnis darin beizutreten, daß den Beklagten als Schlepperführer nach dem festgestellten Sachverhalt ein für den Unfall ursächlich gewordenes Verschulden trifft.

In erster Linie folgert der Berufungsrichter das Verschulden des Beklagten daraus, daß er beim Verlassen des großen Emsbogens mit der ziemlich großen Geschwindigkeit von etwa 10 st/km entgegen § 30 SWO. auf der linken und nicht auf der rechten Seite der Ems gefahren sei. In dieser Fahrweise, die er als grundsätzlich falsch bezeichnet, sieht der Berufungsrichter vor allem die Erklärung dafür, daß bei der Annäherung des Schleppzuges der Seedampfer im Widerspruch mit der Wirklichkeit auf den Beklagten den Eindruck eines am rechten Ufer der Ems festgekommenen Schiffes gemacht habe. Dazu bemerkt er, wenn der

Beklagte mehr rechts gefahren wäre, so hätte er mindestens aus einer Entfernung von etwa 300 bis 400 Metern erkennen können, daß die tiefe Fahrrinne an der Südseite der „Sturzsee" vorbeigehe und daß deshalb der am Rande der Sandbank festsitzende Dampfer auf dieser Seite umfahren werden müsse. Aus diesen Gründen erachtet der Berufungsrichter die Verurteilung des Beklagten schon wegen des nach seiner Meinung vorliegenden fahrlässigen Verstoßes gegen § 30 SWO. für gerechtfertigt.

Einer abschließenden Untersuchung darüber, ob diese Begründung für sich allein die Verurteilung des Beklagten rechtfertigt, bedarf es nicht, weil die vom Berufungsrichter allgemein in Bezug genommenen Entscheidungsgründe seines Urteils vom 17. Oktober 1941 Hilfserwägungen enthalten, die unbedenklich zu dem gleichen Ergebnis führen und durch die Revisionsangriffe nicht berührt werden. Zutreffend ist die den vorstehenden Erörterungen zugrunde liegende Annahme des Berufungsrichters, daß § 30 SWO. in der zur Zeit des Unfalls maßgeblichen Fassung der Verordnung vom 18. Juli 1935 (RGBl. II S. 485) ein Schutzgesetz im Sinne von § 823 Abs. 2 BGB. sei. Gleiches gilt von der für Schleppzüge geltenden Sondervorschrift des § 37 Abs. 3 SWO. Nach dieser vom Berufungsrichter nicht erwähnten Vorschrift gilt das Gebot des Rechtsfahrens grundsätzlich auch für Schleppzüge. Mit der Bedeutung der genannten Vorschriften hat sich der Berufungsrichter nicht näher befaßt. Ein Schadensersatzanspruch entsteht durch den schuldhaften Verstoß gegen ein Schutzgesetz nur dann, wenn er als schadenstiftendes Ereignis die Gefahr verwirklicht hat, die durch das Schutzgesetz verhütet werden soll, und der Geschädigte zu dem geschützten Personenkreis gehört. Der Schutz des im Einzelfall in Frage kommenden Interesses braucht allerdings nicht der Hauptzweck des Gesetzes zu sein; es genügt, daß er von ihm mitgewollt ist (Planck BGB., 4. Aufl. 1928, Bem. III Ziff. 2 vor a zu § 823, S. 1741; RGRKomm. z. BGB., 9. Aufl. 1939, Bem. 15 zu § 823; RGZ. Bd. 73 S. 30; RGUrt. IV 42/24 v. 5. Februar 1925 in JR. 1925 Nr. 1107; RGZ. Bd. 128 S. 298 [300]). Ebenso wie der auf dem gleichen Grundgedanken beruhende Art. 25 SeeStrO. bezwecken die genannten Vorschriften der Seewasserstraßenordnung die Regelung des Schiffsverkehrs in engen Gewässern. Durch das Gebot des Rechtsfahrens wird Dampfern für die Berg- und Talfahrt eine besondere Fahrbahn zugewiesen, um die Gefahr des Zusammenstoßes von vornherein auszuschließen. In diesem Sinne hat sich das Reichsgericht bei der Würdigung des Art. 25 SeeStrO. wiederholt ausgesprochen (RGZ. Bd. 44 S. 42 [45]; HansGerZ. 1914 Hauptbl. S. 222 Nr. 104; RGZ. Bd. 117 S. 172, Bd. 122 S. 284 [287]). Keinem Zweifel unterliegt es, daß auch die Eigner der Anhangkähne eines Schleppers zu dem geschützten Personenkreis gehören. Im Streitfall ergibt sich indessen die bisher noch nicht entschiedene Frage, ob die in Rede stehenden Vorschriften die Anhangkähne auch gegen die Gefahr des Aufgrundgeratens schützen wollen, wenn der Schlepperführer sich durch den Verstoß gegen die Rechtsfahrregel die richtige Erkenntnis der Lage eines im Fahrwasser festgekommenen Schiffes erschwert hat und der Unfall bei dem Versuche, dieses Schiff zu umfahren, eingetreten ist. Von der Frage des ursächlichen Zusammenhanges zwischen der Verletzung des Schutzgesetzes und dem Schadensfall abgesehen, würde es in diesem Zusammenhang auch der Prüfung bedürfen, ob und inwieweit die in § 30 und § 37 SWO. aufgestellte Vorschrift des Rechtsfahrens als Grundregel für das Befahren von Seewasserstraßen den Zweck verfolgt und erfüllen kann, die Übersicht über das Fahrwasser zu erleichtern. Zweifel könnten hierbei auftreten, weil bei den Seewasserstraßen das Fahrwasser oder die tiefe Rinne vielfach von der einen zur anderen Seite wechselt und die Übersicht sowohl hierdurch als auch durch Krümmungen der Wasserstraße beeinflußt sein kann, so daß sie für die Berg- und Talfahrt je nach den örtlichen Verhältnissen und der Lage eines im Fahrwasser befindlichen Hindernisses bald auf der rechten, bald auf der linken Seite besser sein kann. Es kann jedoch auf sich beruhen, wie die bezeichneten Fragen zu lösen wären, da die sich aus der Bezugnahme auf das frühere Urteil ergebenden weiteren Feststellungen des Berufungsrichters einen das angefochtene Urteil selbständig tragenden Entscheidungsgrund liefern.

Von besonderer Bedeutung sind bei der Beurteilung dieser Feststellungen § 28 und § 3 Abs. 4 SWO. Die zuerst genannte Vorschrift enthält das allgemeine Gebot, nur mit größter Vorsicht und nötigenfalls mit gemäßigter Geschwindigkeit zu fahren. Beispielsweise ist das Vorbeifahren an havarierten Fahrzeugen mit beschränkter Schwimm- und Manövrierfähigkeit als eine Lage bezeichnet, in der dieses Gebot besonders zu beachten ist. Ergänzend zu den Fahrregeln enthält § 3 Abs. 4 SWO. einen Hinweis darauf, daß der Schiffer die allgemeine Sorgfaltspflicht im Verkehr zu beachten, vor allem die durch die seemännische Praxis oder die besonderen Umstände des Falles gebotenen Vorsichtsmaßregeln zu treffen hat. Der Berufungsrichter ist davon ausgegangen, daß für die talwärts fahrenden Schiffe der vorschriftsmäßig durch zwei schwarze Bälle gekennzeichnete Seedampfer schon aus größerer Entfernung als manövrierunfähig festsitzendes Schiff erkannt werden konnte. Nach seinen Ausführungen konnte bei dem Verlassen der großen Kurve in einer Entfernung von mehr als 500 Metern zunächst der Eindruck entstehen, daß sich der manövrierunfähige Dampfer am rechten Emsufer befinde. Dies deckt sich mit dem Vorbringen des Beklagten. Neu ist im vorliegenden Rechtsstreit nur die vom Berufungsrichter offengelassene Behauptung des Beklagten, oberhalb der Unfallstelle habe sich am rechten Emsufer eine Sandbank befunden, die er mit den auf langer Trosse geschleppten Kähnen in weitem Abstand habe umfahren müssen. Auch der Beklagte hat indessen eingeräumt, schon bei dem Verlassen der Kurve aus einer Entfernung von 600 bis 700 Metern die „Sturzsee" als manövrierunfähiges Schiff erkannt zu haben, und lediglich betont, aus dieser Entfernung habe der Abstand zwischen dem südlichen Ufer und dem Dampfer wesentlich enger ausgesehen, als es der Wirklichkeit entsprochen habe. Verfehlt ist der von ihm hieraus gezogene Schluß, daß er sich bei diesem Sachverhalt auf Backbordkurs für das Umfahren des Dampfers auf der Nordseite habe einrichten dürfen. Demgegenüber ist zunächst auf den durch den Berufungsrichter festgestellten Sachverhalt zu verweisen. Danach wußte der Beklagte, daß sich an der Liegestelle des Seedampfers im nördlichen Teile des Fahrwassers eine die Schiffahrt gefährdende Sandbank befand, deren Ausdehnung ihm nach seinem Geständnis nicht genau bekannt war. Er wußte ferner, daß die tiefe Rinne an der Liegestelle dicht am südlichen Emsufer verlief und daß sich weiter unterhalb eine Flußkrümmung befand, die Irrtümer über die wirkliche Lage des festsitzenden Dampfers begünstigte. Dazu kam, wie der Berufungsrichter hervorhebt, daß die Ebbe schon geraume Zeit gelaufen war und daß das Fallen des Wasserstandes durch Ostwind gefördert wurde, was mit Rücksicht auf die Sandbank das Befahren der linken Fahrwasserhälfte der Ems an der Liegestelle des Dampfers besonders gefährlich erscheinen lassen mußte. Die Verhältnisse in dem in Rede stehenden Flußabschnitt waren also derart, daß an die Sorgfaltspflicht des Beklagten die größten Anforderungen gestellt wurden. Im Hinblick hierauf hat der Berufungsrichter mit Recht erwogen, der Beklagte habe sogleich nach Insichtkommen der „Sturzsee" und nach Erkenntnis ihrer Manövrierunfähigkeit sich langsam herantasten, peilen und gegebenenfalls bei Unübersichtlichkeit der Lage auch stoppen müssen. Er verweist hierzu darauf, daß andere Schleppzüge mit langsamer Fahrt und Peilen unbehindert an der Südseite der „Sturzsee" vorbeigekommen seien. Hieraus ergibt sich die Überzeugung des Berufungsrichters, daß auch der Beklagte, wenn er in der geschilderten Weise verfahren wäre, rechtzeitig die Möglichkeit gewonnen hätte, die Lage richtig zu beurteilen und den Seedampfer ebenso wie die erwähnten Schleppzüge ohne Unfall auf der Südseite zu umfahren. Dies wird bestätigt durch die Ausführungen des Berufungsrichters zu dem Gutachten des in dem früheren Rechtsstreit gehörten Sachverständigen, der im Anschluß an die Zeugenaussagen zwar angenommen hat, der Beklagte habe aus der Entfernung von etwa 300 Metern die Lage der „Sturzsee" richtig erkennen können, ihm aber zugute gehalten hat, daß es aus dieser Entfernung für einen mit dem Ebbstrom fahrenden Schlepperführer, der bereits Backbordkurs gewählt habe, schwer gewesen sei, den Kurs nach Steuerbord zu ändern. Rechtlich unangreifbar sieht demgegenüber der Berufungsrichter das Verschulden des Beklagten vor allem darin, daß er sich von vornherein auf Backbordkurs eingerichtet und die Fahrt nicht verlangsamt habe. Das Vorbringen des Beklagten im gegenwärtigen Rechtsstreit ist zur Entkräftung dieser Feststellung nicht geeignet. Aus ihm kann nur entnommen werden, daß der Beklagte sich in einer Entfernung von etwa 600 bis 700 Metern wegen der Sandbank oberhalb der Unfallstelle noch in der linken Fahrwasserhälfte der Ems halten mußte. Dies ändert indessen nichts daran, daß er sich bei Insichtkommen der „Sturzsee" nicht von vornherein auf Backbordkurs hätte einstellen dürfen, weil er damit rechnen mußte, daß der erste Eindruck von der Lage des Dampfers täuschen und bei der Annäherung sich ein wesentlich anderes Bild ergeben konnte. Vor allem aber hätte der Beklagte, wie der Berufungsrichter zutreffend gefordert hat, sogleich die Geschwindigkeit mäßigen und nötigenfalls stoppen müssen. In diesem Sinne spricht der Berufungsrichter mit Recht von einem langsamen Herantasten an den festsitzenden Dampfer zu dem Zwecke, die unübersichtliche Lage zu klären und den für den Schleppzug gefahrlosesten Weg für das Umfahren des Dampfers zu ermitteln. Wäre der Beklagte in dieser Weise verfahren, so hätte er, was sich ohne weiteres als Folgerung aus den Ausführungen des Berufungsrichters ergibt, bei den festgestellten Entfernungen die Durchfahrtsmöglichkeit durch die tiefe Rinne auf der Südseite des Dampfers rechtzeitig erkennen und mit entsprechender Kursänderung nach Steuerbord ohne Gefährdung des Schleppzuges benutzen können. Der Beklagte hat also in mehrfacher Hinsicht die sich aus § 28 und § 3 Abs. 4 SWO. ergebenden Pflichten verletzt, indem er trotz der naheliegenden Möglichkeit von Irrtümern über die Lage des Dampfers sich ohne Fahrtermäßigung sofort für das Umfahren des Dampfers auf der Nordseite mit Backbordkurs entschieden und danach gehandelt hat, obwohl dieser Weg unter den obwaltenden Verhältnissen mehrere Stunden nach Eintritt der Ebbe für den Schleppzug gefährlich war. Der ursächliche Zusammenhang zwischen diesen Pflichtverletzungen, die als schuldhafte Verletzung des Schleppvertrages und als unerlaubte Handlung nach § 823 Abs. 1 BGB. zu beurteilen sind, ist durch die Feststellungen des Berufungsrichters ausreichend klargelegt. Im Ergebnis ist mithin die Verurteilung auch bei Zugrundelegung des vom Berufungsrichter offengelassenen Vorbringens des Beklagten über das Vorhandensein einer Sandbank oberhalb der Unfallstelle gerechtfertigt.

Die Frage, ob die Besatzung der „Sturzsee" ein Mitverschulden an dem Unfall trifft, hat der Berufungsrichter als für die Haftung des Beklagten unerheblich mit Recht dahingestellt gelassen. Mit durchweg zutreffender Begründung hat er die Behauptung eines Mitverschuldens der Besatzung des Kahns der Klägerin verneint.

Nach §§ 3, 4 Abs. 2, § 114 BinnSchG. ist die Haftung des Beklagten, der als Schiffseigner den Schlepper persönlich geführt hat, beschränkt persönlicher Natur.

56. Welche Anforderungen können an die Sorgfaltspflicht eines Rechtsanwalts bei Erschwerung seiner Berufstätigkeit durch Feindeinwirkung gestellt werden?

ZPO. §§ 232, 233.

VI. Zivilsenat. Beschl. v. 27. August 1943 i. S. A. (Kl.) w. B. (Bekl.). VI B 4/43.

I. Amtsgericht Dortmund-Hörde.
II. Oberlandesgericht Hamm.

Der Sachverhalt und die Entscheidung ergeben sich aus den

Gründen:

Es ist glaubhaft gemacht, daß die Kanzlei des Prozeßbevollmächtigten der Klägerin, des Rechtsanwalts K. in D., in der Nacht vom 4. zum 5. Mai 1943 durch Feindeinwirkung völlig zerstört worden ist. Rechtsanwalt K. hat nach seiner Angabe infolge dieses Verlustes und der Verlegung seiner Kanzlei nach einem anderen Stadtteil keine Kenntnis von der — am 14. Mai 1943 im Reichsgesetzblatt erschienenen — Verordnung vom 12. Mai 1943 gehabt und irrtümlich am 4./5. Juni 1943 zunächst noch bei dem nicht mehr zuständigen Landgericht Berufung eingelegt. Beim Oberlandesgericht ist sie erst einige Tage später eingegangen und durch Beschluß vom 29. Juni 1943 als unzulässig verworfen worden. Das Oberlandesgericht will nach Erneuerung der Berufung das Verhalten des Rechtsanwalts K. nicht als unabwendbaren Zufall gelten lassen. Es ist jedoch ohne weiteres anzunehmen, daß er in der maßgeblichen Zeit mit ganz ungewöhnlichen Schwierigkeiten bei Bewältigung seiner beruflichen Tätigkeit wochenlang zu kämpfen hatte, zumal da das Geschäftsleben in der Stadt D. nach jenem ersten und insbesondere auch noch nach dem zweiten großen Terrorangriff in der Nacht vom 23. zum 24. Mai 1943 wesentlich beeinträchtigt war, ja fast vollkommen stillstand, da auch die Postzustellung und die Zustellung der Zeitungen längere Zeit im argen lag, da der Prozeßbevollmächtigte ferner durch Hilfeleistungen anderen Volksgenossen und insbesondere, wie er glaubhaft angibt, seinen gleichfalls betroffenen Familienangehörigen gegenüber sehr in Anspruch genommen und durch andere Hemmungen außergewöhnlicher Art gehindert war.

Unter diesen Umständen, die keiner näheren Erörterung bedürfen, kann ihm nicht der Vorwurf gemacht werden, daß er nicht alle zumutbare Sorgfalt angewandt habe, um sich über die Rechtsentwicklung auf dem laufenden zu halten. Es ist selbstverständlich, daß nach Fliegerangriffen an die Sorgfaltspflicht der Anwälte unter so außerordentlich schweren Verhältnissen keine so strengen Anforderungen gestellt werden können, wie es bei regelmäßigen Umständen geboten ist. Danach ist hier die Versäumung der Berufungsfrist als auf Zufall oder höherer Gewalt beruhend unbedenklich anzuerkennen (§ 233 ZPO.).

---

57. 1. Zum Begriffe des Betriebsunternehmers im Sinne der Haftpflichtgesetze.

2. Kann es dem Unternehmer eines Eisenbahnbetriebs zum Verschulden angerechnet werden, daß er die Sicherung eines unbeschrankten Eisenbahnübergangs durch eine Warnlichtanlage nicht für erforderlich gehalten hat, wenn die Aufsichtsbehörde nach Prüfung der Verhältnisse zu derselben Auffassung gelangt war?

RHaftpflG. § 1. Gesetz über die Haftpflicht der Eisenbahnen und Straßenbahnen für Sachschäden vom 29. April 1940 (RGBl. I S. 691) § 1. BGB. § 823.

V. Zivilsenat. Urt v. 7. September 1943 i. S. Kleinbahn AG. K.-Sch. und 1 and. (Bekl.) w. K. Verkehrs-AG. (Kl.). V 20/43.

I. Landgericht Kiel.
II. Oberlandesgericht daselbst.

Die Erstbeklagte ist Eigentümerin der Kleinbahn K.—Sch. Durch einen als „Betriebsvertrag" bezeichneten Vertrag hat sie die Zweitbeklagte, eine GmbH., zur „Betriebsführerin" bestellt. Bei dieser ist nach § 4 ihres Gesellschaftsvertrags Gegenstand des Unternehmens u. a. der Bau und der Betrieb von Eisenbahnen, ferner die Beteiligung an Gesellschaften anderer und ähnlicher Art. Nach § 3 des „Betriebsvertrags" liegt der Betriebsführerin „die Leitung der gesamten Betriebsverwaltung, die Unterhaltung der ganzen Bahnanlage nebst allem Zubehör einschließlich der Betriebsmittel, die Verwaltung der Betriebseinnahmen, soweit sie nicht an den Vorstand abzuführen sind, und die Bestreitung der

Betriebsausgaben aus den Betriebseinnahmen, die Feststellung der Fahrpläne und Tarife und die Anstellung und Entlassung von Betriebsbeamten" ob. Die Einzelheiten sind in den folgenden Bestimmungen des Vertrags näher geregelt. Als Vergütung erhält die Betriebsführerin einen festen Mindestbetrag; dazu ist sie am Überschusse der gesamten Betriebseinnahmen über die Betriebsausgaben beteiligt.

Die Kleinbahn K.—Sch. kreuzt am Südostausgange des Stadtteils K.-G. die Verkehrsstraße K.—L., die sog. Pr.er Chaussee, die zugleich die Nahverkehrsstraße für den eingemeindeten Stadtteil K.-E. bildet. Der Bahnübergang ist unbeschrankt.

Am 27. Dezember 1940 gegen 20 Uhr fuhr ein Omnibus der Klägerin auf der Fahrt von E. nach K. gegen einen aus 15 Wagen bestehenden Güterzug der Kleinbahn. Er brachte die Wagen 10 und 11 des Zuges zum Entgleisen und geriet dann in den Graben neben dem Bahndamm. Der Omnibus wurde erheblich beschädigt; mehrere Insassen trugen leichte Verletzungen davon. Die Klägerin verlangt mit der Klage von den Beklagten als Gesamtschuldnern die Erstattung ihres Schadens.

Das Landgericht hat die Klage abgewiesen. Es nimmt an, daß der Unfall maßgebend allein durch ein grobes Verschulden des Kraftfahrers des Omnibusses verursacht worden sei. Auf die Berufung der Klägerin hat das Oberlandesgericht der Klage zur Hälfte stattgegeben und sie im übrigen abgewiesen. Die Revision der Beklagten hatte nur teilweise Erfolg.

Aus den Gründen:

1. Zu Unrecht bemängelt die Revision die Entscheidung des Berufungsgerichts insoweit, als es die Zweitbeklagte neben der Erstbeklagten als Betriebsunternehmerin im Sinne der in Frage kommenden Haftungsbestimmungen ansieht. Zwar handelt es sich hier nicht, wie die Revisionserwiderung meint, um eine Auslegung der Bestimmungen des Betriebsvertrags durch das Berufungsgericht, welche die Bedeutung einer tatsächlichen, das Revisionsgericht als solche bindenden Feststellung habe, sondern um eine Würdigung dieser Bestimmungen daraufhin, ob sich aus ihnen die Merkmale des „Betriebsunternehmers" im Sinne des Gesetzes ergeben, also um eine Frage der Rechtsanwendung. Die Stellungnahme des Berufungsgerichts ist indessen im Ergebnis frei von Rechtsirrtum. Zutreffend ist es davon

ausgegangen, daß als Betriebsunternehmer anzusehen ist, wer die Eisenbahn für eigene Rechnung betreibt und wem die Verfügung über den Betrieb zusteht (vgl. das schon vom Berufungsgericht angezogene Urteil des erkennenden — früher VI. — Senats in RGZ. Bd. 146 S. 340 [341] und die dort angeführten früheren Entscheidungen). Wenn das Oberlandesgericht dann auf Grund einer Würdigung der Bestimmungen des Betriebsvertrags zu dem Ergebnis gelangt ist, daß diese Bestimmungen, wenn man sie in ihrer Gesamtheit betrachte, zu der Annahme berechtigen, daß der Betrieb der Kleinbahn für Rechnung beider Parteien geführt worden sei und daß beiden gemeinsam die Verfügung über den Betrieb zugestanden habe, so ist dieses Ergebnis rechtlich nicht zu beanstanden, selbst wenn sich gegen die Tragfähigkeit einzelner Erwägungen Bedenken erheben lassen sollten.

Die Revision meint, die Entscheidung, ob auch die Zweitbeklagte als Betriebsunternehmerin anzusehen sei, müsse darauf abgestellt werden, ob die ihr zugewiesenen Aufgaben und die ihr eingeräumten Rechte auch einem betriebsleitenden Vorstand einer Aktiengesellschaft hätten zugewiesen und eingeräumt werden können. Dem kann aber nicht beigetreten werden. Als ausschlaggebend muß vielmehr angesehen werden, daß die Zweitbeklagte eine rechtlich und wirtschaftlich selbständige Unternehmerin ist, der die Verfügung über den Bahnbetrieb mit weitgehender Selbständigkeit zusteht, und daß beide Beklagte den wirtschaftlichen Nutzen aus dem Betriebe gemeinsam ziehen. Wenn das Berufungsgericht, um die Bedeutung und das Maß der wirtschaftlichen Selbständigkeit der Zweitbeklagten deutlich zu machen, hervorhebt, daß sie „Betriebsführerin" für sieben Nebenbahnen und siebzehn Kleinbahnen sei, so ist nicht einzusehen, warum es diesen Umstand nicht hätte berücksichtigen dürfen; ein Rechtsirrtum ist darin nicht zu erblicken.

2. Das Berufungsgericht ist der Auffassung, daß die beiden Beklagten nicht nur auf Grund des Gesetzes über die Haftpflicht der Eisenbahnen und Straßenbahnen für Sachschaden vom 29. April 1940 der Klägerin zum Schadensersatz verpflichtet seien, sondern daß sie auch auf Grund des § 823 Abs. 1 sowie auf Grund des § 823 Abs. 2 BGB. in Verbindung mit § 1 der Straßenverkehrsordnung hafteten. Das Verschulden der Beklagten erblickt es darin, daß sie keine ausreichenden Sicherungs-

maßnahmen zum Schutze der Verkehrsteilnehmer auf der Pr.er Chaussee gegen die von dem unbeschrankten Bahnübergang ausgehenden Gefahren getroffen hätten.

Die Revision macht demgegenüber geltend, § 1 StVO. sei grundsätzlich auf den Betrieb von Eisenbahnen überhaupt nicht anwendbar. Jedenfalls könne diese Vorschrift „bezüglich der Frage, ob der Vorstand der Beklagten für die Sicherung des hier in Betracht kommenden Übergangs hätte sorgen müssen, nicht in Betracht kommen, weil es sich insoweit nicht um ein Verhalten bei der Teilnahme am öffentlichen Straßenverkehr" handele. Eines Eingehens auf diese Fragen bedarf es indessen nicht, weil die in § 1 StVO. ausgesprochene Verpflichtung, eine Gefährdung des Verkehrs nach Möglichkeit zu vermeiden, sich für die Beklagten bereits als allgemeine Rechtspflicht aus ihrer Stellung als Unternehmer des Eisenbahnbetriebs ergab und der Inhalt der Verkehrssicherungspflicht der Beklagten jedenfalls im vorliegenden Falle nicht verschieden ist, ob man sie nun unter dem rechtlichen Gesichtspunkte der allgemeinen Rechtspflicht des Unternehmers, deren Verletzung die Anwendbarkeit des § 823 Abs. 1 BGB. begründet, oder unter dem Gesichtspunkte der in § 1 StVO. umschriebenen Pflichten des Teilnehmers am Straßenverkehr betrachtet. Auch das Berufungsgericht ist anscheinend dieser Auffassung, da es zur Begründung der Haftung aus § 823 Abs. 2 BGB. in Verbindung mit § 1 StVO. lediglich auf die zur Begründung der Haftung aus § 823 Abs. 1 gemachten Ausführungen Bezug nimmt.

Das Berufungsgericht macht es den Beklagten zum Vorwurf, daß sie die Warnlichtanlage, die am Ende des Jahres 1941 angebracht worden ist, nicht früher hergestellt hätten. Hierbei berücksichtigt es aber nicht, daß die Aufsichtsbehörde der Beklagten, der Reichsbevollmächtigte für Bahnaufsicht in H., durch Schreiben vom 4. Juli 1940 den Polizeipräsidenten in K. auf eine Eingabe wie folgt beschieden hat: Die Einrichtung einer Warnlichtanlage könne von Aufsichts wegen nicht auferlegt werden; wie die Bahn ihm mitteile, sei sie jedoch bereit, auf der Grundlage des Gesetzes über Kreuzungen von Eisenbahnen und Straßen vom 4. Juli 1939 (RGBl. I S. 1211) zusammen mit dem Wegeunterhaltungspflichtigen das Warnlicht einzurichten; Verhandlungen zwischen den beiden Parteien seien im Gange;

er stelle anheim, zu veranlassen, daß diese Verhandlungen zum Abschluß gebracht würden, damit die Bahn den Antrag auf Einrichtung des Warnlichtes der Aufsichtsbehörde vorlegen könne. Hiermit hat die Aufsichtsbehörde nach Prüfung der Verhältnisse auf eine Eingabe des Polizeipräsidenten hin als ihre Auffassung amtlich zum Ausdruck gebracht, daß die Beklagten zur Einrichtung einer Warnlichtanlage nicht verpflichtet seien. Dann kann es aber den Beklagten nicht zum Verschulden angerechnet werden, wenn sie derselben Auffassung waren wie ihre Aufsichtsbehörde. Wenn das Berufungsgericht an anderer Stelle dem Sinne nach ausführt, die den Beklagten als Unternehmern obliegende Verkehrssicherungspflicht könne es mit sich bringen, daß sie weitere Sicherungsmaßnahmen treffen müßten, als von der Aufsichtsbehörde angeordnet würden, so wird damit nicht der entscheidende Gesichtspunkt getroffen. Im vorliegenden Falle handelt es sich nicht um die Frage, ob die Beklagten unabhängig von einer Anordnung der Aufsichtsbehörde verpflichtet waren, von sich aus zu prüfen, ob die Anbringung einer Warnlichtanlage geboten sei, sondern darum, ob es ihnen zum Verschulden angerechnet werden kann, wenn sie sich eine Auffassung gebildet haben, zu der auch ihre Aufsichtsbehörde noch wenige Monate vorher nach Prüfung der Verhältnisse gelangt war. Das ist zu verneinen. Dabei ist darauf hinzuweisen, daß ein Verstoß gegen gesetzliche Sonderbestimmungen, welche die Sicherung von Wegeübergängen betreffen, weder von der Klägerin behauptet noch vom Berufungsgericht festgestellt worden ist.

Das Berufungsgericht hat ferner erwogen, ob außer der Warnlichtanlage noch weitere Sicherungsmaßnahmen zu treffen gewesen wären. Es meint, das Verlangen der Klägerin nach solchen könne nicht als verfehlt bezeichnet werden. Nach Auffassung der Klägerin wäre in Betracht gekommen, die Straßenkreuzung zu unterführen oder zu überführen, den Übergang zu beschranken, mindestens aber die Züge bei Dunkelheit durch Personen mit roten Laternen über die Landstraße geleiten zu lassen. Das Berufungsgericht führt dazu aus, eine Über- oder Unterführung würde ersichtlich zu große Kosten verursacht haben. Auch das jedesmalige Durchschleusen eines den Übergang durchfahrenden Zuges erscheine bei der heutigen Knappheit an Personal kaum angängig. Wohl aber komme eine Beschrankung des Bahnüberganges in Frage, und zwar dergestalt, daß die Schranken zu beleuchten gewesen seien. Eine solche Maßnahme würde auch für die Beklagten nicht wirtschaftlich untragbar gewesen sein.

Hier übersieht das Berufungsgericht zunächst, daß nach den Allgemeinen Bestimmungen des Reichsverkehrsministers über die Sicherung von Wegeübergängen in Schienenhöhe durch Warnlichter vom 30. Dezember 1935 (RVerkBl. B 1936 S. 1; Deutscher Reichsanzeiger und Preuß. Staatsanzeiger Nr. 5 vom 7. Januar 1936) und dem auf Nebenbahnen und Kleinbahnen sich beziehenden Erlaß des Reichs- und Peußischen Verkehrsministers vom 26. Februar 1936 (RVerkBl. B S. 36) Warnlichter „ebenso wie Schranken" zur Sicherung von Wegeübergängen i. S. des § 18 Abs. 3 der Eisenbahn-Bau- und Betriebsordnung und des § 8 der preuß. „Bau- und Betriebsvorschriften für nebenbahnähnliche Kleinbahnen mit Maschinenbetrieb" vom 15. Januar 1914 (Eisenbahn-VerordnungsBl. 1914 S. 41 flg.) allgemein zugelassen worden sind. Das bedeutet, daß da, wo nach den gesetzlichen Bestimmungen eine Beschrankung erforderlich ist, an ihrer Stelle auch eine dem genannten Erlaß entsprechende Warnlichtanlage angebracht werden kann, die dann betriebstechnisch die Aufgabe der Schranke übernimmt. Daraus ergibt sich nicht nur, daß die Forderung des Berufungsgerichts, außer einer Warnlichtanlage eine Beschrankung anzubringen, der Berechtigung entbehrt, sondern auch, daß die Stellungnahme der Aufsichtsbehörde vom 4. Juli 1940 die Verneinung der Notwendigkeit einer Beschrankung in sich schloß.

Im übrigen muß aber auch die Äußerung des Reichsbevollmächtigten für Bahnaufsicht vom 4. Juli 1940 dahin verstanden werden, daß die Aufsichtsbehörde eine Verpflichtung der Beklagten, besondere Maßnahmen zur Sicherung des unbeschrankten Bahnüberganges zu treffen, nicht nur hinsichtlich der Einrichtung einer Warnlichtanlage, sondern überhaupt verneint hat, da sie solche, wenn sie in Betracht gekommen wären, in ihrem Bescheide sicher erwähnt haben würde. Für die Frage eines Verschuldens der Beklagten gilt dann das zur Einrichtung einer Warnlichtanlage Ausgeführte entsprechend. Es bedarf daher keines Eingehens darauf, ob ein „Durchschleusen" der Züge oder eine ähnliche Maßnahme zweckdienlich und den Beklagten zumutbar gewesen wäre.

58. Bedarf es für den Rückgriffsanspruch des § 903 RVO. der Feststellung, welcher von mehreren gesetzlichen Vertretern eines Unternehmens für die Nichtbeachtung von Unfallverhütungsvorschriften verantwortlich ist?

V. Zivilsenat. Urt. v. 7. September 1943 i. S. H. St. AG. u. 1 and. (Bekl.) w. Bauberufsgenossenschaft (Kl.). V 55/43.

I. Landgericht Köln.
II. Oberlandesgericht daselbst.

Die Frage wurde verneint aus folgenden

Gründen:

Eine Feststellung, welcher von den mehreren gesetzlichen Vertretern der Beklagten für die Unterlassung der in den Unfallverhütungsvorschriften vorgesehenen Sicherheitsmaßnahmen i. S. des § 903 RVO. verantwortlich war, ist zwar für eine strafrechtliche Verurteilung erforderlich, nicht aber für die bürgerlichrechtliche Haftung, da — soweit nicht ein Betriebsleiter gemäß § 913 RVO. bestellt ist — die Beachtung der Unfallverhütungsvorschriften, insbesondere die Durchführung der danach erforderlichen Sicherheitsmaßnahmen, zu den Aufgaben der gesetzlichen Vertreter des Unternehmens gehört und dieses gemäß § 31 BGB., § 904 RVO. für die Unterlassung jedes Vorstandsmitgliedes haftet. Zur Begründung der bürgerlichrechtlichen Haftung genügt deshalb in aller Regel die Feststellung, daß die nach den Unfallverhütungsvorschriften erforderlichen Maßnahmen nicht getroffen sind (RGZ. Bd. 95 S. 239 u. a.). Denn damit steht, falls nicht besondere Umstände vorliegen, zugleich fest, daß der gesetzliche Vertreter, der die technische Leitung und Aufsicht hatte, die dem Unternehmer als solchem obliegenden Pflichten nicht erfüllt hat, sei es nun, daß er selbst die erforderlichen Anordnungen zur Durchführung der Sicherheitsmaßnahmen nicht getroffen und die nötige Aufsicht nicht geübt hat, sei es, daß er, wenn er dazu wegen des Umfangs seiner Tätigkeit nicht in der Lage war, nicht sachverständige Angestellte mit der Durchführung und Beaufsichtigung dieser Maßnahmen betraut hat.

59. 1. Zum Erfordernis der deutlichen Unterscheidbarkeit der Firmen im Sinne des § 30 Abs. 1 HGB.

2. Wie verhält sich der zeitliche Vorrang der Eintragung einer Firma am Ort im Sinne des § 30 HGB. zum zeitlichen Vorrang des Firmengebrauchs im Sinne des § 16 UnlWG.?

3. Worauf richtet sich der aus § 30 Abs. 1, § 37 Abs. 2 HGB. herzuleitende Unterlassungs- und Löschungsanspruch?

HGB. § 30 Abs. 1, § 37 Abs. 2. UnlWG. § 16.

II. Zivilsenat. Urt. v. 31. August 1943 i. S. „CHEMPHAR“ Chem.-pharm. Handels-GmbH. (Kl.) w. Chemopharm GmbH. (Bekl.). II 26/43.

I. Landgericht Hamburg.
II. Oberlandesgericht daselbst.

Die Klägerin ist am 7. Juni 1933 unter der Firma „CHEMPHAR“ Chemisch-pharmazeutische Handelsgesellschaft mbH. mit dem Sitz in H. gegründet und am 19. Juni 1933 in das Handelsregister des Amtsgerichts H. eingetragen worden. Gegenstand des Unternehmens ist der Vertrieb und die Ausfuhr von chemisch-pharmazeutischen Markenartikeln. Vor dem Kriege befaßte sich die Klägerin in erster Linie mit dem Auslandsgeschäft.

Die Beklagte ist 1905 in das Handelsregister des Amtsgerichts B. eingetragen worden. Sie führt seit 1919 die Firma Chemopharm GmbH. Gegenstand des Unternehmens ist die Herstellung und der Vertrieb von chemischen und pharmazeutischen Erzeugnissen, von Konsum- und Bedarfsartikeln und von der Hygiene dienenden Apparaten und Produkten. Zur Zeit stellt sie nur chemische Erzeugnisse, insbesondere Reinigungsmittel für die kriegswichtigen Industrien, her. Ihren Absatz hat sie im Inland. Im Jahre 1941 hat die Beklagte ihren Sitz von B. nach H. verlegt; am 7. November 1941 ist sie unter ihrer bisherigen Firma in das Handelsregister des Amtsgerichts H. eingetragen worden.

Im Dezember 1941 beantragte die Klägerin, die Eintragung der Firma der Beklagten im Handelsregister des Amtsgerichts H. von Amts wegen (§ 142 FGG.) wieder zu löschen, weil sich die Firma der Beklagten nicht gemäß § 30 Abs. 1 HGB.

deutlich von ihrer eigenen Firma unterscheide. Das Amtsgericht lehnte die Einleitung des Amtslöschungsverfahrens ab. Die Beschwerde der Klägerin hiergegen wurde am 13. Juni 1942 zurückgewiesen. Darauf hat die Klägerin im August 1942 die vorliegende Klage erhoben, mit der sie beantragt hat, die Beklagte zu verurteilen, 1. zu unterlassen, das Wort „Chemopharm" in ihrer Firma weiterzuführen, solange sie ihren Sitz in H. hat oder eine Zweigniederlassung in H. unterhält, 2. die Streichung des Wortes „Chemopharm" aus ihrer Firma beim Handelsregister des Amtsgerichts H. anzumelden. Sie stützt die Klage auf §§ 30, 37 Abs. 2 HGB. und § 16 UnlWG. und macht geltend, beide Firmen seien insbesondere in ihren schlagwortartigen Bestandteilen „Chemphar" und „Chemopharm" nicht deutlich unterscheidbar, was seit der Verlegung des Sitzes der Beklagten nach H. schon vielfach, bis in die letzte Zeit hinein, zu Verwechslungen geführt habe, vor allem im Postverkehr.

Die Beklagte hält die Firmenbezeichnungen in ihrem vollständigen Wortlaut, auf den es allein ankomme, für deutlich unterscheidbar und erachtet § 16 UnlWG. schon deshalb für unanwendbar, weil ihr infolge des längeren Firmengebrauchs das bessere Recht auf die Firma zustehe.

Die Vordergerichte haben die Klage abgewiesen. Die Revision der Klägerin führte — mit einer Einschränkung — zur antragsgemäßen Verurteilung der Beklagten.

Gründe:

1. Die Klage ist in erster Linie auf das Firmenrecht der Klägerin gemäß § 30 Abs. 1, § 37 Abs. 2 HGB. gestützt. Nach § 30 Abs. 1 HGB. muß sich jede neue Firma von allen an demselben Ort oder in derselben Gemeinde bereits bestehenden und in das Handelsregister eingetragenen Firmen deutlich unterscheiden. Wird eine in diesem Sinne neue Firma zu Unrecht eingetragen, so steht demjenigen, der dadurch in seinen Rechten verletzt wird, gemäß § 37 Abs. 2 HGB. (ebenso wie allgemein in entsprechender Anwendung des § 1004 BGB.) ein Anspruch auf Unterlassung des Gebrauchs der Firma und auch auf Anmeldung ihrer Löschung zu. Die Auffassung des Registergerichts ist, wie auch das Berufungsgericht zutreffend annimmt, für das Prozeßgericht nicht bindend (vgl. RG. in GRUR. 1936 S. 502).

Als „neue Firma" im Sinne des § 30 HGB. gilt auch eine bisher anderwärts eingetragene Firma, die an dem betreffenden Ort eine Zweigniederlassung errichtet oder ihre Hauptniederlassung oder ihren Sitz an diesen Ort verlegt. Dies ist im § 13 Abs. 3 und § 13 c Abs. 2 HGB. (in der Fassung des Gesetzes über die Eintragung von Handelsniederlassungen und das Verfahren in Handelsregistersachen vom 10. August 1937 [RGBl. I S. 897]) noch besonders betont, indem dort in solchen Fällen ausdrücklich die Beachtung des § 30 HGB. vorgeschrieben ist. Demzufolge ist die Beklagte, die im Jahre 1941 ihren Sitz von B. nach H. verlegt hat, im Verhältnis zu der bereits seit 1933 in H. ansässigen und registerlich eingetragenen Klägerin firmenrechtlich als neue Firma zu behandeln. Firmenrechtlich kann sie insbesondere der Klägerin gegenüber auch keine Rechte daraus herleiten, daß sie unter der gleichen Firma bisher schon in B. eingetragen war und insofern sogar ältere Rechte hat als die Klägerin. Das Berufungsgericht wirft daher mit Recht die Frage auf, ob die Firma der Beklagten sich von der der Klägerin „deutlich unterscheidet". Seine Ausführungen, mit denen es zur Bejahung dieser Frage gelangt, sind jedoch in mehrfacher Hinsicht rechtsirrig.

Allerdings geht das Berufungsgericht zutreffend davon aus, daß bei der Prüfung der Unterscheidbarkeit nach § 30 HGB. die Firmen nicht — wie im Falle des § 16 UnlWG. — so, wie sie tatsächlich gebraucht werden, sondern so, wie sie im Handelsregister eingetragen sind (oder eingetragen werden sollen), zu vergleichen sind, und daß daher auch nicht nur die schlagwortartigen und das Gesamtbild der Firma bestimmenden Bestandteile der beiden Firmen, sondern die vollständigen, ungekürzten Firmen einander gegenüberzustellen sind. Ebenso ist ihm darin beizustimmen, daß es für die Beurteilung nicht nur, wie in der früheren Rechtsprechung angenommen wurde (vgl. RGZ. Bd. 20 S. 72 flg.; RG. in JW. 1928 S. 1217 Nr. 15 und in LZ. 1928 Sp. 335 Nr. 6; vgl. auch KG. in KGJ. Bd. 51 S. 120 und in JW. 1926 S. 2091 Nr. 1), auf die Auffassung der kaufmännischen Kreise ankommt, sondern auch auf die der sonst beteiligten Verkehrskreise, insbesondere des kaufenden Publikums, mit andern Worten auf die Verkehrsauffassung, die in den Kreisen herrscht, mit denen die Firma geschäftlich in Berührung gerät. Hieraus folgt aber — entgegen der Ansicht des Berufungsgerichts — gerade, daß nicht nur für die Prüfung eines Anspruchs aus § 16 UnlWG., sondern auch für die nach § 30 Abs. 1 HGB. auf die oberflächliche Art des großen Publikums, eine Firmenbezeichnung zu lesen, sie sich einzuprägen und sich ihrer zu bedienen, Rücksicht zu nehmen ist; denn hierdurch wird die Verkehrsauffassung und das Verkehrsbedürfnis, nach denen sich die Beurteilung der deutlichen Unterscheidbarkeit der Firmen richtet, maßgebend beeinflußt. Gerade aus diesem Grunde liegt es in der Richtung der neueren Rechtsprechung, einen strengen Maßstab an die Beurteilung der deutlichen Unterscheidbarkeit i. S. des § 30 HGB. zu legen. Dies gilt bei Sachfirmen, besonders bei solchen, die dem Gegenstande des Unternehmens entlehnt sind und dabei auf den gleichen Geschäftszweig hinweisen, in erhöhtem Maße.

Bei der Beurteilung der deutlichen Unterscheidbarkeit selbst irrt das Berufungsgericht zunächst insofern, als es annimmt, auch die Firma der Beklagten enthalte einen Zusatz, nämlich den Zusatz „Fabrik chemischer Präparate", obwohl ein solcher im Handelsregister nicht eingetragen ist. Hieraus folgert es zu Unrecht, daß die beiden Firmen sich zum mindesten durch ihre Zusätze deutlich unterschieden. Dabei überschätzt es auch bei weitem die Bedeutung des Firmenzusatzes der Klägerin; denn dieser dient nur der Erläuterung des Kennwortes „CHEMPHAR", das durch die Schreibweise mit großen Buchstaben und zwischen Anführungsstrichen noch besonders herausgehoben ist. Für den, der es zunächst als ein reines Phantasiewort ansehen könnte, wird dadurch verdeutlicht, daß es sich hierbei in Wahrheit nur um eine Abkürzung der Worte „chemisch-pharmazeutisch" handelt. Wer demgegenüber das Firmenwort „Chemopharm" der Beklagten betrachtet, kann von vornherein nicht zweifeln, daß auch dieses nur eine Abkürzung von „chemisch-pharmazeutisch" darstellt, daß also beide Firmen mit schlagwortartigen Abkürzungen derselben Worte auf den gleichen Geschäftszweig hinweisen. Demgemäß ist der Wortsinn der beiden Firmen der gleiche und der Zusatz bei der Firma der Klägerin nur geeignet, die Verwechslungsgefahr zu erhöhen. Dies hat das Berufungsgericht verkannt. Aber auch klanglich und bildlich weisen die beiden Firmen in ihren schlagwortartigen Bestandteilen trotz gewisser Unterscheidungsmerkmale eine nicht zu unterschätzende

Ähnlichkeit auf, so daß dadurch dem Gesamteindruck nach die sich aus dem gleichen Wortsinn ergebende starke Verwechslungsgefahr nicht wesentlich vermindert wird.

Hiernach ist die Annahme des Berufungsgerichts, daß die Firmen der Parteien sich deutlich voneinander unterschieden, rechtlich nicht haltbar. Im Gegenteil ist festzustellen, daß dem Erfordernis des § 30 HGB. nicht genügt ist. Vom firmenrechtlichen Standpunkt müßte deshalb die Firma der Beklagten weichen, weil sie in H. firmenrechtlich neu ist und im Verhältnis zur Firma der Klägerin keinen Anspruch auf Schonung eines redlichen Besitzstandes hat.

2. Es kann sich daher nur noch darum handeln, ob sich etwa die Beklagte gegenüber dem firmenrechtlich berechtigten Anspruch der Klägerin einredeweise auf einen wettbewerblichen Gegenanspruch aus § 16 UnlWG. berufen kann, weil ihr das ältere Gebrauchsrecht an ihrer Firma zusteht.

Hierzu nimmt das Berufungsgericht nur insofern Stellung, als es gelegentlich der Erörterung des zweiten Klagegrundes aus § 16 UnlWG. sagt: Wenn man unterstelle, daß die Firmen im Sinne des § 16 UnlWG. verwechslungsfähig seien, so würde die Beklagte als die ältere Firma befugt gewesen sein, der Klägerin gemäß § 16 UnlWG. die Führung ihrer Firma zu verbieten. Denn die bisherige Verschiedenheit des Sitzes der Beklagten (B.) und der Klägerin (H.) habe wohl die Verwechslungsgefahr gemindert, aber nicht beseitigt. Insbesondere habe sie die Gefahr bestehen lassen, daß im Verkehr ein Zusammenhang zwischen den beiden Firmen angenommen werde. Möge auch die Beklagte ihr Verbietungsrecht durch Zeitablauf verwirkt haben, so folge daraus noch nicht eine Beschränkung ihres Rechts, ihre Firma auch außerhalb ihres ursprünglichen Sitzes in gleichem Umfange zu gebrauchen, wie sie vor Eintritt der Verwirkung dazu berechtigt gewesen sei. Die Verwirkung betreffe nur das Untersagungsrecht, nicht das Recht zum eigenen Gebrauch der Firma. Es würde Treu und Glauben widersprechen, wenn die Klägerin die Beklagte verhindern könnte, sich in H. ihrer älteren und gemäß § 30 HGB. deutlich unterscheidbaren Firma zu bedienen, wenn sie sie also zwingen wollte, ihren Sitz von H. wieder wegzuverlegen oder ihre Firma abzuändern.

Das Berufungsgericht scheint hierbei davon auszugehen,

daß schon vor dem Zuzuge der Beklagten nach H. die Gefahr einer Verwechslung der beiden Firmen bestanden habe. Es unterscheidet hierbei aber nicht genügend zwischen der denkbaren Verwechslungsmöglichkeit, die auf Grund der Ähnlichkeit der beiden Firmen gegeben ist, und der tatsächlichen Verwechslungsgefahr. Dafür, daß eine solche Verwechslungsgefahr bereits vor dem Zuzuge der Beklagten nach H. bestanden habe, daß sich also ihre Absatzgebiete schon vorher in irgendeiner Weise berührt hätten, ist aber nach dem bisher vorliegenden Sachverhalt nicht der geringste Anhalt gegeben. Im Gegenteil läßt das frühere untätige Verhalten der Beklagten gegenüber der Klägerin darauf schließen, daß eine derartige Berührung der beiden Firmen bisher nicht oder doch nicht in erheblichem Maße stattgefunden hatte, zumal da die Klägerin unstreitig ihren Absatz überwiegend im Ausland hatte. Unter solchen Umständen könnte es sich, nachdem jetzt die Berührung der beiden Firmen infolge der Sitzverlegung der Beklagten nach H. eingetreten ist, nur noch fragen, ob etwa im Rahmen des § 16 UnlWG. der zeitliche Vorrang des Firmengebrauchs schlechtweg entscheidet, wie Bußmann (Name, Firma, Marke, 1937, S. 200/201) anzunehmen scheint, oder ob dem nicht vielmehr insofern gewisse Schranken gesetzt sind, als der zeitliche Vorrang des Firmengebrauchs nicht die Befugnis gibt, ohne weiteres in den redlich erworbenen Besitzstand einer anderen Firma einzubrechen. In einem solchen Falle muß eine billige Interessenabwägung zu der Annahme führen, daß der, der durch seinen Zuzug an einen anderen Ort eine Verwechslungsgefahr mit einer anderen an diesem Orte bereits ansässigen Firma hervorruft, verpflichtet ist, der dadurch drohenden Verwirrung nach Möglichkeit vorzubeugen und seine am Ort im Sinne des § 30 HGB. neue Firma in einer Weise zu gestalten, daß sie sich von der Firma des dort bereits ansässigen Unternehmens deutlich unterscheidet. Insofern ist also dem § 30 HGB. der Vorrang vor dem § 16 UnlWG. zu geben. Aber selbst wenn schon vorher eine gewisse Verwechslungsgefahr infolge einer Berührung der geschäftlichen Wirkungskreise der beiden Firmen bestanden haben sollte, so wäre doch der Klägerin zugute zu halten, daß sie nach zehnjährigem Bestehen ihrer Firma zweifellos an dieser einen Besitzstand erworben hat, der für sie einen geschäftlichen Wert hat und ihr nicht ohne Beeinträchtigung ihres Gewerbebetriebs genommen werden könnte. Dies hat nach Treu und Glauben nicht nur zur Folge, daß die Beklagte ihren etwaigen Unterlassungsanspruch aus § 16 UnlWG. der Klägerin gegenüber verwirkt haben würde, sondern auch, daß sie nicht nunmehr ihrerseits unter Berufung auf § 16 UnlWG. ohne weiteres befugt ist, in den redlich erworbenen Besitzstand der Klägerin einzubrechen, um dadurch eine bisher von ihr selbst nicht als störend empfundene Verwechslungsgefahr in einer nach § 30 HGB. untragbaren Weise zu steigern. Der Registerrichter in H. hätte die Eintragung der am Orte neuen Firma der Beklagten auf Grund des § 30 HGB. ablehnen müssen, solange die Klägerin in das Handelsregister eingetragen ist. Dem hätte die Beklagte auch nicht durch Geltendmachung eines auf § 16 UnlWG. gestützten Unterlassungs- und Löschanspruchs gegen die Klägerin entgegentreten können, nachdem sie diesen verwirkt hatte. Dann kann sie aber bei billiger Abwägung der beiderseitigen Belange, wie sie sich hier darstellen, auch nicht, nachdem die Beklagte zu Unrecht in das Handelsregister eingetragen worden ist, dem Unterlassungs- und Löschungsanspruch der Klägerin aus §§ 30, 37 HGB. ihrerseits den an sich verwirkten Gegenanspruch aus § 16 UnlWG. einredeweise entgegenhalten.

3. Mit ihren Klageanträgen begehrt die Klägerin von der Beklagten das Verbot, das Wort „Chemopharm" in ihrer Firma weiterzuführen, solange diese ihren Sitz in H. hat oder dort eine Zweigniederlassung unterhält, und die Verurteilung der Beklagten, die Streichung des Wortes „Chemopharm" aus ihrer Firma beim Handelsregister des Amtsgerichts H. anzumelden. Damit verlangt sie, daß die Beklagte sich in jeder Weise des Firmenworts „Chemopharm" enthalte und dieses auch im Handelsregister tilge. Ein solcher Anspruch würde voraussetzen, daß die Beklagte das Wort „Chemopharm" in keiner irgendwie gearteten Zusammensetzung in ihrer Firma führen dürfte, daß es insbesondere auch keinen Zusatz gäbe, der eine deutliche Unterscheidbarkeit herbeiführen würde. Eine so weitgehende Feststellung läßt sich aber nicht treffen; die Prüfung der deutlichen Unterscheidbarkeit muß vielmehr dem einzelnen Fall überlassen bleiben. Auch geht es nicht an, etwa eine Verurteilung mit einer allgemeinen Einschränkung (z. B. in der Fassung: „ohne Beifügung eines deutlich unterscheidbaren Zusatzes") auszusprechen;

denn dadurch würde die Prüfung der deutlichen Unterscheidbarkeit unzulässigerweise in das Vollstreckungsverfahren verlegt werden (vgl. RG. in JW. 1939 S. 233 Nr. 22 = MuW. 1939 S. 137). Deshalb muß der Unterlassungs- wie der Löschungsanspruch der Klägerin entsprechend der ständigen Rechtsprechung des Senats auf die tatsächlich vorgekommene Rechtsverletzung beschränkt bleiben, kann also eine Verurteilung nur dahin ergehen, daß die Beklagte ihre Firma nicht in der bisherigen Form weiterführen darf und daß sie auch nur die Löschung ihrer bisherigen Firma zum Handelsregister anzumelden hat. Insoweit ist die Klage nach den vorhergehenden Ausführungen gerechtfertigt. Mit den weitergehenden Ansprüchen war die Klägerin dagegen abzuweisen, ohne daß es noch eines Eingehens auf den zweiten Klagegrund (§ 16 UnlWG.) bedarf, da aus ihm die Klägerin keinesfalls weitergehende Rechte herleiten könnte.

---

60. Können die Erben eines Kommanditisten als dessen Rechtsnachfolger in ungeteilter Erbengemeinschaft in das Handelsregister eingetragen werden?

HGB. § 177.

II. Zivilsenat. Beschl. v. 9. September 1943 in einer Handelsregistersache. II B 12/43.

I. Amtsgericht Königsberg i. Pr.
II. Landgericht daselbst.

Die Frage ist verneint worden aus folgenden, den Sachverhalt ergebenden

Gründen:

Der Kommanditist H. ist gestorben und von seiner Witwe und seiner Tochter beerbt worden. Die Erben haben sich bisher nicht auseinandergesetzt. Der persönlich haftende Gesellschafter hat zum Handelsregister u. a. angemeldet, daß an die Stelle des durch seinen Tod ausgeschiedenen Kommanditisten dessen vorbenannte Erben in ungeteilter Erbengemeinschaft getreten seien. Das Amtsgericht hat die Eintragung abgelehnt, das Landgericht die Beschwerde des Antragstellers zurückgewiesen. Hiergegen richtet sich die weitere Beschwerde des Antragstellers. Das Kammergericht möchte sie als unbegründet zurückweisen, sieht sich hieran jedoch durch die Rechtsprechung des Reichsgerichts (RGZ. Bd. 123 S. 366) gehindert und hat deshalb die Beschwerde gemäß § 28 Abs. 2 FGG. dem Reichsgericht zur Entscheidung vorgelegt.

Die Voraussetzungen für die Vorlegung sind gegeben. Das Reichsgericht tritt, unter Aufgabe seiner früheren abweichenden Rechtsprechung, der Auffassung des Kammergerichts bei.

Nach § 177 HGB. wird eine Kommanditgesellschaft durch den Tod eines Kommanditisten nicht aufgelöst. Das Reichsgericht hat hieraus im Beschlusse II B 3/29 vom 15. März 1929 (RGZ. Bd. 123 S. 366) gefolgert, daß die Erben des Kommanditisten, falls der Gesellschaftsvertrag keine entgegenstehende Bestimmung enthält, ohne weiteres in die Rechtsstellung des Verstorbenen als Kommanditisten-Gesellschafters eintreten, und zwar, solange noch keine Auseinandersetzung stattgefunden hat, in ungeteilter Erbengemeinschaft. Es hat nicht verkannt, daß die Erbengemeinschaft als solche nicht selbständig im Rechtsverkehr auftreten und daher keine Rechte erwerben, auch keine Verbindlichkeiten eingehen kann, hat es aber als eine „unvermeidliche" Folge des § 177 HGB. sowie der erbrechtlichen Vorschriften über die Erbengemeinschaft angesehen, daß die „Kommanditeinlage" des Verstorbenen bis zur Auseinandersetzung den Miterben gemeinschaftlich zur gesamten Hand gehöre und daß deshalb bis dahin die Erbengemeinschaft auch als Kommanditistin in das Handelsregister müsse eingetragen werden können. Hierfür spricht nach seiner damaligen Meinung auch, daß die Erben zur Aufgabe der Gemeinschaft nicht gezwungen werden können und daß der Aufschub der Erbauseinandersetzung in den Fällen der §§ 2043 bis 2045 BGB. sogar geboten ist. Andererseits glaubte es an dieser Stellungnahme auch nicht durch die Rücksichtnahme auf die Rechte Dritter gehindert zu sein, da die Verpflichtung zur Leistung der vom Erblasser-Kommanditisten nicht oder nicht voll eingezahlten Einlage auf die Miterben als Gesamtschuldner übergehe und diese sowohl mit dem Nachlaß als auch persönlich für das Fehlende hafteten.

Dieser Auffassung ist seitdem im Schrifttum (vgl. insbesondere neuerdings Weipert im RGRKomm. zum HGB. Bem. 16

zu § 177; Schlegelberger HGB. Bem. 6 zu § 177; Ritter HGB. Bem. 3 d zu § 177; Baumbach HGB. Bem. 1 B zu § 177; Würdinger Recht der Personalgesellschaften S. 164/165) mit beachtlichen Gründen entgegengetreten worden; dem hat sich jetzt auch das Kammergericht angeschlossen. Der erkennende Senat hat erst kürzlich in RGZ. Bd. 170 S. 394 ausgesprochen, daß die Rechtsstellung, die der Erbe mit dem Eintritt in die offene Handelsgesellschaft erwirbt, zwar auf der Erbfolge beruhe, daß aber ihr Inhalt sich nicht nach den Grundsätzen des Erbrechts, sondern sowohl im Innen- und Außenverhältnis als auch personen- und vermögensrechtlich ausschließlich nach Gesellschaftsrecht bestimme. Das gleiche gilt auch für die Kommanditgesellschaft, und zwar auch für die Stellung des oder der Erben eines Kommanditisten. Mit Recht weist das Kammergericht auf die für die Erben eines persönlich haftenden Gesellschafters einer offenen Handelsgesellschaft (oder einer Kommanditgesellschaft) bisher auch vom Reichsgericht (vgl. schon für das AHGB. RGZ. Bd. 16 S. 56 flg.; ferner RG. in JW. 1912 S. 475 Nr. 23; Recht 1917 Nr. 457) stets anerkannte Rechtsprechung hin, daß jeder einzelne Erbe ohne weiteres (vorbehaltlich der Ausübung der Rechte aus § 139 HGB.) trotz Bestehens und Fortbestehens der Erbengemeinschaft selbständig persönlich haftender Gesellschafter ist. Dann kann es aber nicht als „unvermeidliche" Folge der Vorschrift des § 177 HGB. angesehen werden, daß die Erben eines Kommanditisten in ungeteilter Erbengemeinschaft in dessen Rechtsstellung eintreten. Diese Vorschrift besagt nichts weiter, als daß — im Gegensatze zu der grundsätzlichen, aber durch den Gesellschaftsvertrag abänderlichen Regelung des § 131 Nr. 4 HGB. für den Fall des Todes des persönlich haftenden Gesellschafters — der Tod eines Kommanditisten die Auflösung der Gesellschaft (mangels abweichender Bestimmung des Gesellschaftsvertrags) nicht zur Folge hat. Aber dieser Unterschied kann ebensowenig eine Verschiedenheit für die Art des Eintritts der mehreren Erben begründen wie der weitere, sich aus § 171 HGB. ergebende, daß der Kommanditist den Gläubigern der Gesellschaft nur „bis zur Höhe seiner Einlage", soweit diese nicht geleistet ist, unmittelbar haftet. § 139 HGB. setzt — wie der Vorlegungsbeschluß zutreffend ausführt — als selbstverständlich voraus, daß jeder einzelne Erbe an Stelle des ausgeschiedenen (persönlich haftenden) Erblassers selbständig als Gesellschafter in die Gesellschaft eintritt, indem er jedem von ihnen das Recht einräumt, „sein Verbleiben in der Gesellschaft" davon abhängig zu machen, daß ihm die Stellung eines Kommanditisten eingeräumt wird und „der auf ihn fallende Teil der Einlage des Erblassers" als seine Kommanditeinlage anerkannt wird. Unter diesen Umständen ist in der Tat kein Grund ersichtlich, den mehreren Erben eines Kommanditisten eine andere Rechtsstellung zuzuweisen; denn alle Gründe, die hiergegen geltend gemacht worden sind, lassen sich in gleicher Weise auch gegen die Annahme des Einzeleintritts der Erben des persönlich haftenden Gesellschafters verwerten. Andererseits erweist die Tatsache, daß diese als Einzelgesellschafter eintreten, die rechtliche Möglichkeit eines gleichen Eintritts der Erben des Kommanditisten. Die Besonderheiten der Kommanditistenstellung können also eine verschiedenartige Beurteilung nicht rechtfertigen. Insbesondere kann die frühere Auffassung, daß die „Kommanditeinlage" des Erblassers den Erben nur zur gesamten Hand zustehen könne, nicht aufrechterhalten werden. Die „Kommanditeinlage" ist nach § 171 HGB. die vom Kommanditisten (den Gläubigern gegenüber) geschuldete Einlage, mit anderen Worten der Betrag, auf den seine Haftung beschränkt ist. Sie ist also, wie das Kammergericht zutreffend ausführt, kein aktiver Nachlaßgegenstand und kann deshalb auch nicht den Miterben gemeinschaftlich zur gesamten Hand gehören. Ebensowenig gehört die Teilhaberschaft als solche zum Nachlaß; sie ist zwar an die Person der Erben geknüpft, aber nicht kraft Erbrechts, sondern kraft der gesellschaftsrechtlichen Regelung, daß die Gesellschaft mit den Erben des verstorbenen Gesellschafters fortgesetzt wird. Auch die Annahme des Kammergerichts, daß der durch die Leistung der Einlage geschaffene Kapitalanteil Nachlaßgegenstand sei, trifft nicht zu; denn dieser stellt, wie der Senat erst kürzlich im Urteil II 93/40 vom 23. Januar 1941 (DR. 1941 Ausg. A S. 1084 Nr. 11 = HRR. 1941 Nr. 387 = WarnRspr. 1941 Nr. 57 S. 115) ausgeführt hat, überhaupt kein selbständig übertragbares und vererbliches Recht dar, sondern bezeichnet nur das jeweils auf dem Kapitalkonto ausgewiesene Kapitalguthaben des Gesellschafters der offenen Handelsgesellschaft oder Kommanditgesellschaft, ohne unmittelbar eine Forderung auf dieses zu begründen; er bildet nur die rechnerische

Grundlage für die Ermittlung der Höhe gewisser Rechte, nämlich für die Gewinnverteilung (§ 121 HGB.), die Abhebungsbefugnis (§ 122 HGB.) und die Auseinandersetzung des Gesellschaftsverhältnisses (§ 155 HGB.). In den Nachlaß könnten höchstens die übertragbaren Rechte (d. h. die Ansprüche auf Gewinnauszahlung und auf das Auseinandersetzungsguthaben) fallen. Aber ob diese wirklich den Erben in ungeteilter Erbengemeinschaft zustehen oder ob nicht vielmehr auch insoweit aus der erbrechtlichen Gebundenheit nur schuldrechtliche Verpflichtungen der Erben untereineinander herzuleiten wären (vgl. hierzu RGZ. Bd. 170 S. 394 flg.), kann hier dahingestellt bleiben; denn eine Eintragung, daß diese Rechte den Erben in ungeteilter Erbengemeinschaft zuständen, käme ohnehin nicht in Betracht.

Hiernach ist die Vervielfältigung der Gesellschafterrechte ebenso wie die Teilung des Kapitalanteils eines verstorbenen Gesellschafters im Falle der Fortsetzung der Gesellschaft — sei es der offenen Handelsgesellschaft oder der Kommanditgesellschaft — mit den Erben keine Folge einer auch nur teilweisen Erbauseinandersetzung, sondern eine Folge der gesellschaftsrechtlichen (vertraglichen oder gesetzlichen) Regelung, daß die Gesellschaft mit den Erben des verstorbenen Gesellschafters fortgesetzt wird. Damit entfallen auch alle Bedenken, die sich aus §§ 2043 bis 2045 BGB. ergeben könnten und als solche in der früheren Stellungnahme des Reichsgerichts sowie auch in der Begründung zur weiteren Beschwerde hervorgehoben sind. Nur von dem vorstehend dargelegten Standpunkt aus läßt sich auch die Art der Haftung der Erben des Kommanditisten für die Leistung der Einlage einwandfrei beurteilen und erklären. Soweit die Verbindlichkeiten der Gesellschaft schon beim Tode des Erblassers bestanden, handelt es sich infolge der unmittelbaren Haftung der Gesellschafter um reine Nachlaßverbindlichkeiten. Die Erben haften deshalb für sie den Gläubigern in Höhe der vollen Kommanditeinlage des Erblassers als Gesamtschuldner, aber mit der Möglichkeit der Beschränkung der Haftung auf den Nachlaß. Zugleich haften die Erben aber in ihrer Eigenschaft als Kommanditisten auch für die später entstandenen Verbindlichkeiten persönlich und ohne Beschränkbarkeit auf den Nachlaß, insoweit jedoch nur bis zur Höhe des auf sie fallenden Teils der Einlage des Erblassers.

Aus diesen Gründen haben die Vordergerichte mit Recht die beantragte Eintragung, daß die Erben des verstorbenen Kommanditisten in ungeteilter Erbengemeinschaft an dessen Stelle getreten seien, abgelehnt, so daß die weitere Beschwerde als unbegründet zurückzuweisen ist.

---

61. 1. Über die Pflichten des Vormundschaftsrichters bei Anträgen auf Belastung des Grundstücks eines unter elterlicher Gewalt stehenden Minderjährigen.

2. Über den Umfang des Schadensersatzanspruchs des Minderjährigen bei Pflichtverletzung des Vormundschaftsrichters, wenn zur Entstehung des Schadens eine allgemein ungünstige wirtschaftliche Lage mitgewirkt hat.

BGB. §§ 839, 1674, 1821, 1822. WeimVerf. Art. 131.

III. Zivilsenat. Urt. v. 13. September 1943 i. S. v. Z. (Kl.) w. Großdeutsches Reich (Bekl.). III 55/43.

I. Landgericht Güstrow.
II. Oberlandesgericht Rostock.

Der Kläger, der am 1. Oktober 1908 geboren ist, war Eigentümer des in Mecklenburg gelegenen Lehngutes K. Er hatte es durch Erbschaft kraft mecklenburgischen Lehnsrechts nach seinem am 16. Januar 1919 verstorbenen Vater bekommen. Dieser hatte außerdem als Allodvermögen ein in Pommern gelegenes Gut W., das Inventar des Gutes K. sowie Wertpapiere und Hypothekenforderungen hinterlassen. Hierüber hatte er testamentarisch verfügt. Laut Erbschein vom 6. Februar 1919 sollten die Mutter des Klägers, Frau von Z., Vorerbin, der Kläger und zwei Geschwister Nacherben sein. Dieser Erbschein wurde im Jahre 1929 dahin berichtigt, daß der Allodnachlaß sogleich mit dem Erbfall in Höhe der gesetzlichen Pflichtteile zum Teil der Mutter, zu anderen Teilen den Kindern und nur im übrigen jener als Vorerbin und diesen als Nacherben zugefallen sei. Während der Minderjährigkeit des Klägers stand der Mutter kraft elterlicher Gewalt die Verwaltung und Nutznießung des Lehnsvermögens des Klägers zu. Als Beistand für die Ausübung war ihr der Kammerherr von Kl. bestellt worden. Sie hat K. bis zur

Volljährigkeit des Klägers am 1. Oktober 1929 bewirtschaftet. Alsdann übernahm dieser das Gut in eigene Bewirtschaftung.

K. war am Ende der Entwertungszeit mit dinglichen Aufwertungsschulden von insgesamt 56 515,40 GM. belastet. Der Kläger aber mußte es, da inzwischen Neubelastungen hinzugekommen waren, mit insgesamt 345 000 GM. Grundschulden und Hypotheken übernehmen. Im Jahre 1931 kam das Gut zur Zwangsversteigerung. Der Zuschlag wurde auf ein Gebot von 180 000 RM. erteilt. Die den Betrag von 137 000 GM. übersteigenden Lasten fielen aus. Der Kläger behauptet, er hafte für ausgefallene Forderungen von 208 000 RM. jetzt noch persönlich.

Die nach der Entwertungszeit eingetretenen Neubelastungen wurden zu acht verschiedenen Malen in der Zeit vom November 1924 bis zum Februar 1928 auf Bewilligung der Mutter des Klägers mit Genehmigung der Vormundschaftsrichter in St. eingetragen. Von diesen Belastungen bestanden, als der Kläger volljährig wurde, noch fünf im Gesamtbetrage von 345 000 GM. Die Aufwertungsgläubiger waren ausgezahlt und gelöscht. Die vormundschaftsgerichtlichen Genehmigungen der Eintragung wurden jedesmal auf Antrag der Mutter und auf ihre Erklärung hin erteilt, daß das Geld dringend zur Bewirtschaftung von K. gebraucht werde, ohne daß das Gericht den Beistand hörte oder sonst Ermittlungen anstellte.

Der Kläger trägt vor: Diese Belastungen hätten ihm den Verlust des Gutes verursacht. Seine Mutter habe die neuaufgenommenen Gelder nicht dem Gute K. zugute kommen lassen, sondern teils für die eigene Wirtschaft, auch zur Auslösung des Gutes W. aus der Verpachtung, teils für andere betriebsfremde Zwecke, z. B. für eine Reise nach Italien, verwandt. Für den ihm so zugefügten Schaden sei der Beklagte ersatzpflichtig, da er auf fahrlässigen Amtspflichtverletzungen der Richter beruhe, welche die Genehmigungen erteilt hätten. Diese hätten eine pflichtgemäße sorgfältige Prüfung der Voraussetzungen für ihre Genehmigungen unterlassen, den Beistand nicht zugezogen und die Verwendung des Geldes nicht überwacht. Der Schaden belaufe sich auf 400 000 RM. durch den Verlust des Gutes, weiter auf mindestens 100 000 RM. an entgangenem Gewinn, den der Kläger, wenn er Eigentümer des Gutes geblieben wäre, nach dem 1. Oktober 1929 hätte erzielen können, schließlich in seiner persönlichen Haftung für die bei der Zwangsversteigerung ausgefallenen Hypothekenbeträge. Ersatz dieses Schadens sei von anderer Seite nicht zu erlangen, da die Mutter mittellos und seine Klage gegen die Erben des Beistands von Kl. rechtskräftig abgewiesen worden sei. Der Kläger fordert Zahlung von 400 000 RM. für den Verlust des Gutes und von 100 000 RM. für entgangenen Gewinn, beides nebst 4 v. H. Zinsen seit dem 1. April 1940, sowie Befreiung von der Schuldhaftung für in der Zwangsversteigerung ausgefallene Hypotheken, vorläufig in Höhe von 6100 RM. und von achtmal je 600 RM.

Der Beklagte macht geltend: Die Vormundschaftsrichter hätten bei den vorliegenden Verhältnissen nicht pflichtwidrig gehandelt, als sie die Kreditaufnahmen, ohne Ermittlungen anzustellen, genehmigten. Denn es sei ohne weiteres ersichtlich gewesen, daß bei der schlechten Lage der Landwirtschaft in jenen Jahren die Beleihungen zur Bewirtschaftung des Gutes notwendig gewesen seien. Der Verlust des Gutes sei auf die allgemeine Lage der Landwirtschaft, nicht aber auf Fehler der Richter zurückzuführen. Mitgewirkt habe auch die Unfähigkeit des Klägers und seiner Mutter zur gedeihlichen Bewirtschaftung. Die Belastungen und der Verlust seien bei den gegebenen Verhältnissen unvermeidbar gewesen.

Das Landgericht hat zum Teil zugunsten des Klägers erkannt, zum anderen Teil die Klage abgewiesen. Das Oberlandesgericht ist in vollem Umfange zur Klageabweisung gelangt. Die Revision führte zur Aufhebung und Zurückverweisung.

Gründe:

1. Das Berufungsgericht hat Amtspflichtverletzungen der Vormundschaftsrichter verneint. Sie hätten bei dem hohen Ansehen, das die Eltern des Klägers genossen, und der ihnen offensichtlichen schlechten Lage der Landwirtschaft ohne weiteres den Versicherungen der Frau von Z. trauen können, daß das Geld zur Bewirtschaftung von K. notwendig gebraucht werde. Sie hätten auch nicht damit zu rechnen brauchen, daß das aufgenommene Geld eine andere Verwendung als für die Wirtschaft von K. finden werde oder gefunden habe. Bei der ihnen glaubhaften Dringlichkeit der Geldbeschaffung hätten sie von zeitraubenden Ermittlungen absehen können. Eine Verweisung der Frau von Z.

auf das Allodvermögen sei nicht in Frage gekommen, weil sie nach dem damals geltenden Erbschein nur dessen Vorerbin gewesen sei und als solche keine freie Verfügung gehabt habe. Ob eine Verpachtung rechtzeitig möglich gewesen wäre und dem Kläger das Gut gerettet haben würde, sei fraglich. Der Richter, der auf diesen Weg anstatt neuer Belastungen verwiesen hätte, würde eine erhebliche Gefahr auf sich genommen haben. Weiter ergebe sich aus dem Gutachten des gerichtlichen Sachverständigen Sch., daß die erste Kreditaufnahme von 61 950 RM. wirtschaftlich begründet und notwendig gewesen und daß dadurch „eine Kausalverschuldung" geschaffen worden sei, die zwangsläufig zu weiteren Verschuldungen geführt habe. Wenn später eine der beantragten Genehmigungen abgelehnt worden wäre, würde das Gut um so eher zur Zwangsversteigerung gekommen sein. Daher sei dem Kläger durch die Genehmigungen kein Schaden erwachsen. Dieser sei vielmehr auf die verhängnisvollen Verhältnisse der Landwirtschaft in der Zeit nach dem Währungsverfall zurückzuführen.

2. Die Auffassung, daß den Vormundschaftsrichtern keine Amtspflichtverletzungen zur Last fielen, beruht auf Verletzung des § 1674 BGB., nämlich einer Verkennung der Pflichten, die dem Richter dem Minderjährigen gegenüber obliegen. Es handelte sich hier um acht verschiedene Beleihungen in der Zeit vom November 1924 bis Februar 1928, deren Aufnahmen von den Vormundschaftsrichtern ohne irgendeine Ermittlung und ohne Befragen des Beistands lediglich auf die mit angeblicher wirtschaftlicher Notwendigkeit der Kreditaufnahmen begründeten Anträge der Frau von Z. genehmigt wurden und von denen insgesamt fünf im Gesamtbetrage von 345 000 GM. bei Volljährigkeit des Klägers zu seinen Lasten gingen. Diese Beleihungen bedurften gerichtlicher Genehmigung nach § 1821 Nr. 1, § 1822 Nr. 8, §§ 1686, 1643 BGB., weil sie Verfügungen der auf Grund elterlicher Gewalt für den Kläger handelnden Mutter über ein Grundstück des Klägers und Aufnahmen von Geld auf seinen Kredit waren. Ob eine derartige Genehmigung zu erteilen ist, hängt vom pflichtmäßigen Ermessen des Richters ab. Richtschnur muß ihm bei dessen Ausübung das Wohl des Minderjährigen sein. Demgemäß kam es hier darauf an, ob die Belastungen — vom Standpunkte des Klägers aus gesehen — wirtschaftlich ver-

nünftig und tragbar waren, ob sie insbesondere nicht sein Eigentum gefährdeten, ob nicht ein anderer besserer und sicherer Ausweg aus den gegebenen Schwierigkeiten möglich war (vgl. RGZ. Bd. 85 S. 416 [418]). Seine Entscheidung muß der Vormundschaftsrichter nach sorgfältiger Prüfung und Aufklärung der Sachlage treffen. Dabei ist er nicht an die Anträge oder das sonstige Vorbringen der Beteiligten gebunden; er hat vielmehr von Amts wegen alles zu tun, was zur Aufklärung der Sachlage und zur Wahrnehmung der Belange des Minderjährigen dienlich sein kann (RGZ. Bd. 148 S. 385 [393]). Ein der Mutter zugeordneter Beistand soll vor Erteilung der Genehmigungen gehört werden, wenn die Anhörung tunlich ist (§ 1690 BGB.).

Den so aufzufassenden Pflichten des Richters wurde es in keiner Weise gerecht, wenn — häufig wiederholt — auf Anträge der Mutter, die Gelder „zur Bestreitung von Betriebsauslagen" oder „zwecks Tilgung notwendiger Gutsschulden" namens des Klägers aufnehmen zu dürfen, ohne jede Nachforschung und Ermittlung die erbetenen Genehmigungen erteilt wurden. Zunächst bestand, worauf die Revision mit Recht hinweist, aller Anlaß für die mit den Anträgen der Frau von Z. befaßten Richter, sich über die Rechtslage klar zu werden. Während der Minderjährigkeit des Klägers stand der Mutter kraft elterlicher Gewalt nach §§ 1686, 1649 BGB. die Nutznießung an dem diesem zugefallenen Gute K. zu. Das mecklenburgische Lehnsrecht ergibt in der Richtung keine Abweichung. Derartiges ist auch von keiner Seite geltend gemacht worden. Die Mutter übte ihr Recht durch Bewirtschaftung des Gutes aus. Diese führte sie nicht namens und als Stellvertreterin des Sohnes, sondern im eigenen Namen und auf eigene Rechnung. Daher trafen sie die Unkosten der Bewirtschaftung; insbesondere hatte sie auch die auf dem Gute ruhenden Lasten zu tragen, soweit diese nicht als außerordentliche Lasten als auf den Stammwert von K. gelegt anzusehen waren (§§ 1654, 1384 bis 1386 BGB.). Eine naheliegende Überlegung war demzufolge die, welche Veranlassung denn bestand, für „Betriebsausgaben" oder „Gutsschulden" den Minderjährigen zu belasten. Das mochte äußerstenfalls zulässig sein, wenn es anders nicht möglich war, ihm durch schwere Wirtschaftsjahre hindurch das Gut zu erhalten, wobei er dann Gläubiger der Mutter in Höhe des für ihren Betrieb verwandten Geldes wurde. Aber zunächst mußte dieses Bedenken den Richter auf eine Betrachtung des außerhalb von K. vorhandenen Allodvermögens und auf die Frage führen, ob die Unkosten, die aus dem laufenden Betriebe nicht gedeckt werden konnten, nicht aus anderen Mitteln der Frau von Z. beglichen werden könnten. Der Umstand, daß diese damals als in der Verfügung beschränkte Vorerbin galt, hinderte eine Heranziehung der Einkünfte aus diesem Vermögen nicht. Jedenfalls wäre sorgfältig zu prüfen gewesen, ob die Darlehnsbedingungen für den Minderjährigen tragbar waren. Auch konnte die gleichfalls vorgenommene starke Belastung von W. die Schäden der Wirtschaftsführung beleuchten. Bei nur geringem Bemühen um wirkliche Erkenntnis der Sachlage und um wirksamen Schutz des Minderjährigen mußte erwogen werden, ob nicht dessen Belange eine Änderung in der Art der Bewirtschaftung von K. erforderten, etwa eine Verpachtung oder bessere Unterstützung der landwirtschaftlich ungeschulten und allgemeinwirtschaftlich unerfahrenen Frau von Z. durch einen tüchtigen Verwalter oder auch nur durch strengere Beaufsichtigung, etwa durch den Beistand. War es zwar nicht Sache des Vormundschaftsrichters, unmittelbar in die Wirtschaftsführung der Mutter einzugreifen, so konnte er hierauf doch mittelbar dadurch einwirken, daß er die Erteilung der erbetenen Beleihungsgenehmigungen von der Durchführung zweckentsprechender Schutzmaßnahmen abhängig machte (Motive z. BGB. Bd. IV S. 1139; KGJ. Bd. 53 S. 141 [143]; RGZ. Bd. 85 S. 421). Auffallend und fehlerhaft ist es weiter, daß die Richter nicht die häufige Wiederholung der Beleihungen zum Anlaß einer Nachprüfung nahmen, ob die aufgenommenen Gelder sachgemäß zur Erhaltung von K. verwandt worden seien und weiter verwandt würden. Dann wäre wohl die Unklarheit darüber vermieden worden, was davon nach W. gewandert war oder zu unnötigem persönlichen Verbrauch (Italienreise) genommen wurde, ein Umstand, der um so nachteiliger ist, als in K. keine ausreichende Buchführung bestand. Schon das Bewußtsein, daß der Vormundschaftsrichter nachfragte, wäre wohl geeignet gewesen, eine sorgfältigere und klarere Wirtschaftsführung der Frau von Z. zu veranlassen.

Der Beklagte vermag sich nicht damit zu verteidigen, die Richter hätten sich auf das Wort der Frau von Z. verlassen und Rückfragen und Nachforschungen hätten ihnen danach unnötig erscheinen dürfen. Dies blinde Vertrauen ergibt eben die Amtspflichtverletzung. Die Richter brauchten gar nicht an bösen Willen der Frau von Z. zu denken. Aber sie mußten beachten, daß sie eine wirtschaftlich unerfahrene Frau war und daß die allgemein schlechte Lage der Landwirtschaft ganz besondere Vorsicht erforderte, wenn dem Minderjährigen das Lehnserbe möglichst ungeschmälert erhalten werden sollte. Es hätte nur einmal die Frage aufgestellt werden sollen, mit welchem Rechte die Betriebsschulden ohne weiteres auf den Stammwert des Gutes gelegt wurden. Erst recht mußte die Gefährdung des Gutes bei den häufigen Wiederholungen der Beleihungen einleuchten. Der Umstand, daß Frau von Z. die Erteilung der Genehmigungen als eilig hinstellte, ergibt gleichfalls keine Entschuldigung. Die Zeit zu gewissenhafter Ausführung ihrer Amtspflichten mußten sich die Richter unter allen Umständen nehmen. Erhebliche und schädliche Verzögerungen brauchten damit um so weniger verknüpft zu sein, als den Richtern in der Person des Kammerherrn von Kl. als Beistand der Frau von Z. jemand zur Verfügung stand, mit dessen Hilfe sie alles Nötige ohne Verzug leicht ermitteln konnten. In § 1690 Abs. 3 BGB. wird die Anhörung eines solchen Beistands, wenn tunlich, ausdrücklich vorgeschrieben. Dafür, daß dies unterblieben ist, besteht überhaupt keine Erklärung oder Entschuldigung. In dieser Unterlassung liegt ein weiteres Amtsversehen der Vormundschaftsrichter.

Bei alledem, was hiernach den Vormundschaftsrichtern als Amtspflicht bei Erteilung von Genehmigungen nach §§ 1821, 1822 BGB. beigemessen wird, handelt es sich um einfache und klare Dinge, zu deren Erkenntnis keine schwierige Überlegung gehört und die sehr wohl auch in der Unruhe und Vielfältigkeit des täglichen Amtsbetriebs am Amtsgericht beachtet werden können. Somit steht fest, daß die Vormundschaftsrichter ihre Genehmigungen für die in den Jahren 1924 bis 1928 vorgenommenen Beleihungen des Gutes K. unter fahrlässigen Amtspflichtverletzungen gegeben haben. Der Beklagte ist dem Kläger nach §§ 1674, 839 BGB., der Verordnung über die Haftung des Reichs für die Justizbeamten vom 3. Mai 1935 (RGBl. I S. 587), dem Gesetz über die Haftung des Reichs für seine Beamten vom 22. Mai 1910 (RGBl. S. 798), Art. 131 WeimVerf. für den ihm dadurch entstandenen Schaden haftbar, da auch die

Anspruchsvoraussetzung, daß der Kläger keinen anderweitigen Ersatz zu erlangen vermag, unstreitig gegeben ist.

Gegen den Kläger ist auch nicht, wie der Beklagte meint, die Vorschrift des § 254 Abs. 2 BGB. in Verbindung mit § 278 BGB. dahin anzuwenden, daß er ein schuldhaftes Verhalten seiner Mutter als seiner gesetzlichen Vertreterin bei Abwendung des entstandenen oder noch drohenden Schadens zu vertreten hätte (vgl. RGUrt. V 12/35 vom 10. Juli 1935, abgedr. in JW. 1935 S. 3550 Nr. 3, und V 106/38 vom 7. November 1938, abgedr. in WarnRspr. 1939 Nr. 19). Die schuldrechtliche Beziehung zwischen dem Kläger und dem Beklagten, in der eine solche Abwendungspflicht in Frage kommen könnte, war erst in den Zeitpunkten geknüpft, in denen die Genehmigungen—fehlerhaft—erteilt wurden. Deswegen kommt das, was vorher auf der Seite des Klägers oder seiner Mutter geschehen ist, von vornherein nicht in Betracht, so namentlich nicht der Umstand, daß die Beleihungsanträge ohne gehörige Überlegung und Vorsicht gestellt sein mögen. Gegen derartiges soll ja gerade der Minderjährige durch die gesetzlich geforderte Mitwirkung des Vormundschaftsrichters geschützt werden. Nach Aufnahme der Beleihungen aber hat die Mutter nicht mehr als gesetzliche Vertreterin ihres Sohnes gehandelt, sondern in eigener persönlicher Bewirtschaftung des ihr von diesem mit Genehmigung der Vormundschaftsrichter zu ihrer freien Verfügung zugewendeten Geldes. Es bestand keine Verpflichtung des Klägers dem Beklagten gegenüber wegen der Verwendung dieses Geldes, in deren Erfüllung die Mutter für ihn als gesetzliche Vertreterin gehandelt hätte oder hätte handeln sollen. Der gegenwärtige Fall liegt in diesem wesentlichen Punkt anders als die beiden oben bezeichneten, vom Beklagten erwähnten Fälle. Es wäre ja auch ein widersinniges Ergebnis, wenn der Fehler des Inhabers der elterlichen Gewalt, gegen dessen Auswirkung der Minderjährige durch das Erfordernis der richterlichen Genehmigung geschützt werden soll, andererseits wieder zu einer Herabminderung dieses Schutzes führen müßte.

3. Weiter fragt sich, ob und wieweit dem Kläger durch die Pflichtverletzungen der Vormundschaftsrichter Schaden zugefügt worden ist. Der Kläger fordert Ersatz in drei Richtungen: Erstattung eines Teilbetrags von 400 000 RM. des auf 500 000 RM. veranschlagten Wertes des ihm durch die Zwangsversteige-

rung genommenen Gutes K., wobei er nur die früheren Aufwertungshypotheken von zusammen 56 515,40 GM. absetzen will; weiter Erstattung eines Teilbetrags von 100 000 RM. für Einnahmen, die ihm infolge Verlustes des Gutes nach dem 1. Oktober 1929 entgangen seien; endlich Befreiung von persönlicher Schuldhaftung für Darlehnshypotheken, die bei der Zwangsversteigerung ausgefallen sind. Wegen der Beweislast für den ursächlichen Zusammenhang von Schäden, die dem Minderjährigen entstanden sind, und festgestellten Verfehlungen des Vormundschaftsrichters gilt nach der Rechtsprechung des Reichsgerichts der Satz, daß, wenn diese Verfehlungen an sich geeignet waren, den entstandenen Schaden hervorzurufen, die Verursachung des Schadens durch sie anzunehmen ist, solange nicht der Gegner das Gegenteil bewiesen hat (RGZ. Bd. 154 S. 291 [297] mit weiteren Nachweisungen).

Auf solche Verteilung der Beweislast käme es dann nicht an, wenn die Annahme des Berufungsgerichts rechtlich einwandfrei wäre, daß eine Verursachung durch Versehen der Vormundschaftsrichter für den Verlust des Gutes deswegen ausscheide, weil die erste Kreditaufnahme von 61 950 RM. wirtschaftlich begründet und notwendig gewesen sei und, da dadurch eine „Kausalverschuldung" entstanden sei, die weiteren Verschuldungen und damit die Zwangsversteigerung zwangsläufig herbeigeführt habe. An diesem Gedankengang ist so viel richtig, daß ein ursächlicher Zusammenhang zwischen den Amtspflichtverletzungen, die bei der Erteilung der Genehmigungen — dies auch schon bei der ersten Beleihung von 61 950 RM. — vorgekommen sind, und der Zwangsversteigerung des Gutes fehlen würde, soweit die Genehmigungen auch bei vorsichtiger Erwägung der Belange des Klägers erteilt worden wären. Insoweit würde das Unterbleiben pflichtmäßiger Prüfung zu keinem anderen Endergebnis geführt haben, als dieses auch bei solcher Prüfung eingetreten wäre, nämlich ebenfalls zu der Beleihung. Dann wäre der Verlauf des Weges zu ihr tatsächlich und rechtlich ohne Bedeutung.

Die Ausführungen des Oberlandesgerichts zur Frage der Verursachung sind jedoch mehrfach von Rechtsirrtum beeinflußt. Sie beruhen auf der oben eingehend behandelten, viel zu milden Auffassung der Pflichten des Vormundschaftsrichters bei der Erteilung von Genehmigungen, einer Auffassung, die geeignet wäre, die Schutzwirkung dieser Einrichtung für den Minderjährigen völlig zu entwerten. Mit Recht rügt auch die Revision Verletzung der §§ 286, 287 ZPO., weil in mehreren Punkten beachtliches Vorbringen des Klägers unberücksichtigt geblieben ist. Aus den Darlegungen des Gutachters Sch. in seinem Nachtragsgutachten vom 18. November 1942 mag entnommen werden, daß in der Wirtschaft von K. im Jahre 1924 erklärlicherweise dringender Geldbedarf bestand. Aber hier setzen eben die Fehler des Richters ein, der am 27. November 1924 die erste Genehmigung zu der sogenannten Kausalverschuldung erteilt hat. Damals hätte erörtert werden sollen, welche Rechtfertigung dafür bestand, Geld zur Deckung von Betriebsausgaben der Frau von Z. aus dem Stammwerte des Lehnsgutes zu nehmen, weiter ob hierzu nicht das Allodvermögen, soweit Frau von Z. darüber verfügen konnte, heranzuziehen war. Hierüber hatte der Kläger eingehende Angaben gemacht, die zu beachten waren. Nach dem Bisherigen ist jedenfalls, entsprechend der oben entwickelten Verteilung der Beweislast, anzunehmen, daß auch diese erste Belastung vermeidbar war.

Wenn der Gutachter und, ihm folgend, das Berufungsgericht diese erste Beleihung als „Kausalverschuldung“ bezeichnen, so soll das offenbar besagen, daß damit alle weiteren Kreditaufnahmen zwangsläufig gegeben und unvermeidbar gewesen seien. Auch diese Annahme beruht auf Rechtsirrtum. Zunächst widerspricht es der allgemeinen Lebenserfahrung, daß ein Gut im Werte von rund 400 000 RM. mit der geringen Aufwertungsbelastung von rund 57 000 GM. nach einer weiteren Belastung von 62 000 GM., wenn auch mit hohen Zinsen, sollte zwangsläufig zusammenbrechen müssen. Weiter mußte hierzu das Vorbringen des Klägers über die Verhältnisse auf benachbarten Gütern, die zur Vergleichung mit K. geeignet seien, und über die angeblich besonders günstige Beschaffenheit des Gutes beachtet werden. Wenn wirklich in jener Zeit die für eine Vergleichung in Frage kommenden Nachbargüter nur mit 60 RM. je Morgen belastet gewesen sein sollten und wenn dazu K. von besonders guter Beschaffenheit, ein Spitzengut wäre, so ist nicht einzusehen, warum gerade hier Beleihungen in einem zum Zusammenbruche führenden Umfange bei nur einigermaßen ordentlicher Wirtschaftsführung unvermeidbar gewesen sein sollen. Zu beachten war schließlich auch, daß, soweit bisher ersichtlich, die Zwangsversteigerung schon dann hätte vermieden werden können, wenn das Gut bis zum Einsetzen der Osthilfe für Mecklenburg hätte gehalten werdenn können (Osthilfegesetz vom 31. März 1931 mit Erster Durchführungsverordnung dazu vom 21. Mai 1931 — RGBl. I S. 117, 277 —).

Nach alledem halten die Ausführungen, mit denen das Berufungsgericht eine dem Kläger schädliche Wirkung des Verhaltens der Vormundschaftsrichter verneint und den Verlust von K. lediglich „auf die katastrophalen Verhältnisse der Landwirtschaft in der Zeit nach der Inflation" zurückführt, rechtlicher Nachprüfung nicht stand.

4. Bei der hiernach gebotenen neuen Verhandlung der Sache beim Berufungsgericht ist von der oben gekennzeichneten Verteilung der Beweislast zugunsten des Klägers auszugehen. Andererseits darf aber doch die damalige ungünstige Lage der Landwirtschaft nicht außer acht gelassen werden. Sie mag auch für den Kläger Folgen gehabt haben, die nicht vermieden werden konnten. Sie konnte es mit sich bringen, daß der Vormundschaftsrichter, auch wenn er erkannte, daß regelmäßig der Stammwert des Gutes nicht für Betriebsausgaben der Frau von Z. heranzuziehen war, doch mit gutem Grund eine Kreditaufnahme des Minderjährigen zugunsten der Mutter genehmigte. Auch dessen Wohl konnte es erfordern, daß auf diese Weise die Gutsbewirtschaftung der Mutter, mit der er zudem in häuslicher Gemeinschaft lebte, durch außergewöhnliche Notzeiten durchgebracht wurde. Die Verhältnisse konnten auch, worauf schon das Urteil IV 85/38 des Reichsgerichts vom 5. September 1938 in der Sache gegen die Erben des Beistands von Kl. hinweist, so liegen, daß ohne Kreditbeihilfe die Mutter ihre Nutznießung hätte aufgeben müssen und daß dann die ordnungsmäßige Bewirtschaftung auf Rechnung des Minderjährigen doch nur im Wege der Kreditaufnahme hätte durchgeführt werden können. Über diese Fragen hatte der Vormundschaftsrichter nach pflichtgemäßem Ermessen zu entscheiden; aber dessen Ausübung mußten eindringliche Erwägungen und Prüfungen, wie der Erhaltung des Gutes für den Minderjährigen am besten zu dienen sei, zugrunde liegen; auch mußte die Notwendigkeit einer Überwachung sachgemäßer Verwendung des aufgenommenen Geldes erwogen werden. Dafür,

daß es an alledem gefehlt hat, gibt die Notlage der Landwirtschaft keine Rechtfertigung.

Beleihungen und deren Folgen können dem Beklagten insoweit nicht zur Last gelegt werden, wie sie bei vorsichtiger Prüfung und bei Beachtung der Belange des Minderjährigen hätten genehmigt werden können. Denn insoweit waren die Amtspflichtverletzungen der Richter nicht ursächlich für einen Schaden des Klägers. Insoweit liegt vielmehr lediglich eine Folge der landwirtschaftlichen Notzeiten vor, denen auch das Eigentum des Klägers Opfer bringen mußte. Es wird Aufgabe des Tatsachenrichters sein, zu scheiden, ob ein gewisser Betrag der vorgenommenen Beleihungen bei Beachtung der vorstehend entwickelten Gesichtspunkte auch von einem sorgfältig auf das Wohl des Minderjährigen bedachten Vormundschaftsrichter hätte genehmigt werden können, und andererseits, wie weit die Kreditaufnahmen hiernach nicht zu rechtfertigen waren. Dabei kann zuungunsten des Beklagten in Betracht kommen, ob anzunehmen ist, daß ein Teil der auf K. aufgenommenen Gelder nach W. für die Abfindung des dortigen Pächters gewandert ist. Da es sich bei alledem um die Frage handelt, wie weit die feststehenden Amtspflichtverletzungen für eine Schädigung des Klägers, insbesondere für den Verlust des Gutes, ursächlich gewesen sind, hat das Berufungsgericht hierüber nach freier Überzeugung im Sinne des § 287 ZPO. zu entscheiden. Die Höhe der Neubelastungen, die andere zur Vergleichung geeignete, ordnungsgemäß bewirtschaftete Güter in jener Notzeit auf sich nehmen mußten, gibt möglicherweise einen Anhalt für die Entscheidung darüber, bis zu welchem Betrage die Vormundschaftsrichter ein Eintreten mit K. für Betriebsausgaben der Frau von Z. bei sorgfältiger Prüfung hätten genehmigen dürfen.

Weiter wird zu erwägen sein, ob K. mit so herabgeminderten Belastungen nicht wenigstens so lange vor der Zwangsversteigerung hätte bewahrt werden können, bis der Schutz der Osthilfe für Mecklenburg einsetzte. Sollte das zu bejahen und demzufolge der Verlust des Gutes auf Amtspflichtverletzungen der Richter zurückzuführen sein, so würde dann doch der Teil der Belastungen, der hätte genehmigt werden dürfen, auch jetzt noch zu Lasten des Klägers gehen; er würde von der Schadensberechnung der Höhe nach abzusetzen sein.

62. 1. Welche Folgen ergeben sich für das Recht auf Gewinnbezug, wenn die offene Handelsgesellschaft laut Gesellschaftsvertrag nach dem Tode eines Gesellschafters mit dessen Witwe fortgesetzt wird? Haben die neben dieser kraft Gesetzes zur Erbfolge Berufenen Anspruch darauf, an den nach dem Tode des Erblassers erzielten Gesellschaftsgewinnen beteiligt zu werden?

2. Kann ein solcher Anspruch unter dem Gesichtspunkte gebotener Pflichtteilsergänzung begründet sein?

HGB. § 139. BGB. §§ 2325 flg.

II. Zivilsenat. Urt. v. 13. September 1943 i. S. G. (Kl.) w. W. (Bekl.). II 65/43.

I. Landgericht Hanau.
II. Oberlandesgericht Kassel.

Der am 7. Januar 1940 ohne Hinterlassung einer letztwilligen Verfügung verstorbene Ehemann der Beklagten, der mit dieser im gesetzlichen Güterstande der Verwaltung und Nutznießung lebte, war zusammen mit dem Fabrikanten E. Gesellschafter der offenen Handelsgesellschaft W., E. & Co. in H. Nach dem Gesellschaftsvertrage vom 16. Dezember 1929 war jeder Teilhaber zur Hälfte am Gesellschaftsvermögen beteiligt; jeder sollte für seine Tätigkeit eine feste monatliche Vergütung von 600 RM. erhalten und der dann noch verbleibende Reingewinn den Gesellschaftern je zur Hälfte in der Weise zufallen, daß die beiderseitigen Kapitalkonten gleichhoch blieben und Mehr- oder Minderentnahmen gesondert verbucht wurden; beim Tode eines Gesellschafters sollte die feste Vergütung an die Witwe oder an die Hinterbliebenen noch sechs Monate lang weitergezahlt werden (§§ 2 flg.). Für den Tod eines Gesellschafters ist im Gesellschaftsvertrage weiter bestimmt:

„§ 10. Stirbt ein Gesellschafter während der Vertragszeit, so wird die Gesellschaft nicht aufgelöst, sondern zwischen dem verbleibenden Gesellschafter und der Witwe des verstorbenen Gesellschafters als Herrin der Gütergemeinschaft fortgesetzt. Bezüglich der Verteilung des Reingewinns verbleibt es bei der Bestimmung wie in § 3, nur hat die Witwe das Recht, Barauszahlung des Reingewinnanteils zu verlangen. Selbst wenn dadurch, daß der verbleibende und mitarbeitende Teilhaber seinen Gewinn nicht herauszieht, die Kapitalkonten sich verschieben sollten, hat die Witwe für die nach dem Tode ihres Gatten folgenden fünf vollen Geschäftsjahre das Recht, den halben Reingewinn für sich zu beanspruchen. Erst der Reingewinn des sechsten Geschäftsjahres nach dem Tode des einen Teilhabers, von da fortlaufend, wird pro rata der Kapitalkonten aufgeteilt.

§ 11. Will die Witwe des verstorbenen Teilhabers die offene Gesellschaft nicht fortsetzen, so hat sie das Recht, die Rückzahlung ihres gesamten Vermögensanteils zu verlangen, wenn oder sobald ein neuer Teilhaber in die Firma eintritt, andernfalls nur in Raten von einem Drittel jährlich ...

§ 12. Hinterläßt ein Gesellschafter beim Tode keine Frau, sondern nur Kinder, so gelten für diese die Bestimmungen des § 10, doch ist von den Erben ein Delegierter zu ernennen, der für alle gemeinsam die Verhandlungen mit der Firma führt, die Gelder einkassiert und darüber für alle verbindlich quittiert ..."

Der Verstorbene ist von der Beklagten zu ¼ und von seinen Kindern, der Ehefrau des Klägers und ihrer Schwester, zu je ³/₈ nach dem Gesetze beerbt worden. Die Beklagte hat die Gesellschaft nach dem Tode ihres Mannes fortgesetzt und den auf sie entfallenden Gewinn bezogen und für sich behalten.

Der Kläger hat geltend gemacht: Die Beklagte sei nicht, wie sie glaube, am Gesellschaftsanteil ihres verstorbenen Mannes alleinberechtigt, sondern habe nach dem Gesellschaftsvertrage nur die Aufgabe, der Gesellschaft gegenüber die Stelle der Erbengemeinschaft zu vertreten. Der ihr zufallende Gesellschaftsgewinn stehe den Erben im Verhältnis ihrer Erbteile zu. Auf seine, des Klägers, Frau entfalle danach an bisher gezahltem Gewinn ein Betrag von mindestens 15 000 RM. Ihr Anspruch hierauf sei auch unter dem Gesichtspunkte der Pflichtteilsergänzung gerechtfertigt. Der Kläger hat demgemäß beantragt, die Beklagte zur Zahlung von 15 000 RM. nebst 4 v. H. Zinsen seit Klageerhebung zu verurteilen.

Die Beklagte hat um Klageabweisung gebeten. Sie ist der Meinung, § 10 des Gesellschaftsvertrages stelle einen Vertrag zugunsten Dritter dar, auf Grund dessen sie allein in alle Rechte und Pflichten des Erblassers aus dem Gesellschaftsverhältnis eingetreten sei. Da sonach die Beteiligung des Erblassers an der offenen Handelsgesellschaft nicht zum Nachlaß gehöre, stehe auch der Gewinn nur ihr und nicht der Erbengemeinschaft zu. Sie hat unter Hinweis auf noch abzudeckende Verbindlichkeiten den geltend gemachten Anspruch auch der Höhe nach bestritten.

Das Landgericht hat den Klageanspruch dem Grunde nach für gerechtfertigt erklärt. Im Berufungsverfahren hat der Kläger unter Wiederholung seines Klagebegehrens hilfsweise noch beantragt, die Beklagte zu verurteilen, an die Erbengemeinschaft nach Rudolf W. 26 666,66 RM. zu zahlen, wenn sie es nicht vorziehe, 20 000 RM. an die Ehefrau des Klägers und deren Schwester oder 10 000 RM. an den Kläger und seine Ehefrau zu zahlen. Das Berufungsgericht hat die Klage abgewiesen. Die Revision des Klägers blieb ohne Erfolg.

Gründe:

Der Klageanspruch kann, wie auch das Berufungsgericht nicht verkennt, nur nach erb- oder gesellschaftsrechtlichen Gesichtspunkten begründet sein. In ersterer Hinsicht ist außer Streit, daß die Ehefrau des Klägers mangels einer letztwilligen Verfügung des Erblassers — als solche kommt auch der Gesellschaftsvertrag vom 16. Dezember 1929 nicht in Betracht — neben ihrer Schwester und ihrer Mutter gesetzliche Erbin ihres Vaters geworden ist und mit ihren Miterbinnen in Ansehung des Nachlasses in ungeteilter Erbengemeinschaft steht. Der mit der Erbfolge verbundene Vermögensübergang bedeutet, daß sie zu dem auf sie entfallenden Anteil in die gesamte vermögensrechtliche Stellung des Erblassers eingetreten ist und an ihr so teilnimmt, wie sie bei seinem Tode gestaltet war. Das gilt auch für die rechtlichen Beziehungen des Verstorbenen, die ihm aus seiner Mitgliedschaft bei der offenen Handelsgesellschaft erwuchsen. Zwar erstreckt sich die Rechtsnachfolge des Erben nicht ohne weiteres auch auf die Gesellschaftereigenschaft des Erblassers als solche, die bei der persönlichen Natur des Gesellschaftsverhältnisses grundsätzlich unübertragbar ist und nicht zum Nachlasse gehört. Der Erbe wird nicht schon kraft des Erbfalls vollberechtigter Gesellschafter an Stelle des Verstorbenen. Seine Erbfolge beschränkt sich auf das Mitgliedschaftsverhältnis in der Gestalt, die es mit dem Tode des Erblassers angenommen hat. Das führt, sofern die Gesellschaft nach der gesetzlichen Regel des § 131 Nr. 4 HGB. mit dem Tode eines Gesellschafters aufgelöst wird, zur Fortdauer der Mitgliedschaft lediglich zum Zwecke der Abwicklung der Gesellschaft bis zu ihrer Vollbeendigung und zum Eintritt des Erben nur in die sich hieraus ergebenden Rechte und Pflichten. Nur wenn der Gesellschaftsvertrag in nach § 139 HGB. zulässiger Weise bestimmt, daß der Tod eines Gesellschafters keine Auflösung der Gesellschaft bewirke, diese vielmehr mit den Erben fortgesetzt werde, erlangen letztere die Stellung ihres Erblassers dergestalt, daß sie an seiner Stelle persönlich haftende Gesellschafter werden. Die Ehefrau des Klägers müßte sich also, wenn sie kraft ihrer Erbfolge Rechte eines Gesellschafters in Anspruch nehmen will, darauf berufen können, daß auch ihr als Miterbin ihres Vaters durch eine derartige, vor seinem Tode getroffene gesellschaftsvertragliche Regelung die unmittelbare Rechtsnachfolge in seine Gesellschafterstellung eröffnet worden sei.

Das Berufungsgericht hat dies verneint. Es legt § 10 des Gesellschaftsvertrags dahin aus, daß danach zwar der Tod eines Gesellschafters abweichend von der gesetzlichen Regel des § 131 Nr. 4 HGB. nicht zur Auflösung der Gesellschaft führe, diese vielmehr gemäß § 139 HGB. mit den Erben fortgesetzt werde, daß sich diese Folge aber auf die Witwe des verstorbenen Gesellschafters beschränke und nur sie nach dem Tode ihres Mannes Mitgesellschafterin werde. Es nimmt demgemäß an, daß auch nur die Beklagte Mitglied der offenen Handelsgesellschaft geworden sei. Diese Auslegung ist als die eines über die Beziehungen der unmittelbar Beteiligten nicht hinausgreifenden Vertrags einer Nachprüfung im Revisionsverfahren nur in beschränktem Maße unterworfen und wäre nur zu beanstanden, wenn sie anerkannten Beweisgrundsätzen zuwiderliefe oder rechtlich unmöglich wäre. Keines von beiden ist der Fall. Soweit das Berufungsgericht hervorhebt, daß zwischen den Parteien Einverständnis über die Richtigkeit seiner Auffassung herrsche, kann dahinstehen, ob dem die Revision mit der Rüge zu begegnen vermag, diese Annahme sei aktenwidrig. Die Rüge wäre angesichts der gesetzlichen Beweisregel des § 314 ZPO. unbegründet, wenn das Berufungsgericht mit seiner in den Gründen des angefochtenen Urteils enthaltenen Bemerkung, die unberichtigt geblieben ist, nicht bloß eine im Ergebnis übereinstimmende rechtliche Meinungsäußerung der Parteien, sondern ein sich deckendes beiderseitiges und für den Streitstand wesentliches Sachvorbringen hätte wiedergeben wollen. Das Berufungsgericht erwähnt aber die Stellungnahme der Parteien ersichtlich nur, um damit die sich nach seiner Meinung schon aus dem Wortlaute der Vertragsbestimmung unzweifelhaft ergebende Richtigkeit seiner Ansicht zu unterstreichen. Es entnimmt den von ihm angeführten §§ 10 und 11 des Vertrags ohne weiteres, daß die Gesellschaft beim Ableben eines Gesellschafters mit dessen Witwe fortgesetzt werde, nur die Beklagte also in die Gesellschafterstellung ihres verstorbenen Mannes eingerückt sei. Bedenken gegen diese Auslegung des für die Fortdauer der Gesellschaft in erster Reihe maßgeblichen § 10 bestehen um so weniger, als die Deutung, welche die Revision dieser Bestimmung geben will, rechtlich unhaltbar ist. Sie ist der Meinung, durch die Bezeichnung der für die Nachfolge vorgesehenen Witwe als „Herrin der Gütergemeinschaft" werde zum Ausdruck gebracht, daß im Falle des Todes eines Gesellschafters die Gesellschaft nicht mit der Witwe allein, sondern mit der unter der „Gütergemeinschaft" zu verstehenden Erbengemeinschaft, also mit allen Erben, fortgesetzt werde und die Witwe diese lediglich als Bevollmächtigte dem überlebenden Teilhaber gegenüber zu vertreten habe. Die Revision hält danach offenbar für möglich, daß § 139 HGB. bei einer Mehrheit von Erben auch in der Weise anwendbar sei, daß die Erbengemeinschaft als solche Mitglied der offenen Handelsgesellschaft werde. Sie läßt dabei außer acht, daß die Vorschrift beim Vorliegen einer wirksamen Fortsetzungsvereinbarung „jedem" Erben das Recht gewährt, sich gegen die ihn mit dem Eintritt in die Gesellschafterstellung des Erblassers treffende persönliche Belastung durch die Ausübung des dort vorgesehenen Wahlrechts, das Verlangen nach Einräumung der Stellung als Kommanditist, zu schützen. Danach wird jeder einzelne Miterbe selbständiger Gesellschafter mit allen sich daraus ergebenden Rechten und Pflichten, nicht etwa die der notwendigen Eigenschaften eines Gesellschafters entbehrende Erbengemeinschaft als solche. Diese kann sich die ihr fehlende Eignung zum Gesellschafter auch nicht in der Weise verschaffen, daß sie einen anderen ermächtigt, an ihrer Stelle in dieser Eigenschaft aufzutreten. Eine dahingehende Bestimmung des Gesellschaftsvertrages wäre unwirksam. Es ist daher auch verfehlt, wenn sich die Revision für ihre Ansicht auf § 12 des Gesellschaftsvertrags beruft, dem sie eine ihrer Auffassung entsprechende Regelung für den Fall entnimmt, daß ein Gesellschafter bei seinem Tode nur Kinder hinterläßt. Die dort getroffene Bestimmung, daß für diese § 10 gelte, steht mit dem vorher Ausgeführten gerade insofern im Einklang, als danach — wie im anderen Falle die Witwe — jedes Kind, das Erbe wird, und nicht die Erbengemeinschaft zur Fortsetzung der Mitgliedschaft berufen sein soll, wobei unerörtert bleiben kann, inwieweit sich damit die in § 12 weiter vorgesehene Vertretung des einzelnen Gesellschafters gegenüber der Gesellschaft vereinbaren ließe. Auch die Aussage des Zeugen E. beweist nichts für den Standpunkt der Revision; sie vermag nichts daran zu ändern, daß deren Auffassung rechtlich unmöglich ist.

Der Anwendbarkeit des § 139 HGB. steht, wie auch das Berufungsgericht zutreffend annimmt, nicht entgegen, daß sich die Wirkung der in § 10 des Gesellschaftsvertrags enthaltenen Fortsetzungsvereinbarung auf einen von mehreren Miterben, die Witwe, beschränkt. Auch sie ist Gesamtrechtsnachfolgerin ihres Mannes und dadurch mit ihrem Eintritt in die offene Handelsgesellschaft in eine Lage versetzt, der die genannte Vorschrift Rechnung tragen will. Daß ihr in § 11 des Vertrags das Recht vorbehalten wird, das Gesellschaftsverhältnis nicht fortzusetzen, bedeutet nicht, daß der Eintritt in die Gesellschaft von vornherein in ihr Belieben gestellt wäre und etwa deshalb der Fall des § 139 HGB. überhaupt nicht vorliege. Die Witwe wird kraft der Anordnung in § 10 mit dem Tode des Erblassers ohne weiteres Gesellschafterin mit den ihr nach § 139 HGB. zustehenden Rechten. Wird ihr darüber hinaus die Befugnis eingeräumt, aus der Gesellschaft wieder auszuscheiden, so liegt darin keine Verschlechterung ihrer Rechtsstellung, die mit der sich aus Abs. 5 ergebenden zwingenden Natur des § 139 HGB. unvereinbar wäre; der Weg, Umwandlung ihrer Beteiligung in die eines Kommanditisten zu verlangen und erst bei Ablehnung solchen Begehrens ihr Ausscheiden aus der Gesellschaft zu erklären, bleibt ihr daneben gewahrt.

Nur die Beklagte ist demgemäß mit dem Tode ihres Mannes in dessen Gesellschafterstellung eingetreten, der Ehefrau des Klägers und ihrer Schwester hingegen der Eintritt verschlossen. Ihr Erbrecht beschränkt sich hinsichtlich der gesellschaftlichen Beteiligung ihres Erblassers auf die sich aus § 738 BGB. ergebenden Abfindungsansprüche, sofern nicht der Gesellschaftsvertrag auch deren Geltendmachung ausgeschlossen hat (vgl. RGZ. Bd. 145

S. 289). Ob dies hier der Fall ist, kann dahingestellt bleiben. Denn der Kläger begehrt keine Abfindung nach Höhe einer zu unterstellenden Auseinandersetzung, sondern Teilnahme am Gesellschaftsgewinn auf Grund fortdauernder Beteiligung seiner Frau am Gesellschaftsunternehmen. In deren Erbenstellung findet ein solches Verlangen keine Grundlage. Die für die Haftung des Erbschaftsbesitzers geltenden Grundsätze (§§ 2018 flg. BGB.) sind schon um deswillen nicht anwendbar, weil die Beklagte ihre Gesellschafterstellung nicht auf Grund eines ihr in Wirklichkeit nicht zustehenden Erbrechts, sondern als Miterbin kraft des Gesellschaftsvertrags erlangt hat. Dem Berufungsgericht ist aber auch darin beizutreten, daß die Gesellschaftserträgnisse keinesfalls als nach § 2019 oder § 2020 BGB. zur Erbschaft gehörig anzusehen sind und deshalb herauszugeben seien. Der Geschäftsgewinn der offenen Handelsgesellschaft ist, wie das Berufungsgericht mit Recht hervorhebt, keineswegs nur der Ertrag des im Unternehmen arbeitenden Gesellschaftskapitals, auf dessen anteilige Nutzung die Ehefrau des Klägers vermöge ihres Erbrechts bestenfalls Anspruch erheben könnte, sondern auch eine Folge der von den Gesellschaftern entfalteten persönlichen Tätigkeit und ihrer unbeschränkten persönlichen Haftung. Eine Trennung dahin, daß der Gesellschaftsgewinn nur der einen oder der anderen Grundlage zuzuschreiben sei, ist unmöglich. Selbst wenn sich die Beklagte, wie die Revision geltend macht, einer schaffenden Betätigung für die Gesellschaft enthalten haben sollte, eine solche von ihr auch nicht erwartet würde, könnte dies nichts daran ändern, daß schon die Haftung ihres eigenen Vermögens und die dadurch bedingte Kreditfähigkeit des Unternehmens es verbietet, den Geschäftsgewinn lediglich als Ertrag des Gesellschaftskapitals zu betrachten. Der Anspruch auf Gewinnauszahlung steht ihr als Gesellschafterin, nicht als Miterbin ihres Mannes zu, mag sie auch nur vermöge der Erbfolge Gesellschafterin haben werden können und geworden sein (vgl. RGZ. Bd. 170 S. 392). Die Revision bemerkt zu Unrecht, daß nicht die Beklagte allein die Verlustgefahr trage, ein Verlust der Gesellschaft vielmehr das Kapitalkonto aller Erben und damit den Bestand des Nachlasses schmälere, über den sich die Erbengemeinschaft später auseinanderzusetzen habe. Für die Auseinandersetzung kann nur der Stand des Nachlasses beim Tode des Erblassers maßgebend sein und demgemäß auch, soweit es sich um dessen Anteil am Gesellschaftsvermögen handelt, für die Abfindung der nicht zur Nachfolge in das Gesellschaftsverhältnis berufenen Miterben nur der Stand des Gesellschaftsvermögens in diesem Zeitpunkt zugrunde gelegt werden, sofern nichts anderes vereinbart ist. Spätere Verluste der Gesellschaft könnten deshalb das Ergebnis der Auseinandersetzung nur insofern zum Nachteil der Ehefrau des Klägers und ihrer Schwester beeinflussen, als darunter die Zahlungsfähigkeit der Gesellschaft und mit ihr der Beklagten leiden und so die Aussicht der Abfindungsberechtigten, auf Befriedigung ihrer Ansprüche gefährdet werden könnte. Auch das würde aber immer nur die Abfindungsansprüche der Miterbinnen berühren und nichts mit der hier allein wesentlichen Frage zu tun haben, ob ihnen kraft ihres Erbrechts ein Anteil an den Gesellschaftsgewinnen zusteht.

Auch aus dem Gesellschaftsvertrage selbst läßt sich ein solcher Anspruch nicht herleiten. Daß die in § 10 des Vertrags enthaltene Wendung, die Gesellschaft werde nach dem Tode eines Gesellschafters mit seiner Witwe „als Herrin der Gütergemeinschaft" fortgesetzt, ein Recht der übrigen Erben auf Gewinnbeteiligung begründe, wird vom Berufungsgericht in rechtlich nicht zu beanstandender Weise verneint. Auch hier handelt es sich um eine im Revisionsverfahren nur beschränkt nachprüfbare Vertragsauslegung. Zwar mag eine Regelung dahin denkbar sein, daß nur einer von mehreren Erben die Gesellschaft fortsetzt, seine Miterben aber im Verhältnis zu ihm wirtschaftlich so gestellt werden sollen, als seien auch sie Gesellschafter. Die Folge wäre, daß der bevorzugte Erbe seine Miterben am Gesellschaftsgewinn teilnehmen lassen müßte, während diese ihm zum Ausgleich verpflichtet wären, falls er mit eigenen Mitteln für Verbindlichkeiten der Gesellschaft einzustehen hätte. Ob eine solche Anordnung überhaupt noch im Rahmen einer gesellschaftsvertraglichen Vereinbarung getroffen werden könnte, es zu ihrer Wirksamkeit nicht vielmehr einer letztwilligen Verfügung bedürfte, kann unerörtert bleiben. Dem Berufungsgericht kann rechtlich jedenfalls nicht entgegengetreten werden, wenn es eine derartige Deutung des Vertrags sowohl nach seinem Wortlaut als auch nach seinem Sinn und Zweck ablehnt. Es verweist mit Recht auf die abweichende Fassung der §§ 10 und 11 einerseits, in denen vom

Vermögensanteil der Witwe die Rede ist, und des § 12 andererseits, der die Kinder des verstorbenen Gesellschafters als Rechtsträger gelten läßt und ihrem „Delegierten" nur die Stellung eines Vertreters zuweist. Auch den sachlichen, auf den sinngemäßen Zusammenhang abstellenden Erwägungen des Berufungsgerichts vermag die Revision nichts Durchgreifendes entgegenzusetzen. Es wäre in der Tat wenig wahrscheinlich, daß der Erblasser seine Witwe zwar den mit der Gesellschafterstellung verbundenen Belastungen und Gefahren uneingeschränkt ausgesetzt, sie jedoch im Genusse der daraus entspringenden Vorteile beschränkt haben sollte, zumal wenn in Betracht gezogen wird, daß eine Rückgriffsmöglichkeit wegen etwaiger Verluste bei der Vermögenslosigkeit gerade der Ehefrau des im Armenrecht klagenden Klägers nur geringen Wert besitzen könnte und daß auch jeder Anhalt dafür fehlt, ob die Miterbinnen wirklich willens sind, eine Verlustdeckungspflicht der Beklagten gegenüber auf sich zu nehmen. Soweit das Berufungsgericht für seine Auffassung auf die Bestimmungen des Solmser Landrechts verweist, die nach seiner Meinung die Wahl des Ausdrucks „Herrin der Gütergemeinschaft" erklärlich machen, kann dahingestellt bleiben, inwieweit diese Schlußfolgerung im gegebenen Falle berechtigt ist. Auch wenn sich die Beteiligten durch hierauf zurückzuführende Vorstellungen nicht hätten beeinflussen lassen, handelt es sich jedenfalls nur um eine Bemerkung des Berufungsgerichts, die seine auf anderen Erwägungen beruhende Auffassung stützen, nicht sie entscheidend tragen soll.

Dem Berufungsgericht ist hiernach im Ergebnis darin beizutreten, daß der Ausdruck „Herrin der Gütergemeinschaft", gleichviel, welchen Sinn die Vertragschließenden damit verbunden haben, nicht dazu führen kann, dem Kläger auf Grund einer daraus herzuleitenden erb- oder gesellschaftsrechtlichen Befugnis seiner Frau zu dem geltend gemachten Anspruch zu verhelfen.

Die Klage kann endlich auch unter dem Gesichtspunkt einer nach §§ 2325 flg. BGB. gebotenen Pflichtteilsergänzung keinen Erfolg haben. Die Voraussetzungen hierfür wären möglicherweise gegeben, wenn und soweit in der Berufung der Beklagten zum alleinigen Eintritt in die Gesellschafterstellung ihres Mannes eine Schenkung zu erblicken wäre. Eine solche läge vor, wenn dem wirtschaftlichen Werte der Bevorzugung keine Gegenleistung der Beklagten gegenüberstände, die durch ihre Berufung abgegolten werden sollte. Träfe dies zu, so könnte die Ehefrau des Klägers auch als gesetzliche Miterbin ihres Vaters als Ergänzung des ihr nach § 2303 Abs. 1 BGB. zustehenden Pflichtteils den Betrag verlangen, um den sich dieser erhöhen würde, wenn der Wert der Schenkung dem Nachlaß hinzugerechnet würde. Das könnte aber, von allem anderen abgesehen, nur in Betracht kommen, soweit es sich um die Erlangung der Mitgliedschaft selbst handelt, nicht auch, soweit die Beklagte auf Grund ihrer Beteiligung Gesellschaftsgewinn bezogen hat. Denn dieser stammt nicht aus dem Vermögen des Erblassers, sondern beruht auf ihrer Gesellschafterstellung. Er könnte für die Bewertung ihrer Beteiligung nur insofern ins Gewicht fallen, als für deren Wert auch die nach den tatsächlichen Gewinnen zu beurteilende Ertragsfähigkeit des Unternehmens in Betracht zu ziehen wäre. Ob hiernach ein Pflichtteilsergänzungsanspruch der Ehefrau des Klägers in Frage kommt, kann dahingestellt bleiben. Er könnte jedenfalls nicht zur Folge haben, daß die Beklagte wegen ihrer Gewinnbezüge ergänzungspflichtig wäre. Nur diese bilden aber den Gegenstand der Klage. Soweit der Kläger sein Klagebegehren möglicherweise auch damit hätte rechtfertigen können, daß ein Pflichtteilsergänzungsanspruch zum mindesten wegen der der Beklagten eingeräumten Beteiligung bestehe, hat er es an näheren Angaben, auf Grund deren eine Prüfung des Sachverhalts unter diesem Gesichtspunkte möglich gewesen wäre, fehlen lassen. Ob ihm das Berufungsgericht insoweit eine Ergänzung seines Vorbringens hätte anheimgeben sollen, bedarf keiner Erörterung. Denn die Revision hat insoweit eine Rüge aus § 139 ZPO. nicht erhoben.

---

63. Über die Verantwortlichkeit von Straßenbahn und Fußgänger bei Verdunkelung.

Reichshaftpflichtgesetz vom 7. Juni 1871 § 1. BGB. § 254.

V. Zivilsenat. Urt. v. 14. September 1943 i. S. Süddeutsche Eisenbahngesellschaft (Bekl.) w. P. (Kl.). V 57/43.

I. Landgericht Essen.
II. Oberlandesgericht Hamm.

Der Kläger wurde am 19. Januar 1941 gegen 20 Uhr auf der Z.straße in E. beim Überschreiten der Straßenbahngleise von einem Straßenbahnzug angefahren und erheblich verletzt. Die Unfallfolgen sind noch nicht behoben. Mit der Behauptung, sowohl die Betriebsleitung als auch den Fahrer des Straßenbahnwagens treffe ein Verschulden am Unfall, hat er die Feststellung begehrt, daß die beiden Beklagten als Gesamtschuldner verpflichtet seien, ihm allen gegenwärtigen und zukünftigen Schaden zu ersetzen. Die Beklagten haben dagegen geltend gemacht, der Unfall sei allein auf eigenes Verschulden des Klägers zurückzuführen, der sich vor dem Betreten der Gleisanlage nicht genügend vergewissert habe, ob er die Gleise ohne Gefahr überschreiten könne.

Die Klage gegen den zweitbeklagten Fahrer ist mangels eines Verschuldens dieses Beklagten rechtskräftig abgewiesen worden. Dagegen haben Landgericht und Oberlandesgericht festgestellt, daß die Erstbeklagte verpflichtet sei, dem Kläger im Rahmen des Reichshaftpflichtgesetzes seinen Schaden zur Hälfte zu ersetzen. Die Revision der Erstbeklagten hatte keinen Erfolg.

Gründe:

Das Berufungsgericht verneint ohne Rechtsirrtum ein Verschulden der gesetzlichen Vertreter der Erstbeklagten, so daß nur eine Haftung aus dem Reichshaftpflichtgesetz in Frage kommt. Diese bejaht es, weil nicht angenommen werden könne, daß der Unfall allein auf ein Verschulden des Klägers zurückzuführen sei. Es stellt fest, der Kläger sei ebenso wie seine Frau und sein Sohn vor dem Betreten der Gleise stehen geblieben und habe nach rechts und links Umschau gehalten. Wenn er trotzdem von einem Straßenbahnwagen erfaßt worden sei, so sei dies auf besondere Umstände zurückzuführen, die einerseits den Kläger zu einer erhöhten Sorgfalt hätten veranlassen müssen, andererseits die Betriebsgefahr erhöht hätten. Zwar sei die Unfallstelle trotz der an der Seite der Gleise befindlichen Baumreihe gut übersehbar. Aber die Straße habe zur Unfallstelle hin ein starkes Gefälle, wodurch das Geräusch der herankommenden Straßenbahnwagen erheblich herabgesetzt werde. Außerdem sei es sehr dunkel gewesen, und es habe diesiges Wetter mit Schnee und Regen geherrscht. Dadurch seien die Sicht und auch die Hörfähigkeit vermindert worden; das vom Fahrer des Wagens gegebene Läutezeichen sei nur bei angespannter Aufmerksamkeit zu hören gewesen und man habe allenfalls das Scheinwerferlicht, nicht aber die oberen Lichter des Wagens erkennen können. Auf welche Entfernung das Scheinwerferlicht bei angespannter Aufmerksamkeit sichtbar gewesen sei, lasse sich nicht feststellen. Immerhin hätte der Kläger, dem die Örtlichkeit seit langem bekannt gewesen sei, diese besonderen Verhältnisse berücksichtigen und daher besonders vorsichtig sein müssen. Andererseits sei durch diese besonderen Umstände die Betriebsgefahr der Bahn wesentlich erhöht worden, so daß eine Verteilung des Schadens auf beide Parteien je zur Hälfte gerechtfertigt sei.

Die Angriffe der Revision gegen diese im wesentlichen auf tatsächlichem Gebiete liegenden Ausführungen sind nicht begründet. Es fehlt jeder Anhalt dafür, daß das Berufungsgericht die Führung der Straßenbahn auf einem besonderen Gleiskörper übersehen haben sollte. Es hat selbst eine Ortsbesichtigung vorgenommen, im Urteil auch auf die Baumreihe hingewiesen. Es hat auch die Vorsichtsmaßnahmen des Klägers (Stehenbleiben und Umschauen) keineswegs als genügend angesehen, sondern gerade im Hinblick auf die dem Kläger bekannte Örtlichkeit eine noch weitergehende Aufmerksamkeit verlangt. Damit ist den in Betracht kommenden örtlichen Verhältnissen in hinreichendem Maße Rechnung getragen.

Entgegen der Meinung der Revision ist ferner nicht zu beanstanden, daß das Berufungsgericht das Überhören des Läutezeichens durch den Kläger nicht als ein so schweres Verschulden angesehen hat, daß deswegen die Versagung jeglichen Schadensersatzanspruches gerechtfertigt wäre. Die Möglichkeit, daß diesiges, regnerisches Wetter mit Schneetreiben den Schall eines Läutezeichens wie auch das Geräusch des Wagens dämpft, ist nicht von der Hand zu weisen, zumal wenn, wie es nach Lage der Sache nicht ausgeschlossen ist, der Fahrer das Läutezeichen an der Unfallstelle nicht mit vollem Tone gegeben hat. Hinzu kommt, daß bei starker Dunkelheit die Aufmerksamkeit des Fußgängers durch Beobachtung des Erdbodens in Anspruch genommen wird, um ein Anstoßen mit dem Fuß an ein Hindernis, hier an die Gleise oder ihre Einbettung, und einen Sturz zu vermeiden. Daß der Fahrer „kurz" vor der Unfallstelle, und zwar in einer Entfernung von 10 Metern, das Läutezeichen gegeben habe, hat das

Berufungsgericht nicht festgestellt. Seine Annahme, das Läutezeichen habe ohne gröbliches Verschulden überhört werden können, widerspricht daher weder den Denkgesetzen noch der allgemeinen Erfahrung. Ob die weitere Annahme, vermutlich habe Westwind geherrscht, den tatsächlichen Witterungsverhältnissen entsprach und ohne besondere Feststellung gerechtfertigt war, kann dahingestellt bleiben, da das Berufungsgericht diesem Gesichtspunkt ersichtlich keine ausschlaggebende Bedeutung beigemessen hat.

Ohne Rechtsirrtum hat es ferner auch darin kein überwiegendes Verschulden des Klägers gesehen, daß er die Lichter des Straßenbahnwagens nicht erkannt und beachtet hat. Auch bei der Augenscheinseinnahme waren nur das Scheinwerferlicht, nicht aber die oberen Lichter mit der Wagennummer auf weitere Entfernung deutlich erkennbar. Die Witterungsverhältnisse waren jedoch damals günstiger als am Unfalltage, wo diesiges Wetter und mit Schnee durchmischter Regen herrschten. Dadurch kann die Wirkung des infolge der Verdunklungsvorschriften gedämpften Scheinwerferlichtes so herabgemindert worden sein, daß der Scheinwerfer keinen hellen Lichtstrahl mehr vorauswarf, sondern nur noch wie ein einfaches Licht wirkte. Dieses kann dann noch durch die Baumreihe zeitweise verdeckt gewesen und dadurch der Aufmerksamkeit des Klägers entzogen worden sein, wie es auch das Strafurteil annimmt. Der Ansicht des Berufungsgerichts, daß am Unfalltage bei einer durch die Obacht auf den Weg abgelenkten Aufmerksamkeit die Lichter des Wagens ohne erheblicheres Verschulden hätten übersehen werden können, kann daher nicht entgegengetreten werden.

Verfehlt ist schließlich die Meinung der Revision, ein Fußgänger habe den Schaden stets selbst zu tragen, wenn er beim Überschreiten einer ihm wohlbekannten, völlig geraden und übersichtlichen Gleisanlage angefahren werde, selbst wenn dies im Krieg in der Dunkelheit oder bei schlechtem Wetter geschehe. Denn das würde im Ergebnis nichts anderes bedeuten, als daß während des Krieges der Fußgänger allein die besonderen Gefahren der Verdunklung zu tragen hätte, während nach der ständigen Rechtsprechung des erkennenden Senats (RGZ. Bd. 167 S. 325, Bd. 168 S. 305 u. a.) dadurch nicht nur die Sorgfaltspflicht des Fußgängers, sondern auch die Gefährdungshaftung der Bahn erhöht wird und deshalb, wenn nicht besondere Umstände ein überwiegendes Verschulden des Fußgängers rechtfertigen, der Schaden auf die Beteiligten zu verteilen ist. Letzteres muß besonders dann gelten, wenn, wie hier, die Wirkung der Scheinwerfer eines Fahrzeugs bei dem Unfall eine Rolle gespielt hat. Denn, wie bereits betont, wird diese Wirkung durch die Verdunklungsmaßnahmen nicht unerheblich beeinträchtigt; der Scheinwerfer wirft nicht mehr den weiten Lichtstrahl voraus, der sonst die Fahrbahn in mehr oder weniger großem Maß aufhellt und dadurch schon von weitem das Herannahen eines Fahrzeugs anzeigt, auch wenn der Scheinwerfer selbst nicht oder nicht ständig sichtbar, z. B. durch Bäume, Hecken oder dergl. verdeckt ist. Gerade die für die Verkehrssicherheit wesentliche Vorankündigung der schnellen Fahrzeuge durch einen starken Lichtschein fällt infolge der Herabminderung der Lichtstärke der Scheinwerferlampen fort. Wird aber diese Aufgabe der Scheinwerfer, die von dem schnell herankommenden Fahrzeug ausgehenden Gefahren durch Erkennbarmachung auf weite Sicht herabzumindern, durch die Verdunklungsvorschriften beeinträchtigt, so erhöht sich damit zu Lasten der Straßenbahn deren Betriebsgefahr, und es dürfen die Anforderungen an die erhöhte Vorsicht der anderen Straßenbenutzer nicht überspannt werden.

Im vorliegenden Falle waren diese besonderen Gefahren der Verdunklung noch weiter durch die herrschenden Witterungsverhältnisse erhöht, die sich ebenfalls sowohl auf den Straßenbahnverkehr wie auf den Fußgängerverkehr ungünstig auswirkten. Es ist daher rechtlich nicht zu beanstanden, wenn das Berufungsgericht in der Nichtanwendung einer gesteigerten Sorgfalt auf seiten des Fußgängers wie in der erhöhten Betriebsgefahr der Bahn eine gleich schwere Ursache für den Unfall erblickt und den Schaden deshalb beiden Parteien je zur Hälfte auferlegt hat.

---

64. 1. Zur Auslegung eines Testaments zugunsten der Witwe und der Kinder.

2. Zur Auslegung einer letztwilligen Anordnung des Erblassers, daß sein Sohn sein Geschäft weiterführen solle.

3. Wie ist die Rechtslage, wenn die Erben in Verkennung des Umstands, daß die Witwe zur Vorerbin und die Kinder zu Nacherben eingesetzt sind, und in der irrigen Annahme, sie seien Miterben zu gleichen Teilen geworden, das Geschäft des Erblassers gemeinsam weitergeführt haben, die so gebildete offene Handelsgesellschaft aber durch Kündigung aufgelöst ist? Können die Witwe auf Grund ihrer Vorerbenstellung oder der Sohn auf Grund seines testamentarischen Rechts, das Geschäft weiterzuführen, ein Übernahmerecht für sich in Anspruch nehmen?

BGB. §§ 1939, 1940, 2048, 2087, 2100, 2150. HGB. § 109.

II. Zivilsenat. Urt. v. 16. September 1943 i. S. Max K. (Kl.) w. Anna K. u. a. (Bekl.). II 151/42.

I. Landgericht Tilsit.
II. Oberlandesgericht Königsberg.

Die Firma J. C. K. in T., ein Kohlen- und Kalkgeschäft, war seit 1922 eine Kommanditgesellschaft, an der der Kaufmann Julius Max K. (der Ehemann der Erstbeklagten und Vater des Klägers und der Zweitbeklagten) als persönlich haftender Gesellschafter und die Firma E. F. & Co. als Kommanditistin mit einer Einlage von je 15 000 RM. beteiligt waren. Nach dem Gesellschaftsvertrage sollte nach dem Tode K.s die Gesellschaft mit seinen Erben fortgesetzt werden. K. starb am 23. August 1930. In seinem Testament vom 6. November 1929 hatte er folgendes bestimmt: Seine Ehefrau und seine beiden Kinder sollten ihn beerben. Seine Ehefrau solle jedoch, solange sie unvermählt bleibe, die freie, uneingeschränkte Verfügung über den Nachlaß und den Nießbrauch bis zu ihrem Tode haben und nicht verpflichtet sein, mit den Kindern zu teilen; die Kinder sollten vielmehr ihr Vatererbteil erst beim Tode seiner Ehefrau erhalten. Bei deren Wiederverheiratung sollten das hinterlassene Vermögen nach den Regeln gesetzlicher Erbfolge geteilt und die Erbteile der Kinder sichergestellt werden. Sein Sohn Max solle das bisher von ihm (dem Erblasser) geleitete Geschäft unter der alten Firma weiterführen. In diesem Falle sollten ihm die (bisher der Firma verpachteten) Nachlaßgrundstücke zu einem Gesamtpreise von 150 000 RM. angerechnet werden; veräußere der Sohn Max die Grundstücke bei Lebzeiten seiner Schwester, so solle er den aus dem Verkauf erzielten Mehrgewinn zu gleichen Teilen mit ihr teilen.

Auf Grund dieses Testaments hat das Nachlaßgericht auf gemeinsamen Antrag der Erben am 24. September 1930 einen Erbschein dahin ausgestellt, daß der Erblasser von seiner Witwe und seinen beiden Kindern zu je 1/3 beerbt worden sei. Am 26. November/2. Dezember 1930 schlossen die Parteien mit der Firma E. F. & Co. unter Hinweis auf diesen Erbschein einen neuen Gesellschaftsvertrag ab, wonach sie mit einem Geschäftsanteil von je 5000 RM. an Stelle des Erblassers die Gesellschaft mit dieser Firma fortsetzten und der Kläger allein die Geschäfte der Firma führen sollte. Im Jahre 1932 schied die Kommanditistin aus der Firma aus, so daß diese nunmehr eine offene Handelsgesellschaft wurde. Einige Jahre später vereinbarten die Gesellschafter, daß die Zweitbeklagte volle Geschäftsführungsbefugnis und Vertretungsberechtigung neben dem Kläger haben solle. Infolge von Streitigkeiten kündigten die beiden Beklagten dem Kläger gegenüber das Gesellschaftsverhältnis durch Schreiben vom 29. Juni 1937 zum 31. Dezember 1937.

Der Kläger zog aus dieser Kündigung die Folgerung, daß er auf Grund des Testaments seines Vaters berechtigt sei, die Firma mit Aktiven und Passiven zu übernehmen. Er erhob deshalb in einem Vorprozeß Klage auf Feststellung, daß die Gesellschaft aufgelöst und er zur Übernahme der Firma mit Aktiven und Passiven berechtigt sei; er nahm jedoch diese Klage, um eine Verständigung zu ermöglichen, alsbald wieder zurück. Die Beklagten legten die zu dieser Klagerücknahme führenden Verhandlungen der Parteien dahin aus, daß auch die Auflösung der Gesellschaft damit rückgängig gemacht sei, was der Kläger bestritt. Auch sonst kam es zu neuen Streitigkeiten der Parteien. Der Kläger erhob deshalb im Februar 1942 die vorliegende neue Klage, mit der er beantragte, in erster Linie: festzustellen, daß die offene Handelsgesellschaft aufgelöst sei und ihm das Recht zustehe, die Firma mit Aktiven und Passiven zu übernehmen, in zweiter Linie: die offene Handelsgesellschaft (gemäß § 133 HGB.) aufzulösen und festzustellen, daß ihm das Recht zustehe, die Firma mit Aktiven und Passiven zu übernehmen. Im Berufungsverfahren stellte er den weiteren Hilfsantrag, ihn (gemäß §§ 140,

142 HGB.) für berechtigt zu erklären, das Geschäft ohne Abwicklung mit Aktiven und Passiven zu übernehmen.

Das Landgericht hat zunächst den Hauptantrag durch Teilurteil und dann, nach Beweiserhebung, auch den Hilfsantrag durch Schlußurteil abgewiesen. Der Berufung des Klägers gegen beide Urteile hat das Berufungsgericht insoweit stattgegeben, als es die Auflösung der offenen Handelsgesellschaft festgestellt hat; die weiteren Anträge des Klägers hat es ebenfalls abgewiesen. Die allein vom Kläger eingelegte Revision, mit der dieser seine weiteren Anträge aufrechterhalten hat, führte zur Aufhebung und Zurückverweisung.

Gründe:

I. Zur Auslegung des Testaments.

1. Betr. die Erbeinsetzung. Die Revision bekämpft zunächst die Auffassung des Berufungsgerichts, daß nach dem Testamente des Erblassers die Erstbeklagte als Vorerbin und die Kinder als Nacherben eingesetzt seien. Diese Testamentsauslegung ist jedoch rechtlich nicht zu beanstanden, sondern entspricht im Gegenteil durchaus den vom Erblasser getroffenen Anordnungen. Dem steht auch keineswegs, wie die Revision meint, entgegen, daß dieser zunächst allgemein angeordnet hat, seine Ehefrau und seine Kinder sollten ihn „beerben". Abgesehen davon, daß es auf den Ausdruck „Erben" in keiner Weise ankommt (vgl. § 2087 BGB.), wäre hier die Bezeichnung sogar auch im Falle der Annahme einer Vor- und Nacherbfolge nicht einmal rechtlich unzutreffend. Die Art der Erbenstellung der eingesetzten Erben wird in den nachfolgenden Sätzen, insbesondere durch die Anordnungen, daß die Kinder „ihr Vatererbteil" erst beim Tode der Ehefrau des Erblassers erhalten sollen und daß dieser bis dahin „die freie uneingeschränkte Verfügung" über den Nachlaß zustehen solle, unmißverständlich dahin erläutert, daß die Witwe bis zu ihrem Tod (oder ihrer etwaigen Wiederverheiratung) alleinige Herrin des Nachlasses sein solle.

2. Betr. die Anordnung der Weiterführung des Geschäfts durch den Kläger. Eine gewisse Einschränkung der Rechte der Beklagten ergibt sich aus der weiteren Anordnung des Erblassers, sein Sohn Max (der Kläger) solle das bisher von ihm (dem Erblasser) geleitete Geschäft „weiterführen". Für die Frage, ob es sich bei der Erbeinsetzung um die Anordnung einer Vor-

und Nacherbfolge oder um eine Einsetzung zu gleichgeordneten Miterben handelt, ist diese zugunsten des Klägers getroffene Anordnung aber, entgegen der Annahme des Berufungsgerichts, ohne jede Bedeutung, da es sich bei ihr um eine nur das Geschäft (genauer: den Gesellschaftsanteil) des Erblassers, nicht den ganzen Nachlaß betreffende Anordnung handelt. In ihr kann entweder die Zuwendung des Geschäfts selbst (oder des Gesellschaftsanteils des Erblassers) an den Kläger liegen oder auch eine dem Erben (oder den Erben) gemachte Auflage, dem Kläger die „Weiterführung" des Geschäfts, d. h. die Geschäftsführung, nicht das Geschäft selbst, zu überlassen, wobei dahingestellt bleiben kann, inwieweit bei einer Gesellschaft die Übertragung der Geschäftsführungsbefugnis an einen Nichtgesellschafter überhaupt zulässig ist (vgl. hierzu Weipert in RGRKomm. zum HGB. Bem. 6 und 9 zu § 114). Im ersten Falle kann die Zuwendung, solange der Kläger noch nicht Miterbe geworden ist, nur die Bedeutung eines gewöhnlichen Vermächtnisses haben; als Zuwendung an den Kläger als Miterben kann sie entweder ein Vorausvermächtnis im Sinne des § 2150 BGB. oder eine Teilungsanordnung im Sinne des § 2048 BGB. sein, je nachdem, ob der Bedachte dadurch gegenüber seinen Miterben wesentlich bevorzugt werden soll oder nicht (vgl. hierzu RGZ. Bd. 170 S. 163). Das Berufungsgericht geht, ohne die Rechtsnatur der Anordnung zu prüfen, in Übereinstimmung mit den Parteien ohne weiteres davon aus, daß in ihr die Zuwendung eines Rechts, das Geschäft als solches zu übernehmen, zu erblicken sei. Diese Auffassung ist rechtlich nicht zu beanstanden. Jedoch knüpfen sich daran noch zwei weitere Fragen. Erstens kann es zweifelhaft sein, ob dem Kläger das Geschäft schon mit dem Tode des Erblassers oder erst nach dem Tod (oder der Wiederverheiratung) der Witwe zukommen sollte, und zweitens im letzten Falle, ob der Vorerbin nicht wenigstens für die Zwischenzeit durch die uneingeschränkte Anordnung, daß der Kläger das Geschäft „weiterführen" solle, zugleich eine Auflage gemacht worden ist, dem Sohn alsbald die Geschäftsführung zu überlassen. Das Berufungsgericht nimmt ohne weiteres an, daß der Kläger das Geschäft erst nach dem Tod (oder der Wiederverheiratung) seiner Mutter erhalten, zwischendurch aber überhaupt keine Rechte in bezug auf das Geschäft haben solle. Die Begründung, die es für diese Auffassung gibt, ist jedoch nicht stichhaltig. Es folgert seine Meinung aus der weiteren Anordnung des Erblassers, der Kläger solle im Falle der Weiterführung des Geschäfts auch die zum Nachlaß gehörigen Grundstücke zu einem Gesamtpreise von 150 000 RM. übernehmen, in Verbindung mit dem Umstande, daß dadurch bei unmittelbarem Wirksamwerden der Zuwendung der der Erstbeklagten zugebilligte Nießbrauch und die ihr zugesprochene Befugnis zur Verfügung über den gesamten Nachlaß geradezu wertlos werden würden, da das Handelsgeschäft und die Grundstücke die Hauptbestandteile des Nachlasses darstellten. Diese Erwägung ist — wie der Revision zugegeben ist — insofern nicht schlüssig, als zum mindesten vorerst zu prüfen wäre, ob nicht an die Stelle der Grundstücke der dafür vom Kläger zu zahlende Betrag von 150 000 RM. treten würde und an die Stelle des Handelsgeschäfts oder des Gesellschaftsanteils des Erblassers ein vom Kläger an den Nachlaß zu zahlender Abfindungsbetrag oder wenigstens die Verpflichtung, die aus dem Handelsgeschäft für den Nachlaß zu erzielenden Gewinnanteile bei Lebzeiten der Mutter an diese abzuführen. Die Frage ist tatsächlich zweifelhaft. Vieles spricht dafür, daß der Kläger das Geschäft (oder den Gesellschaftsanteil) des Erblassers schon mit dessen Tod erhalten sollte, also, solange er noch nicht Erbe ist, als gewöhnliches Vermächtnis, dessen Wert er sich bei der späteren Erbauseinandersetzung auf seinen Erbteil anrechnen lassen muß, falls er ihm nicht endgültig (als Vorausvermächtnis) neben seinem Erbteil verbleiben soll. Die Witwe kam für eine persönliche Geschäftsführung schwerlich in Betracht, weil sie geschäftlich unerfahren war. Andererseits war freilich der Kläger noch jung — ausweislich der Erbscheinsakten war er beim Tode des Erblassers noch Student —; aber er wurde doch durch den Gesellschaftsvertrag vom November/Dezember 1930 schon als alleiniger Geschäftsführer eingesetzt. Es lag daher nahe, ihm das Geschäft, mindestens die Geschäftsführung, von vornherein zu überlassen, ebenso wie der Erblasser das Geschäft seinerzeit von seinem Vater erworben hatte. Die von der Revision weiter erwähnte Gefahr, die Witwe könne als Vorerbin über das Geschäft zum Nachteil des Sohnes verfügen, ist als ziemlich fernliegend anzusehen und kann daher für die Beurteilung schwerlich ausschlaggebend sein. Jedoch blieb, wenn der Kläger nicht sogleich Geschäftsinhaber, zum mindesten Geschäftsführer wurde, die

Frage offen, wie er sich in der Zwischenzeit betätigen sollte; er mußte doch mindestens ein Recht erlangen, in das Geschäft hineinzuwachsen und in ihm von vornherein seine Lebensgrundlage zu finden. Eine solche Regelung würde, selbst wenn sie ein Recht auf Übernahme auch des Grundstücks schon bei Lebzeiten der Witwe mit umfassen sollte, der Vorerbenstellung der Witwe in keiner Weise entgegenstehen. Falls das Geschäft (oder der Gesellschaftsanteil) damals keinen hohen Wert gehabt haben sollte, käme sogar in Betracht, daß der Kläger das Geschäft unentgeltlich haben sollte; denn von einem Entgelt für das Geschäft ist — im Gegensatz zum Grundstück — im Testament nichts gesagt; für den geringen Wert des Gesellschaftsanteils, an dem der Erblasser mit 15 000 RM. beteiligt war, spricht, daß in den Erbscheinsakten der Wert des Nachlasses auf 120 000 RM. angegeben ist, obwohl der Erblasser das Grundstück allein mit 150 000 RM. bewertet hatte. Aber bei unentgeltlicher Erlangung des Geschäfts müßte der Kläger wohl, nach Abzug einer Vergütung für seine Geschäftsführung, den Gewinn an seine Mutter auf Grund ihres testamentarischen Nutznießungsrechts abführen; bei entgeltlichem Erwerb des Geschäfts würde das Entgelt der Witwe als Vorerbin zustehen. Selbst wenn danach der Sinn der testamentarischen Anordnung der sein sollte, daß der Kläger das Geschäft schon mit dem Tode des Erblassers erhalten solle, kommt noch in Betracht, ob die Parteien etwa laut Schreiben vom 29. Oktober 1930 vereinbart haben, der Kläger solle das Geschäft erst nach dem Tode der Mutter übernehmen dürfen. Alle die vorstehend dargelegten Gesichtspunkte hat das Berufungsgericht überhaupt nicht in Erwägung gezogen. Jedoch braucht im vorliegenden Rechtsstreit nicht entschieden zu werden, welche von den verschiedenen Auslegungsmöglichkeiten zutreffen, weil hiervon, wie unten ausgeführt wird, die Entscheidung des Rechtsstreits nicht abhängt.

II. Einwirkungen des Gesellschaftsvertrags auf die Rechte der Parteien.

Durch den Abschluß des Gesellschaftsvertrags haben die Parteien auf alle Fälle eine von den Anordnungen des Erblassers grundsätzlich abweichende Regelung getroffen, wenn auch vielleicht in der irrigen Annahme, entsprechend dem Erbschein Miterben zu je 1/3 geworden zu sein. Es fragt sich daher, welche Folgen dies auf ein etwaiges Recht der Witwe auf das Geschäft aus ihrer Vorerbenstellung und auf das Übernahmerecht des Klägers aus der besonderen testamentarischen Zuwendung hat.

1. Zum Recht der Witwe. Das Berufungsgericht nimmt an, daß, mindestens nach Auflösung der Gesellschaft, das Recht der Witwe, das Geschäft für sich allein in Anspruch zu nehmen, wieder aufgelebt sei. Es folgert dies daraus, daß die Erstbeklagte durch Aufnahme ihrer Kinder in die Gesellschaft auf ihre Rechte aus dem Testament nicht verzichtet habe. Nachdem die gesellschaftliche Bindung durch die von den Beklagten zulässigerweise ausgesprochene Kündigung weggefallen sei, sei jedenfalls der frühere Rechtszustand wieder eingetreten und die Erstbeklagte deshalb in der Lage, „ihre Rechte auf Nutznießung und auf die uneingeschränkte Verfügung über den Nachlaß", somit auch hinsichtlich des Geschäfts geltend zu machen. Damit entfällt nach Ansicht des Berufungsgerichts, solange nicht die Nacherbfolge eingetreten ist, ein aus dem Testamente des Erblassers herzuleitendes Recht des Klägers, das Geschäft mit oder ohne Abwicklung selbst zu übernehmen, und zwar auch insoweit, als dieses auf die Auflösung des Gesellschaftsverhältnisses und die dadurch herbeigeführte Gefahr der Vereitelung des späteren Übernahmerechts des Klägers gestützt ist. Die Annahme eines Wiederauflebens der testamentarischen Rechte der Witwe ist jedoch rechtlich unmöglich. Mit der Aufteilung des Gesellschaftsanteils des Erblassers und seines Kapitalanteiles ist gesellschaftsrechtlich eine endgültige Lage geschaffen, die nicht mehr rückgängig gemacht werden kann. Die Kinder sind als Gesellschafter aufgenommen worden, obwohl sie am Nachlaß noch nicht beteiligt waren; es fehlt also für sie von vornherein jede erbrechtliche Bindung. Die Witwe dagegen hat in ihrer Eigenschaft als Vorerbin nur noch ihren Gesellschaftsanteil, so daß dieser insoweit noch erbrechtlich auf Grund der Testamentsbestimmungen gebunden sein könnte. Freilich wäre denkbar, daß die Parteien, als sie diese Regelung trafen, vereinbart haben, diese nach außen als endgültig erscheinende Maßnahme solle im Innenverhältnis nur so lange gelten, als das Unternehmen am Leben sei; danach aber sollten die Parteien sich so behandeln lassen, als wenn das Vermögen, das in der Gesellschaft liegt, Bestandteil des Nachlasses geworden sei. Eine solche Vereinbarung könnte formlos getroffen werden, da durch sie nicht

über den Nachlaß im ganzen (vgl. § 2385 BGB.; RGZ. Bd. 72 S. 209), sondern nur über einen einzelnen Nachlaßgegenstand (den Gesellschaftsanteil des Erblassers) verfügt würde. Aber dafür, daß die Parteien eine solche Vereinbarung getroffen hätten, ergibt sich weder aus dem Gesellschaftsvertrage noch aus den sonstigen Umständen der geringste Anhalt. Höchstens könnte noch die Frage auftauchen, ob die Witwe etwa wegen Fehlens der Geschäftsgrundlage(d. h. wegen Irrtums der Parteien über die Stellung der Witwe als Vorerbin und der irrigen Annahme der Parteien, daß sie Miterben zu je 1/3 geworden seien) oder wegen nachträglicher wesentlicher Veränderung der Geschäftsgrundlage (d. h. infolge Auflösung der Gesellschaft, insbesondere, wenn der Kläger durch ein von ihm zu vertretendes Verhalten Anlaß zur Kündigung gegeben haben sollte) Rückübertragung der Gesellschaftsanteile ihrer Kinder oder wenigstens des Gesellschaftsanteils des Klägers auf sich verlangen könnte. Dem steht aber die Rechtsprechung des Senats (RGZ. Bd. 165 S. 199) entgegen, wonach Rückforderungsansprüche wegen Fehlens oder Wegfalls der Geschäftsgrundlage in solchem Fall ausgeschlossen sind. Hiernach kann von einem Recht der Witwe, auf Grund ihrer Vorerbenstellung die Gesellschaftsanteile ihrer Kinder wieder für sich in Anspruch zu nehmen, keine Rede mehr sein.

2. Zur Rechtsstellung des Klägers. Ebensowenig wie die Witwe kann auch der Kläger nach Aufteilung des Gesellschaftsanteils des Erblassers unmittelbar aus dessen testamentarischen Anordnungen noch einen Anspruch auf Übernahme des Gesellschaftsanteils der Beklagten für sich herleiten. Dies ergibt sich für den Gesellschaftsanteil der Zweitbeklagten schon daraus, daß ihre Gesellschafterstellung allein auf dem Gesellschaftsvertrage beruht. Aber auch abgesehen hiervon haben die Parteien alsbald nach dem Tode des Erblassers eine vom Testament endgültig abweichende Regelung getroffen, so daß deren Inhalt für die Beurteilung maßgebend ist. Es kann sich daher nur noch fragen, ob sich ein Übernahmerecht des Klägers etwa in irgendeiner Weise aus dem Gesellschaftsvertrag ergibt. Ausdrücklich ist in ihm hierüber nichts gesagt. Aber durch ergänzende Auslegung, zu der sich der Senat nach Erörterung dieser Auslegungsmöglichkeit in der mündlichen Verhandlung auf Grund des § 4 Abs. 12 der Vierten Vereinfachungsverordnung vom 14. Januar 1943

(RGBl. I S. 7) für befugt erachtet, ist ein bedingtes Übernahmerecht bei Berücksichtigung der gesamten Verhältnisse aus ihm zu entnehmen. Die Parteien waren sich, ebenso wie die Firma E. F. & Co., bewußt und darüber einig, daß der Kläger nach dem Testamente des Vaters jedenfalls beim Tode (oder bei der Wiederverheiratung) der Mutter und der dann möglichen Erbteilung ein Übernahmerecht haben sollte (vgl. das Schreiben der Parteien vom 29. Oktober 1930). Wenn die Beklagten nun — sei es auch nur infolge des Irrtums, daß die Parteien Miterben zu je ⅓ geworden seien — damit einverstanden waren, daß der Kläger sich schon alsbald als Mitgesellschafter, und zwar sogar als alleiniger Geschäftsführer, am Unternehmen beteiligte, so konnte das nach Lage der Sache nicht den Sinn haben, daß er sein Übernahmerecht damit verliere; seine Stellung als Anwärter auf das Geschäft wurde dadurch vielmehr nur noch verstärkt. Auch wenn der testamentarische Wille des Erblassers entgegen der damaligen Annahme der Parteien dahin gegangen sein sollte, daß der Kläger das Geschäft sofort mit dem Tode des Vaters übernehmen solle, ist aus der von den Parteien getroffenen Regelung keinesfalls zu entnehmen, daß der Kläger damit auch das allseitig anerkannte Recht auf wenigstens künftige Übernahme aufgeben wollte. Muß man aber aus diesen Gründen als Inhalt des Gesellschaftsvertrags annehmen, daß dem Kläger beim Tod (oder bei der Wiederverheiratung) der Mutter das Recht zustehen soll, das Geschäft im ganzen oder doch wenigstens den vollen Gesellschaftsanteil des Vaters zu übernehmen, dann ist bei freier Auslegung nach § 157 BGB. aus ihm weiter auch herzuleiten, daß der Kläger nunmehr, nachdem das Gesellschaftsverhältnis durch die Kündigung der Beklagten aufgelöst ist, das Übernahmerecht bereits vorzeitig geltend machen kann, um seiner Vereitelung und der Zerschlagung des Unternehmens vorzubeugen.

Anders wäre die Sachlage nur zu beurteilen, wenn der Kläger etwa, wie die Beklagten behauptet haben, durch ein von ihm zu vertretendes gesellschaftswidriges Verhalten einen wichtigen Grund zur Auflösung des Gesellschaftsverhältnisses gegeben haben sollte; denn in solchem Falle könnte sich die Geltendmachung des Übernahmerechts unter Umständen als Rechtsmißbrauch darstellen. Da das Berufungsgericht zu dieser Tatfrage, zu deren Beurteilung es einer Beweisaufnahme bedarf, noch keine Stellung genommen hat, muß die Sache zur weiteren Verhandlung und Entscheidung an das Berufungsgericht zurückverwiesen werden, soweit durch das Berufungsurteil die Klage abgewiesen ist.

3. Zum Hilfsantrage des Klägers auf Grund der §§ 133, 140, 142 HGB.

Von seinem Standpunkt aus, daß der Erstbeklagten auf Grund ihrer Vorerbenstellung ein Recht auf Übernahme der Gesellschaftsanteile ihrer Kinder zustehe, das dem etwaigen, auf §§ 133, 140, 142 HGB. gestützten Übernahmeanspruch des Klägers vorgehen würde, brauchte das Berufungsgericht auf diesen mit dem weiteren Hilfsantrage des Klägers geltend gemachten Anspruch nicht einzugehen. Die Rüge der Revision, das Berufungsgericht habe diesen Klagegrund völlig übergangen (§ 551 Nr. 7 ZPO.), ist daher unberechtigt. Aber auch nach den vorstehenden Ausführungen wird es auf diesen Hilfsantrag nicht weiter ankommen, da bereits festgestellt ist, daß dem Kläger auf Grund des Gesellschaftsvertrags grundsätzlich ein Übernahmerecht zusteht und daß dieses nur entfällt, wenn seine Geltendmachung sich infolge eines von ihm zu vertretenden gesellschaftswidrigen Verhaltens des Klägers als Rechtsmißbrauch darstellt. Mit dieser Ausnahme wäre jedoch die Voraussetzung für die Ausschließungsklage und die Geltendmachung eines Übernahmerechts des Klägers gemäß §§ 140, 142 HGB., die sogar gegenüber beiden Beklagten gegeben sein müßte, unvereinbar.

---

65. 1. Über den Begriff des Versicherungsfalls und des Schadensereignisses in der allgemeinen Haftpflichtversicherung.

2. Welche Rechtslage ergibt sich, wenn der Versicherungsnehmer während der Versicherungszeit in Zahlungsverzug geraten und das Versicherungsereignis während des Verzugs eingetreten ist, der Versicherungsnehmer aber den rückständigen Beitrag noch vor seiner Inanspruchnahme aus einem Haftpflichtfall an den Versicherer bezahlt hat?

VVG. §§ 39, 149.

VI. Zivilsenat. Urt. v. 17. September 1943 i. S. N. Allg. Versicherungs-AG. (Bekl.) w. Dr. M. (Kl.). VI 66/43.

I. Landgericht Wuppertal.
II. Oberlandesgericht Düsseldorf.

Der Kläger ist nach dem Versicherungsschein vom 17. April 1930 seit dem 1. Mai 1930 bei der verklagten Versicherungsgesellschaft gegen die gesetzliche Haftpflicht versichert. Er wurde im Jahre 1941 zusammen mit B. nach einer von ihm an diesem durchgeführten Salvarsankur von der Näherin K., die angeblich von B. mit einer Geschlechtskrankheit (Syphilis) angesteckt worden war, mit einem Schadensersatzanspruch gerichtlich in Anspruch genommen und verlangt deshalb von der verklagten Versicherungsgesellschaft Versicherungsschutz.

Die Beklagte macht geltend, der Kläger habe den am 1. Mai 1940 fällig gewesenen Folgebeitrag trotz Mahnung und ordnungsmäßiger Fristsetzung vom 1. Juni 1940 zunächst nicht gezahlt. Dies sei erst am 23. Dezember 1940 geschehen. Der Kläger habe also in der Zeit von Mitte 1940 bis zum 23. Dezember 1940 und damit auch zur Zeit des Schadensereignisses, nämlich zur Zeit der vom Kläger angeblich im Oktober 1940 dem B. gegenüber ausgesprochenen „Freigabe" des Geschlechtsverkehrs, keinen Versicherungsschutz genossen. Der Kläger vertritt die Meinung, unter „Versicherungsfall" im Sinne der maßgeblichen Versicherungsbedingungen (§ 9) sei nicht das Schadensereignis, welches Schadensersatzansprüche Dritter gegen den Versicherungsnehmer zur Folge haben könne, also im vorliegenden Falle die Freigabe des Geschlechtsverkehrs gegenüber B. durch ihn als den behandelnden Arzt, sondern erst die Geltendmachung solcher Schadensersatzansprüche des geschädigten Dritten zu verstehen. Zu dieser Zeit, im Januar 1941, seien die Folgen des Zahlungsverzugs beseitigt gewesen.

Beide Vordergerichte haben die verklagte Versicherungsgesellschaft dazu verurteilt, dem Kläger wegen der von der Näherin K. geltend gemachten Schadensersatzansprüche Versicherungsschutz zu gewähren. Die Revision der Beklagten blieb ohne Erfolg.

Gründe:

Nach den dem Versicherungsvertrag zugrunde liegenden allgemeinen Versicherungsbedingungen (§ 1) hat der Versicherer dem Versicherungsnehmer Versicherungsschutz zu gewähren für den Fall, daß er wegen eines während der Wirksamkeit der Versicherung eingetretenen Ereignisses, das die Verletzung (Gesundheitsbeschädigung) von Menschen zur Folge hatte, für die Folgen auf Grund gesetzlicher Haftpflichtbestimmungen privatrechtlichen Inhalts von einem Dritten auf Schadensersatz in Anspruch genommen wird.

Im ersten Rechtszuge hatte die Beklagte nur Verzug des Klägers mit der Zahlung eines Versicherungsbeitrags beim Eintritt des Versicherungsfalls (§ 9) eingewendet. Mit den erst im zweiten Rechtszug erhobenen weiteren Einwendungen, daß nämlich der Kläger den eingetretenen Schaden (bedingt) vorsätzlich herbeigeführt (§ 4 II Nr. 1 AVB.) und daß er die nach dem Eintritt des Versicherungsfalls ihm obliegenden Verpflichtungen verletzt habe (§ 6 in Verbindung mit § 5 Nr. 2 AVB.), hat sich der Vorderrichter sachlich nur „zusätzlich" beschäftigt. Er meint, sie stellten sich als neue Verteidigungsmittel der Beklagten gegen die Klage dar, die nach § 529 Abs. 1 ZPO. in der Fassung der zur Zeit der Schlußverhandlung erster Instanz (25. Juni 1942) bereits in Kraft befindlich gewesenen Dritten Vereinfachungsverordnung vom 16. Mai 1942 (RGBl. I S. 333) im Berufungsverfahren nur dann zu berücksichtigen wären, wenn ihre Geltendmachung im ersten Rechtszuge der Partei auch bei Berücksichtigung ihrer Pflicht zur sachgemäßen und sorgfältigen Prozeßführung nicht zuzumuten gewesen wäre. Von dieser Voraussetzung könne keine Rede sein. Der Vorderrichter hat deshalb die Beklagte mit der Geltendmachung der beiden Einwendungen ausgeschlossen. (Die insoweit erhobenen Revisionsangriffe werden zurückgewiesen; sodann wird fortgefahren:)

In sachlicher Beziehung hat der Vorderrichter erwogen, der Kläger habe unstreitig den am 1. Mai 1940 fällig gewesenen Folgebeitrag nicht bezahlt und auch die unter Fristsetzung und unter Hinweis auf die Folgen fortdauernden Zahlungsverzugs mit Einschreibebrief vom 1. Juni 1940 ausgesprochene Mahnung unbeachtet gelassen. Erst am 23. Dezember 1940 hat danach der Kläger den Beitragsrückstand bezahlt. In der Zeit von Juni bis zum 23. Dezember 1940 hat er sich demnach in Zahlungsverzug befunden. Nach § 9 AVB. wird der Versicherer, wenn der Versicherungsfall nach dem Ablaufe der dem Versicherungsnehmer gestellten Zahlungsfrist eintritt und zu dieser Zeit der Versicherungsnehmer noch im Verzug ist, von seiner Vertragspflicht frei. Unter dem Versicherungsfall im Sinne dieser Bestimmung versteht der Berufungsrichter nicht das Ereignis, aus dem sich als ursächliche Folge der Schaden ergibt, für den der Versicherungsnehmer haftpflichtig gemacht wird, hier also nicht die vom Kläger dem B. gegenüber ausgesprochene Freigabe des Geschlechtsverkehrs, worauf die Ansteckung der K. beruht haben soll, sondern die Erhebung des Anspruchs des geschädigten Dritten gegenüber dem Versicherungsnehmer. Nach der Feststellung des Berufungsurteils hat die K. erst im Januar 1941, also nach der Beseitigung des Zahlungsverzugs des Klägers, Schadensersatzansprüche gegen ihn (und B.) gestellt. Nach der Meinung des Berufungsrichters konnte der Kläger auch zur Zeit der Beitragszahlung am 23. Dezember 1940 nicht mit der auch nur entfernten Möglichkeit rechnen, daß auf Grund seiner „Freigabeerklärung" gegenüber B. Schadensersatzansprüche gegen ihn erhoben werden würden. Denn dem Kläger sind, wie im Berufungsurteil ausdrücklich weiter festgestellt ist, vor dem 23. Dezember 1940 keine Tatsachen bekanntgeworden, aus denen er auf die Möglichkeit einer Erkrankung der K. hätte schließen können. Da auch B. von einer Ansteckung der K. oder von „grippeartigen Krankheitserscheinungen" an dieser nach seinem Geschlechtsverkehr mit ihr im September und Oktober 1940 bis zu seiner Vorladung im Strafverfahren Ende Januar 1941 nichts bekannt gewesen sei, habe er auch den Kläger über irgendwelche verdachterregenden Anzeichen nicht unterrichten können; auch sonst liege nichts vor, woraus dem Kläger eine solche Kenntnis geworden sein könnte.

Die Ausführungen des Berufungsurteils stehen im Einklang mit der bisherigen Rechtsprechung des Reichsgerichts, insbesondere mit der alten, längst gefestigten Annahme des erkennenden Senats, daß der Versicherungsfall in der allgemeinen Haftpflichtversicherung gleichbedeutend ist mit der Geltendmachung von Haftpflichtansprüchen aus einem unter die Versicherung fallenden Schadensereignis durch den Geschädigten gegenüber dem Versicherungsnehmer. An diesem Grundsatz ist durch die dem vorliegenden Versicherungsvertrag zugrunde liegenden Haftpflichtversicherungsbedingungen, insbesondere die Bestimmungen in §§ 1, 5—6 AVB., nichts geändert. Er ist auch nach dem Inkrafttreten der neu erlassenen gesetzlichen Vorschriften über den Versicherungsvertrag vom 7. November 1939 (RGBl. I S. 2223) in der Rechtsprechung des Reichsgerichts gegenüber der Neufassung des § 153 VVG. aufrechterhalten, insbesondere in den

Entscheidungen VII 69/39 vom 19. Dezember 1939 (RGZ. Bd. 162 S. 238) und VI (VII) 144/42 vom 26. März 1943 (RGZ. Bd. 171 S. 43) erneut bestätigt worden. Die Nachträge zum Versicherungsvertragsgesetz haben sich, wie die Begründung zum Pflichtversicherungsgesetz hervorhebt (DJ. 1939 S. 1771 [1773]), von einer Stellungnahme zur Streitfrage bewußt ferngehalten. Der im letzterwähnten, von der Revision zur Begründung ihrer abweichenden Meinung angezogenen Urteil behandelte Streitfall berührt eine andere Frage. Dort ist nämlich erörtert und entschieden, daß, wenn das Schadensursachenereignis innerhalb der sachlichen Versicherungsdauer liegt, nicht auch der verursachte Erfolg, der Schaden, in die Versicherungszeit zu fallen braucht, und es ist weiter ausdrücklich ausgesprochen, daß unter jener Voraussetzung der Schaden, ebenso wie der Versicherungsfall, d. h. die Inanspruchnahme des Versicherungsnehmers (Versicherten) durch den Geschädigten, auch noch nach dem Ablaufe der Versicherungsdauer eintreten kann, ohne daß dies den Anspruch des Versicherungsnehmers auf Versicherungsschutz beeinträchtigte (RGZ. Bd. 171 S. 43 [50]).

Der hier maßgebliche Versicherungsvertrag bestand schon beim Inkrafttreten des Pflichtversicherungsgesetzes und der Angleichungsverordnung für die Nichtkraftfahrversicherung (1. Januar 1941; vgl. RGBl. 1939 I S. 2443, 2223). Allerdings setzt § 5 Nr. 1 der Allgemeinen Versicherungsbedingungen in der Fassung, wie sie Neuabschlüssen in der Zeit vom 1. Januar 1941 ab zugrunde zu legen sind (Prölß VVG., 4. Aufl. 1943, S. 392 flg.), den Versicherungsfall im Sinne des Versicherungsvertrags abweichend von der bisherigen Rechtslage gleich mit dem Schadensereignis, das Haftpflichtansprüche gegen den Versicherungsnehmer zur Folge haben könnte. Aber diese Bestimmung gehört nicht zu den Vorschriften, die nach der — auf die Verordnung über die Anwendung Allgemeiner Versicherungsbedingungen vom 29. November 1940 (RGBl. I S. 1543) gestützten — Bekanntmachung des Reichsaufsichtsamts für Privatversicherung vom 15. Februar 1941, betreffend Haftpflichtversicherung, (Reichsanzeiger Nr. 48), auch für schon bestehende Versicherungsverhältnisse gelten. Vielmehr hat es für den vorliegenden Versicherungsvertrag bei der alten Fassung der Allgemeinen Versicherungsbedingungen für die Haftpflichtversicherung (VeröffAufsAPrVers.

1921 S. 120) sein Bewenden, die eine derartige Vorschrift nicht enthalten, vielmehr nach wie vor unterscheiden zwischen dem Versicherungsereignis im Sinne des § 1 AVB. (d. h. hier der dem Kläger vorgeworfenen „Freigabeerklärung" des Geschlechtsverkehrs gegenüber B. und der angeblich darauf zurückzuführenden Schädigung der K. als Schadensfolge) einerseits und dem Versicherungsfall im Sinne der erwähnten bisherigen Rechtsprechung des Reichsgerichts (§§ 5, 6, 9 AVB. in Verbindung mit § 39 VVG.) andererseits. Es braucht deshalb auch nicht geprüft zu werden, ob die von der Rechtsprechung des Reichsgerichts abweichenden Meinungen, insbesondere die von O b e r b a c h (Allgemeine Versicherungsbedingungen für die Haftpflichtversicherung, 1938, S. 69) zu einem andern Ergebnis führen könnten; auch O b e r b a c h lehrt, daß der Versicherungsfall erst „eingetreten" sei mit der Erhebung von Ansprüchen des Geschädigten gegenüber dem Versicherungsnehmer, hier also erst, nachdem der rückständige Versicherungsbeitrag bezahlt war. Vergebens beruft sich die Revision auf die Fassung des § 1 AVB., die für den Anspruch des Versicherungsnehmers auf vertragsmäßigen Versicherungsschutz gegenüber dem Versicherer voraussetzt, daß er wegen eines „während der Wirksamkeit der Versicherung eingetretenen Ereignisses" . . . auf Schadensersatz in Anspruch genommen wird. Diese Worte können nichts anderes besagen als die Worte „während der Versicherungszeit" in der grundlegenden Bestimmung des § 149 VVG., also nur gleichbedeutend sein mit: „nach sachlichem Versicherungsbeginn und vor sachlichem Ende der Versicherung", ohne daß es darauf ankommen könnte, ob in dem maßgeblichen Zeitpunkte die Haftung des Versicherers aus besonderen Gründen, etwa wegen Zahlungsverzugs des Versicherungsnehmers, geruht hat. Denn § 1 AVB. enthält nur die persönliche, sachliche und zeitliche Umschreibung der Versicherungsgefahr, während die sonstigen, das gegenseitige Versicherungsverhältnis betreffenden Fragen, insbesondere die Verzugsfolgen und ihre Beseitigung, selbständig und erschöpfend in § 3 Nr. 1 I, § 9 AVB. geregelt sind. Hätte bei der Schaffung der maßgeblichen Versicherungsbedingungen eine davon abweichende Absicht im Sinne der Revision obgewaltet, so hätte sie, um bei der Auslegung nach Treu und Glauben bestehen zu können, für die Versicherungsnehmer erkennbar und jedenfalls viel deutlicher als geschehen ausgedrückt werden müssen. Dies vorausgesetzt läge übrigens eine Änderung des § 39 VVG. vor, und es bliebe alsdann immer noch die Frage offen, ob eine solche Vereinbarung nach § 42 VVG. zulässig und wirksam gewesen wäre (vgl. die zu einem Fall aus der Haftpflichtversicherung gegen Vermögensschaden, VeröffAufsAPrV. 1930 S. 130, ergangene Reichsgerichtsentscheidung VII 69/39 vom 19. Dezember 1939 in RGZ. Bd. 162 S. 238). Jedenfalls könnte sich die verklagte Versicherungsgesellschaft schon aus dem oben hervorgehobenen Grund auf eine abweichende Bedeutung des § 1 AVB. nach Treu und Glauben nicht berufen.

Andererseits darf aber auch das Verhalten des Versicherungsnehmers, wenn er trotz seines Zahlungsverzugs im Zeitpunkte des Versicherungsereignisses für sich Versicherungsschutz in Anspruch nimmt, nicht gegen Treu und Glauben verstoßen. Im vorliegenden Falle kann es sich nur um die Frage handeln, ob der Versicherer von seiner Leistungspflicht frei wird, wenn der Versicherungsnehmer mit einem Folgebeitrag in Verzug geraten ist. Nach § 39 Abs. 1 Satz 3 VVG. soll es darauf ankommen, ob der Verzug des Versicherungsnehmers zur Zeit des Eintritts des Versicherungsfalls noch andauert oder nicht. Mit dieser Frage, die wesentlich nach den Grundsätzen von Treu und Glauben zu beurteilen ist (vgl. Schack in JW. 1937 S. 1213), hat sich der erkennende Senat in der Entscheidung VII 151/37 vom 14. Januar 1938 (RGZ. Bd. 156 S. 378) beschäftigt. Dort ist entschieden, ein gegen Treu und Glauben verstoßendes Verhalten des Versicherungsnehmers könne regelmäßig dann nicht angenommen werden, wenn dieser den Beitrag zwar erst nach dem Schadensereignis („Verstoß"), aber unbeeinflußt von diesem, insbesondere ohne Kenntnis von dessen Eintreten, entrichtet und das Versicherungsverhältnis danach noch unverändert und ohne einen Vorbehalt von seiten des Versicherers fortgedauert hat, und darauf hingewiesen, daß neben der Kenntnis vom Schadensfall die Erwartung des Versicherungsnehmers, daß er für den Schaden demnächst werde in Anspruch genommen werden, wesentlich ins Gewicht falle (das. S. 384). Jedenfalls darf der Versicherungsnehmer, nachdem diese Kenntnis oder Erwartung in seiner Person eingetreten ist, nicht versuchen, sich den Versicherungsschutz noch dadurch zu sichern, daß er den fälligen und ordnungsmäßig angemahnten Versicherungsbeitrag schleunigst bezahlt. Ein solcher Fall, der dem Versicherer das Recht gibt, sich seiner Versicherungspflicht nach § 39 VVG. zu entschlagen, liegt aber hier gewiß nicht vor. Denn der Kläger hat, als er den unter Fristsetzung angemahnten Versicherungsbeitrag am 23. Dezember 1940 bezahlte und damit seinen Zahlungsverzug beendigte, nach der rechtlich einwandfreien Feststellung des Berufungsrichters nicht nur keine Kenntnis von der eingetretenen Schädigung der K. gehabt, sondern ihm waren auch keinerlei Tatsachen bekannt, aus denen er auf die Möglichkeit ihrer Erkrankung wie auch auf die bevorstehende Inanspruchnahme seiner eigenen Person aus dem Schadensereignis hätte schließen können.

Nach alledem ist die Weigerung der verklagten Versicherungsgesellschaft, dem Kläger den vertragsmäßigen Versicherungsschutz zu gewähren, unbegründet.

---

66. Wer ist Halter des Kraftwagens, der einem Dritten auf Grund des Reichsleistungsgesetzes zum Gebrauch überlassen ist, aber vom Eigentümer vorübergehend wieder für eigene Zwecke verwendet wird?

KFG. § 7. Gesetz über Sachleistungen für Reichsaufgaben (Reichsleistungsgesetz) vom 1. September 1939 (RGBl. I S. 1645) — RLG. — § 15.

V. Zivilsenat. Urt. v. 18. September 1943 i. S. W. u. 1 and. (Bekl.) w. Deutsche Reichsbahn (Kl.). V 72/43.

I. Landgericht Siegen.
II. Oberlandesgericht Hamm.

Die Zweitbeklagte, die Gemeinde B., hat im Jahre 1938 einen Lastkraftwagen zu Feuerlöschzwecken angeschafft, ohne daß er zunächst zur Verwendung kam. Nach Kriegsausbruch wurde der Wagen auf Grund einer Besprechung mit dem Fahrbereitschaftsleiter des D.kreises dem Erstbeklagten und der Edeka zur Beförderung von Lebensmitteln zur Verfügung gestellt. Der Erstbeklagte fuhr dann den Wagen, trug die Unterhaltungskosten und Steuern und stellte den Wagen bei sich unter.

Als in der Nacht des 4. Januar 1940 in der Nachbargemeinde H. ein Großbrand ausgebrochen war, benachrichtigte der Bürgermeister der Zweitbeklagten den Erstbeklagten, daß er mit dem Lastkraftwagen zum Bürgermeisteramt und von dort zur Brandstelle fahren müsse. Auf dem Wege zum Bürgermeisteramt wurde an einem Bahnübergang in B. der Schrankenwärter Sch. durch den Wagen tödlich verletzt. Die Klägerin hat an die Hinterbliebenen des Sch. Unterstützungen gezahlt und hat sie noch weiter zu zahlen. Mit der Klage verlangt sie von beiden Beklagten Ersatz der der Höhe nach unstreitigen Aufwendungen. Gegen den Erstbeklagten hat sie ein rechtskräftiges Urteil erstritten.

Bei der Zweitbeklagten besteht Streit, ob auch sie Halterin des Wagens gewesen sei. Sie stellt dies in Abrede, weil der Wagen allein dem Erstbeklagten zur Verfügung gestanden und dieser die Unterhaltungskosten und Steuern getragen, aber kein Entgelt für die Benutzung gezahlt habe, und macht geltend, ihr Bürgermeister habe den Wagen am Unfalltag in seiner Eigenschaft als Ortspolizeibehörde angefordert, nicht aber deshalb, weil sie über ihn zu Feuerlöschzwecken nach wie vor zu verfügen gehabt hätte.

Die Klägerin behauptet demgegenüber, der Wagen sei dem Erstbeklagten und der Edeka von der Zweitbeklagten nach der Besprechung mit dem Fahrbereitschaftsleiter freiwillig und nicht auf dessen Anordnung zur Benutzung überlassen worden mit der Maßgabe, daß er der Zweitbeklagten zu Feuerlöschzwecken jederzeit zur Verfügung stehen müsse. Damit der Wagen für diese jederzeit erreichbar gewesen sei, hätten ihr auch die Fahrten und die Namen und Anschriften der mit dem Wagen besuchten Kunden der Edeka jeweils angegeben werden müssen.

Während das Landgericht die Klage abgewiesen hat, hat das Oberlandesgericht auch die Zweitbeklagte antragsgemäß verurteilt. Die Revision hatte keinen Erfolg.

Gründe:

Nach der Entscheidung des erkennenden Senats vom 24. November 1942 (RGZ. Bd. 170 S. 182) ist es nicht erforderlich, daß, wenn mehrere am Betrieb eines Kraftfahrzeugs beteiligt sind, sämtliche für die Haltereigenschaft wesentlichen Merkmale bei allen gleichmäßig vorhanden sind. Die Möglichkeit, mehrere als Halter anzusehen, besteht vielmehr nicht nur, wenn sie sich in gleicher Weise in den Gebrauch des Fahrzeugs, in die Verfügungsgewalt darüber und in die Kosten des Haltens teilen, sondern auch dann, wenn die Begriffsmerkmale teils beim einen, teils beim andern vorhanden oder wenn sie unterschiedlich verteilt sind.

Entscheidend für die Frage, ob die Zweitbeklagte zur Zeit des Unfalls Halterin des Kraftwagens war, ist daher nicht, daß die Kosten des Haltens, insbesondere die Steuern, von ihr nicht getragen wurden, daß auch eine Steuerpflicht nur bestand, weil der Wagen vom Erstbeklagten und der Edeka benutzt wurde, und ferner nicht, ob an die Zweitbeklagte für die Überlassung des Wagens eine Vergütung gezahlt wurde oder nicht. Ohne Belang ist weiter, ob der Wagen dem Erstbeklagten gemäß § 15 des Reichsleistungsgesetzes vom 1. September 1939 zur ständigen Benutzung oder zur Verfügung von Fall zu Fall überlassen war und ob diese Überlassung auf einer Vereinbarung zwischen den Beklagten oder einer — sei es auch nur mündlichen — hoheitsrechtlichen Anordnung des Fahrbereitschaftsleiters beruhte. Entscheidend ist vielmehr nur, ob der Wagen infolge der Überlassung an den Erstbeklagten so gänzlich aus der Verfügungsgewalt und dem wirtschaftlichen Bereich der Zweitbeklagten ausgeschieden war, daß es dem Wesen der gesetzlichen Haftpflicht widersprechen würde, sie für die aus dem Betriebe des Wagens entstehenden Gefahren und für den daraus entstandenen Schaden verantwortlich zu machen. Das ist im vorliegenden Falle zu verneinen. Mit Recht weist das Berufungsgericht darauf hin, daß nach § 29 Nr. 6 RLG. die Zweitbeklagte von ihrer Verpflichtung zur Überlassung des von ihr zu öffentlichen Zwecken angeschafften Wagens insoweit befreit war, als sonst die Erfüllung ihrer auf dem Gebiete des Feuerlöschwesens liegenden Aufgaben durch die Heranziehung zu anderen Leistungen in Frage gestellt worden wäre. Der Kraftwagen mußte ihr also zu Feuerlöschzwecken verbleiben; insoweit behielt sie kraft Gesetzes die Verfügungsgewalt über ihn. Dafür, daß sie abweichend von der gesetzlichen Regelung dem Erstbeklagten den Wagen zur alleinigen Benutzung oder gar zu vollem Eigentum überlassen und sich jedes Verfügungsrechts begeben hätte, fehlt jeder Anhalt. Dagegen sprechen schon die eigenen Erklärungen des Bürgermeisters, wonach zum mindesten über die Möglichkeit einer Verwendung des Wagens zu Feuerlöschzwecken, insbesondere während der Nacht, gesprochen worden ist. Darüber hinaus hat das Berufungsgericht festgestellt, daß Vorkehrungen getroffen worden sind, die es ermöglichen sollten, daß der Wagen jederzeit erreichbar sei, wonach also die Zweitbeklagte jedesmal, wenn sie den Bedarfsfall für gegeben erachtete, über ihn verfügen konnte. Tatsächlich hat sie auch in dem Augenblick, als sie den Wagen zu Feuerlöschzwecken benötigte, sofort über ihn verfügen und die nötigen Anweisungen über die Art seiner Verwendung geben können und gegeben. Den abweichenden Angaben des Fahrbereitschaftsleiters ist das Berufungsgericht nicht gefolgt; dies muß die Revision hinnehmen. Im übrigen kann die Ablehnung seiner nochmaligen Vernehmung gemäß § 398 ZPO. im Revisionsverfahren nicht beanstandet werden.

Stand somit der Wagen der Zweitbeklagten zu Feuerlöschzwecken nach wie vor zur Verfügung und war sogar bei den Verhandlungen über seine Überlassung von solcher Verwendung die Rede, so liegt schon an sich die Annahme nahe, daß die Anordnung über die sofortige Fahrt des Wagens zum Bürgermeisteramt und zur Brandstelle von der Zweitbeklagten in Ausübung dieses Rechts getroffen worden ist und nicht, wie sie jetzt meint, auf Grund des § 6 der Zweiten Durchführungsverordnung zum Gesetz über das Feuerlöschwesen vom 9. Oktober 1939 (RGBl. I S. 2024), zumal da nicht einzusehen ist, warum sie als in solchem Falle verfügungsberechtigte Eigentümerin zur Benutzung ihres Wagens zu Feuerlöschzwecken noch eine besondere polizeiliche Anordnung benötigt haben sollte. Daß sie sich in der Brandnacht auf die feuerpolizeilichen Vorschriften berufen hätte, hat sie selbst nicht behauptet. Deshalb ist die Annahme des Berufungsgerichts, die Zweitbeklagte habe den Wagen nicht auf Grund der Vorschriften über das Feuerlöschwesen in Anspruch genommen, rechtlich bedenkenfrei. Übrigens wäre auch in anderem Falle die Rechtslage nicht wesentlich anders zu beurteilen. Denn auch bei einer Inanspruchnahme des Wagens durch die Ortspolizeibehörde würde der Wagen der Verfügungsgewalt und Nutzung des Besitzers entzogen worden sein; Benutzerin und Verfügungsberechtigte und damit auch Halterin des Wagens im Sinne des § 7 KFG. wäre in diesem Falle die Zweitbeklagte in ihrer Eigenschaft als Ortspolizeibehörde. Die Sache liegt nicht anders, als wenn ein Fahrzeug auf Grund des § 16 RLG. von der Wehrmacht herangezogen wird (vgl. RGZ. Bd. 167 S. 1 [12]).

Geht man davon aus, daß die Zweitbeklagte den Wagen auf Grund des ihr nach § 29 Nr. 6 RLG. verbliebenen Verfügungsrechts angefordert hat, so lebte mit der Anforderung, d. h. mit dem Zeitpunkt, in dem der Erstbeklagte von der Mitteilung des Bürgermeisters, der Wagen solle zum Bürgermeisteramt und zur Brandstelle kommen, erfuhr, jedenfalls aber, als er ihn darauf in Bewegung setzte, die Haltereigenschaft der Zweitbeklagten wieder auf; der Wagen lief von diesem Zeitpunkt ab wieder für sie zwecks Erfüllung der ihr auf dem Gebiete des Feuerlöschwesens obliegenden Aufgaben. Die Zweitbeklagte meint, daß es zuvor einer besonderen Rückgabe des Wagens an sie durch den Erstbeklagten in B. bedurft hätte, und daß, da der Unfall sich schon auf der Fahrt von dessen Abstellraum zum Bürgermeisteramt ereignet habe, sie im Zeitpunkte des Unfalls noch nicht Halterin gewesen sei und daher nicht für die Unfallfolgen hafte. Das trifft jedoch nicht zu. Für die Haftung der Zweitbeklagten kann es keinen Unterschied machen, ob sich der Unfall schon vor oder erst nach dem Aufladen der Feuerlöschgeräte und vor oder nach der Aufnahme der Feuerwehrleute ereignet hat, ob sich der Unterstellraum im Orte selbst oder außerhalb des Ortes befand, d. h. ob die Anfahrt des Wagens zur Sammelstelle mehr oder weniger groß war u. dgl. Denn diese Anfahrt bildete in jedem Falle zusammen mit der Fahrt zur Brandstelle einen einheitlichen Vorgang; sie geschah bereits zu Feuerlöschzwecken, und die Verwendung des Wagens hierzu begann spätestens mit seiner Inbetriebsetzung im Abstellraume des Erstbeklagten. Von da ab wurde der Wagen wieder zu den öffentlichen Zwecken der Zweitbeklagten verwendet, und diese war die Benutzerin und Verfügungsberechtigte und damit auch Halterin des Wagens i. S. des § 7 KFG. Ob der Wagen von Feuerwehrleuten aus dem Abstellraume des Erstbeklagten geholt oder von diesem selbst zur Bürgermeisterei und zur Brandstelle gefahren wurde, ist ohne Belang. Unerheblich ist auch, auf Grund welchen Rechtsverhältnisses der Erstbeklagte den Wagen auf der Unglücksfahrt gefahren hat und ob währenddessen auch er selbst noch Halter des Wagens gewesen ist; beides kann die Haltereigenschaft der Zweitbeklagten nicht berühren.

67. Zur Frage der Wiederholungsgefahr bei der vorbeugenden Unterlassungsklage.

BGB. § 823.

V. Zivilsenat. Urt. v. 24. September 1943 i. S. P. (Kl.) w. Os. (Bekl.) V 15/43.

I. Landgericht Leipzig.
II. Oberlandesgericht Dresden.

Der Beklagte hatte dem Kläger aus dem Institut für Werkzeugmaschinen der Technischen Hochschule in H. ein Oberflächenprüfgerät nebst Zubehör zu wissenschaftlichen Arbeiten im Institut für Betriebswissenschaften der Technischen Hochschule in D. leihweise zur Verfügung gestellt. Der Kläger hatte, als er Ende September 1939 zur Wehrmacht einberufen worden war, das Gerät nicht zurückgesandt. Der Beklagte, der das Gerät benötigte, wandte sich deshalb zweimal schriftlich an ihn; die mit Feldpostanschriften versehenen Schreiben kamen jedoch als unbestellbar zurück. Mit Schreiben vom 14. Oktober 1940 wandte sich sodann der Beklagte an Professor Dr. Op. an der Technischen Hochschule in D. mit der Bitte um Rückgabe des Geräts, indem er eine Abschrift der Rechnung der Verkaufsfirma beifügte. Daraufhin wurde das Gerät an den Beklagten zurückgesandt. Mit Schreiben vom 29. Oktober 1940 bat Professor Dr. Op. den Beklagten um genauere Angaben wegen des Eigentums an dem Gerät, da der Dipl.-Ing. S. als Vertreter des Klägers nach Fühlungnahme mit diesem den Auftrag erhalten habe, das Gerät an sich zu nehmen, weil der Kläger es weiterhin als sein Eigentum betrachte. Mit Schreiben vom 18. November 1940 bemerkte Professor Dr. Op. noch: „Wie Sie ja richtig vermuten, hat mir der Vertreter von Dr. P. mitgeteilt, daß das Gerät Eigentum von Dr. P. sei und daß dieser die Rückgabe des Geräts verlangt." Daraufhin verbot der Beklagte dem Kläger das weitere Betreten seines Instituts und ließ die dem Kläger gehörigen Gegenstände daraus entfernen. Später teilte er ihm noch mit, daß die Gegenstände abgesandt worden seien. Dieses Schreiben wurde der Mutter des Klägers in L. zugestellt. Diese antwortete dem Beklagten darauf am 26. Dezember 1940 und bemerkte, sie finde seine Handlungsweise und Denkungsart ganz niedrig, er solle sich als in der Heimat Befindlicher schämen, die Ehre eines Soldaten zu besudeln. Daraufhin forderte der Beklagte durch Schreiben seiner Anwälte vom 10. Januar 1941 die Mutter des Klägers zur Zurücknahme der beleidigenden Äußerung auf. In dem Schreiben war ausgeführt: Der Kläger habe dem Professor Dr. Op. entgegen den Tatsachen angegeben, er betrachte das Gerät als sein Eigentum und gebe es nicht heraus; er habe versucht, die Rücksendung zu verhindern; er habe auch ein Eigentumsschild mit seinem Namen an dem Gerät befestigt; nach dieser widerrechtlichen Aneignung eines zu treuen Händen überlassenen Geräts sei dem Beklagten nichts übriggeblieben, als sich sofort vom Kläger zu trennen.

Mit der Klage verlangt der Kläger die Verurteilung des Beklagten zur Unterlassung der Behauptung, der Kläger habe die Rückgabe eines ihm leihweise überlassenen wissenschaftlichen Geräts in anfechtbarer Weise zu vereiteln und sich dieses anzueignen versucht.

Das Landgericht hat der Klage stattgegeben. In der Schlußverhandlung vor dem Berufungsgericht hat der Beklagte durch seinen Anwalt erklären lassen, er werde selbstverständlich der durch die Beweisaufnahme festgestellten Sachlage künftig Rechnung tragen, insbesondere bei Auskünften an Dienst- oder Amtsstellen, und es sei für ihn eine selbstverständliche Pflicht, daß er diese Behauptungen nicht mehr aufstelle. Daraufhin hat das Berufungsgericht die Klage abgewiesen. Die Revision des Klägers führte zur Wiederherstellung des landgerichtlichen Urteils.

Gründe:

Das Berufungsgericht hat angenommen, daß der Brief der Anwälte des Beklagten an die Mutter des Klägers vom 10. Januar 1941 nicht in amtlicher Eigenschaft geschrieben sei und daß er einen sachlich unbegründeten rechtswidrigen Angriff auf die Ehre des Klägers enthalte, da diesem der Vorwurf, er habe sich das Gerät angeeignet oder anzueignen versucht und zu diesem Zwecke die Rücksendung nach H. verhindern wollen, nicht gemacht werden könne. Es hat jedoch die Klage auf künftige Unterlassung derartiger Behauptungen abgewiesen, weil die Gefahr der künftigen Wiederholung nicht gegeben sei.

Daß es sich bei diesem Brief an die Mutter des Klägers nicht um eine Äußerung in Erfüllung öffentlichrechtlicher Pflichten gehandelt hat, hat das Berufungsgericht in Übereinstimmung mit dem Landgericht ohne Rechtsirrtum angenommen. Der Brief sollte zur Widerlegung des Schreibens der Mutter des Klägers an den Beklagten vom 26. Dezember 1940 dienen, in welchem sie diesem u. a. erklärte, daß sie seine Handlungsweise und Denkungsart ganz niedrig finde, und daß er als in der Heimat Befindlicher sich schämen solle, die Ehre eines Soldaten zu besudeln. Dieser Brief war, wie schon das Landgericht zutreffend hervorgehoben hat, seinem ganzen Inhalte nach an den ehemaligen Freund des Klägers, nicht aber an den Beamten Professor Os. gerichtet. Der Vorwurf niedriger Handlungs- und Denkungsweise sollte sich offensichtlich gegen den Menschen Os., nicht gegen den Beamten richten. Demgemäß muß auch die eingehende Rechtfertigung seines Verhaltens, die der Beklagte der Mutter des Klägers im Schreiben vom 10. Januar 1941 geben ließ, zumal angesichts der früheren freundschaftlichen Beziehungen der Parteien, als eine außeramtliche Handlung des Beklagten angesehen werden.

Die Revision wendet sich gegen die Annahme des Berufungsgerichts, daß keine Wiederholungsgefahr bestehe, und macht geltend, die Begründung des Berufungsurteils könne insoweit rechtlicher Nachprüfung nicht standhalten. Diese Rüge ist begründet. Zwar ist die Frage der Wiederholungsgefahr im wesentlichen eine solche tatsächlicher Art; ihre Beurteilung unterliegt dem pflichtmäßigen Ermessen des Tatrichters. Doch kann seine Entscheidung im Revisionsverfahren immer dann nachgeprüft werden, wenn er entweder von unrichtigen rechtlichen Gesichtspunkten ausgegangen ist oder wichtige Umstände außer acht gelassen hat (RGZ. Bd. 148 S. 114; RGUrt. VI 57/42 vom 29. September 1942 in WarnRsp. 1943 S. 43). Im vorliegenden Fall ist der Revision zuzugeben, daß das Berufungsgericht in der Tat wichtige Umstände außer acht gelassen hat, bei deren Berücksichtigung eine Wiederholungsgefahr als vorhanden angesehen werden muß. Die Revision weist zutreffend darauf hin, der Beklagte habe sich im Laufe des Rechtsstreits keineswegs so verhalten, daß die Gefahr einer Wiederholung der beanstandeten Äußerungen ausgeschlossen wäre. Nachdem die Beweisaufnahme im ersten Rechtsgange die völlige Haltlosigkeit der vom Beklagten gegen den Kläger erhobenen Vorwürfe ergeben hatte, wäre es

Sache des Beklagten gewesen, nunmehr bestimmt und deutlich zu erklären, daß er diese Behauptungen nicht mehr wiederholen wolle. Statt dessen hat er im Rechtsstreit nur erklären lassen, es sei nicht damit zu rechnen, daß er weiterhin diese Behauptung aufstelle. Diese Erklärung war angesichts des Ergebnisses der Beweisaufnahme durchaus unzureichend. Die ganz unbestimmte Wendung konnte dem Kläger nicht die Sicherheit und das Vertrauen geben, daß der Beklagte ernstlich entschlossen sei, die Vorwürfe nicht mehr zu erheben. Mit Recht verweist die Revision auch auf einen Schriftsatz des Beklagten, worin dieser ausgeführt hat, er werde auf Rückfragen von Behörden erklären, daß nach dem Ergebnis der Beweisaufnahme die seinerzeit abgegebenen Erklärungen sich als sachlich unrichtig herausgestellt hätten, daß er aber persönlich zu ihrer Aufstellung durchaus berechtigt gewesen sei. Auch diese Ausführungen des Beklagten lassen erkennen, wie wenig er geneigt war, dem von ihm grundlos schwer gekränkten Kläger ausreichende Genugtuung widerfahren zu lassen. Denn der Beklagte konnte angesichts seiner früheren freundschaftlichen Verbindung mit dem Kläger, der zudem als Offizier beim Heere stand, auch persönlich nicht wohl der Meinung sein, daß diesem auch nur der Versuch einer rechtswidrigen Aneignung des Geräts zuzutrauen sei. Weiter ist für die Frage der Wiederholungsgefahr zu berücksichtigen, daß der Beklagte es abgelehnt hat, dem vom Berufungsgericht vorgeschlagenen Vergleich zuzustimmen, den der Kläger angenommen hat. Die vom Berufungsgericht vorgeschlagene Erklärung des Beklagten, er habe auf Grund der Beweisaufnahme die Überzeugung gewonnen, daß sich der Kläger keiner strafrechtlich zu ahndenden oder auch nur unehrenhaften Handlungsweise schuldig gemacht habe, er könne insbesondere nicht behaupten, der Kläger habe die Rückgabe des Geräts in anfechtbarer Weise zu vereiteln und es sich anzueignen versucht, und er werde auch dritten Personen oder Dienst- und Amtsstellen gegenüber keine derartigen Behauptungen aufstellen, war dem Beklagten durchaus zuzumuten und hätte die Angelegenheit in einer Weise erledigt, wie sie der Schwere der dem Kläger zugefügten Kränkung entsprochen hätte. Wenn der Beklagte diesen Vergleichsvorschlag mit der Begründung abgelehnt hat, man könne von ihm als Staatsbeamten eine solche Erklärung nicht verlangen, da sie einen Zweifel an der

Korrektheit der von ihm ergriffenen dienstlichen Maßnahmen enthalte, so muß dieser Gesichtspunkt, wenn er überhaupt Bedeutung hat, angesichts der Schwere der dem Kläger zugefügten Beleidigung völlig zurücktreten, dies um so mehr, als der Beklagte sich angesichts der früheren freundschaftlichen Beziehungen zum Kläger und mit Rücksicht auf dessen Stellung im beruflichen und militärischen Leben von vornherein hätte sagen müssen, daß es sich bei den mit Dritten geführten Verhandlungen über das Eigentum an dem Gerät nur um Mißverständnisse, nicht aber um den Versuch einer widerrechtlichen Aneignung durch den Kläger handeln könne und daß daher zu den von ihm gegen den Kläger ergriffenen überaus scharfen Maßnahmen kein Anlaß bestehe. Gerade dieses durch nichts gerechtfertigte, den Kläger überaus kränkende und ihn vor Berufsgenossen und Vorgesetzten bloßstellende Vorgehen des Beklagten war bei der Beurteilung der Wiederholungsgefahr besonders zu berücksichtigen; der Beklagte war angesichts der Schwere dieser Beeinträchtigungen gehalten, ein übriges zu tun und dem im Felde stehenden Kläger in nachdrücklicher, klarer und unmißverständlicher Weise Genugtuung zuteil werden zu lassen. Die vom Beklagten in der Schlußverhandlung vor dem Berufungsgericht abgegebene Erklärung vermag die Gefahr der Wiederholung der Äußerungen nicht zweifelsfrei zu beseitigen. Nach dem ganzen vorstehend geschilderten Verhalten des Beklagten, das einen Gesinnungswandel gegenüber dem Kläger nicht erkennen läßt, namentlich auch mit Rücksicht auf die Ablehnung des vom Berufungsgericht gemachten Vergleichsvorschlags mit der darin enthaltenen Ehrenerklärung, vermag die bloße Erklärung des Beklagten, „der durch die Beweisaufnahme festgestellten Sachlage künftig Rechnung tragen" und „diese" Behauptungen nicht mehr aufstellen zu wollen, keine genügende Sicherheit dafür zu bieten, daß er die kränkenden Äußerungen in Zukunft nicht in dieser oder in einer anderen, wenigstens Zweifel an der Ehrenhaftigkeit des Klägers offenlassenden Form wiederholen werde. Schließlich hat auch das Verhalten des Beklagten im Revisionsverfahren einen solchen Gesinnungswandel nicht erkennen lassen.

68. 1. Steht das Recht, einen Sparkassenbeamten aus seinem Dienstverhältnis auf Ersatz des Schadens in Anspruch zu nehmen, den er der Sparkasse durch schuldhafte Verletzung seiner Dienstpflichten zugefügt hat, dem Gewährverband oder der Sparkasse zu? Worauf geht der Anspruch des Gewährverbandes gegen den Sparkassenbeamten?

2. Kann sich der Leiter der Sparkasse, der im Widerspruch zu ihrer Satzung und dem Beschlusse des Vorstandes Gelder der Sparkasse an einen Darlehnsnehmer auszahlt, zu seiner Entlastung auf eine Anweisung des Vorsitzenden des Vorstandes zur Auszahlung berufen?

Preuß. Verordnung über die Sparkassen usw. vom 20. Juli/ 4. August 1932 (GS. S. 241/275) — SpVO. — §§ 1, 2, 3, 5, 9. Bestimmungen des Ministers des Innern, des Finanzministers und des Ministers für Handel und Gewerbe über die Durchführung und Ausführung der Verordnung über die Sparkassen usw. vom 12. August 1932 (MBliV. S. 817) — DuABest. —. Mustersatzung für Sparkassen vom 26. August 1932 (MBliV. S. 853) i. d. F. vom 27. Dezember 1934 (Ministerialblatt für Wirtschaft und Arbeit 1935 S. 2) — MuSa. — § 2 Abs. 2, §§ 5, 8, 9, 29 Abs. 1 Satz 4.

III. Zivilsenat. Urt. v. 13. September 1943 i. S. Stadtsparkasse K. (Kl.) w. J. (Bekl.). III 65/43.

I. Landgericht Landsberg a. d. W.
II. Kammergericht Berlin.

Der Beklagte war eine Reihe von Jahren bis zum 26. September 1935 Leiter der Klägerin, seit Oktober 1934 mit dem Titel „Sparkassendirektor". Die Klägerin hatte einer Maschinenfabrik und Eisengießerei (in der Folge kurz KüMEis genannt) gegen Sicherung einen Kredit in Höhe von 15 000 RM. eingeräumt. Auf deren Bitte um Bewilligung eines weiteren Kredits von 15 000 RM. faßte der Vorstand der Klägerin am 6. April 1934 den Beschluß: „Der Kredit wird bis zur Höhe von 10 000 RM. (25 000 RM. Gesamtkredit) genehmigt unter Bürgschaftsübernahme der Stadtgemeinde K." Die Klägerin erhielt von der Stadtgemeinde eine Bürgschaftsurkunde vom 20. April 1934 ausgehändigt; zu der Bürgschaft hatte die Aufsichtsbehörde die Genehmigung noch nicht erteilt. In der Folge leistete der Beklagte — wie er behauptet, auf Anweisung P.s, des Bürgermeisters und damaligen Vorsitzenden des Vorstandes — auf den neuen Kredit an und für die KüMEis Zahlungen in Höhe der 10 000 RM. Später, im Jahre 1935, räumte die Klägerin der KüMEis gegen Sicherheiten und Abtretungen noch weiteren Kredit bis zur Gesamthöhe von 60 000 RM. ein. Am 11. September 1937, als die Schuld der KüMEis an die Klägerin 36 000 RM. betrug, stellte jene die Zahlungen ein. Bei Verteilung der Masse fiel die Klägerin mit ihrer gesamten Forderung aus. Als sie darauf die Stadt K. aus der Bürgschaft vom 20. April 1934 in Anspruch zu nehmen versuchte, berief sich diese auf die Ungültigkeit der Bürgschaft wegen Fehlens der aufsichtsbehördlichen Genehmigung. Der Schaden, welcher der Klägerin aus ihrer Verbindung mit der KüMEis erwachsen ist, betrug im November 1940 noch 28 091,38 RM. In Höhe von 10 000 RM. macht die Klägerin den Beklagten verantwortlich, weil er auf den zweiten Kredit für die KüMEis Zahlungen geleistet habe, ohne daß die Bürgschaft der Stadtgemeinde Gültigkeit erlangt habe.

Der Beklagte behauptet: P. als damaliger Vorsitzender des Vorstandes habe ihn angewiesen, die Zahlungen auf den zweiten Kredit für die KüMEis ohne Rücksicht darauf zu leisten, daß die aufsichtsbehördliche Genehmigung zu der Bürgschaft der Stadtgemeinde noch fehle. Die Klägerin habe seine Handlungsweise gebilligt und auf seine Inanspruchnahme wegen des Schadens verzichtet. Ferner hat er Verjährung und Verwirkung des Anspruchs eingewendet, auch vorgebracht, die Klägerin treffe insofern das überwiegende Verschulden an der Entstehung des Schadens, als sie nicht vor der Eröffnung des Konkursverfahrens über die KüMEis auf das Anerbieten des Kaufmanns F. eingegangen sei, deren Geschäft bei voller Schadloshaltung der Klägerin wegen des von ihr gewährten Kredits zu übernehmen, wozu er auch wirtschaftlich in der Lage gewesen sei. Auch sei kein Schaden vorhanden, weil bei dem Zustandekommen einer gültigen Bürgschaft die Stadtgemeinde K., der die Klägerin wirtschaftlich eingegliedert sei, den Verlust erlitten haben würde.

Beide Vordergerichte haben die Klage abgewiesen. Die Revision der Klägerin führte zur Aufhebung und Zurückverweisung.

Gründe:

Die Klägerin besitzt und besaß zu der hier in Betracht kommenden Zeit nach §§ 1, 2 der preußischen Sparkassenverordnung, nach Einführung der Mustersatzung für sie, eigene Rechtspersönlichkeit, ist also berechtigt, in ihrer Person erwachsene Ansprüche geltend zu machen. Damit ist aber noch nicht ihr Recht gegeben, den Beklagten aus seinem Dienstverhältnis wegen schuldhafter Verletzung seiner Dienstpflichten in Anspruch zu nehmen.

Nach § 9 Abs. 1 SpVO., Nr. 9 DuABest. und § 9 MuSa., damit übereinstimmend § 9 der Satzung der Klägerin, steht der Sparkassenbeamte in einem Beamtendienstverhältnis nicht zur Sparkasse, sondern zu ihrem Gewährverbande. Dieser hat zwar nach § 9 Abs. 2 SpVO. der Sparkasse Beamte und Angestellte in der erforderlichen Zahl zur Dienstleistung bei ihr (Nr. 9 zweiter Halbsatz DuABest.) zur Verfügung zu stellen; aber dadurch wird kein Dienstverhältnis jener zu ihr begründet, wie z. B. auch im Arbeitsrecht bei der Entlehnung von Arbeitern eines Unternehmens diese in kein Arbeitsverhältnis zu dem Entlehnenden treten (RAG. Bd. 23 S. 206; RGZ. Bd. 170 S. 216 [218]). In demselben Sinne hat sich auch bereits das Reichsarbeitsgericht in mehreren Entscheidungen ausgesprochen (RAG. Bd. 18 S. 176 [178/179], Bd. 20 S. 59 [60/61], Bd. 21 S. 1 [3/4], Bd. 25 S. 219 [221]). Danach ist zunächst nur der Gewährverband als Dienstherr berechtigt, einen Anspruch aus dem Dienstverhältnis gegen den Sparkassenbeamten zu erheben.

Dieser Anspruch geht im Fall einer Schädigung der Sparkasse durch schuldhaft dienstpflichtwidriges Verhalten des Sparkassenbeamten unmittelbar auf Schadloshaltung der Sparkasse. In entsprechender Anwendung des im bürgerlichen Recht anerkannten Rechtsgedankens, daß, wenn jemand ein eigenes Interesse an der Schadloshaltung eines dritten Geschädigten hat oder er dessen Interessen wahrzunehmen hat, ihm das Recht zusteht, von dem Schädiger den Ersatz des Schadens an den Dritten zu verlangen, ist dieses Recht des Gewährverbandes auf Leistung des Schadensersatzes durch den Sparkassenbeamten an die Sparkasse anzunehmen. Denn der Gewährverband, der darauf halten muß, daß die der Sparkasse zur Verfügung gestellten Beamten und Angestellten ihre dienstlichen Obliegenheiten bei ihr ordnungsmäßig verrichten, und dem um so mehr daran gelegen ist, die

Sparkasse vor Schädigungen durch sie in Wahrnehmung ihres Dienstes bewahrt zu sehen, als er nach § 3 SpVO., Nr. 5 DuA-Best. und § 2 Abs. 2 MuSa. ihren Gläubigern unbeschränkt haftet, soweit sie aus dem Sparkassenvermögen keine Befriedigung erlangen können, besitzt solches Interesse an der Schadloshaltung der Sparkasse im Fall ihrer Schädigung durch die Beamten und Angestellten bei Ausübung ihres Dienstes. Das gilt im besonderen auch in einem Falle der vorliegenden Art, wo der Gewährverband der Sparkasse auf Grund des Art. 131 WeimVerf. in Verbindung mit § 839 BGB. wegen schuldhafter Verletzung von Amtspflichten hoheitlicher Art durch den Sparkassenbeamten für den ihr daraus erwachsenen Schaden haften würde.

Erhebt aber nicht der Gewährverband selbst, sondern die Sparkasse den Anspruch auf Schadensersatz gegen den Beamten, so ist sie angesichts der engen sachlichen und persönlichen Verbindung zwischen ihr und dem Gewährverbande regelmäßig als von diesem ermächtigt anzusehen, den Anspruch des Gewährverbandes im eigenen Namen durchzuführen. Die Sparkasse macht dann nicht einen eigenen Anspruch gegen den Beamten geltend, sondern einen solchen des Gewährverbandes. Diese Erwägung liegt, ohne daß dies besonders zum Ausdruck gebracht worden wäre, ersichtlich auch der im Urteil RGZ. Bd. 151 S. 401 (404) vertretenen Ansicht zugrunde, daß bei der Verselbständigung der Sparkasse mit der gesetzlichen Übertragung des bisherigen Sondervermögens (Sparkassenvermögens) des Gewährverbandes auf die Sparkasse auch Schadensersatzansprüche übergegangen sind, die einem preußischen Kommunalverbande gegen seinen Landrat zustanden, weil dieser als Vorsitzender des Vorstandes der Kreissparkasse durch satzungswidrige Kreditgeschäfte den Kreis geschädigt hatte.

Nach dem gegebenen Sachverhalt bestehen keine Bedenken, diese stillschweigende Ermächtigung der Klägerin durch den Gewährverband, die Stadtgemeinde K., zur Geltendmachung des Anspruchs gegen den Beklagten auf Leistung des Ersatzes des von ihm der Sparkasse schuldhafterweise zugefügten Schadens anzunehmen. Damit ist nach dem Dargelegten die Sachbefugnis der Klägerin als gegeben anzusehen.

Der aus der Zeit vor dem Inkrafttreten des Deutschen Beamtengesetzes vom 26. Januar 1937 (RGBl. I S. 39), dem

1. Juli 1937, stammende Anspruch beurteilt sich gemäß § 23 Nr. 4 der Zweiten Verordnung zur Durchführung des Deutschen Beamtengesetzes vom 13. Oktober 1938 (RGBl. I S. 1421) nach dem früheren Recht, d. i. nach §§ 88 flg. II 10 ALR., wonach der Beamte mit der im § 91 das. bestimmten Einschränkung jedes bei der Führung seines Amtes begangene Versehen zu vertreten hat, das bei gehöriger Aufmerksamkeit und nach den Kenntnissen, die bei der Verwaltung des Amtes erfordert werden, hätte vermieden werden können und sollen.

Die Klage wirft dem Beklagten vor, daß er in Verfolg des Beschlusses des Vorstandes der Klägerin, bei Übernahme der Bürgschaft hierfür durch die Stadtgemeinde den Kredit der KüMEis von 15 000 RM. auf 25 000 RM. zu erhöhen, die weiteren 10 000 RM. ohne das Vorliegen der aufsichtsbehördlich genehmigten Bürgschaft an die KüMEis ausgezahlt habe. Das Berufungsgericht erachtet in Übereinstimmung mit dem Landgericht hier keine schuldhafte Verletzung seiner Amtspflichten durch den Beklagten für gegeben, weil er vom Bürgermeister der Stadt und damaligen Vorsitzenden des Vorstandes der Klägerin angewiesen worden sei, das Geld schon vor der Beschaffung der aufsichtsbehördlichen Genehmigung der Bürgschaft der Stadtgemeinde an die KüMEis zu zahlen.

Diese Rechtsauffassung wird von der Revision zu Recht als rechtsirrig angegriffen. Sie zeigt eine Verkennung der Pflichten eines Sparkassenleiters und seiner Stellung zum Vorsitzenden des Sparkassenvorstandes und Bürgermeister des Gewährverbandes. Während der Vorstand der Sparkasse nach § 5 Abs. 2 der Satzung über alle Angelegenheiten der Sparkasse, soweit in der Satzung nichts anderes bestimmt ist, beschließt, die laufende Geschäftsführung des Leiters der Sparkasse beaufsichtigt und die im § 8 vorgesehene Geschäftsanweisung erläßt, führt der Leiter der Sparkasse nach § 8 der Satzung verantwortlich die laufenden Geschäfte nach Maßgabe der Satzungen, der aufsichtsbehördlichen Anordnungen und der vom Vorstand zu erlassenden Geschäftsanweisung. Der Leiter der Sparkasse handelt hiernach innerhalb seines Aufgabenbereichs in eigener Verantwortung; er hat dabei die für seine Tätigkeit maßgeblichen Bestimmungen und Regelungen zu beachten, deren Kenntnis von ihm zu verlangen ist, wie von jedem Beamten das für die Ausübung des Amtes erforderliche Maß von Wissen vorauszusetzen ist (RGZ. Bd. 156 S. 34 [51]; Urt. III 51/40 des erkennenden Senats vom 28. Februar 1941 in DR. Ausg. A 1941 S. 1457 Nr. 12). Aus der in erster Reihe zu beachtenden Satzung kommt für den gegenwärtigen Fall die Bestimmung des § 29 Abs. 1 Satz 4 in Betracht, wonach von der Sparkasse Darlehen an Private unter Bürgschaft des Reiches, eines deutschen Landes oder eines kommunalen Verbandes gewährt werden können. Entsprechend dieser Bestimmung hatte auch der Vorstand der Klägerin der KüMEis den weiteren Kredit von 10000 RM. unter der Bürgschaft der Stadtgemeinde K. bewilligt. An jene Bestimmung der Satzung und an diesen Beschluß des Vorstandes, zu dessen Aufgabe nach § 5 Abs. 2, § 8 Abs. 1 zweiter Halbsatz der Satzung die Entscheidung über die Bewilligung von — nicht zu den laufenden Geschäften zu rechnenden — Krediten gehört, war der Beklagte als Leiter der Klägerin bei der Auszahlung der Gelder an die KüMEis gebunden. Das mußte ihm bewußt sein. Weiter mußte er, weil das mit zum Rüstzeug des Leiters einer Sparkasse gehört, sich darüber im klaren sein, daß die Bürgschaft der Stadtgemeinde zu ihrer Gültigkeit der aufsichtsbehördlichen Genehmigung bedurfte (§ 74 des am 1. Januar 1934 in Kraft getretenen preußischen Gemeindefinanzgesetzes vom 15. Dezember 1933 [GS. S. 442], ebenso jetzt § 78 der Deutschen Gemeindeordnung vom 30. Januar 1935 [RGBl. I S. 49]). Nach der im angefochtenen Urteil getroffenen Feststellung war ihm das auch bekannt. Er durfte demgemäß die Auszahlung der Gelder nicht vor dem Vorliegen einer gültigen Bürgschaft der Stadtgemeinde, d. h. vor der Nachbringung der aufsichtsbehördlichen Genehmigung der Bürgschaft, vornehmen. Dadurch, daß er dennoch die Gelder vorher auszahlte, handelte er schuldhaft pflichtwidrig.

Auf eine Anweisung des Bürgermeisters und Vorsitzenden des Vorstandes der Klägerin Pr., schon vor Einholung der aufsichtsbehördlichen Genehmigung der Bürgschaft auf den neuen Kredit hin Gelder an die KüMEis auszuzahlen, kann sich der Beklagte, entgegen der Ansicht des Berufungsgerichts, nicht berufen. Zwar war der Vorsitzende des Vorstandes der Klägerin nach der Geschäftsanweisung berechtigt, dem Leiter der Sparkasse Weisungen zu erteilen, und diese Weisungen waren, wie es in der Geschäftsanweisung heißt, für ihn verbindlich. Das gilt aber nur, soweit jener sich im Rahmen seiner Zuständigkeit hielt. Soweit er dabei die für ihn bestehenden gesetzlichen und satzungsgemäßen Schranken erkennbar überschritt, war der Beklagte als Leiter der Sparkasse nicht gehalten, seine Weisungen zu befolgen, und durfte er bei Erfüllung der ihm obliegenden Amtspflichten ihnen nicht entsprechen. Schon nach allgemeinen Grundsätzen des Beamtenrechts ist der Beamte nicht verpflichtet, offenbar gesetzwidrigen Anordnungen des Vorgesetzten nachzukommen. So weit geht die Gehorsamspflicht nicht (vgl. Urt. 3 D 215/25 des Reichsgerichts vom 21. Juli 1925 in JW. 1925 S. 2775 [2777] Nr. 1; vgl. auch jetzt § 7 Abs. 2 DBG.). Nach der Geschäftsanweisung für den Leiter der Sparkasse ist diesem zudem noch ausdrücklich die Pflicht auferlegt, die bestehenden Gesetze und Verordnungen wie die Satzung der Sparkasse ... zu beachten und sich an die satzungsgemäßen Beschlüsse des Vorstandes der Sparkasse zu halten. Dazu tritt dann freilich, aber nur in deren Rahmen und Ausführung, das Weisungsrecht des Vorsitzenden des Sparkassenvorstandes an ihn.

Der Vorsitzende des Vorstandes der Klägerin war also nicht berechtigt, entgegen dem Beschlusse des Vorstandes, ohne Vorliegen der rechtsgültigen Bürgschaft und entgegen § 29 Abs. 1 Satz 4 der Satzung Anweisung auf Auszahlung der Gelder an die KüMEis zu geben. Nebenerwägungen, wie: die Auszahlung der Gelder sei zur Aufrechterhaltung des Betriebs der KüMEis und zur Milderung der Arbeitslosigkeit notwendig gewesen, und man habe dabei den Bestrebungen der maßgebenden Stellen, die Arbeitslosigkeit zu beseitigen, Rechnung tragen müssen, sind nicht geeignet, den Beklagten zu entlasten. Für die Wahrnehmung seines Amtes mußte für ihn die ordnungsmäßige Führung der Geschäfte der Sparkasse in einer Weise, welche die Sicherheit der Spareinlagen nicht gefährdete und die Sparer nicht schädigte, — welchem Ziele jene gesetzlichen und satzungsmäßigen Bestimmungen dienen — die allein maßgebende Richtschnur sein, von der er durch anderweitige Erwägungen ohne schuldhafte Verletzung der ihm obliegenden Amtspflichten nicht abweichen konnte. Das hat auch in ungewöhnlichen Zeiten zu gelten; gerade in ihnen beanspruchen wohlerwogene, der Sicherheit von Spareinlagen dienende gesetzliche und satzungsmäßige Bestimmungen ihre uneingeschränkte Geltung.

Das pflichtwidrige Verhalten des Beklagten hätte nur durch den Vorstand selbst, durch ausdrücklichen, dieses Vorgehen billigenden Beschluß oder durch stillschweigende Billigung, gedeckt werden können. Dann ist freilich, wie in der Rechtsprechung anerkannt ist (vgl. die Urteile des erkennenden Senats III 453/27 vom 18. Mai 1928 in RVerwBl. Bd. 50 S. 402, III 97/31 vom 26. Januar 1932 in HRR. 1932 Nr. 1382), der Leiter der Sparkasse wegen seines satzungswidrigen Verhaltens der Sparkasse gegenüber entlastet und die Sparkasse kann ihn dieserhalb wegen eines ihr etwa entstandenen Schadens nach Treu und Glauben nicht verantwortlich machen. Ein entsprechender Beschluß des Vorstandes der Klägerin liegt nicht vor. (Weiter wird ausgeführt, daß sich aus dem vom Berufungsgericht geprüften Sachverhalt, entgegen dessen Ansicht, auch keine stillschweigende Billigung des Verhaltens des Beklagten durch den Vorstand ergibt. Dann wird fortgefahren:)

Das angefochtene Urteil beruht hiernach in beiden Gründen, aus denen es zur Verneinung des Klageanspruchs gelangt, auf Rechtsirrtum, der zur Aufhebung des Urteils nötigt. Die Sache ist aber nicht zur Endentscheidung reif. Es bleibt die Behauptung des Beklagten zu prüfen, die Klägerin sei auf das vor der Konkurseröffnung der KüMEis gemachte Anerbieten des Kaufmanns F., das Geschäft der KüMEis bei voller Schadloshaltung der Klägerin wegen des ihr gewährten Kredits zu übernehmen, nicht eingegangen. Wäre ein solches Anerbieten tatsächlich gemacht worden und war F. wirtschaftlich in der Lage, die Klägerin schadlos zu halten, dann träfe die Klägerin nicht nur ein eigenes Verschulden an der Entstehung des behaupteten Schadens, wie der Beklagte meint, sondern es würde weiter überhaupt an einer Voraussetzung für die Klage gegen den Beklagten fehlen. Nach § 91 II 10 ALR. findet die Vertretung des Beamten für sein Amtsversehen nur dann statt, wenn kein anderes gesetzmäßiges Mittel mehr übrig ist, wodurch den nachteiligen Folgen eines solchen Versehens abgeholfen werden könnte. Zu den hier gedachten gesetzmäßigen Mitteln gehört — wie jetzt nach der insoweit gleichen Bestimmung des § 839 Abs. 1 Satz 2 BGB. — die Möglichkeit, und zwar auch eine solche tatsächlicher Art, den Schaden von anderer Seite ersetzt zu erlangen. Dabei ist der gegenwärtigen Möglichkeit zur Erlangung anderweitigen Ersatzes die frühere, aber schuldhafterweise nicht ausgenutzte Möglichkeit gleichzusetzen (RGZ. Bd. 145 S. 56 [69], Bd. 158 S. 277 mit Nachweisung).

(Die weiteren Ausführungen betreffen die übrigen Einwendungen des Beklagten.)

---

69. Kann sich gegenüber dem Schadensersatzanspruch eines Arbeiters, der vom Dienstberechtigten an einen anderen Betrieb „verliehen" worden ist, in diesem einen Unfall erlitten hat und deswegen von der Berufsgenossenschaft des Verleihers entschädigt worden ist, der Entleiher auf die Vorschriften des § 898 oder des § 899 RVO. berufen?

BGB. §§ 618, 823, 831, 847. RVO. §§ 898, 899, 901.

III. Zivilsenat. Urt. v. 20. September 1943 i. S. JG. Farbenindustrie AG. (Bekl.) w. G. (Kl.). III 44/43.

I. Landgericht Frankenthal.
II. Oberlandesgericht Zweibrücken.

Der Kläger war von dem Bauunternehmen Gebrüder St. als Maurer eingestellt worden. Er wurde von ihm seit Anfang 1936 der Beklagten für ihre Bauvorhaben als Leiharbeiter zur Verfügung gestellt. Seinen Lohn erhielt er von Gebrüder St.; diese zahlten auch die Versicherungsbeiträge. Die Anweisungen für die Arbeit erteilte die Beklagte; sie stellte auch, abgesehen von dem eigenen Handwerkszeug der Maurer, den Werkstoff, das Rüstzeug und dergleichen und führte durch ihre Angestellten die Aufsicht über die Arbeiten. Die Beklagte zahlte an Gebrüder St. auf die Löhne, Versicherungsbeiträge und sonstigen Auslagen, die sie erstattete, einen prozentualen Aufschlag als Verdienst.

Im Juli 1937 war der Kläger mit Maurerarbeiten in einem Hochspannungsbau der Beklagten beschäftigt; er hatte mit anderen Arbeitern den Auftrag, Schaltzellen in „Satz D" montagefertig herzurichten. Der Satz D war zu Beginn der Arbeiten stromlos gemacht worden. Am Freitag, dem 16. Juli 1937, wurde der Kläger mit einer Arbeit in einem benachbarten Gange des gleichen Stockwerks betraut. Nach ihrer Beendigung am Nachmittag des 16. Juli wurde in dem ganzen Stockwerk, auch in Satz D, der Strom eingeschaltet. Am Sonnabend, dem 17. Juli, erhielten der Kläger und ein anderer Arbeiter den Auftrag, in einem anderen Bau „99" eine Arbeit auszuführen. Nach ihrer Fertigstellung begaben sich beide gegen 11½ Uhr wieder in den Hochspannungsbau und setzten dort die Arbeit an Satz D bis zum Arbeitsschluß gegen 13½ Uhr fort. Am Montag, dem 19. Juli, nahmen sie die Arbeit in derselben Zelle des Satzes D wieder auf. Als sich der Kläger an der Decke der Zelle zu schaffen machte, geriet er durch die Öffnung in der Decke mit der linken Hand an die über der Zellendecke hinführende Sammelschiene mit 3000 Volt, die seit dem Nachmittag des 16. Juli eingeschaltet war. Er erlitt schwere Verbrennungen, die seine Arbeitsunfähigkeit zur Folge hatten. Er bezieht deshalb von der Bauberufsgenossenschaft eine Rente von monatlich 153,30 RM.

Der Kläger macht die Beklagte für den Unfall verantwortlich. Er behauptet, sie habe die notwendigen Maßnahmen zur Verhütung unterlassen, und legt dies im einzelnen dar. Er verlangt von der Beklagten ein Schmerzensgeld und Ersatz des durch die Rente nicht gedeckten Schadens. Er erstrebt ihre Verurteilun zur Zahlung von 1000 RM. sowie einer nach richterlichem Ermessen festzusetzenden weiteren Entschädigung, außerdem die Feststellung der Verpflichtung der Beklagten, alle weiteren aus dem Betriebsunfall vom 19. Juli 1937 in Zukunft entstehenden Schäden, soweit sie nicht durch die Unfallrente abgegolten sind, zu tragen.

Die Beklagte führt aus, sie, ihre Vertreter und Angestellten, hätten alles Erforderliche getan, um derartige Unfälle zu verhüten. Der Kläger sei allein am Unfall schuld, weil er trotz der Belehrungen und trotz Kenntnis von der Einschaltung des Stromes eigenmächtig in der Zelle gearbeitet habe, überdies noch aus der Tatsache, daß mehrere Zellentüren geschlossen waren, und aus dem im Gang angebrachten Leuchtschild hätte sehen müssen, daß die Sammelschiene D unter Strom stand.

Das Landgericht hat die Klage abgewiesen. Auf die Berufung des Klägers sind die Leistungsansprüche, soweit sie nicht auf die Bauberufsgenossenschaft übergegangen sind, dem Grunde nach zu ¾ für gerechtfertigt erklärt und ist festgestellt worden, daß die Beklagte dem Kläger auch den weiteren, nachweislich aus dem Betriebsunfall noch entstehenden Schaden zu ¾ zu ersetzen habe, soweit nicht Ansprüche auf die Berufsgenossenschaft übergehen. Zu ¼ dieser Ansprüche ist es bei der Abweisung der Klage geblieben. Die Revision der Beklagten führte zur Wiederherstellung des landgerichtlichen Urteils.

Gründe:

Der Kläger führt seinen Unfall auf fahrlässiges Verhalten von Personen zurück, die für die Beklagte tätig waren. Er verlangt daher von ihr das Eintreten für seinen Vermögensschaden, soweit dieser nicht durch die Berufsgenossenschaft gedeckt worden ist, sowie ein Schmerzensgeld. Für das erste Begehren ist ein doppelter Klagegrund in Betracht zu ziehen, der der Verletzung der Fürsorgepflicht (§ 618 BGB.) und der der unerlaubten Handlung (§ 823 Abs. 1 und 2 BGB.), für das Verlangen des Schmerzensgeldes hingegen nur der letzte (§ 847 BGB.). Unter dem Gesichtspunkte der unerlaubten Handlung würde die Beklagte für die Personen, denen fahrlässige Verursachung zur Last fällt, unter den Voraussetzungen des § 31 BGB. — Haftung für verfassungsmäßig berufene Vertreter — oder des § 831 BGB. — Haftung aus Bestellung zu einer Verrichtung — einzustehen haben. Die Anwendung des Gesichtspunktes der Fürsorgepflichtverletzung wird zufolge der Eigenart derartiger Fälle dadurch beherrscht, daß das „verliehene" Gefolgschaftsmitglied einerseits zum Entleiher in kein Arbeitsverhältnis tritt, sondern ausschließlich in demjenigen verbleibt, das es mit dem Verleiher begründet hatte, daß es andererseits zur Leistung der Arbeit vollständig in den Betrieb des Entleihers eingegliedert wird. Für derartige Gestaltungen hat das Reichsarbeitsgericht (RAG. Bd. 23 S. 206) überzeugend dargelegt, daß, wie die übrigen Verpflichtungen des Dienstberechtigten, so die Fürsorgepflicht nach wie vor den Verleiher trifft, daß aber der Entleiher gegenüber dem Gefolgsmann Erfüllungsgehilfe für diese Pflicht im Sinne des § 278 BGB. ist. Dieser Auffassung ist der VIII. Zivilsenat des Reichsgerichts beigetreten (RGZ. Bd. 170 S. 216). Ihr zufolge würde der Kläger den Anspruch aus § 618 BGB. von vornherein nicht gegen die Beklagte erheben können. Es sind freilich abweichende Rechtsbeziehungen denkbar. Sie können dadurch entstehen, daß das verliehene Gefolgschaftsmitglied durch einen Vertrag, der zwischen dem Verleiher und dem Entleiher zu seinen Gunsten abgeschlossen wird, gemäß § 328 BGB. berechtigt wird, auch vom Entleiher die Erfüllung der Fürsorgepflicht zu fordern (RAG. Bd. 19 S. 340 [343]), oder daß die Stellung als Dienstberechtigter selbst mit Zustimmung des Gefolgschaftsmitglieds durch Vertrag zwischen dem Verleiher und dem Entleiher auf diesen als Berechtigten und Verpflichteten übertragen wird (vgl. die Anmerkung von Hueck zu dem zuletzt genannten Urteil in ArbrSamml. Bd. 40 S. 16). Für den gegenwärtigen Fall kann die zuletzt genannte Gestaltung von vornherein ausgeschieden werden, da der vorgetragene Sachverhalt für sie keinen Anhalt bietet. Zu der vorher genannten Möglichkeit haben die Vordergerichte keine Stellung genommen, wie sie sich überhaupt näherer Darlegungen über die rechtliche Natur des erhobenen Anspruchs enthalten haben. Solche sind auch insofern entbehrlich, als, wie sich ergeben wird, die Beurteilung durch den Umstand bestimmt wird, daß die Vorschriften der §§ 898 und 899 RVO., um deren Anwendung der Streit in erster Reihe geht, gegenüber allen Ersatzansprüchen des Versicherten durchgreifen, mögen sie auf dem Arbeitsverhältnis oder auf unerlaubter Handlung beruhen.

§ 898 RVO. befreit „den Unternehmer" von solchen Ersatzansprüchen, sofern diese auf Unfälle in versicherungspflichtigen Betrieben (§ 544 RVO.) gegründet werden. Über die Erfüllung der zuletzt genannten Voraussetzung kann im gegebenen Falle deshalb kein Zweifel bestehen, weil sowohl der Betrieb der Gebrüder St. (§ 537 Nr. 3 RVO.) als auch der der Beklagten (§ 537 Nr. 2 RVO.) der Unfallversicherung unterliegen. Es handelt sich also darum, ob die Beklagte im Sinne des § 898 RVO. „der Unternehmer" ist. Die Bestimmung gebraucht diese Bezeichnung in dem besonderen Sinne der Reichsversicherungsordnung und gewährt ihre Rechtswohltat nur demjenigen, den diese als Unternehmer behandelt. Denn § 898 verweist wegen dieses Begriffs auf § 633 des Gesetzes. Dort wird derjenige als Unternehmer bezeichnet, für dessen Rechnung der Betrieb geht. Damit ist für Fälle der gegebenen Art jedoch nichts gewonnen; denn daraus folgt nur, daß im Sinne der Unfallversicherung Unternehmer des Betriebs der Firma St. deren Inhaber, des Betriebs der Beklagten die im Eingang bezeichnete Aktiengesellschaft sind. Dagegen ergibt § 633 nichts darüber, ob bei einer Gestaltung, wie sie hier vorliegt, der Betrieb, auf den es ankommt, derjenige ist, bei dem der Verletzte im Arbeitsverhältnis steht, oder derjenige, bei dem sich der Unfall ereignet hat (vgl. über diese Frage die grundsätzliche Entscheidung des Reichsversicherungsamts Nr. 3192 der Amtlichen Nachrichten des Reichsversicherungsamts von 1925 [S. 188]). Im gegebenen Fall ist das ordentliche Gericht indessen infolge der weiteren Bestimmung des § 901 RVO. einer sachlichrechtlichen Erörterung dieser Frage enthoben. Die dort angeordnete Bindung an die Entscheidungen der Versicherungsbehörden darüber, ob ein entschädigungspflichtiger Unfall vorliegt, sowie in welchem Umfang und von welchem Versicherungsträger die Entschädigung zu gewähren ist, umfaßt nämlich, wie das Reichsgericht in ständiger Rechtsprechung angenommen hat (RGZ. Bd. 92 S. 296, Bd. 93 S. 321 [323], Bd. 97 S. 202 [206], Bd. 111 S. 159 [161], Bd. 136 S. 345 [348]), auch die Feststellung, daß sich der Unfall in einem bestimmten versicherungspflichtigen Betrieb ereignet hat. Die Frage ist nur, ob, wenn eine derartige Entscheidung getroffen worden ist, dem ordentlichen Gericht noch Raum für die Annahme bleibt, daß neben dem so festgestellten Unternehmer noch ein anderer als solcher in Betracht komme. Das hat das Reichsgericht in der an vorletzter Stelle genannten Entscheidung in gewollter Abweichung von der dort angeführten vorausgegangenen Rechtsprechung mit dem Hinweise verneint, daß nach dem, wie gezeigt, maßgeblichen versicherungsrechtlichen Begriffe des Unternehmers als solcher nur der Inhaber des einen der mehreren Betriebe in Betracht komme. Eine die Gerichte bindende Bestimmung der Versicherungsbehörde schließt daher schon für sich allein die Annahme aus, daß noch ein anderer im Sinne des § 898 RVO. Betriebsunternehmer sei. Diese Auffassung liegt auch anderen höchstrichterlichen Entscheidungen (RGZ. Bd. 158 S. 341 [344]; RAG. Bd. 15 S. 208) zugrunde. Daß, wie die Revision annimmt, der VIII. Zivilsenat des Reichsgerichts in dem Urteil RGZ. Bd. 170 S. 216 von ihr abgewichen und zu der früheren Rechtsprechung zurückgekehrt wäre, kann aus jenem Urteil nicht entnommen werden, da es Erörterungen zu der Anwendbarkeit des § 898 RVO. nur nebenher (S. 219) in Hilfserwägungen bringt. Die bindende Kraft der versicherungsbehördlichen Entscheidungen erstreckt sich auch auf die der Versicherungsträger selbst, zumal der Berufsgenossenschaften (RGZ. Bd. 97 S. 202 [206] mit weiteren Nachweisungen). Sie kommt daher auch der im gegebenen Fall ergangenen Entscheidung der Bauberufsgenossenschaft zu, die, wie das angefochtene Urteil bemerkt, „ausdrücklich festgelegt hat, daß Unternehmer die Firma Gebrüder St. ist", und ihre Entschädigungspflicht anerkannt hat. Daran mußte das Berufungsgericht die Folgerungen knüpfen, daß die Beklagte nicht als Unternehmer im Sinne des § 633 in Betracht kommt und daß ihr daher die Berufung auf § 898 RVO. zu versagen ist.

Damit ist die Rechtslage aber nicht vollständig erörtert. Es bleibt noch die Möglichkeit, daß § 899 RVO. der Beklagten zugute kommt. Das Berufungsgericht hat auch das verneint; es sagt, die Beklagte gehöre nicht zum Betriebe der Gebrüder St., noch sei sie im Rahmen dieses Betriebs tätig geworden; sie sei selbständige Unternehmerin, deren Betrieb der Berufsgenossenschaft Chemische Industrie angehöre; für den Rechtsstreit gelte sie demnach als Dritte, gegen die Schadensersatzansprüche ohne die in Rede stehende Beschränkung erhoben werden könnten.

Diese Beurteilung wird jedoch dem inneren Gehalt der Sachlage nicht gerecht. Sie führt zu dem Ergebnis, daß bei einem derartigen Arbeiterverleihverhältnis einerseits das Gefolgschaftsmitglied eine unbegründete Besserstellung erfährt, da es gegen denjenigen Betrieb, in dem es allein Unfälle erleiden kann, Ansprüche erheben kann, die dem in völlig gleicher Gefahrenlage arbeitenden eigenen Arbeiter desselben Betriebs, überhaupt allen Gefolgschaftsmitgliedern, die nicht Leiharbeiter sind, versagt werden, daß aber andererseits der Entleiher mit solchen Ansprüchen überzogen werden kann, obwohl sowohl er wie der Verleiher Unternehmer von unfallversicherten Betrieben sind. Beide Folgerungen bezeichnet die Revision mit Recht als unannehmbar. Sie entsprechen auch nicht dem Sinne der gesetzlichen Regelung; denn sie beruhen darauf, daß von der Besonderheit abgesehen wird, die eingangs als wesentlich für die Gestaltung des Falles aufgewiesen wurde, von dem Umstande nämlich, daß die Beklagte keineswegs außerhalb der arbeitsrechtlichen Beziehungen zwischen dem Kläger und der Firma Gebrüder St. geblieben ist, sondern in diese nicht nur mit der Berechtigung, vom Gefolgschaftsmitglied Arbeitsleistung zu fordern, sondern auch mit der Verpflichtung, an Stelle des Verleihers zu einem wesentlichen Teile dessen Fürsorgepflicht zu erfüllen, eingeschaltet worden ist. Verhältnissen ähnlicher Art hat das Gesetz mit der Vorschrift des § 899 RVO. Rechnung getragen. Dort ist bestimmt, daß „Bevollmächtigte und Repräsentanten" des Unternehmers auf Grund eines Betriebsunfalls dem Verletzten nur dann auf Schadensersatz haften, wenn strafgerichtlich festgestellt worden ist, daß sie den Unfall vorsätzlich herbeigeführt haben. Die Beklagte, sofern sie für den Verleiher die Fürsorgepflicht leistet, als solchen Bevollmächtigten zu behandeln, entspricht dem Ziele der Vorschrift und dem inneren Gehalt der Sachlage. Es kann dabei von keiner Bedeutung sein, daß sich der Gesetzgeber, als er die Bestimmung erließ — ihre Entstehungsgeschichte ist in RGZ. Bd. 136 S. 345 (351) dargelegt —, nicht gerade Verhältnisse der hier gegebenen Art vorgestellt hat. Zur Anwendung des von ihm aufgestellten Rechtsgrundsatzes genügt es vielmehr, daß der dabei gebrauchte Begriff der Bevollmächtigten und Repräsentanten bei seiner Allgemeinheit zwanglos auf solche Verhältnisse erstreckt werden kann. Deshalb kann es auch nicht für wesentlich angesehen werden, daß die Beklagte nicht ein Einzelner, sondern eine juristische Person ist. In der zuletzt genannten Entscheidung hat der VI. Zivilsenat des Reichsgerichts allerdings (a. a. O. S. 350) bei eingehender Erörterung des Begriffs des Bevollmächtigten neben sonstigen Merkmalen, die auf den gegebenen Fall zutreffen, auch gefordert, „daß die Bevollmächtigten — ebenso wie Repräsentanten des Unternehmers sowie Betriebs- und Arbeitsaufseher — eine ... Stellung im Betrieb einnehmen". In noch stärkerem Maß ist das im Urteil VI 109/39 desselben Senats vom 16. Dezember 1939 (Entscheidungen und Mitteilungen des Reichsversicherungsamts Bd. 46 S. 250) hervorgehoben worden. Dies Merkmal ist hier nicht erfüllt, da weder die Beklagte selbst noch diejenigen ihrer Angestellten, die für die Sicherung der Arbeit des Klägers zu sorgen hatten, zum Unternehmer in dem zuvor entwickelten Sinne, nämlich zur Firma Gebrüder St., in solchem Abhängigkeitsverhältnisse standen. Aber der Zweck des Gesetzes würde, wie das Bedürfnis des gegebenen Falles zeigt, zu einem wesentlichen Teil unerfüllt bleiben, wenn an diesem Erfordernis überall festgehalten würde. Auch der in derselben Entscheidung dargelegte Zusammenhang des Haftungsausschlusses nach § 899 mit der Haftung gegenüber der Berufsgenossenschaft gemäß § 903 RVO. bereitet der gebotenen weiteren Auslegung jedenfalls dann keine

Schwierigkeiten, wenn ferner angenommen wird, daß diese Haftung gegebenenfalls auch den Entleiher trifft. Dieser Folgerung steht nichts im Wege.

Die Beklagte beruft sich demnach gegenüber den erhobenen Ansprüchen mit Erfolg auf den Haftungsausschluß des § 899 RVO. Aus diesem Grund erweist sich das klageabweisende Urteil des Landgerichts im Ergebnis als gerechtfertigt.

---

70. 1. Liegt Unfruchtbarkeit im Sinne des § 53 EheG. auch dann vor, wenn die Gebärfähigkeit der Frau zwar nicht aus gynäkologischen Gründen beeinträchtigt ist, die Frau aber aus neurologischen Gründen kein Kind zur Welt bringen darf?

2. Vermag die Tatsache, daß die Ehegatten den geschlechtlichen Verkehr miteinander fortgesetzt haben, den Einwand aus § 54 EheG. zu rechtfertigen?

EheG. §§ 53, 54.

IV. Zivilsenat. Urt. v. 22. September 1943 i. S. Ehemann K. (Kl.) w. Ehefrau K. (Bekl.). IV 154/43.

I. Landgericht Hamburg.
II. Oberlandesgericht daselbst.

Die Parteien haben am 19. September 1939 die Ehe geschlossen. Der Kläger war damals 28 Jahre, die Beklagte 23 Jahre alt. Die Parteien hatten einander im Jahre 1932 kennengelernt. Im Jahre 1936 war die Beklagte an Nervenlähmung erkrankt. Während des damaligen Krankenhausaufenthalts hatten sich die Parteien verlobt. Vor der Eheschließung hatte sich der Kläger bei dem Vertrauensarzte der Landesversicherungsanstalt, Dr. St., über die Krankheit der Beklagten erkundigt und Bedenken gegen eine Eheschließung erfahren; andererseits aber hatte ihm die Beklagte mitgeteilt, daß sie nach Ansicht des sie behandelnden Arztes Dr. K. heiraten und Kinder bekommen könne. Nach der Eheschließung war es der Wunsch der Parteien, auf Kriegsdauer keine Kinder zu haben. Im Jahre 1941 trat ein Rückfall des Nervenleidens der Beklagten ein.

Im März 1942 hat der Kläger Klage auf Aufhebung der Ehe auf Grund des § 37 EheG. erhoben. Das Landgericht hat die

Eheaufhebungsklage abgewiesen. Der Kläger ist im Berufungsverfahren zur Klage auf Scheidung der Ehe aus § 53 EheG. übergegangen. Das Berufungsgericht hat das Scheidungsbegehren abgewiesen. Die Revision des Klägers führte zur Scheidung der Ehe aus § 53 EheG.

Gründe:

1. Das Berufungsgericht verneint, daß der organische und konstitutionelle Zustand der Beklagten unter den Begriff der Unfruchtbarkeit im Sinne des § 53 EheG. falle. Gegen das Scheidungsbegehren des Klägers aus § 53 EheG. erhebt das Berufungsgericht ferner das Bedenken, daß sich nicht feststellen lasse, ob sich dieser Zustand der Beklagten erst nach der Eheschließung entwickelt habe; nur wenn feststehe, daß sich das Unfruchtbarwerden erst nach der Eheschließung vollzogen habe, könne ein Scheidungsbegehren auf Grund des § 53 EheG. in Frage kommen; sollte der jetzige Zustand der Beklagten schon zur Zeit der Eheschließung bestanden haben, so könne die Ehe nicht nach § 53 EheG. geschieden, sondern nur allenfalls nach § 37 EheG. aufgehoben werden.

Das letzte Bedenken des Berufungsgerichts gegen das Scheidungsbegehren des Klägers muß als unbegründet bezeichnet werden. Es darf, wie der erkennende Senat bereits wiederholt entschieden hat, in Fällen, in denen Unfruchtbarkeit im Zeitpunkte der Eheschließung nicht zu erweisen ist, davon ausgegangen werden, daß die Unfruchtbarkeit erst nach der Eheschließung eingetreten ist (DR. Ausg. A 1939 S. 639 Nr. 15, 1941 S. 714 Nr. 19). Denn es entspricht dem Willen des Gesetzes, die von ihm vorgesehene Folge der Unfruchtbarkeit einer Ehe ohne Rücksicht auf die Erweislichkeit des zeitlichen Beginns der Unfruchtbarkeit durchsetzen zu lassen; es liegt also im Sinne des Gesetzes, überall da, wo Unfruchtbarkeit besteht, ihr Entstehungszeitpunkt aber nicht mit Sicherheit festzustellen ist, dem fruchtbaren Eheteil das Klagerecht aus § 53 EheG. zu geben (s. auch v. Scanzoni Begriff der Unfruchtbarkeit im Ehegesetz, DR. Ausg. A 1941 S. 1577).

Die Frage, ob im vorliegenden Fall Unfruchtbarkeit der Beklagten im Sinne des § 53 EheG. anzunehmen ist, wird vom Berufungsgericht ebenfalls zu Unrecht verneint. Es ist der Auffassung, das Gutachten der Sachverständigen Professor Dr. P. und Oberarzt Dr. Sch., wonach von einer Schwangerschaft eine Verschlimmerung des Nervenleidens der Beklagten (multiple Sklerose) zu erwarten und deshalb im Fall einer Empfängnis aus neurologischen Gründen die Schwangerschaftsunterbrechung angezeigt sei, rechtfertige nicht die Annahme einer Unfruchtbarkeit im Sinne des § 53 EheG. Man müsse davon ausgehen, daß es bei der Beklagten liege, ob sie eine Schwangerschaft und die daraus zu befürchtenden nachteiligen Folgen auf sich nehmen wolle. Da sie erklärt habe, solches tun zu wollen, und da sie nach den ärztlichen Gutachten empfangen könne, könne nicht festgestellt werden, daß die 26jährige Beklagte unfruchtbar sei. Dieser Auffassung des Berufungsgerichts vermag der erkennende Senat nicht beizutreten. Die Unfruchtbarkeit der Frau im Sinne des § 53 EheG. kann auf Empfängnisunfähigkeit oder auf Gebärunfähigkeit beruhen. Gebärunfähigkeit liegt vor, wenn die Frau nicht in der Lage ist, ein Kind auszutragen und zur Welt zu bringen. Das Gutachten der Sachverständigen Dr. P. und Dr. Sch. besagt, daß bei der Beklagten unter allen Umständen von einer Schwangerschaft dringend abgeraten werden muß, da die Krankheitserscheinungen durch eine schwangerschaftsbedingte Verschlechterung des Zustands so ausgeprägt werden können, daß die Beklagte in den Zustand völliger Bettlägerigkeit gerät. Weiter heißt es in dem Gutachten, wenn es zu einer Schwangerschaft komme, so müsse ein Antrag auf Unterbrechung der Schwangerschaft gestellt werden; dies habe zur Folge, daß die Beklagte als nicht fähig zu erachten sei, Kinder zu gebären. Dieses auf Grund der Krankheitsgeschichte und der Untersuchung der Beklagten erstattete Gutachten, verbunden mit der weiteren darin getroffenen Feststellung, daß mit einer praktisch ins Gewicht fallenden Rückbildung schwerlich zu rechnen sei und daß die Heilungsaussichten ganz außerordentlich gering seien, reicht aus, um Gebärunfähigkeit der Beklagten festzustellen und daher den gesetzlichen Begriff der Unfruchtbarkeit im Sinne des § 53 EheG. als erfüllt anzusehen. Der Scheidungsgrund des § 53 ist geschaffen worden, weil, wie die amtliche Begründung zum Ehegesetz sagt, der wichtigste Zweck der Ehe nicht mehr erfüllbar ist, wenn ein Ehegatte unfruchtbar wird. Dieser Zweck der Ehe wird aber nicht nur dann unerfüllbar, wenn die Frau aus sexualorganischen Gründen kein Kind gebären kann, sondern auch dann, wenn die Frau aus neurologischen oder psychiatrischen Gründen kein Kind gebären darf. Dabei kann auch nicht, wie das Berufungsgericht meint, die Versicherung der Beklagten ins Gewicht fallen, sie wolle, wenn der Kläger den Wunsch nach einem Kinde habe, gern eine Schwangerschaft auf sich nehmen. Denn die eindeutige Erklärung der Sachverständigen, eine Unterbrechung der Schwangerschaft werde notwendig sein, besagt, daß es auf die jetzt bei der Beklagten bestehende Bereitwilligkeit, Schwangerschaft und Geburt auf sich zu nehmen, nicht ankommt, daß vielmehr, wenn es demnächst wirklich bei ihr zur Schwangerschaft kommen sollte, die Austragung der Leibesfrucht vom ärztlichen Standpunkt aus unter allen Umständen verhindert werden muß.

2. Das Berufungsgericht gibt seiner klageabweisenden Entscheidung noch eine Hilfsbegründung. Es führt aus, selbst wenn die Voraussetzungen des § 53 EheG. erfüllt sein würden, sei das Scheidungsbegehren sittlich nicht gerechtfertigt und deshalb nach § 54 EheG. abzuweisen. Zwar sei es die erste Aufgabe einer Ehe, Kinder hervorzubringen. Diese Zielsetzung sei aber wohl ausgewogen mit dem Gebote, daß die Ehepartner einander Treue halten und sich als Lebens- und Schicksalsgemeinschaft fühlen und bewähren. Das Scheidungsbegehren des Klägers im vorliegenden Falle müsse einem gesunden Empfinden als Zurückstoßung der treuen und opferbereiten Ehepartnerin erscheinen. Das Berufungsgericht legt dabei Gewicht darauf, daß der Kläger sich seinerzeit durch die ärztliche Warnung des Dr. St. von der Eheschließung nicht habe abhalten lassen. Ferner verweist das Berufungsgericht darauf, daß der Kläger bisher selbst in der Ehe Kinderlosigkeit gewünscht habe. Außerdem meint es, im Sinne des § 54 EheG. sei dem Kläger auch entgegenzuhalten, daß er noch während des gegenwärtigen Scheidungsrechtsstreits und nachdem ein ärztliches Gutachten über die Unfruchtbarkeitsfrage bereits erstattet und ihm bekannt geworden sei, bis in den August 1942 hinein mit der Beklagten geschlechtlich verkehrt und dadurch seinen Willen bekundet habe, mit ihr in ehelicher Schicksalsgemeinschaft auszuhalten.

Auch dieser Hilfsbegründung des Berufungsgerichts kann der erkennende Senat nicht beipflichten. Es handelt sich beim Kläger um einen 32 Jahre alten Mann, der also im besten

Lebensalter steht. Dem natürlichen Empfinden eines verheirateten Mannes in diesem Alter entspricht es, sich Nachkommenschaft zu wünschen. In der Ehe mit der Beklagten kann dieser berechtigte Wunsch des Klägers nicht erfüllt werden. Das Gesetz gibt ihm daher im § 53 das Recht, Scheidung zu begehren. Wenn der Kläger von diesem Rechte Gebrauch macht, so kann darin, wenn nicht ganz besondere Umstände vorliegen, keine Verletzung einer Treuepflicht erblickt werden. Nicht ohne eine gewisse Berechtigung wirft die Revision die Frage auf, ob es nicht im Gegenteil der Treuepflicht der Beklagten widerspricht, wenn sie ihre eigenen Wünsche über die naturgewollte Aufgabe des Klägers stellt, als gesunder Mann Kinder in die Welt zu setzen. Daß im vorliegenden Falle besondere Umstände vorlägen, welche die Geltendmachung des Scheidungsrechtes aus § 53 EheG. als eine Treulosigkeit gegenüber der Beklagten und deshalb als sittlich nicht gerechtfertigt erscheinen ließen, ist nicht ersichtlich. Ob der Umstand, daß der Kläger trotz der von Dr. St. geäußerten Bedenken an seiner damaligen Verlobten festgehalten und sie geheiratet hat, überhaupt als ein Grund gewertet werden kann, ihn jetzt in Anwendung des § 54 EheG. an der Ehe festzuhalten, kann dahingestellt bleiben, da die von Dr. St. geäußerten Bedenken dadurch ausgeglichen wurden, daß die Beklagte dem Kläger damals versichert hat, der behandelnde Arzt Dr. K. habe ihr gesagt, sie könne heiraten und Kinder bekommen. Ebensowenig kann dem Scheidungsbegehren des Klägers aus § 53 EheG. entgegengehalten werden, er habe selbst bisher in der Ehe Kinderlosigkeit gewollt. Daß er bisher nicht den Versuch unternommen hat, mit der Beklagten Nachkommenschaft zu erzeugen, wird vom Kläger ungezwungen mit dem Wunsch erklärt, den Krieg abzuwarten; später hat ihn dann auch die Verschlimmerung des Leidens der Beklagten davon absehen lassen, von ihr ein Kind haben zu wollen. Schließlich kann — entgegen der Ansicht des Berufungsgerichts — auch aus der Tatsache, daß der Kläger bis in den August 1942 hinein mit der Beklagten noch geschlechtlichen Verkehr gepflogen hat, gegen die Scheidungsklage der Härteeinwand des § 54 EheG. nicht hergeleitet werden. Denn der Fortsetzung des geschlechtlichen Verkehrs zwischen den Ehegatten kann im Rahmen der Scheidungsklage aus § 53 EheG. keinesfalls die ausschlaggebende Bedeutung beigelegt werden, die dieser Tatsache bei der Scheidungsklage wegen Verschuldens — unter dem Gesichtspunkte der Verzeihung — beizumessen ist. Die Rechtsprechung erblickt bei der Scheidungsklage wegen Verschuldens in der Fortsetzung des ehelichen Verkehrs auf seiten des scheidungsberechtigten Ehegatten den Ausdruck innerer Überwindung, vermöge deren er sich über das ehezerrüttende Verhalten des andern Ehegatten hinwegsetzt und dieses nicht mehr als Hindernis einer Fortsetzung der Ehe ansehen will. Da bei der Scheidungsklage aus § 53 EheG. ein ehezerrüttendes Verhalten des andern Ehegatten nicht vorliegt, bedarf es für den scheidungsberechtigten Ehegatten keiner inneren Überwindung, um den ehelichen Verkehr fortzusetzen; es vermag daher mit der Tatsache, daß der Geschlechtsverkehr zwischen den Ehegatten fortgesetzt worden ist, für sich allein kein Einwand gegen die auf § 53 EheG. gestützte Scheidungsklage begründet zu werden. Zuzugeben ist allerdings, daß beim Hinzutreten besonderer Umstände die Fortsetzung der geschlechtlichen Beziehungen zwischen den Ehegatten als ein Umstand bewertet werden kann, der dem Scheidungsbegehren wegen Unfruchtbarkeit die sittliche Berechtigung gemäß § 54 EheG. entzieht; so namentlich dann, wenn festgestellt werden kann, daß der unfruchtbare Ehegatte in die Fortsetzung des ehelichen Verkehrs nur eingewilligt hat im Vertrauen darauf, daß der scheidungsberechtigte Ehegatte von dem Scheidungsrecht aus § 53 EheG. keinen Gebrauch macht. Solche besonderen Umstände liegen in dem zur Entscheidung stehenden Falle nicht vor; namentlich mußte sich die Beklagte im vorliegenden Falle darüber klar sein, daß der Kläger trotz Weiterbestehens der geschlechtlichen Beziehungen sein Scheidungsbegehren nicht aufgeben wollte, da er ja die auf § 53 EheG. gestützte Scheidungsklage bereits erhoben hatte und sie weiterbetrieb.

Register.

Die Zahlen bedeuten die Seiten.

A. Sachregister.

A

B

E

F

G

B. Gesetzesregister.

1. Reichsrecht.

a) Bürgerliches Gesetzbuch.

b) Handelsgesetzbuch.

c) Gerichtsverfassungsgesetz.

d) Zivilprozeßordnung.

e) Strafgesetzbuch.

f) Einzelne Gesetze und Verordnungen.

2. Landesrecht.

Österreich.

a) Allgemeines Bürgerliches Gesetzbuch.

b) Zivilprozeßordnung

c) Einzelne Gesetze und Verordnungen.

Preußen.

Allgemeines Landrecht.

Protektorat Böhmen und Mähren.

C. Zusammenstellung der Entscheidungen nach der Zeitfolge.

Zusammenstellung

der

im 171. Bande

mitgeteilten Entscheidungen

nach

Oberlandesgerichtsbezirken

(bei Sprungrevisionen und bei Beschwerden in Angelegenheiten der freiwilligen Gerichtsbarkeit nach Landgerichtsbezirken).

Die Zahlen bezeichnen die Nummern der Entscheidungen.

Bamberg	1. 42.
Berlin	2. 4. 10. 15. 28. 31. 40. 44. 46. 47. 48. 50. 68.
Breslau	16. 23. 34.
Celle	29. 45. 55.
Dresden	8. 17. 37. 41. 67.
Düsseldorf	6. 19. 32. 35. 65.
Frankfurt a. M.	54.
Graz	7. 21. 33. 52.
Hamburg	43. 59. 70.
Hamm	9. 30. 53. 56. 63. 66.
Innsbruck	11.
Karlsruhe	39.
Kassel	62.
Kattowitz	14.
Kiel	57.
Köln	18. 20. 38. 49. 58.
Königsberg	60. 64.
Leitmeritz	3. 22. 26. 27.
München	51.
Naumburg a. S.	13.
Prag	36.
Rostock	61.
Stuttgart	12.
Wien	5. 24. 25.
Zweibrücken	69.

Berichtigung.

Einhundertsiebzigster Band:

Auf Seite 162 Zeile 20: statt „S. 1170“ lies „S. 1710“.